2022
삼봉 행정법총론
❷

2022 삼봉 행정법총론 ❷

발행일	2021년 11월 15일		
지은이	김유환		
펴낸이	손형국		
펴낸곳	(주)북랩		
편집인	선일영	편집	정두철, 배진용, 김현아, 박준, 장하영
디자인	이현수, 한수희, 김윤주, 허지혜, 안유경	제작	박기성, 황동현, 구성우, 권태련
마케팅	김회란, 박진관		
출판등록	2004. 12. 1(제2012-000051호)		
주소	서울특별시 금천구 가산디지털 1로 168, 우림라이온스밸리 B동 B113~114호, C동 B101호		
홈페이지	www.book.co.kr		
전화번호	(02)2026-5777	팩스	(02)2026-5747

ISBN 979-11-6539-071-6 14360 (종이책) 979-11-6539-123-2 15360 (전자책)

　　　979-11-6539-031-0 14360 (세트)

(주)북랩 성공출판의 파트너

북랩 홈페이지와 패밀리 사이트에서 다양한 출판 솔루션을 만나 보세요!

홈페이지 book.co.kr　•　**블로그** blog.naver.com/essaybook　•　**출판문의** book@book.co.kr

작가 연락처 문의 ▸ ask.book.co.kr

작가 연락처는 개인정보이므로 북랩에서 알려드릴 수 없습니다.

김유환 지음

2022

삼봉
행정법
총론

②

북랩 book Lab

2015년에 노량진 강의를 그만두고 인문학을 공부하기 시작한 지 7년이란 시간이 지났다. 그간 동양철학, 서양철학, 심리학, 사회학, 여성학을 폭넓게 공부했고, 한국방송통신대학교 국어국문학과에 입학해서 국문학에 관한 공부도 원없이 했다. 3학년 1학기를 끝으로 국문학 공부는 잠시 중단된 상태이지만.

그간 『삼봉 공부법』과 『성적 자기결정권 1』이라는 책도 출간했다. 아직 출판하지 못한 원고도 2개 더 있다. 여건이 맞을 때 출판할 예정이다. 『삼봉 공부법』은 수천 년간 우리 조상들이 공부를 해 온 방법이고, 특히나 법학과 같이 체계적인 과목을 단기간에 정복하는 데 가장 적합한 공부법이다. 『성적 자기결정권 1』은 성에 관한 기본권인 성적 자기결정권에 관해 다룬 대중서이다. 쉴 때 읽어두면 교양에 많은 도움이 될 것이다.

노량진 강의를 떠나면서 『삼봉 행정법총론』 개정판을 쓰게 될 줄은 몰랐다. 그러나 삶은 의도한 대로 흘러가지 않을 때도 많다. 우연한 계기가 삶의 진로를 바꾸기도 한다. 다시 행정법 교재를 쓰게 된 동기도 극히 우연한 사건이 계기가 되었다. 법대 선배께서 공인노무사가 전망도 좋고 보람도 크다고 자꾸 권하셔서, 올해부터 공인노무사시험을 준비하게 되었다. 2차 논술 과목 가운데 행정쟁송법이라는 과목이 있다. 그 과목을 공부하기 위해 개정작업을 하다가, 기왕에 행정쟁송법을 쓰려면 아예 총론 전 범위를 개정하자고 계획을 변경한 것이다.

국민의 권리의식이 많이 향상되면서 판례가 엄청난 분량으로 쏟아지고 있다. 앞으로 쏟아져 나올 판례까지 생각할 때 행정법의 중심은 판례일 수밖에 없다. 그간의 기출경향도 학설은 거의 출제되지 않고, 주로 판례 위주로 출제되고 있다. 그래서 이번 개정판에서는 시험에 출제되지 않는 학문적 논의는 과감하게 삭제했다.

시험에 출제될 수 있는 판례는 모두 반영했다. 그러나 분량 문제 때문에 논거가 없는 판례는 결론만 소개하고, 논거를 알아야 판례의 결론을 이해할 수 있는 판례는 가능한 한 논거를 살리려고 노력했다. 최신판례는 2021년 6월 판례까지 반영했다. 그럼에도 엄청난 판례의 양 때문에 전체적인 분량은 2015년판에 비해 늘어날 수밖에 없었다.

강의는 유튜브에 무료로 게재할 예정이다. 유튜브 주소는 https://www.youtube.com/channel/UCZMRW5Llmv7iLLGN7yrUPxg 이며, 채널명은 '삼봉과 함께 하는 세상'이다.

2022년은 이 책을 읽는 독자와 나 모두 수험생의 지위이다. 서로 응시하는 시험에 좋은 결과가 있기를 바란다.

원고를 멋지게 편집해 교재로 만들어준 출판사 편집부 직원 여러분에 대해 감사의 뜻을 전한다.

끝으로 치우천황의 가호가 수험생 여러분과 함께 하길 기원한다.

수험시장의 현실은 7급의 경우 평균경쟁률이 50:1 가까이 된다. 이는 새로운 수험생의 유입이 없다는 전제 아래 계속 공부해도 꼴찌가 합격할 때까지 50년이나 걸린다는 의미이다. 그러나 알다시피 매년 새로운 수험생이 유입되고, 단기간에 기존 수험생을 추월해서 합격하는 것 또한 현실이다.

구 분	선 발 예정인원	출원인원	경쟁률
국가직 9급	5,662	198,110	35.0:1
국가직 7급	815	38,947	47.8:1

결국 시험에 언제 합격할 수 있느냐보다 시험에 합격할 수 있냐 없냐가 절대적으로 중요하다. 아무리 오래 공부해도 합격할 수 없는 수험생들이 대부분이라는 것을 통계가 말해주고 있기 때문이다. 그럼에도 노량진 수험문화는 잘못된 신화에 매여 합격을 스스로 포기하는 수험생들이 너무 많다. 따라서 이번 개정판 머리말에 덧붙여 노량진의 잘못된 믿음과 진실을 제시하고자 한다. 이러한 잘못된 믿음을 깨고 진실을 깨달아 공부한다면 누구나 합격생이라는 자랑스런 반열에 들어갈 수 있을 것이다.

노량진의 잘못된 믿음	진 실
7급은 9급과 다르다. 7급만큼 할 필요가 없다?	1. 7급 수험생의 2/3가 복수합격자이다. 결국 7급 수험생이 가지도 않을 9급을 1개 내지는 2개 이상 합격한다는 말이다. 따라서 결국 7급 수험생도 9급수험생의 경쟁자이다. 2. 행정고시에서 전환해서 공무원시험에 유입되는 고시수험생들이 7급합격생의 많은 비중을 차지한다. 이들도 7급시험만이 아니라 9급시험에도 응시한다. 결국 고시수험생도 9급수험생의 경쟁자이다.

80점만 받으면 합격한다?	100점을 받는 학생들에 비해 평균 4점을 깎이고 시작하는 것이다. 다른 과목은 득점이 보장되지 않는다. 만점이 보장되는 행정법에서 평균 4점을 깎이고 시작하는 것은 만점을 스스로 96점으로 낮춰놓고 공부를 시작하는 것과 같다.
쉬운 강의니까 3번씩 들어라?	1. 어려운 내용을 쉽게 강의하는 것이 아니라 쉬운 내용만 강의한다는 의미이다. 강의는 혼자 읽어서는 독해가 되지 않는 어려운 부분에 대한 설명을 듣기 위해서다. 그런데 혼자 봐도 알 수 있는 내용만 강의한다면 그런 강의는 불필요한 강의이다. 2. 쉬운 강의라고 강조하고 단과는 3번 듣는 게 좋다고 강조한다. 이 얼마나 모순인가? 쉬운 강의를 3번씩 들어야 할 필요가 있는지, 어려운 강의를 3번씩 들어야 할 필요가 있는지는 삼척동자도 조금만 생각하면 다 알 수 있을 것이다. 내 강의는 한 번 들으면 다시 들을 필요가 없이 한 번으로 100점이 보장되는 강의이다. 3. 이렇게 강조하는 강사들의 공통점은 질문에 제대로 답하지 못한다는 점이다. 질문에 답도 못하면서 쉬운 강의라고 강조하는 것은 자신의 실력이 없다는 것을 스스로 강조하는 것이 아닌가?
국어와 영어는 매일 하지 않으면 감이 유지되지 않는다?	1. 이는 감이 단 하루밖에 가지 않는 가장 비효율적인 방법이란 말이다. 시험날 하루에 여러 과목을 동시에 가장 많이 암기하고 있는 수험생이 합격하는 것이다. 감이 하루밖에 가지 않는 방법으로 여러 과목을 시험당일날 암기하고 점수로 연결하는 것은 불가능이다. 문제는 얼마나 장기저장이 가능한가에 달려 있다. 한 번 공부로 장기저장이 되지 않고 계속 잊어버리면 공부하는 의미가 없는 것이다. 지금 방법론은 최근에 본 내용만 기억하는 단기저장밖에 되지 않는 비효율적인 방법론이다. 2. 장기저장이 가능한 유일한 방법은 한 과목을 10회독 이상씩 집중적으로 공부함으로써 까먹고 외우고 까먹고 외우는 과정을 여러 번 거치는 방법뿐이다. 고승덕씨는 한과목을 공부할 때 이론서 10회독, 문제집 10회독을 집중적으로 공부했다. 그것도 매일 공부 실시간 16시간 이상을 투자하면서. 그런 방법으로 재학 중에 고시3관왕을 달성했다. 이보다 쉬운 공무원시험에 이 방법론으로 접근한다면 공무원3관왕은 식은죽먹기일 것이다.

1 개설

삼봉 기본행정법	삼봉 행정법총론	삼봉 행정법총론 판례
삼봉 행정법총론 기출문제	삼봉 행정법총론 객관식	삼봉 행정법총론 핵심정리
삼봉 행정법각론	삼봉 행정법각론 객관식	삼봉 행정법각론 핵심정리

❷ 이론서를 통한 충실한 실력의 확보

모든 과목이 마찬가지겠지만 실력의 원천은 문제집이 아닌 이론서에 있다. 따라서 먼저 이론서를 충실히 공부하는 것이 수험기간을 단축시키는 핵심적인 과정이라는 것을 강조하고 싶다.

❸ 문제집을 통한 실전능력배양

이론적 기초가 충실히 닦인다면 이제 문제를 통해 확인하고 복습하는 과정이 뒤따른다. 문제집도 일단 난도가 낮은 기출문제집부터 정리하고 난도가 높은 객관식문제집순으로 접근하는 것이 무난하다.

❹ 핵심정리를 통한 완벽한 정리

오랜 수험생활을 해 온 수험생의 경우 한두문제 차이로 불합격하는 가장 큰 이유가 정리를 제대로 못해서라고 생각한다. 시험을 앞둔 한 달의 시간은 그 전의 세 달에 해당할 정도로 중요한 시간이다. 따라서 마지막 한달을 얼마나 효율적으로 정리하느냐는 서브노트의 준비가 절대적으로 중요하다. 핵심정리서는 지금까지 고시를 포함한 모든 시험에서 100점을 받을 수 있기에 충분한 내용을 검증받은 바 있다.

목 차

제2편 • **행정작용법** ————————————————————●

제2장 행정행위

제3장 그 밖의 행정의 행위형식

제3편 • 행정의 실효성확보수단

 제1장 개 설

 제2장 행정상의 강제집행

제3장 행정상 즉시강제 및 행정조사

제4장 행정벌

제5장 새로운 의무이행확보수단

제2장 행정행위

I 개 설

1. 학문적 관념

행정행위의 개념은 우리나라의 경우 실정법상의 개념이 아니라 학문상의 개념이다. 행정행위는 실체법상으로는 '허가·인가·특허·면허·재결' 등 여러 가지 명칭으로 사용되며, 절차법(행정절차법·행정심판법과 행정소송법)에서는 '처분'이란 용어를 사용하고 있다.

이러한 관념은 다양한 행정작용 중에서 다른 작용과는 구별되는 일정한 관념적 징표를 가지고 특유한 법적 규율을 갖는 행위형식이 존재한다는 사실에 입각하여 이를 행정행위라는 개념으로 정립한 경험적·목적적 개념이다. 이 행정행위의 개념은 대륙법계, 특히 독일 행정법에서 그 핵심적 요소를 이루고 있다.

2. 개념정립의 실익

행정작용 중 일정한 행위(행정행위, 처분)에 대해서만 행정쟁송(항고쟁송)을 제기할 수 있고(행정심판법 제13조, 행정소송법 제19조), 공정력·강제력·존속력(확정력)과 같은 우월한 힘이 인정되기 때문이다.

II 행정행위의 의의

1. 행정행위의 개념

행정행위란 행정청이 구체적 사실에 관한 법집행으로서 행하는 권력적·단독적 공법행위를 말한다(최협의설, 통설).

행정청이 행한 행정행위의 의미를 해석하는 방법
행정청이 행한 행정행위의 의미를 해석함에 있어서는, 행정행위 또는 그 전제가 된 상대방 당사자의 신청행위 등의 문언의 내용과 함께, 행정행위의 목적, 행정행위가 행하여진 경위, 당사자들의 이해관계 등을 종합적으로 참작하여야 할 것이다(대판 2009.10.29, 2008두9829).

2. 행정행위와 처분

(1) 개 념

행정행위	처 분
행정청이 구체적 사실에 관한 법집행으로서 행하는 권력적·단독적 공법행위(최협의설 ; 통설). 학문상의 용어이지 실정법상 개념이 아님.	'처분등'이라 함은 행정청이 행하는 구체적 사실에 관한 법집행으로서의 공권력의 행사 또는 그 거부와 그 밖에 이에 준하는 행정작용(처분) 및 행정심판에 대한 재결을 말한다(행정소송법 제2조 제1항 제1호).

(2) 양자의 관계

행정행위	처 분
1. 행정청	1. 행정청
2. 구체적 사실에 관한 법집행	2. 구체적 사실에 관한 법집행
3. 권력적 단독행위 : 공권력의 행사	3. 공권력의 행사 또는 그 거부
4. 공법행위 : 외부에 대하여 직접적인 공법적 효과(권리의무의 발생·변경·소멸)를 발생하는 행위	4. 명시적 표현은 없지만 당연히 전제됨.
5. 행정행위에는 없는 표지임.	5. 그 밖에 이에 준하는 행정작용 : 처분개념이 행정행위보다 넓은 징표

① 일원설(실체법상 처분개념설) : 처분개념도 학문상의 행정행위개념과 동일하게 실체법상의 개념이라는 견해이다. 권력적 사실행위에 대한 합성처분설(권력적 사실행위는 행정행위인 수인하명과 사실행위인 집행행위로 되어 있는데, 이 중 행정행위인 수인하명만 처분에 해당한다는 견해)은 일원설을 전제로 하고 있다.

② 이원설(쟁송법상 처분개념설, 다수설) : 행정행위개념은 실체법적 개념이지만, 처분개념은 행정

행위와 달리 쟁송법상 인정되는 개념이고 행정행위보다 범위가 넓다는 견해로서 다수설이다. 권력적 사실행위는 행정행위는 아니지만 처분에는 포함된다. 공권력의 행사를 요구한다는 점에서 형식적 행정행위론과 구별된다.

③ **형식적 행정행위론**(이원설의 일종) : 형식적 행정행위는 실질적 행정행위는 아니지만, 국민의 권리·이익에 계속적으로 사실상의 지배력을 미치는 경우에 국민의 실효적인 권익구제라는 관점에서 쟁송법상으로만 처분으로 파악함으로써 그에 대한 항고쟁송의 제기를 가능하게 하기 위한 형식적·기술적 의미의 행정행위를 말한다. 이에는 행정지도, 공공시설(육교 등) 설치행위 등 비권력적 사실행위가 포함된다.

쟁송법적 처분개념설이나 형식적 행정행위론 모두 권리구제를 확대하기 위한 논의라는 점은 공통적이다. 그러나 권리구제 확대를 위한 방법론에서 쟁송법적 처분개념설은 다양한 권리구제수단을 인정하는 방법을(특히 당사자소송의 활성화), 형식적 행정행위론은 항고소송의 확대를 통한 방법을 제시한다는 점이 다르다. 형식적 행정행위론은 ⊙ 이론적인 측면에서 그간 쌓아온 체계를 뒤흔들 수 있다는 점(비권력적 사실행위에의 공정력 인정 여부 등), ⓒ 현실적인 측면에서 다양한 권리구제수단을 인정하는 것이 오히려 국민에게 이익이 되기 때문에 항고소송을 무리하게 확대할 필요가 없다는 점에서 비판이 제기되고 우리나라 통설·판례는 이를 부정한다.

(3) 개념적 징표

① **행정청** : 조직법적 개념(행정주체의 의사를 결정·표시할 수 있는 권한을 가진 행정기관, 속칭 기관장)에 국한되지 않는 기능적·최광의의 개념이다. 조직법적으로 비행정청(예 보조기관, 의결기관, 사인)의 행위는 제외되는 것이 원칙이나, 기능적으로 행정청의 기능을 수행하는 경우[예컨대, 조직법적으로는 의결기관인 지방의회가 지방의회의원을 징계하는 경우, 보조기관(국장, 과장 등)이 위임을 받아 행정청의 권한을 행사하는 경우, 공무를 위탁받아 수행하는 공공단체나 공무수탁사인]에는 행정청에 해당한다. 국회나 법원의 행위도 원칙적으로 제외되지만 예외적으로 실질적 의미의 행정으로서 행정행위에 해당하는 경우 행정청에 해당한다.

② **구체적 사실에 관한 법집행** : 행정행위는 구체적 사실을 규율하는 행위이므로 일반적·추상적인 행정입법이나 조례·규칙 등은 행정행위에 해당하지 않는다. 그러나 불특정 다수인을 규율대상으로 하는 일반처분(예 도로통행금지)이나 물적 행정행위, 이형적 대인처분은 행정행위에 해당한다.

③ **권력적·단독적 행위** : 행정행위는 행정주체가 행정객체에 대해 우월한 지위에서 행하는 공권력 행사작용이다. 따라서 행정청의 구체적 사실에 관한 법집행이더라도 상대방과의 의사의 합치에 의해 성립하는 비권력적·쌍방적 공법행위(예 공법상 계약, 합동행위)는 행정행위가 아니다.

④ 공법행위(외부에 대하여 직접적 법적 효과를 발생하는 행위) : 행정행위는 법적 행위, 즉 법적 효과를 발생·변경·소멸시키는 행위이다. 따라서 직접적인 법적 효과를 발생시키지 않는 사실행위와 행정내부행위(예 직무명령), 행정청의 법적 행위라도 물자 등의 구매와 같은 행정상의 사법작용(私法作用)은 제외된다. 그러나 행정행위가 공법상의 행위라는 것은 그 행위의 근거가 공법적이라는 것이지, 행위의 효과까지 공법적이라는 것을 의미하는 것은 아니다. 예를 들어 조세체납처분으로 인해 사법상의 소유권이 체납자에서 낙찰자로 변경하는 경우가 그것이다.

Ⅲ 행정행위의 기능

구 분	내 용
실체법적 기능	행정행위는 국민에게 권리를 설정하거나(특허), 의무를 부과(하명)하는 기능을 한다.
절차법적 기능	행정행위(특히, 침익적 행정행위의 경우)는 행정행위에 앞서 청문을 수행하는 경우가 많다.
명의기능	행정행위는 국민의 의무불이행에 대하여 강제집행을 할 수 있는 근거(집행명의)가 된다.
쟁송법적 기능	위법한 행정행위는 항고쟁송(취소소송 등)의 대상이 된다.

Ⅳ 행정행위의 특수성

1. 개 설

(1) 법률행위와의 구별

사인 간의 행위에 있어 가장 중요한 행위형식은 법률행위로서 이는 민법의 중심개념이다. 민법상 법률행위는 계약자유의 원칙에 따라 당사자의 자유의사를 출발점으로 하고, 자유로운 의사의 합치에 의해 성립된다. 이에 비해 행정행위는 행정청이 법률에 따라 일방적으로 발하는 것이지 행정청의 자유로운 의사결정에 의하는 것이 아니다.

(2) 판결과의 구별

① 판결은 법적 평화를 위해 법적 분쟁의 평화적(종국적) 해결을 목표로 하는데, 행정행위는 장래를 위한 사회형성적 활동이라는 점(목적상의 차이), ② 판결은 대립하는 양 당사자의 법적 분쟁에 대해 법원이 제3자적·중립적 입장에서 결정하는데, 행정행위를 행하는 행정청은 당사자

로서의 지위에서 행한다는 점(주체상의 차이), ③ 판결은 소의 제기를 통해서 수동적으로 행해지는데, 행정행위는 능동적·직권적 행위라는 점(성질상의 차이)에서 구별된다.

2. 법적합성

행정행위는 권력적 행위이므로 법에 근거해서 행해져야 하고, 내용도 법에 적합해야 한다.

3. 공정성

행정행위에 비록 흠이 있다 하더라도 당연무효가 아닌 취소할 수 있는 행정행위라면 권한 있는 기관에 의해 취소되기 전까지 유효한 행위로 통용된다.

4. 구성요건성

유효한 행정행위가 존재하는 한 다른 국가기관은 그의 존재를 존중하며 스스로의 판단의 기초 내지 구성요건으로 삼아야 한다.

5. 존속성(불가쟁성, 불가변성)

불가쟁성은 행정행위가 무효가 아닌 한 제소기간이 경과하거나 심급을 모두 거친 경우 더 이상 다툴 수 없는 성질을, 불가변성은 행정행위를 행한 행정청이라 하더라도 임의로 행정행위를 변경(취소·철회)할 수 없는 성질을 말한다.

6. 실효성

행정행위에 의해 부과된 의무를 이행하지 않거나 행정법규에 위반하는 경우 행정청이 자력으로 의무를 강제이행하거나(행정상의 강제집행), 제재를 가할 수 있다(행정벌).

7. 권리구제의 특수성

위법·부당한 행정행위로 인해 권익(권리나 이익)을 침해받은 자는 민사소송법이 아니라 행정심판법이나 행정소송법이 정하는 바에 따라 구제를 받게 된다. 또한 적법한 공권력의 행사를 통해 재산권의 손해를 받은 경우는 민법에 없는 손실보상이라는 특유한 손해전보가 인정되고, 위법한 행위로 손해를 받은 경우는 민법이 아닌 국가배상법에 의해 구제된다.

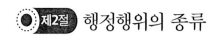 **제2절** 행정행위의 종류

제1항 개 설

1. 법률행위적 행정행위와 준법률행위적 행정행위(의사표시 여부)

법률행위적 행정행위	준법률행위적 행정행위
1. 의사표시를 구성요소, 의사표시대로 효과발생 2. 명령적 행정행위(하명, 허가, 면제), 형성적 행정행위(특허, 인가, 대리)	1. 의사표시 이외의 정신작용(인식·판단)을 구성요소, 법에 정한 별도의 효과발생 2. 확인, 공증, 통지, 수리

1. 구별긍정설(김동희, 김성수, 류지태, 박균성, 유상현, 장태주, 홍정선)
2. 구별부인론(비판론 ; 김남진, 박윤흔, 정하중) : 행정행위는 법률의 구체화 또는 집행으로서의 성질을 가지는 까닭에 행위자의 의사의 요소는 중요한 의미를 가지지 않기 때문에 민법상의 법률행위를 차용한 구별론에 대해 비판하는 견해

2. 재량행위·기속행위·자유로운 행위(법률에의 기속)

재량행위	기속행위	자유로운 행위
행정행위의 발급에 관하여 행정청에게 '복수행위 간의 선택의 자유'가 인정되는 행정행위(예 특허, 예외적 승인)	행정행위의 발급에 관해 법이 엄격하게 규율함으로써 행정청이 선택의 자유를 갖지 못하고 법이 정한 요건을 갖춘 경우에는 반드시 법이 정한 행위를 하도록 되어 있는 행정행위(예 건축허가, 영업허가 등 각종 허가)	재량행위에 있어서와 같이 재량이 법에 의해 구체적으로 수권되어 있는 것이 아니라, 법이 공백상태에 있거나 불충분하게 규율하고 있음으로써 행정권이 자유를 누리는 경우를 의미함. 원칙적으로 부정되고 예외적으로만 인정

3. 수익적 행정행위·침익적 행정행위·복효적 행정행위(법적 효과)

(1) 수익적 행정행위

상대방에게 권리·이익을 부여하거나 혹은 권리의 제한을 철폐하는 등 유리한 효과를 발생시키는 행정행위를 말한다. 건축허가, 영업허가와 부담적 행정행위(예 병역처분, 조세부과처분, 영업허가취소처분)의 취소 등이 이에 해당한다.

(2) 침익적 행정행위

권리를 제한하거나 의무를 부과하는 등 상대방에게 불리한 효과를 발생시키는 행정행위를 말한다. 수익적 행정행위(예 영업허가, 자동차운전면허)의 취소·철회, 위법건축물의 철거명령, 과세처분, 경찰하명 등이 이에 해당한다.

:: 수익적 행정행위와 침익적 행정행위의 구별실익

구 분	수익적 행정행위	침익적 행정행위
성 질	쌍방적 행정행위(신청에 의한 행정행위)	단독적·직권적·일방적 행정행위(신청불요)
법적 기속	법률의 규율정도가 완화	엄격한 법적 기속. 법률유보 적용
재량 여부	법률의 문언이 불분명한 경우 재량행위	법률의 문언이 불분명한 경우 기속행위
부관의 가부	법적 근거 없이도 가능	원칙적으로 불가
무 효	무효요건 엄격	무효요건 완화
취소·철회	원칙적으로 제한 : 과잉금지원칙, 신뢰보호원칙	원칙적으로 자유
절차적 통제	1. 처분의 신청 2. 다수의 행정청이 관여하는 처분 3. 처리기간 설정·공표	1. 사전통지 : 권익제한, 의무부과에 한정 2. 의견청취(의견제출, 청문, 공청회)
강제집행	원칙적으로 불가	하명의 경우 불이행 시 가능
권리구제	의무이행심판, 거부처분취소소송, 부작위위법확인소송	취소심판, 취소소송

(3) 복효적(이중효과적) 행정행위

복효적 행정행위란 하나의 행위가 수익과 침익이라고 하는 복수의 효과를 발생하는 행정행위를 말하며, 이중효과적 행정행위라고도 한다. 복수의 효과가 동일인에게 발생하는 경우를 혼합효 행정행위(혼효적 행정행위. 예 부담부 행정행위 : 노래방영업허가를 하면서 소음방지시설을 갖출 의무를 부담으로 부과하는 경우)라고 하며, 상대방에게 이익(불이익)을 제3자에게는 불이익(이익)이라고 하는 상반된 효과를 발생하는 경우를 제3자효 행정행위(협의)라고 한다.

4. 쌍방적 행정행위·단독적 행정행위(상대방의 협력)

(1) 쌍방적(협력을 요하는) 행정행위

① 상대방의 협력(신청·동의)에 기하여 행해지는 행정행위

② 용어에 관해서는 ㉠ 쌍방적 행정행위(김동희, 김철용, 박윤흔, 유상현), ㉡ 신청·동의에 의한 행정행위(김남진, 박종국), ㉢ 협력을 요하는 행정행위(장태주, 정하중, 홍정선, 홍준형)

③ 신청에 의한 행정행위는 허가·인가·특허, 동의에 의한 행정행위는 공무원 임명 등 주로 수익적 행정행위를 대상으로 한다.

④ 행정행위는 비록 상대방의 협력이 필요하더라도 행정행위의 전제조건이 될 뿐이고 행정행위 자체는 단독행위임에 비해, 공법상 계약은 대등한 당사자 사이의 의사의 합치에 의해 성립하는 쌍방적 행위라는 점에서 구별된다.

(2) 단독적(직권적, 독립적, 일방적) 행정행위

상대방의 협력(신청·동의) 없이 행정청이 직권으로 발하는 행정행위로서 조세부과·경찰하명·허가취소·공무원징계 등 주로 침익적 행정행위 등이 이에 해당한다.

5. 대인적·대물적·혼합적 행정행위(심사기준)

구 분	대인적 행정행위	대물적 행정행위	혼합적 행정행위
의 의	사람의 학식·기술·경험 등의 주관적 요소에 착안하여 행해지는 행정행위	물건의 성질이나 상태 등 객관적 요소에 착안하여 행해지는 행정행위	인적·주관적인 자격요건 외에 물적·객관적 요건을 고려하여 행하는 행정행위
사 례	1. 자동차운전면허 2. 의사면허	1. 유기장(전자오락실)영업허가 2. 자동차(차량)검사합격처분	1. 총포·도검·화약류제조 허가·판매업 허가 2. 도시가스사업허가
효과 승계 여부	부정(새로운 허가 필요)	긍정(새로운 허가 불요)	1. 대인적 : 새로운 허가 필요 2. 대물적 : 신고나 등록 필요

6. 일반처분(일반적·구체적 규율)

(1) 의 의

독일연방행정절차법 제35조 제2문에서는 행정행위의 특별한 유형으로서 일반처분을 규정하고 있다. 같은 조에 따르면 일반처분이란 '어떠한 일반적 표지에 따라 특정되거나 특정될 수 있는 인적 집단에 대한 행정행위 또는 물건의 공법적 성질이나 그 물건의 일반적인 이용에 관계된 행정행위'라고 정의하고 있다. 우리나라 행정절차법의 경우 이에 관한 규정은 없지만, 일반적(불특정 다수인을 규율대상)·구체적(특정한 사건을 규율대상) 규율을 의미한다.

(2) 개별적 행정행위나 집합처분과의 구별

일반처분은 행정행위의 일반적 요건을 모두 충족해야 한다는 점에서 개별적 행정행위와 같다. 다만, 규율의 수범자가 특정한 개인이 아니라 일정한 표지를 통해 특정화될 수 있는 인적 집단이라는 점에서 차이가 있다. 또한 일반처분은 특정 개인에 대한 동일한 내용의 수개의 행정처분을 묶어서 발하는 집합처분(예컨대, 동일한 내용의 부담금부과처분을 주소지가 다른 다수인에게 우편발송을 통해 하는 경우)과도 구별된다. 집합처분도 처분의 내용만 동일할 뿐 각각 독립적인 개별적·구체적 규율로서의 성질을 갖고 있기 때문이다.

(3) 종 류

대인적 일반처분	대물적 일반처분(물적 행정행위)	물건의 이용규율에 관한 일반처분
1. 특정일·특정시간·특정장소에서의 집회금지 2. 일정지역·일정시간 이후의 통행금지 3. 특정서적의 판매금지 4. 특정지역의 통행(입산, 수렵)금지 해제 5. 국회의 자유무역협정비준안에 반대해 시내도로에서 연좌시위를 하는 농민단체의 시위참여자들에게 경찰서장이 해산명령을 하는 경우 6. G8 정상회담기간 중 행사장 주변지역에서의 모든 옥외집회금지	1. 공물의 공용지정 : 도로의 공용개시·공용지정, 문화재지정행위 2. 도로명칭의 변경행위 3. 교통표지판(일방통행표지판, 횡단보도설치, 주차금지표지판, 속도제한표지판) 4. 공시지가(개별, 표준지)결정 5. 도시계획상 용도지역(주거·상업·공업·녹지지역) 지정	1. 국립도서관 등과 같은 공공시설의 이용규율 2. 우리나라의 경우 행정규칙으로 파악하기 때문에 일반처분으로 보는 것은 어렵다(김동희, 장태주).

물적 행정행위란 직접적인 규율대상은 물건인데, 사람에게도 간접적으로 법적 효과를 발생하는 행정행위를 말한다. 물적 행정행위는 사람에 대한 제한규정이 없기 때문에 일반적 규율이지만, 특정한 물건을 규율한다는 점에서는 구체적 규율이다. 따라서 물적 행정행위는 개념상 당연히 일반처분의 일종이다.

1. 횡단보도설치로 보행자의 통행방법을 규제하는 행위는 처분에 해당한다

도로교통법 제10조 제1항은 지방경찰청은 도로를 횡단하는 보행자의 안전을 위하여 행정자치부령이 정하는 기준에 의하여 횡단보도를 설치할 수 있다고 규정하고, 제10조 제2항은 **보행자는 지하도·육교 그 밖의**

횡단시설이나 횡단보도가 설치되어 있는 도로에서는 그곳으로 횡단하여야 한다고 규정하며, 제24조 제1항은 모든 차의 운전자는 보행자가 횡단보도를 통행하고 있는 때에는 그 횡단보도 앞에서 일시 정지하여 보행자의 횡단을 방해하거나 위험을 주어서는 아니 된다고 …… 규정하는 도로교통법의 취지에 비추어 볼 때, **지방경찰청장이 횡단보도를 설치하여 보행자의 통행방법 등을 규제하는 것은 행정청이 특정사항에 대하여 의무의 부담을 명하는 행위**이고, 이는 국민의 권리의무에 직접 관계가 있는 행위로서 행정처분이라고 보아야 할 것이다(대판 2000.10.27, 98두896).

학설은 횡단보도설치로 보행자의 통행방법을 결정하는 행위에 대해 물적 행정행위로서 처분성을 인정함에 비해(김남진, 박윤흔), 대법원은 대인적 행정행위설을 취해 처분성을 인정하고 있다는 점에서 차이가 있다.

2. 횡단보도설치에 의해 침해되는 지하상가 상인의 영업상 이익에 대한 원고적격은 부정된다

도로교통법 제1조는 **"이 법은 도로에서 일어나는 교통상의 모든 위험과 장해를 방지·제거하여 안전하고 원활한 교통을 확보함을 목적으로 한다."**고 규정하고 있고, 이러한 목적을 달성하기 위하여 같은 법 제10조 제1항에서 횡단보도설치에 관한 규정을 두고 있으며, 일반적으로 도로는 국가나 지방자치단체가 직접 공중의 통행에 제공하는 것으로서 일반국민은 이를 자유로이 이용할 수 있으므로 이러한 횡단보도 설치에 관한 근거 법령의 규정취지와 도로의 이용관계에 비추어 볼 때, **횡단보도가 설치된 도로 인근에서 영업활동을 하는 자에게 횡단보도의 설치에 관하여 특정한 권리나 법령에 의하여 보호되는 이익이 부여되어 있다고 말할 수 없으므로,** 이와 같은 사람은 횡단보도의 설치행위를 다툴 법률상의 이익이 있다고 할 수 없다(대판 2000.10.27, 98두896).

7. 요식행위·불요식행위(형식)

요식행위	불요식행위
1. 행정절차법상 요식주의(서면주의)가 원칙(제24조) 2. 행정심판재결, 조세부과처분, 납세독촉, 대집행 계고	교과서상으로는 불요식이 원칙이라고 함.

8. 적극적 행정행위·소극적 행정행위(양태)

적극적 행정행위	소극적 행정행위
1. 현재의 법률상태의 변동을 가져오는 행정행위 2. 하명(의무부과), 허가(금지해제), 특허	1. 현재의 법률상태를 변동시키지 않으려는 의도의 행정행위 2. 거부처분, 간주거부(실질적으로는 부작위지만 법적으로는 거부처분으로 의제되는 행정행위), 부작위

9. 가(假)행정행위·종(終)행정행위

'잠정적인 효력'을 갖는 행정행위를 가행정행위라고 하고, '종국적인 효력'을 갖는 행정행위를 종국적 행정행위(종행정행위)라고 한다.

10. 행정의 자동결정

(1) 의의 및 종류

행정의 자동결정이란 동일 또는 동종의 다수의 행정행위를 발령해야 하는 경우에 자동기계처리시설을 활용하여 행하는 것을 말한다. 사례로는 ① 자동감응장치에 의한 교통신호기, ② 전산에 의한 학교배정, ③ 공과금의 부과결정, ④ 연금 등 수익금의 결정, ⑤ 주차료 등 공공시설의 사용료결정 등이 있다.

(2) 법적 성질(행정행위)

자동기계에 입력된 프로그램은 행정규칙의 성질이고 그에 의해 구체화된 자동결정은 행정행위의 성질이다. 따라서 자동화된 행정결정에 대하여도 행정쟁송이 가능하다. 행정의 자동결정은 원칙적으로 기속행위와 친하고, 재량행위와는 친하지 않다. 그러나 재량행위라도 변수를 다양하게 설정하는 경우 예외적으로 자동결정이 허용된다.

(3) 성립상의 특징

행정의 자동결정도 행정행위의 일종이기 때문에 행정행위의 성립·효력요건을 갖출 것이 요구된다. 그러나 자동기계에 의한 결정이라는 점에서 일반적인 행정행위와는 달리 ① 행정청의 서명날인의 생략, ② 부호의 사용, ③ 청문의 생략, ④ 이유부기의 생략(독일연방행정절차법 제37조 이하) 등의 특성이 인정된다.

(4) 하자와 권리구제

① 행정자동결정의 하자 : 행정행위의 하자에 관한 일반원칙이 그대로 적용된다. 따라서 하자가 중대하고 명백한 경우에는 무효이고, 그에 이르지 않는 단순하자인 경우 취소사유에 해당한다.
② 손해배상 : 공무원의 위법행위에 기인한 손해에 대하여는 국가배상법 제2조에 의한 배상책임이, 자동장치의 설치 또는 관리상의 하자로 인한 손해에 대하여는 국가배상법 제5조에 의한 영조물책임이 인정된다.

Ⅰ 개설

1. 의의

복효적 행정행위란 하나의 행위가 수익과 침익이라고 하는 복수의 효과를 발생하는 행정행위를 말하며, 이중효과적 행정행위라고도 한다. 복수의 효과가 동일인에게 발생하는 경우를 혼합효 행정행위(혼효적 행정행위 : **예** 부담부 행정행위)라고 하며, 상대방에게 이익(불이익)을 제3자에게 불이익(이익)이라고 하는 상반된 효과를 발생하는 경우를 제3자효 행정행위(협의)라고 한다. 제3자효 행정행위는 주로 원고적격의 확대, 공권의 확대화와 관련해서 논의가 되고 있다.

제3자효 행정행위 사례
1. 연탄공장건축허가·원자력발전소건설허가 등 각종 건축허가 : 제3자인 이웃주민의 환경권·일조권·조망권·사생활 침해
2. 체납처분자에 대한 공매처분 : 제3자인 체납자의 소유권 상실
3. 토지수용재결 : 제3자인 재산권자의 재산권 상실
4. 합격자(당선자)결정 : 제3자인 불합격자·낙선자
5. 주유소등록 : 제3자인 이웃주민의 생명·신체의 안전과 환경권, 재산권 침해
6. 경원면허 : 경쟁출원자 가운데 면허거부당한 자
7. 각종 영업허가 : 경업자관계

---

2. 특징

제3자효 행정행위는 ① 복수의 이해관계자의 존재, 당사자 사이의 이해상반, 사익과 공익의 조화뿐만 아니라 사익과 사익의 조화도 중요한 문제가 된다는 점, ② 이익형량의 범위가 넓고 복잡하다는 점, ③ 일방의 이익과 타방의 불이익 간에 상호구속성이 있다는 점을 특징으로 한다.

3. 등장배경

복효적 행정행위는 종래에도 없었던 것은 아니지만 최근에 중요시되고 있다. 이는 ① 현대 행정법관계가 사인의 가치관의 다양화로 사인과 사인 간의 이해대립이 늘어나면서 다면적 관계로 발전하고 있다는 점, ② 복리행정의 전개는 계획행정적 색채가 가미되어 인인 상호 간의 이해조정임무까지 부가되었다는 점, ③ 제3자의 권리·이익구제의 범위, 특히 원고적격이 점차로 확대되어 왔다는 점 등이다.

4. 문제점

광의의 개념 중 혼합효 행정행위는 행정행위의 일반론(과잉금지원칙과 신뢰보호원칙)에 따라 해결될 수 있으므로 특별히 문제되지 않으나, 제3자효 행정행위의 경우 제3자의 이익보호가 중요한 문제가 되며, 이와 관련하여 실체법, 절차법, 집행법 및 쟁송법적 관계에 대한 검토가 필요하다.

Ⅱ 실체법적 관계

1. 행정개입청구권

예컨대, 공해기업에 대한 개선명령으로 인근 주민이 이익을 받고, 불량물품제조업자에 대한 규제조치로 소비자가 이익을 받는 경우에 제3자는 다른 자에 대한 규제행위를 행정청에 대하여 청구할 수 있는가 하는 것이 문제가 될 수 있으며, 이에 관한 권리가 이른바 행정개입청구권이다.

2. 복효적 행정행위의 직권취소·철회

수익적 행정행위의 직권취소나 철회는 상대방의 신뢰보호의 관점에서 제한되지만, 제3자효 행정행위에 있어서는 공익과 상대방의 신뢰보호뿐만 아니라, 제3자의 이익도 아울러 비교형량하여야 한다.

(1) 복효적 행정행위의 직권취소

복효적 행정행위의 상대방은 부담을 받는 제3자의 취소심판이나 취소소송을 예견하고 있기 때문에 그러한 한도에서 신뢰보호가 제약을 받는다. 따라서 이러한 경우 위법한 행정행위의 직권취소의 여부는 행정청의 재량에 속하게 된다. 다만, 제3자의 쟁송제기기간이 도과한 경우, 즉 불가쟁력이 발생한 경우에는 수익자의 신뢰보호가 형성된다.

(2) 복효적 행정행위의 철회

① 행위의 존속이 제3자에게 불이익이 되는 경우(철회의무) : 상대방에게 수익적인 행정행위라도 제3자의 권리·이익을 침해할 때, 그 침해의 정도나 당해 이익의 내용, 보호할 필요성의 정도에 따라 때로는 행정행위의 철회가 필요한 경우도 생길 수 있을 것이다. 예를 들어, 기업활동으로 인한 심각한 환경오염으로 인근 주민의 건강이 침해되는 경우에는 기업허가를 철회하여야 하는 경우가 발생할 수 있다.

② 행위의 존속이 제3자에게 이익이 되는 경우(철회제한) : 직접 상대방에 대해서 이익이 되거나 불

이익이 되더라도 당해 행위가 제3자의 이익보호도 관련이 되는 경우에는 철회가 제한될 수 있다. 예를 들어, 일반국민의 이해관계에 많은 관련을 갖는 자동차운수사업이나 건설업의 경우에 그 면허의 철회사유가 있더라도 일반국민에 대한 불편을 이유로 과징금제도(변형과징금) 등으로 의무이행을 대신 확보하며 그 철회가 제한되는 경우를 들 수 있다.

3. 제3자의 동의

행정실무상으로 제3자효 행정행위의 제3자에 대한 배려차원에서 인허가를 함에 있어 제3자의 사전동의를 얻게 하는 경우가 있다. 그러나 기속행위의 경우에 법적 근거 없이 제3자의 동의를 얻게 하는 것은 위법이다.

4. 부 관

제3자효 행정행위의 경우 상대방과 제3자의 이익을 조정하기 위하여 그에 합당한 부관을 붙이는 경우가 많다. 예컨대, 노래방영업허가 시(수익적) 제3자를 위한 소음방지의무를 부가(부담적·침익적)하는 경우가 그에 해당한다.

Ⅲ 절차법적 관계(복효적 행정행위와 행정절차)

1. 제3자에 대한 통지 및 의견청취

(1) 제3자에 대한 통지는 효력발생요건이 아님

일반적으로 행정행위는 상대방에 통지되어야 효력이 발생한다. 그런데 복효적 행위가 효력을 발생하기 위해 제3자에 대한 통지가 필요한지의 여부가 문제된다. 현행 행정절차법은 독일과는 달리 복효적 행정행위가 효력을 발생하기 위해 직접 상대방 이외의 제3자에 대한 통지가 필요하다는 규정을 두고 있지 않기 때문에 제3자에의 통지는 복효적 행정행위의 효력발생요건이 아니다.

(2) 제3자에 대한 통지의무도 없음

행정절차법 제21조 제1항에서는 "행정청은 당사자에게 의무를 과하거나 권익을 제한하는 처분(불이익처분)을 하는 경우에는 미리 일정한 사항을 당사자등에게 통지하여야 한다."라고 규정하고 있다. 여기서 당사자등이란 행정청의 처분에 대하여 직접 그 상대가 되는 당사자(상대방)와 행정청이 직권으로 또는 신청에 따라 행정절차에 참여하게 한 이해관계인(제3자)을 말한다

(같은 법 제2조 제4호). 따라서 행정청의 직권 또는 이해관계인의 신청에 따른 결정이 있는 경우에만 행정절차에 참여할 수 있고, 상대방에게 이익을 주는 복효적 행정행위에 대하여는 적용되지 않는다는 점에서 제3자에 대한 절차적 보장이 미흡한 실정이다.

2. 문서열람 및 복사청구권

행정절차법 제37조는 청문의 경우(의견제출과 공청회에는 규정이 없음) 이해관계인에게 당해 처분의 관련문서에 대한 열람 및 복사청구권을 인정하고 있다.

Ⅳ 집행법적 관계

종래 행정상 강제집행은 원칙적으로 행정청의 재량영역이라고 이해하였다. 그러나 제3자효 행정행위의 경우에는 상대방의 의무불이행 또는 의무위반상태를 시정하지 않는 것은 제3자의 이익을 침해하는 상태를 존속시키는 결과가 되므로, 이 경우에는 행정청의 집행재량이 의무화될 수 있다.

Ⅴ 쟁송법적 관계(복효적 행정행위와 행정쟁송)

1. 제3자의 고지신청

행정심판법 제58조 제2항은 "행정청은 이해관계인이 요구하면 해당 처분이 행정심판의 대상이 되는 처분인지 여부와 행정심판의 대상이 되는 경우 소관 위원회 및 심판청구 기간을 지체 없이 알려주어야 한다."고 규정하고 있다. 여기의 이해관계인에는 제3자효 행정행위에 있어서의 제3자도 포함된다.

2. 제3자의 청구인(원고)적격

취소소송을 통하여 권리를 구제받기 위해서는 관련 법규에 의해 보호되는 법률상의 이익이 침해되어야 한다(행정심판법 제13조, 행정소송법 제12조). 제3자효 행정행위에서는 어느 범위에서 원고적격이 인정되며 법적 이익이 침해된 것으로 볼 것인가 하는 것이 문제된다.

제3자도 처분의 상대방과 마찬가지로 법률에 의해 보호되는 구체적이고 직접적인 이익이 있으면 원고적격이 인정되는데, 통설과 판례는 법률의 범위를 당해 처분의 근거 법규만이 아닌 관계 법규까지 확대함으로써 인인소송(이웃주민이 환경상 이익침해 등을 이유로 제기하는 소송),

경업자소송(경쟁업자에 대한 신규면허로 인해 영업상 이익을 침해당한 기존업자가 제기하는 소송), 경원자소송(신규출원자 중에서 면허를 거부당한 자가 제기하는 소송)에서 제3자의 원고적격을 인정하고 있다.

3. 제3자의 쟁송제기기간

제3자가 행정심판을 제기하는 경우 심판제기기간은 처분이 있음을 안 날부터 90일, 처분이 있은 날부터 180일(행정소송의 경우 1년) 이내에 제기하여야 한다(행정심판법 제27조, 행정소송법 제20조). 제3자가 처분이 있음을 안 경우에는 문제가 없지만, 제3자에게는 행정행위가 통지되지 않는 경우가 많으므로 처분이 있다는 것을 알 수 없는 경우가 많다. 따라서 제3자의 경우 일반적으로 처분이 있은 날로부터 180일 이내에 제기하면 될 것이다. 한편, 정당한 사유가 있는 경우에는 180일이 경과해도 행정심판을 제기할 수 있는데, 판례는 정당한 사유를 넓게 인정하는 입장이다.

4. 필요적 행정심판전치주의(예외적)

취소소송과 부작위위법확인소송의 경우 예외적으로 필요적 행정심판전치주의가 적용된다(행정소송법 제18조, 제38조 제2항). 이 경우 처분의 상대방이 아닌 제3자도 행정심판을 거쳐야 하는지가 문제되는데, 판례는 제3자의 경우에도 필요적 행정심판전치주의는 적용된다는 입장이다.

5. 제3자의 집행정지

행정소송법상 명문의 규정도 없고 이를 인정한 판례도 없지만, 학설의 다수는 이의 필요성과 가능성을 인정하고 있다. 다만, 제3자는 원고의 지위에서 집행정지를 신청할 수 있을 뿐, 참가인의 지위에서 집행정지를 신청할 수는 없다.

6. 형성력의 제3자효

처분등의 취소나 무효의 확인 및 부작위의 위법을 확인하는 확정판결은 제3자에 대하여도 효력이 있다(행정소송법 제29조 제1항, 제38조).

7. 제3자의 심판(소송)참가

행정심판이나 행정소송의 결과에 대하여 이해관계가 있는 자는 당해 절차에 참가할 수 있다(행정심판법 제20조 제1항, 행정소송법 제16조). 제3자가 제기한 취소소송에 있어서 소송참가인은 처분의 상대방인 것이 보통이다.

8. 제3자의 재심청구

항고소송의 확정판결에 의하여 권리 또는 이익을 침해받은 제3자는 자기의 책임 없는 사유로 그 소송에 참가하지 못함으로써 판결의 결과에 영향을 미칠 공격 또는 방어방법을 제출하지 못한 때에는 일정한 기간 내에 재심을 청구할 수 있다(행정소송법 제31조 제1항).

제3항 **재량행위·기속행위**

I 개 설

1. 행정의 자유와 구속

법률에 의한 행정의 원리에 따라 행정행위는 법률에 따라 행해져야 한다. 그러나 행정행위를 함에 있어 모든 요건을 일의적·확정적으로 법규로 정한다는 것은 사회현상이 복잡다기(다양)하고 가변적이기 때문에 현실적으로 불가능하다. 또한 행정은 공익의 구체적 실현작용이라는 점에서 경우에 따라 구체적 사정과 관련하여 그에 가장 합당한 처분을 할 수 있도록 행위 여부나 내용에 관해 행정청에 일정한 한도의 독자적 판단권을 인정하는 것이 공익의 적당한 실현을 위해 요청되는 것이다. 이러한 이유에서 행정청에 재량이나 판단의 여지를 인정하지 않을 수 없게 된다.

2. 개 념

(1) 기속행위

기속행위란 행정청이 어떤 행정행위를 할 수도 있고 안 할 수도 있는 선택의 자유가 인정되어 있는 것이 아니라, 법이 정한 일정한 요건이 충족되어 있을 때 법이 정한 효과로서의 일정한 행정행위를 반드시 행하도록 되어 있는 경우를 말한다.

(2) 재량행위의 의의와 종류

재량행위란 '복수행위 간에 선택의 자유'가 인정되어 있는 경우를 말하며, 이에는 할 수도 있고 안 할 수도 있는 '결정재량' 및 다수의 행정행위 중 어느 것을 해도 괜찮은 '선택재량'이 있다.

결정재량	선택재량
1. 재량권의 발동 여부에 관련되는 재량. 어떤 행정결정을 하거나 하지 않을 수 있는 권한을 갖는 경우 2. 주로 위해방지를 목적으로 하는 경찰행정권의 발동 여부에 대한 재량에 존재	1. 재량권을 발동하기로 한 경우에 구체적으로 허용되어 있는 수단의 선택과 관련되는 재량 2. 매우 다양한 영역, 예컨대 공무원에 대한 징계유형의 선택이나 행정법적 의무위반에 대한 다양한 제재의 행사영역에 존재

(3) 기속재량(법규재량)과 자유재량(공익재량, 편의재량)

① 양자의 비교

구 분	기속재량(법규재량)	자유재량(공익재량, 편의재량)
의 의	무엇이 법인가를 판단하는 재량	무엇이 합목적적인가의 재량
사 례	1. 약사법상 의약품제조업허가사항변경허가(대판 1985.12.10, 85누674) : 기속행위의 일종으로 출제 2. 검사 임용에 대한 응답 여부(대판 1991.2. 12, 90누5825) 3. 산림형질변경허가(대판 1998. 9.25, 97누19564) 4. 행정청이 허가처분을 취소 또는 철회함으로써 그 수익자에게 불이익을 줄 경우(대판 1963.8.31, 63누111) 5. 채광계획인가(대판 2002.10.11, 2001두151) 　■ 재량행위라는 예외판례 존재(대판 2008.9.11, 2006두7577) 6. 사설납골당설치허가(대판 1994.9.13, 94누3544)	1. 특 허 　① 공유수면매립면허와 일단 실효된 공유수면매립면허의 효력을 회복시키는 행위(대판 1989.9.12, 88누9206) 　② 자동차운수사업면허 　③ 검사의 임용 여부(대판 1991. 2.12, 90누5825) 　④ 대학교수의 임용 여부(대판 2006.9.28, 2004두7818) 2. 예외적 승인 : 구 도시계획법상의 개발제한구역 내의 건축물의 용도변경허가(대판 2001. 2.9, 98두17593) 3. 군인(군의관)의 전역허가(대판 1998.10.13, 98두12253) 　■ 병역처분은 기속행위 　■ 공군 조종사의 전역허가는 기속행위(대판 2011.9.8, 2009다77280)

② 구별인정 여부

　㉠ 긍정설 : 법원의 심사방식에 약간의 차이가 있다는 것을 논거로 양자의 구별을 긍정하는 견해이다.

　㉡ 부정설(다수설) : 무엇이 법인가를 판단하는 기속재량은 단순히 법의 해석 및 적용작용에 지나지 않기 때문에 기속재량행위는 기속행위에 지나지 않는다. 자유재량 역시 일정한 법적인 한계를 지켜야 한다는 의미에서는 기속적이며, 일정한 한계를 일탈하는 경우에는 사법심사의 대상이 된다.

ⓒ 판례(긍정설) : 판례는 자유재량행위와 기속재량행위를 구별하는 입장이다(대판 2001.2.9, 98두17593). 그러나 기속재량행위의 의미는 재량행위의 일종 또는 기속행위의 일종이라고 판시함으로써 일관성을 결여하고 있다.

1. 기속행위의 일종이라는 판례

    행정행위가 그 재량성의 유무 및 범위와 관련하여 이른바 **'기속행위 내지 기속재량행위'**와 재량행위 내지 자유재량행위로 구분된다(대판 2001.2.9, 98두17593).

2. 재량행위의 일종이라는 판례

    어느 행정행위가 기속행위인지 재량행위인지 나아가 **재량행위라고 할지라도 기속재량행위인지 또는 자유재량에 속하는 것인지** 여부는 이를 일률적으로 규정지을 수는 없는 것이고, 당해 처분의 근거가 된 규정의 형식이나 체재 또는 문언에 따라 개별적으로 판단하여야 한다(대판 1998.9.8, 98두8759).

Ⅱ 기속행위와 재량행위의 구별 실익

1. 행정쟁송과의 관계(행정소송의 한계결정)

기속행위에 대하여는 사법심사가 전면적으로 이루어지는 반면, 재량행위의 경우는 재량의 일정한 한계 내의 행사에 있어서는 당·부당의 문제로 보아 사법심사의 대상에서 제외되고, 일탈·남용의 경우(위법, 하자)에만 예외적으로 사법심사의 대상이 된다는 점에서 여전히 구별의 의미가 있다는 견해가 다수설이다.

그러나 "재량행위의 경우 일탈·남용이 없는 한 사법심사의 '대상'이 되지 않는다."라는 지문은 적절하지 않다. 과거에는 재량행위에 대해 취소소송이 제기되면 소를 각하하였지만, 오늘날에는 대상적격을 부정하여 각하하지 않고 재량의 일탈·남용 여부를 심사한 후 적법하면 기각판결을 내리기 때문이다. 오늘날 기속행위와 재량행위 모두 재판통제의 대상이 된다는 점에서는 같다. 행정소송법 제27조에서도 "행정청의 재량에 속하는 처분이라도 재량권의 한계를 넘거나 그 남용이 있는 때에는 법원은 이를 취소할 수 있다."라고 명문으로 규정하고 있다. 따라서 엄밀히 말하면 재량행위는 부당에 그치는 한 행정소송에 의해 통제될 수 없고 일탈·남용의 경우에만 위법한 재량처분으로서 인용판결을 받게 된다는 점에서 '재판통제 내지 사법심사의 범위'(김동희, 류지태, 박균성, 유상현) 내지 심리범위와 '입증책임'(한견우), '법적 효과'(홍준형), '사법심사의 통제밀도'(장태주)가 다르다고 표현하는 것이 타당하다(私見).

기속재량이나 자유재량 모두 일탈·남용의 경우 사법심사 대상이 된다
재량권의 남용이나 재량권의 일탈의 경우에는 그 재량권이 기속재량이거나 자유재량이거나를 막론하고 사
법심사의 대상이 된다(대판 1984.1.31, 83누451).

2. 부관의 허용성 여부

종래의 학설·판례는 재량행위에만 부관을 붙일 수 있고 기속행위에는 부관을 붙일 수 없다고
한다. 그러나 현재의 다수설은 재량행위에도 부관을 붙일 수 없는 경우가 있고(예 귀화허가),
기속행위에도 법령에 근거가 있거나 법률요건충족적 부관의 경우에는 부관을 붙일 수 있다는
견해이다.

일반적으로 기속행위나 기속적 재량행위에는 부관을 붙일 수 없고 가사 부관을 붙였다 하더라도 이는 무효
의 것이다(대판 1988.4.27, 87누1106).

3. 공권의 성립과의 관계

일반적으로 기속행위에 대해서는 상대방이 행정개입청구권을 행사할 수 있으나, 재량행위에
대해서는 원칙적으로 상대방에게 이 청구권이 인정되지 않는다. 그러나 재량행위의 경우에도
무하자재량행사청구권이 인정되고, 예외적으로 재량권이 '0'으로 수축하는 경우 행정개입청구
권이 인정되므로 구별실익은 적다.

4. 요건의 충족과 효과의 부여

1. 귀화신청인이 구 국적법 제5조 각호에서 정한 귀화요건을 갖추지 못한 경우, 법무부장관이 귀화 허부에
   관한 재량권을 행사할 여지 없이 귀화불허처분을 하여야 한다(대판 2018.12.13, 2016두31616).
2. 도로점용허가를 받은 자가 구 도로법 제68조의 감면사유에 해당하는 경우, 도로관리청은 감면 여부에
   관한 재량을 갖고, 도로관리청이 감면사유로 규정된 깃 이외의 사유를 들어 점용료를 감면힐 수 없다(대
   판 2019.1.17, 2016두56721, 56738).
3. 교육환경보호구역에서 건축법 제11조 제1항 단서 등에 따른 건축물을 건축하려는 자가 제출한 교육환경
   평가서를 심사한 결과 그 내용 중에 교육환경 영향평가 결과와 교육환경 보호를 위한 조치 계획이 「교육
   환경 보호에 관한 법률 시행규칙」 제2조 [별표 1]에서 정한 '평가대상별 평가 기준'에 부합하거나 그 이상
   이 되도록 할 수 있는 구체적인 방안과 대책 등이 포함되어 있는 경우, 교육감은 제출된 교육환경평가서
   를 승인하여야 한다(대판 2020.10.15, 2019두45739).

5. 확정력(불가변력)과의 관계

재량행위의 경우 불가변력이 인정되지 않지만, 기속행위의 경우에는 불가변력이 인정된다는 견해가 있었다. 그러나 현재는 불가변력은 '확인행위'에만 인정되는 것이지 재량행위라 하여 그 취소·변경이 자유로운 것은 아닌 점에서 양자 간의 직접적인 관련은 없다고 보는 견해가 일반적이며, 이를 구별실익으로 인정하는 견해는 없다.

Ⅲ 구별의 기준

1. 요건재량설과 효과재량설

요건재량설은 재량이 행정행위의 요건인 사실인정에 대한 판단에 존재한다는 견해이고, 효과재량설은 재량은 법률효과 영역에 존재한다는 견해이다.

구 분	요건재량설	효과재량설(성질설)
내 용	1. 요건이 공백규정이거나 종국목적(공익, 불확정개념)만을 규정하고 있는 경우는 재량행위 2. 종국목적 외에 중간목적(안전·위생 등)을 규정하고 있는 경우에는 기속행위	1. 침익적 행위는 기속행위 2. 수익적 행위와 국민의 권리의무와 관련 없는 행위는 재량행위
비 판	1. 행정재량은 주로 효과의 선택에서 인정된다는 점, 2. 법률문제인 요건인정을 재량문제로 오인하고 있다는 점, 3. 법률규정이 중간목적으로 요건을 규정하고 있는 경우에도 일정한 경우에는 기속행위가 아니라 판단여지가 인정될 수 있다는 점, 4. 공백규정이거나 공익상의 필요만이 요건으로 정해져 있는 경우에도 목적규정이나 관계법의 규정에 의해 처분의 요건이 보충될 수 있는 경우가 있다는 점, 5. 행정행위의 종국목적(공익개념)과 중간목적의 구분이 불명확하고, 6. 법규정에 지나치게 편중함으로써 결과적으로 재량행위를 확대시켰다는 점 등을 들 수 있다.	1. 침익적 행정행위라고 해서 모두 기속행위인 것이 아니고(예 공무원 징계), 2. 수익적 행정행위라고 해서 모두 재량행위는 아니라는 점(예 건축법상 건축허가)에서 비판이 가해지고 있다.

2. 판단여지설

판단여지이론은 재량행위와 '판단여지'의 구별긍정설이지, 재량행위와 '기속행위'의 구별에 관한 학설이 아니다. 따라서 이를 기속행위와 재량행위의 구별기준으로 논의하는 것은 체계적 이해에 비추어 전혀 잘못된 것이다.

3. 법문언기준설(통설)

(1) 의 의

법률을 제정할 때 행정청에게 선택권을 부여할지 여부는 국회의 입법재량이다. 따라서 기속행위와 재량행위의 구별은 결국 법치행정의 원칙에 따라 우선 법규정에서 찾아야 한다.

(2) 내 용

① 일차적으로 법률규정, 입법 취지 및 입법목적에 의해 결정(통설)

> 시·도경찰청장은 운전면허(연습운전면허는 제외한다)를 받은 사람이 다음 각 호의 어느 하나에 해당하면(법률요건 = 조건) 행정안전부령으로 정하는 기준에 따라 운전면허(운전자가 받은 모든 범위의 운전면허를 포함한다)를 취소(강학상 철회)하거나 1년 이내의 범위에서 운전면허의 효력을 정지시킬 수 있다(법률효과 = 재량). 다만, 제2호, 제3호, 제7호, 제8호, 제8호의2, 제9호(정기 적성검사 기간이 지난 경우는 제외한다), 제14호, 제16호, 제17호, 제20호의 규정에 해당하는 경우에는(법률요건 = 조건) 운전면허를 취소하여야 하고(제8호의2에 해당하는 경우 취소하여야 하는 운전면허의 범위는 운전자가 거짓이나 그 밖의 부정한 수단으로 받은 그 운전면허로 한정한다), 제18호의 규정에 해당하는 경우에는 정당한 사유가 없으면 관계 행정기관의 장의 요청에 따라 운전면허를 취소하거나 1년 이내의 범위에서 정지하여야 한다(법률효과 = 기속행위)(도로교통법 제93조 제1항).

㉠ 법률이 "하여야 한다." 또는 "해서는 아니 된다.", "할 수 없다."라고 규정하고 있으면 기속행위

관련 판례 도로교통법 제78조 제1항 단서 제8호(현행 제3호)의 규정에 의하면, 술에 취한 상태에 있다고 인정할 만한 상당한 이유가 있음에도 불구하고 경찰공무원의 측정에 응하지 아니한 때에는 필요적으로 운전면허를 취소하도록 되어 있어 처분청이 그 취소 여부를 선택할 수 있는 재량의 여지가 없음이 그 법문상 명백하므로, 위 법조의 요건에 해당하였음을 이유로 한 운전면허취소처분에 있어서 재량권의 일탈 또는 남용의 문제는 생길 수 없다(대판 2004.11.12, 2003두12042).

㉡ 법률이 "할 수 있다." 또는 "하지 아니할 수 있다."로 규정하고 있으면 재량행위

㉢ 절대적 기준은 아니다. 즉, 법률이 "……할 수 있다."고 규정하고 있음에도 불구하고 기속행위로 해석하는 경우가 존재한다.

② 법률의 문언상 불분명할 경우

> 제36조제1항 각 호에 따른 영업 중 대통령령으로 정하는 영업을 하려는 자는(행정청에 대해서는 규정이 전혀 없고 국민만 주어로 있을 경우 법률의 문언이 불분명하다고 해석) 대통령령으로 정하는 바에 따라 영업 종류별 또는 영업소별로 식품의약품안전처장 또는 특별자치시장·특별자치도지사·시장·군수·구청장의 허가를 받아야 한다. 허가받은 사항 중 대통령령으로 정하는 중요한 사항을 변경할 때에도 또한 같다(식품위생법 제37조 제1항).

ㄱ 기본권회복의 의미를 갖는 허가의 경우에는 허가요건을 갖추었음에도 허가를 거부하면 기본권침해가 되기 때문에 허가를 거부할 수 없는 기속행위이지만, 새로운 권리를 설정하는 특허의 경우는 누가 공익에 더 적합한지를 검토하여 발급 여부를 결정할 수 있기 때문에 재량행위이고, 예외적 승인의 경우에도 공익에 해로운지 여부를 검토하여 승인 여부를 결정할 수 있기 때문에 재량행위이다.

ㄴ 효과재량설에 의해 수익적 행위는 재량행위, 침해적 행위는 기속행위이다.

③ 판례(법문언기준설)

판례도 통설과 마찬가지로 법률의 문언을 1차적 기준으로 하고, 보충적으로 효과재량설에 따른다.

관련 판례

1. 법문언에 의한 판단을 우선

   행정행위가 그 재량성의 유무 및 범위와 관련하여 이른바 기속행위 내지 기속재량행위와 재량행위 내지 자유재량행위로 구분된다고 할 때, 그 구분은 당해 행위의 근거가 된 법규의 체재·형식과 그 문언, 당해 행위가 속하는 행정분야의 주된 목적과 특성, 당해 행위 자체의 개별적 성질과 유형 등을 모두 고려하여 판단한다(대판 2001.2.9, 98두17593).

2. 효과재량설을 보충적인 기준으로 수용

   주택건설촉진법 제33조 제1항이 정하는 주택건설 사업계획의 승인(인가)은 상대방에게 권리나 이익을 부여하는 효과를 수반하는 이른바 수익적 행정처분으로서 법령에 행정처분의 요건에 관하여 일의적으로 규정되어 있지 아니한 이상 행정청의 재량행위에 속한다(대판 2002.6.14, 2000두10663).

3. 기속행위와 재량행위를 구분하는 방법 및 각 행위에 대한 사법심사 방식

   행정행위가 재량성의 유무 및 범위와 관련하여 이른바 기속행위와 재량행위로 구분된다고 할 때, 그 구분은 해당 행위의 근거가 된 법규의 체재·형식과 문언, 해당 행위가 속하는 행정 분야의 주된 목적과 특성, 해당 행위 자체의 개별적 성질과 유형 등을 모두 고려하여 판단하여야 한다. 이렇게 구분되는 양자에 대한 사법심사는, 전자의 경우 그 법규에 대한 원칙적인 기속성으로 인하여 법원이 사실인정과 관련 법규의 해석·적용을 통하여 일정한 결론을 도출한 후 그 결론에 비추어 행정청이 한 판단의 적법 여부를 독자의 입장에서 판정하는 방식에 의하게 되나, 후자의 경우 행정청의 재량에 기한 공익판단의 여지를 고려하여 법원은 독자의 결론을 도출함이 없이 해당 행위에 재량권의 일탈·남용이 있는지만을 심사하게 된다(대판 2020.10.15, 2019두45739).

4. 재량행위·기속행위 사례

(1) 재량행위

1. 행정청이 영업정지처분을 함에 있어서 그 정지기간을 어느 정도로 할 것인지 여부(대판 1982.9.28, 82누2)
2. 「경찰관 직무집행법」상의 경찰권 발동수단(대판 1996. 10.25, 95다45927)
3. 공무원징계행위(파면·해임·강등·정직·감봉·견책 ; 국가공무원법 제79조)
   - ■ 결정재량은 부정되고 선택재량만 인정
4. 자연공원사업의 시행허가(대판 2001. 7.27, 99두5092)
5. 농어촌정비법에 따른 농어촌휴양지사업자 지정처분(대판 2003.2.11, 2002두10735)
6. 예비결정인 폐기물처리업 허가와 관련된 사업계획 적정·부적정 통보(대판 2004.5.28, 2004두961)
7. 공정거래위원회가 행하는 부당지원행위에 대한 과징금납부명령(대판 2006.5.12, 2004 두12315)
8. 국방부장관이 군인 명예전역수당 지급대상자로 결정하거나 배제하는 행위(대판 2009.12.10, 2009두14231)
9. 방위사업법이 규정하고 있는 방산물자 지정 및 지정취소 처분(대판 2010.9.9, 2010다39413)
10. 식품의약품안전청장이 식품의 규격과 기준을 설정하고 검사하는 조치(대판 2010.11.25, 2008다67828)
11. 제주도지사의 절대보전지역의 지정 및 변경행위[대판(전합) 2012.7.5, 2011두19239]
12. 구 자동차관리법 제13조 제3항 제4호에 따른 직권말소 처분(대판 2013.5.9, 2010두28748)
13. 국립묘지 안장 대상자의 부적격 사유인 '국립묘지의 영예성 훼손 여부'에 관한 행정청의 판단(대판 2013.12.26, 2012두19571)
14. 수도법에 따른 손괴자부담금 부과처분(대판 2014.1.16, 2011두6264)
15. 구 전염병예방법 제54조의2 제2항에 따른 예방접종으로 인한 질병, 장애 또는 사망의 인정 여부 결정(대판 2014.5.16, 2014두274)
16. 공정거래위원회의 구 「전자상거래 등에서의 소비자 보호에 관한 법률」을 위반한 사업자에게 시정조치를 받은 사실의 공표명령(대판 2014.6.26, 2012두1525)
17. 보건복지부장관의 요양급여의 상대가치점수 변경 또는 조정(대판 2014.10.27, 2012두7745)
18. 표시광고법 제7조에 따른 공표명령(대판 2014.12.24, 2012두26708)
19. 국토해양부장관 또는 시·도지사가 구 자동차관리법상 자동차관리사업자로 구성하는 사업자단체인 조합 또는 협회 설립인가 신청에 대하여 설립인가 여부를 결정할 재량(대판 2015.5.29, 2013두635)
20. 영유아보육법 제45조 제1항 각 호의 사유가 인정되는 경우, 행정청에 어린이집 운영정지 처분을 할 것인지 또는 이에 갈음하여 과징금을 부과할 것인지(대판 2015.6.24, 2015두39378)
21. 중요무형문화재 보유자의 추가인정 여부(대판 2015.12.10, 2013두20585)
22. 의료법 제59조 제1항에서 정한 지도와 명령의 요건에 해당하는지, 요건에 해당하는 경우 행정청이 어떠한 종류와 내용의 지도나 명령을 할 것인지의 판단(대판 2016.1.28, 2013두21120)
23. 법무부장관이 난민인정 결정의 취소 여부를 결정(대판 2017.3.15, 2013두16333)
24. 매장 유골을 '국립묘지 외의 장소로 이장하려는 경우' 국립묘지관리소장의 이장 신청의 적정성 심사(대판 2017.9.26, 2017두50690)
25. 「국토의 계획 및 이용에 관한 법률」 제56조에 따른 개발행위허가와 농지법 제34조에 따른 농지전용허가·협의의 요건에 해당하는지 여부(대판 2017.10.12, 2017두48956)
26. 여객자동차 운송사업자의 휴업허가를 위하여 필요한 기준을 정하는 것(대판 2018.2.28, 2017두51501)
27. 공무원 승진임용(대판 2018.3.27, 2015두47492)
28. 공정거래위원회의 「독점규제 및 공정거래에 관한 법률」 위반행위자에 대한 과징금 부과처분(대판 2018.4.24, 2016두40207)

29. 대학 총장 임용(대판 2018.6.15, 2016두57564)

30. 행정청이 복수의 민간공원추진자로부터 공원조성계획 입안 제안을 받은 후 도시·군계획시설사업 시행자지정 및 협약체결 등을 위하여 순위를 정하여 그 제안을 받아들이거나 거부하는 행위 또는 특정 제안자를 우선협상자로 지정하는 행위(대판 2019.1.10, 2017두43319)

31. 도로점용허가를 받은 자가 구 도로법 제68조의 감면사유에 해당하는 경우, 도로관리청의 감면 여부(대판 2019.1.17, 2016두56721, 56738)

32. 여객자동차 운수사업자에게 「여객자동차 운수사업법」 운영개선지원금을 지급할지 여부 및 얼마를 지급할지(대판 2019.1.17, 2017두47137)

33. 재외동포에 대한 사증발급(대판 2019.7.11, 2017두38874)

34. 군인사법상 현역복무 부적합 여부 판단(대판 2019.12.27, 2019두37073)

35. 어떤 군수품을 조달할지 여부나 그 수량과 시기(대판 2020.1.16, 2019다264700)

36. 민간투자법 이외에 다른 개별 법률에 근거해서도 다른 방식으로 민간투자사업을 추진할 수 있는 재량(대판 2020.4.29, 2017두31064)

37. 국민건강보험법 제52조 제1항이 정한 부당이득징수(대판 2020.6.4, 2015두39996; 대판 2020.6.11, 2018두37250)

38. 여객자동차운송사업의 한정면허를 신규로 발급하는 때 및 한정면허의 갱신 여부를 결정하는 때에 관계 법규 내에서 한정면허의 기준이 충족되었는지를 판단하는 것(대판 2020.6.11, 2020두34384)

39. 「군사기지 및 군사시설 보호법」상 국방부장관 또는 관할부대장에 대한 관계 행정기관장의 협의 요청 대상인 행위가 군사작전에 지장을 초래하거나 초래할 우려가 있는지 여부에 대한 판단(대판 2020.7.9, 2017두39785)

40. 국민건강보험법 제57조 제1항, 제2항에서 정한 부당이득징수(대판 2020.7.9, 2018두44838)

41. 「국토의 계획 및 이용에 관한 법률」상 개발행위허가의 허가기준 및 금지요건에 해당하는지 여부(대판 2020.7.23, 2019두31839)

42. 행정청이 지정폐기물이 아닌 폐기물처리업 허가 신청에 앞서 제출된 폐기물처리사업계획서의 적합 여부를 판단(대판 2020.7.23, 2020두36007)

43. 「국토의 계획 및 이용에 관한 법률」상 개발행위허가의 허가기준 및 금지요건에 해당하는지 여부(대판 2021.3.25, 2020두51280)

44. 「가축분뇨의 관리 및 이용에 관한 법률」에 따른 가축분뇨 처리방법 변경허가(대판 2021.6.30, 2021두35681)

---

1. 의무복무기간을 마친 장기복무장교(공군 조종사)가 전역을 지원한 경우, 전역권자가 전역 희망 의사의 확인 또는 업무 공백의 방지 등 공익적 목적을 위하여 필요한 한도 내에서 전역일을 조정하는 등 조치를 취할 수 있다(대판 2011.9.8, 2009다77280).

2. 제주도지사의 절대보전지역의 지정 및 변경행위의 법적 성격은 재량행위이다

「제주특별자치도 설치 및 국제자유도시 조성을 위한 특별법」(제주특별법) 제292조 제1항은, 도지사는 도의회의 동의를 얻어 한라산·기생화산·계곡·하천·호소·폭포·도서·해안·연안·용암동굴 등으로서 자연경관이 뛰어난 지역(제1호), 수자원 및 문화재의 보존을 위하여 필요한 지역(제2호), 야생동물의 서식지 또는 도래지(제3호), 자연림지역으로서 생태학적으로 중요한 지역(제4호), 그 밖에 자연환경의 보전을 위하여 도조례로 정하는 지역(제5호) 중 어느 하나에 해당하는 지역을 **자연환경의 고유한 특성을 보호하기 위한 지역(절대보전지역)으로 지정·변경할 수 있다고 규정**하고 있는바, 위 규정의 형식 및 문언에 의하면, 도지사의 절대보전지역 지정 및 변경행위는 재량행위로 봄이 상당하다[대판(전합) 2012.7.5, 2011두19239].

3. 국립묘지 안장 대상자의 부적격 사유인 '국립묘지의 영예성 훼손 여부'에 관한 행정청의 판단에 재량이 인정된다

구 「국립묘지의 설치 및 운영에 관한 법률」 제5조 제3항 제5호는 안장대상심의위원회(심의위원회)에 국립묘지 안장 대상자의 부적격 사유인 국립묘지의 영예성 훼손 여부에 대한 심의 권한을 부여하면서도 심의 대상자의 범위나 심의 기준에 관해서는 따로 규정하고 있지 않다. 이는, 국립묘지법이 국가나 사회를 위하여 희생·공헌한 사람이 사망한 때에는 국립묘지에 안장하여 그 충의와 위훈의 정신을 기리며 선양하는 것을 목적으로 하고 있음에 비추어 볼 때, 비록 그 희생과 공헌만으로 보면 안장 대상자의 자격 요건을 갖추고 있더라도 다른 사유가 있어 그 망인을 국립묘지에 안장하면 국립묘지의 영예성을 훼손한다고 인정될 경우에는 안장 대상에서 제외함으로써 국립묘지 자체의 존엄을 유지하고 영예성을 보존하기 위하여 심의위원회에 다양한 사유에 대한 광범위한 심의 권한을 부여한 것이라고 할 수 있다. 따라서 **영예성 훼손 여부에 대한 심의위원회의 결정이 현저히 객관성을 결여하였다는 등의 특별한 사정이 없는 한 그 심의 결과는 존중함이 옳고, 영예성 훼손 여부의 판단에 이와 같이 재량의 여지가 인정되는 이상 그에 관한 기준을 정하는 것도 행정청의 재량에 속하는 것으로서 마찬가지로 존중되어야 한다**(대판 2013.12.26, 2012두19571).

4. 구 전염병예방법 제54조의2 제2항에 따른 예방접종으로 인한 질병, 장애 또는 사망의 인정 여부 결정은 보건복지가족부장관(현 보건복지부장관)의 재량에 속한다

특정인에게 권리나 이익을 부여하는 이른바 수익적 행정처분은 법령에 특별한 규정이 없는 한 재량행위이고, 구 전염병예방법 제54조의2 제2항에 의하여 보건복지가족부장관(현 보건복지부장관)에게 예방접종으로 인한 질병, 장애 또는 사망(장애 등)의 인정 권한을 부여한 것은, 예방접종과 장애 등 사이에 인과관계가 있는지를 판단하는 것은 고도의 전문적 의학 지식이나 기술이 필요한 점과 전국적으로 일관되고 통일적인 해석이 필요한 점을 감안한 것으로 역시 보건복지가족부장관의 재량에 속하는 것이므로, 인정에 관한 보건복지가족부장관의 결정은 가능한 한 존중되어야 한다(대판 2014.5.16, 2014두274).

5. 구 전염병예방법 제54조의2 제2항에 따른 예방접종으로 인한 질병, 장애 또는 사망의 인정 여부 결정에 관한 재량권의 한계

다만 인정 여부의 결정이 재량권의 행사에 해당하더라도 재량권을 일탈하거나 남용해서는 안 되고, 특히 구 전염병예방법에 의한 피해보상제도가 수익적 행정처분의 형식을 취하고는 있지만, 구 전염병예방법의 취지와 입법 경위 등을 고려하면 실질은 피해자의 특별한 희생에 대한 보상에 가까우므로, 보건복지가족부장관은 위와 같은 사정 등을 두루 고려하여 객관적으로 합리적인 재량권의 범위 내에서 타당한 결정을 해야 하고, 그렇지 않을 경우 인정 여부의 결정은 주어진 재량권을 남용한 것으로서 위법하게 된다(대판 2014.5.16, 2014두274).

6. 승진후보자 명부에 포함된 후보자를 승진임용에서 제외하는 결정은 공무원의 자격을 정한 관련 법령 규정에 위반되지 아니하고 사회통념상 합리성을 갖춘 사유에 따른 것이라는 주장·증명이 있는 경우, 쉽게 위법하다고 판단할 수 없다(대판 2018.3.27, 2015두47492).

7. 대학총장 임용에 관하여 임용권자에게 광범위한 재량이 주어져 있고, 대학에서 추천한 후보자를 총장 임용제청이나 총장 임용에서 제외하는 결정이 대학의 장에 관한 자격을 정한 관련 법령 규정에 어긋나지 않고 사회통념에 비추어 불합리하다고 볼 수 없는 경우, 이를 위법하다고 판단할 수 없다(대판 2018.6.15, 2016두57564).

8. 대한불교 조계종 승적을 취득하여 승려가 된 갑이 해군 군종장교로 임관하여 복무하던 중 조계종으로부터 종헌을 위반하여 혼인하였다는 이유로 승적 제적처분을 할 예정이라는 통보를 받고 한국불교 태고종 승적을 취득하였는데, 조계종이 갑에 대하여 승적 제적처분을 하자, 해군본부 현역복무부적합 조사위원회 및 전역심사위원회가 '갑이 조계종 계율 위반으로 승적이 박탈되어 더 이상 군종장교 업무를 수

행할 수 없다.'는 이유로 갑에 대하여 현역복무 부적합 의결을 함에 따라 국방부장관이 갑에게 군인사법 제37조 제1항 제4호 등에 근거하여 현역복무 부적합 전역처분을 한 사안에서, 군 당국이 갑에게 「군인사법 시행령」 제49조 제1항 제1호 및 제4호에 해당하는 사유가 있다고 판단한 것이 군의 특수성에 비추어 명백한 법규 위반에 해당하거나 재량권을 일탈·남용한 것으로 볼 수 없다고 한 사례(대판 2019.12.27, 2019두37073).

9. 개발업체가 전력지원체계 연구개발사업을 성공적으로 수행한 경우, 해당 품목에 관하여 수의계약 체결을 요구할 권리를 당연히 갖는 것은 아니다(대판 2020.1.16, 2019다264700).

10. 의료법 제64조 제1항 제8호에 해당하는 경우, 관할 행정청은 반드시 해당 의료기관에 대하여 개설 허가 취소처분(또는 폐쇄명령)을 해야 한다

의료법 제64조 제1항의 문언과 규정 체계, 입법 취지 등을 종합하면 다음과 같이 보아야 한다. 의료법 제64조 제1항에서 정하고 있는 의료기관 개설 허가의 취소와 의료기관 폐쇄명령은 의료법상 의무를 중대하게 위반한 의료기관에 대해서 의료업을 더 이상 영위할 수 없도록 하는 제재처분으로서, 실질적으로 동일한 법적 효과를 의도하고 있다. 다만 의료법 제33조 제4항에 따라 허가에 근거하여 개설된 의료기관에 대해서는 개설 허가 취소처분의 형식으로 하고, 제33조 제3항과 제35조 제1항 본문에 따라 신고에 근거하여 개설된 의료기관에 대해서는 폐쇄명령의 형식으로 해야 한다.

의료기관이 의료법 제64조 제1항 제1호에서 제7호, 제9호의 사유에 해당하면 관할 행정청이 1년 이내의 의료업 정지처분과 개설 허가 취소처분(또는 폐쇄명령) 중에서 제재처분의 종류와 정도를 선택할 수 있는 재량을 가지지만, 의료기관이 의료법 제64조 제1항 제8호에 해당하면 관할 행정청은 반드시 해당 의료기관에 대하여 더 이상 의료업을 영위할 수 없도록 개설 허가 취소처분(또는 폐쇄명령)을 하여야 할 뿐 선택재량을 가지지 못한다(대판 2021.3.11, 2019두57831).

11. 법인이 개설한 의료기관에서 거짓으로 진료비를 청구하였다는 범죄사실로 법인의 대표자가 금고 이상의 형을 선고받고 형이 확정된 경우, 의료법 제64조 제1항 제8호에 따라 진료비 거짓 청구가 이루어진 해당 의료기관의 개설 허가 취소처분(또는 폐쇄명령)을 해야 한다(대판 2021.3.11, 2019두57831).

12. 「가축분뇨의 관리 및 이용에 관한 법률」에 따른 가축분뇨 처리방법 변경허가는 허가권자의 재량행위에 해당한다

가축분뇨법에 따른 처리방법 변경허가는 허가권자의 재량행위에 해당한다. 허가권자는 변경허가 신청 내용이 가축분뇨법에서 정한 처리시설의 설치기준(제12조의2 제1항)과 정화시설의 방류수 수질기준(제13조)을 충족하는 경우에도 반드시 이를 허가하여야 하는 것은 아니고, 자연과 주변 환경에 미칠 수 있는 영향 등을 고려하여 허가 여부를 결정할 수 있다. 가축분뇨 처리방법 변경 불허가처분에 대한 사법심사는 법원이 허가권자의 재량권을 대신 행사하는 것이 아니라 허가권자의 공익판단에 관한 재량의 여지를 감안하여 원칙적으로 재량권의 일탈·남용이 있는지 여부만을 판단하여야 하고, 사실오인과 비례·평등원칙 위반 여부 등이 판단 기준이 된다(대판 2021.6.30, 2021두35681).

(2) 기속행위

1. 자동차운수사업법상 등록(대판 1993.7.27, 92누13998)
2. 화약류관리보안책임자면허 취소처분(대판 1996. 8.23, 96누1665)
3. 국유재산의 무단점유 등에 대한 변상금의 징수(대판 2000.1.28, 97누4098)·변상금부과처분(대판 2000.1.14, 99두9735)
4. 출입국관리법상 법무부장관의 난민인정행위(대판 2008.7.24, 2007두3930)
5. 의무복무기간을 마친 장기복무장교(공군 조종사)의 전역허가(대판 2011.9.8, 2009다77280)
6. 구 국유재산법 제51조 제2항에 따른 변상금 연체료 부과처분(대판 2014.4.10, 2012두16787)
7. 국가공무원법 제73조 제2항에 따른 복직명령(대판 2014.6.12, 2012두4852)

관련 판례

1. 출입국관리법상 법무부장관의 난민인정행위는 기속행위이다
   출입국관리법 제2조 제2의2호, 제76조의2 제1항, 난민의 지위에 관한 협약 제1조, 난민의 지위에 관한 의정서 제1조의 규정을 종합하여 보면, **법무부장관은 인종, 종교, 국적, 특정 사회집단의 구성원 신분 또는 정치적 의견을 이유로 박해를 받을 충분한 근거 있는 공포로 인해 국적국의 보호를 받을 수 없거나 국적국의 보호를 원하지 않는 대한민국 안에 있는 외국인에 대하여 그 신청이 있는 경우 난민협약이 정하는 난민으로 인정하여야 한다**(대판 2008.7.24, 2007두3930).
2. 난민 인정의 요건이 되는 '박해'의 의미 및 파룬궁 수련자들이 난민으로 인정받기 위한 요건
   난민 인정의 요건이 되는 '박해'는 '생명, 신체 또는 자유에 대한 위협을 비롯하여 인간의 본질적 존엄성에 대한 중대한 침해나 차별을 야기하는 행위'를 의미하는 것으로서, 난민인정의 신청을 하는 외국인은 그러한 박해를 받을 '충분한 근거 있는 공포'가 있음을 증명하여야 한다. 따라서 파룬궁 수련자들이 난민으로 인정받기 위하여는 중국 내에서 처벌 대상이 되는 파룬궁 관련 활동으로 체포 또는 구금과 같은 박해를 받아 한국에 입국한 사람으로서 중국으로 돌아갈 경우 중국 정부로부터 박해를 받을 우려가 있다는 충분한 근거 있는 공포를 가진 사람이거나, 한국에 체류하면서 파룬궁과 관련한 적극적이고 주도적인 활동으로 중국 정부가 주목할 정도에 이르러 중국으로 돌아갈 경우 중국 정부로부터 박해를 받을 우려가 있다는 충분한 근거 있는 공포를 가진 사람에 해당하여야 한다(대판 2013.4.25, 2012두14378).
3. 난민신청인의 진술에 대한 신빙성 평가의 방법과 기준
   박해의 경험에 관한 난민신청인의 진술을 평가할 때 그 진술의 세부내용에서 다소간의 불일치가 발견되거나 일부 과장된 점이 엿보인다고 하여 곧바로 신청인 진술의 전체적 신빙성을 부정하여서는 아니 되고, 그러한 불일치·과장이 진정한 박해의 경험에 따른 정신적 충격이나 난민신청인의 궁박한 처지에 따른 불안정한 심리상태, 시간의 경과에 따른 기억력의 한계, 우리나라와 서로 다른 문화적·역사적 배경에서 유래한 언어감각의 차이 등에서 비롯되었을 가능성도 충분히 염두에 두고 진술의 핵심내용을 중심으로 전체적인 일관성 및 신빙성을 평가하여야 하며, 특히 난민신청인이 여성으로서 심각한 박해의 피해자라고 주장하는 경우에는 그 가능성과 이에 따른 특수성도 진술의 신빙성을 평가하는 과정에서 염두에 두어야 한다(대판 2012.4.26, 2010두27448).
4. 난민신청인 출신국의 상황 변경을 이유로 박해가능성을 부정하기 위한 요건
   그리고 만일 위와 같은 평가에 따라 난민신청인이 주장하는 과거의 박해사실이 합리적으로 수긍되는 경우라면 그 출신국의 상황이 현저히 변경되어 박해의 가능성이 명백히 소멸하였다고 볼 만한 특별한 사정이 인정되지 아니하는 한, 난민 인정의 요건인 박해에 관한 충분한 근거 있는 공포가 있다고 보아야 한다. 코트디부아르 출신 여성 난민신청인이 한 진술의 세부내용에 일관성이 없거나 제출 자료와 일치하지 않는 점이 있더라도 전체적인 박해사실에 관한 주장내용이 일관되고 코트디부아르의 객관적 국가정황에

비추어 그 발생가능성이 합리적으로 수긍되며, 본국에서 받은 박해로 인하여 원고가 겪었을 정신적 충격, 난민신청인으로서 원고가 처한 특수한 처지, 시간의 경과에 따른 기억력의 한계, 우리나라와 코트디부아르 사이의 언어감각의 차이, 여성 난민신청인에 대한 특별한 고려의 필요성, 코트디부아르의 정치상황 등을 감안할 때 원고 주장사실의 전체적 신빙성과 박해가능성의 존속을 인정함이 타당하다고 본 사례(대판 2012.4.26, 2010두27448).

5. 중국 국적 甲이 난민인정신청을 한 데 대하여 법무부장관이 난민인정불허처분을 한 사안에서, 甲의 활동이 중국 정부의 주목을 끌 정도에 이르렀는지 등을 충분히 심리하여 박해를 받을 충분한 근거 있는 공포를 가진 사람에 해당하는지를 판단했어야 함에도 이를 다하지 않은 채 난민에 해당한다고 인정한 원심판결에 법리오해 등의 위법이 있다고 한 사례

甲이 중국 내에서 파룬궁과 관련된 불법 집회나 시위 활동 등과 같은 공개적이고 적극적인 활동을 하거나 이로 인하여 중국 정부로부터 체포, 구금과 같은 박해를 받은 적이 없고, 단순한 파룬궁 일반 수련생에 불과했던 점, 파룬궁과 관련된 공개적인 활동을 한 시기가 난민신청을 한 후인 점 등을 고려하면, 甲이 오로지 난민 지위를 인정받을 목적으로 파룬궁 관련 활동에 관여한 것은 아닌지, 甲의 활동이 중국 정부의 주목을 끌 정도에 이르렀는지 등을 충분히 심리하여 박해를 받을 충분한 근거 있는 공포를 가진 사람에 해당하는지를 판단했어야 함에도 난민신청 후에야 이루어진 몇몇 파룬궁 관련 활동에만 주목한 채 난민에 해당한다고 인정한 원심판결에 법리를 오해하여 심리를 다하지 않은 위법이 있다고 한 사례(대판 2013.4.25, 2012두14378).

6. 구 국유재산법 제51조 제2항에 따른 변상금 연체료 부과처분의 법적 성질은 기속행위이다

구 국유재산법 제51조 제2항은 '변상금을 기한 내에 납부하지 아니하는 때에는 대통령령이 정하는 바에 따라 연체료를 징수할 수 있다'고 규정하고 있으나, 구 「국유재산법 시행령」 제56조 제5항에 의하여 준용되는 **구 「국유재산법 시행령」 제44조 제3항은 "변상금을 납부기한 내에 납부하지 아니한 경우에는 소정의 연체료를 붙여 납부를 고지하여야 한다."**고 규정하고 있고, 변상금 연체료 부과처분은 국유재산의 적정한 보호와 효율적인 관리·처분을 목적으로 하는 행정행위로서 국유재산 관리의 엄정성이 확보될 필요가 있으며, **변상금 납부의무를 지체한 데 따른 제재적 성격을 띠고 있는 침익적 행정행위이고, 연체료는 변상금의 납부기한이 경과하면 당연히 발생하는 것이어서 부과 여부를 임의로 결정할 수는 없으며, 구 「국유재산법 시행령」 제56조 제5항, 제44조 제3항은 연체료 산정기준이 되는 연체료율을 연체기간별로 특정하고 있어서 처분청에 연체료 산정에 대한 재량의 여지가 없다**고 보이므로, 변상금 연체료 부과처분은 처분청의 재량을 허용하지 않는 기속행위이다(대판 2014.4.10, 2012두16787).

7. 의료법 제64조 제1항 제8호에 해당하는 경우, 관할 행정청은 반드시 해당 의료기관에 대하여 개설 허가 취소처분(또는 폐쇄명령)을 해야 한다

의료법 제64조 제1항의 문언과 규정 체계, 입법 취지 등을 종합하면 다음과 같이 보아야 한다. 의료법 제64조 제1항에서 정하고 있는 의료기관 개설 허가의 취소와 의료기관 폐쇄명령은 의료법상 의무를 중대하게 위반한 의료기관에 대해서 의료업을 더 이상 영위할 수 없도록 하는 제재처분으로서, 실질적으로 동일한 법적 효과를 의도하고 있다. 다만 의료법 제33조 제4항에 따라 **허가에 근거하여 개설된 의료기관에 대해서는 개설 허가 취소처분의 형식으로 하고,** 제33조 제3항과 제35조 제1항 본문에 따라 **신고에 근거하여 개설된 의료기관에 대해서는 폐쇄명령의 형식으로 해야 한다.**

의료기관이 의료법 제64조 제1항 제1호에서 제7호, 제9호의 사유에 해당하면 관할 행정청이 1년 이내의 의료업 정지처분과 개설 허가 취소처분(또는 폐쇄명령) 중에서 제재처분의 종류와 정도를 선택할 수 있는 재량을 가지지만, 의료기관이 **의료법 제64조 제1항 제8호에 해당하면 관할 행정청은 반드시 해당 의**

료기관에 대하여 더 이상 의료업을 영위할 수 없도록 개설 허가 취소처분(또는 폐쇄명령)을 하여야 할 뿐 선택재량을 가지지 못한다(대판 2021.3.11, 2019두57831).

8. 법인이 개설한 의료기관에서 거짓으로 진료비를 청구하였다는 범죄사실로 법인의 대표자가 금고 이상의 형을 선고받고 형이 확정된 경우, 의료법 제64조 제1항 제8호에 따라 진료비 거짓 청구가 이루어진 해당 의료기관의 개설 허가 취소처분(또는 폐쇄명령)을 해야 한다(대판 2021.3.11, 2019두57831).

IV 재량권의 한계와 재량하자

1. 재량권의 한계와 재량하자의 의의

기속행위를 그르치면 바로 위법이 되므로 기속행위의 한계에 대하여는 특별히 논할 필요가 없다. 그러나 재량행위는 재량의 한계를 넘어서는 경우에만 위법이 되므로 별도로 그 한계를 논할 필요가 있다.

19세기 중엽 오스트리아와 독일에서는 자유재량불심사의 원칙을 입법화하였는데, 오늘날에는 법률에 의한 행정의 원리가 강조됨에 따라, 재량행위라 하더라도 행정청의 자의나 독단을 인정한 것은 아니므로 재량권 행사에 있어서도 일정한 원칙이 준수되어야 한다는 한계가 있다는 것을 인정하고 있다.

재량하자는 재량권의 한계를 벗어난 것을 말한다. 재량권의 한계는 내적 한계, 외적 한계를 말한다. 재량하자는 개념 그대로 재량행위에서의 문제이지 기속행위와는 관계가 없다.

2. 재량하자의 유형

행정소송법은 "행정청의 재량에 속하는 처분이라도 재량권의 한계를 넘거나 그 남용이 있는 때에는 법원은 이를 취소할 수 있다."(제27조)라고 하여 재량의 일탈과 남용에 대해서만 규정하고 있다. 행정소송법 제27조에서 말하는 '재량권의 한계'는 재량권의 외적 한계(일탈·유월)를 의미하지만, 일반적으로 '재량권의 한계'라고 말할 때는 재량을 그르침으로써 위법이 되는 모든 경우를 말한다. 그러나 학설은 전통적으로 재량의 일탈·남용 외에 불행사도 재량하자의 유형으로 인정하고 있다(3분법).

한편, 재량일탈·남용의 구별에 대한 판례의 입장은 구별하기도 하고, 혼용하기도 하기 때문에 양자를 명확하게 구분하고 있지 않다.

:: 재량일탈·남용의 구별에 대한 판례의 입장

구 분	내 용
구 별	1. 재량권의 남용이나 재량권의 일탈의 경우에는 그 재량권이 기속재량이거나 자유재량이거나를 막론하고 사법심사의 대상이 된다(대판 1984.1.31, 83누451). 2. 무단증축된 부분이 위법함을 들어 적법하게 양성화조치된 이 사건 건물 내에서의 안경업소 개설등록을 취소한 것은 재량권을 남용한 것이다(대판 1993.11.23, 93누6362).
혼 용	과징금부과처분은 재량권을 일탈·남용한 것으로서 위법하다(대판 2001.7.27, 99두9490).
광 의	1. 자유재량의 한도를 넘는 것이다(대판 1963.10.10, 63누43). 2. 재량권의 범위를 넘는 위법한 처분이다(대판 1967.5.2, 67누24).

(1) 재량의 일탈·유월(외적 한계 위반)

재량규범의 범위 밖에 있는 법효과를 선택한 경우를 말한다. 예컨대, ① 식품위생법 제75조 제1항은 "식품의약품안전처장 또는 특별자치도지사·시장·군수·구청장은 영업자가 다음 각 호의 어느 하나에 해당하는 경우에는(법률요건) 대통령령으로 정하는 바에 따라 영업허가를 취소하거나 '6개월' 이내의 기간을 정하여 그 영업의 전부 또는 일부를 정지하거나 영업소 폐쇄를 명할 수 있다(법률효과)."라고 규정하고 있는데, 행정청이 '1년'의 영업정지처분을 내린 경우, ② 법률에서 정한 액수 이상의 과태료를 부과한 처분의 경우가 이에 해당한다.

(2) 재량의 남용(내적 한계 위반)

행정청이 재량권을 수권한 법률상의 목적 위반(목적위배), 동기의 부정, 평등원칙·과잉금지원칙·부당결부금지원칙 등 일반법원칙에 위반하여 재량권을 행사한 경우가 이에 해당한다. 예컨대, 위반행위의 정도는 경미한데, 식품위생법 제75조 제1항에 의해 영업정지 6월을 한 경우에는 재량의 일탈은 아니지만 과잉금지원칙 위반으로 남용에 해당한다.

① 재량의 남용 판단기준

관련 판례

1. 징계처분의 재량권 남용에 대한 사법심사 방식 및 그 판단기준

   징계처분에 있어 재량권의 행사가 비례의 원칙을 위반하였는지 여부는, 징계사유로 인정된 비행의 내용과 정도, 그 경위 내지 동기, 그 비행이 당해 행정조직 및 국민에게 끼치는 영향의 정도, 행위자의 직위 및 수행직무의 내용, 평소의 소행과 직무성적, 징계처분으로 인한 불이익의 정도 등 여러 사정을 건전한 사회통념에 따라 종합적으로 판단하여 결정하여야 한다(대판 2001.8.24, 2000두7704).

2. 행정청의 영업시간 제한 및 의무휴업일 지정 처분에 재량권 일탈·남용의 위법이 있는지 판단할 때 고려하여야 할 사항

   행정청의 영업시간 제한 및 의무휴업일 지정 처분에 비례원칙 위반 등 재량권 일탈·남용의 위법이 있는

지를 판단할 때에는, **행정청이 다양한 공익과 사익의 요소들을 고려하였는지, 나아가 행정청의 규제 여부 결정 및 규제 수단 선택에 있어서 규제를 통해 달성하려는 공익 증진의 실현 가능성과 규제에 따라 수반될 상대방 등의 불이익이 정당하고 객관적으로 비교·형량되었는지 등을 종합적으로 고려하여야** 한다[대판(전합) 2015.11.19, 2015두295].

3. 환경의 훼손이나 오염을 발생시킬 우려가 있는 개발행위에 대한 행정청의 허가와 관련하여 재량권의 일탈·남용 여부를 심사하는 방법

「국토의 계획 및 이용에 관한 법률」상 개발행위허가는 허가기준 및 금지요건이 불확정개념으로 규정된 부분이 많아 그 요건에 해당하는지 여부는 행정청의 재량판단의 영역에 속한다. 그러므로 그에 대한 **사법심사는 행정청의 공익판단에 관한 재량의 여지를 감안하여 원칙적으로 재량권의 일탈·남용이 있는지 여부만을 대상으로 하고, 사실오인과 비례·평등원칙 위반 여부 등이 판단 기준**이 된다. 특히 **환경의 훼손이나 오염을 발생시킬 우려가 있는 개발행위에 대한 행정청의 허가와 관련하여 재량권의 일탈·남용 여부를 심사할 때에는 해당 지역 주민들의 토지이용실태와 생활환경 등 구체적 지역 상황과 상반되는 이익을 가진 이해관계자들 사이의 권익 균형 및 환경권의 보호에 관한 각종 규정의 입법 취지 등을 종합하여 신중하게 판단**하여야 한다. '환경오염 발생 우려'와 같이 장래에 발생할 불확실한 상황과 파급효과에 대한 예측이 필요한 요건에 관한 행정청의 재량적 판단은 **그 내용이 현저히 합리성을 결여하였다거나 상반되는 이익이나 가치를 대비해 볼 때 형평이나 비례의 원칙에 뚜렷하게 배치되는 등의 사정이 없는 한 폭넓게 존중하여야** 한다(대판 2020.7.23, 2019두31839).

4. 법원이 폐기물처리사업계획서의 적합 여부 결정과 관련한 행정청의 재량권 일탈·남용 여부를 심사하는 방법과 대상

법원이 적합 여부 결정과 관련한 행정청의 재량권 일탈·남용 여부를 심사할 때에는 해당 지역의 자연환경, 주민들의 생활환경 등 구체적 지역 상황, 상반되는 이익을 가진 이해관계자들 사이의 권익 균형과 환경권의 보호에 관한 각종 규정의 입법 취지 등을 종합하여 신중하게 판단하여야 한다. '자연환경·생활환경에 미치는 영향'과 같이 장래에 발생할 불확실한 상황과 파급효과에 대한 예측이 필요한 요건에 관한 행정청의 재량적 판단은 그 내용이 현저히 합리적이지 않거나 상반되는 이익이나 가치를 대비해 볼 때 형평이나 비례의 원칙에 뚜렷하게 배치되는 등의 사정이 없는 한 폭넓게 존중하여야 한다. 그리고 이 경우 행정청의 당초 예측이나 평가와 일부 다른 내용의 감정의견이 제시되었다는 등의 사정만으로 쉽게 **행정청의 판단이 위법하다고 단정할 것은 아니다. 또한 이때 제출된 폐기물처리사업계획 그 자체가 독자적으로 생활환경과 자연환경에 미칠 수 있는 영향을 분리하여 심사대상으로 삼을 것이 아니라, 기존의 주변 생활환경과 자연환경 상태를 기반으로 그에 더하여 제출된 폐기물처리사업계획까지 실현될 경우 주변 환경에 총량적·누적적으로 어떠한 악영향을 초래할 우려가 있는지를 심사대상으로 삼아야** 한다(대판 2020.7.23, 2020두36007).

5. 환경의 훼손이나 오염을 발생시킬 우려가 있다는 것을 처분사유로 하는 가축분뇨 처리방법 변경 불허가 처분의 재량권 일탈·남용 여부를 판단하는 방법

환경의 훼손이나 오염을 발생시킬 우려가 있다는 것을 처분사유로 하는 가축분뇨 처리방법 변경 불허가 처분의 재량권 일탈·남용 여부를 심사할 때에는 「가축분뇨의 관리 및 이용에 관한 법률」의 입법 취지와 목적, 자연환경과 환경권의 보호에 관한 각종 규정의 입법 취지, 구체적 지역 상황과 상반되는 이익을 가진 이해관계자들 사이의 권익 균형 등을 종합하여 신중하게 판단하여야 한다(대판 2021.6.30, 2021두35681).

1. 단원에게 지급될 급량비를 바로 지급하지 않고 모아두었다가 지급한 시립 무용단원에 대한 해촉처분(대판 1995.12.22, 95누4636)
2. 준조세 폐해 근절 및 경제난 극복을 이유로 북한어린이를 위한 의약품 지원을 위하여 성금 및 의약품 등을 모금하는 행위 자체를 불허한 것(대판 1999.7.23, 99두3690)
3. 행정청이 정한 면허기준의 해석상 당해 신청이 면허발급의 우선순위에 해당함에도 불구하고 면허거부처분을 한 경우(대판 2002.1.22, 2001두8414)
4. 갑 지방자치단체가 을이 생전에 납입한 개발행위허가 이행보증금을 납부자별로 관리하기 위해 을 명의의 정기예금 계좌에 재예치해 달라고 요청함에 따라 병 은행이 이미 사망한 을 명의의 정기예금 계좌를 개설한 사실에 대하여, 금융위원회가 병 은행에 대하여 담당 직원 정 등이 실명확인의무를 이행하지 않았다는 등의 이유로, 정 등에게 제재조치를 할 것을 요구한 사안(대판 2021.6.10, 2020두55282)

관련판례

행정청이 정한 면허기준의 해석상 당해 신청이 면허발급의 우선순위에 해당함에도 불구하고 면허거부처분을 한 경우

「여객자동차 운수사업법」에 따른 개인택시운송사업면허(특허)는 특정인에게 권리나 이익을 부여하는 재량행위이고, **행정청이 면허 발급 여부를 심사함에 있어 이미 설정된 면허기준의 해석상 당해 신청이 면허발급의 우선순위에 해당함이 명백함에도 불구하고 이를 제외시켜 면허거부처분을 하였다면 특별한 사정이 없는 한 그 거부처분은 재량권을 남용한 위법한 처분이다**(대판 2002.1.22, 2001두8414).

갑 지방자치단체가 을이 생전에 납입한 개발행위허가 이행보증금을 납부자별로 관리하기 위해 을 명의의 정기예금 계좌에 재예치해 달라고 요청함에 따라 병 은행이 이미 사망한 을 명의의 정기예금 계좌를 개설한 사실에 대하여, 금융위원회가 병 은행에 대하여 담당 직원 정 등이 실명확인의무를 이행하지 않았다는 등의 이유로, 정 등에게 제재조치를 할 것을 요구한 사안에서, 위 계좌가 거래당사자인 갑 자치단체가 아니라 을 명의로 개설되었으므로, 금융회사인 병 은행이 거래자의 실명으로 금융거래를 한 것으로 볼 수 없는데도 이와 달리 본 원심판단에 법리오해의 잘못이 있으나, 위 처분이 재량권을 일탈·남용하여 위법하다고 본 결론은 정당하다고 한 사례

금융실명법 제3조를 비롯한 관련 규정의 문언, 체제와 목적 등에 비추어 보면, 위 계좌가 거래당사자인 갑 자치단체가 아니라 이미 사망한 을 명의로 개설되었으므로, 금융회사인 병 은행이 거래자의 실명으로 금융거래를 한 것이라고 볼 수 없고, 지방자치단체가 세입세출외 현금을 납부자별로 관리하기 위한 업무의 편의상 납부자 개인 명의가 해당 계좌의 예금주로 표시되도록 하였다거나 해당 계좌의 상품명이 정부보관금으로 되어 있어 지방자치단체의 금고에 해당함을 명백히 알 수 있더라도 마찬가지이므로 이와 달리 본 원심판단에 법리오해의 잘못이 있으나, 정 등은 갑 자치단체의 요청에 따라 예치금을 납부자별로 관리하기 위하여 계좌를 개설하였고 이와 같은 업무처리에 부정한 목적이나 동기가 없었던 점 등을 종합하면, 위 처분이 재량권을 일탈·남용하여 위법하다고 본 결론은 정당하다고 한 사례(대판 2021.6.10, 2020두55282)

1. 사위의 방법으로 면허를 얻은 경우에 한 면허취소처분(대판 1986.8.19, 85누291)
2. 행정구역변경에 따라 장의자동차운수사업자인 원고의 차고지 소재지인 김제시를 원고의 사업구역으로 정하고 장의자동차운수사업자가 없게 된 김제군을 사업구역으로 하여 제3자에게 한 신규면허처분(대판 1992.4.28, 91누10220)
3. 미성년자를 출입시켰다는 이유로 2회나 영업정지에 갈음한 과징금(변형과징금)을 부과 받은지 1개월 만에 다시 만17세도 되지 아니한 고등학교 1학년 재학생까지 포함된 미성년자들을 연령을 확인하지 않고 출입시킨 행위에 대한 영업허가취소처분(대판 1993.10.26, 93누5185)
4. 대학의 신규 교원 채용에 서류심사위원으로 관여하면서 소지하게 된 인사서류를 학교 운영과 관련한 진정서의 자료로 활용한 사립학교의 교원에 대한 해임처분(대판 2000.10.13, 98두8858)
5. 명예퇴직 합의 후 명예퇴직 예정일 사이에 허위로 병가를 받아 다른 회사에 근무하였음을 사유로 한 징계해임처분(대판 2002.8.23, 2000다60890·60906)
6. 학교법인의 임원이 교비회계자금을 법인회계로 부당 전출하였고, 학교법인이 사실상 행정청의 시정 요구 대부분을 이행하지 아니한 경우에 행한 임원취임승인취소처분[대판(전합) 2007. 7.19, 2006두19297]
7. 지방국토관리청장 산하 국도유지관리사무소 소속 청원경찰로서 과적차량단속업무를 담당하던 甲이 건설장비 대여업자에게서 과적단속을 피할 수 있는 이동단속반의 위치정보 등을 알려달라는 청탁을 받고 이를 알려준 대가로 6회에 걸쳐 190만 원의 뇌물을 받았다는 이유로 지방국토관리청장이 파면처분을 한 사안(대판 2011.11.10, 2011두13767)
8. 제주해군기지 국방·군사시설사업의 부지 일부에 관한 절대보전지역변경(축소)결정[대판(전합) 2012.7.5, 2011두19239]

1. 제주해군기지 국방·군사시설사업의 부지 일부에 관한 절대보전지역변경(축소)결정은 위법하지 않다

   '제주특별자치도 보전지역 관리에 관한 조례' 제3조 제1항에 의하면, 도지사가 제주특별법 제292조부터 제294조까지의 규정에 따라 보전지역·지구 등을 지정(변경을 포함한다)하고자 하는 때에는 주민의견을 들어야 하나, 보전지역·지구등의 면적의 축소(제1호), 보전지역·지구등의 면적의 100분의 10 이내의 확대(제2호) 등 경미한 사항의 변경의 경우에는 그러하지 아니하므로, 도지사가 절대보전지역의 면적을 축소하는 경우에는 주민의견 청취절차를 거칠 필요가 없다. 절대보전지역의 지정 및 변경이 도지사의 재량행위에 해당한다는 것을 전제로 하여, **이 사건 절대보전지역변경(축소)결정은 절대보전지역 중 이 사건 사업부지에 속한 105,295㎡를 해제하여 절대보전지역의 범위를 축소하는 것이어서 주민의견 청취절차가 필요 없고, 도지사가 관계 법령의 범위 내에서 도의회의 동의를 얻어 정책상의 전문적·기술적 판단을 기초로 재량권의 범위 내에서 행한 것이어서 적법하다**는 원심의 판단을 정당하다고 본 사안[대판(전합) 2012.7.5, 2011두19239].

2. 황우석에 대한 파면처분은 징계재량권을 일탈·남용하여 위법하다고 할 수 없다

   국립대학교에서 학생지도와 연구를 수행하는 교수이자 과학자인 원고에게는 직무의 성질상 강한 성실성과 진실성, 도덕성, 윤리성이 요구되고, 더욱이 인간 난자를 이용한 체세포 핵이식에 의한 인간 배아줄기세포주의 수립이라는 연구 분야는 생명윤리 및 안전을 확보하기 위하여 연구 절차를 엄격히 통제하고 논문작성 과정에서 과학적 진실성을 추구할 필요성이 더욱 크다. 그리고 과학논문에 대하여는 그 데이터의 진실성을 외부에서 검증하기가 쉽지 않아 다른 과학자들은 논문에 기재된 데이터 등이 사실인 것을 전제로 후속 연구를 진행하는데 그 데이터 자체가 조작된 경우 후속 연구가 무산되는 등 과학계 전체가 큰 피해를 입으므로, 과학자가 실험 데이터를 조작하여 허위내용의 논문을 작성·발표한 행위에 대하여는 엄중한 책임을 묻지 않을 수 없다. 2004년 및 2005년 논문의 과학적 진실성에 대한 신뢰가 크게 훼손된 주된 책임은 논문 및 연구과제의 총책임자로서 연구원들에 대한 지휘·감독을 소홀히 하였을 뿐만

아니라 직접 광범위한 실험 데이터 조작 및 논문의 허위내용 기재를 지시한 원고에게 있다 할 것이고, 이 사건 처분 후에 밝혀진 박종혁, 김선종의 일부 검사 결과 조작 및 줄기세포주 섞어심기 등을 고려하더라도, 원고의 허위논문 작성·발표에 대한 책임이 결코 가볍다고 볼 수 없다. 따라서 원심이 인정한 바와 같이 원고가 동물복제 연구 등의 분야에서 업적을 남긴 등의 사정이 있다고 하더라도, 국립대학교 교수가 수행하는 직무 및 이 사건 연구의 특성, 허위논문 작성에 대한 엄격한 징계의 필요성, 원고가 논문의 데이터 중 일부를 고의로 조작하여 허위논문을 작성한 점, 원고에게 엄한 징계를 하지 않을 경우 연구기강을 확립하고 과학연구자 전체 및 서울대학교에 대한 국민적 신뢰를 회복하기 어려운 점 등에 비추어 볼 때 이 사건 처분의 징계 내용이 객관적으로 명백히 부당한 것으로서 사회통념상 현저하게 타당성을 잃어 징계권자에게 맡긴 재량권을 일탈하였거나 남용한 것이라고 볼 수 없다. 황우석에 대한 파면처분이 징계 재량권을 일탈·남용한 것이라고 볼 수 없다고 하여, 이와 달리 보아 파면처분을 취소한 원심판결을 파기 환송한 사안임(대판 2014.2.27, 2011두29540).

(3) 재량의 흠결·해태·불행사

행정청이 재량행위를 기속행위로 오인하여 복수행위 간의 형량을 전혀 하지 않은 경우(예컨대 법이 영업허가취소와 영업허가정지를 할 수 있다고 규정하고 있는데, 영업허가취소만 할 수 있다고 오인하여 양자 중 어느 것이 행정목적 달성에 가장 적합한 것인가에 대한 판단을 하지 않고 획일적으로 영업허가취소를 한 경우)와 행정청이 구체적인 사정의 특수성을 고려(재량고려)하지 않고 일반적 기준에 따라 처분을 하는 경우가 이에 해당한다. 즉, 법이 행정기관에 재량권을 부여하고 있는 경우 복수행위 간의 형량(이익형량)은 행정기관의 의무가 된다. 따라서 재량을 '의무에 적합한 재량'이라고도 표현한다.

1. 행정청이 건설산업기본법 및 구 「건설산업기본법 시행령」의 규정에 따라 건설업자에 대하여 영업정지 처분을 할 때 건설업자에게 영업정지 기간의 감경에 관한 참작 사유가 있음에도 이를 전혀 고려하지 않거나 감경 사유에 해당하지 않는다고 오인하여 영업정지 기간을 감경하지 아니한 경우, 영업정지 처분은 위법하다

   행정청이 건설산업기본법 및 구 「건설산업기본법 시행령」(시행령) 규정에 따라 건설업자에 대하여 영업정지 처분을 할 때 건설업자에게 영업정지 기간의 감경에 관한 참작 사유가 존재하는 경우, 행정청이 그 사유까지 고려하고도 영업정지 기간을 감경하지 아니한 채 시행령 제80조 제1항 [별표 6] '2. 개별기준'이 정한 영업정지 기간대로 영업정지 처분을 한 때에는 이를 위법하다고 단정할 수 없으나, 위와 같은 사유가 있음에도 이를 **전혀 고려하지 않거나 그 사유에 해당하지 않는다고 오인한 나머지 영업정지 기간을 감경하지 아니하였다면 영업정지 처분은 재량권을 일탈·남용한 위법한 처분**이다(대판 2016.8.29, 2014두45956).

2. 구 「건설산업기본법 시행령」 제80조 제1항 [별표 6]은 제2항의 감경 기준인 '위반행위의 동기·내용 및 횟수'를 구체화하여 이에 해당하는 개별적인 감경 사유를 규정한 것이고, 행정청이 '위반행위의 동기·내용 및 횟수'에 관한 참작 사유에 대하여 위 [별표 6]에 따른 감경만을 검토하여 영업정지의 기간을 정한 경우, 그 처분은 '**감경 사유가 있음에도 이를 전혀 고려하지 않거나 감경 사유에 해당하지 않는다고 오인한 경우**'로서 재량권을 일탈·남용한 경우에 해당하지 않는다(대판 2016.8.29, 2014두45956).

3. 처분의 근거 법령이 행정청에 처분의 요건과 효과 판단에 일정한 재량을 부여하였는데도, 행정청이 **처분으로 달성하려는 공익과 처분상대방이 입게 되는 불이익을 전혀 비교형량 하지 않은 채 처분을 한 경우**, 재량권 일탈·남용으로 해당 처분을 취소해야 할 위법사유가 된다(대판 2019.7.11, 2017두38874).

4. 병무청장이 법무부장관에게 '가수 甲(스티브유)이 공연을 위하여 국외여행허가를 받고 출국한 후 미국 시민권을 취득함으로써 사실상 병역의무를 면탈하였다.'는 이유로 입국 금지를 요청함에 따라 법무부장관이 甲의 입국금지결정을 하였는데, 甲이 재외공관의 장(주로스엔젤레스총영사관 총영사)에게 재외동포(F-4) 체류자격의 사증발급을 신청하자 재외공관장이 처분이유를 기재한 사증발급 거부처분서를 작성해 주지 않은 채 甲의 아버지에게 전화로 사증발급이 불허되었다고 통보한 사안에서, 사증발급 거부처분에는 행정절차법 제24조 제1항을 위반한 하자가 있고, 재외공관장이 13년 7개월 전에 입국금지결정이 있었다는 이유만으로 그에 구속되어 사증발급 거부처분을 한 것이 비례의 원칙에 반하는 것인지 판단했어야 함에도, 입국금지결정에 따라 사증발급 거부처분을 한 것이 적법하다고 본 원심판단에 법리를 오해한 잘못이 있다고 한 사례(대판 2019.7.11, 2017두38874)

5. 구 국민건강보험법 제52조 제1항이 정한 부당이득징수는 재량행위이고, 의료기관의 개설명의인을 상대로 **요양급여비용을 징수할 때 고려할 사항 및 사정을 고려하지 않고 의료기관의 개설명의인을 상대로 요양급여비용 전액을 징수하는 경우**, 재량권을 일탈·남용한 때에 해당한다(대판 2020.6.4, 2015두39996).

6. 한정면허의 기준을 충족하였는지 여부를 심사한 시·도지사의 의사는 가능한 존중되어야 하고, **한정면허의 갱신 여부를 심사하는 과정에서 고려할 사항 및 시·도지사가 한정면허의 갱신 여부를 심사할 때 한정면허 갱신 신청자가 거부처분으로 입게 되는 불이익의 내용과 정도 등을 전혀 비교형량하지 않았거나 비교형량의 고려대상에 포함해야 할 사항을 누락한 경우 또는 비교형량을 하였으나 정당성·객관성이 결여된 경우**, 한정면허의 갱신에 관한 거부처분은 위법하다(대판 2020.6.11, 2020두34384).

7. 처분상대방에게 법령에서 정한 **임의적 감경사유가 있는데도, 행정청이 감경사유를 전혀 고려하지 않았거나 감경사유에 해당하지 않는다고 오인하여 개별처분기준에서 정한 상한으로 처분을 한 경우**, 재량권을 일탈·남용한 것이다(대판 2020.6.25, 2019두52980).

8. 의료기관의 개설명의자나 비의료인 개설자를 상대로 요양급여비용을 징수할 때 고려할 사항 및 이러한 사정을 고려하지 않고 의료기관의 개설명의자나 비의료인 개설자를 상대로 요양급여비용 전액을 징수하는 경우, 재량권을 일탈·남용한 것이다(대판 2020.7.9, 2018두44838).

(4) 새로운 분류

종래에는 재량의 일탈·남용·불행사로 구분하였지만, 오늘날에는 재량하자의 유형을 다양하게 구분하여 사실오인, 과잉금지·평등원칙위배, 목적위반이나 동기의 부정 유무 등을 포함한다.

1. 재량권의 일탈·남용 여부에 대한 심사는 사실오인, 비례·평등의 원칙위배, 당해 행위의 목적위반이나 동기의 부정 유무 등을 그 판단대상으로 한다(대판 2001.2.9, 98두17593).

2. 행정행위를 함에 있어 이익형량을 전혀 하지 아니하거나 이익형량의 고려대상에 마땅히 포함시켜야 할 사항을 누락한 경우 또는 이익형량을 하였으나 정당성·객관성이 결여된 경우에는 그 행정행위는 재량권을 일탈·남용한 위법한 처분이라고 할 수밖에 없다(대판 2005.9.15, 2005두3257).

① 사실오인 : 법정요건에 해당하는 사실이 전혀 존재하지 아니한 경우에 행한 처분 또는 처분의 전제가 되는 요건사실의 인정이 전혀 합리성이 없는 경우이다. 예컨대 징계원인이 되는 사실(예 뇌물수수)이 존재하지 않음에도 불구하고 징계권을 행사하는 경우가 이에 해당한다.

1. 파면처분이 징계의 재량을 벗어난 것이라고 인정한 사례
원고는 육지로부터 7시간 이상 걸리는 거리에 떨어진 낙도근무자로서 1967. 7. 21. 학교회의에 참석하기 위하여 임지에서 군산으로 향해 도중 풍랑을 만나 현기증, 전신쇠약 등 병세와 뇌신경쇠약 등의 병발로 1968. 1. 23.까지 **입원 또는 병원 치료하였고 이로 인하여 수로여행이 불가능하여 임지에 들어가지 못하고 관할교육청에 대하여 위와 같은 사정을 고하고 육지근무를 청원**하였다 한다. 이와 같은 사정이라면 구 교육공무원법 제56조 제2호(직무상의 의무에 위반하거나, 직무를 태만히 한 때)에 해당하는 징계사유가 있다고 할 수 없다(대판 1969.7.22, 69누38).
2. 「부동산 실권리자명의 등기에 관한 법률 시행령」 제3조의2 단서의 과징금 임의적 감경사유가 있음에도 이를 전혀 고려하지 않거나 감경사유에 해당하지 않는다고 오인하여 과징금을 감경하지 않은 경우, 그 과징금부과처분은 재량권을 일탈·남용한 위법한 것이다(대판 2010.7.15, 2010두7031).

② **목적위반·동기의 부정** : 재량은 법에 의해 행정처분이 추구하는 목적에 적합하게 행사되어야 한다. 목적은 일반적인 공익목적과 근거 법규상의 구체적인 내재적 목적이 있는바, 일반적인 공익목적에 적합하더라도 법규의 구체적·내재적 목적과 다른 목적으로 재량권을 행사한 경우에도 위법이 된다. 예컨대 소방기본법은 화재의 예방·진압을 목적으로 하는데, 소방법에 의한 가택출입검사를 범죄예방목적으로 수행해서는 안 된다. 부정한 동기나 자의적·보복적 목적으로 재량권을 행사하는 것도 목적위반에 해당한다. 전통적 분류에 의하면 재량의 남용에 해당한다.

정당한 이유 없이 학위수여를 부결한 행정처분은 위법이다
「서울대학교 대학원 학위수여규정」 제19조 소정 2종의 외국어고사에 합격되고 당시 시행 중이던 '교육법 시행령' 제137조와 위 「학원 학위수여규정」 제14조에 의한 **학위논문심사에 통과한 자에 대하여 정당한 이유 없이 학위수여를 부결한 행정처분은 위 '교육법 시행령'의 규정과 위 '대학원 학위수여규정'의 각 규정에 위배한 것으로 재량권의 한계를 벗어난 위법**한 것이다(대판 1976.6.8, 75누63).
학설에 따르면 판단여지에 해당하는 사안임.

③ **명백히 불합리한 재량권 행사**
재량권의 행사가 명백히 불합리한 경우 당해 재량권 행사는 위법하다.

지방국토관리청장 산하 국도유지관리사무소 소속 청원경찰로서 과적차량단속업무를 담당하던 甲이 건설
장비 대여업자에게서 과적단속을 피할 수 있는 이동단속반의 위치정보 등을 알려달라는 청탁을 받고 이를
알려준 대가로 6회에 걸쳐 190만 원의 뇌물을 받았다는 이유로 지방국토관리청장이 파면처분을 한 사안
에서, 위 처분이 객관적으로 명백히 부당한 것으로서 사회통념상 현저하게 타당성을 잃었다고 볼 수 없다고
한 사례(대판 2011.11.10, 2011두13767)

(5) 기타 한계

그 밖의 재량의 한계로는 ① 재량권의 0으로의 수축이론, ② 무하자재량행사청구권, ③ 행정개
입청구권, ④ 절차적 한계(예 처분기준 설정·공표, 청문, 이유부기 등)를 들 수 있다.

Ⅴ 재량행위에 대한 통제

1. 입법적 통제

(1) 법규적 통제

재량행위를 통제하기 위해서는 국회가 법률로써 요건 등을 철저하게 규정하여 선택의 자유를
축소하거나, 목적·기준·내용·한계를 구체적으로 정하는 것이 가장 근원적 조치이다. 그러나 행
정의 다양성과 광범위성을 고려할 때 모든 행정작용을 법률로써 구체적으로 규율하는 것은 불
가능하다(실효적 통제수단이 아님).

(2) 정치적 통제

국회가 가지는 ① 국정감사권(헌법 제61조), ② 출석요구 및 질문권(같은 법 제62조), ③ 국무총
리 및 국무위원의 해임건의권(같은 법 제63조) 등 행정부에 대한 일반적인 감시·비판권은 행정
부의 재량권 행사에 대한 정치적 통제수단이 된다.

2. 행정적 통제

(1) 감독권

상급행정청은 훈령권·승인권·감시권 등을 행사하여 하급행정청의 재량행사에 대한 사전적·사
후적 통제를 할 수 있다.

(2) 행정절차(실효적 수단)

재량처분기준의 설정·공표, 고지(告知)·청문 등을 통한 이해관계인의 권리주장·의견진술의 기회 보장, 이유부기 등이 절차적 통제수단으로서 매우 실효적인 통제수단이다.

(3) 행정심판(실효적 수단)

행정심판은 자율적인 통제수단으로서 재량행위의 경우 '위법'한 경우만이 아니라 '부당'한 경우까지 통제할 수 있다는 점에서 사법적 통제보다 통제범위가 넓고, 행정에 정통한 행정기관에 의한다는 점에서 판단여지가 인정되지 않으므로 실효적인 통제수단이다.

3. 사법적 통제

(1) 행정소송에 의한 통제

행정청이 재량권을 행사함에 있어 그 내적·외적 한계를 벗어난 경우에는 위법한 행정작용으로서 행정소송의 대상이 된다. 이러한 경우에 권익을 침해당한 자는 취소소송·무효등확인소송·부작위위법확인소송을 제기하여 행정청의 재량을 통제할 수 있다.

1. 행정청이 복수의 민간공원추진자로부터 공원조성계획 입안 제안을 받은 후 도시·군계획시설사업 시행자 지정 및 협약체결 등을 위하여 순위를 정하여 그 제안을 받아들이거나 거부하는 행위 또는 특정 제안자를 우선협상자로 지정하는 행위의 효력을 다투는 소송에서, 법원은 행정청이 공원조성계획 입안 제안의 수용 여부를 결정하기 위하여 마련한 심사기준에 대한 행정청의 해석이 재량권을 일탈·남용하였는지 여부만을 심사하여야 하고, 행정청의 심사기준에 대한 법원의 독자적인 해석을 근거로 그에 관한 행정청의 판단이 위법하다고 단정할 수 없다

공원조성계획 입안 제안을 받은 행정청이 제안의 수용 여부를 결정하는 데 필요한 심사기준 등을 정하고 그에 따라 우선협상자를 지정하는 것은 원칙적으로 도시공원의 설치·관리권자인 시장 등의 자율적인 정책 판단에 맡겨진 폭넓은 재량에 속하는 사항이므로, 그 설정된 **기준이 객관적으로 합리적이지 않다거나 타당하지 않다고 볼 만한 특별한 사정이 없는 이상 행정청의 의사는 가능한 한 존중되어야** 하고, **심사기준을 마련한 행정청의 심사기준에 대한 해석 역시 문언의 한계를 벗어나거나, 객관적 합리성을 결여하였다는 등의 특별한 사정이 없는 한 존중되어야** 한다.

따라서 **법원은 해당 심사기준의 해석에 관한 독자적인 결론을 도출하지 않은 채로 그 기준에 대한 행정청의 해석이 객관적인 합리성을 결여하여 재량권을 일탈·남용하였는지 여부만을 심사하여야** 하고, 행정청의 심사기준에 대한 법원의 독자적인 해석을 근거로 그에 관한 행정청의 판단이 위법하다고 쉽사리 단정하여서는 아니 된다. 한편 이러한 **재량권 일탈·남용에 관하여는 그 행정행위의 효력을 다투는 사람이 주장·증명책임을 부담**한다(대판 2019.1.10, 2017두43319).

2. 문화재의 보존을 위한 사업인정 등 처분에 대하여 재량권 일탈·남용 여부를 심사하는 방법 및 이때 구체적으로 고려할 사항

문화재보호법은 관할 행정청에 문화재 보호를 위하여 일정한 행위의 금지나 제한, 시설의 설치나 장애물

의 제거, 문화재 보존에 필요한 긴급한 조치 등 수용권보다 덜 침익적인 방법을 선택할 권한도 부여하고 있기는 하다. 그러나 문화재란 인위적이거나 자연적으로 형성된 국가적·민족적 또는 세계적 유산으로서 역사적·예술적·학술적 또는 경관적 가치가 큰 것을 말하는데(문화재보호법 제2조 제1항), 문화재의 보존·관리 및 활용은 원형 유지를 기본원칙으로 한다(문화재보호법 제3조). 그리고 문화재는 한번 훼손되면 회복이 곤란한 경우가 많을 뿐 아니라, 회복이 가능하더라도 막대한 비용과 시간이 소요되는 특성이 있다.

이러한 **문화재의 보존을 위한 사업인정 등 처분에 대하여 재량권 일탈·남용 여부를 심사할 때에는**, 위와 같은 **문화재보호법의 내용 및 취지, 문화재의 특성, 사업인정 등 처분으로 인한 국민의 재산권 침해 정도 등을 종합하여 신중하게 판단하여야** 한다.

구체적으로는 ① 우리 헌법이 "국가는 전통문화의 계승·발전과 민족문화의 창달에 노력하여야 한다."라고 규정하여(제9조), 국가에 전통문화 계승 등을 위하여 노력할 의무를 부여하고 있는 점, ② 문화재보호법은 이러한 헌법 이념에 근거하여 문화재의 보존·관리를 위한 국가와 지방자치단체의 책무를 구체적으로 정하는 한편, 국민에게도 문화재의 보존·관리를 위하여 국가와 지방자치단체의 시책에 적극 협조하도록 규정하고 있는 점(제4조), ③ 행정청이 문화재의 역사적·예술적·학술적 또는 경관적 가치와 원형의 보존이라는 목표를 추구하기 위하여 문화재보호법 등 관계 법령이 정하는 바에 따라 내린 **전문적·기술적 판단은 특별히 다른 사정이 없는 한 이를 최대한 존중할 필요가 있는 점** 등을 고려하여야 한다(대판 2019.2.28, 2017두71031).

(2) 헌법재판에 의한 통제

재량권 행사를 규정한 법률에 대한 위헌법률심사권이나 잘못된 재량권의 행사로 인해 기본권이 침해되는 경우 헌법소원에 의한 통제가 이에 해당한다(헌법 제111조 제1항, 헌법재판소법 제68조 제1항).

관련 판례

법령의 집행행위가 재량행위인 경우 직접성요건의 충족 여부

법령에 근거한 구체적인 집행행위가 재량행위인 경우에는 법령은 집행관청에게 기본권침해의 가능성만을 부여할 뿐 법령 스스로가 기본권의 침해행위를 규정하고 행정청이 이에 따르도록 구속하는 것이 아니고, 이 때의 기본권의 침해는 집행기관의 의사에 따른 집행행위, 즉 재량권의 행사에 의하여 비로소 이루어지고 현실화되므로 이러한 경우에는 법령에 의한 기본권침해의 직접성이 인정될 여지가 없다(헌재결 1998.4.30, 97헌마141).

4. 일반국민에 의한 통제(민중통제)

국민의 여론·자문·청원 및 압력단체의 활동 등에 의한 통제수단인데, 간접적인 수단이라는 점에서 한계를 갖는다.

제4항 **불확정개념과 판단여지**

I 개 설

1. 불확정개념의 의의

불확정개념이란 행정처분의 근거 규정의 요건에 '중대한 사유', '공공필요(공익)' 등과 같이 개념 그 자체로서는 의미가 명확하지 않고 해석의 여지가 있는 개념을 말한다.

2. 불확정개념의 종류

불확정개념의 종류는 보통 경험적·기술적 개념과 규범적·가치적 개념으로 구분된다.

(1) 경험적·기술적 개념(판단여지 부정, 사법심사 인정)

경험적 개념이란 통상인의 지각과 경험을 통해 객관적 판단이 가능한 대상과 관련된 개념(예 주간·야간·위험·치안상 장해·쓰레기·음료수·차량·정당한 사유·적당한 장소)으로서 행정청의 판단여지가 인정되지 않기 때문에 사법심사의 대상이 된다.

(2) 규범적·가치적 개념(판단여지 인정, 사법심사 부정)

규범적 개념이란 주관적이고 규범적인 가치판단에 의해서만 확정될 수 있는 개념(예 적당한 방법·공익상 필요·공익·공공복리·신뢰성·필요성·공공의 안녕·공적 질서·국가고시 시험성적평가·공무원의 근무성적평정·행정정책의 결정)으로서 행정청에게 판단여지가 인정되므로 사법심사의 대상에서 제외된다.

(3) 평 가

이러한 견해에 대해서는 양자의 구분이 반드시 가능한지 의문이며, 규범의 해석상 양자를 달리 취급할 특별한 이유가 없다는 비판이 제기된다.

3. 불확정개념의 해석·적용

불확정개념의 해석·적용은 법적인 문제이기 때문에 모두 사법심사의 대상이 되어야 한다. 그러나 예외적으로 행정청에 대해서도 판단의 여지를 인정할 수 있을 것인지가 문제된다. 이와 관련하여 주장된 것이 판단여지설이다.

Ⅱ 판단여지설의 내용

판단여지설은 기본적으로 재량은 법률요건 영역이 아니라 법률효과에만 인정된다는 효과재량설의 전제에서 효과재량설을 발전시킨 학설이다. 실질적 법치주의하에서 다수설과 판례는 재량행위를 축소시키려는 노력의 일환으로 법률요건 영역에서 행정재량을 부인하는 방법을 택하였다.

즉, 판단여지설은 법률요건의 불확정개념은 재량개념이 아니고 법개념으로서 법의 최종적 해석기관인 법원의 심사대상이 된다고 한다. 다만, 법원의 심사능력의 한계성이라는 견지에서 행정의 복잡·다기성에 대응하는 행정의 전문기술성과 종국적 책임성을 존중하여 행정청이 의무에 합당한 판단에 따라 일정한 결론에 도달하였고, 그 정당성이 인정되는 때에는 법원은 행정청의 판단을 존중하거나, 행정청의 판단을 자기(법원)의 판단에 대체시킬 수 있는 경우가 있다고 하며, 그것을 판단여지(판단우선, 대체가능성)라고 한다.

판단여지설은 바호프(Bachof)의 '판단여지설'이 시초이고 독일의 경우 판단수권설(규범적 수권론)이 다수설이다.

Ⅲ 판단여지와 재량행위의 관계

1. 문제의 소재

법률의 구성요건에 불확정개념이 사용된 경우에 구체적인 적용과정에서 예외적으로 사법심사가 제한(기각)되는 경우와 관련되는 것이 판단여지이론이다. 문제는 이를 재량행위로 이해할 것인가, 아니면 재량행위와는 구별되는 판단여지로 인정할 것인가 견해가 대립한다.

2. 학설(구별긍정설)

재량과 판단여지는 인정근거, 내용, 인정범위 등에서 차이가 있으므로 양자를 구별하는 것이 타당하다는 구별긍정설이 다수설(김남진, 김성수, 박균성, 석종현, 홍정선, 홍준형)이다. 한편, 부정설은 판단여지개념을 부인하고 구성요건부분에도 재량을 인정하는 견해(김동희, 김철용, 류지태, 박윤흔, 이상규)이다.

구별긍정설(다수설)	구별부정설
1. 이를 재량으로 볼 경우 재량은 효과규정과 관련된다는 점과 모순된다. 2. 불확정개념은 법적 개념이기 때문에 행정청의 행위선택과 관련된 문제가 아니다. 3. 구성요건적 측면은 인식의 문제로서 법해석의 문제이지 행위효과결정에 관련된 것은 아니다. 4. 재량은 '입법자'에 의해 주어지는 것이나 판단여지는 '법원'의 인정에 의하여 주어지는 것이다. 5. 재량은 복수행위 사이의 선택의 자유가 법에 의하여 처음부터 인정되어 있는 경우를 의미하는 데, 판단여지는 불확정법개념의 해석·적용(법률요건에의 포섭)이라는 법률문제로서 본래 법원에 의한 전면적 심사의 대상이 되는 영역에 있어서 예외적으로만 인정되는 점 등의 차이가 있으므로 재량과 판단여지는 구분함이 타당하다. 예컨대 행정기관에게 어떤 사람을 '대한민국의 이익을 현저하게 해할 염려가 있다고 인정되는 자'로 인정할 수도 안할 수도 있는 자유, 즉 재량이 인정될 수는 없는 일이다. 6. 판단여지는 사법심사에서의 문제이지 행정심판에서의 문제는 아니다.	1. 재량의 개념은 입법자의 의사에 의하여 성립되는 것이므로 법률효과의 측면에만 한정하여 고찰해서는 안 되며, 재량이 인정되는 유형은 입법자의 수권의 정도와 내용에 따라 차이가 존재할 수 있다. 2. 구조적으로 볼 때 판단여지는 재량의 여지에 상응한 것이며 판단여지는 행정청의 재량이 다소 수정되거나 약화된 형태이다. 3. 불확정개념의 해석은 법적 문제인데 법적 개념이면서 그에 대해 전면적인 사법심사가 인정되지 않는다는 것은 그 자체가 이미 모순이다. 4. 양 개념구별의 실익이 없다. 즉, 행정청에 판단의 여지가 인정되는 경우 그 한도에서 법원의 재판통제가 미치지 않는 것이므로 사법심사의 범위에 있어 차이가 없다. 5. 재량행위를 통일적으로 파악하는 한, 법률의 구성요건부분에 있어서 예외적으로 인정되는 재량의 한 내용에 해당할 뿐이다. 6. 결합규정 또는 혼합규정의 경우에는 행위요건측면에서 이미 재량의 행사에 중요시되는 관점들이 고려되기 때문에 재량이 사실상 소멸되는 결과가 되어, 재량과 판단여지는 상호 간에 교차되기 때문에 양자의 구별은 무용하다.

3. 판례(구별부정설)

판례는 재량과 판단여지를 구별하지 않고 판단여지가 인정될 수 있는 경우도 재량으로 보고 있기 때문에 구별부정설을 취하고 있다.

1. 교과서검정(대판 1992.4.24, 91누6634)
2. 감정평가사시험의 합격기준 선택(대판 1996.9.20, 96누6882)
3. 공무원 임용을 위한 면접전형(대판 1997.11.28, 97누11911)
4. 사법시험 객관식문제 출제행위(대판 2001.4.10, 99다33960)
5. 교수임용(대판 2006.9.28, 2004두7818)
6. 공인중개사시험 출제업무(대판 2006.12.22, 2006두12883)
7. 논술형시험인 사법시험 제2차시험의 채점위원이 하는 채점행위(대판 2007.1.11, 2004두10432)
8. 대학수학능력시험과 각 대학별 입학전형에 있어서 출제 및 배점, 채점이나 면접의 방식, 점수의 구체적인 산정 방법 및 기준, 합격자의 선정(대판 2007.12.13, 2005다66770)
9. 공무원 임용을 위한 면접전형에서 임용신청자의 능력이나 적격성 등에 관한 판단(대판 2008.12.24, 2008두8970)

관련 판례 교과서검정은 재량행위이다

교과서검정이 고도의 학술상, 교육상의 전문적인 판단을 요한다는 특성에 비추어 보면, 교과용 도서를 검정함에 있어서 법령과 심사기준에 따라서 심사위원회의 심사를 거치고, 또 검정상 판단이 사실적 기초가 없다거나 사회통념상 현저히 부당하다는 등 현저히 **재량권의 범위를 일탈한 것이 아닌 이상** 그 검정을 위법 하다고 할 수 없다(대판 1992.4.24, 91누6634).

Ⅳ 판단여지가 인정되는 영역(소재)

법률요건에 불확정개념이 사용되었다고 해서 모두 판단여지가 인정되는 것이 아니라 '고도의 전문적·기술적·정책적인 판단'에 속하는 불확정개념의 적용에 한하여 극히 예외적(제한적)으로 인정된다. 행정청에게 판단여지가 인정되는 영역은 다음과 같다.

1. 비대체적 결정(대체적 결정 ×)

(1) 비대체적인 결정으로는 ㉠ 시험평가결정(예 실기시험, 면접시험, 졸업시험·사법시험·감정평가사시험 등의 논술시험), ㉡ 시험유사적이고 교육적인 판단(예 유급결정, 특별교육필요성 심사결정), ㉢ 공무원의 근무성적평정 및 승진결정 등 사람의 인격·적성·능력 등에 관한 결정(판단)들이 이에 속한다.

(2) 인정이유는 결정의 비대체성, 즉 시험상황의 반복이나 재현의 불가능성(사실적 한계) 및 행정의 특수한 경험과 전문적 지식(규범적 한계) 때문이다.

---

1. 공무원임용시험령 제12조 제4항이 규정한 3급 을류 공개경쟁채용시험에 있어서 제3차시험인 면접시험 또는 실기시험에 의한 전문지식의 유무 내지 적격성의 적부판단은 오로지 시험위원의 자유재량에 속하는 것이다(대판 1972.11.28, 72누164).
2. 지원자가 모집정원에 미달한 경우에도 입학사정 기준에 미달하는 자의 입학을 거부할 수 있다(대판 1982.7.27, 81누398).
3. 의사국가시험문제의 출제 및 답안판정과 그에 따라 취하여진 불합격처분은 자유재량행위이다(대판 1986.9.9, 85누990).
4. 3차에 걸친 채점결과의 평균을 과목별 점수로 함에 있어 불가피하게 발생하는 소수점 이하의 점수를 어느 자리부터 절사하는가 하는 문제는 행정청의 재량에 속한다(대판 1994.12.23, 94누5922).
5. 감정평가사시험의 합격기준 선택은 행정청의 자유재량에 속한다(대판 1996.9.20, 96누6882).
6. 대학원입학시험에서 입학지원자의 선발시험에 있어서 합격·불합격 판정 또는 입학 자격, 선발 방법 등은 해당 교육기관이 관계 법령이나 학칙 등의 범위 내에서 교육목적을 달성하기 위하여 필요한 인격, 자질, 학력, 지식 등을 종합 고려하여 자유로이 정할 수 있는 재량행위이다(대판 1997.7.22, 97다3200).
7. 한약조제시험 실시기관인 국립보건원장의 평가방법 및 채점기준 설정행위의 성질은 재량행위이다(대판 1998.7.10, 97누13771).
8. 국립보건원장이 한약조제시험 평가 요건과 방법을 결정하여 응시자들에게 고지한 경우, 특정한 응시자

에 대하여 미리 정한 것과 다른 요건이나 방법으로 평가할 수 없다(대판 1998.7.24, 97누17339).

9. 사법시험 출제행위

(1) 행정행위로서의 사법시험 객관식 시험출제업무에 있어서 문제 출제행위는 재량행위이다(대판 2001.4.10, 99다33960).

(2) 전문분야 시험의 출제에 있어서 다의적(多義的) 용어의 사용으로써 생긴 모든 출제상의 잘못이 재량권의 일탈·남용에 해당하지는 않는다

국어학이나 논리학 과목이 아닌 전문분야 시험의 출제기법으로서 문항과 답항의 구성에서의 다의적 (多義的) 용어의 사용은 어느 정도 불가피한 면이 있어서 **전문용어가 아닌 일반용어를 사용하는 과정에서 엄밀하게 정확한 용어를 사용하지 아니함으로써 생긴 모든 출제상의 잘못을 예외 없이 재량권이 남용·일탈된 것으로 그의 위법성을 단정할 것은 아니다**(대판 2001.4.10, 99다33960).

(3) 사법시험 객관식 문제 출제행위에 있어 법령규정이나 확립된 해석에 어긋나는 법리를 진정한 것으로 전제하여 출제한 법리상의 오류가 있거나, 법리상의 오류를 범하지는 아니하였더라도 문항이나 답항의 문장구성이나 표현용어 선택이 지나칠 정도로 잘못되어 결과적으로 사법시험 평균수준의 수험생으로 하여금 정당한 답항을 선택할 수 없게 만든 때에도 재량권의 남용 또는 일탈에 해당한다(대판 2001.4.10, 99다33960).

(4) 사법시험 객관식 문제에 대한 답안선택 기준

여러 가지 사회 현상에 대한 법령의 적용이 적절한 것인지의 여부를 묻는 사법시험 객관식 시험문제의 특성상 출제의도와 답항선택의 지시사항은 시험문제 자체에서 객관적으로 파악·평가되어야 하므로 특별한 사정도 없이 문언의 한계를 벗어나 임의로 출제자의 숨겨진 주관적 출제의도를 짐작하여 판단할 수 없으나, 그것은 문항에 의하여 명시적으로만 결정되는 것이 아니라 문항과 답항에 대한 종합적 분석을 통하여 명시적·묵시적으로 진정한 출제의도와 답항선택에 관한 지시사항이 결정되는 것이라고 보아야 할 것이므로, **수험생으로서는 위와 같은 명시적·묵시적 지시사항에 따라 문항과 답항의 내용을 상호 비교·검토하여 가장 적합한 하나만을 정답으로 골라야 하는 것**이다(대판 2002.10.22, 2001두236)

(5) 논술형시험인 사법시험 제2차시험의 채점위원이 하는 채점행위의 법적 성질은 재량행위이다(대판 2007.1.11, 2004두10432).

10. 대학수학능력시험과 각 대학별 입학전형에 있어서 출제 및 배점, 채점이나 면접의 방식, 점수의 구체적인 산정 방법 및 기준, 합격자의 선정 등은 시험 시행자 또는 전형절차 주관자의 재량 사항이다(대판 2007.12.13, 2005다66770).

---

2. 구속적 가치평가

(1) 구속적 가치평가란 예술·문화 등의 분야에 있어서 어떤 물건이나 작품의 가치 또는 유해성 등에 관해 외부로부터의 지시를 받지 않는 합의제기관이 한 판단 또는 결정을 말한다. 이에는 ① 도서류의 청소년유해성판정, ② 영화의 공연적합성의 판정, ③ 문화재보호법에 따른 문화재의 판정·보호대상문화재의 해당 여부의 판정, ④ 공정거래위원회의 불공정거래행위, ⑤ 인사평가위원회의 평가, ⑥ 신문윤리위원회의 결정 등 종교·도덕·문화·윤리 등과 관련된 결정들이 속한다.

(2) 인정 이유는 ① 위원회가 갖는 전문성 또는 사회적 대표성이나 사법절차와 유사한 결정과 정을 거친다는 점, ② 법관이 판단의 기초에 정통하지 않기 때문에 행정기관만큼 판단할 수 없다는 점에 있다.

관련 판례

1. 중·고등학교 교과서 검정에 있어서 문교부장관은 내용의 교육 적합 여부까지 심사할 수 있다
   문교부장관(현 교육부장관)이 시행하는 검정은 그 책을 교과용 도서로 쓰게 할 것인가 아닌가를 정하는 것일 뿐 그 책을 출판하는 것을 막는 것은 아니나 현행 교육제도하에서의 중·고등학교 교과용 도서를 검정함에 있어서 심사는 원칙적으로 **오기, 오식, 기타 객관적으로 명백한 잘못, 제본 기타 기술적 사항에 만 그쳐야 하는 것은 아니고, 그 저술한 내용이 교육에 적합한 여부까지를 심사할 수 있다고 하여야 한다**(대판 1988.11.8, 86누618).
2. 법원이 위법 여부를 심사함에 있어서는 문교부장관과 동일한 입장에 서서 어떠한 처분을 하여야 할 것인 가를 판단하고 그것과 동 처분과를 비교하여 당부를 논하는 것은 불가하다(대판 1988.11.8, 86누618).
3. 중학교 2종 교과서검정처분취소
   2종 교과용 도서에 대하여 검정신청을 하였다가 불합격결정처분을 받은 뒤 그 처분이 위법하다 하여 이의 취소를 구하면서 위 처분 당시 시행 중이던 구 「교과용도서에 관한 규정」 제19조에 "2종 도서의 합격 종수는 교과목 당 5종류 이내로 한다."라고 규정되어 있음을 들어 위 처분과 같은 때에 행하여진 수학, 음악, 미술, 한문, 영어과목의 교과용 도서에 대한 합격결정처분의 취소를 구하고 있으나 원고들은 각 한 문, 영어, 음악과목에 관한 교과용 도서에 대하여 검정신청을 하였던 자들이므로 **자신들이 검정신청한 교과서의 과목과 전혀 관계가 없는 수학, 미술과목의 교과용 도서에 대한 합격결정처분에 대하여는 그 취소를 구할 법률상의 이익이 없다** 할 것이다(대판 1992.4.24, 91누6634).
4. 구 초·중등교육법 제29조가 교과용도서에 관한 검정제도를 채택하고, 구 「교과용도서에 관한 규정」이 교 과용도서의 적합성 여부 심사를 위해 교과용도서심의회 심의를 거친 후 심사 결과에 따라 교육과학기술 부장관이 검정 합격 여부를 결정하도록 규정한 목적이나 입법 취지
   구 초·중등교육법 제29조가 교과용도서에 관한 검정제도를 채택하고, 그 위임을 받은 구 「교과용도서에 관한 규정」이 교과용도서로서의 적합성 여부를 심사하기 위하여 교원이나 학부모를 비롯한 이해관계 있 는 자나 관련 전문가 등으로 구성되는 교과용도서심의회의 심의를 거치도록 한 후 그 심사 결과에 따라 교육과학기술부장관이 검정 합격 여부를 결정하도록 규정한 목적이나 입법 취지는 **헌법 제31조와 교육 기본법 제3조, 제5조, 제6조에서 규정한 국민의 교육을 받을 권리를 실질적으로 보장하고 교육의 자주 성·전문성·정치적 중립성을 구현하고자 하는 데에 있다**(대판 2013.2.15, 2011두21485).
5. 구 「교과용도서에 관한 규정」 제26조 제1항에서 규정하고 있는 검정도서에 대한 수정명령의 요건과 절차 의 해석 방법
   교과용도서의 수정과 개편에 관한 구 「교과용도서에 관한 규정」의 규정 내용과 태도, 교과용도서의 검정 제도에 관한 관계 법령 규정들의 내용과 입법 취지 및 검정도서에 대한 수정은 교과용도서로서의 적합성 여부에 관한 교과용도서심의회의 심의를 거쳐 이미 검정의 합격결정을 받은 교과용도서에 대하여 이루 어지는 것인 점, 교과용도서의 수정에 관한 교육과학기술부장관의 권한은 교과용도서의 검정에 관한 권 한에서 유래된 것으로서 검정에 관한 권한 행사의 일종으로 볼 수 있는 점 등에 비추어 보면, 구 「교과용 도서에 관한 규정」 제26조 제1항에서 규정하고 있는 '**검정도서에 대한 수정명령'의 요건과 절차는, 교육 의 자주성·전문성·정치적 중립성을 보장하고 있는 헌법과 교육기본법의 기본정신이나 교과용도서에 관 하여 검정제도를 채택한 구 초·중등교육법의 목적과 입법 취지 및 구 「교과용도서에 관한 규정」에 의하 여 교원이나 학부모를 비롯한 이해관계 있는 자나 관련 전문가 등의 절차적 관여가 보장된 검정제도의 본질이 훼손되지 아니하도록 이를 합리적으로 해석하는 것이 타당하다**(대판 2013.2.15, 2011두21485).
6. 구 「교과용도서에 관한 규정」 제26조 제1항의 의미 및 검정도서에 대한 수정명령의 대상이나 범위

구 「교과용도서에 관한 규정」 제26조 제1항은 '**교육과학기술부장관은 교육과정의 부분개정이나 그 밖의 사유로 인하여 개편의 범위에 이르지 아니할 정도로 검정도서의 문구·문장·통계·삽화 등을 교정·증감·변경하는 등 그 내용을 수정할 필요가 있다고 인정할 때 검정도서의 수정을 명할 수 있다**'는 의미이고, 이러한 **수정명령의 대상이나 범위에는 문구·문장 등의 기재내용 자체 또는 전후 문맥에 비추어 명백한 표현상의 잘못이나 제본 등 기술적 사항뿐만 아니라 객관적 오류 등을 바로잡는 것도 포함된다**(대판 2013.2.15, 2011두21485).

7. 구 「교과용도서에 관한 규정」 제26조 제1항에 따른 검정도서에 대한 수정명령의 내용이 이미 검정을 거친 내용을 실질적으로 변경하는 결과를 가져오는 경우 거쳐야 할 절차

구 「교과용도서에 관한 규정」 제26조 제1항에 따른 검정도서에 대한 수정명령의 절차와 관련하여 **구 「교과용도서에 관한 규정」에 수정명령을 할 때 교과용도서의 검정절차를 거쳐야 한다거나 이를 준용하는 명시적인 규정이 없으므로 교과용도서심의회의 심의 자체를 다시 거쳐야 한다고 보기는 어렵지만**, 헌법 등에 근거를 둔 교육의 자주성·전문성·정치적 중립성 및 교과용도서에 관한 검정제도의 취지에 비추어 보면, **수정명령의 내용이 표현상의 잘못이나 기술적 사항 또는 객관적 오류를 바로잡는 정도를 넘어서서 이미 검정을 거친 내용을 실질적으로 변경하는 결과를 가져오는 경우에는 새로운 검정절차를 취하는 것과 마찬가지라 할 수 있으므로 검정절차상의 교과용도서심의회의 심의에 준하는 절차를 거쳐야 한다.** 그렇지 않으면 행정청이 수정명령을 통하여 검정제도의 취지를 훼손하거나 잠탈할 수 있고, 교과용도서심의회의 심의 등 적법한 검정절차를 거쳐 검정의 합격결정을 받은 자의 법률상 이익이 쉽게 침해될 수 있기 때문이다(대판 2013.2.15, 2011두21485).

8. 유적발굴허가

구 문화재보호법 제44조 제1항 단서 제3호의 규정에 의하여 문화체육부장관(현 문화체육관광부장관) 또는 그 권한을 위임받은 문화재관리국장 등이 건설공사를 계속하기 위한 발굴허가신청에 대하여 그 공사를 계속하기 위하여 부득이 발굴할 필요가 있는지의 여부를 결정하여 발굴을 허가하거나 이를 허가하지 아니함으로써 원형 그대로 매장되어 있는 상태를 유지하는 조치는 허가권자의 재량행위에 속하는 것이다(대판 2000.10.27, 99두264).

9. 행정청이 의료법 등 관계 법령이 정하는 바에 따라 신의료기술의 안전성·유효성 평가나 신의료기술의 시술로 국민보건에 중대한 위해가 발생하거나 발생할 우려가 있는지에 대하여 한 전문적인 판단은 원칙적으로 존중되어야 하고 행정청이 전문적인 판단에 기초하여 재량권의 행사로 한 처분은 원칙적으로 적법하다

신의료기술의 안전성·유효성 평가나 신의료기술의 시술로 국민보건에 중대한 위해가 발생하거나 발생할 우려가 있는지에 관한 판단은 고도의 의료·보건상의 전문성을 요하므로, 행정청이 국민의 건강을 보호하고 증진하려는 목적에서 의료법 등 관계 법령이 정하는 바에 따라 이에 대하여 전문적인 판단을 하였다면, 판단의 기초가 된 사실인정에 중대한 오류가 있거나 판단이 객관적으로 불합리하거나 부당하다는 등의 **특별한 사정이 없는 한 존중되어야** 한다. 또한 행정청이 전문적인 판단에 기초하여 재량권의 행사로서 한 처분은 비례의 원칙을 위반하거나 사회통념상 현저하게 타당성을 잃는 등 재량권을 일탈하거나 남용한 것이 아닌 이상 위법하다고 볼 수 없다(대판 2016.1.28, 2013두21120).

3. 예측결정

예측결정이란 미래예측적 성질을 가진 행정결정을 의미한다. 예측결정의 예로는 ① '대한민국의 이익이나 공공의 안전 또는 경제질서를 해칠 우려가 있어 그 출국이 적당하지 아니하다고 법무부령으로 정하는 사람'에 대한 법무부장관의 출국금지(출입국관리법 제4조 제1항 제6호), ② '경제질서 또는 사회질서를 해치거나 선량한 풍속을 해치는 행동을 할 염려가 있다고 인정할 만한 상당한 이유가 있는 사람'에 대한 법무부장관의 입국금지(이른바 '스티브 유' 사건: 출입

국관리법 제11조 제1항 제4호), ③ 환경행정에 있어서 위해의 평가, ④ 경제행정법분야에서 지역경제여건의 변화에 대한 예측이나 주택시장변화에 대한 예측, ⑤ 계획결정상의 미래예측적 판단 등이 이에 해당한다.

이러한 평가의 특권을 부여하는 근거로서 예측결정에 대한 행정의 책임, 행정의 형성적 임무와 전문적 지식 및 사물의 본질 등을 들고 있다.

4. 형성적(행정정책적) 결정

(1) 정책결정

① 전쟁무기의 생산 및 수출 등의 외교정책, ② 자금지원대상업체의 결정과 같은 경제정책, ③ 기타 사회정책·교통정책 등 행정정책적인 결정

(2) 계획수립

① 도시계획행정과 같이 행정기관에 대해 광범한 형성의 자유(계획재량)가 주어지는 경우, ② 공무원인사를 위한 인력수급계획의 결정

(3) 지방자치단체의 공공시설설치결정

Ⅴ 판단여지의 법적 효과 및 한계(불확정개념과 사법심사)

1. 사법심사의 대상성

불확정개념의 해석·적용은 특정한 사실관계가 법률요건에 해당하는가(포섭)의 여부에 대한 인식의 문제로서 법적 문제이기 때문에 원칙적으로 법원의 전면적 사법심사의 대상이 되고, 다만 예외적인 한계사례에 있어서만 판단의 여지가 인정된다. 판단여지가 인정되는 경우 기각판결을 받게 된다.

2. 판단여지의 한계

판단여지가 인정되는 범위 내에서 내려진 행정청의 판단은 법원에 의한 통제의 대상이 되지 않는다. 다만, 예외적으로 판단여지가 인정되는 경우라 하더라도 그 한계를 준수하여야 하고, 그를 일탈하게 되면 법원은 위법판단을 할 수 있다. 판단여지가 인정되는 영역에 대해 법원은 ① 합의제 행정기관의 구성이 적정하게 이루어졌는지, ② 법에서 규정된 절차가 제대로 준수되었

는지, ③ 행정청의 결정이 정확한 사실관계에 기초하고 있는지, ④ 관련 법률이 옳게 해석되고 일반적으로 인정된 평가기준이 준수되었는지 여부, ⑤ 사안과 무관한 고려 내지는 자의성이 개입되지 않았는지, ⑥ 평등의 원칙과 과잉금지원칙의 준수 여부에 대해 심사할 수 있다.

1. 행정청이 건설폐기물 처리 사업계획서의 적합 여부 결정을 위하여 건설폐기물의 재활용촉진에 관한 법률 제21조 제2항 제4호에서 정한 '환경기준의 유지를 곤란하게 하는지 여부'를 검토할 때 생활환경과 자연환경에 미치는 영향을 두루 검토하여 적합 여부를 판단할 수 있다(대판 2017.10.31, 2017두46783).
2. 건설폐기물 처리 사업계획서의 적합 여부 결정에 관하여 행정청에 광범위한 재량권이 인정되는지 여부(적극) 및 이때 재량권 일탈·남용 여부를 심사하는 방법 / 장래에 발생할 불확실한 상황과 파급효과에 대한 예측이 필요한 요건에 관한 행정청의 재량적 판단은 폭넓게 존중되어야 하는지 여부(원칙적 적극) 및 이는 건설폐기물 처리 사업계획서의 적합 여부 결정에 관한 재량권의 일탈·남용 여부를 심사하여 판단할 때에도 고려하여야 하는지 여부(적극)
   행정청의 건설폐기물 처리 사업계획서에 대한 적합 여부 결정(이하 '적합 여부 결정'이라 한다)은 공익에 관한 판단을 해야 하는 것으로서 행정청에 광범위한 재량권이 인정된다. 적합 여부 결정과 관련한 재량권의 일탈·남용 여부를 심사할 때에는, 해당 지역의 자연환경, 주민들의 생활환경 등 구체적 지역 상황, 상반되는 이익을 가진 이해관계자들 사이의 권익 균형과 환경권의 보호에 관한 각종 규정의 입법 취지 등을 종합하여 신중하게 판단하여야 한다. 따라서 '자연환경·생활환경에 미치는 영향'과 같이 장래에 발생할 불확실한 상황과 파급효과에 대한 예측이 필요한 요건에 관한 행정청의 재량적 판단은 내용이 현저히 합리적이지 않다거나 상반되는 이익이나 가치를 대비해 볼 때 형평이나 비례의 원칙에 뚜렷하게 배치되는 등의 사정이 없는 한 폭넓게 존중될 필요가 있다. 이러한 사항은 적합 여부 결정에 관한 재량권의 일탈·남용 여부를 심사하여 판단할 때에도 고려하여야 한다(대판 2017.10.31, 2017두46783).

제5항 **다단계 행정결정**

Ⅰ 다단계 행정결정의 의의

다단계 행정결정이란 행정청의 결정이 여러 단계를 통해 연계적으로 이루어지는 것을 말한다. 즉, 복잡하고 장시간이 소요되는 결정과정(예 원자력발전소건설, 공항건설, 고속전철사업 등 대규모 시설사업에 대한 허가절차)에 예견가능성과 유연성을 확보시키기 위하여 발전된 제도이다.

Ⅱ 다단계 행정결정의 취지(대규모 장기사업의 시간·비용절감)

다단계 행정결정은 ① 복잡한 결정과정의 합목적적 해결, ② 절차경제에 기여, ③ 사업자의 투자위험의 축소, ④ 새로운 기술의 반영 등 유연성 제공 등의 기능을 수행한다.

1. 예비결정

폐기물처리업의 허가에 앞서 사업계획서에 대한 적정·부적정통보제도를 두고 있는 것은 폐기물처리업을 하고자 하는 자가 스스로 시설 등을 설치하여 허가신청을 하였다가 허가단계에서 그 사업계획이 부적정하다고 판명되어 불허가되면 허가신청인이 막대한 경제적·시간적 손실을 입게 되므로, 이를 방지하는 동시에 허가관청으로 하여금 미리 사업계획서를 심사하여 그 적정·부적정통보처분을 하도록 하고, 나중에 허가단계에서는 나머지 허가요건만을 심사하여 신속하게 허가업무를 처리하는 데 그 취지가 있다(대판 1998.4.28, 97누21086).

2. 부분허가

원자로 및 관계시설의 건설에는 장기간의 준비·공사가 필요하기 때문에 필요한 모든 준비를 갖추어 건설허가신청을 하였다가 부지의 부적법성을 이유로 불허가될 경우 그 불이익이 매우 크고 또한 원자로 및 관계시설 건설의 이와 같은 특성상 미리 사전공사를 할 필요가 있을 수도 있어 건설허가 전에 미리 그 부지의 적법성 및 사전공사의 허용 여부에 대한 승인을 받을 수 있게 함으로써 그의 경제적·시간적 부담을 덜어 주고 유효·적절한 건설공사를 행할 수 있도록 배려하려는 데 그 취지가 있다(대판 1998.9.4, 97누19588).

Ⅲ 예비결정(예비허가, 사전결정)

1. 예비결정의 의의

(1) 개 념

예비결정이란 종국적인 행정행위를 하기에 앞서 종국적인 행정행위에 요구되는 여러 요건 중에서 개별적인 몇몇 요건에 대한 종국적인 판단으로서 내려지는 결정을 의미하며, 후속적인 최종결정의 토대로서 작용한다.

(2) 유사개념과의 구별

예비결정은 ① 건물의 건축허가에 있어 허가 그 자체는 아니고, 그와 관련되어서 충족 또는 해결되어야 하는 법적 문제들에 대한 결정인데, 부분허가는 건축허가 그 자체의 일부에 관한 허가라는 점에서 구별된다. 또한 ② 확약은 장래 종국적인 행정행위 등에 대한 약속인 데 반해, 예비결정은 그 자체가 하나의 완결적·종국적·구속적인 행정행위라는 점에서 구별된다.

2. 예비결정의 종류

예비결정에는 ① 폐기물 처리사업계획서 적정·부적정통보, ② 건축허가 등에 있어 건축에 관한 입지(예정토지상의 건축가능성) 및 규모에 관한 사전결정, ③ 등록체육시설업을 하려는 자가 시설을 설치하기 전에 광역자치단체장이 하는 사업계획승인(「체육시설의 설치·이용에 관한 법률」제12조), ④ 항공법에 의한 운수권 배분(운수권 배분은 노선면허의 요건판단 등 결정사항 중 일부에 대한 결정이라는 점에서 사전결정의 성질을 갖는다. 한편, 운수권배분처분으로 운수권이 설정되므로 부분허가로 볼 수도 있다. 운수권 배분은 특허로서 재량행위이다. 박균성) 등이 있다.

3. 예비결정의 성질(행정행위)

예비결정은 단순한 교시(정보제공)나 장래에 일정한 행정행위를 발급할 것을 약속하는 확약과 달리 허가요건의 일부에 대한 독립된 행정행위이다.

대법원도 ① 폐기물관리법상의 폐기물사업허가 전의 사업계획에 대한 적정·부적정통보(대판 1998. 5.8, 98두4061), ② 구 주택건설촉진법 제33조 제1항의 규정에 의한 주택건설사업계획승인의 사전결정(대판 1999.5.25, 99두1052), ③ 구 건축법상 사전결정(대판 1996.3.12, 95누658)에 대해 처분성을 인정하고 있다.

관련판례

1. 폐기물처리사업계획서 적정·부적정통보는 행정처분이다

   폐기물관리법 관계 법령의 규정에 의하면 폐기물처리업의 허가를 받기 위하여는 먼저 사업계획서를 제출하여 허가권자로부터 사업계획에 대한 적정통보를 받아야 하고, 그 **적정통보를 받은 자만이 일정기간 내에 시설, 장비, 기술능력, 자본금을 갖추어 허가신청을 할 수 있으므로, 결국 부적정통보는 허가신청 자체를 제한하는 등 개인의 권리 내지 법률상의 이익을 개별적이고 구체적으로 규제하고 있어 행정처분에 해당한다**(대판 1998.4.28, 97누21086).

2. 폐기물처리업 허가와 관련된 사업계획 적정 여부는 재량행위이고 그에 관한 기준설정도 행정청의 재량에 속한다(대판 2004.5.28, 2004두961).

3. 주택건설사업계획승인은 재량행위이므로 그 사전결정도 재량행위이다(대판 1998.4.24, 97누1501).

4. 건축허가는 기속행위이므로 건축법상 사전결정도 기속행위이다(대판 1996.3.12, 95누658).

5. 정부 간 항공노선의 개설에 관한 잠정협정 및 비밀양해각서와 건설교통부 내부지침에 의한 항공노선에 대한 운수권배분처분은 항고소송의 대상이 되는 행정처분에 해당한다(대판 2004.11.26, 2003두10251·10268).

6. 법원이 폐기물처리사업계획서의 적합 여부 결정과 관련한 행정청의 재량권 일탈·남용 여부를 심사하는 방법

   법원이 적합 여부 결정과 관련한 행정청의 재량권 일탈·남용 여부를 심사할 때에는 해당 지역의 자연환경, 주민들의 생활환경 등 구체적 지역 상황, 상반되는 이익을 가진 이해관계자들 사이의 권익 균형과 환경권의 보호에 관한 각종 규정의 입법 취지 등을 종합하여 신중하게 판단하여야 한다. '자연환경·생활환경에 미치는 영향'과 같이 장래에 발생할 불확실한 상황과 파급효과에 대한 예측이 필요한 요건에 관한 행정청의 재량적 판단은 그 내용이 현저히 합리적이지 않다거나 상반되는 이익이나 가치를 대비해 볼 때 형평이나 비례의 원칙에 뚜렷하게 배치되는 등의 사정이 없는 한 폭넓게 존중될 필요가 있다(대판

4. 권리보호

예비결정도 행정쟁송법상 처분에 해당한다. 따라서 예비결정의 발령이나 불발령(부작위 또는 거부)으로 인해 법률상 이익이 위법하게 침해된 자는 의무이행심판이나 거부처분취소소송 및 부작위위법확인소송을 제기할 수 있다.

Ⅳ 부분허가(부분인허, 부분승인)

1. 의의

(1) 부분허가는 비교적 장기간의 시간을 요하고 영향력이 큰 시설물의 건설(例 원자력발전소건설, 공항건설)에 있어서 단계적으로 시설의 일부에 대해서만 우선 승인하는 행정행위이다.

(2) 부분허가로는 ① 다세대주택건축허가신청에 대해 전체에 대한 허가는 보다 구체적인 검토가 필요한 것으로 판단되는 경우 일단 가분적 일부에 대한 허가를 하는 것, ② 고층건물에 대한 건축허가를 한 경우 중간 준공검사(현행 건축법상으로는 사용승인)를 하는 경우, ③ 원자력법 제11조 제4항의 원자력부지사전승인(제한적 사전공사), ④ 주택법상 주택건설사업을 완료한 경우 사용검사를 받아야 주택 등을 사용할 수 있는데, 사업완료 전 동별로 사용검사를 하는 경우(제29조) 등이 있다.

2. 법적 성질

(1) 종국적 행정행위

부분허가는 그 자체가 규율하는 내용에 대한 종국적인 행정행위이다. 따라서 부분허가는 후속하는 허가의 내용에 직접적인 효력을 미친다.

(2) 원자력법상의 부지사전승인과 제한공사의 법적 성질

원자력부지사전승인의 법적 성질에 대해서는 ① 예비결정설(석종현), ② 부분허가설(다수설: 김성수, 김철용, 류지태, 박윤흔, 석종현, 장태주, 한견우, 홍정선), ③ 예비결정(원자력부지사전승인)과 부분허가(제한공사)의 복합적 성질설(김남진·김연태, 박균성, 정하중)이 대립한다.

1. 원고적격 : 방사성물질에 의한 생명·신체 침해를 방지할 이익은 법률상 이익에 해당한다(대판 1998. 9. 4, 97누19588).
2. 원고적격 : 온배수로 인한 환경상의 이익은 법률상 이익에 해당한다(대판 1998. 9. 4, 97누19588).
3. 대상적격 : 원자력부지사전승인처분은 행정처분에 해당한다(대판 1998. 9. 4, 97누19588).
4. 협의의 소익 : 원자력발전소 건설허가 전에 원자력부지사전승인을 다툴 협의의 소익이 인정되지만, 원자력발전소 건설허가 후에 원자력부지사전승인을 다툴 협의의 소익은 부정된다

   원자로 및 관계시설의 부지사전승인처분은 그 자체로서 건설부지를 확정하고 사전공사를 허용하는 법률효과를 지닌 독립한 행정처분이기는 하지만, 건설허가 전에 신청자의 편의를 위하여 미리 그 건설허가의 일부 요건을 심사하여 행하는 사전적 부분 건설허가처분의 성격을 갖고 있는 것이어서 나중에 건설허가처분이 있게 되면 그 건설허가처분에 흡수되어 독립된 존재가치를 상실함으로써 그 건설허가처분만이 쟁송의 대상이 되는 것이므로, 부지사전승인처분의 취소를 구하는 소는 소의 이익을 잃게 되고, 따라서 부지사전승인처분의 위법성은 나중에 내려진 건설허가처분의 취소를 구하는 소송에서 이를 다투면 된다(대판 1998. 9. 4, 97누19588).

3. 성립 및 효력요건

부분허가는 '잠정적이지만 긍정적 전체판단'에 의해 허가의 전제조건이 충족되고 부분허가를 발부할 정당한 이익이 있다고 인정되는 때 발부된다.

4. 권리보호

부분허가도 행정쟁송법상 처분개념에 해당한다. 따라서 부분허가의 발령이나 불발령(부작위 또는 거부)으로 인해 법률상 이익이 위법하게 침해된 자는 의무이행심판이나 거부처분취소소송 및 부작위위법확인소송을 제기할 수 있다.

Ⅴ 가(假)행정행위(잠정적 행정행위)

1. 의 의

가행정행위란 종국적인 행정행위가 있기 전에 행정법관계를 잠정적으로 규율하는 행정행위를 말한다.

2. 특 징

가행정행위는 ① 사실관계와 법률관계의 미확정성, ② 잠정적 규율성, ③ 종국적 결정에 의한

대체성을 특징으로 한다. 따라서 가행정행위에 있어서는 ④ 행정행위의 존속력 중 불가변력이 발생하지 않는다.

3. 인정영역

(1) 가행정행위는 일반적으로 급부행정에서 주로 행해지는데, 이는 현금이나 물건의 급부에 있어서는 수령자의 이익을 위해 가급적 빠른 시간에 제공되는 것이 중요한 의미를 갖기 때문이다. 그러나 가행정행위는 침해행정, 경찰행정에도 존재한다.

(2) 가행정행위의 사례로는 ① 국가공무원법에 의해 징계의결이 요구 중인 자에 대한 직위해제, ② 납세신고를 근거로 세금을 부과한 후에 소득이 다름이 판명되어 다시 경정하는 경우, ③ 「국민기초생활 보장법」상 수급신청자에 대한 자력(資力)조사 전의 수급품지급, ④ 위생조사에서 가벼운 위반사실이 확인되었으나 더 나아가 중요한 위반사실을 조사할 필요가 있는 경우 우선 가벼운 사실에 대하여 잠정적 조치를 하는 경우 등을 들 수 있다.

관련 판례

1. 직위해제는 잠정적 조치로서 보직의 해제를 의미하므로 징계와 성질이 다르다(대판 2003.10.10, 2003두5945).
2. 동일사유로 직위해제처분하고 다시 감봉처분을 한 경우 일사부재리원칙 위반이 아니다
   직위해제처분이 공무원에 대한 불이익한 처분이긴 하나 징계처분과 같은 성질의 처분이라 할 수 없으므로 동일한 사유로 직위해제 처분을 하고 다시 감봉처분을 하였다 하여 일사부재리원칙에 위배된다 할 수 없다(대판 1983.10.25, 83누184).

4. 허용요건

(1) 법규상의 요건(법적 근거)

가행정행위를 할 수 있는 명문의 법적 근거가 있는 경우는 문제가 되지 않으나, 법적 근거가 없는 경우에는 견해가 대립된다. 가행정행위의 경우에도 남용방지를 위하여 법적 근거가 있어야 한다는 허용부정설도 있지만, 예측가능·사정변경에의 적응 등의 필요성을 논거로 본처분에 관한 근거가 있으면 가행정행위를 발령할 수 있다는 허용긍정설(본처분권한포함설)이 다수견해(박균성, 한견우, 홍정선)이다.

(2) 발동상의 내재적 요건

가행정행위도 정당한 권한을 가진 행정청이 그 권한의 범위 내에서 발해야 하고, 내용이 적법하

고 실현가능하며 확정될 수 있어야 하고, 일정한 절차와 형식이 요구되는 경우에는 그를 충족해야 한다. 또한 가행정행위의 발동 시에 최소한 본행정행위에 있어서도 결정적인 것으로 확신될 명백하고 개연성이 있는 자료에 의해서만 이루어져야 한다. 그렇지 못할 경우에는 위법한 행위가 되고, 행정청은 그 오류를 근거로 가행정행위의 상대방에게 대항할 수 없다. 가행정행위로 인하여 법령이 예정하지 아니한 피해가 생긴다면 가행정행위는 원칙적으로 허용되지 않는다.

5. 법적 성질

(1) 일반적 행정행위설(다수설)
가행정행위는 잠정적인 효과를 갖는다고 해도 그 자체가 하나의 행정행위로서의 성격을 갖는다는 견해로서 다수설이다. 효력발생이 시간적으로 잠정적이라는 사실은 행정행위의 개념성립 자체를 배제할 정도의 장애가 되지 않는다.

(2) 특수한 행정행위설
행정행위는 보통 개별적·구체적인 경우에 있어서의 법적 규율을 확정짓지만, 일정사항의 불확실성으로 인해 그 법적 규율을 잠정적·임시적 상태에 두고 있다는 점에 특색이 있고, 따라서 특수한 행정행위라는 견해이다.

(3) 독자적 행위형식설
가행정행위는 전형적인 행정행위 이외의 독자적인 특수한 행정의 행위형식이라는 견해이다.

6. 효과
가행정행위는 그 자체가 하나의 행정행위로서의 성격을 띤다고 해도 종국적인 행정행위만큼 강한 효력을 갖지 못한다. 어떠한 종국적인 결정이 내려질 것인가에 대한 위험부담은 행정청이 아니라 신청자가 부담한다. 가행정행위는 종국적 결정에 의해 대체될 수 있다는 것을 가행정행위의 발령 시에 이미 상대방이 알고 있었기 때문에 가행정행위의 존속에 대한 신뢰를 주장할 수 없다.

7. 권리보호
가행정행위도 행정쟁송법상 처분개념에 해당한다. 따라서 가행정행위의 발령이나 불발령(부작위 또는 거부)으로 인해 법률상 이익이 위법하게 침해된 자는 의무이행심판이나 거부처분취소소송 및 부작위위법확인소송을 제기할 수 있다.

제1항 개 설

1. 법률행위적 행정행위

구분			내용
의 의			행정청의 의사표시를 요소로 하고, 표시된 의사의 내용에 따라 법적 효과를 발생하는 행정행위
명령적 행정행위	의 의		상대방에 대하여 일정한 의무를 명하거나, 이미 과해졌던 의무를 해제하는 행정행위
	하 명		상대방에 대해 작위(명령)·부작위(금지)·급부·수인의무를 명하는 행위(부담적 행정행위)
	허 가		법령에 의한 일반적·상대적·예방적 금지(부작위의무)를 일정한 경우에 해제하여 자연적 자유를 회복시켜 주는 행위
	면 제		특정의 경우에 작위·급부·수인의무를 해제하는 행위. 허가가 부작위의무의 해제인데, 면제는 기타의무의 해제라는 점에서 구별
형성적 행정행위	의 의		상대방에게 권리·능력 또는 포괄적 법률관계 기타 법률상의 힘을 발생·변경·소멸시키는 행정행위
	직접 상대방을 위한 행위(특허)		특정의 상대방을 위해 새로이 권리를 설정하는 행위, 능력을 설정하는 행위, 포괄적 법률관계를 설정하는 행위. 이 중에서 권리를 설정하는 행위(설권행위)를 협의의 특허
	제3자를 위한 행위	인가	제3자의 법률행위(기본적 법률행위=기본행위)를 보충하여 법률상의 효과를 완성하는 행위(보충행위)
		대리	제3자가 행할 행위를 행정청이 대신하여 행함으로써 제3자가 행한 것과 같은 법적 효과를 발생시키는 행위(대리행위)

2. 준법률행위적 행정행위

구분	내용
의 의	의사표시 이외의 정신작용(인식·판단)을 구성요소로 하고, 법에 정한 별도의 효과가 발생하는 행정행위
확 인 (판단표시행위)	특정한 사실 또는 법률관계에 대하여 '의문이 있거나 다툼이 있는 경우'에 공적인 권위로써 존부나 정부(正否)를 확인하는 행위
공 증 (인식표시행위)	특정한 사실 또는 법률관계의 존부를 '공적으로 증명'하여 공적 증거력을 부여하는 행위(의문이나 다툼이 없는 사항이라는 점에서 확인과 구별)
통 지	행정청이 특정인 또는 불특정 다수인에게 특정사실을 알리는 행위
수 리	타인의 행정청에 대한 행위를 유효한 행위로서 수령하는 행위(사실행위로서의 수리·도달·접수는 제외)

제1목 **명령적 행정행위**

명령적 행정행위는 국민에 대해 일정한 작위·부작위·급부·수인 등의 의무를 명하거나(하명), 의무를 면제하는(허가, 면제) 행정행위를 말한다. 내용에 따라 하명·허가·면제로 구분된다. 명령적 행정행위는 행정처분에 해당한다.

---

1. 하 명
   ① 국유재산의 관리청이 무단점유자에 대하여 하는 변상금부과처분(대판 1988.2.23, 87누1046·1047)
   ② 노동조합규약의 변경보완시정명령(대판 1993.5.11, 91누10787) : 조합규약의 내용이 노동조합법에 위반된다고 보아 구체적 사실에 관한 법집행으로서 같은 명령권을 발동하여 조합규약의 해당 조항을 지적된 법률조항에 위반되지 않도록 적절히 변경보완할 것을 명하는 노동행정에 관한 행정관청의 의사를 조합에게 직접 표시한 것
   ③ 소속장관의 변상명령(대판 1994.12.2, 93누623)
   ④ 국유재산 관리청의 행정재산의 사용·수익자에 대한 사용료부과처분(대판 1996.2.13, 95누11023)
   ⑤ 공장입지 조정명령(대판 1996.7.12, 95누11665) : 공장배치법 제52조는 공장입지 조정명령에 위반한 자에 대한 벌칙을 규정하고 있으므로
   ⑥ 공유수면 및 하천점용료부과처분(대판 2004.10.15, 2002다68485)
   ⑦ 구 「여객자동차 운수사업법」 제51조 제3항에 규정된 유가보조금 반환명령(대판 2013.12.12, 2011두3388)
   ⑧ 배출부과금의 부과처분
   ⑨ 과징금부과행위
   ⑩ 대집행비용납부명령
2. 허 가
   ① 주류제조면허변경처분(대판 1984.2.14, 82누370)
   ② 하천구역 내 자연석 채취허가 및 채취료 징수(대판 1994.1.11, 92다29528)
3. 면 제

☰ 하 명

1. 하명의 의의

하명이란 행정청이 개인에 대해 작위·부작위·급부·수인 등의 의무를 명하는 행정행위를 말한다. 이 중에서 작위·급부·수인의무를 명하는 것을 '명령', 부작위의무를 명하는 것을 '금지'라고 한다.

2. 하명의 성질과 법적 근거

하명은 새로운 의무를 과하는 것을 내용으로 하므로 부담적 행정행위에 속하고, 통상 기속행위의 성질을 갖는다.

또한 법률의 근거가 있어야 가능하다.

3. 하명의 종류

구 분	사 례
내 용	1. 작위하명 : 청소명령, 소방협력명령, 철거명령, 교통방해물제거명령, 예방접종의무부과, 공해방지시설 개선명령 2. 부작위하명 : 통행금지, 주차금지, 인화물질저장금지, 무기양도·밀매금지, 주택의 일정 기간의 전매금지의무부과 3. 급부하명 : 조세부과 4. 수인하명 : 대집행실행에 대한 수인의무부과
목 적	조직하명·경찰하명·군정하명·재정하명·규제하명
대 상	개별하명·일반하명, 대인적 하명·대물적 하명

4. 하명의 대상 및 상대방

하명은 주로 사실행위(예 불법광고물이나 건물철거)에 대해 행해지나 법률상의 행위(예 물건의 매매계약이나 영업양도)에 대해 행해지는 경우도 있다. 허가와 마찬가지로 하명도 특정인만이 아니라 불특정 다수인에 대해 행해지는 경우(예 일반처분의 일종으로서 심야통행금지의무의 부과)가 있다. 법규특허와 함께 법규하명이 가능하다.

5. 하명의 효과

하명은 그 내용에 따라 일정한 공법상의 의무(작위·부작위·급부의무)를 발생시키고, 이에 저항하지 않을 의무(수인의무)가 발생한다. 한편, 대인적 하명의 효과는 상대방에 대해서만 미치는데, 대물적 하명의 효과는 대상이 된 물건의 이전과 함께 양수인에게 승계된다.

관련판례

1. 공중위생영업소에 대한 영업장폐쇄명령은 대물적 처분이다(대판 2001.6.29, 2001두1611).
2. 개발제한구역 안에서 그 구역지정의 목적에 위배되는 건축물이나 공작물을 양수한 자에 대하여 구 도시계획법 제78조 제1호에 의한 처분이나 원상회복 등의 조치명령을 할 수 없다(대판 2004.5.14, 2001도2841).

6. 하명위반의 효과

하명에 의한 의무불이행자에 대해서는 행정상의 강제집행과 제재의 대상이 되지만, 하명에 위반한 법률행위의 효력 자체는 유효하다.

관련판례

1. 승마투표권(현 마권)의 이동금지의무 위반 시 사법상의 법률적 효력은 유효이다
   경마법이 승마투표권의 이동을 금지한 법의는 단지 경마로 인한 사행성을 단속하는 데 있을 뿐이고 그 이동으로 인한 사법상의 법률적 효력의 발생까지를 방해하기 위한 규정이 아니다(대판 1954.3.30, 4282민상80).
2. 외국환관리법의 제한규정에 위반한 행위가 민법상 불법행위나 무효행위가 되는 것은 아니다(대판 1987.2.10, 86다카1288).

7. 위법한 하명에 대한 권리구제

위법한 하명에 의해 권익을 침해당한 자는 행정쟁송에 의해 취소·변경을 구할 수 있고, 그로 인한 손해배상청구를 할 수 있다.

Ⅱ 허 가

1. 허가의 의의

(1) 허가의 개념 : 허가란 법령에 의한 일반적·상대적·예방적 금지를 특정한 경우에 해제하여 자연적 자유를 회복할(적법하게 일정한 행위를 할) 수 있게 하는 명령적 행정행위를 말한다. 허가는 실정법적으로는 허가라는 용어 외에 면허·인가·승인·등록 등 각종 용어로 사용되고 있다.

(2) **예외적 승인(예외적 허가)과의 구별**: 허가와 예외적 승인은 금지의 해제라는 점은 같지만, 일반적·상대적·예방적 금지의 해제로서의 허가는 절대적·억제적·진압적·사후적 금지를 해제하여 주는 행위인 예외적 승인과 구별된다. 즉, 허가는 '공익침해의 우려'가 있어 잠정적으로 금지된 행위를 적법하게 할 수 있게 해 주는 행위인 데 대하여, 예외적 승인은 '행위 그 자체가 사회적으로 해롭기 때문에' 법령에 의해 일반적으로 금지된 행위를 예외적으로 적법하게 행사할 수 있도록 하는 행위이다.

:: 예외적 승인 사례

1. 학교보건법상 학교환경위생정화구역 '안'에서의 유흥주점 영업허가(대판 1996.10.29, 96누8253)·노래연습장업허가(대판 2007.3.15, 2006두15806)
   - 학교환경위생정화구역 '밖'의 유흥주점 영업허가는 허가로서 기속행위
2. 학교보건법 제6조 제1항 단서에 따라 시·도교육위원회 교육감 또는 교육감이 지정하는 사람이 학교환경위생정화구역 '안'에서의 금지행위 및 시설을 해제하는 조치(대판 2010.3.11, 2009두17643)
3. 구 문화재보호법 제44조 제1항 단서 제3호의 규정에 의한 건설공사를 계속하기 위한 고분발굴허가(대판 2000.10.27, 99두264): 신라시대의 주요한 역사·문화적 유적이 다수 소재한 선도산에 위치한 고분에 대하여 계명기독학원이 종합의료시설인 경주동산병원을 건축하기 위해 경주시 충효동 산 204의 28, 29 내의 고분발굴허가를 청구한 사건
   - 학설상 판단여지와 관련한 판례임.
4. 도시계획법상 개발제한구역 내에서의 건축·이축·용도변경·토지형질변경허가(대판 2004.7.22, 2003두7606), 개발제한구역 내의 용도변경허가
   - 개발제한구역 밖의 건축허가는 허가로서 기속행위
5. 녹지지역 내에서의 토석채취허가
6. 국제적 멸종위기종 및 그 가공품에 관한 용도변경승인(대판 2011.1.27, 2010두23033)
7. 자연공원구역 내에서의 식품위생법상 단란주점영업허가(대판 2001.1.30, 99두3577)·개발허가·자연공원구역 내에서의 산림훼손허가·산림형질변경허가·토지형질변경허가·입목벌채허가·토석채취허가·농지전용허가
8. 공무원법상 겸직허가(비영리업무만 가능. 영리업무는 절대적 금지)
9. 「마약류관리에 관한 법률」상 마약류의 사용·마약의 원료가 되는 식물의 재배(제3조)·마약류취급자가 아닌 자의 마약류취급(제4조)·치료목적의 아편사용허가
   - 마약관련사례 중 마약류취급면허만 허가
10. 「공익사업을 위한 토지 등의 취득 및 보상에 관한 법률」 제9조상 타인의 토지에의 출입허가
11. 사행행위 영업허가
12. 「국토의 계획 및 이용에 관한 법률」이 정한 용도지역 안에서의 건축허가 요건에 해당하는지 여부(대판 2017.3.15, 2016두55490)

한편, 법률의 문언이 불명확한 경우 허가는 기속행위, 예외적 승인은 재량행위에 해당한다. 즉, 예외적 승인은 일반적·추상적 법률의 적용에 있어서 비정형적 사태에 대한 효과적 규율을 가능케 한다.

1. **개발제한구역 내의 건축허가는 예외적 승인으로서 재량행위이다**

   개발제한구역 내에서는 구역지정의 목적상 건축물의 건축, 공작물의 설치, 토지의 형질변경 등의 행위는 **원칙적으로 금지되고, 다만 구체적인 경우에 위와 같은 구역지정의 목적에 위배되지 아니할 경우 예외적으로 허가**에 의하여 그러한 행위를 할 수 있게 되며, 한편 개발제한구역 내에서의 건축물의 건축 등에 대한 예외적 허가는 그 상대방에게 **수익적인 것으로서 재량행위**에 속하는 것이라고 할 것이다(대판 2004.7.22, 2003두7606).

2. **공중위생법 소정의 허가요건을 갖추었다 하여 학교보건법상 절대정화구역 내에서의 터키탕업을 허가할 수 없다**(대판 1995.7.28, 94누13497).

3. **학교보건법 제6조 제1항 단서에 따라 시·도교육위원회 교육감 또는 교육감이 지정하는 사람이 학교환경위생정화구역 안에서의 금지행위 및 시설을 해제하거나 계속하여 금지(해제거부)하는 조치의 법적 성질은 재량행위이다**(대판 2010.3.11, 2009두17643).

4. **문화재보호법에 의한 '건설공사를 계속하기 위한 고분발굴허가'는 재량행위이다**(대판 2000.10.27, 99두264).

5. **국제적 멸종위기종 및 그 가공품에 관한 용도변경승인과 용도변경의 불가피성에 관한 판단기준을 정하는 것은 원칙적으로 재량행위이다**

   야생동·식물보호법 제16조 제3항과, 같은 법 시행규칙 제22조 제1항의 체재 또는 문언을 살펴보면 **원칙적으로 국제적 멸종위기종 및 그 가공품의 수입 또는 반입 목적 외의 용도로의 사용을 금지하면서 용도변경이 불가피한 경우로서 환경부장관의 용도변경승인을 받은 경우에 한하여 용도변경을 허용**하도록 하고 있으므로, 법 제16조 제3항에 의한 **용도변경승인은 특정인에게만 용도 외의 사용을 허용해주는 권리나 이익을 부여하는 이른바 수익적 행정행위로서 법령에 특별한 규정이 없는 한 재량행위**이고, 법 제16조 제3항이 용도변경이 불가피한 경우에만 용도변경을 할 수 있도록 제한하는 규정을 두면서도 시행규칙 제22조에서 용도변경 신청을 할 수 있는 경우에 대하여만 확정적 규정을 두고 있을 뿐 용도변경이 불가피한 경우에 대하여는 아무런 규정을 두지 아니하여 용도변경 승인을 할 수 있는 용도변경의 불가피성에 대한 판단에 있어 재량의 여지를 남겨 두고 있는 이상, **용도변경을 승인하기 위한 요건으로서의 용도변경의 불가피성에 관한 판단에 필요한 기준을 정하는 것도 역시 행정청의 재량**에 속하는 것이므로, 그 설정된 기준이 객관적으로 합리적이 아니라거나 타당하지 않다고 볼 만한 다른 특별한 사정이 없는 이상 행정청의 의사는 가능한 한 존중되어야 할 것이다(대판 2011.1.27, 2010두23033).

6. **곰의 웅지를 추출하여 비누, 화장품 등의 재료로 사용할 목적으로 곰의 용도를 '사육곰'에서 '식·가공품 및 약용 재료'로 변경하겠다는 내용의 국제적멸종위기종의 용도변경 승인신청에 대하여, 한강유역환경청장이 용도변경 신청을 거부한 사안에서, 그 처분은 환경부장관의 '사육곰 용도변경 시의 유의사항 통보'에 따른 것으로 적법함에도 이와 달리 본 원심판결에 법리를 오해한 위법이 있다고 한 사례**

   곰의 웅지를 추출하여 비누, 화장품 등의 재료로 사용할 목적으로 곰의 용도를 '사육곰'에서 '식·가공품 및 약용 재료'로 변경하겠다는 내용의 국제적멸종위기종의 용도변경 승인신청에 대하여, 한강유역환경청장이 '웅담 등을 약재로 사용하는 경우' 외에는 용도변경을 해줄 수 없다며 위 용도변경신청을 거부한 사안에서, 환경부장관이 지방환경관서의 장에게 보낸 '사육곰 용도변경 시의 유의사항 통보'는 용도변경이 불가피한 경우를 웅담 등을 약재로 사용하는 경우로 제한하는 기준을 제시한 것으로 보이고, 그 설정된 기준이 법의 목적이나 취지에 비추어 객관적으로 합리적이 아니라거나 타당하지 않다고 볼 만한 다른 특별한 사정이 없으므로, 이러한 통보에 따른 위 처분은 적법함에도 이와 달리 본 원심판결에 법리를 오해한 위법이 있다고 한 사례(대판 2011.1.27, 2010두23033)

7. **인터넷컴퓨터게임시설제공업(피시방) 시설이 학교환경위생정화구역 내에 있는지 여부를 판단하는 기준**

및 학교보건법과 같은 법 시행령에서 정한 '학교 경계선'의 의미

인터넷컴퓨터게임시설제공업(피시방) 시설이 학교환경위생정화구역 내에 있는지의 여부를 판단하는 기준은 해당 피시방 전용시설(피시방 전용 출입구 등)의 경계선으로 보아야 하고, 이러한 전용시설의 경계선이 학교환경위생정화구역 밖에 있다면 해당 시설을 학교환경위생정화구역 내의 금지시설로 보아 설치를 금지할 수 없다고 할 것이다. 학교환경위생정화구역의 범위를 설정하는 기준으로 삼고 있는 '학교 경계선'은 지적공부상 학교용지의 경계선이 아니라 '학교교육이 실질적으로 이루어지는 공간의 경계선'이라고 보아야 한다(대판 2011.2.10, 2010두17946).

8. 갑이 인터넷컴퓨터게임시설제공업(피시방)을 운영하기 위하여 학교환경위생정화구역 내 금지행위 및 시설의 해제신청을 하였으나, 위 피시방이 인근 초등학교 등의 학교경계선으로부터 200m까지인 상대정화구역 내에 있다는 이유로 관할 교육청이 신청을 거부하는 처분을 한 사안에서, 위 피시방이 상대정화구역 내에 포함되지 않는다고 한 사례

甲이 인터넷컴퓨터게임시설제공업(피시방)을 운영하기 위하여 학교환경위생정화구역 내 금지행위 및 시설의 해제신청을 하였으나, 위 피시방이 인근 초등학교 등의 학교경계선으로부터 200m까지인 상대정화구역 내에 있다는 이유로 관할 교육청이 신청을 거부하는 처분을 한 사안에서, 피시방 이용객이 상가건물의 출입구, 주차장, 승강기, 화장실 등 공용시설을 이용한다고 하더라도 이를 피시방의 시설이라고 할수 없고, 위 피시방이 상대정화구역에 포함되는지 여부를 판단하는 기준이 되는 경계선은 해당 피시방의 전용출입구로 보아야 하며, 위 피시방은 그 전용출입구에서 인근 학교 경계선까지의 최단직거리가 200m를 초과하므로 상대정화구역에 포함되지 않는다고 판단한 사례(대판 2011.2.10, 2010두17946)

9. 자연공원구역으로 지정되기 전 이미 구역 내 토지에 관하여 초지조성허가를 받은 경우, 해당 구역 내 토지에 식재된 나무를 베기 위하여 다시 공원관리청에게서 허가를 받아야 하는 것은 아니다

해당 구역 **자연공원구역 내의 토지에 식재된 나무를 베고자 하는 사람은 공원관리청의 허가를 받아야하나, 자연공원구역으로 지정되기 전에 이미 구역 내의 토지에 관하여 초지조성허가를 받아 나무를 벨수 있었던 사람은 그 후 그 토지가 자연공원구역으로 지정되었더라도 다시 공원관리청에게서 '나무를 베는 행위'에 대한 허가를 받을 필요는 없다**(대판 2011.11.24, 2010도6817).

10. 「국토의 계획 및 이용에 관한 법률」이 정한 용도지역 안에서의 건축허가 요건에 해당하는지 여부는 행정청의 재량판단의 영역에 속한다(대판 2017.3.15, 2016두55490).

2. 허가의 성질

(1) **명령적 행위·형성적 행위 여부**: 허가는 분류상으로는 여전히 명령적 행정행위의 일종이다. 그러나 그 성질에 대해서는 견해가 대립된다. 최근에는 ㉠ 명령적 행위설(김성수), ㉡ 명령적 행위와 형성적 행위의 양면성설(다수설: 김남진·김연태, 김동희, 박윤흔, 정하중, 홍정선, 홍준형), ㉢ 형성적 행위설(강현호)이 대립하고 있다. 예컨대, 단란주점영업허가의 경우 금지의 해제라는 소극적인 관점에서 보면 명령적 성질이고, 단란주점영업을 경영할 수 있는 법적 지위가 창설된다는 적극적인 관점에서 보면 형성적 성질도 있다. 판례는 명령적 행위설에 따르고 있다. 한편, 독일의 경우 허가를 형성행위로 분류하고 있다.

그러나 허가는 개인이 종전에 갖고 있지 않은 새로운 권리·능력 기타 법률상의 힘을 새로이 설정하여 주는 것은 아니고 원래부터 갖고 있는 자유권을 회복시켜 준다는 점에서 특허와 구별된다(허가와 특허의 상대화).

(2) **기속행위·재량행위 여부**: 허가가 기속행위인지 재량행위인지는 우선 법률의 문언을 기준으로 판단한다. 건축허가의 경우 법률개정으로 재량행위성이 인정되는 경우가 있다.

> 허가권자는 위락시설이나 숙박시설에 해당하는 건축물의 건축을 허가하는 경우 해당 대지에 건축하려는 건축물의 용도·규모 또는 형태가 주거환경이나 교육환경 등 주변환경을 고려할 때 부적합하다고 인정하면 이 법이나 다른 법률에도 불구하고 건축위원회의 심의를 거쳐 건축허가를 하지 아니할 수 있다(건축법 제11조 제4항).

법률의 문언이 불분명한 경우에는 당해 행위의 성질과 기본권관련성을 기준으로 판단한다. 허가로 인해 당사자의 헌법상 보장된 개인의 자유권 행사가 비로소 가능해진다는 점을 생각할 때 법령에서 특별히 재량행위로 규정하지 않는 한, 기속행위라는 견해가 다수설이다.

① 기속행위(원칙): 허가요건을 충족한 경우 관계 법규에서 정하는 제한사유 이외의 사유를 들어 거부할 수 없다.

기속행위(원칙)
1. 식품위생법상의 광천음료수제조업허가(대판 1993.2.12, 92누5959)
2. 식품위생법상 대중(일반)음식점영업허가(대판 1993.5.27, 93누2216)
3. 주류판매업 면허(대판 1995.11.10, 95누5714)
4. 공중위생법상 위생접객업허가(대판 1995.7.28, 94누13497)
5. 개발제한구역 '외'에서의 건축허가(대판 1995.12.12, 95누9051)
■ 개발제한구역 '내'의 건축허가는 예외적 승인으로서 재량행위(대판 2004.7.22, 2003두7606)
6. 화약류 판매업 및 저장소 설치 허가(대판 1996. 6.28, 96누3036)
7. 「공업배치 및 공장설립에 관한 법률」상의 공장설립허가(대판 1999.7.23, 97누6261)
8. 북한 어린이 살리기 의약품 지원 본부에 대한 기부금품모집허가(대판 1999.7.23, 99두3690)

1. 일반건축허가

건축허가권자는 건축허가신청이 건축법, 도시계획법 등 관계 법규에서 정하는 어떠한 제한에 배치되지 않는 이상 당연히 같은 법조 소정의 건축허가를 하여야 하므로 법률상의 근거 없이 그 신청이 관계 법규에서 정한 제한에 배치되는지 여부에 대한 심사를 거부할 수 없고, 심사결과 그 신청이 **법정요건에 합치하는 경우에는 특별한 사정이 없는 한 이를 허가하여야 하며, 공익상 필요가 없음에도 불구하고 요건을 갖춘 자에 대한 허가를 관계 법령에서 정하는 제한사유 이외의 사유를 들어 거부할 수는 없다**(대판 1995.10.13, 94누14247).

2. 공중위생법상 위생접객업허가

공중위생법상의 위생접객업허가는 그 성질상 일반적 금지의 해제에 불과하므로 허가권자는 법에서 정한 요건을 구비한 때에는 이를 반드시 허가하여야 한다(대판 1995.7.28, 94누13497).

3. 주류판매업 면허는 강학상의 허가이고 기속행위이다

주류판매업 면허는 설권적 행위가 아니라 주류판매의 질서유지, 주세 보전의 행정목적 등을 달성하기 위하여 개인의 자연적 자유에 속하는 영업행위를 일반적으로 제한하였다가 특정한 경우에 이를 회복하도록 그 제한을 해제하는 강학상의 허가로 해석되므로 주세법 제10조 제1호 내지 제11호에 열거된 면허제한사유에 해당하지 아니하는 한 면허관청으로서는 임의로 그 면허를 거부할 수 없다(대판 1995.11.10, 95누5714).

4. 구 「대덕연구개발특구 등의 육성에 관한 특별법」에 따른 절차와 방식에 따르지 아니하였다는 이유로 대덕연구개발특구 내 사회복지시설에 대한 건축허가신청을 반려한 처분은 적법하다(대판 2010.7.8, 2010두4643).

5. 배출시설 설치허가 신청이 구 대기환경보전법 제23조 제5항에서 정한 허가기준에 부합하고 구 대기환경보전법 제23조 제6항, 같은 법 시행령 제12조에서 정한 허가제한사유에 해당하지 않는 경우, 환경부장관은 원칙적으로 이를 허가하여야 한다

구 대기환경보전법 제2조 제9호, 제23조 제1항, 제5항, 제6항, 같은 법 시행령 제11조 제1항 제1호, 제12조, 같은 법 시행규칙 제4조, [별표 2]와 같은 배출시설 설치허가와 설치제한에 관한 규정들의 문언과 그 체제·형식에 따르면 환경부장관은 배출시설 설치허가 신청이 구 대기환경보전법 제23조 제5항에서 정한 허가 기준에 부합하고 구 대기환경보전법 제23조 제6항, 같은 법 시행령 제12조에서 정한 **허가제한사유에 해당하지 아니하는 한 원칙적으로 허가를 하여야 한다.** 다만 배출시설의 설치는 국민건강이나 환경의 보전에 직접적으로 영향을 미치는 행위라는 점과 대기오염으로 인한 국민건강이나 환경에 관한 위해를 예방하고 대기환경을 적정하고 지속가능하게 관리·보전하여 모든 국민이 건강하고 쾌적한 환경에서 생활할 수 있게 하려는 구 대기환경보전법의 목적(제1조) 등을 고려하면, 환경부장관은 같은 법 시행령 제12조 각 호에서 정한 사유에 준하는 사유로서 **환경 기준의 유지가 곤란하거나 주민의 건강·재산, 동식물의 생육에 심각한 위해를 끼칠 우려가 있다고 인정되는 등 중대한 공익상의 필요가 있을 때에는 허가를 거부할 수 있다고 보는 것이 타당하다**(대판 2013.5.9, 2012두22799).

6. 건축물의 용도변경허가권자가 도시공원의 설치에 관한 도시관리계획결정 당시 기존 건축물의 용도변경허가신청에 대하여 구 「도시공원 및 녹지 등에 관한 법률」상 점용허가대상에 해당하지 않는다는 이유로 용도변경허가를 거부할 수 없다

구 「도시공원 및 녹지 등에 관한 법률」(구 도시공원법) 제24조 제1항, 제3항, 구 「도시공원 및 녹지 등에 관한 법률 시행령」 제22조의 문언·체계 등에 비추어 보면, 도시공원의 설치에 관한 도시관리계획결정 당시 기존 건축물의 용도를 변경하는 행위는 구 도시공원법 제24조 제1항이 정한 점용허가대상에 포함되지 아니하므로 공원관리청의 점용허가를 받을 필요가 있는 경우에 해당한다고 보기 어렵고, 이러한 기존

건축물의 용도변경행위가 구 도시공원법 등에 의하여 금지되거나 제한되는 행위라고 볼 수도 없으므로, 용도변경허가권자로서는 기존 건축물의 용도변경허가신청에 대하여 구 도시공원법상 적용허가대상에 해당하지 않는다는 이유를 들어 용도변경허가를 거부할 수는 없다(대판 2014.8.28, 2012두8274).

② 재량행위(예외) : '중대한 공익상의 필요'가 있을 경우 관계 법규에서 정하는 제한사유 이외의 사유를 들어 거부할 수 있다.

재량행위(예외)
1. 자연환경(사회적 환경)보전이나 기타 중대한 공익상의 필요가 있는 경우 거부가능
① 도시계획법상 토지형질변경허가(대판 1999.2.23, 98두17845)·「국토의 계획 및 이용에 관한 법률」에 의하여 지정된 도시지역 안에서 토지의 형질변경행위를 수반하는 건축허가(대판 2005.7.14, 2004두6181)
② 농지전용허가(대판 2000.5.12, 98두15382)
③ 자연공원법상 관광지조성사업(속리산 문장대온천조성사업)의 시행허가(대판 2001.7.27, 99두8589)
④ 입목굴채허가(대판 2001.11.30, 2001두5866)
⑤ 산림훼손허가(대판 2003.3.28, 2002두12113)
⑥ 산림 내에서의 토사채취허가(대판 2007.6.15, 2005두9736)
⑦ 「국토의 계획 및 이용에 관한 법률」상 개발행위허가의 대상인 토지분할(대판 2013.7.11, 2013두1621)
⑧ 주유소 설치허가(대판 1999.4.23, 97누14378) : 원칙은 기속행위이지만, 예외적으로 중대한 공익상의 필요가 있는 경우에는 재량행위
⑨ 구 대기환경보전법에서 정한 대기오염물질 배출시설 설치허가(대판 2013.5.9, 2012두22799) : 원칙은 기속행위이지만, 예외적으로 중대한 공익상의 필요가 있는 경우에는 재량행위
2. 기 타
① (전자)유기장업허가(대판 1985.2.8, 84누369)
■ 투전기업소장소변경허가는 기속행위(대판 1985.8.20, 84누228)
② 프로판가스충전업허가(대판 1987. 11.10, 87누462)
③ 「총포·도검·화약류 등 단속법」 제12조 소정의 총포 등 '소지'허가(대판 1993.5.14, 92도2179)
「총포·도검·화약류 등 단속법」상의 총포·도검·화약류 '판매업 및 저장소 설치허가'는 기속행위(대판 1996.6.28, 96누3036)

1. 자연환경의 보전 등 중대한 공익상의 필요가 있는 경우

(1) 입목굴채허가

산림 내에서의 입목벌채는 국토 및 자연의 유지와 환경의 보전에 직접적으로 영향을 미치는 행위가 된다는 점 등을 종합하여 보면, 허가관청은 입목굴채 허가신청 대상토지의 현상과 위치 및 주위의 상황 등을 고려하여 **국토 및 자연의 유지와 환경의 보전 등 중대한 공익상 필요가 있다고 인정될 때에는 허가를 거부할 수 있다**(대판 2001.11.30, 2001두5866).

(2) 「국토의 계획 및 이용에 관한 법률」에 의하여 지정된 도시지역 안에서 토지의 형질변경행위를 수반하는 건축허가

「국토의 계획 및 이용에 관한 법률」(국토계획법)에 의한 **토지의 형질변경허가는 그 허가기준 및 금지요건이 불확정개념으로 규정된 부분이 많아 그 요건에 해당하는지 여부를 판단함에 있어서는 행정**

청에 재량권이 부여되어 있다 할 것이다. 그리고 국토계획법에 따라 지정된 **도시지역 안에 있는 토지에 대한 형질변경행위를 수반하는 건축허가는 건축법에 의한 건축허가와 국토계획법에 의한 토지 형질변경허가의 성질을 아울러 갖는 것으로 보아야 할 것이므로 그러한 건축허가는 재량행위에 속한다**고 할 것이다. 한편 **재량행위에 대한 사법심사는 행정청의 재량에 의한 공익판단의 여지를 감안하여 원칙적으로 재량권의 일탈이나 남용이 있는지 여부만을 대상**으로 하고, 재량권의 일탈·남용 여부에 대한 심사는 사실오인, 비례·평등의 원칙 위반 등을 그 판단 대상으로 한다(대판 2012.12.13, 2011두 29205).

(3) 행정청이 상·하수도관로가 매설되어 있지 않는 등 도시기반시설이 미비하고 난개발 및 도시슬럼화를 방지하기 위한 계획적인 개발이 검토되고 있다는 이유로 토지의 형질변경행위를 수반하는 건축허가신청을 거부한 사안에서, 그 처분에 재량권의 범위를 일탈·남용한 위법이 없다고 한 사례(대판 2010.2.25, 2009두19960).

(4) 주유소설치허가(원칙적으로 기속행위이지만, 중대한 공익상의 필요가 있을 경우 거부할 수 있다)
    주유소 설치허가권자는 주유소 설치허가신청이 관계 법령에서 정하는 제한에 배치되지 않는 경우에는 특별한 사정이 없는 한 이를 허가하여야 하고, **관계 법규에서 정하는 제한사유 이외의 사유를 들어 허가를 거부할 수는 없는 것이나(원칙은 기속행위)**, 심사결과 관계 법령상의 제한 이외의 **중대한 공익상의 필요가 있는 경우에는 그 허가를 거부할 수 있다**(대판 1999.4.23, 97누14378).

(5) 법령상 토사채취가 제한되지 않는 산림 내에서의 토사채취에 대하여 국토와 자연의 유지, 환경보전 등 중대한 공익상 필요를 이유로 그 허가를 거부할 수 있다(대판 2007.6.15, 2005두9736).

2. 지구단위계획구역 안에서의 건축이 그 지구단위계획에 적합하지 아니한 경우 그 건축허가를 거부할 수 있다(대판 2006.11.9, 2006두1227).
    - 예외적 승인으로 분류하는 견해도 존재

3. 숙박시설인 러브호텔 건축허가(최신판례): 자연환경만이 아니라 사회적 환경(주거환경과 교육환경)도 중시
    (1) 충남 서산 마애삼존불상과 천주교 성지인 해미읍성 근처의 러브호텔건축허가 거부처분
        지방자치단체의 **조례에 의하여 준농림지역 내의 건축제한지역이라는 구체적인 취지의 지정·고시가 행하여지지 아니하였다 하더라도, 조례에서 정하는 기준에 맞는 지역에 해당하는 경우에는 숙박시설의 건축을 제한할 수 있다**고 할 것이고, 그러한 기준에 해당함에도 불구하고 무조건 숙박시설 등의 건축허가를 하여야 하는 것은 아니라고 할 것이며, 조례에서 정한 요건에 저촉되지 아니하는 경우에 비로소 건축허가를 할 수 있는 것으로 보아야 할 것이다. 부연하면, 그러한 **구체적인 지역의 지정·고시 여부는 숙박시설 등 건축허가 여부를 결정하는 요건이 된다고 볼 수 없다**고 할 것이다[대판(전합) 1999.8.19, 98두1857].

    (2) 천안시 북부2지구 내 H지구 러브호텔건축허가 반려처분
        피고가 달성하려는 학생들의 교육환경과 인근 주민들의 주거환경 보호라는 공익은 이 사건 처분으로 인하여 원고들이 입게 되는 불이익을 정당화할 만큼 강한 경우에 해당한다고 할 것이므로, 같은 취지에서 원고들의 각 **숙박시설 건축허가신청을 반려한 이 사건 처분은 신뢰보호의 원칙에 위배되지 않는다**(대판 2005.11.25, 2004두6822·6839·6846).

4. 구 대기환경보전법에서 정한 대기오염물질 배출시설 설치허가에 있어 중대한 공익상의 필요가 있을 때에는 허가를 거부할 수 있다(대판 2013.5.9, 2012두22799).

5. 「국토의 계획 및 이용에 관한 법률」상 개발행위허가의 대상인 토지분할은 재량행위이다
    국토계획법이 토지분할을 개발행위로서 규제하는 취지는 국토가 무분별하게 개발되는 것을 방지하고 토지이용을 합리적·효율적으로 관리하여 공공복리를 증진하려는 목적을 달성하고자 하는 데 있으므로, 개발행위허가권자는 분할허가 신청의 대상인 당해 토지의 합리적 이용 및 공공복리의 증진에 지장이 될

우려가 있는지 등을 고려하여 재량으로 그 허가 여부를 결정할 수 있다(대판 2013.7.11, 2013두1621).

6. 구「국토의 계획 및 이용에 관한 법률」상 개발행위허가의 대상인 토지분할에 관하여 신청인이 허가신청 시 공유물분할 판결 등의 확정판결을 제출한 경우에도 같은 법에서 정한 개발행위 허가 기준 등을 고려하여 거부처분을 할 수 있다

구「국토의 계획 및 이용에 관한 법률」상 토지분할 허가제도의 취지·목적, 개발행위허가권자의 재량권의 범위, 지적에 관한 법률 규정의 취지 등에 비추어 볼 때, 개발행위허가권자는 신청인이 토지분할 허가신청을 하면서 공유물분할 판결 등의 확정판결을 제출하더라도 국토계획법에서 정한 개발행위 허가 기준 등을 고려하여 거부처분을 할 수 있으며, 이러한 처분이 공유물분할 판결의 효력에 반하는 것은 아니다(대판 2013.7.11, 2013두1621).

7. 건축허가신청이 시장이 수립하고 있는 도시·주거환경정비 기본계획에 배치될 가능성이 높다고 하여 바로 건축허가신청을 반려할 중대한 공익상의 필요가 있다고 보기 어렵다

구「국토의 계획 및 이용에 관한 법률」제63조가 도시기본계획 등을 수립하고 있는 지역으로 특히 필요하다고 인정되는 지역에 대하여 개발행위를 제한하고자 하는 때에는 '제한지역·제한사유·제한대상 및 제한기간을 미리 고시'하도록 규정한 취지를 고려할 때, 건축허가신청이 시장이 수립하고 있는 도시·주거환경정비 기본계획에 배치될 가능성이 높다고 하여 바로 건축허가신청을 반려할 중대한 공익상의 필요가 있다고 보기 어렵다(대판 2009.9.24, 2009두8946).

8. 「국토의 계획 및 이용에 관한 법률」이 정한 용도지역 안에서 토지의 형질변경행위·농지전용행위를 수반하는 건축허가 역시 재량행위에 해당한다

나아가 국토계획법이 정한 용도지역 안에서 토지의 형질변경행위·농지전용행위를 수반하는 건축허가는 건축법 제11조 제1항에 의한 건축허가와 위와 같은 개발행위허가 및 농지전용허가의 성질을 아울러 갖게 되므로 이 역시 재량행위에 해당하고, 그에 대한 사법심사는 행정청의 공익판단에 관한 재량의 여지를 감안하여 원칙적으로 재량권의 일탈이나 남용이 있는지 여부만을 대상으로 하는데, 판단 기준은 사실오인과 비례·평등의 원칙 위반 여부 등이 된다. 이러한 재량권 일탈·남용에 관하여는 행정행위의 효력을 다투는 사람이 주장·증명책임을 부담한다(대판 2017.10.12, 2017두48956).

---

3. 허가의 법적 근거와 요건

(1) **법령개정 시 허가사무처리의 근거법(원칙적으로 처분시법)** : 허가를 신청한 후 법령의 개정으로 허가기준에 변동이 있는 경우 원칙적으로 개정법령(처분시법, 허가시법, 신법)에 의해 처리해야 하고, 예외적으로 허가신청을 수리하고도 정당한 이유 없이 처리를 늦추어 그 사이에 법령 및 허가기준이 변경된 경우에는 허가신청시법(구법)에 의한다(대판 2006.8.25, 2004두2974). 판례도 같은 입장이다.

(2) **허가거부와 법적 근거** : 법령에서 정한 사유 이외의 사유로 허가를 거부할 수 있는가 문제된다. 판례는 건축법상 건축허가 거부의 경우에는 명문의 근거를 요한다고 하면서, 산림법상 산림훼손허가거부의 경우에는 법적 근거 없이도 가능하다고 판시하고 있다. 이는 통상적 건축허가는 기속행위이고, 산림훼손허가는 재량행위로 보는 데 따른 것이다. 한편, 하나의 신청에 여

러 법률이 적용되는 경우에는 모든 법률의 요건을 구비한 경우가 아니라면 거부될 수 있다.

1. **건축허가의 경우 관계 법규에서 정하는 제한사유 이외의 사유로 거부할 수 없다**
   건축허가권자는 건축허가신청이 건축법, 도시계획법 등 관계 법규에서 정하는 어떠한 제한에 배치되지 않는 이상 당연히 같은 법조에서 정하는 건축허가를 하여야 하고 위 관계 법규에서 정하는 제한사유 이외의 사유를 들어 거부할 수는 없다(대판 1995.12.12, 95누9051).
2. **산림훼손허가는 법규에 명문의 근거가 없더라도 거부할 수 있다**
   산림훼손행위는 국토의 유지와 환경의 보전에 직접적으로 영향을 미치는 행위이므로 법령이 규정하는 산림훼손 금지 또는 제한지역에 해당하는 경우는 물론 금지 또는 제한지역에 해당하지 않더라도 허가관청은 산림훼손허가신청 대상토지의 현상과 위치 및 주위의 상황 등을 고려하여 국토 및 자연의 유지와 환경의 보전 등 **중대한 공익상 필요가 있다고 인정될 때에는 허가를 거부할 수 있고, 그 경우 법규에 명문의 근거가 없더라도 거부처분을 할 수 있으며, 산림훼손허가를 함에 있어서 고려하여야 할 공익침해의 정도, 예컨대 자연경관 훼손정도, 소음·분진의 정도, 수질오염의 정도 등에 관하여 반드시 수치에 근거한 일정한 기준을 정하여 놓고 허가·불허가 여부를 결정하여야 하는 것은 아니고,** 산림훼손을 필요로 하는 사업계획에 나타난 사업의 내용, 규모, 방법과 그것이 환경에 미치는 영향 등 제반 사정을 종합하여 **사회관념상 공익침해의 우려가 현저하다고 인정되는 경우에 불허가할 수 있다**(대판 1997.9.12, 97누1228).
3. **산림형질변경허가**
   산림형질변경허가는 법령상의 금지 또는 제한지역에 해당하지 않더라도 신청 대상 토지의 현상과 위치 및 주위의 상황 등을 고려하여 국토 및 자연의 유지와 상수원 수질과 같은 환경의 보전 등을 위한 중대한 공익상의 필요가 있을 경우 그 허가를 거부할 수 있으며, 이는 산림형질변경 허가기간을 연장하는 경우에도 마찬가지이다(대판 2000.7.7, 99두66).

(3) **허가요건의 추가**: 허가는 원칙적으로 기속행위에 해당하기 때문에 법률이 정한 기준에 해당하면 허가해야 하고, 다른 요건을 추가할 수 없다.

1. 사설묘지 등의 설치허가의 경우 법령의 근거 없이 새로운 허가요건을 가중하는 것은 위법이다(대판 1995.12.22, 95추32).
2. 「총포·도검·화약류 등 단속법」상의 총포·도검·화약류판매업허가의 경우 법령이 정한 요건을 충족했음에도 다른 법률에 따라 허가 여부를 결정한 것은 위법이다(대판 1996.6.28, 96누3036).

4. 허가와 신청[출원(出願)]

허가는 상대방의 신청에 의해 행하여지는 것이 원칙이나, 예외적으로 통행금지의 해제나 보도관제의 해제와 같이 신청에 의하지 않는 허가도 있다. 또한 특허·인가와는 달리 출원 없는 허가도 당연무효가 아니라 취소사유라는 것이 판례이다. 수정허가가 가능하다는 점에서 수정이 불가능한 특허·인가와 다르다.

허가는 기속행위이므로 출원이 경합하는 경우에는 먼저 출원한 것부터 심사하여 신청이 법정 요건을 갖춘 때에는 허가하여야 하는 선원주의(先願主義)가 적용된다. 특허는 공익상 신청자 중에서 보다 확실하게 당해 사업을 수행할 능력자를 선택할 재량이 인정되었다고 할 것이므로 선원주의가 적용되지 않는다. 그러나 광업법에서는 "광업권설정의 출원이 같은 구역에 중복된 경우에는 광업권설정출원서의 도달 일시가 앞선 출원이 우선한다."라고 규정함으로써 선원주의에 관한 특별규정을 두고 있다(제18조 제1항).

5. 허가의 형식

허가는 특정한 상대방에 대해 개별적으로 행하여지는 것이 원칙이나 하명과 마찬가지로 일반처분과 같이 불특정 다수인에게 행하여질 수도 있다(예 도로통행금지의 해제). 또한 가는 행정절차법에 따라 원칙적으로 문서에 의해야 한다.

법규하명이나 법규특허가 가능한 것과 달리 허가는 성질상 항상 처분의 형식으로 행해지고, 직접 법령에 의해 행하여지는 법규허가는 없다.

6. 허가의 대상

허가의 대상은 일반적으로 사실행위(예 건축허가 등)가 원칙이나, 예외적으로 법률행위인 경우도 있다(예 무기양도허가 등).

7. 허가의 효과

(1) 금지의 해제(법률상 이익 또는 반사적 이익 여부) : 허가는 일반적 금지를 해제하여 상대방이 적법하게 특정한 행위를 할 수 있도록 하는 자연적 자유의 회복에 그칠 뿐 배타적·독점적 권리 또는 능력을 설정하는 것은 아니라는 점에서 특허·인가와 구별된다. 따라서 종래의 학설은 허가에 의해 상대방이 얻는 이익은 반사적 이익으로 보았다. 그러나 오늘날은 허가업자의 침해되는 이익에 따라 나누어 판단함이 일반적이다. 즉, 기존허가업자가 이미 영업을 하고 있는데 경쟁업자(경업자)에게 신규허가를 발급함으로써 침해되는 이익은 영업상 이익으로서 원칙적으로 반사적 이익에 불과하다. 그러나 행정청에 의해 침해되는(예 영업허가나 건축허가취소·철회·정지·거부) 이익이나 타인으로부터 영업행위에 대해 침해를 받게 되는 경우는 자유권(예 영업허가의 경우 직업의 자유, 건축허가의 경우 토지재산권)의 침해로서 법률상 이익이라고 본다.

관련 판례

1. 영업상 이익은 원칙적으로 반사적 이익
   (1) 기존 목욕장업자의 영업상 이익
      기존 목욕탕영업장 부근에 신설영업장을 허가함으로 인하여 기존 영업장의 수입이 사실상 감소되었을지라도 그 수입의 감소는 단순한 반사적 이익의 침해에 불과하므로 신설허가처분의 취소를 청구할 만한 소의 이익이 없다(대판 1963.8.22, 63누97).
   (2) 무역거래법상 수출입이 금지되는 특정 물품의 수입허가로 인한 기존 수입업자의 이익(대판 1971.6.29, 69누91)
   (3) 「석탄수급조정에 관한 임시조치법」 소정의 석탄가공업허가를 받은 기존업자의 이익(대판 1980.7.22, 80누33·34)
   (4) 양곡가공업허가(대판 1981.1.27, 79누433)
   (5) 유기장영업허가(대판 1986.11.25, 84누147)
   (6) 한의사 면허
      한의사 면허는 경찰금지를 해제하는 명령적 행위(강학상 허가)에 해당하고, **한약조제시험을 통하여 약사에게 한약조제권을 인정함으로써 한의사들의 영업상 이익이 감소되었다고 하더라도 이러한 이익은 사실상의 이익에 불과**하고 약사법이나 의료법 등의 법률에 의하여 보호되는 이익이라고는 볼 수 없으므로, **한의사들이 한약조제시험을 통하여 한약조제권을 인정받은 약사들에 대한 합격처분의 무효확인을 구하는 당해 소는 원고적격이 없는 자들이 제기한 소로서 부적법하다**(대판 1998.3.10, 97누4289).
   (7) 유흥주점 영업허가
2. 영업상 이익 중 예외적으로 법률상 이익을 인정한 사례
   (1) (한지)약종상허가
      甲이 적법한 약종상허가를 받아 허가지역 내에서 약종상영업을 경영하고 있음에도 불구하고 행정관청이 구 '약사법 시행규칙'을 위배하여 같은 **약종상인 乙에게 乙의 영업허가지역이 아닌 甲의 영업허가지역 내로 영업소를 이전하도록 허가**하였다면 甲으로서는 이로 인하여 **기존업자로서의 법률상 이익을 침해**받았음이 분명하므로 甲에게는 행정관청의 영업소이전허가처분의 취소를 구할 법률상 이익

이 있다(대판 1988.6.14, 87누873).

　(2) 주류제조면허

　　주류제조면허는 국가의 수입확보를 위하여 설정된 재정허가의 일종이지만 일단 이 면허를 얻은 자의 이득은 단순한 사실상의 반사적 이득에만 그치는 것이 아니라 주세법의 규정에 따라 보호되는 이득이다(대판 1989.12.22, 89누46).

3. 어업허가를 받은 자가 해당 어업을 할 수 있는 지위는 재산권이다(대판 1999.11.23, 98다11529).

일반적으로 허가의 대상으로 간주되고 있는 사업(例 주유소영업 등)이 거리제한 등에 의해 보호되고 있는 경우, ① 당해 허가는 허가와 특허의 성질을 공유하는 합체행위의 성질을 가진다고 보는 견해, ② 특허로 분류하는 견해(정하중), ③ 입법 취지를 기준으로 공익의 보호만을 목적으로 하는 경우에는 반사적 이익에 불과하고 공익과 함께 기존업자의 이익도 보호하는 취지일 경우에는 법률상 이익이라는 견해(김남진, 박균성, 정하중)도 존재한다.

1. 법령의 위임 없이 공중목욕장의 적정분포를 규정(거리제한규정)한 무효인 '공중목욕장 시행세칙'에 의해 신규허가를 발급한 경우 기존 공중목욕업자의 이익은 반사적 이익이다(대판 1963.8.31, 63누101).
2. 적법한 담배소매인 지정기준으로서의 거리제한규정에 위반한 경우 침해되는 일반소매인의 신규 일반소매인에 대한 이익은 법률상 이익이지만, 담배 일반소매인으로 지정되어 영업을 하고 있는 기존업자의 신규 구내소매인에 대한 지정처분의 취소를 구할 이익은 거리제한규정이 없기 때문에 반사적 이익이다(대판 2008.4.10, 2008두402).

---

　(2) 근거 법령상의 금지만 해제 : 허가는 그 근거가 된 법령에 의한 금지를 해제할 뿐이고 타법에 의한 금지까지 해제하지는 않으므로 각각 별도로 허가를 받아야 한다. 예컨대, 공무원이 음식점영업허가를 받는다고 해도 식품위생법상의 금지만 해제할 뿐 공무원법상의 영리업무 금지의무까지 해제해 주는 것은 아니다.

1. 공원사업자 지정과 공원사업집행허가와 공원구역 안에서의 건축물 기타 공작물의 신축허가
　공원사업자 지정과 공원사업집행허가를 받았다고 하여 자연공원법 제23조 제1항 소정의 공원구역 안에서의 **건축물 기타 공작물의 신축에 허가가 면제되는 것은 아니다**(대판 1986.6.10, 86도440).
2. 운송사업계획변경허가와 건축법상의 증축허가
　이 사건 단층건물의 소유자인 甲 운수회사가 그 건물 위에 2, 3층을 증축할 수 있도록 운송사업계획변경허가를 받았다는 것만으로는 건축법에 따른 적법한 **증축허가를 받아야 할 의무가 면제되는 것은 아니다**(대판 1990.8.28, 89누8156).

3. 도로법상 개축허가를 받았더라도 건축법상의 **개축허가를 다시 받아야 한다**(대판 1991.4.12, 91도218).

4. 개발제한구역 내의 이축행위허가를 위하여는 이축대상 건축물의 적법요건 외에도 **이축지에 건축될 건축물의 적법요건도 갖추어야** 한다(대판 2002.10.11, 2000두987).

5. 구 자연공원법 제23조 제1항 각 호의 행위에 대한 허가는 각 행위에 대하여 별도의 허가를 받아야 한다 자연공원구역에서의 건축행위가 건축법상 허가를 요하지 아니하는 건축행위인 경우에도 같은 법 제23조 제1항 제1호에 정한 **공원관리청의 허가를 받아야 한다**(대판 2005.3.10, 2004도8311).

6. 산림법과 「국토의 계획 및 이용에 관한 법률」 산림 내에서의 건축용 토석의 채취 불허처분에 관하여는 구 **산림법령 관련규정과 국토의 계획 및 이용에 관한 법령 관련규정이 모두 적용된다**(대판 2006.9.8, 2005두8191).

(3) **지역적 효과**: 허가의 효과는 당해 허가행정청의 관할구역 내에서만 미치는 것이 원칙이다. 그러나 법령의 규정이 있거나 허가의 성질상 관할구역에 국한시킬 것이 아닌 경우(**예** 운전면허)에는 관할구역 밖에까지 효과가 미친다.

(4) **허가효과(제재사유)의 승계**: 허가효과의 승계란 양도인이 받은 허가효과가 양수인에게 승계됨으로써 양수인이 새로운 허가를 받지 않아도 된다는 의미이다. 승계 여부는 허가의 종류별로 다르다.

구 분	허가효과(권리의무·위법사유·제재사유·귀책사유)의 승계
대인적	불 가
대물적	가 능
혼합적	제 한

① **대인적 허가**: 대인적 허가는 상대방의 주관적 사정에 착안하여 행하는 허가이며 그 효과는 일신전속적이기 때문에 제3자에게 승계되지 않는다. 따라서 제3자가 일정한 행위를 하려면 새로운 허가를 얻어야 한다.

1. 자동차운전면허(대판 1997.5.16, 97누2313)
2. 의사면허, 치과의사면허, 약사면허, 한의사면허(대판 1998.3.10, 97누4289), 건축사면허, 이용사면허, 미용사면허
3. 해외여행허가

② **대물적 허가**: 대물적 허가는 상대방의 주관적 사정을 고려하지 않고 행위의 대상인 물건이나 시설의 객관적 사정에 착안하여 행해지기 때문에 승계가 가능하다. 따라서 허가효과는 양수

인에게 승계되기 때문에 양수인은 새로운 허가를 받을 필요가 없이 적법한 행위를 할 수 있다. 예를 들면, 자동차안전검사합격처분을 받은 경우 양수인은 안전검사유효기간 내에는 새로 안전검사를 받지 않아도 되고, 건축허가를 승계받은 양수인은 새로이 건축허가를 받을 필요가 없다.

한편, 양도인에 대한 제재사유가 양수인에게 승계되어 양도인의 위법행위를 이유로 양수인에게 제재를 가할 수 있는가에 대하여 판례는 대물적 허가의 경우 제재사유의 승계를 인정하는 입장이다.

---

1. 유기장(전자오락실)영업허가(대판 1990.7.13, 90누2284) : 재량행위
2. 건축법상의 건축(개축·대수선·용도변경)허가(대판 2002.4.26, 2000다16350)
3. 석유판매업(주유소)허가(대판 1999.4.23, 97누14378)
   ■ 다수설(김남진·김연태, 정하중, 홍준형)은 혼합적 허가로 분류
4. 식품위생법상 일반(대중)음식점영업허가(대판 2000.3.24, 97누12532)·단란주점영업허가(대판 2001.1.30, 99두3577)·유흥접객업허가(대판 1993.2.12, 92누4390)
5. 채석허가(대판 2003.7.11, 2001두6289)
6. 폐기물중간처리업허가는 대물적 허가 내지는 대물적 요소가 강한 혼합적 허가(대판 2008.4.11, 2007두17113)
7. 「국토의 계획 및 이용에 관한 법률」에 의한 개발행위허가(대판 2014.7.24, 2013도10605)
8. 수입허가
9. 자동차(차량)검사합격처분
   ■ 자동차정기검사필증은 공증
10. 물건의 품질인정

관련판례

1. 건축허가는 대물허가로서 허가효과가 당연승계되므로 건축주 명의변경행위는 처분이 아니다(대판 1979.10.30, 79누190).
2. 석유판매업은 양도(권리의무승계, 위법사유승계, 귀책사유승계)가 가능하다
   석유판매업(주유소)허가는 소위 대물적 허가의 성질을 갖는 것이어서 그 사업의 양도도 가능하고, 이 경우 양수인은 양도인의 지위를 승계하게 됨에 따라 양도인의 위 허가에 따른 권리의무가 양수인에게 이전되는 것이므로 만약 양도인에게 그 허가를 취소할 위법사유가 있다면 허가관청은 이를 이유로 양수인에게 응분의 제재조치를 취할 수 있다 할 것이고, 양수인이 그 양수 후 허가관청으로부터 석유판매업허가를 다시 받았다 하더라도 이는 석유판매업의 양도도를 전제로 한 것이어서 이로써 양도인의 지위승계가 부정되는 것은 아니므로 양도인의 귀책사유는 양수인에게 그 효력이 미친다(대판 1986.7.22, 86누203).
3. 공중위생영업(퇴페이발소인 명진이용원)에 있어 그 영업을 정지할 위법사유가 있는 경우, 그 영업이 양도양수되었다 하더라도 양수인에 대하여 영업정지처분을 할 수 있다(대판 2001. 6.29, 2001두1611).
4. 채석허가는 상속가능
   채석허가는 수허가자에 대하여 일반적·상대적 금지를 해제하여 줌으로써 채석행위를 자유롭게 할 수 있는 자유를 회복시켜 주는 것(허가)일 뿐 권리를 설정하는 것(특허)이 아니라 하더라도, 대물적 허가

의 성질을 아울러 가지고 있는 점 등을 감안하여 보면, **수허가자가 사망한 경우 특별한 사정이 없는 한 수허가자의 상속인이 수허가자로서의 지위를 승계한다**고 봄이 상당하다(대판 2005.8.19, 2003두9817·9824).

5. 체육시설업자의 '영업의 양도'의 의미
사업계획승인을 얻었으나 아직 체육시설의 설치공사를 완성하기 전 단계에서의 '영업의 양도'란 **조직화된 인적·물적 조직을 그 동일성을 유지하면서 일체로서 이전하는 것**을 의미한다(대판 2004.10.28, 2004다10213).

6. 폐기물중간처리업허가는 대물적 허가 내지는 대물적 요소가 강한 혼합적 허가이다
폐기물중간처리업허가는 폐기물처리를 위한 시설·장비 및 기술능력 등 객관적 요소를 주된 대상으로 하는 대물적 허가 내지는 대물적 요소가 강한 혼합적 허가(대인적 요소로는 법 제27조에서 법에 위반하여 형을 받거나 폐기물중간처리업의 허가가 취소된 후 2년이 경과되지 아니한 자 등에 대하여 허가를 금하고 있는 것 등을 들 수 있다)로서, 그 영업장의 소재지 및 시설·장비 등은 폐기물중간처리업허가의 대상을 이루는 중요한 요소라 할 것이다(대판 2008.4.11, 2007두17113).

7. 「국토의 계획 및 이용에 관한 법률」에 의한 개발행위허가를 받은 자가 사망한 경우, 상속인이 그 지위를 승계하고, 이러한 지위를 승계한 상속인은 같은 법 제133조 제1항 제5의2호에서 정한 개발행위허가기간 만료에 따른 원상회복명령의 수범자가 된다
「국토의 계획 및 이용에 관한 법률」(국토계획법) 제135조 제2항이 국토계획법에 의한 처분, 그 절차 및 그 밖의 행위에 대하여 그 행위와 관련된 토지 또는 건축물의 소유권이나 그 밖의 권리를 가진 자의 승계인에게 그 효력을 미치도록 규정하고 있는 점, 국토계획법에 의한 개발행위허가는 대물적 허가의 성질을 가지고 있는 점 등을 종합하여 볼 때, 개발행위허가를 받은 자가 사망한 경우 특별한 사정이 없는 한 상속인이 개발행위허가를 받은 자의 지위를 승계하고, 이러한 지위를 승계한 상속인은 국토계획법 제133조 제1항 제5의2호에서 정한 개발행위허가기간의 만료에 따른 원상회복명령의 수범자가 된다(대판 2014.7.24, 2013도10605).

8. 건축허가는 대물적(對物的) 성질
건축허가는 대물적 성질을 갖는 것이어서 행정청으로서는 허가를 할 때에 건축주 또는 토지 소유자가 누구인지 등 인적 요소에 관하여는 형식적 심사만 한다(대판 2017.3.15, 2014두41190).

③ 혼합적 허가 : 혼합적 허가의 경우는 인적 요소의 변경에 관하여는 새로운 허가를 요하고, 물적 요소의 변경에 관해서는 신고나 승인을 요하는 등 제한이 따르는 것이 일반적이다. 판례에 의하면 혼합적 허가의 경우 양도가 가능한 경우도 있고, 양도가 불가능한 경우도 있다.

> 1. 전당포영업허가, 고물상영업허가, 약국영업허가, 중개업영업허가
> 2. 총포·도검·화약류제조허가·판매업허가(대판 1996.6.28, 96누3036)
> 3. 도시가스사업허가
> 4. 숙박업허가(한견우)
> 5. 공중목욕장영업허가(대판 1981.1.13, 80다1126)
>   ■ ·대물적 허가라는 견해로는 석종현,   ·혼합적 허가라는 견해로는 홍정선
> 6. 「학원의 설립·운영에 관한 법률」 제5조 제2항에 의한 학원의 설립인가(대판 1992.4.14, 91다39986)(홍정선)

1. 다방영업허가를 사실상 양도하는 사례가 허다하여 다방영업허가는 거래의 대상으로서 재산적 가치가 있다(대판 1981.8.20, 80도1176).

2. 공중목욕장영업허가는 양도할 수 없다(대판 1981.1.13, 80다1126).

④ 기 타

1. 청량음료 제조업허가(대판 1981.7.14, 80누593)
2. 「석탄수급조정에 관한 임시조치법」상의 석탄가공업허가(대판 1980.7.22, 80누33·34)
3. 한지 약종상허가(대판 1988.6.14, 87누873) : 법률상 이익 인정
4. 주류제조면허(대판 1989.12.22, 89누46) : 법률상 이익 인정
5. 숙박업구조변경허가(대판 1990.8.14, 89누7900)
6. 주류판매업 면허(대판 1995.11.10, 95누5714)
7. 양곡가공업허가(대판 1990.11.13, 89누756)
8. 식품위생법상의 광천음료수제조업허가(대판 1993.2.12, 92누5959)
9. 공중위생법상의 위생접객업허가(대판 1995.7.28, 94누13497)
10. 도시계획법상 토지형질변경허가(대판 1999.2.23, 98두17845)(재량행위로 판시), 산림형질변경허가
11. 기부금품모집규제법상의 기부금품모집허가(대판 1999.7.23, 99두3690)[예외적 승인이라는 견해 존재(김남진·김연태)]
12. 입산금지해제·수렵금지해제·통행금지해제·보도관제해제
13. 수출입허가, 총포·수렵허가, 도로사용허가(도로점용허가는 특허)
14. 「마약류관리에 관한 법률」상의 마약류취급면허
    ■ 마약에 관한 기타사례는 예외적 승인
15. 담배일반소매인지정 : 담배일반소매인 간에는 법률상 이익 인정
16. 어업허가(대판 1999.11.23, 98다11529)
    ■ 어업면허는 특허(대판 1999.5.14, 98다14030)

(5) 제재사유의 승계

허가영업 등의 양도인에게 발생한 제재사유(위법사유, 귀책사유, 영업허가 취소·정지사유)가 타인인 양수인에게 이전될 수 있는지가 문제된다.

판례는 대물적 등록(구법상으로는 허가)영업인 석유판매업의 양도양수의 경우 양도인에게 발생한 제재사유(영업허가 철회사유)가 양수인에게 승계된다고 판시한 바 있다.

1. 석유판매업은 양도·권리의무(위법사유·제재사유·귀책사유)승계가 가능하다

석유판매업(주유소)허가는 소위 대물적 허가의 성질을 갖는 것이어서 그 사업의 양도도 가능하고, 이 경우 양수인은 양도인의 지위를 승계하게 됨에 따라 양도인의 위 허가에 따른 권리의무가 양수인에게 이

전되는 것이므로 만약 양도인에게 그 허가를 취소할 위법사유가 있다면 허가관청은 이를 이유로 양수인에게 응분의 제재조치를 취할 수 있다 할 것이고, 양수인이 그 양수 후 허가관청으로부터 석유판매업 허가를 다시 받았다 하더라도 이는 석유판매업의 양수도를 전제로 한 것이어서 이로써 양도인의 지위승계가 부정되는 것은 아니므로 양도인의 귀책사유는 양수인에게 그 효력이 미친다(대판 1986.7.22, 86누203).

2. 석유판매업자의 지위를 승계한 자에 대하여 종전의 석유판매업자가 유사석유제품을 판매하는 위법행위를 하였다는 이유로 사업정지 등 제재처분을 취할 수 있다

석유사업법 제9조 제3항 및 그 시행령이 규정하는 석유판매업의 적극적 등록요건과 제9조 제4항, 제5조가 규정하는 **소극적 결격사유 및 제9조 제4항, 제7조가 석유판매업자의 영업양도, 사망, 합병의 경우뿐만 아니라 경매 등의 절차에 따라 단순히 석유판매시설만의 인수가 이루어진 경우에도 석유판매업자의 지위승계를 인정하고 있는 점**을 종합하여 보면, **석유판매업 등록은 원칙적으로 대물적 허가의 성격을 갖고, 또 석유판매업자가 같은 법 제26조의 유사석유제품 판매금지를 위반함으로써 같은 법 제13조 제3항 제6호, 제1항 제11호에 따라 받게 되는 사업정지 등의 제재처분은 사업자 개인의 자격에 대한 제재가 아니라 사업의 전부나 일부에 대한 것으로서 대물적 처분의 성격을 갖고 있으므로, 위와 같은 지위승계에는 종전 석유판매업자가 유사석유제품을 판매함으로써 받게 되는 사업정지 등 제재처분의 승계가 포함되어 그 지위를 승계한 자에 대하여 사업정지 등의 제재처분을 취할 수 있다**고 보아야 하고, 같은 법 제14조 제1항 소정의 **과징금**은 해당 사업자에게 경제적 부담을 주어 행정상의 제재 및 감독의 효과를 달성함과 동시에 그 사업자와 거래관계에 있는 일반 국민의 불편을 해소시켜 준다는 취지에서 **사업정지처분에 갈음하여 부과되는 것일 뿐이므로, 지위승계의 효과에 있어서 과징금부과처분을 사업정지처분과 달리 볼 이유가 없다**(대판 2003.10.23, 2003두8005).

3. 석유 및 석유대체연료 사업법 제8조에 따른 사업정지처분 효과의 승계 여부

「석유 및 석유대체연료 사업법」 제10조 제5항에 의하여 석유판매업자의 지위 승계 및 처분 효과의 승계에 관하여 준용되는 법 제8조는 "제7조에 따라 석유정제업자의 지위가 승계되면 종전의 석유정제업자에 대한 제13조 제1항에 따른 사업정지처분(제14조에 따라 사업정지를 갈음하여 부과하는 과징금부과처분을 포함한다)의 효과는 새로운 석유정제업자에게 승계되며, 처분의 절차가 진행 중일 때에는 새로운 석유정제업자에 대하여 그 절차를 계속 진행할 수 있다. 다만, 새로운 석유정제업자(상속으로 승계받은 자는 제외한다)가 석유정제업을 승계할 때에 그 처분이나 위반의 사실을 알지 못하였음을 증명하는 경우에는 그러하지 아니하다."라고 규정하고 있다(이 사건 승계조항).

이러한 제재사유 및 처분절차의 승계조항을 둔 취지는 제재적 처분 면탈을 위하여 석유정제업자 지위승계가 악용되는 것을 방지하기 위한 것이고, 승계인에게 위와 같은 선의에 대한 증명책임을 지운 취지 역시 마찬가지로 볼 수 있다. 즉 법 제8조 본문 규정에 의해 사업정지처분의 효과는 새로운 석유정제업자에게 승계되는 것이 원칙이고 단서 규정은 새로운 석유정제업자가 그 선의를 증명한 경우에만 예외적으로 적용될 수 있을 뿐이다. 따라서 승계인의 종전 처분 또는 위반 사실에 관한 선의를 인정함에 있어서는 신중하여야 한다(대판 2017.9.7, 2017두41085).

4. 과징금이 부과되기 전에 회사가 분할한 경우에는 과징금납부의무 자체가 없으므로, 분할 전 위반행위를 이유로 신설회사에 대해 과징금을 부과하는 것은 허용되지 않는다

분할하는 회사의 분할 전 법 위반행위를 이유로 과징금이 부과되기 전까지는 단순한 사실행위만 존재할 뿐 그 과징금과 관련하여 분할하는 회사에게 승계의 대상이 되는 어떠한 의무가 있다고 할 수 없고, 특별한 규정이 없는 한 신설회사에 대하여 분할하는 회사의 분할 전 법 위반행위를 이유로 과징금을 부과하는 것은 허용되지 않는다(대판 2007.11.29, 2006두18928).

(6) 무허가행위의 효과: 허가를 받아야 할 행위를 허가받지 않고 행한 경우, 원칙적으로 행정상 강제집행이나 제재의 대상이 되고(적법요건), 행위 자체의 법률상 효력이 당연히 부정되는 것은 아니다. 다만, 법률에 특별한 규정이 있는 경우에는 무효인 경우도 있다. 한편, 무허가의 행위가 공무원의 과오에 기인한 것이라면 처벌할 수 없는 경우도 있다.

(7) 허가와 사권의 설정 여부: 허가는 특허·인가와는 달리 공법상 금지해제라는 공법적 효과만 있을 뿐, 사권의 설정이라는 사법적 효과는 없다.

**관련
판례**

건축허가가 타인의 명의로 된 경우 건물 소유권은 허가명의자가 아니라 자기 비용과 노력으로 건물을 신축한 자가 소유권을 원시취득한다

건축허가서에 건축주로 기재된 자가 건물의 소유권을 취득하는 것은 아니므로, 자기 비용과 노력으로 건물을 신축한 자는 그 건축허가가 타인의 명의로 된 여부에 관계없이 그 소유권을 원시취득한다(대판 2002.4.26, 2000다16350).

8. 허가의 소멸

허가는 ① 허가의 취소·철회(가분성 또는 특정성 있는 처분의 경우에는 일부 철회도 가능), ② 대인적 허가의 경우 자연인의 사망(실효사유), ③ 대물적 허가의 경우 허가대상의 멸실(실효사유), ④ 종기의 도래·해제조건의 성취(실효사유) 등으로 인하여 소멸한다. 대물적 허가의 경우 허가받은 자의 변경이 허가의 효과에 당연히 영향을 미친다고 보기는 어렵다는 게 판례이다.

**관련
판례**

허가의 소멸사유

행정기관의 허가는 법령에 특별한 규정이 없으면 허가를 받은 자연인의 사망, 법인 또는 단체의 해산으로 인하여 그 효력이 소멸되며 기간의 허가인 경우에는 불가항력의 사유로 인한 경우라도 당연히 연장되는 것은 아니다(대판 1956.3.10, 4288민상495·496).

9. 인허가의제제도

(1) 의의: 인허가의제제도라 함은 여러 행정기관의 복수의 인허가 등을 받아야 하는 경우에 주된 인허가를 받으면 다른 관련 인허가를 받은 것으로 의제하는 제도를 말한다. 인허가의제제도에서는 인허가를 해주는 기관이 '주무행정기관'이 되고 의제되는 인허가를 담당하는 행정기관이 '관계 행정기관'이 된다.

(2) 인허가의제제도의 목적·취지(절차간소화): 인허가의제제도는 복합민원을 처리함에 있어 관련 인허가들 중의 일부에 대해 복수의 관할행정청 간의 갈등과 중복된 심사를 피하고 신속한 심사를 하기 위해 복수의 인허가관할권들을 주된 인허가의 심사기관으로 통합하고 절차를

간소화한 것이다. 즉, 복합민원사항의 일부에 대한 결정권과 절차의 통합이 주된 목적이다.

1. 구 「주한미군 공여구역주변지역 등 지원 특별법」(구 지원특별법) 제29조의 인허가의제 조항은 목적사업 의 원활한 수행을 위해 행정절차를 간소화하고자 하는 데 그 입법 취지가 있다(대판 2012.2.9, 2009두 16305).
2. 「중소기업창업 지원법」 제35조 제1항, 제4항에서 정한 인허가 의제 제도의 입법 취지
   인허가 의제 제도는 목적사업의 원활한 수행을 위해 창구를 단일화하여 행정절차를 간소화하는 데 입 법 취지가 있고 목적사업이 관계 법령상 인허가의 실체적 요건을 충족하였는지에 관한 심사를 배제하려 는 취지는 아니다. 따라서 시장 등이 사업계획을 승인하기 전에 관계 행정청과 미리 협의한 사항에 한하 여 사업계획승인처분을 할 때에 관련 인허가가 의제되는 효과가 발생할 뿐이다(대판 2021.3.11, 2020두 42569).

(3) **사전협의의 필요성과 문제점**:주된 인허가행정청은 의제되는 인허가업무에 대한 처리경험 이 없고 전문성이 약하기 때문에 의제되는 인허가의 실체적 요건들에 대한 심사를 소홀히 할 우려가 있다. 그래서 인허가의제를 규정한 법령들은 의제되는 인허가 행정기관과 사전 협의를 거치도록 한 경우가 많아 주된 인허가 행정청의 전문성을 보완하고 있다. 또한 하나 의 인허가요건만 충족하지 못해도 다른 모든 적법한 인허가의 발급이 거부되므로 신청인 의 법적 지위가 지나치게 불안정할 수 있다는 점도 문제이다.

(4) **법적 근거**:인허가의 의제는 개별법에 규정된 다른 행정기관의 권한, 절차 등에 대한 특례 를 정한 것이므로 반드시 법률의 명시적 근거가 있어야 한다. 인허가의제에 관한 일반법은 존재하지 않고 개별법에서 규정하고 있다.

(5) **신청**:주된 인허가를 받기 원하는 신청인은 주된 인허가의 사무를 담당하는 주무관청에게 의제되는 모든 인허가의 관련서류 등을 구비하여 신청서를 제출하면 된다.

어떤 개발사업의 시행과 관련하여 인허가의 근거 법령에서 절차간소화를 위하여 관련 인허가를 의제 처리 할 수 있는 근거 규정을 둔 경우, 사업시행자가 인허가를 신청하면서 반드시 관련 인허가 의제 처리를 신청 할 의무는 없다(대판 2020.7.23, 2019두31839).

그러나 주무관청의 심사범위는 주된 인허가는 물론이고 의제되는 모든 인허가의 실체적 요건 에까지 미친다. 따라서 주무관청은 의제되는 인허가의 요건을 충족하지 못했다는 이유로 주된 인허가의 신청을 거부할 수도 있다.

(6) 인허가의제제도에서의 심사기준

① 실체적 요건

　㉠ 내용: 실체적 규정은 당연히 적용 내지 존중되어야 한다는 견해가 다수설이다. 주된 인허가
　행정청은 의제된 규정들을 고려해야 하기 때문에 보다 넓은 재량과 형성의 자유를 가진다.

1. 농지의 전용허가를 받으려는 토지에 대하여 택지개발촉진법 제6조 제1항에 의한 토지형질의 변경허가를 받을 수 없는 경우, 구 '농지법 시행령' 제38조 제1항 제2호 소정의 농지전용허가에 관한 심사기준에 저촉된다(대판 2000.11.24, 2000두2341).

2. 「국토의 계획 및 이용에 관한 법률」상 건축물의 건축에 관한 개발행위허가가 의제되는 건축허가신청이 국토의 계획 및 이용에 관한 법령이 정한 개발행위허가기준에 부합하지 아니하는 경우, 허가권자가 이를 거부할 수 있고 이는 건축법 제16조 제3항에 의하여 개발행위허가의 변경이 의제되는 건축허가사항의 변경허가에서도 마찬가지이다(대판 2016.8.24, 2016두35762).

3. 주택건설사업계획의 승인으로 주택건설 사업구역 밖의 토지에 설치될 도시·군계획시설 등에 대하여 지구단위계획결정 등 인허가가 의제되기 위한 요건
　구 주택법 제17조 제1항의 인허가 의제 규정에는 인허가 의제가 가능한 공간적 범위를 제한하는 내용을 포함하고 있지 않으므로, 인허가 의제가 해당 주택건설 사업대상 토지(주택단지)에 국한하여 허용된다고 볼 수는 없다. 다만 주택건설사업을 시행하는 데 필요한 각종 인허가 절차를 간소화함으로써 주택의 건설·공급을 활성화하려는 인허가 의제 규정의 입법 취지를 고려할 때, 주택건설 사업구역 밖의 토지에 설치될 도시·군계획시설 등에 대하여 지구단위계획결정 등 인허가 의제가 되려면, 그 시설 등이 해당 주택건설사업계획과 '실질적인 관련성'이 있어야 하고 주택건설사업의 시행을 위하여 '부수적으로 필요한' 것이어야 한다(대판 2018.11.29, 2016두38792).

4. 「국토의 계획 및 이용에 관한 법률」 제65조에 따라 '공공시설을 관리할 관리청에 무상으로 귀속되는 공공시설을 설치하고자 하는 자'가 도시·군계획시설사업의 시행자로 지정 받기 위해서는 사인(私人)을 도시·군계획시설사업의 시행자로 지정하기 위한 별도의 소유 및 동의 요건이 요구되는 것은 아니다(대판 2018.11.29, 2016두38792).

5. 건축주가 '부지 확보' 요건을 완비하지는 못한 상태이더라도 가까운 장래에 '부지 확보' 요건을 갖출 가능성이 높은 경우, 건축행정청이 추후 별도로 「국토의 계획 및 이용에 관한 법률」상 개발행위(토지형질변경) 허가를 받을 것을 명시적 조건으로 하거나 또는 묵시적인 전제로 하여 건축주에 대하여 건축법상 건축허가를 발급하는 것은 위법하지 않다(대판 2020.7.23, 2019두31839).

6. 건축주가 건축법상 건축허가를 발급받은 후 위 개발행위 허가절차를 이행하기를 거부하거허가를 발급할 가능성이 사라진 경우, 건축행정청이 이미 발급한 건축허가를 직권으로 취소·철회하는 방법으로 회수할 필요가 있다
　건축주가 건축법상 건축허가를 발급받은 후에 국토계획법상 개발행위(토지형질변경) 허가절차를 이행하기를 거부하거나, 그 밖의 사정변경으로 해당 건축부지에 대하여 국토계획법상 개발행위(토지형질변경) 허가를 발급할 가능성이 사라졌다면, 건축행정청은 건축주의 건축계획이 마땅히 갖추어야 할 '부지 확보' 요건을 충족하지 못하였음을 이유로 이미 발급한 건축허가를 직권으로 취소·철회하는 방법으로 회수하는 것이 필요하다(대판 2020.7.23, 2019두31839).

7. 건축물의 건축을 위해서는 건축법상 건축허가절차에서 관련 인허가 의제 제도를 통해 건축법상 건축허

가와 「국토의 계획 및 이용에 관한 법률」상 개발행위(건축물의 건축) 허가의 발급 여부가 동시에 심사·결정되어야 한다(대판 2020.7.23, 2019두31839).

8. 「국토의 계획 및 이용에 관한 법률」상 개발행위 허가기준 충족 여부에 관한 심사가 누락된 채 건축법상 건축허가가 발급된 경우, 건축허가를 취소할 수 있다(대판 2020.7.23, 2019두31839).

ⓒ 제3자 보호 : 다른 공익이나 제3자에 대한 피해를 방지하기 위한 방법으로는 주된 인허가의 실체적 요건들과 함께 의제된 인허가의 실체적 요건들을 고려하여 인허가여부를 결정하거나, 의제된 인허가의 실체적 요건들을 고려한 부관을 설정하는 방법이 있다. 또 이웃주민과 같은 이해관계 있는 제3자에게 금전보상청구권이나 토지의 매수청구권을 인정하는 방법도 있다. 부관을 설정하는 경우에는 피해를 입을 우려가 있는 이해관계인의 의견을 반영하여 가장 피해가 없는 수단을 선택해야 한다.

② 절차적 요건(절차집중설 내지 제한적 긍정설) : 인허가의제의 경우 관계인허가기관의 협의를 거치도록 하는 것이 보통이다. 그러나 관계기관과의 협의 외에 의제되는 인허가의 절차규정들을 모두 준수하도록 하는 것은 인허가의제를 통해 심사절차를 간소화함으로써 달성하려는 심사의 신속성을 방해하게 되고, 절차규정들 사이에 상호충돌이 일어날 수도 있기 때문에 실체적 규정들과는 달리 생략할 수 있다는 절차집중설 내지 제한적 긍정설이 다수설·판례이다.

관련 인허가 사항에 관한 사전 협의가 이루어지지 않은 채 「중소기업창업 지원법」 제33조 제3항에서 정한 20일의 처리기간이 지난 날의 다음 날에 사업계획승인처분이 이루어진 것으로 의제된 경우, 창업자는 관련 인허가를 관계 행정청에 별도로 신청하는 절차를 거쳐야 한다

관련 인허가 사항에 관한 사전 협의가 이루어지지 않은 채 중소기업창업법 제33조 제3항에서 정한 20일의 처리기간이 지난 날의 다음 날에 사업계획승인처분이 이루어진 것으로 의제된다고 하더라도, 창업자는 중소기업창업법에 따른 사업계획승인처분을 받은 지위를 가지게 될 뿐이고 관련 인허가까지 받은 지위를 가지는 것은 아니다. 따라서 창업자는 공장을 설립하기 위해 필요한 관련 인허가를 관계 행정청에 별도로 신청하는 절차를 거쳐야 한다. 만일 창업자가 공장을 설립하기 위해 필요한 「국토의 계획 및 이용에 관한 법률」에 따른 개발행위허가를 신청하였다가 거부처분이 이루어지고 그에 대하여 제소기간이 도과하는 등의 사유로 더 이상 다툴 수 없는 효력이 발생한다면, 시장 등은 공장설립이 객관적으로 불가능함을 이유로 중소기업창업법에 따른 사업계획승인처분을 직권으로 철회하는 것도 가능하다(대판 2021.3.11, 2020두42569).

---

(7) 인허가의 결정 : 신청을 받은 주무행정기관이 신청된 인허가 여부를 결정한다.

(8) 선승인후협의제

① 의의 : 선승인후협의제란 의제 대상 인허가에 대한 관계행정기관과의 모든 협의가 완료되기

전이라도 공익상 긴급한 필요가 있고 사업시행을 위한 중요한 사항에 대한 협의가 있는 경우에는 협의가 완료되지 않은 인허가에 대한 협의를 완료할 것을 조건으로 각종 공사 또는 사업의 시행승인이나 시행인가를 할 수 있도록 하는 제도이다.

② 실익 : 선승인후협의제가 도입되면 중요한 사항에 대한 협의가 있는 경우 모든 협의가 완료되기 전에도 사업승인 등을 받아 후속절차를 진행할 수 있기 때문에 사업절차가 간소화 될 수 있는 효과가 있다.

③ 부분인허가의제제도와의 구별 : 선승인후협의제는 협의가 완료될 것을 조건으로 협의가 완료되지 않은 인허가를 포함한 모든 인허가가 의제되는 해제조건부인허가인 반면, 부분인허가의제제도는 협의가 완료된 인허가만 의제되고 협의 완료에 따라 순차적으로 인허가가 의제된다는 점에서 구별된다.

(9) 부분인허가의제제도

① 의의 : 부분인허가의제제도란 주된 인허가로 의제되는 것으로 규정된 인허가 중 일부에 대해서만 협의가 완료된 경우에도 민원인의 요청이 있으면 주된 인허가를 할 수 있고, 이 경우 협의가 완료된 일부 인허가만 의제되는 것을 말한다.

1. 구 「주한미군 공여구역주변지역 등 지원 특별법」 제11조에 의한 사업시행승인을 함에 있어 같은 법 제29조 제1항에 규정된 사업 관련 모든 인허가의제 사항에 관하여 관계 행정기관의 장과 일괄하여 사전 협의를 거칠 것을 그 요건으로 하지 않는다

   「주한미군 공여구역주변지역 등 지원 특별법」이 2009. 12. 29. 법률 제9843호로 개정되면서 제29조 제1항에서 "제11조의 규정에 의한 사업시행승인이 있은 때에는 다음 각 호의 허가·인가·지정·승인·협의·신고·해제·결정·동의 등(인허가 등) 중 제2항에 따라 관계 중앙행정기관의 장 및 지방자치단체의 장과 미리 협의한 사항에 대하여는 그 인허가 등을 받은 것으로 본다."고 규정함으로써 **인허가의제 사항 중 일부만에 대하여도 관계 행정기관의 장과 협의를 거치면 인허가의제 효력이 발생할 수 있음을 명확히 하고 있는 점** 등 위 각 규정의 내용, 형식 및 취지 등에 비추어 보면, 구 **지원특별법 제11조에 의한 사업시행승인을 함에 있어 같은 법 제29조 제1항에 규정된 사업 관련 모든 인허가의제 사항에 관하여 관계 행정기관의 장과 일괄하여 사전 협의를 거칠 것을 그 요건으로 하는 것은 아니라 할 것이고, 사업시행승인 후 인허가의제 사항에 관하여 관계 행정기관의 장과 협의를 거치면 그때 해당 인허가가 의제된다고 봄이** 상당하다(대판 2012.2.9, 2009두16305).

2. 공항개발사업 실시계획의 승인권자가 그 실시계획을 수립하거나 승인하는 경우, 구 항공법 제96조 제1항, 제3항에 따라 인허가 등이 의제되는 범위

   구 항공법(2002. 2. 4. 선고 제6655호로 개정되기 전의 것) 제96조 제1항, 제3항은 건설교통부장관이 공항개발사업의 실시계획을 수립하거나 이를 승인하고자 하는 때에는 제1항 각호의 규정에 의한 관계 법령상 적합한지 여부에 관하여 소관행정기관의 장과 미리 협의하여야 하고, 건설교통부장관이 공항개발사업의 실시계획을 수립하거나 이를 승인한 때에는 제1항 각호의 승인 등을 받은 것으로 본다고 규정하면서, 제1항 제9호에서 "농지법 제36조 규정에 의한 농지전용의 허가 또는 협의"를 규정하고 있다. 이러한 규정들의 문언, 내용, 형식에다가 인허가 의제 제도는 목적사업의 원활한 수행을 위해 창구를 단일화하여 행정절차를 간소화하는 데 입법 취지가 있고 목적사업이 관계 법령상 인허가의 실체적 요건을 충족하

였는지에 관한 심사를 배제하려는 취지는 아닌 점 등을 아울러 고려하면, 공항개발사업 실시계획의 승인
권자가 관계 행정청과 미리 협의한 사항에 한하여 그 승인처분을 할 때에 인허가 등이 의제된다고 보아
야 한다(대판 2018.10.25. 2018두43095).

② 실익 : 부분인허가의제만으로도 민원인에게 사업촉진 등의 이익(예 사업인정의제에 따른 수
용절차의 조속 개시 등)이 있으므로 부분인허가의제제도를 인정할 실익이 있다. 판례도 부
분인허가의제제도를 인정하고 있다.

만일 사업시행승인 전에 반드시 사업 관련 모든 인허가의제 사항에 관하여 관계 행정기관의 장과 협의를
거쳐야 한다고 해석하게 되면 일부의 인허가의제 효력만을 먼저 얻고자 하는 사업시행승인 신청인의 의
사와 부합하지 않을 뿐만 아니라 사업시행승인 신청을 하기까지 상당한 시간이 소요되어 그 취지에 반하
는 점 …… (대판 2012.2.9, 2009두16305).

(10) 인허가의제 시 의제되는 인허가를 규율하는 다른 법규정의 적용 여부

① 원칙상 재의제(의제의 의제) 부정 : 법률유보의 원칙 및 명확성의 원칙상 명문규정이 없으면 의
제되는 인허가로 다른 인허가가 의제되는 것으로 볼 수 없다.

② 의제되는 인허가를 규율하는 법규정의 적용 여부 : 주된 인허가를 받으면 의제되는 다른 인허가
를 받은 것으로 의제된다. 다만, 인허가의제를 전제로 한 다른 규정까지 의제되는지에 대해
서 판례는 긍정하는 판례와 부정하는 판례로 나뉜다.

1. 부정
   주된 인허가에 관한 사항을 규정하고 있는 법률에서 주된 인허가가 있으면 다른 법률에 의한 인허가를
   받은 것으로 의제한다는 규정을 둔 경우, 주된 인허가가 있으면 다른 법률에 의하여 인허가를 받았음을
   전제로 하는 그 다른 법률의 모든 규정들이 적용되는 것은 아니다(대판 2016.11.24, 2014두47686).
2. 구 택지개발촉진법 제11조 제1항 제9호에 따라 택지개발사업 실시계획승인에 의하여 의제되는 도로공사
   시행허가 및 도로점용허가의 범위
   택지개발사업 실시계획승인에 의해 의제되는 도로공사시행허가 및 도로점용허가는 원칙적으로 당해 택
   지개발사업을 시행하는 데 필요한 범위 내에서만 그 효력이 유지된다고 보아야 한다. 따라서 원고가 이
   사건 택지개발사업과 관련하여 그 사업시행의 일환으로 이 사건 도로예정지 또는 도로에 전력관을 매설
   하였다고 하더라도 사업시행완료 후 이를 계속 유지·관리하기 위해 도로를 점용하는 것에 대한 도로점용
   허가까지 그 실시계획 승인에 의해 의제된다고 볼 수는 없다(대판 2010.4.29, 2009두18547).
3. 긍정
   「도시 및 주거환경정비법」에 정한 도시환경정비사업 시행인가를 받아서 건축허가가 있는 것으로 의제되
   는 경우도 구 '대도시 광역교통관리에 관한 특별법 시행령' 제15조 제2항의 규율대상에 포함된다(대판
   2007.10.26, 2007두9884).

③ 의제되는 인허가에 따르는 부담금, 점용료 부과규정의 적용 : 의제되는 인허가에 대한 부담금부
과규정 및 점용료 부과규정은 의제되는 인허가에도 적용된다는 것이 판례의 입장이다(대판
2007.10.26, 2007두9884).

(11) **불복쟁송의 대상** : 신청된 주된 인허가가 거부된 경우 또는 주된 인허가 및 의제되는 관련법
상의 인허가 등으로 인해 불이익을 입게 되는 신청인 및 이해관계인은 주된 인허가와 의제되
는 인허가 중 무엇을 대상으로 쟁송을 제기할지의 문제이다.
① **주된 인허가 거부의 경우** : 주된 인허가가 거부된 경우에는 의제되는 인허가 거부처분이 존재하
지 않기 때문에, 판례는 주된 인허가에 대한 불허가처분만을 대상으로 쟁송을 제기할 수 있
되, 의제되는 인허가의 불허가사유를 다툴 수 있다는 입장이다.

1. 행정청이 주된 인허가를 불허하는 처분을 하면서 주된 인허가사유와 의제되는 인허가의 사유를 함께 제
시한 경우 주된 인허가에 대한 불허가처분을 대상으로 쟁송을 제기해야 한다
구 건축법 제8조 제1항, 제3항, 제5항에 의하면, 건축허가를 받은 경우에는 구 도시계획법 제4조에 의
한 토지의 형질변경허가나 농지법 제36조에 의한 농지전용허가 등을 받은 것으로 보며(인허가의제), 한
편 건축허가권자가 건축허가를 하고자 하는 경우 당해 용도·규모 또는 형태의 건축물을 그 건축하고자
하는 대지에 건축하는 것이 건축법 관련규정이나 같은 도시계획법 제4조, 농지법 제36조 등 관계 법령
의 규정에 적합한지의 여부를 검토하여야 하는 것일 뿐, **건축불허가처분을 하면서 그 처분사유로 건축
불허가 사유뿐만 아니라 형질변경불허가 사유나 농지전용불허가 사유를 들고 있다고 하여 그 건축불허
가처분 외에 별개로 형질변경불허가처분이나 농지전용불허가처분이 존재하는 것이 아니므로**, 그 건축
불허가처분을 받은 사람은 그 **건축불허가처분에 관한 쟁송에서 건축법상의 건축불허가 사유뿐만 아니
라 같은 도시계획법상의 형질변경불허가 사유나 농지법상의 농지전용불허가 사유에 관하여도 다툴 수
있는 것이지, 그 건축불허가처분에 관한 쟁송과는 별개로 형질변경불허가처분이나 농지전용불허가처
분에 관한 쟁송을 제기하여 이를 다투어야 하는 것은 아니며**, 그러한 쟁송을 제기하지 아니하였어도 형
질변경불허가 사유나 농지전용불허가 사유에 관하여 불가쟁력이 생기지 아니한다(대판 2001.1.16, 99두
10988).
2. 건축불허가처분을 하면서 건축불허가 사유뿐만 아니라 소방서장의 건축부동의 사유를 들고 있는 경우,
그 건축불허가처분에 관한 쟁송에서 건축법상의 건축불허가 사유뿐만 아니라 소방서장의 부동의 사유에
관하여도 다툴 수 있다(대판 2004.10.15, 2003두6573).

② **주된 인허가처분이 있는 경우** : 주된 인허가가 발급된 경우 의제되는 인허가의 요건의 결여나
재량권의 일탈·남용을 주장하는 경우이다. 판례는 의제된 인허가가 위법함을 다투고자 하는
경우 원칙적으로 주된 처분이 아니라 의제된 인허가처분을 항고소송의 대상으로 삼아야 한
다는 입장이다.

1. 주택건설사업계획 승인처분에 따라 의제된 인허가에 하자가 있어 이해관계인이 위법함을 다투고자 하는 경우, 취소를 구할 대상은 의제된 인허가이고, 의제된 인허가는 주택건설사업계획 승인처분과 별도로 항고소송의 대상이 되는 처분에 해당한다(대판 2018.11.29, 2016두38792).

2. 구 중소기업창업 지원법에 따른 사업계획승인의 경우, 의제된 인허가만 취소 내지 철회함으로써 사업계획에 대한 승인의 효력은 유지하면서 해당 의제된 인허가의 효력만을 소멸시킬 수 있다

   구 「중소기업창업 지원법」(중소기업창업법) 제35조 제1항, 제33조 제4항, 「중소기업창업 지원법 시행령」 제24조 제1항, 중소기업청장이 고시한 「창업사업계획의 승인에 관한 통합업무처리지침」(업무처리지침)의 내용, 체계 및 취지 등에 비추어 보면 다음과 같은 이유로 중소기업창업법에 따른 사업계획승인의 경우 의제된 인허가만 취소 내지 철회함으로써 사업계획에 대한 승인의 효력은 유지하면서 해당 의제된 인허가의 효력만을 소멸시킬 수 있다.

   ① 중소기업창업법 제35조 제1항의 인허가의제 조항은 창업자가 신속하게 공장을 설립하여 사업을 개시할 수 있도록 창구를 단일화하여 의제되는 인허가를 일괄 처리하는 데 입법 취지가 있다. 위 규정에 의하면 사업계획승인권자가 관계 행정기관의 장과 미리 협의한 사항에 한하여 승인 시에 그 인허가가 의제될 뿐이고, 해당 사업과 관련된 모든 인허가의제 사항에 관하여 일괄하여 사전 협의를 거쳐야 하는 것은 아니다. 업무처리지침 제15조 제1항은 협의가 이루어지지 않은 인허가사항을 제외하고 일부만을 승인할 수 있다고 규정함으로써 이러한 취지를 명확히 하고 있다.

   ② 그리고 사업계획을 승인할 때 의제되는 인허가 사항에 관한 제출서류, 절차 및 기준, 승인조건 부과에 관하여 해당 인허가 근거 법령을 적용하도록 하고 있으므로(업무처리지침 제5조 제1항, 제8조 제5항, 제16조), 인허가의제의 취지가 의제된 인허가 사항에 관한 개별법령상의 절차나 요건 심사를 배제하는 데 있다고 볼 것은 아니다.

   ③ 사업계획승인으로 의제된 인허가는 통상적인 인허가와 동일한 효력을 가지므로, 그 효력을 제거하기 위한 법적 수단으로 의제된 인허가의 취소나 철회가 허용될 필요가 있다. 특히 업무처리지침 제18조에서는 사업계획승인으로 의제된 인허가 사항의 변경 절차를 두고 있는데, 사업계획승인 후 의제된 인허가 사항을 변경할 수 있다면 의제된 인허가 사항과 관련하여 취소 또는 철회 사유가 발생한 경우 해당 의제된 인허가의 효력만을 소멸시키는 취소 또는 철회도 할 수 있다고 보아야 한다.

   ④ 이와 같이 사업계획승인으로 의제된 인허가 중 일부를 취소 또는 철회하면, 취소 또는 철회된 인허가를 제외한 나머지 인허가만 의제된 상태가 된다. 이 경우 당초 사업계획승인을 하면서 사업 관련 인허가 사항 중 일부에 대하여만 인허가가 의제되었다가 의제되지 않은 사항에 대한 인허가가 불가한 경우 사업계획승인을 취소할 수 있는 것처럼(업무처리지침 제15조 제2항), 취소 또는 철회된 인허가 사항에 대한 재인허가가 불가한 경우 사업계획승인 자체를 취소할 수 있다(대판 2018.7.12, 2017두48734).

한편 인허가 의제대상이 되는 처분의 공시방법에 관한 하자가 있다 하더라도 해당 인허가등 의제의 효과가 발생하지 않을 여지가 있게 될뿐, 그러한 사정이 주된 행정처분 자체의 위법사유가 될 수는 없다는 것이 판례의 입장이다(대판 2017.9.12, 2017두45131).

구 주택법 제17조 제1항에 따라 인허가 의제대상이 되는 처분의 공시방법에 관한 하자가 있다는 사정은 주택건설사업계획 승인처분 자체의 위법사유가 될 수 없다

구 주택법 제17조 제1항에 의하면, 주택건설사업계획 승인권자가 관계 행정기관의 장과 미리 협의한 사항

에 한하여 승인처분을 할 때에 인허가 등이 의제될 뿐이고, 각호에 열거된 모든 인허가 등에 관하여 일괄하여 사전협의를 거칠 것을 승인처분의 요건으로 하고 있지는 않다. 따라서 인허가 의제대상이 되는 처분의 공시방법에 관한 하자가 있더라도, 그로써 해당 인허가 등 의제의 효과가 발생하지 않을 여지가 있게 될 뿐이고, 그러한 사정이 주택건설사업계획 승인처분 자체의 위법사유가 될 수는 없다(대판 2017.9.12, 2017두45131).

Ⅲ 면 제

1. 의 의

면제는 작위·급부·수인의무(부작위의무는 허가의 대상이므로 제외)를 일정한 경우에 해제해 주는 내용의 행정행위를 말한다. 징집면제, 조세면제 등이 이에 해당하고, 행정분야에 따라 경찰면제·복리행정상의 면제·재정면제·군정면제 등으로 나눌 수 있다.

2. 작위의무나 급부의무의 이행을 연기하는 행위의 성질

이에 대해서는 ① 면제의 일종으로 보는 견해(김남진·김연태, 서원우), ② 의무의 내용에 대한 일부변경(하명의 변경)에 해당한다는 견해(이상규, 장태주, 정하중), ③ 이행시기나 이행의무의 변경으로 보면 하명변경의 일종이고, 의무의 일시해제로 보면 면제라는 견해(홍정선)가 대립한다.

제2목 형성적 행정행위

형성적 행정행위는 국민에 대하여 특정한 권리·권리능력·행위능력 또는 포괄적인 법률관계 기타 법률상의 힘을 설정·변경·소멸시키는 행정행위를 말한다. 형성적 행정행위는 상대방에 대해 행해지는 특허(설권행위)와 제3자에 대해 행해지는 인가(보충행위), 대리(대리행위)로 구분된다. 형성적 행정행위는 행정처분에 해당한다.

> 1. 특 허
>   ① 행정재산의 사용수익허가(특허)(대판 2006.3.9, 2004다31074), 행정재산의 사용·수익허가취소(대판 1997.4.11, 96누17325)
>   ■ 국유잡종재산 대부신청거부(대판 1998.9.22, 98두7602), 잡종재산인 국유림에 관한 대부료의 납입고지(대판 1995.5.12, 94누5281), 국유잡종재산의 매각은 사법관계이므로 처분성 부인
>   ② 토지수용·사업인정(대판 1995.12.5, 95누4889)
>   ③ 공기업특허
> 2. 인가 : 주택건설사업계획의 승인
> 3. 대리 : 토지수용재결

I 특 허

1. 의 의

특허는 특정인에게 권리·능력(권리능력과 행위능력)·포괄적 법률관계 기타 법률상의 힘을 설정하는 행정행위를 말한다. 그 가운데 권리설정행위(설권행위)만을 협의의 특허라 한다. 광의의 특허에는 협의의 특허 외에 기존의 특허의 내용을 변경시키는 변권행위, 기존의 권리를 소멸시키는 박권행위(탈권행위)가 포함된다.

특허도 학문상의 개념으로 실정법상으로는 특허 외에 허가·면허 등의 용어가 사용되고, 학문상으로는 특허가 아닌 행위를 특허로 표현하기도 한다(ⓔ 확인행위인 발명특허).

2. 사 례

(1) 설권행위

① 공익사업

> 1. 자동차·선박 등 운수사업면허
>   ① 선박운항사업면허(대판 1969.12.30, 69누106)·해상여객운송사업 면허(대판 2008.12.11, 2007두18215)
>   ② 장의자동차운송사업면허(대판 1992.4.28, 91누13700)
>   ③ 자동차운수사업법에 의한 화물자동차운송사업면허(대판 1992.7.10, 91누9107)
>   ④ 여객자동차운수사업법에 의한 개인택시운송사업면허(대판 2005.4.28, 2004두8910)
>   ⑤ 마을버스운송사업면허(대판 2002.6.28, 2001두10028)
>   ⑥ 버스운송사업면허
>   ⑦ 국제항공운송사업면허
> 2. 분뇨 등 관련 영업허가(대판 2006.7.28, 2004두6716)
> 3. 중계유선방송사업허가(대판 2007.5.11, 2004다11162)
> 4. 특허기업의 특허

② 특권설정

> 1. 구 「수도권 대기환경개선에 관한 특별법」에서 정한 대기오염물질 총량관리사업장 설치의 허가 또는 변경허가(대판 2013.5.9, 2012두22799)
> 2. 개발촉진지구 안에서 시행되는 지역개발사업에서 지정권자의 실시계획승인처분(대판 2014.9.26, 2012두5619)
> 3. 출입국관리법상 체류자격 변경허가(대판 2016.7.14, 2015두48846)
> 4. 도시·군계획시설사업에 관한 실시계획인가처분(대판 2018.7.24, 2016두48416)
> 5. 사업인정(대판 2019.2.28, 2017두71031) : 수용권을 설정하여 주는 형성행위
>   ■ 사업인정고시는 관념의 통지
> 6. 공중인 인가·임명행위(대판 2019.12.13, 2018두41907)

③ 공물의 특허사용(= 계속적 사용 ; 일시적 사용은 허가)

1. 하천부지점용허가(대판 1993.10.8, 93누5017)
2. 하천유수인용(河川流水引用)허가(대판 1998.10.2, 96누5445)
3. 공유수면매립면허(대판 1989.9.12, 88누9206)·공유수면매립허가
4. 어업면허(대판 1999.5.14, 98다14030)
   ■ 어업허가는 허가(대판 1999.11.23, 98다11529)
5. 사도개설허가(대판 2004.11.25, 2004두7023)
6. 행정재산의 사용·수익허가(대판 2006.3.9, 2004다31074)
7. 비관리청 항만공사 시행허가(대판 2011.1.27, 2010두20508)
8. 「공유수면 관리 및 매립에 관한 법률」에 따른 공유수면의 점용·사용허가(대판 2017.4.28, 2017두30139)
9. 도로점용허가(대판 2019.1.17, 2016두56721, 56738) : 특별사용권을 설정
   ■ 도로사용허가는 허가
10. 광업허가
11. 보세구역의 설영(설치경영)특허(대판 1989.5.9, 88누4188)

1. 보세구역 설영특허는 공기업의 특허로서 그 특허부여 및 특허기간갱신은 행정청의 자유재량에 속한다
   관세법 제78조 소정의 보세구역의 설영특허는 보세구역의 설치, 경영에 관한 권리를 설정하는 이른바 공기업의 특허로서 그 특허의 부여여부는 행정청의 자유재량에 속하며, 특허기간이 만료된 때에 특허는 당연히 실효되는 것이어서 특허기간의 갱신은 실질적으로 권리의 설정과 같으므로 그 갱신여부도 특허관청의 자유재량에 속한다(대판 1989.5.9, 88누4188).
2. 국유재산 등의 관리청이 하는 행정재산의 사용·수익에 대한 허가
   국유재산 등의 관리청이 하는 행정재산의 사용·수익에 대한 허가는 순전히 사경제주체로서 행하는 사법상의 행위가 아니라 관리청이 공권력을 가진 우월적 지위에서 행하는 행정처분으로서 특정인에게 행정재산을 사용할 수 있는 권리를 설정하여 주는 강학상 특허에 해당한다(대판 2006.3.9, 2004다31074).

(2) 권리(행위)능력 설정(공법인설립행위)

1. 토지구획정리사업 시행인가(대판 2004.10.14, 2002두424)
2. 토지등 소유자들이 조합을 따로 설립하지 않고 직접 시행하는 도시환경정비사업에서 사업시행인가처분(대판 2013.6.13, 2011두19994)
3. 「도시 및 주거환경정비법」상 재건축조합설립인가처분 (대판 2009. 9.24, 2008다60568), 재건축조합의 조합설립변경인가처분(대판 2013.2.28, 2012다34146), 「도시 및 주거환경정비법」이 시행되기 전 구 주택건설촉진법에 의하여 조합설립인가처분을 받은 주택재건축정비사업조합이 「도시 및 주거환경정비법」 시행 후 부칙(2002. 12. 30.) 제10조 제1항에 따라 설립등기를 마친 경우, 조합설립인가처분(대판 2014.2.27, 2011두11570)
4. 재개발조합설립인가처분(대판 2010.12.9, 2009두4555)

1. 토지구획정리사업시행인가

토지구획정리사업시행인가는 사업지구에 편입될 목적물의 범위를 확정하고 시행자로 하여금 목적물에 관한 현재 및 장래의 권리자에게 대항할 수 있는 법적 지위를 설정해 주는 행정처분이다(대판 2004.10.14, 2002두424).

2. 「도시 및 주거환경정비법」상 재건축조합설립인가처분

「도시 및 주거환경정비법」상 재건축조합설립인가처분은 단순히 사인들의 조합설립행위에 대한 보충행위로서의 성질을 갖는 것에 그치는 것이 아니라 법령상 요건을 갖출 경우 도시정비법상 주택재건축사업을 시행할 수 있는 권한을 갖는 행정주체(공법인)로서의 지위를 부여하는 일종의 설권적 처분(특허)의 성격을 갖는다(대판 2009.9.24, 2008다60568).

3. 구 「도시 및 주거환경정비법」상 재개발조합설립인가신청에 대하여 행정청의 재개발조합설립인가처분이 있은 후 조합설립동의에 하자가 있음을 이유로 재개발조합 설립의 효력을 다투기 위한 소송은 항고소송이다

재개발조합설립인가신청에 대한 행정청의 조합설립인가처분은 단순히 사인(私人)들의 조합설립행위에 대한 보충행위로서의 성질을 가지는 것이 아니라 법령상 일정한 요건을 갖추는 경우 행정주체(공법인)의 지위를 부여하는 일종의 설권적 처분의 성질을 가진다고 보아야 한다. 그러므로 구 「도시 및 주거환경정비법」상 재개발조합설립인가신청에 대하여 행정청의 조합설립인가처분이 있은 이후에는, 조합설립동의에 하자가 있음을 이유로 재개발조합 설립의 효력을 부정하려면 항고소송으로 조합설립인가처분의 효력을 다투어야 한다(대판 2010.1.28, 2009두4845).

4. 토지등 소유자들이 조합을 따로 설립하지 않고 직접 시행하는 도시환경정비사업에서 사업시행인가처분의 법적 성격은 설권적 처분이다

구 「도시 및 주거환경정비법」 제8조 제3항, 제28조 제1항에 의하면, 토지등 소유자들이 그 사업을 위한 조합을 따로 설립하지 아니하고 직접 도시환경정비사업을 시행하고자 하는 경우에는 사업시행계획서에 정관 등과 그 밖에 국토해양부령이 정하는 서류를 첨부하여 시장·군수에게 제출하고 사업시행인가를 받아야 하고, 이러한 절차를 거쳐 사업시행인가를 받은 토지등 소유자들은 관할 행정청의 감독 아래 정비구역 안에서 구 도시정비법상의 도시환경정비사업을 시행하는 목적 범위 내에서 법령이 정하는 바에 따라 일정한 행정작용을 행하는 행정주체로서의 지위를 가진다. 그렇다면 토지등 소유자들이 직접 시행하는 도시환경정비사업에서 토지등 소유자에 대한 사업시행인가처분은 단순히 사업시행계획에 대한 보충행위로서의 성질을 가지는 것이 아니라 구 도시정비법상 정비사업을 시행할 수 있는 권한을 가지는 행정주체로서의 지위를 부여하는 일종의 설권적 처분의 성격을 가진다(대판 2013.6.13, 2011두19994).

5. 도시환경정비사업을 직접 시행하려는 토지등 소유자들이 사업시행인가를 받기 전에 작성한 사업시행계획은 항고소송의 대상이 되는 독립된 행정처분에 해당하지 않는다

도시환경정비사업을 직접 시행하려는 토지등 소유자들은 시장·군수로부터 사업시행인가를 받기 전에는 행정주체로서의 지위를 가지지 못한다. 따라서 그가 작성한 사업시행계획은 인가처분의 요건 중 하나에 불과하고 항고소송의 대상이 되는 독립된 행정처분에 해당하지 아니한다고 할 것이다(대판 2013.6.13, 2011두19994).

6. 조합설립인가의 변경에서 행정청이 신고사항을 변경하면서 변경인가 형식으로 처분을 한 경우, 그 처분의 성질 및 적법 여부의 판단 방법

구 「도시 및 주거환경정비법」 제16조 제1항은 조합설립인가의 내용을 변경할 때 구 「도시 및 주거환경정비법 시행령」 제27조 각 호에서 정하는 사항의 변경은 신고절차, 그 외 사항의 변경은 변경인가절차를 거치도록 함으로써 '조합설립인가의 변경에 있어서 신고사항'과 '변경인가사항'을 구분하고 있다. 행정청이 위 신고사항을 변경하면서 신고절차가 아닌 변경인가 형식으로 처분을 한 경우, 그 성질은 위 신고사항을 변경하는 내용의 신고를 수리하는 의미에 불과한 것으로 보아야 하므로, 그 적법 여부 역시 변경인가의 절차 및 요건의 구비 여부가 아니라 신고 수리에 필요한 절차 및 요건을 구비하였는지 여부에 따라 판단해야 한다(대판 2013.10.24, 2012두12853).

7. 「도시 및 주거환경정비법」이 시행되기 전 구 주택건설촉진법에 의하여 조합설립인가처분을 받은 주택재건축정비사업조합이 「도시 및 주거환경정비법」 시행 후 부칙 제10조 제1항에 따라 설립등기를 마친 경우, 주택재건축정비사업조합을 행정주체로 볼 수 있고 조합설립인가처분의 당부를 항고소송으로 다툴 수 있다(대판 2014.2.27, 2011두11570).

8. 구 주택건설촉진법상 조합설립인가처분의 기본행위였던 조합설립행위가 무효여서 그에 대한 인가처분이 무효인 경우, 그 후 「도시 및 주거환경정비법」의 시행 등으로 인가처분이 설권적 처분으로 의제되더라도 무효이다

「도시 및 주거환경정비법」(도시정비법) 부칙(2002. 12. 30.) 제3조에 의하여 구 주택건설촉진법(주촉법)상 조합설립인가처분의 법적 성격이 설권적 처분으로 의제된다고 하더라도 이는 주촉법상 유효하게 성립한 조합설립인가처분만을 대상으로 하는 것일 뿐 주촉법상 무효였던 조합설립인가처분이 도시정비법의 시행으로 인하여 유효하게 된다고 볼 것은 아니다. 따라서 주촉법상 조합설립인가처분의 기본행위였던 조합설립행위가 무효여서 그에 대한 인가처분이 무효인 경우에는 그 후 도시정비법의 시행 등으로 인하여 인가처분이 설권적 처분으로 의제된다 하더라도 여전히 무효이다(대판 2014. 2.27, 2011두11570).

9. 개발촉진지구 안에서 시행되는 지역개발사업에서 지정권자의 실시계획승인처분은 설권적 처분의 성격을 가진 독립된 행정처분이다

구 「지역균형개발 및 지방중소기업 육성에 관한 법률」(구 지역균형개발법) 제16조 제2항, 제17조 제1항, 제2항, 제3항, 제4항, 제18조 제1항, 제3항, 제19조 제1항, 제2항, 구 「지역균형개발 및 지방중소기업 육성에 관한 법률 시행령」 제22조의 내용 및 취지 등에 비추어 보면, 개발촉진지구 안에서 시행되는 지역개발사업(국가 또는 지방자치단체가 직접 시행하는 경우를 제외한다, 이하 '지구개발사업'이라 한다)에서 지정권자의 실시계획승인처분은 단순히 시행자가 작성한 실시계획에 대한 보충행위로서의 성질을 가지는 것이 아니라 시행자에게 구 지역균형개발법상 지구개발사업을 시행할 수 있는 지위를 부여하는 일종의 설권적 처분의 성격을 가진 독립된 행정처분으로 보아야 한다(대판 2014.9.26, 2012두5619).

(3) 포괄적 법률관계를 설정하는 행위

1. 공무원 임명
2. 귀화허가

(4) 변권행위

1. 광구의 변경, 2. 공무원의 전보·전직, 3. 징계의 종류변경, 4. 환지처분

(5) 박권행위

1. 특허(광업허가)의 취소, 2. 공법인의 해산, 3. 공무원의 파면처분

3. 성 질

(1) 형성적 행위

특허는 상대방에게 권리 등을 설정해 주는 행위인 점에서 형성적 행위에 속한다.

1. 개별화물자동차운수사업면허

   자동차운수사업법 제6조 제1항 제1호에서 당해 사업계획이 당해 노선 또는 사업구역의 수송수요와 수송력공급에 적합할 것을 면허의 기준으로 정한 것은 자동차운수사업에 관한 질서를 확립하고 자동차운수사업의 종합적인 발달을 도모하여 공공의 복리를 증진함과 동시에 **업자 간의 경쟁으로 인한 경영의 불합리를 미리 방지하자는 데 그 목적이 있다** 할 것이므로 개별화물자동차운송사업면허를 받아 이를 영위하고 있는 기존의 업자로서는 동일한 사업구역 내의 동종의 사업용 화물자동차면허대수를 늘리는 보충인가처분에 대하여 그 취소를 구할 법률상 이익이 있다(대판 1992.7.10, 91누9107).

2. 분뇨 등 관련 영업허가

   「분뇨 등 관련 영업허가법」과 시행령의 관계규정이 당해 지방자치단체 내의 분뇨 등의 발생량에 비하여 기존 업체의 시설이 과다한 경우 일정한 범위 내에서 분뇨 등 수집·운반업 및 정화조청소업에 대한 허가를 제한할 수 있도록 하고 있는 것은 분뇨 등을 적정하게 처리하여 **자연환경과 생활환경을 청결히 하고 수질오염을 감소시킴으로써 국민보건의 향상과 환경보전에 이바지한다는 공익목적**을 달성하고자 함과 동시에 업자 간의 과당경쟁으로 인한 경영의 불합리를 미리 방지하자는 데 그 목적이 있는 점 등 제반 사정에 비추어 보면, **업종을 분뇨 등 수집·운반업 및 정화조청소업으로 하여 분뇨 등 관련 영업허가를 받아 영업을 하고 있는 기존업자의 이익은 단순한 사실상의 반사적 이익이 아니고 법률상 보호되는 이익이라고 해석된다**(대판 2006.7.28, 2004두6716).

3. 중계유선방송사업 허가를 받은 중계유선방송사업자의 사업상 이익

   방송법은 중계유선방송사업의 허가요건, 기준, 절차에 관하여 엄격하게 규정함으로써 중계유선방송사업의 합리적인 관리를 통하여 중계유선방송사업의 건전한 발전과 이용의 효율화를 기함으로써 공공복리를 증진하려는 목적과 함께 **엄격한 요건을 통과한 사업자에 대하여는 사실상 독점적 지위에서 영업할 수 있는 지역사업권을 부여하여 무허가업자의 경업(경쟁영업)이나 허가를 받은 업자 간 과당경쟁으로 인한 유선방송사업 경영의 불합리를 방지함으로써 사익을 보호하려는 목적도 있다**고 할 것이므로, 허가를 받은 **중계유선방송사업자의 사업상 이익은 단순한 반사적 이익에 그치는 것이 아니라 방송법에 의하여 보호되는 법률상 이익이라고 보아야 한다**(대판 2007.5.11, 2004다11162).

4. 구 「도시 및 주거환경정비법」상 행정청의 재개발조합설립인가처분이 있은 이후에 조합설립결의의 하자를 이유로 민사소송으로 조합설립결의에 대한 무효확인을 구할 확인의 이익은 없다(대결 2009.9.24, 2009마168·169).

5. 조합설립결의는 조합설립인가처분이라는 행정처분을 하는 데 필요한 요건 중 하나에 불과한 것이어서, 조합설립결의에 하자가 있다면 그 하자를 이유로 직접 항고소송의 방법으로 조합설립인가처분의 취소 또는 무효확인을 구하여야 한다

   조합설립결의는 조합설립인가처분이라는 행정처분을 하는 데 필요한 요건 중 하나에 불과한 것이어서, 조합설립결의에 하자가 있다면 그 하자를 이유로 직접 항고소송의 방법으로 조합설립인가처분의 취소 또는 무효확인을 구하여야 하고, 이와는 별도로 조합설립결의 부분만을 따로 떼어내어 그 효력 유무를 다투는 확인의 소를 제기하는 것은 원고의 권리 또는 법률상의 지위에 현존하는 불안·위험을 제거하는

데에 가장 유효·적절한 수단이라 할 수 없어 특별한 사정이 없는 한 확인의 이익은 인정되지 아니한다(대판 2009.9.24, 2008다60568).

6. 재건축조합의 조합설립변경인가처분도 조합설립인가처분과 다를 바 없다

조합설립변경인가처분도 정비사업조합에 정비사업을 시행할 수 있는 권한을 설정하여 주는 처분인 점에서는 당초 조합설립인가처분과 다를 바 없으므로, 조합설립인가처분의 위법 여부 또는 효력 유무에 관한 다툼이 있어 조합이 처음부터 다시 조합설립인가에 관한 절차를 밟아 조합설립변경인가를 받았고, 그 조합설립변경인가처분이 새로운 조합설립인가처분으로서의 요건을 갖춘 경우에는 그에 따른 효과가 있다 할 것이다. 여기에서 새로운 조합설립인가처분의 요건을 갖춘 경우에 해당하려면 그와 같은 조합설립인가에 필요한 실체적·절차적 요건을 모두 갖추어야 한다고 해석함이 타당하다(대판 2013.2.28, 2012다34146).

7. 구 도로법 제61조 제1항에 의한 도로점용허가의 법적 성질은 설권행위이다

구 도로법 제61조 제1항에 의한 도로점용허가는 일반사용과 별도로 도로의 특정 부분에 대하여 특별사용권을 설정하는 설권행위이다(대판 2019.1.17, 2016두56721, 56738).

8. 사업인정의 법적 성격 및 사업인정기관이 「공익사업을 위한 토지 등의 취득 및 보상에 관한 법률」상의 사업인정을 하기 위한 요건

사업인정이란 공익사업을 토지 등을 수용 또는 사용할 사업으로 결정하는 것으로서 공익사업의 시행자에게 그 후 일정한 절차를 거칠 것을 조건으로 일정한 내용의 수용권을 설정하여 주는 형성행위이다. 그러므로 해당 사업이 외형상 토지 등을 수용 또는 사용할 수 있는 사업에 해당하더라도 사업인정기관으로서는 그 사업이 공용수용을 할 만한 공익성이 있는지 여부와 공익성이 있는 경우에도 그 사업의 내용과 방법에 관하여 사업인정에 관련된 자들의 이익을 공익과 사익 사이에서는 물론, 공익 상호 간 및 사익 상호 간에도 정당하게 비교·교량하여야 하고, 비교·교량은 비례의 원칙에 적합하도록 하여야 한다(대판 2019.2.28, 2017두71031).

특허는 법적 지위를 나타내는 것이지, 그 자체가 환가가 가능한 재산권은 아니라는 것이 판례이다.

관련판례 자동차운수사업면허를 민사소송법 제584조에 의한 강제집행의 방법으로 압류 환가할 수 없다

자동차운수사업법의 관계규정에 따르면, **인가를 받아 자동차운수사업의 양도가 적법하게 이루어지면 그 면허는 당연히 양수인에게 이전되는 것일 뿐, 자동차운수사업을 떠난 면허 자체는 자동차운수사업을 합법적으로 영위할 수 있는 자격에 불과하므로,** 자동차운수사업자의 자동차운수사업면허는 법원이 강제집행의 방법으로 이를 압류하여 환가하기에 적합하지 않은 것이다(대결 1996.9.12, 96마1088·1089).

---

(2) 재량행위

특허는 특정인에게 일정한 공익상의 필요에 따라 권리를 부여하는 설권행위이므로 재량행위이다. 그러나 법령에 특별한 규정이 있으면 기속행위에 해당할 수 있다.

1. 운수사업
   ① 마을버스운송사업면허(특허)의 허용 여부와 마을버스 한정면허시 확정되는 마을버스 노선을 정함에 있어서 기존 일반노선버스의 노선과의 중복 허용 정도에 대한 판단(대판 2001.1.19, 99두3812)
   ② 마을버스운송사업면허와 마을버스 한정면허시 확정되는 마을버스 노선을 정함에 있어서 기존 일반노선버스의 노선과의 중복 허용 정도에 대한 판단(대판 2002.6.28, 2001두10028)
   ③ 개인택시운송사업면허와 면허에 필요한 기준을 정하는 것(대판 2007.2.8, 2006두13886), 개인택시운송사업면허와 관련한 운전경력 인정방법에 관한 기준 설정행위(대판 2007.3.15, 2006두15783),
   ④ 해상여객운송사업 면허(대판 2008.12.11, 2007두18215)
   ⑤ 「여객자동차 운수사업법」(여객자동차법)에 따른 여객자동차 운송사업면허나 운송사업계획 변경인가 여부(대판 2018.9.13, 2017두33176)
2. 공물의 점·사용허가
   ① 도로점용허가(대판 2002.10.25, 2002두5795)
   ② 구 공유수면관리법상 공유수면의 점·사용허가(대판 2004.5.28, 2002두5016)
   ③ 하천부지 점용허가(대판 2008.7.24, 2007두25930·25947·25954)
3. 기 타
   ① 공유수면매립면허와 실효된 공유수면매립면허의 효력을 회복시키는 처분(대판 1989.9.12, 88누9206)
   ② 교과서 국정 또는 검·인정(헌재결 1992.11.12, 89헌마88)
   ③ 사업인정(대판 1992.11.13, 92누596)
   ④ 귀화허가(대판 2010.7.15, 2009두19069)
   ⑤ 공무원임용
   ⑥ 비관리청 항만공사 시행허가(대판 2011.1.27, 2010두20508)
   ⑦ 구 「수도권 대기환경개선에 관한 특별법」에서 정한 대기오염물질 총량관리사업장 설치의 허가 또는 변경허가(대판 2013.5.9, 2012두22799)
   ⑧ 출입국관리법상 체류자격 변경허가(대판 2016.7.14, 2015두48846)

관련판례

1. 교과서 국정 또는 검·인정은 특허로서 재량행위이다

   교과서에 관련된 국정 또는 검·인정제도의 법적 성질은 인간의 자연적 자유의 제한에 대한 해제인 허가의 성질을 갖는다기보다는 **어떠한 책자에 대하여 교과서라는 특수한 지위를 부여하거나 인정하는 제도이기 때문에** 가치창설적인 **형성적 행위로서 특허의 성질**을 갖는 것으로 보아야 할 것이며, 그렇게 본다면 국가가 그에 대한 **재량권을 갖는 것은 당연하다**고 할 것이다(헌재결 1992.11.12, 89헌마88).

   통설(김남진·김연태, 김동희, 김철용, 박균성, 박윤흔, 박종국, 석종현, 장태주, 정하중, 한견우, 홍정선, 홍준형)은 교과서 검정에 대하여 확인행위로 분류

2. 마을버스운송사업면허의 법적 성질은 재량행위이고 마을버스 한정면허시 확정되는 마을버스 노선을 정함에 있어서 기존 일반노선버스의 노선과의 중복 허용 정도에 대한 판단의 법적 성질은 재량행위이다(대판 2002.6.28, 2001두10028).

3. 관할관청이 노선여객자동차운송사업의 한정면허를 하는 경우에 연고가 있는 노선운송사업자에 대하여 반드시 먼저 한정면허를 신청할 기회를 주고, 그 신청이 없거나 부적합한 때에 한하여 비로소 공개적인 방법으로 대상자를 선정할 수 있다(대판 2002.6.28, 2001두10028).

4. 귀화허가는 특허로서 재량행위이다

국적은 국민의 자격을 결정짓는 것이고, 이를 취득한 사람은 국가의 주권자가 되는 동시에 국가의 속인적 통치권의 대상이 되므로, 귀화허가는 외국인에게 대한민국 국적을 부여함으로써 국민으로서의 법적 지위를 포괄적으로 설정하는 행위에 해당한다. 한편 국적법 등 관계 법령 어디에도 외국인에게 대한민국의 국적을 취득할 권리를 부여하였다고 볼 만한 규정이 없다. 이와 같은 귀화허가의 근거 규정의 형식과 문언, 귀화허가의 내용과 특성 등을 고려하여 보면, **법무부장관은 귀화신청인이 법률이 정하는 귀화요건을 갖추었다고 하더라도 귀화를 허가할 것인지 여부에 관하여 재량권을 가진다**(대판 2010.7.15, 2009두19069).

5. 비관리청 항만공사 시행허가는 특허로서 재량행위이다

비관리청 항만공사 시행허가는 특정인에게 권리를 설정하는 행위로서 구 항만법과 그 시행령에 허가기준에 관한 규정이 없으므로 허가 여부는 행정청의 재량행위에 속하고, 그 허가를 위한 심사기준을 정하여 놓은 업무처리요령은 재량권행사의 기준인 행정청 내부의 사무처리준칙(재량준칙)에 불과하여 허가처분의 적법 여부는 결국 재량권의 남용 여부의 판단에 달려 있다. 지방해양항만청장이, 비관리청 항만공사 시행사업자 선정계획 공고에서 정한 제출서류 중 일부만을 제출하면서 우선적 이익을 가진 자로서 사업시행자 지정신청을 한 것이지 일반 경쟁자로서 참여하는 것이 아니라는 의사를 밝힌 갑 주식회사에 대하여, 위 공고에 따른 사업시행자 선정신청을 하지 않은 것으로 보아 선정절차에서 배제하고 을 주식회사를 사업시행자로 선정한 후 공사 시행을 허가하는 처분을 한 사안에서, 위 처분에 재량권의 범위를 일탈·남용한 위법이 없다고 한 사례(대판 2011.1.27, 2010두20508)

6. 법원이 비관리청 항만공사 시행허가신청에 대한 거부처분의 적법 여부를 심사하는 방법

구 항만법 제9조 제2항, 제3항의 개정 경위와 내용, 형식·체제, 문언을 종합해 볼 때, 비관리청 항만공사 시행허가신청에 대한 거부처분의 적법 여부를 심사하는 경우 법원은 구 항만법 제9조 제3항의 허가요건에 관한 사실인정과 관련 법령의 해석·적용을 통하여 항만공사 시행허가를 받으려는 비관리청이 허가 요건을 갖추었는지를 판단한 뒤 그 결론에 비추어 거부처분의 적법 여부를 판정하여야 한다(대판 2014.8.28, 2013두3900).

7. 구 「수도권 대기환경개선에 관한 특별법」에서 정한 대기오염물질 총량관리사업장 설치의 허가 또는 변경허가는 재량행위이다

구 수도권대기환경특별법 제14조 제1항에서 정한 대기오염물질 총량관리사업장 설치의 허가 또는 변경허가는 특정인에게 인구가 밀집되고 대기오염이 심각하다고 인정되는 수도권 대기관리권역에서 **총량관리대상 오염물질을 일정량을 초과하여 배출할 수 있는 특정한 권리를 설정하여 주는 행위**로서 그 처분의 여부 및 내용의 결정은 행정청의 재량에 속한다고 할 것이다(대판 2013.5.9, 2012두22799).

8. 출입국관리법상 체류자격 변경허가의 법적 성질 및 재량권 일탈·남용의 판단기준

출입국관리법 제10조, 제24조 제1항 등 관련 법령의 문언, 내용 및 형식, 체계 등에 비추어 보면, 체류자격 변경허가는 신청인에게 당초의 체류자격과 다른 체류자격에 해당하는 활동을 할 수 있는 권한을 부여하는 일종의 설권적 처분의 성격을 가지므로, 허가권자는 신청인이 관계법령에서 정한 요건을 충족하였다고 하더라도, 신청인의 적격성, 체류 목적, 공익상의 영향 등을 참작하여 허가 여부를 결정할 수 있는 재량을 가진다고 할 것이다. 다만 이러한 재량을 행사할 때 판단의 기초가 된 사실인정에 중대한 오류가 있는 경우 또는 비례·평등의 원칙을 위반하거나 사회통념상 현저하게 타당성을 잃는 등의 사유가 있다면 이는 재량권의 일탈·남용으로서 위법하다(대판 2016.7.14, 2015두48846).

9. 「공유수면 관리 및 매립에 관한 법률」에 따른 공유수면의 점용·사용허가 처분 여부 및 내용의 결정은 행정청의 재량에 속한다(대판 2017.4.28, 2017두30139).

10. 공유수면에 대한 점용·사용허가를 신청하는 자가 위 설계도서 등을 첨부하지 아니한 채 허가신청서

를 제출한 경우, 공유수면관리청이 허가요건을 충족하지 못한 것으로 보아 거부처분을 할 수 있다(대판 2017.4.28, 2017두30139).

11. 출입국관리법이 난민 인정 거부 사유를 서면으로 통지하도록 규정한 취지 및 난민 인정에 관한 신청을 받은 행정청이 법령이 정한 난민 요건과 무관한 다른 사유만을 들어 난민 인정을 거부할 수 없다(대판 2017.12.5, 2016두42913).

12. 난민 인정 요건인 '특정 사회집단의 구성원인 신분을 이유로 한 박해'에서 '특정 사회집단'과 외국인이 받을 '박해'의 의미

난민 인정 요건인 '특정 사회집단의 구성원인 신분을 이유로 한 박해'에서 '특정 사회집단'이란 한 집단의 구성원들이 선천적 특성, 바꿀 수 없는 공통적인 역사, 개인의 정체성 및 양심의 핵심을 구성하는 특성 또는 신앙으로서 이를 포기하도록 요구해서는 아니 될 부분을 공유하고 있고, 이들이 사회환경 속에서 다른 집단과 다르다고 인식되고 있는 것을 말한다. 그리고 그 외국인이 받을 '박해'란 생명, 신체 또는 자유에 대한 위협을 비롯하여 인간의 본질적 존엄성에 대한 중대한 침해나 차별을 야기하는 행위를 의미한다(대판 2017.12.5, 2016두42913).

13. '여성 할례'(Female genital mutilation)가 특정 사회집단의 구성원이라는 이유로 가해지는 '박해'에 해당하는지 여부(적극) / 난민신청인이 국적국으로 송환될 경우 본인 의사에 반하여 여성 할례를 당하게 될 위험이 있음에도 국적국으로부터 충분한 보호를 기대하기 어려운 경우, 박해를 받을 수 있다고 인정할 충분한 근거가 있는 공포로 국적국의 보호를 받을 수 없는 경우에 해당하는지 여부(적극) / 여기에서 '여성 할례를 당하게 될 위험'의 의미 및 여성 할례를 당하게 될 개별적·구체적인 위험이 있다는 점을 판단하는 방법[원고는 라이베리아 공화국 국적인 만 14세(생년월일 생략)의 여성으로서 가나 난민촌에서 태어난 후 어머니를 따라 2012. 3. 7. 대한민국에 입국. 원고의 어머니는 원고의 신변을 보호하기 위하여 원고를 난민으로 인정하여 줄 것을 신청하면서 원고가 국적국으로 돌아가게 되면 'Sande Bush School'에 들어가 여성 할례를 받을 수밖에 없다고 주장한 사건]

'여성 할례'(Female genital mutilation)는 의료 목적이 아닌 전통적·문화적·종교적 이유에서 여성 생식기의 전부 또는 일부를 제거하거나 여성 생식기에 상해를 입히는 행위를 의미한다. 이는 여성의 신체에 대하여 극심한 고통을 수반하는 직접적인 위해를 가하고 인간의 존엄성을 침해하는 행위로서, 특정 사회집단의 구성원이라는 이유로 가해지는 '박해'에 해당한다. 따라서 난민신청인이 국적국으로 송환될 경우 본인의 의사에 반하여 여성 할례를 당하게 될 위험이 있음에도 국적국으로부터 충분한 보호를 기대하기 어렵다는 사정이 인정된다면, 국적국을 벗어났으면서도 박해를 받을 수 있다고 인정할 충분한 근거가 있는 공포로 인하여 국적국의 보호를 받을 수 없는 경우에 해당한다. 그리고 여기에서 '여성 할례를 당하게 될 위험'은 일반적·추상적인 위험의 정도를 넘어 난민신청인이 개별적·구체적으로 그러한 위험에 노출되어 있는 경우를 의미하고, 여성 할례를 당하게 될 개별적·구체적인 위험이 있다는 점은 난민신청인이 속한 가족적·지역적·사회적 상황에 관한 객관적인 증거에 의하여 합리적으로 인정되어야 한다(대판 2017.12.5, 2016두42913).

14. 여객자동차운송사업의 면허를 받은 자가 수 개의 사업계획변경 사항을 동시에 또는 연달아 신청할 수 있다

구 「여객자동차 운수사업법」 제10조 제3항에서 정하고 있는 사업계획변경제한 사유에 해당하지 않는 한 사업계획변경의 횟수나 기간을 제한하는 별도의 규정이 없으므로 수 개의 사업계획변경 사항을 동시에 또는 연달아 신청하는 것도 가능하다(대판 2018.9.13, 2017두33176).

15. 행정청이 기존업자, 특히 한정면허를 받은 운송사업자가 이미 면허를 받아 운행하고 있는 노선과 중복되는 노선의 신설 등을 신규업자에게 허용하는 처분을 하고자 하는 경우 고려해야 할 사항

구 「여객자동차 운수사업법」(여객자동차법)에 따른 여객자동차 운송사업면허나 운송사업계획 변경인가

여부는 원칙적으로 행정청의 재량에 속하는 것이나, 행정청이 기존업자가 이미 면허를 받아 운행하고 있는 노선과 중복되는 노선의 신설 등을 신규업자에게 허용하는 처분을 하고자 하는 경우에는 그로 인하여 달성하고자 하는 공익적 측면 이외에도 관련 운송사업자들 사이의 이해관계 조정 등 사익적 측면을 아울러 고려하여야 한다. 특히 해당 노선에 대한 기존업자가 한정면허를 받은 운송사업자인 경우에는 한정면허의 내용, 그 경위와 목적, 한정면허 당시와 비교한 사정 변경 여부 등을 함께 고려하여야 한다(대판 2018.9.13, 2017두33176).

16. 서울~전주~임실'을 운행하던 노선의 운행횟수를 1일 9회에서 1일 6회와 1일 3회로 계통분할하고 그중 '1일 3회' 노선에 관해서는 임실부터 전주까지로 운행구간을 단축함과 아울러 전주에서 인천국제공항까지로 운행구간을 연장하는 내용의 갑 여객운송사업자(주식회사 전북고속)의 사업계획변경 신청에 대하여 관할 도지사가 인가처분을 하자, '전주~인천국제공항' 노선에 관하여 여객을 '해외여행업체의 공항이용계약자'로 제한한 한정면허를 받아 공항버스를 운행하고 있던 운송사업자 을(주식회사 대한관광리무진)이 위 사업계획변경 인가처분의 취소를 구하는 소를 제기한 사안에서, 위 인가처분이 적법하다고 본 원심의 판단에 법리를 오해한 잘못이 있다고 한 사례

여러 사정을 종합하면 위 한정면허 부여조건에서 을이 운송할 여객으로 규정한 '해외여행업체의 공항이용계약자'의 의미는 '공항을 이용하여 출입국 하는 여객'으로 새기는 것이 타당한 점, 해당 노선에 일시적인 수요 증가가 있었다는 이유만으로 곧바로 중복 노선의 신설을 허용하는 것은 타당하지 않고, 해당 노선에 대한 수요 증감의 폭과 추이, 을이 해당 노선을 운영한 기간, 공익적 기여도, 그간 노선을 운행하면서 취한 이익의 정도 등을 종합적으로 고려한 후에 허용 여부를 판단하여야 하는 점 등에 비추어 보면, 관할 도지사가 위와 같은 요소들을 모두 고려하여 위 인가처분과 관련한 공익과 사익을 정당하게 비교형량 하였는지를 심리하였어야 하는데도, 을이 운송할 여객이 '해외여행업체와 여행계약을 체결한 사람'으로 한정된다는 잘못된 전제에서 위 인가처분이 적법하다고 본 원심의 판단에 재량권 일탈·남용에 관한 법리를 오해한 잘못이 있다고 한 사례(대판 2018.9.13, 2017두33176)

17. 도로관리청은 점용허가 여부 및 점용허가의 내용인 점용장소, 점용면적, 점용기간을 정할 수 있는 재량권을 갖는다

도로관리청은 신청인의 적격성, 점용목적, 특별사용의 필요성 및 공익상의 영향 등을 참작하여 점용허가 여부 및 점용허가의 내용인 점용장소, 점용면적, 점용기간을 정할 수 있는 재량권을 갖는다(대판 2019.1.17, 2016두56721, 56738).

18. 도로점용허가는 점용목적 달성에 필요한 한도로 제한되어야 하고, 도로관리청이 도로점용허가를 하면서 특별사용의 필요가 없는 부분을 점용장소 및 점용면적에 포함한 경우, 도로점용허가 중 위 부분은 위법하다

도로점용허가는 도로의 일부에 대한 특정사용을 허가하는 것으로서 도로의 일반사용을 저해할 가능성이 있으므로 그 범위는 점용목적 달성에 필요한 한도로 제한되어야 한다. 도로관리청이 도로점용허가를 하면서 특별사용의 필요가 없는 부분을 점용장소 및 점용면적에 포함하는 것은 그 재량권 행사의 기초가 되는 사실인정에 잘못이 있는 경우에 해당하므로 그 도로점용허가 중 특별사용의 필요가 없는 부분은 위법하다(대판 2019.1.17, 2016두56721, 56738).

19. 위 경우 도로관리청이 위와 같은 흠이 있다는 이유로 유효하게 성립한 도로점용허가 중 특별사용의 필요가 없는 부분을 직권취소할 수 있다

이러한 경우 도로점용허가를 한 도로관리청은 위와 같은 흠이 있다는 이유로 유효하게 성립한 도로점용허가 중 특별사용의 필요가 없는 부분을 직권취소할 수 있음이 원칙이다(대판 2019.1.17, 2016두56721, 56738).

20. 이때 행정청이 소급적 직권취소를 할 수 있는 경우 / 도로관리청이 도로점용허가 중 특별사용의 필요

가 없는 부분을 소급적으로 직권취소한 경우, 이미 징수한 점용료 중 취소된 부분의 점용면적에 해당하는 점용료를 반환해야 한다

다만 이 경우 행정청이 소급적 직권취소를 하려면 이를 취소하여야 할 공익상 필요와 그 취소로 당사자가 입을 기득권 및 신뢰보호와 법률생활 안정의 침해 등 불이익을 비교 교량한 후 공익상 필요가 당사자의 기득권 침해 등 불이익을 정당화할 수 있을 만큼 강한 경우여야 한다. 이에 따라 도로관리청이 도로점용허가 중 특별사용의 필요가 없는 부분을 소급적으로 직권취소하였다면, 도로관리청은 이미 징수한 점용료 중 취소된 부분의 점용면적에 해당하는 점용료를 반환하여야 한다(대판 2019.1.17, 2016두 56721, 56738).

21. 도로점용료 부과처분에 취소사유에 해당하는 흠이 있는 경우, 점용료 부과처분에 대한 취소소송이 제기된 이후에 도로관리청이 당초 처분 자체를 취소하고 흠을 보완하여 새로운 부과처분을 하거나 흠 있는 부분에 해당하는 점용료를 감액하는 처분을 할 수 있다

행정청은 행정소송이 계속되고 있는 때에도 직권으로 그 처분을 변경할 수 있고, 행정소송법 제22조 제1항은 이를 전제로 처분변경으로 인한 소의 변경에 관하여 규정하고 있다. 점용료 부과처분에 취소사유에 해당하는 흠이 있는 경우 도로관리청으로서는 당초 처분 자체를 취소하고 흠을 보완하여 새로운 부과처분을 하거나, 흠 있는 부분에 해당하는 점용료를 감액하는 처분을 할 수 있다. 한편 흠 있는 행정행위의 치유는 원칙적으로 허용되지 않을 뿐 아니라, 흠의 치유는 성립 당시에 적법한 요건을 갖추지 못한 흠 있는 행정행위를 그대로 존속시키면서 사후에 그 흠의 원인이 된 적법 요건을 보완하는 경우를 말한다. 그런데 앞서 본 바와 같은 흠 있는 부분에 해당하는 점용료를 감액하는 처분은 당초 처분 자체를 일부 취소하는 변경처분에 해당하고, 그 실질은 종래의 위법한 부분을 제거하는 것으로서 흠의 치유와는 차이가 있다. 그러므로 이러한 변경처분은 흠의 치유와는 성격을 달리하는 것으로서, 변경처분 자체가 신뢰보호 원칙에 반한다는 등의 특별한 사정이 없는 한 점용료 부과처분에 대한 취소소송이 제기된 이후에도 허용될 수 있다. 이에 따라 특별사용의 필요가 없는 부분을 도로점용허가의 점용장소 및 점용면적으로 포함한 흠이 있고 그로 인하여 점용료 부과처분에도 흠이 있게 된 경우, 도로관리청으로서는 도로점용허가 중 특별사용의 필요가 없는 부분을 직권취소하면서 특별사용의 필요가 없는 점용장소 및 점용면적을 제외한 상태로 점용료를 재산정한 후 당초 처분을 취소하고 재산정한 점용료를 새롭게 부과하거나, 당초 처분을 취소하지 않고 당초 처분으로 부과된 점용료와 재산정된 점용료의 차액을 감액할 수도 있다(대판 2019.1.17, 2016두56721, 56738).

4. 특허와 신청

특허는 출원을 필요요건으로 하는 쌍방적 행정행위이므로, 출원 없는 특허는 무효이다. 수정허가가 가능한 것과는 달리 수정특허·수정인가는 인정되지 않는다.

공법인 설립의 경우처럼 성질상 상대방의 출원을 기다릴 여지가 없는 경우에는 출원을 필요로 하지 않는다는 견해도 있지만, 공법인의 설립은 법률에 의한 특허(즉, 법규특허)로서 행정행위로서의 특허와는 구별되어야 한다.

5. 형 식

특허는 원칙적으로 구체적인 행정행위(특허처분)의 형식으로 행해지며, 예외적으로 법규에 의하여 행하여지는 경우도 있다(예 한국도로공사법에 의한 한국도로공사의 설립 등). 그러나 법

규특허는 행정행위가 아니므로 여기서 제외된다.

또한 특허는 특정인에게 행해지며, 불특정다수에게는 행해지지 않는다. 특허는 원칙적으로 특별한 형식이 정해져 있지 않으므로 불요식행위이다. 다만, 법령에 형식을 요구하고 있는 경우는 예외적으로 요식행위인 경우도 있다.

6. 효 과

특허는 권리를 설정하는 행위이며, 이에는 공권인 것이 일반적이나 사권인 경우도 있다(예 광업허가·어업면허에 의해 사권인 광업권·어업권 설정).

1. 같은 업무구역 안의 중복된 어업면허는 당연무효이다(대판 1978.4.25, 78누42).
2. 광업권의 존속 중 그 광업권이 설정된 광물과 동일광상에 부존하는 다른 광물에 대한 광업권을 설정할 수 없다(대판 1986.2.25, 85누712).

대인적 특허는 이전성이 인정되지 않지만(예 귀화허가 등), 대물적 특허(예 상표권 부여의 형성처분)는 이전성이 인정된다.

1. 토지 전부 또는 일부에 관하여 중복하여 별개의 지적공부가 작성되고 각각 소유권보존등기가 경료되었는데, 후행등기에 대응하는 지적공부에 기초하여 구 농촌근대화촉진법에 의한 환지처분이 이루어진 경우, 선행등기에 기한 토지 소유자가 이에 상응하는 환지된 토지 소유권을 취득한다
   구 농촌근대화촉진법에 의한 농지개량사업의 일환으로 이루어지는 **환지처분은 시행구역 내의 종전 토지에 대신하여 농지정리공사 완료 후에 새로 지번을 붙인 다른 토지를 지정하여 이를 종전의 토지로 보는 일종의 대물적 행정행위**로서, 환지계획을 고시한 날의 다음 날부터 종전의 토지소유자는 같은 법 제133조에 의한 환지등기가 없어도 환지된 토지의 소유권을 취득하고, **사업시행자가 소유자를 오인하여 소유자가 아닌 다른 사람에게 환지를 하였다 하더라도 다른 사람이 소유권을 취득하는 것이 아니며, 종전의 토지소유자는 환지처분 후 종전 토지의 소유권에 기하여 환지된 토지의 소유권을 주장할 수 있다**(대판 2014.7.10, 2011다102462).
2. 상표권부여의 형성처분의 법적 성질은 대물적 처분이므로 승계가 가능하다
   상표권부여의 형성처분은 특정인의 속성과의 관련성보다는 상표라는 표장의 식별표식으로서 물(物)에 대한 처분이고 또 사용권부등록을 상표등록취소사유로 한 구 상표법 제73조 제1항 제1호의 규정은 공익을 위한 제재적 성질을 가진 규정이라 할 것이니 이에 해당되는 행위의 책임은 법원의 경매절차에서 등록상표들에 대한 상표권을 승계취득한 자에게도 미친다(대판 2000.9.8, 98후3057·3064·3071·3088·3095·3101·3118).

:: 허가·특허·인가의 비교

구 분		허 가	특 허	인 가
목 적		소극적 질서유지	적극적 공공복리	적극적 공공복리
법적 성질	같은점	1. 법률행위적 행정행위 2. 쌍방적 행정행위 3. 수익적 행정행위		
	다른점	1. 명령적 행위(반사적 이익) 2. 기속행위 3. 직접 상대방을 위한 행위	1. 형성적 행위(설권행위) : 법률상 이익 2. 재량행위 3. 직접 상대방을 위한 행위	1. 형성적 행위(보충행위) 2. 제3자를 위한 행위
대 상		사실행위(주된 대상)+법률행위		법률행위만(공·사법행위 불문) 대상으로 할 수 있고, 사실행위를 대상으로 할 수 없음.
대상사업		개인적, 영리사업	공익사업	공익사업
보호·감독		1. 질서유지를 위한 소극적 감독 2. 특별한 보호와 특전 없음.	1. 공익상 적극적·포괄적 감독 2. 특별한 보호와 특전(세금감면, 보조금 지급)	
상대방		• 원칙 : 특정인 • 예외 : 불특정 다수인	특정인	특정인
수정가능성		원칙 금지, 예외적으로 수정허가 가능	수정특허 불가	수정인가 불가
상대방의 출원(신청)		1. 원칙 출원, 예외적으로 출원에 의하지 않는 허가 가능 2. 출원 없는 허가는 취소사유 3. 선원주의(先願主義) 적용	1. 언제나 출원(신청)을 요함. 2. 출원 없는 특허는 무효 3. 선원주의(先願主義) 적용되지 않음. ■ 광업허가는 선원주의 적용	1. 언제나 출원(신청)을 요함. 2. 출원 없는 인가는 무효
효 과		1. 자연적 자유의 회복(금지해제행위), 반사적 이익 2. 이전 가능(대물적 허가) 3. 공법상 금지의 해제라는 공법적 효과만	1. 권리등(공권+사권)의 발생(설권행위) 2. 이전 가능(대물적 특허) 3. 공법적 효과+사법적 효과	1. 사인의 법률행위의 효력 완성(보충행위) 2. 이전불가 ■ 판례는 승계 긍정(대판2010.4.8, 2009두17018) 3. 공법적 효과+사법적 효과
위반행위의 사법적 효력		1. 유효(적법요건), 예외적 무효(특별규정이 있는 경우) 2. 행정벌이나 강제집행(단속규정)	1. 무효(효력·유효요건) 2. 강제집행 등의 대상 아님(효력규정).	1. 무효(효력·유효요건) 2. 행정강제, 행정벌 등의 대상 아님(효력규정). 예외적으로 처벌·강제

Ⅱ 인가(보충행위)

1. 의 의

인가란 제3자의 법률적 행위(기본행위)를 보충하여 그의 법률상의 효과를 완성시키는 형성적 행정행위를 말한다. 원래 국민의 법률행위는 행정청의 관여 없이 각자가 의욕하는 바에 따라 완전한 효력을 발생하는 것이 원칙(사적 자치의 원칙)이다. 그러나 예외적으로 공익과 중요한 관련이 있는 행위에 대해서 국가는 공익의 실현자이자 사인에 대한 후견적 지위로서 관여하여 그 법적 효력을 완성시키는 것이 인가이다. 법령상으로는 인허·승인허가 등의 용어가 사용되고 있다.

인 가	승 인	허 가
1. 매립준공인가(대판 1975.8.29, 75 누23) 　■ 개간허가의 준공인가는 확인행위 　　(대판 1985.2.8, 83누625) 2. 외자도입법 제19조에 따른 기술도입계약에 대한 인가(대판 1983.12.27, 82누491) 3. 상호신용금고의 정관의 변경인가(대판 1985.3.26, 84누181) 4. 채광계획인가(대판 1993.5.27, 92 누19477) 5. 자동차운송사업계획변경(기점연장, 노선 및 운행시간)인가(대판 1995.11.7, 95누9730) 6. 공기업 사업양도의 인가, 자동차운송사업양도양수계약에 기한 양도양수인가(대판 1997.9.26, 97누8878) 7. 하천점용권 양도의 인가·허가 8. 도시재개발법 제34조에 의한 행정청의 관리처분계획 인가처분(대판 2001.12.11, 2001두7541) 9. 「도시 및 주거환경정비법」에 기초한 주택재개발정비사업조합의 사업시행계획에 대한 인가처분(대판 2010.12.9, 2009두4913) 10. 관리처분계획에 대한 행정청의 인가(대판 2012.8.30, 2010두24951) 11. 구 「도시 및 주거환경정비법」 제20조 제3항에서 정한 정관변경 인가(대판 2014.7.10, 2013도11532) 12. 비영리법인(사립대학, 학교법인) 설립·정관변경인가	1. 학교(의료)법인의 임원에 대한 감독청의 취임승인(대판 1987.8.18, 86누152) 2. 종교법인(재단법인 예수병원유지재단)의 임원취임에 대한 주무관청의 승인(대판 2000.1.28, 98두16996) 3. 사립학교법에 의한 감독청의 이사소집승인(대판 1988.4.27, 87 누1106) 4. 중소기업 창업사업계획 승인(대판 1994.6.24, 94누1289) 5. 자연공원사업의 시행에 있어 그 공원시설기본설계 및 변경설계승인(대판 2001.7.27, 99두2970) 6. 주택건설사업계획의 승인(대판 2002.6.14, 2000두10663) 7. 공유수면매립목적 변경 승인처분(대판 2012.6.28, 2010두2005) 8. 재개발조합설립추진위원회 구성승인처분(대판 2013.12.26, 2011두8291) 9. 지방채기채승인·인가·허가 10. 공공조합 정관승인 11. 사립대학총장취임승인 12. 전기용품 형식승인 　■ 건축법상 사용승인은 확인행위 　■ 택지개발계획승인은 수용권을 설정하여 주는 처분으로서 특허(대판 1996.12.6, 95누8409) 13. 조합설립추진위원회 구성승인(대판 2014.2.27, 2011두2248)	1. 하천공사 권리의무양수도에 관한 허가(대판 1980.5.27, 79누196) 2. 토지거래계약허가[대판(전합) 1991.12.24, 90다12243] [학설 ; ① 허가설 : 박균성, ② 인가설 : 김동희, 유상현, 한견우, ③ 복합적 성질설(=허가+인가) : 김민호, 이광윤, 김철용, 석종현, 박윤흔, 장태주, 홍정선] 3. 재단법인(비영리법인) 정관변경허가[대판(전합) 1996.5.16, 95누4810], 사회복지법인의 정관변경허가(대판 2002. 9.24, 2000두5661) 4. 학교법인이 해산되어 기본재산 처분 시 관할관청의 허가(대판 2010.4.8, 2009다93329) 5. 농지이전허가 6. 지방의회의 의원사직허가 7. 특허기업 양도허가 　■ 특허기업의 특허는 특허

13. 특허기업의 요금 인가
14. 하천점유권의 양도인가
- 토지구획정리사업 시행인가는 사업지구에 편입될 목적물의 범위를 확정하고 시행자로 하여금 목적물에 관한 현재 및 장래의 권리자에게 대항할 수 있는 법적 지위를 설정해 주는 행정처분(대판 2004.10.14, 2002두424)
- 「학원의 설립·운영에 관한 법률」상 학원의 설립인가는 허가(대판 1992.4.14, 91다39986)
- 「도시 및 주거환경정비법」상 재건축조합설립인가처분은 설권적 행위로서 특허(대판 2009.9. 24, 2008다60568)
- 토지등 소유자들이 조합을 따로 설립하지 않고 직접 시행하는 도시환경정비사업에서 사업시행인가처분은 설권적 행위로서 특허(대판 2013.6.13, 2011두19994)

14. 개발촉진지구 안에서 시행되는 지역개발사업에서 지정권자의 실시계획승인처분은 설권적 처분(대판 2014.9.26, 2012두5619)
- 건축법상 사용승인은 확인행위
15. 임대주택법 제21조에 따른 분양전환승인처분은 확인행위(대판 2020.7.23, 2015두48129)

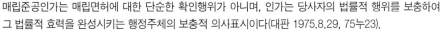

1. 매립준공인가

매립준공인가는 매립면허에 대한 단순한 확인행위가 아니며, 인가는 당사자의 법률적 행위를 보충하여 그 법률적 효력을 완성시키는 행정주체의 보충적 의사표시이다(대판 1975.8.29, 75누23).

2. 토지거래계약허가

국토이용관리법(현 국토의 계획 및 이용에 관한 법률) 제21조의3 제1항 소정의 허가(토지거래계약허가)가 규제지역 내의 모든 국민에게 전반적으로 토지거래의 자유를 금지하고 일정한 요건을 갖춘 경우에만 금지를 해제하여 계약체결의 자유를 회복시켜 주는 성질의 것(허가)이라고 보는 것은 위 법의 입법 취지를 넘어선 지나친 해석이라고 할 것이고, **규제지역 내에서도 토지거래의 자유가 인정되나, 다만 위 허가를 허가 전의 유동적 무효상태에 있는 법률행위의 효력을 완성시켜 주는 인가적 성질을 띤 것**이라고 보는 것이 타당하다[대판(전합) 1991.12.24, 90다12243].

3. 재단법인 정관변경허가

민법 제45조와 제46조에서 말하는 재단법인의 정관변경 허가는 법률상의 표현이 '허가'로 되어 있기는 하나, 그 성질에 있어 법률행위의 효력을 보충해 주는 것이지 일반적 금지를 해제하는 것이 아니므로, 그 법적 성격은 인가라고 보아야 한다[대판(전합) 1996.5.16, 95누4810].

4. 도시재개발법 제34조에 의한 행정청의 관리처분계획 인가처분의 법적 성질은 인가이고 관리처분계획의 하자를 이유로 관리처분계획 인가처분의 취소 또는 무효확인을 소구할 법률상 이익은 없다

도시재개발법 제34조에 의한 행정청의 인가는 주택개량재개발조합의 관리처분계획에 대한 법률상의 효력을 완성시키는 보충행위로서 그 기본 되는 관리처분계획에 하자가 있을 때에는 그에 대한 인가가 있었다 하여도 기본행위인 관리처분계획이 유효한 것으로 될 수 없으며, 다만 그 기본행위가 적법·유효하고 보충행위인 인가처분 자체에만 하자가 있다면 그 인가처분의 무효나 취소를 주장할 수 있다고 할 것이지만, 인가처분에 하자가 없다면 기본행위에 하자가 있다 하더라도 따로 그 기본행위의 하자를 다투는 것은 별론으로 하고 기본행위의 무효를 내세워 바로 그에 대한 행정청의 인가처분의 취소 또는 무효확인을 소

구할 법률상의 이익이 있다고 할 수 없다(대판 2001.12.11, 2001두7541).

5. 학교법인이 해산되어 기본재산을 처분할 경우 관할관청의 허가를 받아야 한다(대판 2010.4.8, 2009다 93329).

6. 조합설립추진위원회가 추진위원회 구성의 변경승인을 받기 전에 조합설립인가신청을 한 경우, 변경승인 전의 행위라는 사정만으로 조합설립인가신청이 원칙적으로 무효라고 할 수는 없다
조합설립추진위원회(추진위원회) 구성승인은 조합의 설립을 위한 주체인 추진위원회의 구성행위를 보충하여 효력을 부여하는 처분이므로, 시장·군수로부터 추진위원회 구성승인을 받은 추진위원회는 유효하게 설립된 비법인사단으로서 조합설립에 필요한 법률행위 등을 할 수 있다. 따라서 추진위원회가 구성승인을 받을 당시의 정비예정구역보다 정비구역이 확대되어 지정된 경우, 추진위원회가 구성 변경승인을 받기 전에 확대된 정비구역 전체에서 조합설립을 추진하여 조합설립인가신청을 하였다 하더라도 이는 유효하게 설립된 비법인사단의 법률행위이므로, 당초의 추진위원회 구성승인이 실효되었다는 등의 특별한 사정이 없는 한 변경승인 전의 행위라는 사정만으로 조합설립인가신청 자체가 무효라고 할 수는 없다 (대판 2014.2.27, 2011두2248).

7. 구 「도시 및 주거환경정비법」 제20조 제3항에서 정한 정관변경 인가의 법적 성질은 인가이고 이러한 인가를 받지 못한 경우, 변경된 정관의 효력은 무효이고 시장 등이 변경된 정관을 인가한 경우, 정관변경의 효력은 총회의 의결이 있었던 때로 소급하여 발생하지 않는다(대판 2014.7.10, 2013도11532).

2. 인가의 재량행위성

인가의 재량행위성 여부에 대하여 ① 기속행위설(김성수, 홍정선)과 ② 기속행위인 경우도 있고 재량행위인 경우도 있다는 절충설(박균성)이 대립하고 있다.

재량행위	기속재량행위	기속행위
1. 중소기업 창업사업계획 승인(대판 1994. 6.24, 94누1289) 2. 민법상 비영리법인 설립허가(대판 1996.9.10, 95누18437) 3. 종교법인(재단법인 예수병원유지재단)의 임원취임에 대한 주무관청의 승인(대판 2000.1.28, 98두16996) 4. 자연공원사업의 시행에 있어 그 공원시설기본설계 및 변경설계승인(대판 2001. 7.27, 99두2970) 5. 사회복지법인의 정관변경허가(대판 2002. 9.24, 2000두5661) 6. 주택건설사업계획의 승인(대판 2007.5.10, 2005두13315) 7. 주택재건축사업시행 인가(대판 2007.7.12, 2007두6663) 8. 공유수면매립목적 변경 승인처분(대판 2012.6.28, 2010두2005) 9. 여객자동차 운송사업에서 운송할 여객 등에 관한 업무의 범위나 기간을 한정하는 면허(한정면허)의 사업계획변경에 대한 인가처분(대판 2014.4.30, 2011두14685)	채광계획인가 (대판 2002. 10.11, 2001두151) ■ 재량행위라는 예외판례(대판 2008.9.11, 2006두7577)	1. 사립학교법에 의한 감독청의 이사회 소집승인(대판 1988.4.27, 87누1106) 2. 학교법인이사 취임승인처분(대판 1992.9.22, 92누5461) 3. 관리처분계획에 대한 행정청의 인가(대판 2012.8.30, 2010두24951)

관련 판례

1. 재량행위

(1) 종교법인(재단법인 예수병원유지재단)의 임원취임에 대한 주무관청의 승인

종교법인 임원의 취임이 사법인인 그 법인의 정관에 근거한다 할지라도 이에 대한 **행정청의 승인(인가)행위는 법인에 대한 주무관청의 감독권에 연유하는 이상 그 인가행위 또는 인가거부행위는 공법상의 행정처분**으로서, 그 임원취임을 인가 또는 거부할 것인지 여부는 주무관청의 권한에 속하는 사항이므로, 종교법인의 임원취임승인신청에 대하여 주무관청이 이에 기속되어 이를 당연히 승인(인가)하여야 하는 것은 아니다(대판 2000.1.28, 98두16996).

(2) 사회복지법인의 정관변경허가

사회복지법인의 정관변경을 허가할 것인지의 여부는 주무관청의 정책적 판단에 따른 재량에 맡겨져 있다고 할 것이고, 주무관청이 정관변경허가를 함에 있어서는 비례의 원칙 및 평등의 원칙에 적합하고 행정처분의 본질적 효력을 해하지 않는 한도 내에서 부관을 붙일 수 있다(대판 2002.9.24, 2000두5661).

(3) 공유수면매립목적 변경 승인처분

1999. 2. 8. 법률 제5911호로 개정된 공유수면매립법이 시행되기 전에 공유수면매립 승인처분이 이루어진 경우, 준공인가 전에 매립목적 변경을 승인할 수 있고 이 경우 공유수면매립목적 변경 승인처분의 법적 성격은 재량행위이다(대판 2012.6.28, 2010두2005).

(4) 여객자동차 운송사업에서 운송할 여객 등에 관한 업무의 범위나 기간을 한정하는 면허(한정면허)의 사업계획변경에 대한 인가처분

구 「여객자동차 운수사업법」 제4조 제1항, 제3항, 제5조, 제10조, 구 「여객자동차 운수사업법 시행규칙」 제17조, 제32조 등 관계 법령의 규정 내용 및 체계에 의하면, 여객자동차 운송사업에서 운송할 여객 등에 관한 업무의 범위나 기간을 한정하는 면허(한정면허)의 사업계획변경에 대한 인가 여부는 교통수요, 운송업체의 수송능력, 공급능력 등에 관하여 기술적·전문적인 판단을 요하는 분야로서 이에 관한 행정처분은 운수행정을 통한 공익실현과 아울러 합목적성을 추구하기 위하여 구체적 타당성에 적합한 기준에 의하여야 하므로 그 범위 내에서는 법령이 특별히 규정한 바가 없으면 행정청의 재량에 속한다. 구 법 제10조 제3항은 "국토해양부장관 또는 시·도지사는 운송사업자가 운송 개시의 기일이나 기간 안에 운송을 시작하지 아니한 경우, 개선명령을 받고 이행하지 아니한 경우 등에는 사업계획의 변경을 제한할 수 있다."는 규정을 두고 있지만, 이는 그와 같은 제한사유에 해당하는 경우 국토해양부장관 또는 시·도지사에게 사업계획의 변경을 제한할 수 있는 권한이나 재량을 부여한 것으로 보일 뿐, 그와 같은 사유에 해당하지 아니한 사업계획의 변경이라고 하여 반드시 인가하여야 한다는 의미로 볼 수는 없으므로, 구 법 제10조 제3항을 들어 한정면허의 사업계획변경에 대한 인가의 성질을 달리 볼 것은 아니다(대판 2014.4.30, 2011두14685).

2. 기속재량

(1) 채광계획인가는 기속재량이다(대판 1993.5.27, 92누19477).

(2) 채광계획이 자연경관을 훼손하고 수질을 오염시킬 우려가 있는 경우 불인가처분을 한 것은 재량권남용이 아니다(대판 1993.5.27, 92누19477).

(3) 채광계획인가는 기속재량행위이므로 '규사광물 이외의 채취금지 및 규사의 목적 외 사용금지'를 내용으로 한 채광계획인가조건의 효력은 무효이다(대판 1997.6.13, 96누12269).

(4) 채광계획인가로 산림훼손허가가 의제될 경우 부관을 붙일 수 있다(대판 1997.8.29, 96누15213).

(5) 채광계획인가는 재량행위라는 예외판례

구 광업법에 정한 채광계획인가나 변경인가는 행정청의 재량행위에 속하고, 채광계획의 내용의 합리성과 사업성 및 안정성의 측면이나 당해 채광계획이 수반할 수 있는 수질과 토양의 오염, 지하수의 고

갈 등 환경보전의 측면에서 중대한 공익상 필요가 있다고 인정할 때에는 채광계획인가나 변경인가를 거부할 수 있으며, 이는 당해 채광계획에 나타난 사업의 내용, 규모, 방법과 그것이 환경에 미치는 영향 등 제반 사정을 종합하여 사회 관념상 공익 침해의 우려가 현저한지 여부에 의하여 판단할 수 있다 (대판 2008.9.11, 2006두7577).

(6) 중대한 공익상의 필요가 있는 경우 채광계획의 변경인가를 거부할 수 있다(대판 2000.4.25, 98두6555).

3. 기속행위

(1) 사립학교법에 의한 감독청의 이사회소집승인

감독청으로서는 요건을 갖춘 이사회소집승인신청이 있으면 이를 승인할 의무가 있다 할 것이고 다른 이유를 들어 이를 거부할 수는 없다고 할 것이며, 그 소집승인행위는 그 신청자에게 이사회의 소집권한을 부여하는 것이다(대판 1988.4.27, 87누1106).

(2) 학교법인이사취임승인처분

이사취임승인은 학교법인의 임원선임행위를 보충하여 법률상의 효력을 완성시키는 **보충적 행정행위로서 기속행위**에 속한다(대판 1992.9.22, 92누5461).

(3) 행정청이 관리처분계획에 대한 인가처분을 하면서 기부채납과 같은 조건을 붙일 수 없다

관리처분계획에 대한 행정청의 인가는 관리처분계획의 법률상 효력을 완성시키는 보충행위로서의 성질을 갖는데 이에 관하여 도시정비법은 제49조 제2항과 제3항에서 사업시행자로부터 관리처분계획의 인가 신청이 있는 경우 30일 이내에 인가 여부를 결정하여 사업시행자에게 통보하고, 인가를 하는 경우 그 내용을 당해 지방자치단체의 공보에 고시하도록 규정하고 있을 뿐이다. 관리처분계획 및 그에 대한 인가처분의 의의와 성질, 그 근거가 되는 도시정비법과 그 시행령상의 위와 같은 규정들에 비추어 보면, **행정청이 관리처분계획에 대한 인가 여부를 결정할 때에는 그 관리처분계획에 도시정비법 제48조 및 그 시행령 제50조에 규정된 사항이 포함되어 있는지, 그 계획의 내용이 도시정비법 제48조 제2항의 기준에 부합하는지 여부 등을 심사·확인하여 그 인가 여부를 결정할 수 있을 뿐 기부채납과 같은 다른 조건을 붙일 수는 없다**고 할 것이다. 원심은, 판시와 같은 이유로 관리처분계획인가에는 관리처분계획 작성자에게 조건(부담)을 부과하는 부관을 붙일 수 없으므로, **원고 프라자빌라재건축정비사업조합, 청화아파트주택재건축정비사업조합에 대한 관리처분계획인가 시 이 사건 인가조건을 부과한 것은 그 위법성이 중대하고 명백하여 무효이고, 이 사건 인가조건과 동일한 사실이 관리처분계획의 일부 내용으로 기재되어 있다고 하더라도 무효인 이 사건 인가조건이 유효로 될 수는 없다**(대판 2012.8.30, 2010두24951).

---

3. 대 상

인가는 성질상 반드시 법률적 행위만을 대상으로 하므로 사실행위는 제외된다. 한편, 법률적 행위에는 공법상의 행위(**예** 공공조합의 정관변경인가 등)와 사법상의 행위(**예** 공기업의 사업양도인가)가 포함된다. 또한 기본행위는 합동행위(**예** 도시개발조합의 설립인가)와 계약(**예** 하천점유권의 양도인가 등) 모두 포함된다.

4. 인가의 신청

인가는 기본적 법률행위에 대한 당사자의 신청(출원)이 있는 경우에만 할 수 있다. 따라서 행정

청은 인가의 신청에 대해 소극적으로 인가를 할 것인지의 여부만 결정할 수 있고, 적극적으로 신청의 내용과 다른 내용의 인가(수정인가)를 할 수는 없다. 수정인가나 출원에 의하지 않는 인가는 무효이다.

5. 인가의 효과

인가에 의해 기본행위는 효력을 발생한다.

정관변경의 효력은 인가가 있는 날로부터 발생한다(대판 1985.3.26, 84누181).

인가의 효과는 사법적인 것(예 특허기업의 운임인가)도 있고, 공법적인 것(예 비영리법인설립인가)도 있다는 점에서 허가와 구별되고 특허와 같다.

6. 인가(보충행위)와 기본적 법률행위(주된 행위)와의 관계

(1) 기본행위의 사유는 인가에 영향을 미침

1. 기본행위가 불성립·무효인 경우 인가도 무효이다

   피고가 한 하천공사 권리의무양수도에 관한 허가는 기본행위인 위의 양수도행위를 보충하여 그 법률상의 효력을 완성시키는 보충행위라고 할 것이니 그 **기본행위인 위의 권리의무양수도계약이 무효일 때에는 그 보충행위인 위의 허가처분도 별도의 취소조치를 기다릴 필요 없이 당연무효**라고 할 것이고 피고가 한 무효통지는 무효선언을 하는 방법으로 한 위 허가에 대한 일종의 취소처분이다(대판 1980.5.27, 79누196).

2. 구 주택건설촉진법상 조합설립인가처분의 기본행위였던 조합설립행위가 무효여서 그에 대한 인가처분이 무효인 경우, 그 후 「도시 및 주거환경정비법」의 시행 등으로 인가처분이 설권적 처분으로 의제되더라도 무효이다(대판 2014.2.27, 2011두11570).

3. 기본행위가 사후에 실효되면 인가도 실효된다

   외자도입법 제19조에 따른 기술도입계약에 대한 인가는 기본행위인 기술도입계약을 보충하여 그 법률상 효력을 완성시키는 보충적 행정행위(인가)에 지나지 아니하므로 **기본행위인 기술도입계약이 해지로 인하여 소멸되었다면 위 인가처분은 무효선언이나 그 취소처분이 없어도 당연히 실효된다**(대판 1983.12.27, 82누491).

4. 기본행위인 자동차운송사업의 양수도계약이 취소된 경우 위 계약에 대한 행정청의 인가처분의 효력은 무효이다[대판(전합) 1979.2.13, 78누428].

(2) 인가의 사유는 기본행위에 영향을 미치지 못함

1. 수정인가(기본행위의 내용을 수정하는 인가) 불가
2. 기본행위가 불성립·무효인 경우 인가로 기본행위가 유효한 것으로 전환되지 않는다(대판 1987. 8.18, 86누152).
3. 기본행위에 취소원인이 있다면 인가가 있은 후에도 기본행위를 취소할 수 있다. [07 국가9급]
4. 하자 있는 기본행위에 대하여 행정청의 인가가 있더라도 당해 기본행위의 하자가 치유되어 유효한 것으로 되는 것은 아니다.

(3) 하자에 대한 쟁송(하자가 있는 행위에 대해서만 소송제기 가능)

1. 기본행위는 적법유효하나 보충행위인 인가처분에만 하자가 있는 경우에는 그 인가처분의 취소나 무효확인소송 제기가 가능하지만, 기본행위에만 하자가 있고 인가는 적법한 경우 기본행위를 다투어야 하고 인가의 무효확인이나 취소청구는 불가하다(협의의 소익 부정)

   주택건설촉진법에서 규정한 바에 따른 관할시장 등의 재건축조합설립인가는 불량·노후한 주택의 소유자들이 재건축을 위하여 한 재건축조합설립행위를 보충하여 그 법률상 효력을 완성시키는 보충행위일 뿐이므로 그 기본되는 조합설립행위에 하자가 있을 때에는 그에 대한 인가가 있다 하더라도 기본행위인 조합설립이 유효한 것으로 될 수 없고, 따라서 그 기본행위는 적법유효하나 보충행위인 인가처분에만 하자가 있는 경우에는 그 인가처분의 취소나 무효확인을 구할 수 있을 것이지만 기본행위인 조합설립에 하자가 있는 경우에는 민사쟁송으로써 따로 그 기본행위의 취소 또는 무효확인 등을 구하는 것은 별론으로 하고 **기본행위의 불성립 또는 무효를 내세워 바로 그에 대한 감독청의 인가처분의 취소 또는 무효확인을 소구할 법률상 이익이 있다고 할 수 없다**(대판 2000.9.5, 99두1854).

2. 「도시 및 주거환경정비법」에 기초한 주택재개발정비사업조합의 사업시행계획에 대한 인가처분의 성격은 보충행위이고 기본행위의 무효를 내세워 인가처분의 무효확인 또는 취소를 구할 수 없다(대판 2010.12.9, 2009두4913).

3. 기본행위인 주택재개발정비사업조합이 수립한 사업시행계획에 하자가 있는데 보충행위인 관할 행정청의 사업시행계획 인가처분에는 고유한 하자가 없는 경우, 사업시행계획의 무효를 주장하면서 곧바로 그에 대한 인가처분의 무효확인이나 취소를 구할 수 없다

   구 「도시 및 주거환경정비법」에 기초하여 주택재개발정비사업조합이 수립한 사업시행계획은 관할 행정청의 인가·고시가 이루어지면 이해관계인들에게 구속력이 발생하는 독립된 행정처분에 해당하고, 관할 행정청의 사업시행계획 인가처분은 사업시행계획의 법률상 효력을 완성시키는 보충행위에 해당한다. 따라서 기본행위인 사업시행계획에는 하자가 없는데 보충행위인 인가처분에 고유한 하자가 있다면 그 인가처분의 무효확인이나 취소를 구하여야 할 것이지만, 인가처분에는 고유한 하자가 없는데 사업시행계획에 하자가 있다면 사업시행계획의 무효확인이나 취소를 구하여야 할 것이지 사업시행계획의 무효를 주장하면서 곧바로 그에 대한 인가처분의 무효확인이나 취소를 구하여서는 아니 된다(대판 2021.2.10, 2020두48031).

(4) 기본행위의 하자와 인가의 하자 자체는 별개

관련 판례
주택재건축조합이 재건축결의에서 결정된 내용과 다르게 사업시행계획을 작성하여 사업시행인가를 받은 경우 인가처분이 근거조항상의 적법요건을 갖추고 있다면 그 사업시행인가는 적법하다(대판 2008.1.10, 2007두16691).

7. 무인가행위의 효과

(1) 원칙 무효

허가는 사실행위로서의 행위가 적법하게 행해지기 위한 적법요건인데, 인가는 법률적 행위가 효력을 발생하기 위한 효력요건이다. 따라서 인가를 받아야 할 행위를 인가받지 않고 행한 경우 그 행위는 무효가 될 뿐이며, 행정강제나 처벌의 대상이 아니다. 한편, 인가가 무효이면 기본행위는 무인가행위로 무효가 된다.

관련 판례
1. 면허관청의 인가를 받지 않은 공유수면매립면허로 인한 권리의무양도약정은 무효이다(대판 1991. 6.25, 90누5184).
2. 주무관청의 허가 없는 공익법인의 기본재산에 대한 처분의 효력은 무효이다(대판 2005.9.28, 2004다50044).
3. 인가의 유무에 따라 기본행위의 효력이 문제되는 것은 공법상의 관계에 한정된다(대결 2002.3.11, 2002그12).
4. 구 사회복지사업법 제23조 제3항 제2호의 법적 성질은 강행규정이고 사회복지법인이 보건복지부장관의 허가를 받지 아니한 장기차입계약의 효력은 무효이다(대판 2014.4.10, 2013다98710·98727).

(2) 토지거래계약허가의 경우 유동적 무효(절대적 무효가 아님)

허가를 받지 아니하고 체결한 토지거래계약은 그 효력이 발생하지 아니한다(제118조 제6항). 판례에 의하면 허가를 받지 않은 동안은 무효이나 이후에 허가를 받으면 소급하여 계약 당시부터 유효로 된다. 그러나 ① 처음부터 허가를 배제하거나 잠탈(潛脫)하는 내용의 계약일 경우[대판(전합) 1991.12.24, 90다12243], ② 관할관청에 의하여 불허가된 경우, ③ 당사자 일방이 허가신청협력의무의 이행거절의사를 명백히 표시한 경우(대판 1993.6.22, 91다21435), ④ 당사자 쌍방이 허가신청을 하지 아니하기로 의사표시를 명백히 한 경우(대판 1993.7.27, 91다3376)에는 확정적으로 무효이다.

1. **허가를 받지 않은 토지거래계약은 유동적 무효이다**

   국토이용관리법상의 규제구역 내의 '토지등의 거래계약' 허가에 관한 관계 규정의 내용과 그 입법취지에 비추어 볼 때 토지의 소유권 등 권리를 이전 또는 설정하는 내용의 거래계약은 관할관청의 **허가를 받아야만 그 효력이 발생하고 허가를 받기 전에는 물권적 효력은 물론 채권적 효력도 발생하지 아니하여 무효라고 보아야 할 것인바, 다만 허가를 받기 전의 거래계약이 처음부터 허가를 배제하거나 잠탈하는 내용의 계약일 경우에는 확정적으로 무효로서 유효화될 여지가 없으나 이와 달리 허가받을 것을 전제로 한 거래계약**(허가를 배제하거나 잠탈하는 내용의 계약이 아닌 계약은 여기에 해당하는 것으로 본다)일 **경우에는 허가를 받을 때까지는 법률상 미완성의 법률행위로서 소유권 등 권리의 이전 또는 설정에 관한** 거래의 효력이 전혀 발생하지 않음은 위의 확정적 무효의 경우와 다를 바 없지만, **일단 허가를 받으면 그 계약은 소급하여 유효한 계약이 되고 이와 달리 불허가가 된 때에는 무효로 확정되므로 허가를 받기까지는 유동적 무효의 상태에 있다고 보는 것이 타당하므로** 허가받을 것을 전제로 한 거래계약은 허가받기 전의 상태에서는 거래계약의 채권적 효력도 전혀 발생하지 않으므로 권리의 이전 또는 설정에 관한 어떠한 내용의 이행청구도 할 수 없으나 일단 허가를 받으면 그 계약은 소급해서 유효화되므로 허가 후에 새로이 거래계약을 체결할 필요는 없다[대판(전합) 1991.12.24, 90다12243].

2. 토지거래허가구역 내에서 매매계약을 체결하고 계약금만 수수된 상태에서 토지거래허가를 받은 경우 민법 제565조 제1항에 의해 그 계약을 해제할 수 있다(대판 2009.4.23, 2008다62427).

3. 토지거래허가구역 내의 토지에 관한 매매계약이 토지거래허가를 배제 또는 잠탈할 목적으로 이루어져 무효인 경우 예외적으로 양도소득세의 과세대상으로 볼 수 있다[대판(전합) 2011.7.21, 2010두23644].

4. 토지거래 허가구역 내의 토지 매매계약이 토지거래 허가를 받지 아니하여 유동적 무효 상태에 있는 경우 취득세 신고·납부의무가 없다(대판 2012.11.29, 2012두16695).

5. 구 「국토의 계획 및 이용에 관한 법률」에 의한 토지거래허가구역 내에 있는 토지를 매수한 사람이 토지거래허가를 받지 않은 경우, 「부동산 실권리자명의 등기에 관한 법률」 제10조 제1항이 정하는 기간 내에 소유권이전등기를 신청하지 않았다는 이유로 과징금을 부과할 수 없다(대판 2017.5.17, 2016두53050).

6. 구 「국토의 계획 및 이용에 관한 법률」에서 정한 토지거래계약 허가구역 내 토지에 관하여 허가를 배제하거나 잠탈하는 내용으로 체결된 매매계약의 효력은 확정적 무효이고, 계약체결 후 허가구역 지정이 해제되거나 허가구역 지정기간 만료 이후 재지정을 하지 아니한 경우, 확정적으로 무효로 된 계약이 유효로 되지 않는다(대판 2019.1.31, 2017다228618).

8. 인가 전 위법사유의 승계

판례는 영업양도 시 제재사유가 현실적으로 발생하지 않았더라도 그 원인되는 사실이 존재하였다면 양도양수 후 제재사유로 양수인에게 제재처분을 할 수 있다고 본다.

1. **개인택시 운송사업의 양도양수에 대한 인가를 한 후, 그 양도양수 이전에 있었던 양도인에 대한 운송사업면허 취소사유를 들어 양수인의 사업면허를 취소할 수 있다**

   구 「여객자동차 운수사업법」 제15조 제4항에 의하면 **개인택시 운송사업을 양수한 사람은 양도인의 운송사업자로서의 지위를 승계하는 것이므로,** 관할관청은 개인택시 운송사업의 양도양수에 대한 인가를 한 **후에도 그 양도양수 이전에 있었던 양도인에 대한 운송사업면허 취소사유를 들어 양수인의 사업면허를 취소할 수 있는 것이고, 가사 양도양수 당시에는 양도인에 대한 운송사업면허 취소사유가 현실적으로 발생하지 않은 경우라도 그 원인되는 사실이 이미 존재하였다면,** 관할관청으로서는 그 후 발생한 운송

사업면허 취소사유에 기하여 양수인의 사업면허를 취소할 수 있는 것이다. 즉, 이 사건 운송사업의 양도 양수 당시에는 운송사업면허 취소사유, 즉 소외인의 운전면허 취소사실이 현실적으로 발생하지 않았더 라도 그 원인되는 소외인의 음주운전 사실이 존재하였던 이상 원고는 그러한 소외인의 이 사건 운송사업 면허상의 지위를 그대로 승계한 것이고, 그 후 소외인의 운전면허가 취소되었다면 피고는 원고에 대하여 이 사건 운송사업면허를 취소할 수 있다(대판 2010.4.8, 2009두17018).

2. 관할 관청이 개인택시운송사업의 양도양수에 대한 인가를 하는 경우, 양수인에 대하여 양도인이 가지고 있던 면허와 동일한 내용의 면허를 부여하는 처분이 포함되어 있다

구 「여객자동차 운수사업법」 제14조 제2항, 구 「여객자동차 운수사업법 시행령」 제10조는 개인택시운송 사업의 양도양수는 관할 관청의 인가를 받아야 한다고 규정하고 있고, 구 「여객자동차 운수사업법」 제14조 제4 항은 위 인가를 받은 경우 양수인은 양도인의 운송사업자로서의 지위를 승계한다고 규정하고 있으며, 구 「여객자동차 운수사업법 시행규칙」 제17조 제9항은 개인택시운송사업 양수인은 일정 기간 무사고 운전 경력 등 동조 제1항 소정의 개인택시운송사업 면허의 자격요건을 갖추어야 한다고 규정하고 있다. 위 각 규정의 취지에 비추어 보면, **관할 관청이 개인택시운송사업의 양도양수에 대한 인가를 하였을 경우 거 기에는 양도인과 양수인 간의 양도행위를 보충하여 그 법률효과를 완성시키는 의미에서의 인가처분뿐 만 아니라 양수인에 대해 양도인이 가지고 있던 면허와 동일한 내용의 면허를 부여하는 처분이 포함되어 있다**(대판 2010.11.11, 2009두14934).

9. 인가와 변경인가처분과의 관계

사업시행인가처분 후 정비사업비만을 소폭 변경하는 내용의 사업시행변경인가처분을 한 경우 당초의 사업 시행인가처분이 변경인가처분에 흡수되어 존재하지 않게 되는 것은 아니다(대판 2010.12.9, 2009두4913).

10. 인가와 특허와의 관계

재개발조합추진위원회 구성승인 처분에 하자가 있는 경우 원칙적으로 조합설립인가 처분의 효력에 영향을 미치지 않는다

조합설립추진위원회(추진위원회)의 구성을 승인하는 처분은 조합의 설립을 위한 주체에 해당하는 비법인 사단인 추진위원회를 구성하는 행위를 보충하여 그 효력을 부여하는 처분인 데 반하여, 조합설립인가처분 은 법령상 요건을 갖출 경우 도시정비법상 주택재개발사업을 시행할 수 있는 권한을 가지는 행정주체(공법 인)로서의 지위를 부여하는 일종의 설권적 처분이므로, 양자는 그 목적과 성격을 달리한다. 추진위원회의 권한은 조합 설립을 추진하기 위한 업무를 수행하는 데 그치므로 일단 조합설립인가처분을 받아 추진위원 회의 업무와 관련된 권리와 의무가 조합에 포괄적으로 승계되면, 추진위원회는 그 목적을 달성하여 소멸한 다. **조합설립인가처분은 추진위원회 구성의 동의요건보다 더 엄격한 동의요건을 갖추어야 할 뿐만 아니라 창립총회의 결의를 통하여 정관을 확정하고 임원을 선출하는 등의 단체결성행위를 거쳐 성립하는 조합에 관하여 하는 것이므로, 추진위원회 구성의 동의요건 흠결 등 추진위원회구성승인처분상의 위법만을 들어 조 합설립인가처분의 위법을 인정하는 것은 조합설립의 요건이나 절차, 그 인가처분의 성격, 추진위원회 구성의 요건이나 절차, 그 구성승인처분의 성격 등에 비추어 타당하다고 할 수 없다.** 따라서 조합설립인가처분은 추

진위원회구성승인처분이 적법·유효할 것을 전제로 한다고 볼 것은 아니므로, 구 도시정비법령이 정한 동의요건을 갖추고 창립총회를 거쳐 주택재개발조합이 성립한 이상, 이미 소멸된 추진위원회구성승인처분의 하자를 들어 조합설립인가처분이 위법하다고 볼 수 없다. **다만 추진위원회구성승인처분의 위법으로 그 추진위원회의 조합설립인가 신청행위가 무효라고 평가될 수 있는 특별한 사정이 있는 경우라면, 그 신청행위에 기초한 조합설립인가처분이 위법하다고 볼 수 있을 것이다.** 그런데 조합설립인가 신청행위는 앞서 보았듯이 법령이 정한 동의 요건을 갖추고 창립총회를 거쳐 조합의 실체가 형성된 이후에 이를 바탕으로 이루어지는 것이므로, 추진위원회 구성이나 그 인가처분의 위법사유를 이유로 그 추진위원회가 하는 조합설립인가 신청행위가 위법·무효로 된다고 볼 것은 아니고, 그 위법사유가 도시정비법상 하나의 정비구역 내에 하나의 추진위원회로 하여금 조합설립의 추진을 위한 업무를 수행하도록 한 추진위원회 제도의 입법 취지를 형해화할 정도에 이르는 경우에 한하여 그 추진위원회의 조합설립인가 신청행위가 위법·무효이고, 나아가 이에 기초한 조합설립인가처분의 효력을 다툴 수 있게 된다고 할 것이다(대판 2013.12.26, 2011두8291).

Ⅲ 공법상 대리

공법상 대리란 제3자가 해야 할 일을 행정청이 대신하여 행함으로써 제3자가 행한 것과 같은 법적 효과를 일으키는 행정행위이다. 여기서 말하는 대리는 행정행위로서의 공법상 대리를 의미하기 때문에 행정조직 내부에서 행해지는 행정관청의 권한의 대리와는 구별된다. 공법상 대리는 원래 본인이 해야 할 행위를 행정목적의 달성을 위해 행정청이 대신 하는 것이므로, 본인의 의사에 의한 대리행위(임의대리)가 아니라 법률의 규정에 의한 법정대리이다.

> 1. 공익적·감독적 견지
>   ① 감독청에 의한 공법인의 정관작성
>   ② 임시이사의 임명
> 2. 당사자 간의 협의불성립 시 조정적 입장 : 토지수용재결
>   ■ 이의재결은 확인행위
> 3. 타인을 보호 : 행려병사자의 유류품 매각
> 4. 국가 자신의 행정목적 달성 : 압류물건의 공매

제3항 준법률행위적 행정행위

법률행위적 행정행위는 의사표시(효과의사)를 구성요소로 하며, 의사표시의 내용에 따라 법적 효과가 발생하는 데 반해, 준법률행위적 행정행위는 의사표시 이외의 정신작용(판단, 인식, 관념의 표시)을 구성요소로 하며, 법규가 정한 효력이 발생한다는 점에서 다르다.

Ⅰ 확 인

1. 의 의

확인이란 특정한 사실 또는 법률관계에 대해 의문이나 다툼이 있는 경우에 행정청이 공적으로 그 존부(存否)나 정부(正否)를 확정하는 행위이다(판단표시행위).

1. 발명특허
2. 결정: 국가시험합격자결정, 당선인결정, 공무원의 정년확인결정, 도로구역·하천구역결정, 소득세 부과를 위한 소득금액결정, 장애등급결정, 민주화운동관련자결정, 친일반민족행위자재산조사위원회의 친일재산 국가귀속결정(대판 2008.11.13, 2008두13491), 군인연금법상 선순위 유족이 유족연금수급권을 상실함에 따라 동순위 또는 차순위 유족이 유족연금수급권 이전 청구를 한 경우, 이에 관한 국방부장관의 결정(대판 2019.12.27, 2018두46780), 인천경제자유구역청이 송도 국제도시를 둘러싼 인접 자치구간의 행정관할권 다툼에 대하여 인천시 연수구로 귀속문제를 결정, 사업관리기관에 의한 연구개발확인서 발급 여부 결정(대판 2020.1.16, 2019다264700)
3. 재결: 이의재결(토지수용재결은 대리임)·행정심판재결
4. 재정: 연금액재정
5. 심결: 특허심판원의 심결
6. 검사: 병역법상 신체검사, 건축법상 준공검사(현행 건축법상으로는 사용승인)
7. 판정: 공상(公傷)판정, 귀속재산소청심의회의 판정
8. 사정: 토지경계사정
9. 검인정: 교과서의 검인정
   - 헌법재판소는 교과서로서의 지위를 부여하는 특허라고 판시(헌재결 1992.11.12, 89헌마88)
10. 확인: 금전지급청구권확인, 시영아파트 입주권확인
11. 확정: 군사시설보호구역의 지정·확정
12. 불인정: 도산 등 사실 불인정
13. 인가: 개간허가의 준공인가(대판 1985.2.8, 83누625)
14. 승인: 임대주택법 제21조에 따른 분양전환승인처분(대판 2020.7.23, 2015두48129)

관련 판례

1. 개간허가의 준공인가는 개간공사에 의하여 조성된 토지상태가 개간허가 및 그 부대조건에 적법한가의 여부를 확인하는 일종의 확인행위이다(대판 1985.2.8, 83누625).
2. 건축 관련 법규를 위반하는 내용이 포함된 건물의 용도변경 신고를 수리한 행정관청이 신고내용대로 용도변경된 건물의 사용승인을 거부하는 경우, 건축허가의 취소에 있어서와 같은 조리상의 제약을 준수하여야 하는 것은 아니다(대판 2006.1.26, 2005두12565).
3. 친일반민족행위자재산조사위원회의 친일재산 국가귀속결정의 법적 성질은 준법률행위적 행정행위 중 확인행위이다
   「친일반민족행위자 재산의 국가귀속에 관한 특별법」 제2조 제2호에 정한 친일재산은 친일반민족행위자재산조사위원회가 국가귀속결정을 하여야 비로소 국가의 소유로 되는 것이 아니라 특별법의 시행에 따라 그 취득·증여 등 원인행위 시에 소급하여 당연히 국가의 소유로 되는 것이고, **위원회의 국가귀속결정**

은 당해 재산이 친일재산에 해당한다는 사실을 확인하는 이른바 준법률행위적 행정행위의 성격을 가지는 것이다(대판 2008.11.13, 2008두13491).

4. 임대주택법 제21조에 따른 분양전환승인처분은 확인행위이다

구 임대주택법 제21조에 의한 **분양전환승인은 '해당 임대주택이 임대의무기간 경과 등으로 분양전환 요건을 충족하는지 여부'** 및 **'분양전환승인신청서에 기재된 분양전환가격이 임대주택법령의 규정에 따라 적법하게 산정되었는지'를 심사하여 승인하는 행정처분**에 해당하고, 그중 분양전환가격에 관한 부분은 시장 등이 분양전환에 따른 분양계약의 매매대금 산정의 기준이 되는 분양전환가격의 적정성을 심사하여 그 분양전환가격이 적법하게 산정된 것임을 확인하고 임대사업자로 하여금 승인된 분양전환가격을 기준으로 분양전환을 하도록 하는 처분이다. 이러한 절차를 거쳐 **승인된 분양전환가격은 곧바로 임대사업자와 임차인 사이에 체결되는 분양계약상 분양대금의 내용이 되는 것은 아니지만, 임대사업자는 승인된 분양전환가격을 상한으로 하여 분양대금을 정하여 임차인과 분양계약을 체결하여야 하므로, 분양전환승인 중 분양전환가격에 대한 부분은 임대사업자뿐만 아니라 임차인의 법률적 지위에도 구체적이고 직접적인 영향**을 미친다. 따라서 **분양전환승인 중 분양전환가격을 승인하는 부분은 단순히 분양계약의 효력을 보충하여 그 효력을 완성시켜 주는 강학상 '인가'에 해당한다고 볼 수 없고, 임차인들에게는 분양계약을 체결한 이후 분양대금이 강행규정인 임대주택법령에서 정한 산정기준에 의한 분양전환가격을 초과하였음을 이유로 부당이득반환을 구하는 민사소송을 제기하는 것과 별개로, 분양계약을 체결하기 전또는 체결한 이후라도 항고소송을 통하여 분양전환승인의 효력을 다툴 법률상 이익(원고적격)이 있다고**보아야 한다(대판 2020.7.23, 2015두48129).

확인행위는 행정처분에 해당한다.

처분성 인정사례

1. 감사원의 재심의판정(대판 1984.4.10, 84누91)
   - 원처분인 '변상판정'이 소송대상이 아니라 재결인 '재심의판정'이 소의 대상인 재결주의사례
2. 도로구역결정
   - 형성적 행정행위가 아님.
3. 행정심판재결
4. 친일반민족행위자재산조사위원회의 국가귀속결정(대판 2008.11.13, 2008두13491)
5. 군인연금법상 선순위 유족이 유족연금수급권을 상실함에 따라 동순위 또는 차순위 유족이 유족연금수급권 이전 청구를 한 경우, 이에 관한 국방부장관의 결정(대판 2019.12.27, 2018두46780) : 선순위 유족의 수급권 상실로 청구인에게 유족연금수급권 이전이라는 법률효과가 발생하였는지를 '확인'하는 행정행위에 해당하고, 이는 월별 유족연금액 지급이라는 후속집행행위의 기초
6. 국방전력발전업무훈령에 따른 연구개발확인서 발급 및 그 거부(대판 2020.1.16, 2019다264700) : 국방조달계약을 체결할 수 있는 지위(경쟁입찰의 예외사유)가 있음을 인정해 주는 '확인적 행정행위'
7. 임대주택법 제21조에 따른 분양전환승인처분(대판 2020.7.23, 2015두48129) : 분양전환에 따른 분양계약의 매매대금 산정의 기준이 되는 분양전환가격의 적정성을 심사하여 그 분양전환가격이 적법하게 산정된 것임을 확인하고 임대사업자로 하여금 승인된 분양전환가격을 기준으로 분양전환을 하도록 하는 처분

1. 감사원의 재심의 판정처분이 소송대상(재결주의)

    감사원의 변상판정처분(원처분)에 대하여서는 행정소송을 제기할 수 없고, 재결에 해당하는 재심의 판정에 대하여서만 **감사원**[감사원장(×)]을 피고로 하여 행정소송을 제기할 수 있다(대판 1984.4.10, 84누91).

2. 조선총독부 중추원 참의로 활동한 행위는 「일제강점하 반민족행위 진상규명에 관한 특별법」 제2조 제9호에서 정한 친일반민족행위에 해당한다

    일제의 총독정치와 식민통치의 핵심적인 역할을 담당했던 중추원 참의의 경우에는 참의로 활동한 행위 그 자체만으로도 특별한 사정이 없는 한 친일반민족행위진상규명위원회의 결정을 거쳐 「일제강점하 반민족행위 진상규명에 관한 특별법」 제2조 제9호에 정한 친일반민족행위에 해당하게 되고, 다만 그 재직기간이 매우 짧다든가 또는 형식적으로 중추원 참의의 지위만 가지고 있었을 뿐 실제로는 일제의 국권침탈을 반대하였거나 독립운동에 참여하거나 이를 지원하였음이 밝혀지는 등 예외적인 경우에 한하여 친일반민족행위에서 배제되는 것으로 보아야 한다(대판 2012.2.9, 4. 2011두22006).

처분성 부정사례

「공업배치 및 공장 설립에 관한 법률」에 의한 공장입지기준확인(대판 2003.2.11, 2002두10735)

공장입지기준확인은 처분이 아니다

공장입지기준확인은 공장을 설립하고자 하는 사람이 공장설립승인신청 등 공장설립에 필요한 각종 절차를 밟기 전에 어느 토지 위에 공장설립이 가능한지 여부를 손쉽게 확인할 수 있도록 편의를 도모하기 위하여 마련된 절차로서 그 확인으로 인하여 신청인 등 이해관계인의 지위에 영향을 주는 법률상의 효과가 발생하지 아니하므로, 공장입지기준확인 그 자체는 항고소송의 대상이 될 수 없다(대판 2003.2.11, 2002두10735).

---

2. 성질(준사법행위, 기속행위)

확인은 특정한 사실 또는 법률관계의 존부나 정부에 대한 판단작용이라는 점에서 판결과 유사하므로 준사법적 행위라고도 부른다. 또한 일정한 사실 또는 법률관계가 존재하거나 정당한 경우에는 반드시 확인해야 하는 기속행위이다.

1. 확인행위인 준공검사는 기속행위이다

    준공검사는 건축허가를 받아 건축한 건물이 건축허가사항대로 건축행정목적에 적합한가의 여부를 확인하고 준공검사필증을 교부하여 주는 것이므로 **허가관청으로서는 건축허가사항대로 시공되었다면 준공을 거부할 수 없는 것**이다(대판 1999.12.21, 98다29797).

2. 건축 관련 법규를 위반하는 내용이 포함된 건물의 용도변경 신고를 수리한 행정관청이 신고내용대로 용도변경된 건물의 사용승인을 거부하는 경우, 건축허가의 취소에 있어서와 같은 조리상의 제약을 준수하

여야 하는 것은 아니다(대판 2006.1.26, 2005두12565).

3. 건축허가내용대로 완성된 건물에 대한 사용승인처분의 성질은 확인으로서 기속행위이다(대판 2009. 3.12, 2008두18052).

4. 개발업체가 국방전력발전업무훈령에서 정한 연구개발확인서 발급 요건을 충족한 경우, 사업관리기관이 관련 국방예산을 배정받지 못했다거나 해당 품목이 군수품 양산 우선순위에서 밀려 곧바로 수의계약을 체결하지는 않을 예정이라는 이유만으로 위 확인서 발급을 거부할 수 없다(대판 2020.1.16, 2019다264700).

3. 형 식

확인은 언제나 구체적 처분형식으로 행해지므로 법령에 의한 일반적 확인은 있을 수 없다. 그리고 확인은 일반적으로 요식행위(要式行爲)이다.

4. 효 과

확인의 효과는 특정한 사실이나 법률관계의 존부나 정부에 대해 확정하는 효과를 발생하기 때문에 일반적으로 불가변력이 발생한다. 그 외에는 특허법에 의해 발명특허의 독점적 권리(특허권)가 설정되는 등 각 개별법에서 정하는 효과가 발생한다.

Ⅱ 공 증

1. 의 의

공증이란 특정한 사실 또는 법률관계의 존부(存否)나 정부(正否)를 공적으로 증명하여 공적 증거력을 부여하는 행위를 말한다. 확인은 판단의 표시인 데 대하여 공증은 인식의 표시이고, 확인은 의문이나 다툼이 있는 행위에 대해 행해지는데, 공증은 의문이나 다툼이 없는 행위를 전제로 한다는 점에서 구별된다.

1. 각종증명서(합격증, 공무원증, 재직증명서, 운전면허증, 졸업증명서, 당선증, 여권, 주민등록등본, 인감증명, 농산물검사합격증, 자동차정기검사필증, 영수증, 허가증, 인가증, 면허증, 납세완납증명서)의 발급·교부, 토지이용계획확인서 발급행위, 준공검사필증의 교부, 건설업면허증 및 건설업면허수첩의 재교부(대판 1994.10.25, 93누21231), 출입국관리법상의 사증발급(대판 2018.5.15, 2014두42506)
  ■ 국방전력발전업무훈령에 따른 연구개발확인서 발급 및 그 거부는 확인행위(대판 2020.1.16, 2019다264700)
2. 등기 : 부동산등기부에의 등기
3. 등록 : 광업원부등록, 외국인등록, 차량등록, 주민등록, 병원개업을 위한 등록, 출판업등록, 특허등록
4. 등재 : 토지대장, 가옥대장(현 건축물대장), 임야대장, 선거인명부
5. 기재 : 의사록, 회의록, 국회속기록

1. 출입국관리법상의 사증발급의 성질

구 출입국관리법은 외국인이 입국할 때에는 원칙적으로 유효한 여권과 대한민국의 법무부장관이 발급한 사증을 가지고 있어야 하고(제7조 제1항), 입국하는 출입국항에서 출입국관리공무원의 입국심사를 받아야 한다고(제12조 제1항) 규정하고 있다. 따라서 외국인이 이미 사증을 발급받은 경우에도 출입국항에서 입국심사가 면제되지는 않는다. 사증발급은 외국인에게 대한민국에 입국할 권리를 부여하거나 입국을 보장하는 완전한 의미에서의 입국허가결정이 아니라, 외국인이 대한민국에 입국하기 위한 예비조건 내지 입국허가의 추천으로서의 성질을 가진다고 봄이 타당하다(대판 2018.5.15, 2014두42506).

2. 「신문 등의 진흥에 관한 법률」상 등록에 따라 인정되는 신문사업자의 지위는 사법상 권리인 '특정 명칭의 사용권'과 구별되는 직접적·구체적인 이익이다

「신문 등의 진흥에 관한 법률」(신문법)상 신문 등록의 법적 성격, 동일 명칭 이중등록 금지의 내용과 취지 등을 종합하면, 신문의 등록은 단순히 명칭 등을 공적 장부에 등재하여 일반에 공시(公示)하는 것에 그치는 것이 아니라 신문사업자에게 등록한 특정 명칭으로 신문을 발행할 수 있도록 하는 것이고, 이처럼 신문법상 등록에 따라 인정되는 신문사업자의 지위는 사법상 권리인 '특정 명칭의 사용권' 자체와는 구별된다(대판 2019.8.30, 2018두47189).

3. 「신문 등의 진흥에 관한 법률」상 관할 시·도지사가 하는 신문 등록은 행정처분이다

신문을 발행하려는 자는 신문의 명칭('제호'라는 용어를 사용하기도 한다) 등을 주사무소 소재지를 관할하는 시·도지사(등록관청)에게 등록하여야 하고, 등록을 하지 않고 신문을 발행한 자에게는 2천만 원 이하의 과태료가 부과된다(「신문 등의 진흥에 관한 법률」 제9조 제1항, 제39조 제1항 제1호). 따라서 등록관청이 하는 신문의 등록은 신문을 적법하게 발행할 수 있도록 하는 행정처분에 해당한다(대판 2019.8.30, 2018두47189).

2. 성 질

(1) 기속행위

특정사실이 발생한 경우 반드시 공증하여야 하므로 기속행위이다.

(2) 행정행위성

① 긍정설(다수설) : 별다른 논거제시 없이 행정행위성을 인정하는 견해(김민호·이광윤, 김철용, 유상현, 천병태, 한견우, 홍정선, 홍준형)이다.

② 부정설 : 공증에 공정력이 부정되므로(반증에 의해 번복 가능) 행정행위가 아니라는 견해(김남진·김연태, 박종국)이다.

③ 절충설 : 절충설에는 ㉠ 공적 증거력과 권리의무에 영향을 미치는 행위만 인정하는 견해(김동희, 박균성, 박윤흔), ㉡ 공증행위가 실체적 권리관계의 변동과 관련을 갖는 경우(예 부동산등기)에는 행정행위성을 부정하지만, 여권이나 인감증명의 발급행위, 국가시험의 합격증서발급행위에 대해서는 특정사실이나 법률관계의 존부를 공적으로 증명하는 점에서 행정행위성을 인정하는 견해(류지태, 장태주)가 있다.

④ 판 례

구 분	처분성 인정사례	처분성 부정사례

토지
대장
	1. 토지분할신청 거부행위(대판 1992.12.8, 92누7542)
	2. 지적등록사항 정정신청을 반려한 행위는 헌법소원의
	  대상인 공권력의 행사에 해당(헌재결 1999.6.24, 97
	  헌마315)
	3. 지적공부 소관청의 지목변경신청 반려행위[대판(전
	  합) 2004.4.22, 2003두9015]
	4. 평택~시흥 간 고속도로 건설공사 사업시행자인 한국
	  도로공사가 구 지적법 제24조 제1항, 제28조 제1호에
	  따라 고속도로 건설공사에 편입되는 토지소유자들을
	  대위하여 토지면적등록 정정신청을 하였으나 화성시
	  장이 이를 반려한 반려처분(대판 2011. 8.25, 2011두
	  3371)
	5. 지적공부 소관청이 토지대장을 직권으로 말소한 행위
	  (대판 2013.10.24, 2011두13286)
		1. 토지대장등재행위(대판 1980.2.26, 79누439)
		2. 등기부상 소유자가 토지대장에의 소유자 기재가 잘못
		  되었다는 이유로 토지대장 정정신청을 한 것에 대하
		  여 행정청이 등기부 기재가 착오로 잘못 기재된 것으
		  로 보인다는 이유로 이를 거부한 행위(대판 2012.1.12,
		  2010두12354)

건 축 물
대장
	1. 건축물대장상의 용도를 '창고'에서 '위험물저장 및 처
	  리시설'로 변경하여 달라는 원고의 신청을 거부한 행위
	  (대판 2009.1.30, 2007두7277)
	2. 건축물대장 작성신청에 대한 거부행위(대판 2009.2.12,
	  2007두17359)
	3. 구분소유 건축물을 하나의 건축물로 건축물대장을
	  합병한 처분(대판 2009.5.28, 2007두19775)
	4. 행정청이 건축물에 관한 건축물대장을 직권말소한 행
	  위(대판 2010.5.27, 2008두22655)
		1. 가옥대장(현 : 건축물대장)등재(대판 1982.10.26, 82
		  누411)
		2. 건축물관리대장등재(대판 1998.2.24, 96누5612)
		3. 무허가건물관리대장의 등재를 삭제한 행위(대판
		  2009.3.12, 2008 두11525)

지적도	지적도등본교부신청거부행위(대판 1992.5.26, 91누
	5952) : 지적법(현 측량·수로조사 및 지적에 관한 법률)
	제12조 제1항은 일반국민에게 지적공부의 열람과 등본
	의 교부신청을 할 권리있음을 규정
		1. 지적도의 경계를 직권으로 정정한 행위(대판
		  1990.5.8, 90누554)
		2. 멸실된 지적도의 복구신청을 거부한 행위(대판
		  1991.12.24, 91누8357)
		3. 지적도의 경계를 현재의 도로경계선에 따라 정정해
		  달라는 지적정리요청을 거부하는 내용의 회신(대판
		  2002.4.26, 2000두7612)

기 타	1. 의료유사업자 자격증 갱신발급행위(대판 1977.5.24,
	  76누295)
	2. 특허청장의 상표사용권설정등록 행위(대판
	  1991.8.13, 90누9414)
	3. 건설업면허증 및 건설업면허수첩의 재교부(대판
	  1994.10.25, 93누21231)
	4. 실용신안권이 특허청장의 직권에 의하여 불법 또는 착오
	  로 소멸등록된 경우 특허청장에 대하여 한 실용신안권의
	  회복등록신청거부(대판 2002.11.22, 2000두9229) : 권리
	  를 표창하지 못하고 처분이나 담보제공 불가
		1. 부가가치세법상 사업자등록(사실상 등록)
		  ① 부가가치세법상 과세관청의 사업자등록 직권말소
		    행위(대판 2000.12.22, 99두6903)
		  ② 과세관청이 사업자등록을 관리하는 과정에서 위
		    장사업자의 사업자명의를 직권으로 실사업자의 명
		    의로 정정하는 행위(대판 2011.1.27, 2008두2200)
		2. 기 타
		  ① 임야대장 등재
		  ② 자동차운전면허대장 등재(대판 1991.9.24, 91누
		    1400)
		  ③ 전통사찰의 등록말소신청 거부행위(대판 1999.9.3,
		    97누13641) : 법규상 또는 조리상 신청권 부정
		  ④ 인감증명발급(대판 2001.7.10, 2000두2136)
		  ⑤ 온천관리대장등재(대판 2002.2.26, 2001다
		    53622)

처분성 인정사례

1. 토지분할신청 거부행위

부동산등기법 제15조, 지적법(현 측량·수로조사 및 지적에 관한 법률) 제3조 내지 제6조 등의 관계규정에 의하여 토지의 개수는 같은 법에 의한 지적공부상의 토지의 필수를 표준으로 결정되는 것으로 1필지의 토지를 수필로 분할하여 등기하려면 반드시 같은 법이 정하는 바에 따라 분할의 절차를 밟아 지적공부에 각 필지마다 등록되어야 하고, 이러한 절차를 거치지 아니하는 한 1개의 토지로서 등기의 목적이 될 수 없는 것이니 토지의 소유자는 자기소유 토지의 일부에 대한 소유권의 양도나 저당권의 설정 등 필요한 처분행위를 할 수 없게 되고, 특히 1필지의 일부가 소유자가 다르게 된 때에도 그 소유권을 등기부에 표창하지 못하고 나아가 처분도 할 수 없게 되어 권리행사에 지장을 초래하게 되는 점 등을 고려한다면, 지적 소관청의 이러한 토지분할신청의 거부행위는 국민의 권리관계에 영향을 미치는 것으로서 항고소송의 대상이 되는 처분으로 보아야 할 것이다(대판 1992.12.8, 92누7542).

2. 건설업면허증 및 건설업면허수첩의 재교부의 법적 성질은 행정행위로서 공증이다

건설업면허증 및 건설업면허수첩의 재교부는 그 면허증 등의 분실, 헐어 못쓰게 된 때, 건설업의 면허이전 등 면허증 및 면허수첩 그 자체의 관리상의 문제로 인하여 종전의 면허증 및 면허수첩과 동일한 내용의 면허증 및 면허수첩을 새로이 또는 교체하여 발급하여 주는 것으로서, 이는 건설업의 면허를 받았다고 하는 특정사실에 대하여 형식적으로 그것을 증명하고 공적인 증거력을 부여하는 행정행위(강학상의 공증행위)이므로, 그로 인하여 면허의 내용 등에는 아무런 영향이 없이 종전의 면허의 효력이 그대로 지속하고, 면허증 및 면허수첩의 재교부에 의하여 재교부 전의 면허는 실효되고 새로운 면허가 부여된 것이라고 볼 수 없다(대판 1994.10.25, 93누21231).

3. 지적공부 소관청의 지목변경신청 반려행위

구 지적법(현 측량·수로조사 및 지적에 관한 법률) 제20조, 제38조 제2항의 규정은 토지소유자에게 지목변경신청권과 지목정정신청권을 부여한 것이고(법규상 신청권 인정), 한편 지목은 토지에 대한 공법상의 규제, 개발부담금의 부과대상, 지방세의 과세대상, 공시지가의 산정, 손실보상가액의 산정 등 토지행정의 기초로서 공법상의 법률관계에 영향을 미치고, 토지소유자는 지목을 토대로 토지의 사용·수익·처분에 일정한 제한을 받게 되는 점 등을 고려하면, 지목은 토지소유권을 제대로 행사하기 위한 전제요건으로서 토지소유자의 실체적 권리관계에 밀접하게 관련(조리상 신청권 인정)되어 있으므로 지적공부 소관청의 지목변경신청 반려행위는 국민의 권리관계에 영향을 미치는 것으로서 항고소송의 대상이 되는 행정처분에 해당한다[대판(전합) 2004.4.22, 2003두9015].

4. 건축물대장상의 용도를 '창고'에서 '위험물저장 및 처리시설'로 변경하여 달라는 원고의 신청을 거부한 행위

구 건축법 제14조 제4항의 규정은 건축물의 소유자에게 건축물대장의 용도변경 신청권을 부여한 것이고, 한편 건축물의 용도는 토지의 지목에 대응하는 것으로서 건물의 이용에 대한 공법상의 규제, 건축법상의 시정명령, 지방세 등의 과세대상 등 공법상 법률관계에 영향을 미치고, 건물소유자는 용도를 토대로 건물의 사용·수익·처분에 일정한 영향을 받게 되는 점 등을 고려해 보면, 건축물대장의 용도는 건축물의 소유권을 제대로 행사하기 위한 전제요건으로서 건축물 소유자의 실체적 권리관계에 밀접하게 관련되어 있으므로 건축물대장 소관청의 용도 변경신청 거부행위는 국민의 권리관계에 영향을 미치는 것으로서 항고소송의 대상이 되는 행정처분에 해당한다(대판 2009. 1.30, 2007두7277).

5. 건축물대장 작성신청에 대한 거부행위

구 건축법 제29조 제2항, 구 건축물대장의 기재 및 관리 등에 관한 규칙(건설교통부령) 제1조, 제5조 제1항, 제2항, 제3항의 각 규정에 의하면, 구 건축법 제18조의 규정에 의한 사용승인을 신청하는 자 또는 구 건축법 제18조의 규정에 의한 사용승인을 얻어야 하는 자 외의 자는 건축물대장의 작성·신청권을 가지고 있고, 한편 건축물대장은 건축물에 대한 공법상의 규제, 지방세의 과세대상, 손실보상가액의 산정 등 건축행정의 기초자료로서 공법상의 법률관계에 영향을 미칠 뿐만 아니라, 건축물에 관한 소유권보존등기 또는 소유권이전등기를 신청하려면 이를 등기소에 제출하여야 하는 점 등을 종합해 보면, 건축물대장의 작성은 건축물의 소유권을 제대로 행사하기 위한 전제요건으로서 건축물 소유자의 실체적 권리관계에 밀접하게 관련되어 있으므로 건축물대장 소관청의 작성신청 반려행위는 국민의 권리관계에 영향을 미치는 것으로서 항고소송의 대상이 되는 행정처분에 해당한다(대판 2009.2.12, 2007두17359).

6. 행정청이 건축물에 관한 건축물대장을 직권말소한 행위는 항고소송의 대상이 되는 행정처분에 해당한다

건축물대장은 건축물에 대한 공법상의 규제, 지방세의 과세대상, 손실보상가액의 산정 등 건축행정의 기초자료로서 공법상의 법률관계에 영향을 미칠 뿐만 아니라, 건축물에 관한 소유권보존등기 또는 소유권이전등기를 신청하려면 이를 등기소에 제출하여야 하는 점 등을 종합해 보면, 건축물대장은 건축물의 소유권을 제대로 행사하기 위한 전제요건으로서 건축물 소유자의 실체적 권리관계에 밀접하게 관련되어 있으므로, 이러한 건축물대장을 직권말소한 행위는 국민의 권리관계에 영향을 미치는 것으로서 항고소송의 대상이 되는 행정처분에 해당한다(대판 2010.5.27, 2008두22655).

7. 평택~시흥 간 고속도로 건설공사 사업시행자인 한국도로공사가 구 지적법 제24조 제1항, 제28조 제1호에 따라 고속도로 건설공사에 편입되는 토지소유자들을 대위하여 토지면적등록 정정신청을 하였으나 화성시장이 이를 반려한 사안에서, 반려처분은 항고소송 대상이 되는 행정처분에 해당한다(대판 2011.8.25, 2011두3371).

8. 지적공부 소관청이 토지대장을 직권으로 말소한 행위는 항고소송의 대상이 되는 행정처분에 해당한다
   토지대장은 토지에 대한 공법상의 규제, 개발부담금의 부과대상, 지방세의 과세대상, 공시지가의 산정, 손실보상가액의 산정 등 토지행정의 기초자료로서 공법상의 법률관계에 영향을 미칠 뿐만 아니라, 토지에 관한 소유권보존등기 또는 소유권이전등기를 신청하려면 이를 등기소에 제출해야 하는 점 등을 종합해 보면, 토지대장은 토지의 소유권을 제대로 행사하기 위한 전제요건으로서 토지소유자의 실체적 권리관계에 밀접하게 관련되어 있으므로, 이러한 토지대장을 직권으로 말소한 행위는 국민의 권리관계에 영향을 미치는 것으로서 항고소송의 대상이 되는 행정처분에 해당한다(대판 2013.10.24, 2011두13286).

관련판례

처분성 부정사례

1. **자동차운전면허대장 등재**
   자동차운전면허대장상 일정한 사항의 등재행위는 운전면허행정사무집행의 편의와 사실증명의 자료로 삼기 위한 것일 뿐 그 등재행위로 인하여 당해 운전면허 취득자에게 새로이 어떠한 권리가 부여되거나 변동 또는 상실되는 효력이 발생하는 것은 아니므로 이는 행정소송의 대상이 되는 독립한 행정처분으로 볼 수 없다(대판 1991.9.24, 91누1400).

2. **인감증명 발급**
   인감증명행위는 인감증명청이 적법한 신청이 있는 경우에 인감대장에 이미 신고된 인감을 기준으로 출원자의 현재 사용하는 인감을 증명하는 것으로서 구체적인 사실을 증명하는 것일 뿐, 나아가 출원자에게 어떠한 권리가 부여되거나 변동 또는 상실되는 효력을 발생하는 것이 아니고, 인감증명의 무효확인을 받아들인다 하더라도 이로써 이미 침해된 당사자의 권리가 회복되거나 또는 곧바로 이와 관련된 새로운 권리가 발생하는 것도 아니므로 무효확인을 구할 법률상 이익이 없어 부적법하다(대판 2001.7.10, 2000두2136).

3. **무허가건물관리대장의 등재를 삭제한 행위**
   무허가건물관리대장은 행정관청이 지방자치단체의 조례 등에 근거하여 무허가건물 정비에 관한 행정상 사무처리의 편의와 사실증명의 자료로 삼기 위하여 작성, 비치하는 대장으로서 무허가건물을 무허가건물관리대장에 등재하거나 등재된 내용을 변경 또는 삭제하는 행위로 인하여 당해 무허가건물에 대한 실체상의 권리관계에 변동을 가져오는 것이 아니고, 무허가건물의 건축시기, 용도, 면적 등이 무허가건물관리대장의 기재에 의해서만 증명되는 것도 아니므로, 관할관청이 무허가건물의 무허가건물관리대장 등재 요건에 관한 오류를 바로잡으면서 당해 무허가건물을 무허가건물관리대장에서 삭제하는 행위는 다른 특별한 사정이 없는 한 항고소송의 대상이 되는 행정처분이 아니다(대판 2009.3.12, 2008두11525).

4. **과세관청이 사업자등록을 관리하는 과정에서 위장사업자의 사업자명의를 직권으로 실사업자의 명의로 정정하는 행위**
   부가가치세법상의 사업자등록은 과세관청으로 하여금 부가가치세의 납세의무자를 파악하고 그 과세자료를 확보하게 하려는 데 제도의 취지가 있는바, 이는 단순한 사업사실의 신고로서 사업자가 관할세무서장에게 소정의 사업자등록신청서를 제출함으로써 성립하는 것이고, 사업자등록증의 교부는 이와 같

은 등록사실을 증명하는 증서의 교부행위에 불과한 것이다. 나아가 구 부가가치세법(2006. 12. 30. 법률 제8142호로 개정되기 전의 것) 제5조 제5항에 의한 과세관청의 사업자등록 직권말소행위도 폐업사실의 기재일 뿐 그에 의하여 사업자로서의 지위에 변동을 가져오는 것이 아니라는 점에서 항고소송의 대상이 되는 행정처분으로 볼 수 없다. 이러한 점에 비추어 볼 때, 과세관청이 사업자등록을 관리하는 과정에서 위장사업자의 사업자명의를 직권으로 실사업자의 명의로 정정하는 행위 또한 당해 사업사실 중 주체에 관한 정정기재일 뿐 그에 의하여 사업자로서의 지위에 변동을 가져오는 것이 아니므로 항고소송의 대상이 되는 행정처분으로 볼 수 없다(대판 2011.1.27, 2008두2200).

5. 등기부상 소유자가 토지대장에의 소유자 기재가 잘못되었다는 이유로 토지대장 정정신청을 한 것에 대하여 행정청이 등기부 기재가 착오로 잘못 기재된 것으로 보인다는 이유로 이를 거부한 행위는 행정처분에 해당하지 않는다

토지대장에 기재된 일정한 사항을 변경하는 행위는, 그것이 지목의 변경이나 정정 등과 같이 토지소유권 행사의 전제요건으로서 토지소유자의 실체적 권리관계에 영향을 미치는 사항에 관한 것이 아닌 한 행정사무집행의 편의와 사실증명의 자료로 삼기 위한 것일 뿐이어서, 그 소유자 명의가 변경된다고 하여도 이로 인하여 당해 토지에 대한 실체상의 권리관계에 변동을 가져올 수 없고 토지 소유권이 지적공부의 기재만에 의하여 증명되는 것도 아니다. 따라서 소관청이 토지대장상의 소유자명의변경신청을 거부한 행위는 이를 항고소송의 대상이 되는 행정처분이라고 할 수 없다(대판 2012.1.12, 2010두12354).

3. 형 식

공증은 특정한 사실 또는 법률관계의 존재를 공적으로 증명하는 것이기 때문에 원칙적으로 문서에 의해야 하고 일정한 형식(등기·등록)이 요구되는 것이 보통이다.

4. 효 과

공증의 공통된 효과는 공증된 사항에 대해 공적 증거력을 부여하는 데 있다. 다만, 각 단행법 규에 따라 법률효과가 달리 발생하는 경우도 있다.

통설은 반증이 있게 되면 누구든지 공증의 취소를 기다림이 없이 전복시킬 수 있다고 하는데, 공정력이 없는 공증의 행정행위성에 대해서는 의문이 제기되고 있다.

Ⅲ 통 지

1. 의 의

통지란 행정청이 특정인 또는 불특정 다수인에게 특정사실을 알리는 행위를 말한다. 그 자체가 독립된 하나의 행정행위라는 점에서 행정행위의 효력발생요건으로서의 통지 또는 고지와 구별된다.

1. 고시·공고
    ① 토지수용상 토지세목의 공고·통지와 사업인정의 고시
    ② 특허출원공고·고시
    ③ 예비군훈련공고
    ④ 의회소집공고
2. 강제집행 관련
    ① 대집행의 계고
    ② 대집행영장에 의한 통지
    ③ 납세의 독촉
    ④ 제2차납세의무자에 대한 납부최고
3. 기 타
    ① 신청서에 대한 보완(보정)명령
        하명이 아니라 의사의 통지라고 보는 것이 다수설
    ② 기간제교원 임용기간만료통지

2. 처분성 인정 여부

1. 대집행의 계고(대판 1966.10.31, 66누25)
    ■ 제1차의 철거명령 및 계고처분에 대한 의무불이행으로 새로이 발한 제2·3차 철거명령 및 대집행계고는 처분성 부인
2. 대집행영장에 의한 통지
3. 재개발사업 시행자가 분양신청을 하지 아니한 토지의 소유자에 대하여 대지 및 건축시설을 분양하지도 아니하고 청산금도 지급하지 아니하기로 하는 분양처분고시(대판 2002.10.11, 2002다33502)
4. 건축법상 이행강제금 납부의 최초 독촉(대판 2009.12.24, 2009두14507)
5. 독촉(강제징수)
6. 농지법상 농지처분의무통지(대판 2003.11.14, 2001두8742)
7. 구 공무원연금법 제47조 각 호에 정한 급여제한사유가 있음에도 수급자에게 퇴직연금이 잘못 지급된 경우 과다하게 지급된 급여의 환수를 위한 행정청의 환수통지(대판 2009.5.14, 2007두16202)

(1) 처분성 인정사례

1. 대집행의 계고
    대집행의 일련의 절차의 불가결의 일부분으로 정하여진 대집행 영장교부 및 대집행실행을 적법하게 하는 필요한 전제절차로서 그것이 실제적으로 명령에 의한 기존의 의무 이상으로 새로운 의무를 부담시키는 것은 아니지만, **계고가 있음으로 인하여 대집행이 실행되어 상대방의 권리의무에 변동을 가져오는 것이라 할 것이므로, 상대방은 계고절차의 단계에서 이의 취소를 소구할 법률상 이익이 있다** 할 것이고 **계고는 행정소송법 소정의 처분에 포함된다고 보아 계고처분 자체에 위법이 있는 경우에 한하여 항고소송의 대상이 될 수 있다**(대판 1966.10.31, 66누25).
    2. 구 농지법상 농지처분의무통지

시장 등 행정청은 위 제7호에 정한 사유의 유무, 즉 농지의 소유자가 위 농업경영계획서의 내용을 이행하였는지 여부 및 그 불이행에 정당한 사유가 있는지 여부를 판단하여 그 사유를 인정한 때에는 반드시 농지처분의무통지를 하여야 하는 점, 위 **통지를 전제로 농지처분명령, 같은 법 제65조에 의한 이행강제금 부과 등의 일련의 절차가 진행**되는 점 등을 종합하여 보면, **농지처분의무통지는 단순한 관념의 통지에 불과하다고 볼 수는 없고, 상대방인 농지소유자의 의무에 직접 관계되는 독립한 행정처분으로서 항고소송의 대상이 된다**(대판 2003.11.14, 2001두8742).

3. 구 도시재개발법상 분양신청기간의 통지

구 도시재개발법(현 「도시 및 주거환경정비법」) 제33조 제1항에서 정한 분양신청기간의 통지 등 절차는 재개발구역 내의 **토지등의 소유자에게 분양신청의 기회를 보장해 주기 위한 것으로서** 같은 법 제31조 제2항에 의한 **토지수용을 하기 위하여 반드시 거쳐야 할 필요적 절차**이고, 또한 그 통지를 함에 있어서는 분양신청기간과 그 기간 내에 분양신청을 할 수 있다는 취지를 명백히 표시하여야 하므로, 이러한 통지 등의 절차를 제대로 거치지 않고 이루어진 수용재결은 위법하다(대판 2007.3.29, 2004두6235).

4. 구 공무원연금법 제47조 각 호에 정한 급여제한사유가 있음에도 수급자에게 퇴직연금이 잘못 지급된 경우 과다하게 지급된 급여의 환수를 위한 행정청의 환수통지

공무원연금법 제47조 각 호 소정의 급여제한사유가 있음에도 불구하고 수급자에게 퇴직연금이 잘못 지급되었으면 이는 공무원연금법 제31조 제1항 제3호의 '기타 급여가 과오급된 경우(부당이득)'에 해당하고, 이때 과다하게 지급된 급여의 환수를 위한 행정청의 환수통지는 **당사자에게 새로운 의무를 과하거나 권익을 제한하는 것으로서** 행정처분에 해당한다(대판 2009.5.14, 2007두16202).

(2) 처분성 부정사례

관련판례

1. 정년퇴직 발령

국가공무원법 제74조에 의하면 공무원이 소정의 **정년에 달하면 그 사실에 대한 효과로서 공무담임권이 소멸되어 당연히 퇴직되고 따로 그에 대한 행정처분이 행하여져야 비로소 퇴직되는 것은 아니라 할 것**이며, 피고(영주지방철도청장)의 원고에 대한 **정년퇴직 발령은 정년퇴직 사실을 알리는 이른바 관념의 통지에 불과**하므로 행정소송의 대상이 되지 아니한다(대판 1983.2.8, 81누263).

2. 공무원연금관리공단이 공무원연금법령의 개정사실과 퇴직연금 수급자가 퇴직연금 중 일부 금액의 지급정지대상자가 되었다는 사실의 통보

공무원연금관리공단이 위와 같은 법령의 개정사실과 퇴직연금 수급자가 퇴직연금 중 일부 금액의 지급정지대상자가 되었다는 사실을 통보한 것은 단지 위와 같이 법령에서 정한 사유의 발생으로 **퇴직연금 중 일부 금액의 지급이 정지된다는 점을 알려주는 관념의 통지에 불과하고, 그로 인하여 비로소 지급이 정지되는 것은 아니므로** 항고소송의 대상이 되는 행정처분으로 볼 수 없다(대판 2004.7.8, 2004두244).

Ⅳ 수리(受理)

1. 의의 및 성질

수리란 타인의 행정청에 대한 행위를 유효한 행위로서 수령하는 행위를 말하며, 각종 신고서

(예) 혼인신고서)·신청서(예) 인허가신청서, 입후보등록신청서, 국가시험원서, 사직원)·청구서(예)
이의신청·행정심판청구서·소장)의 수리가 이에 해당한다. 수리는 행정청의 인식표시행위라는 점
에서 단순한 문서의 도달이나 접수와 구별된다. 자기완결적 신고의 수리는 행정행위가 아닌 사
실행위로서의 수리를 의미한다. 법령이 정한 특별한 사정이 없는 한 형식적 요건을 갖춘 신고
는 수리해야 하는 기속행위이다.

관련
판례
구 관광진흥법에 따른 관광사업의 양도양수에 의한 지위승계신고 수리처분은 기속행위이다(대판 2007.
6.29, 2006두4097).

2. 효 과

수리의 효과는 각 단행법규에 따라 달리 발생한다. 즉, 사법상 효과(예) 혼인신고 수리 등)가 발
생하기도 하고, 행정청에게 처리의무를 부과하는 것(예) 이의신청, 행정심판청구서의 수리 등)도
있고, 수리가 있을 때까지는 일정한 행위가 금지되기도 한다.

관련
판례
사설강습소 설립에 관한 등록을 사실상 수리하지 않고 있다 하여 등록 없이 사설강습소를 운영한 행위는
위법이다
사설강습소를 설립함에 있어서 주무관청에 등록토록 한 법률조항이 자유와 권리의 본질적 내용을 침해하
는 것이 아닌 이상 이를 직업선택의 자유를 규정한 헌법에 위반되어 효력이 없다 할 수는 없고, 주무관청이
무도교습소에 관해 사실상 그 설립을 위한 등록을 수리하지 않고 있다 하더라도 이에 대하여 행정쟁송으로
다툼은 별론으로 하고 그 **등록을 하지 아니하고 위와 같은 시설을 설립·운영한 이상 위 법률에 위반된다 할
것**이다(대판 1990.8.10, 90도1062).

수리를 요하는 신고의 수리거부는 소극적 행정행위로서 행정쟁송의 대상이 된다.

◉ 제4절 행정행위의 부관

Ⅰ 개 설

1. 행정행위 부관의 의의 및 특질

(1) 의 의

구 분	전통적 견해	새로운 견해(다수설)
기 능	행정행위의 효과제한 : 행정행위의 '효과제한'과 무관한 부담의 부관성 설명 곤란	행정행위 '효과를 제한 또는 보충'
의사표시	주된 의사표시에 부가된 '종된 의사표시' : 의사표시를 요소로 하는 법률행위적 행정행위에만 부관 부가 가능	주된 행정행위에 부가된 '종된 규율'

(2) 법정부관

법정부관은 법령이 직접 특정한 행정행위의 효과를 제한하기 위해 부가한 것이다. 예컨대, "어업면허의 유효기간은 10년으로 한다."(수산업법 제14조 제1항)는 규정이 이에 해당한다.

법정부관의 경우 행정관청의 재량으로 붙이는 부관과는 다르기 때문에 ① 부관에 해당하지 않고, ② 부관의 한계의 문제가 발생하지 않으며, ③ 사법적 통제는 구체적 규범통제에 의한다.

관련판례

1. 고시에 정한 허가기준에 따라 보존음료수제조업허가에 제품전량수출 등의 조건을 붙인 것은 법정부관이므로 부관의 한계에 관한 일반원칙이 적용되지 않는다

   식품제조영업허가기준이라는 고시에 정한 허가기준에 따라 보존음료수제조업의 허가에 붙여진 "전량수출 또는 주한외국인에 대한 판매에 한한다."는 내용의 조건은 이른바 법정부관으로서 행정청의 의사에 기하여 붙여지는 본래의 의미에서의 행정행위의 부관은 아니므로, 이와 같은 법정부관에 대하여는 행정행위에 부관을 붙일 수 있는 한계에 관한 일반적인 원칙이 적용되지는 않는다[대판(전합) 1994.3.8, 92누1728].

2. 관할 행정청이 사회복지법인의 임시이사를 선임하면서 임기를 '후임 정식이사가 선임될 때까지'로 기재한 경우, 후임 정식이사가 선임되었다는 사유만으로 임시이사의 임기가 자동적으로 만료되어 임시이사의 지위가 상실되지 않고, 임시이사의 지위가 상실되는 시점은 관할 행정청의 임시이사 해임처분 시이다

   구 사회복지사업법 제20조 제2항에 따르면, 사회복지법인의 임시이사는 이사의 결원으로 법인의 정상적인 운영이 어려워진 경우에 그 결원을 보충하기 위하여 선임되는 기관이므로 정식이사가 선임될 때까지만 재임하는 것이 원칙이다. 다만 관할 행정청은 임시이사의 임기를 분명히 하기 위하여 임시이사를 선임하면서 임기를 예를 들어 1년 또는 2년과 같이 확정기한으로 정할 수 있다. 그러나 임시이사를 선임하면서 임기를 '후임 정식이사가 선임될 때까지'로 기재한 것은 근거 법률의 해석상 당연히 도출되는 사항을 주의적·확인적으로 기재한 이른바 '법정부관'일 뿐, 행정청의 의사에 따라 붙이는 본래 의미의 행정처분 부관이라고 볼 수 없다. 후임 정식이사가 선임되었다는 사유만으로 임시이사의 임기가 자동적으로 만료되어 임시이사의 지위가 상실되는 효과가 발생하지 않고, 관할 행정청이 후임 정식이사가 선임되었음을 이유로 임시이사를 해임하는 행정처분을 해야만 비로소 임시이사의 지위가 상실되는 효과가 발생한다 (대판 2020.10.29, 2017다269152).

(3) 특질(부종성)

부관은 주된 행정행위와 불가분의 일체를 이루기 때문에 주된 행정행위에의 부종성이 특질이다. 따라서 원칙적으로 주된 행정행위와 분리해서 부관만을 독립해서 행정쟁송이나 강제집행의 대상으로 삼을 수 없다. 다만, 부관 중에서 부담은 주된 행정행위에의 부종성이 약하기 때

문에 독립해서 행정쟁송이나 강제집행의 대상이 될 수 있다는 것이 통설·판례이다.

2. 부관의 기능

(1) 순기능
① 실체적 기능(행정에 대한 유연성 부여기능) : 당사자가 신청한 내용대로 행정행위를 발령하면서 경미한 부분의 미비된 요건의 완결이나 이행을 내용으로 하여 행정행위를 발령함으로써 행정작용의 신축적이고 탄력적 운영을 가능하게 해 주는 기능(법률요건충족적 부관)
② 절차적 기능 : 경미한 요건불비를 이유로 거부했다가 요건충족 후에 재신청하고 재심사하는 시간과 노력을 절약해 줌으로써 행정의 절차적 경제를 도모하는 기능
③ 공익 및 제3자 보호기능과 분쟁예방적 기능 : 영업허가나 건축허가에 있어서의 부관은 미풍양속과 환경보호를 위한 수단이 됨으로써 공익이나 제3자를 보호하는 기능(예 노래방영업허가 시 소음방지시설을 갖출 의무를 부과하는 경우)과 처분으로 인해 발생될 수 있는 분쟁의 소지를 미연에 방지하는 기능
④ 유도적 기능 : 보조금지급결정에 사용목적을 부관으로 정하는 경우와 같이 행정청이 의도하는 바대로 상대방의 행위를 유도하는 기능

(2) 역기능
① 행정편의에 치우칠 우려가 있다는 점
② 과도한 부관이 부가되는 경우 국민의 권익에 장애가 될 수 있다는 점(과잉금지원칙위반)
③ 해제부관(철회권유보)의 경우에 보상 없이 행정행위의 효력을 소멸시킬 수 있다는 점
④ 반대급부획득수단인 부담이 부가될 수 있다는 점(부당결부금지원칙위반)
따라서 부관의 남용에 대한 실체법적·절차법적인 적절한 통제가 요청된다.

Ⅱ 부관의 종류

관련판례

1. 부관의 종류에 대한 판단기준
부관의 법적 성격을 판단함에 있어서는 위 **부관의 필요성, 부관 부가시 행정청인 피고의 의사나 위와 같은 내용의 부관 불이행시 행정청이 취하여 온 행정관행 등이 어떠한 것인지** 등을 더 심리하여야 한다(대판 2000.2.11, 98누7527).
2. 부관의 종류에 대한 판단기준
구체적인 경우에 그것이 조건, 기한, 부담, 철회권의 유보 중 어느 종류의 부관에 해당하는지는 **당해 부관의 내용, 경위 기타 제반 사정을 종합하여 판단**하여야 할 것이다(대판 2005.9.8, 2004다50044).

1. 조 건

(1) 의 의

조건은 행정행위의 효과의 발생 또는 소멸을 장래의 '불확실한 사실'에 의존시키는 부관을 말한다.

(2) 종 류(정지조건과 해제조건)

효과의 '발생'에 관한 조건을 '정지조건'(조건성취 시까지 효력발생이 정지된다는 데서 빌려온 용어), '소멸'에 관한 조건을 '해제조건'이라고 한다. 실무상 조건이라고 표현하고 있어도 내용상으로는 부담에 해당하는 경우가 많다. 정지조건부 행정행위는 조건사실의 성취에 의하여 당연히 효력이 발생하고, 해제조건부 행정행위는 조건사실의 성취에 의하여 당연히 효력이 소멸된다.

1. **부관이 붙은 법률행위에서 부관이 조건인지 불확정기한인지를 판단하는 기준**
   부관이 붙은 법률행위에 있어서 부관에 표시된 사실이 발생하지 아니하면 채무를 이행하지 아니하여도 된다고 보는 것이 상당한 경우에는 조건으로 보아야 하고, 표시된 사실이 발생한 때에는 물론이고 반대로 발생하지 아니하는 것이 확정된 때에도 그 채무를 이행하여야 한다고 보는 것이 상당한 경우에는 표시된 사실의 발생 여부가 확정되는 것을 불확정기한으로 정한 것으로 보아야 한다(대판 2014.10.15, 2012두22706).

2. **법률행위에 붙은 부관이 정지조건인지 불확정기한인지 판단하는 기준 및 이미 부담하고 있는 채무의 변제에 관하여 일정한 사실이 부관으로 붙여진 경우, 그 사실이 발생한 때 또는 발생하지 아니하는 것으로 확정된 때에 기한이 도래하는지 여부(원칙적 적극)**
   부관이 붙은 법률행위의 경우에, 부관에 표시된 사실이 발생하지 아니하면 채무를 이행하지 아니하여도 된다고 보는 것이 타당한 경우에는 조건으로 보아야 하고, 표시된 사실이 발생한 때에는 물론이고 반대로 발생하지 아니하는 것이 확정된 때에도 채무를 이행하여야 한다고 보는 것이 타당한 경우에는 표시된 사실의 발생 여부가 확정되는 것을 불확정기한으로 정한 것으로 보아야 한다. 그리고 이미 부담하고 있는 채무의 변제에 관하여 일정한 사실이 부관으로 붙여진 경우에는, 특별한 사정이 없는 한 그것은 변제기를 유예한 것으로서 그 사실이 발생한 때 또는 발생하지 아니하는 것으로 확정된 때에 기한이 도래한다(대판 2020.12.24, 2019다293098).

정지조건	해제조건
1. 공유수면점용허가를 함에 있어서 규사채취는 해수의 침수 영향을 방지할 사전 예방조치를 하고 당국의 확인을 받은 후 실시할 것(대판 1976.3.23, 76다253) 2. 주차시설을 완비할 것을 조건으로 한 건축허가·주차시설의 완비를 조건으로 하는 호텔영업허가 3. 도로의 완공(도로확장·포장공사·보수)을 조건으로 한 여객자동차운수사업면허 4. 공해방지시설의 설치를 조건으로 한 연탄공장설립허가 5. 진입도로의 완공을 조건으로 한 주유소설치허가 6. 장해시설완비를 조건으로 한 도로점용허가 7. 시설완성을 학교법인설립인가의 사유로 하는 경우	1. 일정기간 내에 공사에 착수하지 않으면 실효된다는 것을 조건으로 하는(일정기간 내에 공사착수를 조건으로 한) 공유수면매립면허 2. 일정기간 내에 시설을 완공하지 아니하면 실효된다는 의약품제조업허가(대학설립인가) 3. 일정기간 내 사업불착수를 허가소멸사유로 하는 경우 4. 월 내 공사를 착수하지 않으면 효력을 잃는다는 조건으로 행한 공기업(특허기업)특허 5. 특정기업에 취업조건으로 체류허가의 발급

2. 기 한

(1) 의 의
기한은 행정행위의 효과의 발생 또는 소멸을 도래가 '확실한 장래의 사실'에 의존하게 하는 부관을 말한다.

(2) 종 류(시기와 종기)
기한 가운데 효과의 '발생'에 관한 기한을 '시기'(始期), 효과의 '소멸'에 관한 기한을 '종기'(終期)라고 한다. 기한은 도래가 확실한 사실에 의존한다는 점에서, 도래가 불확실한 조건과 구별된다. 기한은 'ㅇㅇ년 ㅇㅇ월 ㅇㅇ일'과 같이 도래시기가 확실한 '확정기한'과, '죽을 때까지' 등과 같은 '불확정기한'으로 나눌 수 있다.

시 기	종 기
1. 공무원임용행위의 효력발생을 특정일자로 정하는 경우 2. ㅇㅇ년 ㅇㅇ월 ㅇㅇ일부터 도로점용을 허가한다(도로사용허가).	1. 어업면허 유효기간(대판 1986.8.19, 86누202)·어업면허처분을 함에 있어 그 면허의 유효기간을 1년으로 정한 경우 2. 기부채납 받은 행정재산 사용·수익허가기간(대판 2001.6.15, 99두509) 3. 본인의 사망 시까지 연금을 지급한다는 결정 4. 신청인이 사망할 때까지 허가한다. 5. ㅇㅇ년 ㅇㅇ월 ㅇㅇ일까지 도로점용(영업)허가 6. 영업허가기간을 5년으로 정하는 경우

(3) 종기에 관한 쟁점
① 종기의 성질(원칙 존속기간) : 원칙적으로 종기가 도래하면 행정행위의 효력이 소멸(실효사유)된다. 그러나 내용상 장기계속성이 예정되는 행정행위(예 일반음식점영업허가 등)에 부당하게 짧은 종기가 붙여진 경우에는 행정행위의 효력의 존속기간이 아니라 갱신기간으로 보아야 한다는 견해가 다수설·판례이다.

관련판례

1. 기간연장 등의 특별한 사정이 없는 한 기간경과 후에는 장래에 향하여 당연히 소멸한다(실효사유)

   기간을 정한 개간허가처분은 기간연장 등의 특별한 사정이 없는 한 기간경과 후에는 다시 개간행위를 할 수 없다는 의미에서 장래에 향하여 그 효력이 소멸한다 할 것이므로 행정청이 그 허가기간 경과 후에 동 개간 지역 내의 건물철거 등 부담의 이행을 촉구하였다 하여 그것만으로 개간허가연장신청이 묵시적으로 받아들여진 것이라고 단정할 수 없다(대판 1985.2.8, 83누625).

2. 공유수면매립면허가 준공기간 초과로 실효된 후에 매립공사를 완공하였다면 면허실효 후의 시공은 무면허자의 매립행위에 불과하므로 면허관청이 이에 기속을 받아 면허를 회복해 주어야 할 의무는 없다(대판 1989.9.12, 88누9206).

3. **임시적인 가설건축물의 존치기간은 그 건축물의 착공이나 완공 여부에 관계없이 그 정하여진 기간의 최종일이 경과함으로써 만료**되는 것이고, 원고가 승인 받은 가설건축물의 존치기간(1년)이 지난 후 관할관청인 피고가 원고의 착공계를 수리하고 건축물 구조 시정명령을 하였으며 관계공무원이 완공을 독려하였다 하여 그로 인해 위 존치기간이 당연히 이 사건 건축물의 완공 후 1년 간으로 연장된다고 볼만한 아무런 근거도 없다(대판 1990.12.11, 90누5672).

4. 사업의 성질상 부당하게 짧은 기한의 경우 갱신기간(허가 또는 특허의 '조건'의 존속기간이다)
   일반적으로 행정처분에 효력기간이 정하여져 있는 경우에는 그 기간의 경과로 그 행정처분의 효력은 상실되고(효력존속기간), 다만 허가에 붙은 기한이 그 허가된 **사업의 성질상 부당하게 짧은 경우에는 이를 그 '허가 자체'의 존속기간(존속기간)이 아니라 그 '허가조건'의 존속기간(갱신기간 또는 조건존속기간)으로 보아 그 기한이 도래함으로써 그 조건의 개정을 고려한다는 뜻으로 해석할 수는 있지만**, 그와 같은 경우라 하더라도 그 허가기간이 연장되기 위하여는 그 **종기가 도래하기 전에 그 허가기간의 연장에 관한 신청이 있어야 하며, 만일 그러한 연장신청이 없는 상태에서 허가기간이 만료하였다면 그 허가의 효력은 상실된다**(대판 2007.10.11, 2005두12404).

② 종기의 갱신：갱신은 말 그대로 단순한 기간연장에 불과하기 때문에 갱신에 의해 갱신 전의 위법사유가 치유되지 않고, 기간경과 후의 갱신신청은 새로운 허가의 신청으로 보아야 한다. 판례도 같은 입장이다. 갱신되지 않는다고 해도 당사자가 신뢰보호를 주장할 수는 없다.

관련 판례

1. 건설업면허 갱신이 있더라도 갱신 전 건설업자의 위법사유가 치유되지 않는다
   건설업면허의 갱신이 있으면 기존면허의 효력은 동일성을 유지하면서 장래에 향하여 지속한다 할 것이고 갱신에 의하여 갱신 전의 면허는 실효되고 새로운 면허가 부여된 것이라고 볼 수는 없으므로 면허갱신에 의하여 갱신 전의 건설업자의 모든 위법사유가 치유된다거나 일정한 시일의 경과로서 그 위법사유가 치유된다고 볼 수 없다(대판 1984.9.11, 83누658).

2. 유료 직업소개사업의 허가갱신 후에 갱신 전의 법위반을 이유로 허가를 취소할 수 있다(대판 1982.7.27, 81누174).

3. 종전 허가의 유효기간이 지난 후에 한 기간연장신청은 새로운 허가의 신청이다(대판 1995.11. 10, 94누11866).

4. 갱신허가라 하더라도 관련 법령의 변동이나 사정변경이 없는 한 반드시 갱신하여야 하는 것은 아니고 허가요건이나 공익 등을 고려하여 허가 여부를 결정해야 한다(대판 1992.10.23, 92누4543).

5. 연장된 기간을 포함해 사업의 성질상 부당하게 짧은 경우가 아닌 경우에는 기간연장을 불허가할 수 있다(대판 2004.3.25, 2003두12837).

6. 허가조건의 존속기간의 경우 갱신신청이 있으면 허가기간이 경과하더라도 허가권이 소멸하지 않는다(대판 2005.11.10, 2004다7873).

7. 어업에 관한 허가 또는 신고의 유효기간이 경과한 후 재차 허가를 받거나 신고를 한 경우, 종전 어업허가나 신고의 효력 또는 성질이 계속되지 않고, 이러한 법리는 수산업법상 어장이용개발계획에 따른 대체개발 등을 이유로 종전 어업권을 포기하고 다른 어장에 새로운 어업권을 등록한 경우에도 마찬가지이다(대판 2019.4.11, 2018다284400).

3. 부 담

(1) 의 의

부담이란 행정행위의 주된 내용에 부가하여 상대방에게 작위·부작위·급부·수인의무를 명하는 부관을 말하는데, 주로 특허나 허가 등 수익적 행정행위에 붙여진다(혼합효 행정행위 =혼효적 행정행위). 부담은 부수적으로 의무를 부과할 뿐 행정행위의 효과제한과는 관계가 없다. 따라서 부관의 기능을 행정행위의 효과제한으로 이해하는 전통적인 견해에서는 부관성에 대한 의문을 제기한다.

1. 영업허가를 하면서 일정한 시설의무를 덧붙이는 것, 영업허가를 하면서 위생복의 착용(위생설비 설치)을 명하는 것, 영업허가를 하면서 직원들의 정기건강진단을 요건, 영업허가에 부가된 심야영업의 금지, 단란주점영업허가 시 각종 행위제한, 영업허가에 부가하여 출입, 검사·수거에 응할 의무를 부가, 영업허가를 하면서 일정한 수수료를 과하는 것, 유흥주점영업을 허가하면서 일정한 규모의 주차공간을 확보할 것을 조건으로 하는 것, 공장건축허가를 부여하면서 근로자의 정기건강진단의무를 부과하는 것
2. 기성매립지로서 도시계획공사완료지역은 공사실비로써 연고자에게 분양할 것을 조건으로 한 공유수면매립면허(대판 1982.12.28, 80다731·732)
3. 임야에 대한 개간허가처분을 하면서 그 지역 내에 있는 사설분묘와 건축물을 이장 내지 철거토록 한 부관(대판 1985.2.8, 83누625).
4. 토지형질변경허가를 하면서 떼붙임공사와 조경공사를 철저히 하도록 의무를 부과하고, 공사기간을 1986. 10. 20.부터 1987. 9. 30.까지로 한정한 경우의 공사기간(대판 1989.10.24, 89누2431), 공사기간을 2000. 8. 5.부터 2000. 12. 31.까지로 변경하는 사도변경허가처분에 부가된 공사기간(대판 2004.11.25, 2004두7023)
5. 건설부장관이 원고(현대자동차주식회사)에 대해 공유수면에 대한 매립면허를 함에 있어 그 면허조건 아.항에서 위 매립구역 내 울산지방해운항만청의 투기토량을 원고가 산정하여 실시계획인가 시 그 산출근거를 제출하여 그에 대한 대가(수토대)를 부산지방국토관리청장의 수토대납부고지서에 의거 납부하도록 규정한 경우(대판 1992.1.21, 91누1264)
6. 행정청이 도시환경정비사업 시행자에게 '무상양도되지 않는 구역 내 국유지를 착공신고 전까지 매입'하도록 한 부관을 붙인 경우(대판 2008.11.27, 2007두24289)
7. 사립대학인가를 발령하면서 일정한 미비된 시설의 보완의무를 부과하는 경우
8. 자동차운수사업자에게 요금신고의무부과
9. 도로점용허가를 하면서 점용료납부의무를 부과하는 것

관련 판례 1. 행정청이 도시환경정비사업 시행자에게 '무상양도되지 않는 구역 내 국유지를 착공신고 전까지 매입'하도록 한 부관을 붙여 사업시행인가를 하였으나 시행자가 국유지를 매수하지 않고 점용한 사안에서, 그 부관은 국유지에 관해 사업시행인가의 효력을 저지하는 조건이 아니라 작위의무를 부과하는 부담이므로, 사업시행인가를 받은 때에 국유지에 대해 국유재산법 제24조의 규정에 의한 사용·수익 허가를 받은 것이

어서 같은 법 제51조에 따른 변상금부과처분은 위법하다(대판 2008.11.27, 2007두24289).

2. 건축허가 시 보차혼용통로를 조성·제공하도록 하는 것은 수익적 행정행위인 건축허가에 부가된 부담이 아니다

건축허가 시 보차혼용통로를 조성·제공하도록 한 것은 "도시설계지구 안에서는 도시의 기능 및 미관의 증진을 위하여 건축물을 도시설계에 적합하게 건축하여야 한다."고 규정한 구 **건축법 제61조 제1항의 규정에 따른 것일 뿐이지 수익적 행정행위인 건축허가에 부가된 부관으로서 부담이라고 할 수는 없으므로, 보차혼용통로를 조성·제공하도록 한 것이 기속행위나 기속재량행위에 붙은 부관이어서 무효라고 볼 것은 아니다**(대판 2012.10.11, 2011두8277).

(2) 성 질

부담은 주된 행정행위의 효력과는 무관하므로 그 자체가 독립된 행정행위이고, 부담에 한해서만 독립쟁송·강제집행이 가능하다는 것이 다수설·판례이다.

(3) 부담과 다른 부관과의 구별

실무상으로는 부담을 조건으로 표현하는 경우가 많다. ① 정지조건부 영업허가의 경우 장래의 불확실한 사실이 성취돼야 영업이 가능한데, 부담부 영업허가의 경우 행정행위 발급 당시부터 영업이 가능하다는 점에서 부담이 유리하다. 즉, 부담부 행정행위의 경우에는 부담을 이행해야 주된 행정행위의 효력이 발생하는 것이 아니다. 한편, ② 해제조건부 행정행위는 조건성취 시 바로 효력을 상실하지만, 부담부 행정행위의 경우 부담의 불이행으로 바로 실효되지는 않고 그를 이유로 행정행위가 철회될 때까지는 유효하다는 점에서 부담이 조건보다 유리하다고 할 수 있다. 따라서 양자의 구별은 일차적으로 행정청의 객관적 의사를 기준으로 하되, 2차적으로는 상대방에 대한 침익성이 적은 부담으로 해석한다.

구 분	행정행위의 효력발생시기	행정행위의 효력소멸시기	비 고
부 담	행정행위의 효력발생 시(처음부터 효력발생) ■ 행정행위의 효과제한과 무관	부담의 불이행 시가 아니라, 그를 이유로 한 행정행위의 철회 시 (별도의 의사표시 필요) : 철회사유	독립쟁송·강제집행 가능
정지조건·시기	조건의 성취 시·기한의 도래 시		독립쟁송·강제집행불가능
해제조건·종기	행정행위의 효력발생 시(처음부터 효력발생)	조건의 성취 시·종기의 도래 시(별도의 의사표시 불요) : 실효사유	
철회권유보	행정행위의 효력발생 시(처음부터 효력발생)	유보된 사유의 발생 시가 아닌 행정행위의 철회 시(별도의 의사표시 필요) : 철회사유	

(4) 부담의 불이행

부담의 불이행의 경우 ① 실효사유는 아니고 철회사유, ② 후행 행정행위에 대한 거부사유, ③ 강제집행사유, ④ 행정벌의 대상이 될 수 있을 뿐이다.

관련 판례 부관의 불이행은 개간준공인가의 거부사유가 될 수 있다(대판 1985.2.8, 83누625).

(5) 협약의 형식에 의한 부담

관련 판례 행정청이 수익적 행정처분을 하면서 부관으로 부담을 붙이는 방법
수익적 행정처분에 있어서는 법령에 특별한 근거 규정이 없다고 하더라도 그 부관으로서 부담을 붙일 수 있고, 그와 같은 **부담은 행정청이 행정처분을 하면서 일방적으로 부가할 수도 있지만 부담을 부가하기 이전에 상대방과 협의하여 부담의 내용을 협약의 형식으로 미리 정한 다음 행정처분을 하면서 이를 부가할 수도 있다**(대판 2009.2.12, 2005다65500).

(6) 근거법령의 개정과 부담의 효력

관련 판례 행정청이 수익적 행정처분을 하면서 사전에 상대방과 체결한 협약상의 의무를 부담으로 부가하였는데 부담의 전제가 된 주된 행정처분의 근거 법령이 개정되어 부관을 붙일 수 없게 된 경우, 위 협약의 효력은 소멸하지 않을 뿐만 아니라 위 협약에 포함된 부관은 부당결부금지의 원칙에도 반하지 않는다
행정청이 수익적 행정처분을 하면서 부가한 부담의 위법 여부는 처분 당시 법령을 기준으로 판단하여야 하고, 부담이 처분 당시 법령을 기준으로 적법하다면 처분 후 부담의 전제가 된 주된 행정처분의 근거 법령이 개정됨으로써 행정청이 더 이상 부관을 붙일 수 없게 되었다 하더라도 곧바로 위법하게 되거나 그 효력이 소멸하게 되는 것은 아니다. 따라서 행정처분의 상대방이 수익적 행정처분을 얻기 위하여 행정청과 사이에 행정처분에 부가할 부담에 관한 협약을 체결하고 행정청이 수익적 행정처분을 하면서 협약상의 의무를 부담으로 부가하였으나 **부담의 전제가 된 주된 행정처분의 근거 법령이 개정됨으로써 행정청이 더 이상 부관을 붙일 수 없게 된 경우에도 곧바로 협약의 효력이 소멸하는 것은 아니다**(대판 2009.2.12, 2005다65500).

4. 부담유보(행정행위의 사후변경의 유보)

부담유보란 행정청이 행정행위를 발하면서 사후에 부담을 부가하거나 이미 부가된 부담의 내용을 변경·보충할 권한을 유보하는 내용의 부관으로 행정행위의 사후변경의 유보라고도 표현한다. 이는 사회적·경제적 변화 및 기술적 발전에 대처하여 내용을 변경시킬 필요에 대응하기

위한 것이다.

5. 수정부담

수정부담이란 행정행위의 내용 자체를 수정·변경하는 부관(예 A국으로부터의 쇠고기수입허가 신청에 대해 행정청이 B국으로부터의 쇠고기 수입을 허가하는 경우, 甲이라는 진로로 집단시 위행진을 할 것을 신청한 경우에 진로를 변경하여 허가를 해 준 경우)을 말한다. 수정부담은 상대방에 의해 수정된 내용이 받아들여져야만 완전한 효력이 발생한다. 수정부담으로 인해 권리가 침해된 경우의 구제수단으로 취소소송은 적합하지 않고 의무이행소송이 실효적이다. 수정부담의 부관성에 대해서는 실제로는 부관이 아니라 새로운 행정행위라는 견해가 일반적이다.

6. 철회권유보

(1) 의의 및 종류

철회권의 유보는 행정청이 일정한 경우에 행정행위를 철회할 수 있는 권한을 유보하는 내용의 부관을 말한다. 유보된 사실이 발생하더라도 별도의 철회가 있어야 효력이 소멸하는데(철회사유), 해제조건의 경우에는 조건성취 시 자동적으로 효력이 소멸(실효사유)하는 것과 다르다.

1. 행정청이 종교단체에 대하여 기본재산전환인가를 함에 있어 인가조건(부담)을 부가하고 그 불이행 시 인가를 취소할 수 있도록 한 경우(대판 2003.5.30, 2003다6422), 인가조건을 정하고 위반하면 인가를 취소할 수 있게 하는 것
2. 노래방영업허가를 함에 있어서 소음으로 수면을 방해하면 허가를 철회한다는 부관
3. 허가를 하면서 지시를 어기면 취소를 할 수 있게 하는 것
4. 숙박영업허가를 함에 있어 윤락행위를 알선하면 허가를 취소한다는 부관
5. 주류판매업을 면허함에 있어서 소속가맹점 또는 지부에 한하여 주류를 중개하여야 한다고 그 사업범위를 제한하고 이 사업범위를 위반하였을 때에는 면허를 취소한다는 내용의 조건부 면허

(2) 철회권의 행사 제한

철회사유가 발생한 경우에도 행정청은 자유로이 철회할 수 있는 것은 아니고 철회권의 제한 법리가 적용된다. 그러나 철회권이 유보된 경우 상대방은 철회가능성을 예견할 수 있으므로 신뢰보호원칙의 주장에 제한을 받으므로 손실보상을 청구할 수 없게 된다는 점에 존재의의 가 있다.

관련판례

1. 철회권이 유보된 경우에도 철회권 행사는 비례원칙에 의해 제한
   취소권의 유보의 경우에 있어서도 무조건으로 취소권을 행사할 수 있는 것이 아니고 **취소를 필요로 할 만한 공익상의 필요가 있는 때에 한하여 취소권을 행사할 수 있는 것**이다(대판 1962.2.22, 4293행상42).
2. 새로이 개설된 농수산물도매시장을 활성화하고 유통구조를 개설할 필요가 있으며 법에서 정한 위탁경매를 하지 않았다는 이유로 기존 농수산물도매시장의 존속 중에 그 시장에 있어서 필수적 존재인 도매시장법인의 지정을 취소권유보의 부관에 터잡아 취소한 처분은 재량권의 일탈·남용에 해당한다(대판 1998.8.21, 98두8919).

7. 법률효과의 일부배제

(1) 의 의

법률효과의 일부배제는 법적 효과발생의 일부를 배제하는 내용의 부관을 말한다. 법률효과의 일부배제는 행정청의 행위에 의한 것이기 때문에 법률이 직접 효과를 한정하고 있는 경우는 법률효과의 일부배제에 해당하지 않는다.

관련판례

한약업사의 자격은 처음부터 영업허가예정지역을 정하여 치루어진 자격시험에 합격한 자에게 주어지고, 종합병원, 병원, 의원, 한방병원, 한의원, 약국 또는 보건지소가 없는 면에 한하여 1인의 한약업사를 허가할 수 있으며, 한약업사의 영업소는 그 **수급조절 기타 공익상 필요하다고 인정되는 경우에 도지사의 허가를 얻어 당초 허가된 영업소의 소재지를 관할하는 도지사의 관할구역 내에 있는 다른 면으로만 이전이 가능**하고 그 관할구역을 벗어나 다른 도지사나 서울특별시장 등의 관할구역으로 이전하는 것은 허용되지 않는다(대판 1989.9.12, 89누1452).

(2) 법적 근거

법령상 규정되어 있는 효과를 일부 배제하는 것이라는 점에서 관계 법령에 명시적 근거가 있는 경우에만 허용된다.

> 1. 격일제운행을 조건으로 하는 택시사업면허
> 2. 공유수면매립법상 소유권의 일부제한
> 3. 버스의 노선지정
> 4. 영업구역을 설정한 영업허가
> 5. 야간만의 도로점용(사용)허가
> 6. 관광객수송용에 국한된 조건부면세수입허가(대판 1972.5.31, 72누94)
> 7. 신체장애자의 운전면허신청에 대해 오토매틱자동차만에 대한 운전면허

(3) 성 질

법률효과의 일부배제의 법적 성질에 대해 부관이 아니라 행정행위의 내용적 제한에 지나지 않는
다는 부정설도 있으나, 다수설과 판례는 법률효과의 일부배제를 부담이 아닌 부관으로 인정한다.
이 견해에 따르면 법률효과의 일부배제의 부관을 위반하면 무허가 또는 무면허행위가 되지만, 부
담을 이행하지 않으면 강제집행이나 철회의 대상이 된다.

**관련
판례**

공유수면매립준공인가 중 매립지 일부에 대한 국가귀속처분은 법률효과의 일부배제로서 독립한 처분이 아
니다

행정청이 한 **공유수면매립준공인가 중 매립지 일부에 대하여 한 국가귀속처분**은 매립준공인가를 함에 있
어서 매립의 면허를 받은 자의 매립지에 대한 소유권취득을 규정한 **공유수면매립법 제14조의 효과 일부를**
배제하는 부관을 붙인 것이므로 이러한 **행정행위의 부관에 대하여는 독립하여 행정소송의 대상으로 삼을**
수 없다(대판 1991.12.13, 90누8503).

부관이 아닌 것
1. 도로보수공사를 필요로 하게 한 전기회사에 그 공사비를 부담시키는 것(부담이 아닌 하명)
2. 법정부관
3. 기간
   ■ 기한과 구별
4. 수정부담

Ⅲ 부관의 한계

1. 부관의 가능성

(1) 수익적 행정행위는 법적 근거가 없어도 부과 가능

행정행위의 부관에 대한 통칙적 규정은 없고, 개별법에서 부관에 관한 규정을 두고 있다(식품
위생법 제37조). 실정법에 부관에 관한 근거 규정이 있는 경우에는 해당법규에 근거하여 부관
을 붙일 수 있다.

법률에 명문규정이 없더라도 수익적 행정행위에 부관을 붙일 수 있다는 것이 판례(대판
1997.3.11, 96다49650)이다.

수익적 행정행위에 있어서는 법령에 특별한 근거 규정이 없다고 하더라도 그 부관으로서 부담을 붙일 수 있으나, 그러한 부담은 비례의 원칙, 부당결부금지의 원칙에 위반되지 않아야만 적법하다(대판 1997.3.11, 96다49650).

또한 판례에 의하면 보충행위인 인가에 대하여도 부관을 붙일 수 있다.

1. 인가에도 조건을 붙일 수 있다

   처분허가에 부관을 붙인 경우 그 처분허가의 법률적 성질이 형성적 행정행위로서의 인가에 해당한다고 하여 조건으로서의 부관의 부과가 허용되지 아니한다고 볼 수는 없다. 주무관청이 공익법인의 기본재산 처분에 대하여 허가의 유효조건으로서 매매대금의 액수, 지급방법, 지급기한 등을 명시한 경우, 이를 단순한 주의적 규정이 아닌 조건적 성격의 부관으로 보아, 그에 따른 이행이 없는 이상 위 처분허가는 효력을 상실한다고 한 원심의 판단을 수긍한 사례(대판 2005.9.8, 2004다50044)

2. 주택재건축사업시행 인가의 법적 성질은 재량행위이므로 이에 대하여 법령상의 제한에 근거하지 않은 조건(부담)을 부과할 수 있다

   주택재건축사업시행의 인가는 상대방에게 권리나 이익을 부여하는 효과를 가진 이른바 수익적 행정처분으로서 법령에 행정처분의 요건에 관하여 일의적으로 규정되어 있지 아니한 이상 행정청의 재량행위에 속하므로, 처분청으로서는 법령상의 제한에 근거한 것이 아니라 하더라도 공익상 필요 등에 의하여 필요한 범위 내에서 여러 조건(부담)을 부과할 수 있다(대판 2007.7.12, 2007두6663).

(2) 법률행위적 행정행위와 준법률행위적 행정행위

① 종래의 통설 : 종래의 통설적 견해에 의하면 부관을 '주된 의사표시'에 붙여진 '종된 의사표시'라 하여 부관은 법률행위적 행정행위에만 붙일 수 있고, 준법률행위적 행정행위는 의사표시를 구성요소로 하지 아니하고 효과도 법률에 의하여 부여되므로 성질상 붙일 수 없다고 한다.

② 새로운 견해(현재 다수설) : 법률행위적 행정행위 가운데도 부관을 붙일 수 없는 경우(예 귀화허가, 공무원임명, 입학허가 등 신분설정행위)가 있고, 준법률행위적 행정행위에도 부관을 붙일 수 있는 경우(예 공증인 여권·인감증명·자동차검사증의 유효기간을 붙이거나, 조건부수리를 하는 경우)가 있으므로, 획일적으로 부관의 가능성을 논함은 무의미하므로 개별적으로 검토해야 한다는 견해이다.

(3) 재량행위와 기속행위

① 종래의 통설 : 종래의 통설은 행정행위의 부관은 재량행위에만 붙일 수 있고 기속행위에는 붙일 수 없다고 한다.

② 새로운 견해(현재 다수설) : 다수설은 기속행위라 하더라도 ㉠ 부관을 붙일 수 있다는 법적 근거가 있는 경우[예컨대, 식품의약품안전처장 또는 특별자치시장·특별자치도지사·시장·군수·구청장은 영업허가를 하는 때에는 필요한 조건을 붙일 수 있다(식품위생법 제37조 제2항)]나, ㉡ 법률요건 충족적 부관의 경우에는 부관을 붙일 수 있고(즉, 기속행위인 영업허가에 있어 법정 시설을 갖춘 경우에만 허가를 발급하는 것이 원칙이나, 시설완비의 조건하에서 허가를 내줄 수 있다), 귀화허가와 공무원 임명행위와 같은 신분설정행위는 재량행위지만 성질상 부관을 붙일 수 없으므로, 획일적으로 부관의 가능성을 논함은 무의미하고 개별적으로 검토해야 한다는 견해이다. 다만, 이 견해에 의하더라도 기속행위의 경우 법효과제한적 부관에 대해서는 부관의 부가가 불가능하다.

독일연방행정절차법 제36조는 기속행위의 경우에 '법령에 의하여 허용되거나'라는 표현을 통하여 법령상 근거가 마련된다면 기속행위의 경우에 부관이 가능함을 명시하고 있다. 그러나 우리나라 행정절차법에는 이에 관한 규정이 전혀 없다.

③ 판례 : 판례는 종래의 통설과 마찬가지로 재량행위에는 법적 근거가 없어도 부관을 부가할 수 있고, 기속행위와 기속재량행위에는 부관을 부가할 수 없고, 부가하였다면 무효라는 입장이다.

관련 판례

1. 재량행위에 대한 부관의 부가는 법적 근거가 없다고 하더라도 부관을 붙일 수 있다(대판 1997. 3.14, 96누16698).
2. 구 도시계획법상 개발제한구역 내에서의 건축허가의 법적 성질은 재량행위 내지 자유재량행위이므로 부관을 붙일 수 있다(대판 2004.3.25, 2003두12837).
3. 하천부지 점용허가는 재량행위이므로 법적 근거가 없어도 부관을 붙일 수 있다(대판 2008.7.24, 2007두25930·25947·25954).
4. 보조금 교부결정에 관하여 행정청에 광범위한 재량이 부여되어 있으므로 행정청이 보조금을 교부할 때 보조금의 교부 목적을 달성하는 데 필요한 조건을 붙일 수 있다(대판 2021.2.4, 2020두48772).
5. 일반적으로 기속행위나 기속적 재량행위에는 부관을 붙일 수 없고 가사 부관을 붙였다 하더라도 이는 무효의 것이다. 건축허가를 하면서 일정토지를 기부채납하도록 하는 내용의 허가조건(부담)은 부관을 붙일 수 없는 기속행위 내지 기속적 재량행위인 건축허가에 붙인 부담이거나 또는 법령상 아무런 근거가 없는 부관이어서 무효이다(대판 1995.6.13, 94다56883).
6. 학교법인의 이사회소집승인을 함에 있어 부관으로 시기·장소를 지정할 수 없고, 부관을 붙였다 하더라도 이는 무효의 것으로서 당초부터 부관이 붙지 아니한 소집승인 행위가 있었던 것으로 보아야 한다(대판 1988.4.27, 87누1106).

2. 사후부관의 가능성(시간적 한계)

(1) 문제의 소재

행정행위를 발한 후에 다시 부관을 붙일 수 있는가의 문제이다.

(2) 학 설

① 부정설 : 부관은 주된 행정행위에 부가하는 종된 규율이므로 존재의 독자성을 인정할 수 없고, 따라서 사후에 부관만을 별도로 붙일 수는 없다는 견해이다.

② 부담만 가능설 : 부관 중 부담은 주된 행정행위를 전제로 한 것일 뿐 그 자체로서 하나의 행정행위를 이루는 것이므로 부담의 경우에만 사후부관이 가능하다는 견해이다.

③ 제한적 긍정설(통설) : 원칙적으로 사후부관을 부인하지만, ㉠ 법령에서 사후부관을 허용하거나, ㉡ 상대방의 동의가 있거나, ㉢ 부담이 유보되어 있는 경우에는 가능하다는 견해이다.

(3) 판례(제한적 긍정설)

판례도 통설과 마찬가지로 제한적 긍정설을 취하지만, 예외적으로 사정변경의 경우를 추가함으로써 통설보다 인정범위가 넓다.

---

1. 제한적 긍정설

행정처분에 이미 부담이 부가되어 있는 상태에서 그 의무의 범위 또는 내용 등을 변경하는 부관의 사후변경은 법률에 명문의 규정이 있거나 그 변경이 미리 유보되어 있는 경우 또는 상대방의 동의가 있는 경우에 한하여 허용되는 것이 원칙이지만, 사정변경으로 인하여 당초에 부담을 부가한 목적을 달성할 수 없게 된 경우에도 그 목적달성에 필요한 범위 내에서 예외적으로 허용된다(대판 1997.5.30, 97누2627).

2. 관할 행정청이 여객자동차운송사업자에 대한 면허 발급 이후 운송사업자의 동의하에 운송사업자가 준수할 의무를 정하고 이를 위반할 경우 감차명령을 할 수 있다는 내용의 면허 조건을 붙일 수 있고, 조건을 위반한 경우「여객자동차 운수사업법」제85조 제1항 제38호에 따라 감차명령을 할 수 있으며, 감차명령은 항고소송의 대상이 되는 처분에 해당한다

「여객자동차 운수사업법」(여객자동차법) 제85조 제1항 제38호에 의하면, 운송사업자에 대한 면허에 붙인 조건을 위반한 경우 감차 등이 따르는 사업계획변경명령(감차명령)을 할 수 있는데, **감차명령의 사유가 되는 '면허에 붙인 조건을 위반한 경우'에서 '조건'에는 운송사업자가 준수할 일정한 의무를 정하고 이를 위반할 경우 감차명령을 할 수 있다는 내용의 '부관'도 포함**된다. 그리고 **부관은 면허 발급 당시에 붙이는 것뿐만 아니라 면허 발급 이후에 붙이는 것도 법률에 명문의 규정이 있거나 변경이 미리 유보되어 있는 경우 또는 상대방의 동의가 있는 경우 등에는 특별한 사정이 없는 한 허용**된다. 따라서 관할 행정청은 면허 발급 이후에도 운송사업자의 동의하에 여객자동차운송사업의 질서 확립을 위하여 운송사업자가 준수할 의무를 정하고 이를 위반할 경우 감차명령을 할 수 있다는 내용의 면허 조건을 붙일 수 있고, 운송사업자가 조건을 위반하였다면 여객자동차법 제85조 제1항 제38호에 따라 감차명령을 할 수 있으며, 감차명령은 행정소송법 제2조 제1항 제1호가 정한 처분으로서 항고소송의 대상이 된다(대판 2016.11.24, 2016두45028).

---

3. 부관의 일반적 한계

행정행위에 부관을 붙일 수 있는 경우에도 일정한 한계를 갖는바, 이에 위반한 부관은 위법한 부관이 된다.

(1) 법규상 한계

부관은 법령에 위배 되지 않는 한도에서 붙일 수 있다. 따라서 그 내용이 적법해야 하고, 형식도 법령에 위배 되어서는 안 된다.

행정소송에 관한 부제소특약의 효력은 무효이다

지방자치단체장이 도매시장법인의 대표이사에 대하여 위 지방자치단체장이 개설한 농수산물도매시장의 도매시장법인으로 다시 지정함에 있어서 그 지정조건 제2호로 '지정기간 중이라도 개설자가 농수산물 유통정책의 방침에 따라 도매시장법인 이전 및 지정취소 또는 폐쇄 지시에도 일체 소송이나 손실보상을 청구할 수 없다.'라는 부관을 붙였으나, 그중 부제소특약에 관한 부분은 당사자가 임의로 처분할 수 없는 공법상의 권리관계를 대상으로 하여 사인의 국가에 대한 공권인 소권을 당사자의 합의로 포기하는 것으로서 허용될 수 없다(대판 1998.8.21, 98두8919).

(2) 내용상 한계

부관의 내용은 명확하고 실현가능해야 한다.

1. 부관의 내용은 적법하고 이행가능하여야 하며 비례의 원칙 및 평등의 원칙에 적합하고 행정처분의 본질적 효력을 해하지 아니하는 한도의 것이어야 한다(대판 1997.3.14, 96누16698).
2. 하나 이상의 필지의 일부를 하나의 대지로 삼으려는 건축허가 신청에서 토지분할이 관계 법령상 제한에 해당되어 명백히 불가능하다고 판단되는 경우, 건축행정청이 토지분할 조건부 건축허가를 거부하여야 하고, 토지분할이 재량행위인 개발행위허가의 대상이 되는 경우, 건축행정청이 자신의 심사 결과 토지분할에 대한 개발행위허가를 받기 어렵다고 판단되면 토지분할 조건부 건축허가를 거부할 수 있으며, 건축허가행정청이 건축법 등 관계 법령에서 정하는 제한사유 이외의 사유를 들어 요건을 갖춘 자에 대한 건축허가를 거부할 수 없다(대판 2018.6.28, 2015두47737).
3. 지적소관청이 건축법령이나 국토의 계획 및 이용에 관한 법령 등 관계 법령에서 정하는 제한사유 이외의 사유를 들어 토지분할신청 내용에 따른 등록을 거부할 수 없다(대판 2018.6.28, 2015두47737).

(3) 목적상 한계

부관은 행정행위가 추구하는 목적에 위배할 수 없다. 예컨대, 도로점용허가의 부관은 오직 도로관리적 견지에서만 붙일 수 있고, 경찰허가에 붙이는 부관은 경찰목적에 비추어 필요한 범위 내의 것이어야 한다. 또한 부관은 행정행위의 목적달성을 사실상 불가능하게 해서는 안 된다.

각주구검(刻舟求劍)사건

수산업법 제15조에 의하여 어업의 면허(특허) 또는 어업허가(허가)에 붙이는 **부관은 그 성질상 허가된 어업의 본질적 효력을 해하지 않는 한도의 것이어야 하고 허가된 어업의 내용 또는 효력 등에 대하여는 행정청이 임의로 제한 또는 조건을 붙일 수 없다.** …… 기선선망어업의 허가를 하면서 운반선, 등선 등 부속선을 **사용할 수 없도록 제한한 부관은 그 어업허가의 목적달성을 사실상 어렵게 하여 그 본질적 효력을 해하는 것일 뿐만 아니라** 위 시행령의 규정에도 어긋나는 것이며, 더욱이 어업조정이나, 기타 공익상 필요하다고 인정되는 사정이 없는 이상 위법한 것이다(대판 1990.4.27, 89누6808).

(4) 일반원칙상의 한계

부관은 과잉금지원칙·평등원칙 등 행정법의 일반원칙에 위반해서는 안 된다. 특히, 부관이 필요로 하는 공익과 상대방의 불이익을 비교하여 구체적으로 결정하여야 할 것이다.

1. **형질변경허가 시 행정청이 부과하는 기부채납 부관의 한계**
   부담내용이 주변토지와의 관계에서 형평의 이념에 반하거나, 기부채납의 대상이 된 공공시설의 규모가 도시기능의 유지 및 증진에 기여할 수 있는 도시계획시설기준에 관한 규칙 소정의 적정규모를 초과하였거나 또는 형질변경공사착수 전의 전체 토지가격에 그 공사비를 합산한 가격이 공사완료 후의 기부채납 부분을 제외한 나머지 토지의 가격을 초과하는 경우 등에는 위법을 면치 못한다(대판 1999.2.23, 98두17845).

2. 65세대의 주택건설사업에 대한 사업계획승인 시 '진입도로 설치 후 기부채납, 인근 주민의 기존 통행로 폐쇄에 따른 대체 통행로 설치 후 그 부지 일부 기부채납'을 조건(부담)으로 붙인 것은 비례원칙이나 평등원칙 위반이 아니므로 적법하다(대판 1997.3.14, 96누16698).

3. **행정처분과 실제적 관련성이 없어 부관으로 붙일 수 없는 부담을 사법상 계약의 형식으로 행정처분의 상대방에게 부과할 수 없다**
   공무원이 인허가 등 수익적 행정처분을 하면서 상대방에게 그 처분과 관련하여 이른바 부관으로서 부담을 붙일 수 있다 하더라도, 그러한 부담은 법치주의와 사유재산 존중, 조세법률주의 등 헌법의 기본원리에 비추어 비례의 원칙이나 부당결부의 원칙에 위반되지 않아야만 적법한 것인바, **행정처분과 부관 사이에 실제적 관련성이 있다고 볼 수 없는 경우 공무원이 위와 같은 공법상의 제한을 회피할 목적으로 행정처분의 상대방과 사이에 사법상 계약을 체결하는 형식을 취하였다면 이는 법치행정의 원리에 반하는 것으로서 위법**하다. 지방자치단체가 골프장사업계획승인과 관련하여 사업자로부터 기부금을 지급받기로 한 증여계약은, 공무수행과 결부된 금전적 대가로서 그 조건이나 동기가 사회질서에 반하므로 민법 제103조에 의해 무효라고 본 사례(대판 2009.12.10, 2007다63966)

4. 甲 주식회사의 실질적 경영자인 피고인이, 전(前) 대표이사 乙이 지방자치단체에 기부금을 납부하기로 약정하고 골프장사업을 승인받으면서 그 이행을 위해 약속어음을 발행·교부한 사실을 잘 알고 있음에도, 위 어음을 분실하였다는 허위 사유를 들어 법원을 기망하고 제권판결을 선고받음으로써 어음금 상당의 재산상 이익을 편취하였다는 공소사실에 대하여, 위 **기부금 증여계약은 지방자치단체장의 공무수행과 결**

부된 금전적 대가로서 그 조건이나 동기가 사회질서에 반하여 무효이므로 지방자치단체(대전)로서는 위 어음금의 지급을 청구할 수 없다(대판 2010.1.28, 2007도9331).

(5) 절차·형식상의 한계

부관도 행정행위의 내용을 이루는 것이므로 외부에 표시되어야 한다.

Ⅳ 부관의 하자와 행정행위의 효력

1. 위법한 부관의 효력

위법한 부관은 하자의 정도에 따라 무효 또는 취소사유가 된다.

1. 하자가 명백하고 중대한 때에는 부관은 무효이다(대판 1985.2.8, 83누625).
2. 임야에 대한 개간허가처분을 하면서 그 지역 내에 있는 사설분묘와 건축물을 이장 내지 철거토록 한 부관은 무효가 아니다(대판 1985.2.8, 83누625).

그런데 여기서 부관의 하자가 행정행위의 효력에 미치는 영향이 문제된다. 왜냐하면 부관은 행정행위에 대해 부종성을 갖기 때문이다.

2. 무효인 부관과 행정행위의 효력

(1) 부관만 무효설(객관설)

부관의 무효는 행정행위에 아무런 영향을 미치지 않고, 부관만이 무효로 된다는 견해이다. 따라서 무효인 부관을 붙인 행정행위는 부관 없는 단순행정행위로서 효력을 발생한다.

(2) 전부무효설

부관의 무효가 본체인 행정행위의 효력에 영향을 미치는 것으로 보는 견해이다. 따라서 무효인 부관을 붙인 행정행위는 부관과 본체인 행정행위 전부가 무효가 된다.

(3) 절충설(주관설 : 통설)

부관의 무효는 원칙적으로 부관만 무효이지만, 부관이 행정행위를 행함에 있어서 중요한 요소

(본질적 요소)인 경우(부관을 붙이지 않았더라면 주된 행정행위를 하지 않았을 것이라고 판단되는 경우)에는 행정행위 전체가 무효이다.

(4) 판 례

해산처분에 부가된 부관이 해산의 효력을 소급시킨 것으로 무효라 할지라도 해산처분은 무효가 아니다

귀속재산처리법 제8조 제4호 단행의 규정에 의하면 기업체의 운영에 지장을 주지 아니하는 때에는 그 주식만이 귀속된 법인이라 할지라도 소관행정청은 이것을 해산할 수 있는 것이다. 본건에 있어서 피고는 이 규정에 의하여 1962. 11. 22. 위에서 본 조선삼공주식회사의 해산처분을 한 것이 원심 인정사실에 의하여 명백한바 비록 이 해산처분의 부관으로서 그 해산의 효력을 1955. 6. 15.로 소급시킨 점은 무효라 할지라도 그것만으로써 곧 피고의 해산처분 자체도 무효라는 이론은 나올 수 없는 것이다(대판 1962. 7.19, 62누49).

3. 취소할 수 있는 부관과 행정행위의 효력

취소할 수 있는 부관은 권한 있는 기관에 의하여 취소될 때까지 일단 유효하므로, 취소되지 않는 한 유효한 부관부 행정행위로서 효력을 유지한다. 그러나 부관이 취소될 경우 행정행위에 미치는 영향은 무효인 부관의 경우와 같다.

Ⅴ 위법한 부관에 대한 행정쟁송

1. 부관의 독립가쟁성(독립쟁송가능성)

(1) 문제의 소재

부관은 주된 행정행위에 대해 부종성을 갖고 양자가 결합하여 전체적인 행정행위의 효력과 내용을 결정하는 것이므로 위법한 부관만을 별도로 행정쟁송의 대상으로 할 수 있는지 의문이 제기된다. 이는 구체적으로 소송요건 중 부관만의 독립된 '처분성' 인정 여부에 대한 문제이다.

(2) 학 설

① 부담만 가능설(부관의 종류에 따른 구별, 부담독립쟁송설)(다수설): 부담은 그 존속이 주된 행정행위의 존재를 전제로 하는 것일 뿐 그 자체로서 하나의 행정행위가 되는 것이기 때문에 직접 행정소송의 대상이 될 수 있으나, 그 밖의 부관은 행정행위에 부가된 종된 규율로서 양

자는 합하여 하나의 행정행위를 이루는 것이므로 부관만을 떼어내 독립적인 쟁송의 대상으로 할 수 없다는 견해로서 다수설이다. 부담만 독립쟁송의 제기를 인정하는 실익은 부담에 대해서만 독립해서 취소쟁송을 제기하는 것을 인정하는 경우에는 부담만의 집행정지를 인정할 수 있다는 데 있다.

② 전부관가능설(전면적 독립쟁송가능성설, 모든 부관에 대해 인정하려는 견해, 독립쟁송인정설, 소익관련설) : 부담을 포함해 모든 부관은 주된 행정행위와 분리가능하기 때문에 소의 이익이 있는 한 부담이든 조건이든 구분하지 않고 모든 부관에 대해 독립해서 취소소송을 제기할 수 있다는 견해이다.

③ 부관의 분리가능성을 기준으로 해결하는 견해(부관의 분리가능성에 따른 구별) : 부관은 독자적 처분성의 인정 여부가 아닌 분리가능성을 갖고 있는가 하는 것을 중요한 기준으로 파악하면서 주된 행정행위와의 분리가능성을 갖는 부관이라면 그 처분성의 인정 여부와는 무관하게 행정쟁송을 통해 독자적으로 다툴 수 있다고 한다. 그러나 부관이 주된 행정행위의 본질적인 요소를 이루는 경우에는 부관부 행정행위 전체를 대상으로 취소쟁송 내지 무효등확인쟁송을 제기해야 한다고 한다.

(3) 판례(부담만 가능설)

판례는 부담만 독립하여 항고소송의 대상이 될 수 있고, 기타 부관의 경우에는 독립하여 항고소송의 대상이 될 수 없으며 부관부 행정행위 전체를 대상으로 항고소송을 제기해야 한다는 입장이다. 따라서 부담 이외의 부관을 대상으로 소송을 제기하면 각하판결을 받게 된다.

① 부담(원칙적 인정)

관련 판례

1. 원칙적으로 인정
   행정행위의 부관은 행정행위의 일반적인 효력이나 효과를 제한하기 위하여 의사표시의 주된 내용에 부가되는 종된 의사표시이지 그 자체로서 직접 법적 효과를 발생하는 독립된 처분이 아니므로 현행 행정쟁송제도 아래서는 부관 그 자체만을 독립된 쟁송의 대상으로 할 수 없는 것이 원칙이나 행정행위의 부관 중에서도 행정행위에 부수하여 그 행정행위의 상대방에게 일정한 의무를 부과하는 행정청의 의사표시인 **부담의 경우에는 다른 부관과는 달리 행정행위의 불가분적인 요소가 아니고 그 존속이 본체인 행정행위의 존재를 전제로 하는 것일 뿐이므로 부담 그 자체로서 행정쟁송의 대상이 될 수 있다**(대판 1992.1.21, 91누1264).

2. 행정행위의 부관인 부담에 정해진 바에 따라 당해 행정청이 아닌 다른 행정청이 그 부담상의 의무이행을 요구하는 의사표시를 하였을 경우, 이러한 행위가 당연히 또는 무조건으로 행정소송법상 항고소송의 대상이 되는 처분에 해당한다고 할 수는 없다(대판 1992.1.21, 91누1264).

3. 건설부장관이 공유수면매립면허를 함에 있어 그 면허 받은 자에게 당해 공유수면에 이미 토사를 투기한

지방해운항만청장에게 그 대가를 지급하도록 한 부관에 따라 한 같은 해운항만청장의 수토대금 납부고지행위는 행정처분에 해당한다고 할 수 없다(대판 1992.1.21, 91누1264).

4. 해운항만청장이 수토대금을 국세체납의 예에 의하여 징수하겠다는 의사표시를 한 바 있었다거나 세입금납세고지서에 의하여 납부할 것을 고지하였다 하여 그 납부고지행위가 행정처분이 될 수 없다

　　해운항만청장이 공유수면매립면허를 받은 자에게 위 수토대금을 납부하지 않을 경우에는 국세체납의 예에 의하여 징수하겠다는 의사표시를 한 바 있었다고 하여도 이는 법령상의 근거 없이 한 것으로서 이 때문에 위 수토대금의 납부고지행위가 공권력을 가진 우월한 지위에서 행하는 행정처분이나 행정작용이 된다고 할 수 없고 세입금납세고지서에 의하여 납부할 것을 고지하였다 하여도 마찬가지이다(대판 1992.1.21, 91누1264).

(2) 기한(부정)

관련 판례

1. 어업면허 유효기간

　　어업면허처분을 함에 있어 그 면허의 유효기간을 1년으로 정한 경우, 위 면허의 유효기간은 행정청이 위 어업면허처분의 효력을 제한하기 위한 행정행위의 부관(종기)이라 할 것이고 이러한 **행정행위의 부관은 독립하여 행정소송의 대상이 될 수 없는 것이므로 위 어업면허처분 중 그 면허유효기간만의 취소를 구하는 청구는 허용될 수 없다**(대판 1986.8.19, 86누202).

2. 기부채납 받은 행정재산 사용·수익허가기간

　　행정행위의 부관은 부담인 경우를 제외하고는 독립하여 행정소송의 대상이 될 수 없는바, 이 사건 허가에서 피고가 정한 사용·수익허가의 기간은 이 사건 허가의 효력을 제한하기 위한 행정행위의 부관으로서 이러한 사용·수익,허가의 기간에 대해서는 독립하여 행정소송을 제기할 수 없는 것이고, 이러한 법리는 이 사건 허가 중 원고가 신청한 허가기간을 받아들이지 않은 부분의 취소를 구하는 이 사건 주위적 청구의 경우에도 마찬가지로 적용되어야 할 것이므로, 결국 이 사건 주위적 청구는 부적법하여 각하를 면할 수 없다(대판 2001.6.15, 99두509).

2. 부관에 대한 쟁송형태

(1) 문제의 소재

　　독립가쟁성이 있는 부담에 대해 진정일부취소소송이 인정된다는 것이 통설이지만, 부담 이외의 부관에 대해서 부진정일부취소소송을 인정할 것인가에 대해서는 견해가 대립한다. 이는 행정소송법 제4조 제1호의 '변경'의 의미를 어떻게 이해하느냐와 밀접한 관련이 있다.

(2) 학 설

　　① 부관의 종류에 따른 구별설(다수설): 통설은 독립가쟁성이 있는 부담에 대해서는 부관만의 취소를 구하는 진정일부취소소송이 인정되지만, 부담 이외의 부관은 처분성이 부정되므로 부

관부 행정행위 전체를 소송대상으로 그중에서 부관부분만의 취소를 구하는 부진정일부취소소송 형식을 취해야 한다는 견해이다.

② 부진정일부취소소송설 : 모든 부관에 대한 독립쟁송가능성을 인정하는 견해에 의하면 현행 행정소송법상 진정일부취소소송은 인정되지 않기 때문에 모든 부관에 대해 동일하게 부진정일부취소소송의 형태로 제기해야 한다는 견해이다.

③ 분리가능성에 따른 판단설 : 처분성을 갖는 부관으로서 주된 행정행위와 분리해서 주장가능한 경우에는 당해 부관만을 취소소송의 직접적인 대상으로 소송을 제기할 수 있게 된다(진정일부취소소송). 독자적인 처분성이 인정되지 못하는 부관인 때에는 당해 부관이 부가된 전체 행정행위를 대상으로 소송을 제기하고, 이 가운데서 부관만의 취소를 구하는 형태(부진정일부취소소송)를 갖추어야 한다는 견해이다(류지태).

(3) 판 례

학설과는 달리 판례는 부진정일부취소소송의 형식을 인정하지 않고 있다. 판례의 입장은 원고의 권리구제 측면에서 심각한 문제를 발생시키고 있다. 즉, 부담이 아닌 다른 부관에 대해 판례의 견해에 따른다면 원고가 부관부 행정행위 전체를 대상으로 취소소송을 제기해서 승소한다 할지라도 자신이 원하는 수익적 행정행위 자체도 상실하는 결과가 되어 버린다. 따라서 부관부 행정행위 전부를 취소하면, 판결의 기속력에 의해 하자 없는 부관부 행정행위의 발령을 기대함으로써 결과적으로 부관의 취소를 구하는 효과를 기대하거나, 아니면 위법한 부관이 붙여지지 않은 수익적 행정행위에 대한 신청을 한 후, 여기서 행정청이 거부를 한 경우에는 다시 거부처분취소소송을 제기해야 한다는 번거로움이 발생된다.

관련 판례 어업조정이나 기타 공익상 필요하다고 인정되는 사정이 없는 이 사건에서는 위법한 것이라고 할 것이고, 나아가 이 부관을 삭제하여 등선과 운반선을 사용할 수 있도록 하여 달라는 내용의 원고의 이 사건 어업허가사항변경신청을 불허가한 피고의 처분 역시 위법하다고 보아야 할 것이다(대판 1990.4.27, 89누6808).

3. 부관의 독립취소가능성

(1) 문제의 소재

본안의 심리 결과 부관의 위법성이 인정된다면 행정심판위원회나 법원이 부관만을 본체인 행정행위와 분리해서 독립적으로 취소할 수 있는지의 문제, 즉 대상적격의 문제를 극복한 다음 판결주문에서 부관만을 특정해서 취소할 수 있는가의 문제(본안판단)이다.

(2) 학설

① 기속행위와 재량행위의 구별(제한적 취소가능설) : 주된 행정행위가 재량행위인 경우에는 원칙적으로 독립취소가 인정되지 않으나, 기속행위의 경우에는 독립적으로 취소할 수 있다는 견해(김동희, 박윤흔)이다.

② 일반적으로 인정하는 견해(부관만의 독립된 취소가능성, 하자기준설, 전면적 독립취소가능성설) : 모든 부관은 주된 행정행위에 부가된 규율에 해당하기 때문에 주된 행정행위로부터 분리가 가능하며 이에 따라 일부취소가 허용된다는 견해(김남진, 류지태, 정하중, 한견우, 홍정선)이다.

③ 부관이 주된 행정행위의 중요한 요소인지(분리가능성)에 따라 판단하는 견해 : 부관이 주된 행정행위와 분리될 수 있고 주된 행정행위의 본질적 부분이 아닌 경우에는 부관만 취소될 수 있지만, 부관이 주된 행정행위와 분리될 수 없거나 주된 행정행위의 본질적인 부분을 이루는 경우에는 부관만의 취소는 인정되지 않는다는 견해(김향기, 석종현, 유상현, 이상규)이다.

(3) 판례(중요요소 여부에 따라 판단)

1. 도로점용허가의 점용기간은 행정행위의 본질적인 요소에 해당한다고 볼 것이어서 부관인 점용기간을 정함에 있어서 위법사유가 있다면 이로써 도로점용허가처분 전부가 위법하게 된다(대판 1985.7.9, 84누604).

2. 기부채납받은 공원시설의 사용·수익허가에서 그 허가기간은 행정행위의 본질적 요소에 해당한다고 볼 것이어서, 부관인 허가기간에 위법사유가 있다면 이로써 이 사건 허가 전부가 위법하게 될 것이다(대판 2001.6.15, 99두509).

4. 기부채납부담의 하자와 기부채납의 효력

기부채납의 부담이 위법한 경우에 부담의 이행으로 인한 사법상의 법률행위(기부채납)의 효력이 어떻게 되는가에 대해 견해가 대립한다.

(1) 독립설(중요부분의 착오를 이유로 한 취소설)

이 견해는 부담과 부담의 이행으로 인한 사법상의 법률행위(기부채납)는 별개의 독립된 행위로 보고 원칙적으로 그 효력도 별개로 논해야 한다는 견해(류지태)이다. 부담의 이행으로 인한 사법상 법률행위의 효력은 사법(私法)의 법리에 따른다고 하는 입장으로서, 판례의 입장이기도 하다. 이에 따르면 기부채납부담에 기한 기부채납을 사법상의 증여계약으로 보고, '증여계약이 중요부분의 착오를 이유로 취소되어야 기부채납이 부당이득이 된다고 보는 견해이다.

관련판례

1. 기부채납의 부관이 당연무효이거나 취소되지 않은 상태에서 그 부관으로 인하여 증여계약의 중요 부분에 착오가 있음을 이유로 증여계약을 취소할 수 없다(대판 1999.5.25, 98다53134).

2. 무효인 건축허가조건을 유효한 것으로 믿고 토지를 증여하였더라도 이는 동기의 착오에 불과하여 그 소유권이전등기의 말소를 청구할 수 없다

   허가조건이 무효라고 하더라도 그 부관 및 본체인 건축허가 자체의 효력이 문제됨은 별론으로 하고, 허가신청대행자가 그 소유인 토지를 허가관청에게 기부채납함에 있어 위 허가조건은 증여의사표시를 하게 된 하나의 동기 내지 연유에 불과한 것이고, 위 허가신청대행자가 건축허가를 받은 토지의 일부를 반드시 허가관청에 기부채납하여야 한다는 **법령상의 근거 규정이 없음에도 불구하고 위 허가조건의 내용에 따라 위 토지를 기부채납하여야만 허가신청인들이 시공한 건축물의 준공검사가 나오는 것으로 믿고 증여계약을 체결하여 허가관청인 시 앞으로 위 토지에 관하여 소유권이전등기를 경료하여 주었다면 이는 일종의 동기의 착오**로서 그 허가조건상의 하자가 허가신청대행자의 **증여의사표시 자체에 직접 영향을 미치는 것은 아니므로, 이를 이유로 하여 위 시 명의의 소유권이전등기의 말소를 청구할 수는 없다**(대판 1995.6.13, 94다56883).

3. 주택건설사업계획 승인에 붙여진 기부채납조건에 취소사유인 하자가 있는 경우 조건에 근거한 기부채납행위는 당연무효이거나 또는 취소사유는 아니다(대판 1996.1.23, 95다3541).

4. 행정처분에 붙인 부담인 부관이 무효가 되면 그 부담의 이행으로 한 사법상 법률행위도 당연히 무효가 되고 행정처분에 붙인 부담인 부관이 제소기간 도과로 불가쟁력이 생긴 경우에도 그 부담의 이행으로 한 사법상 법률행위의 효력을 다툴 수 있다

   행정처분에 부담인 부관을 붙인 경우 부관의 무효화에 의하여 본체인 행정처분 자체의 효력에도 영향이 있게 될 수는 있지만, 그 처분을 받은 사람이 부담의 이행으로 사법상 매매 등의 법률행위를 한 경우에는 그 부관은 특별한 사정이 없는 한 법률행위를 하게 된 동기 내지 연유로 작용하였을 뿐이므로 이는 법률행위의 취소사유가 될 수 있음은 별론으로 하고 그 법률행위 자체를 당연히 무효화하는 것은 아니다. 또한, 행정처분에 붙은 부담인 부관이 제소기간의 도과로 확정되어 이미 불가쟁력이 생겼다면 그 하자가 중대하고 명백하여 당연 무효로 보아야 할 경우 외에는 누구나 그 효력을 부인할 수 없을 것이지만, **부담의 이행으로서 하게 된 사법상 매매 등의 법률행위는 부담을 붙인 행정처분과는 어디까지나 별개의 법률행위이므로 그 부담의 불가쟁력의 문제와는 별도로 법률행위가 사회질서 위반이나 강행규정에 위반되는지 여부 등을 따져 보아 그 법률행위의 유효 여부를 판단하여야 한다**(대판 2009.6.25, 2006다18174).

(2) 종속설(부당이득반환청구설)

이 견해는 부담의 이행으로 행한 사법상 법률행위는 부담과 별개가 아니라 부담의 이행행위에 불과하다고 보는 견해이다. 이에 따르면 '기부채납부담이 무효이거나 취소되면 기부채납은 법률상 원인 없이 이루어진 것으로 부당이득이 된다고 본다(박균성). 기부채납부담이 단순위법인 경우에는 공정력에 의해 효력이 있으므로 부당이득이 되지 않는다(박정훈).

(3) 절충설

제5절 행정행위의 성립 및 효력발생요건

Ⅰ 행정행위의 성립 및 적법요건

일반적으로 행정처분이 주체·내용·절차 및 형식이라는 내부적 성립요건과 외부에의 표시라는 외부적 성립요건을 모두 갖춘 경우에는 행정처분이 성립(존재)한다고 할 수 있다.

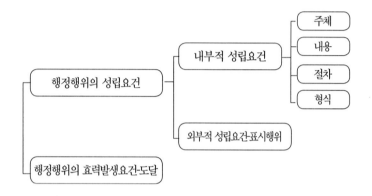

1. 구 「국토의 계획 및 이용에 관한 법률」상 도시계획시설사업 시행자 지정 처분이 '고시'의 방법으로만 성립하거나 효력이 생기는 것은 아니다

국토계획법상 도시계획시설사업에서 사업시행자 지정은 특정인에게 도시계획시설사업을 시행할 수 있는 권한을 부여하는 처분이고, 사업시행자 지정 내용의 고시는 사업시행자 지정처분을 전제로 하여 그 내용을 불특정 다수인에게 알리는 행위이다. 위 사업시행자 지정과 그 고시는 명확하게 구분되는 것으로, 사업시행자 지정 처분이 '고시'의 방법으로 행하여질 수 있음은 별론으로 하고 그 처분이 반드시 '고시'의 방법으로만 성립하거나 효력이 생긴다고 볼 수 없다(대판 2017.7.11, 2016두35120).

2. 과세관청이 납세의무자의 기한 후 신고에 대한 내부적인 결정을 납세의무자에게 공식적인 방법으로 통지하지 않은 경우, 항고소송의 대상이 되는 처분으로서 기한 후 신고에 대한 결정이 외부적으로 성립하였다고 볼 수 없다

행정처분은 주체·내용·절차와 형식이라는 내부적 성립요건과 외부에 대한 표시라는 외부적 성립요건을 모두 갖춘 경우에 존재한다. 행정처분의 외부적 성립은 행정의사가 외부에 표시되어 행정청이 자유롭게 취소·철회할 수 없는 구속을 받게 되는 시점, 그리고 상대방이 쟁송을 제기하여 다툴 수 있는 기간의 시점을 정하는 의미를 가지므로, 어떠한 처분의 외부적 성립 여부는 행정청에 의하여 당해 처분에 관한 행정의사가 법령 등에서 정하는 공식적인 방법으로 외부에 표시되었는지를 기준으로 판단하여야 한다.

따라서 과세관청이 납세의무자의 기한 후 신고에 대하여 내부적인 결정을 하였다 하더라도 이를 납세의무자에게 공식적인 방법으로 통지하지 않은 경우에는 기한 후 신고에 대한 결정이 외부적으로 성립하였다고 볼 수 없으므로, 항고소송의 대상이 되는 처분이 존재한다고 할 수 없다(대판 2020.2.27, 2016두60898).

1. 내부적 성립요건

(1) 주 체

① 정당한 권한을 가진 자의 행위일 것 : 공무원이 아닌 자, 적법하게 구성되지 않은 행정위원회의 행위는 위법이다.

② 권한 내의 사항에 관한 행위일 것 : 사항적 권한, 지역적 권한, 대인적 권한, 형식적 권한 내의 행위라야 한다.

③ 정상적인 의사에 기한 행위일 것 : 의사능력이 있어야 하고, 사기·강박에 의한 것이 아니어야 한다.

(2) 내 용

① 적법 : 행정행위는 법률우위의 원칙상 법률이나 과잉금지원칙 등 일반법원칙에 적합해야 한다. 또한 침해행정의 경우에는 법적 근거를 요한다.

② 가능 : 행정행위는 사실상이나 법률상 실현이 가능한 것이어야 한다.

③ 명확(확정, 특정) : 행정행위는 일반적·추상적 규율인 법률을 특정인을 상대로 개별적·구체적으로 규율하는 것이기 때문에 내용이 명확해야 한다.

(3) 절 차

① 쌍방적 행정행위에 있어서 상대방의 신청 또는 동의가 있을 것

② 필요한 공고 또는 통지

③ 이해관계인의 참여 또는 협의

④ 필요한 변명 또는 청문

(4) 형 식

법정 형식이 있을 경우 형식을 갖추어야(문서주의) 한다.

2. 외부적 성립요건(표시)

행정행위는 적법하게 외부에 표시되어야 성립한다. 따라서 행정기관 내부에서 의사결정만 있거나 내부적으로 서면을 작성한 것만으로는 성립되지 않는다. 행정행위가 일단 표시되어 성립되면 상대방에 도달하지 않은 경우에도 행정청은 이유 없이 취소·변경할 수 없게 되는 구속을 받는다.

Ⅱ 효력발생요건

1. 의 의

행정행위의 효력발생요건은 행정행위가 효력을 발생하기 위해 요구되는 요건을 말한다.

2. 특정인에 대한 경우

(1) 도달주의[⇔ 요지주의(了知主義)·발신주의]가 원칙

송달은 다른 법령등에 특별한 규정이 있는 경우를 제외하고는 송달받을 자에게 도달됨으로써 그 효력이 발생한다(행정절차법 제15조 제1항). 즉, 상대방이 알 수 있는 상태(도달)에 있으면 효력이 발생하고, 상대방이 현실적으로 그 내용을 알(요지) 필요는 없다. 적법한 송달이 있어야 도달의 효과가 발생한다.

1. 도달주의
   공무원에 대한 파면처분이 상대방 있는 행정처분이어서 그 처분의 의사표시는 상대방에게 도달되어야만 효력이 생기는 것은 원심이 판시한 대로라 하더라도 **행정처분의 효력발생요건으로서의 도달이란 상대방이 그 내용을 현실적으로 양지할 필요까지는 없고 상대방이 양지할 수 있는 상태에 놓여짐으로서 충분하다**(대판 1989.1.31, 88누940).
2. 상대방 있는 행정처분의 경우 그 효력 발생의 요건
   상대방이 있는 행정처분의 경우 특별한 규정이 없는 한 의사표시의 일반적 법리에 따라 그 행정처분이 상대방에게 고지되어야 효력을 발생하는 것이다. 학사장교로 임용되어 복무를 마치고 전역하여 예비역에 편입된 사람에게 학력 위조를 이유로 임관무효처분을 한 후 그에 따라 현역병입영처분을 한 사안에서, **임관무효처분이 당사자에게 고지되지 않아 무효인 이상 그 신분이 예비역에 편입된 장교로서 현역병입영대상자가 아니므로 현역병입영영처분은 위법**하다(대판 2009.11.12, 2009두11706).
3. 상대방 있는 행정처분은 상대방에게 고지되어야 효력이 발생하고, 상대방 있는 행정처분이 상대방에게 고지되지 않았으나 상대방이 다른 경로를 통해 행정처분의 내용을 알게 된 경우, 행정처분의 효력이 발생하지 않는다(대판 2019.8.9, 2019두38656).
4. 행정처분의 효력발생요건으로서 도달의 의미
   행정처분의 효력발생요건으로서의 도달이란 처분상대방이 처분서의 내용을 현실적으로 알았을 필요까지는 없고 처분상대방이 알 수 있는 상태에 놓임으로써 충분하며, 처분서가 처분상대방의 주민등록상 주소지로 송달되어 처분상대방의 사무원 등 또는 그 밖에 우편물 수령권한을 위임받은 사람이 수령하면 처분상대방이 알 수 있는 상태가 되었다고 할 것이다(대판 2017.3.9, 2016두60577).
5. 도달되기 전에는 효력을 발생하지 않는다
   공무원에 대한 해임행위는 그 의사표시가 상대방에게 도달됨으로써 그 효력이 생기므로 그 의사표시가 도달되기까지는 그 공무원은 그 권한에 속한 직무를 수행할 수 있다(대판 1962.11.8, 62누163).
6. 송달이 부적법하면 효력을 발생하지 않는다(대판 1988.3.22, 87누986).
7. 효력발생 요건인 적법한 통지가 없거나 법정방법에 의하지 아니하고 한 통지는 효력이 없다(대판 1998.9.8, 98두9653).

8. 처에게 도달한 경우에도 남편에 대한 도달 인정

   원고의 처가 원고의 주소지에 거주하면서 인사발령통지서를 영수한 이상 비록 당시 원고가 구치소에 수감 중이었고 피고 역시 그와 같은 사실을 알고 있었는데다가 더 나아가 원고의 처는 영수한 통지서를 **원고에게 전달하지 아니한 채 폐기해 버렸다** 하더라도 원고로서는 그의 **처가 위 통지서를 수령할 때에 그 내용을 양지할 수 있는 상태에 있었다고 할 것**이므로 원고에 대한 파면처분의 의사표시는 그 당시 원고에게 도달된 것으로 볼 것이다(대판 1989.1.31, 88누940).

9. 납세의무자가 거주하지 아니하는 주민등록상 주소지로 납세고지서를 등기우편으로 발송한 후 반송된 사실이 없는 경우 송달된 것으로 볼 수 없다

   우편물이 등기취급의 방법으로 발송된 경우, 특별한 사정이 없는 한, 그 무렵 수취인에게 배달되었다고 보아도 좋을 것이나, **수취인이나 그 가족이 주민등록지에 실제로 거주하고 있지 아니하면서 전입신고만을 해 둔 경우에는 그 사실만으로써 주민등록지 거주자에게 송달수령의 권한을 위임하였다고 보기는 어려울 뿐 아니라 수취인이 주민등록지에 실제로 거주하지 아니하는 경우에도 우편물이 수취인에게 도달하였다고 추정할 수는 없고**, 따라서 이러한 경우에는 우편물의 도달사실을 과세관청이 입증해야 할 것이고, 수취인이나 그 가족이 주민등록지에 실제로 거주하고 있지 아니하면서 전입신고만을 해 두었고, 그 밖에 주민등록지 거주자에게 송달수령의 권한을 위임하였다고 보기 어려운 사정이 인정된다면, 등기우편으로 발송된 **납세고지서가 반송된 사실이 인정되지 아니한다 하여 납세의무자에게 송달된 것이라고 볼 수는 없다**(대판 1998.2.13, 97누8977).

10. 과세처분의 상대방인 납세의무자 등 서류의 송달을 받을 자가 다른 사람에게 우편물 기타 서류의 수령권한을 명시적 또는 묵시적으로 위임한 경우, 그 수임자가 해당 서류를 수령하면 위임인에게 적법하게 송달된 것으로 보아야 한다

    과세처분의 상대방인 납세의무자 등 서류의 송달을 받을 자가 다른 사람에게 우편물 기타 서류의 수령권한을 명시적 또는 묵시적으로 위임한 경우에는 그 수임자가 해당 서류를 수령함으로써 그 송달받을 자 본인에게 해당 서류가 적법하게 송달된 것으로 보아야 하고, 그러한 수령권한을 위임받은 자는 반드시 위임인의 종업원이거나 동거인일 필요가 없다(대판 2000.7.4, 2000두1164).

11. 묵시적 위임관계인 아파트 경비원을 통한 납세고지서 송달도 적법하다

    납세의무자가 거주하는 아파트에서 일반우편물이나 등기우편물 등 특수우편물이 배달되는 경우 **관례적으로 아파트 경비원이 이를 수령하여 거주자에게 전달하여 왔고**, 이에 대하여 납세의무자를 비롯한 아파트 주민들이 **평소 이러한 특수우편물 배달방법에 관하여 아무런 이의도 제기한 바 없었다면**, 납세의무자가 거주하는 아파트의 주민들은 등기우편물 등의 수령권한을 **아파트 경비원에게 묵시적으로 위임한 것이라고 봄이 상당하므로 아파트 경비원이 우편집배원으로부터 납세고지서를 수령한 날이 구 국세기본법 제61조 제1항에 정한 처분의 통지를 받은 날에 해당한다**(대판 2000.7.4, 2000두1164).

    - 그러나 아파트 경비원이 과징금부과처분의 납부고지서를 수령한 날이 그 납부의무자가 '부과처분이 있음을 안 날'은 아니다(대판 2002.8.27, 2002두3850).

12. 납세고지서의 수령권한을 묵시적으로 위임하였다고 본 경우

    국세기본법 제10조 제4항 소정의 **동거인이라고 함은 송달을 받을 자와 동일 세대에 속하여 생활을 같이하는 자를 의미하므로 송달받을 사람과 같은 집에 거주하더라도 세대를 달리하는 사람은 동거인이라고 할 수 없다.** …… 원고의 주민등록지로 발송한 이 사건 납세고지서를 주민등록지에서 방 1칸을 임차하여 거주하는 소외인이 수령한 사안에서, 실제 **원고는 주민등록지에 거주하지 않고 고등학교와 중학교에 다니는 두 딸들만이 소외인이 거주하는 방의 옆 방 1칸을 임차하여 거주하고 있었으며 소외인이 평소 원고에게 온 우편물을 대신 수령하여 온 사실이 인정된다면 원고가 이 사건 납세고지서의 수령권한을 소외인에게 묵시적으로 위임한 것으로 봄이 상당하다**(대판 2011.5.13, 2010다108876).

13. 망인에게 수여된 서훈을 취소하는 경우, 유족이 서훈취소 처분의 상대방이 되는지 여부(소극) 및 망인에 대한 서훈취소 결정의 효력이 발생하기 위한 요건

    헌법 제11조 제3항과 구 상훈법 제2조, 제33조, 제34조, 제39조의 규정 취지에 의하면, 서훈은 서훈대

상자의 특별한 공적에 의하여 수여되는 고도의 일신전속적 성격을 가지는 것이다. 나아가 서훈은 단순히 서훈대상자 본인에 대한 수혜적 행위로서의 성격만을 가지는 것이 아니라, 국가에 뚜렷한 공적을 세운 사람에게 영예를 부여함으로써 국민 일반에 대하여 국가와 민족에 대한 자긍심을 높이고 국가적 가치를 통합·제시하는 행위의 성격도 있다. 서훈의 이러한 특수성으로 말미암아 상훈법은 일반적인 행정행위와 달리 사망한 사람에 대하여도 그의 공적을 영예의 대상으로 삼아 서훈을 수여할 수 있도록 규정하고 있다. 그러나 그러한 경우에도 서훈은 어디까지나 서훈대상자 본인의 공적과 영예를 기리기 위한 것이므로 비록 유족이라고 하더라도 제3자는 서훈수여 처분의 상대방이 될 수 없고, 구 상훈법 제33조, 제34조 등에 따라 망인을 대신하여 단지 사실행위로서 훈장 등을 교부받거나 보관할 수 있는 지위에 있을 뿐이다. 이러한 서훈의 일신전속적 성격은 서훈취소의 경우에도 마찬가지이므로, 망인에게 수여된 서훈의 취소에서도 유족은 그 처분의 상대방이 되는 것이 아니다. 이와 같이 망인에 대한 서훈취소는 유족에 대한 것이 아니므로 유족에 대한 통지에 의해서만 성립하여 효력이 발생한다고 볼 수 없고, 그 결정이 처분권자의 의사에 따라 상당한 방법으로 대외적으로 표시됨으로써 행정행위로서 성립하여 효력이 발생한다고 봄이 타당하다(대판 2014.9.26, 2013두2518).

14. 우편물이 등기취급의 방법으로 발송된 경우 그 무렵 수취인에게 배달되었다고 추정할 수 있다(대판 2017.3.9, 2016두60577).

15. 상대방이 부당하게 등기취급 우편물의 수취를 거부함으로써 우편물의 내용을 알 수 있는 객관적 상태의 형성을 방해한 경우, 그러한 상태가 형성되지 아니하였다는 사정만으로 발송인의 의사표시 효력을 부정할 수 없다(대판 2020.8.20, 2019두34630).

16. 이 경우 의사표시의 효력 발생 시기는 수취 거부 시이다
이러한 경우에는 부당한 수취 거부가 없었더라면 상대방이 우편물의 내용을 알 수 있는 객관적 상태에 놓일 수 있었던 때, 즉 수취 거부 시에 의사표시의 효력이 생긴 것으로 보아야 한다(대판 2020.8.20, 2019두34630).

17. 우편물의 수취 거부가 신의성실의 원칙에 반하는지 판단하는 방법
여기서 우편물의 수취 거부가 신의성실의 원칙에 반하는지는 발송인과 상대방과의 관계, 우편물의 발송 전에 발송인과 상대방 사이에 우편물의 내용과 관련된 법률관계나 의사교환이 있었는지, 상대방이 발송인에 의한 우편물의 발송을 예상할 수 있었는지 등 여러 사정을 종합하여 판단하여야 한다(대판 2020.8.20, 2019두34630).

18. 우편물의 수취를 거부한 것에 정당한 사유가 있는지에 관한 증명책임의 소재=수취 거부를 한 상대방
이때 우편물의 수취를 거부한 것에 정당한 사유가 있는지에 관해서는 수취 거부를 한 상대방이 이를 증명할 책임이 있다(대판 2020.8.20, 2019두34630).

(2) 특 칙

① 송달받을 자의 주소등을 통상적인 방법으로 확인할 수 없는 경우나 송달이 불가능한 경우(공고일부터 14일 경과 후) : 송달받을 자의 주소등을 통상적인 방법으로 확인할 수 없는 경우(이 경우에 한하지 않음)나 송달이 불가능한 경우(이 경우에 한하지 않음)에는 송달받을 자가 알기 쉽도록 관보, 공보, 게시판, 일간신문 중 하나 이상에 공고하고 인터넷에도 공고하여야 한다(행정절차법 제14조 제4항).

고시나 공고에 의한 송달의 경우에는 다른 법령등에 특별한 규정이 있는 경우를 제외하고는 공고일부터 14일(5일, 7일, 20일이 아님)이 지난 때에 그 효력이 발생한다. 다만, 긴급히 시행하

어야 할 특별한 사유가 있어 효력 발생 시기를 달리 정하여 공고한 경우에는 그에 따른다(같은 법 제15조 제3항).

② 정보통신망을 이용한 송달의 경우(송달받을 자가 지정한 컴퓨터에 입력된 때) : 정보통신망을 이용하여 전자문서로 송달하는 경우에는 송달받을 자가 지정한 컴퓨터 등에 입력된 때(확인한 때가 아님)에 도달된 것으로 본다(같은 법 제15조 제2항).

(3) 송달방법

① 개설 : 송달은 우편, 교부 또는 정보통신망 이용 등의 방법으로 하되 송달받을 자의 주소·거소·영업소·사무소 또는 전자우편주소(주소등)로 한다. 다만, 송달받을 자가 동의하는 경우에는 그를 만나는 장소에서 송달할 수 있다(행정절차법 제14조 제1항).

② 우편송달(원칙) : 우편에 의한 송달의 경우에는 상대방에의 도달을 입증해야 하므로 통상 등기우편에 의한다. 내용증명우편이나 등기우편의 경우 도달이 추정되는데, 보통우편의 경우에는 도달이 추정되지 않는다. 우편송달의 경우 상대방의 동의를 요하지 않는다.

서의 효력이 없다(대판 1996.6.14, 95누17823).

5. 사리를 분별할 지능이 있다는 의미

송달받을 사람의 동거인에게 송달할 서류가 교부되고 그 동거인이 사리를 분별할 지능이 있는 이상 송달받을 사람이 그 서류의 내용을 실제로 알지 못한 경우에도 송달의 효력은 있다. 이 경우 사리를 분별할 지능이 있다고 하려면, 사법제도 일반이나 소송행위의 효력까지 이해할 수 있는 능력이 있어야 한다고 할 수는 없을 것이지만 적어도 송달의 취지를 이해하고 그가 영수한 서류를 송달받을 사람에게 교부하는 것을 기대할 수 있는 정도의 능력은 있어야 한다(대판 2011. 11.10, 2011재두148).

6. 소송서류의 영수와 관련한 사리를 분별할 지능이 있다고 보기 어렵다는 이유로, 상고기록접수통지서의 보충송달이 적법하지 않다고 한 사례

갑은 2002. 12. 30.생으로서 상고기록접수통지서를 영수할 당시 만 8세 1개월 남짓의 여자 어린이였는데, 그의 연령, 교육정도, 상고기록접수통지서가 가지는 소송법적 의미와 중요성 등에 비추어 볼 때, 그 소송서류를 송달하는 우편집배원이 갑에게 송달하는 서류의 중요성을 주지시키고 원고에게 이를 교부할 것을 당부하는 등 필요한 조치를 취하였다는 등의 특별한 사정이 없는 한, 그 정도 연령의 어린이 대부분이 이를 송달받을 사람에게 교부할 것으로 기대할 수는 없다고 보이므로 상고기록접수통지서 등을 수령한 갑에게 소송서류의 영수와 관련한 사리를 분별할 지능이 있다고 보기 어렵다고 보아, 상고기록접수통지서의 보충송달이 적법하지 않다고 본 사례(대판 2011.11.10, 2011재두148)

---

③ 교부송달 : 교부에 의한 송달은 수령확인서를 받고 문서를 교부함으로써 하며, 송달하는 장소에서 송달받을 자를 만나지 못한 경우에는 그 사무원·피용자(被傭者) 또는 동거인으로서 사리를 분별할 지능이 있는 사람(사무원등)에게 문서를 교부할 수 있다(본인에게 직접 교부해야 하는 것이 아님). 다만, 문서를 송달받을 자 또는 그 사무원등이 정당한 사유 없이 송달받기를 거부하는 때에는 그 사실을 수령확인서에 적고, 문서를 송달할 장소에 놓아둘 수 있다(행정절차법 제14조 제2항).

④ 정보통신망을 이용한 송달 : 정보통신망을 이용한 송달은 송달받을 자가 동의하는 경우(신속을 요하는 경우는 사유가 안 됨)에만 한다. 이 경우 송달받을 자는 송달받을 전자우편주소 등을 지정하여야 한다(같은 법 제14조 제3항).

⑤ 행정청은 송달하는 문서의 명칭, 송달받는 자의 성명 또는 명칭, 발송방법 및 발송 연월일을 확인할 수 있는 기록을 보존하여야 한다(같은 조 제5항).

3. 불특정 다수인에 대한 경우(공시송달)

불특정 다수인을 상대로 행정행위를 하는 경우에는 행정행위의 의사표시가 개인에게 개별적으로 도달하게 할 수 없기 때문에 고시 또는 공고로 효력을 발생하게 된다. 판례는 공고의 방식을 통해 행정처분을 하는 경우 관보에 게재된 공고에서 명기한 효력발생일을 공고의 효력발생일로 보며, 현실적으로 상대방이 알았는지 여부와 관계없이 이 시점에 상대방에게 고지된 것으로 본다.

관련 판례

1. **청소년유해매체물 결정 및 고시처분은 청소년보호위원회가 효력발생시기를 명시하여 고시함으로써 그 명시된 시점에 효력이 발생한다**

   구 청소년보호법에 따른 청소년유해매체물 결정 및 고시처분은 당해 유해매체물의 소유자 등 특정인만을 대상으로 한 행정처분이 아니라 일반 불특정 다수인을 상대방으로 하여 일률적으로 표시의무, 포장의무, 청소년에 대한 판매·대여 등의 금지의무 등 각종 의무를 발생시키는 행정처분(일반처분)으로서, **정보통신윤리위원회가 특정 인터넷 웹사이트를 청소년유해매체물로 결정하고 청소년보호위원회가 효력발생시기를 명시하여 고시함으로써 그 명시된 시점에 효력이 발생**하였다고 봄이 상당하고, 정보통신윤리위원회와 청소년보호위원회가 위 처분이 있었음을 위 웹사이트 운영자에게 제대로 통지하지 아니하였다고 하여 그 효력 자체가 발생하지 아니한 것으로 볼 수는 없다(대판 2007.6.14, 2004두619).

2. **주택법상의 사업계획승인의 효력은 사업계획승인권자의 고시가 있은 후 5일이 경과한 날부터 발생한다**

   중앙행정기관 및 그 소속기관, 지방자치단체의 기관과 군의 기관의 사무관리에 적용되는 구 사무관리규정(현 「행정 효율과 협업 촉진에 관한 규정」) 제8조 제2항 단서는 공고문서의 경우에는 공고문서에 특별한 규정이 있는 경우를 제외하고는 그 고시 또는 공고가 있은 후 5일이 경과한 날부터 효력을 발생한다고 규정하고 있고, 구 주택법은 제16조 제1항에서 사업계획승인권자로 국토해양부장관, 시·도지사, 시장·군수 등을 정하고, 제16조 제6항에서 사업계획승인권자는 제1항에 따라 사업계획을 승인하였을 때에는 이에 관한 사항을 고시하여야 하는 것으로 규정하고 있으므로, 구 주택법 제16조에 따라 정하는 사업계획승인의 효력은 사업계획승인권자의 고시가 있은 후 5일이 경과한 날부터 발생한다(대판 2013.3.28, 2012다57231).

3. '송달할 장소'가 여러 곳이어서 각각의 장소에 송달을 시도할 수 있었는데도 세무공무원이 그중 일부 장소에만 방문하여 수취인이 부재 중인 것으로 확인된 경우, 국세기본법 제11조 제1항 제3호, 「국세기본법 시행령」 제7조의2 제2호에 따라 납세고지서를 공시송달할 수 있는 경우에 해당하지 않는다(대판 2015.10.29, 2015두43599).

4. 기간 및 기한의 특례

(1) 천재지변이나 그 밖에 당사자등에게 책임이 없는 사유로 기간 및 기한을 지킬 수 없는 경우에는 그 사유가 끝나는 날까지 기간의 진행이 정지된다(행정절차법 제16조 제1항).

(2) 외국에 거주하거나 체류하는 자에 대한 기간 및 기한은 행정청이 그 우편이나 통신에 걸리는 일수를 고려하여(30일 경과 후 효력발생이 아님) 정하여야 한다(같은 조 제2항).

제1항 행정행위의 효력의 분류

구분			내용
내용		구속력	1. 행정행위가 성립요건과 효력발생요건을 충족하면 상대방·관계인 및 행정청에 대하여 일정한 법적 효과를 발생하고 관계행정청 및 상대방과 관계인을 구속하는 실체법적 효력(양면적·쌍면적 구속력) 2. 모든 행정작용에 인정되는 불가결의 효력이므로 행정행위에 고유한 효력은 아님. 행정행위가 성립·발효요건을 갖추면 당연히 발생
효력 (대상)	상대방· 제3자 (국민)	공정력	행정행위의 성립에 하자가 있는 경우에도 그것이 중대·명백하여 무효로 인정되는 경우를 제외하고는 권한 있는 기관에 의해 취소되기까지 유효한 것으로 통용되는 힘
		불가쟁력	쟁송제기기간의 경과나 심급의 경유로 인해 행정행위의 상대방 기타 이해관계인이 더 이상 효력을 다툴 수 없는 힘(형식적 존속력)
		강제력	상대방이 의무를 이행하지 않을 경우 행정청이 자력으로 의무이행을 강제하거나(자력집행력), 의무를 위반하는 경우 상대방에게 제재를 가하는 경우가 있는데(제재력), 양자를 합해 강제력이라고 한다. 제재에는 행정형벌과 행정질서벌이 있다.
	행정청	불가변력	행정청 스스로도 변경(직권취소나 철회)을 할 수 없는 힘(실질적 존속력)
	타 국가 기관	구성요건적 효력	1. 유효한 행정행위가 존재하는 이상 다른 국가기관은 그의 존재를 존중하며 스스로의 판단의 기초 내지는 구성요건으로 삼아야 하는 효력을 말한다. 2. 공정력은 행정행위의 상대방인 국민(상대방이나 이해관계인)에 대한 구속인 데 반해, 구성요건적 효력은 타 국가기관에 대한 구속력이라는 점에서 구별된다는 것이 새로운 견해로서 다수설이다.
	후행 행위	선행행위의 후행행위에 대한 구속력 (규준력·기결력)	1. 행정행위가 일련의 절차로 연속적으로 행해지는 경우에 선행행위의 하자가 후행행위에 승계되는지가 문제되는바, 소수설은 선행행위의 후행행위에 대한 구속력의 문제로 다룬다. 2. 통설·판례는 행정행위의 하자의 승계문제로 다룬다.

:: 행정행위의 효력별 인정범위

모든 종류의 행정행위에 인정되는 효력	일부 행정행위에만 인정되는 효력
1. 공정력 2. 구성요건적 효력 3. 불가쟁력	1. 불가변력 : 확인행위(준사법적 행위) 2. 자력집행력 : 하명

I 행정행위의 공정력

1. 공정력의 의의

(1) 공정력의 개념

행정행위의 공정력이란 '비록 행정행위에 하자(흠)가 있다고 하더라도 그것이 중대하고 명백하여 당연무효인 경우를 제외하고는(취소할 수 있는 행정행위에 한정) 권한 있는 기관[직권취소(처분청·감독청), 쟁송취소(행정심판위원회·행정법원)]에 의해 취소될 때까지는 상대방·제3자에 대하여 잠정적으로 통용되는 힘'을 말한다.

공정력과 구성요건적 효력을 구별하는 다수설에 의하면 공정력은 국민(상대방과 제3자)에 대한 효력이고, 구성요건적 효력은 타 국가기관에 대한 효력으로 분류한다.

(2) 공정력의 법적 성질(절차적 구속력)

공정력은 법원의 판결이 있기 전까지 행정기관의 의사에 우월성을 인정하여 행정행위를 잠정적으로 통용시키는 절차적 구속력이라는 견해(실체적 적법추정이 아님)가 다수설이다.

2. 공정력의 근거

(1) 이론적 근거

① 자기확인설(O. Mayer)

  ㉠ 행정행위와 판결(법확인·판단·선언)의 유사성을 근거로 행정청이 그의 권한 내에서 한 행정행위는 행정청 스스로 유효성을 확인한 것이므로 행정청이 그 확인을 유지하는 한 행정행위는 유효하다는 견해로서, 공정력은 행정행위에 내재된 고유한 것이라고 한다.

  ㉡ 그러나 ⓐ 행정행위와 판결과는 그 담당기관·절차·목적 등에 있어 현저한 차이가 있으므로 본질적으로 동일하게 볼 수 없다는 점, ⓑ 오늘날의 헌법구조상 행정권의 모든 공권력적 작용은 사법권의 통제를 받게 되어 있는 점, ⓒ 자신이 발한 의사의 효력을 스스로 확인한다는 것은 관료적이며 권위주의적이어서 반법치국가적인 논리라는 점 등에서 비판이 제기된다.

② 국가권위설(E. Forsthoff)

㉠ 자기확인설을 계승·발전시킨 견해로서, 행정행위는 행정청이 우월적 지위에서 행하는 것이 므로 그 효력은 국가적 권위에서 도출된다는 견해이다.

　　　㉡ 그러나 이는 ⓐ 지나친 국가권위사상의 표현이고, ⓑ 법학박물관에서나 찾을 수 있는 화석화된 이론이라는 비판이 제기된다.

　③ 예선적 효력설 : 공정력의 근거를 프랑스에서 통용되고 있는 행정의 예선적 특권이론에서 찾는 견해로서, 예선적 특권이란 행정행위에 대해 법원의 적법·위법의 판정이 있기 전에 미리 행정청에게 자신의 행정결정에 대한 정당한 통용력을 인정하는 것을 말한다.

　④ 행정정책설(법적 안정설, 통설) : 행정행위는 그것이 하자가 있는 경우에도 이후에 그에 대한 불복절차를 밟는 것은 별론으로 하고 공익을 추구하는 행정목적의 신속한 달성과 행정의 능률성 및 실효성 확보(例 조세부과처분이나 병역처분에 대해 개나 소나 함부로 효력을 부인하면 국가는 멸망한다), 행정법관계의 안정과 그에 대한 상대방과 제3자의 신뢰를 보호(例 장사가 잘 되는 집의 영업허가나 동화 속에나 나올 법한 그림 같은 집에 대한 건축허가의 효력을 개나 소나 부인한다면 개인의 법적 안정성은 붕괴된다)하기 위한 정책적 필요성에서 인정된다는 견해로서 통설이다.

(2) 실정법적 근거

이론적 근거만으로 공정력을 인정할 수는 없고 실정법상의 근거를 요하는데, 현행법상 공정력에 대한 직접적·명시적 근거는 존재하지 않는다. 그러나 행정심판법 및 행정소송법의 ① 쟁송취소에 관한 규정(취소심판·취소소송), ② 직권취소에 관한 규정, ③ 행정대집행법상의 자력집행에 관한 규정을 간접적 근거로 들 수 있다.

한편, 집행부정지원칙에 관한 규정을 공정력의 근거로 제시하는 견해가 있으나 통설은 집행정지 여부는 입법정책에 따라 결정되는 것이므로 공정력의 근거가 될 수 없다고 본다. 한편, 철회권의 제한 법리는 공정력의 법적 근거와 무관하다.

3. 공정력의 한계

(1) 무효나 부존재인 행정행위

취소할 수 있는 행정행위에만 잠정적으로 인정되므로 무효·부존재인 행정행위에는 공정력이 인정되지 않는다는 견해가 통설·판례이다.

(2) 타행정작용

공정력은 행정행위·재결 등 행정행위에만 인정되므로 ① 사법행위(국유재산의 매각관계), ② 비권력적 사실행위, ③ 비권력적·쌍방적 공법행위인 공법상 계약, ④ 비권력적 행위에 한정되는 사인의 공법행위, ⑤ 관리관계, ⑥ 확약(판례상 부정하고 학설상으로는 인정)에는 인정되지 않는다. ⑦ 권력적 사실행위에 대해 공정력이 인정되는지 여부에 대하여는 부정, 인정으로 모순된 출제가 이루어졌다.

4. 공정력과 입증책임

(1) 원고부책설
행정행위의 공정력은 적법의 추정을 받는 것이므로 소송절차에서의 입증책임은 행정행위의 위법성을 주장하는 원고가 부담해야 한다(田中二郎).

(2) 법률요건분류설(통설)
행정행위의 공정력은 잠정적인 효력을 인정할 뿐이고 적법성의 추정과는 관계가 없다. 따라서 입증책임의 분배는 공정력과 무관하고 민사소송법상의 분배원칙인 법률요건에 따라 분류해야 한다는 견해이다.

관련판례

1. 처분의 적법사유에 대한 입증책임은 피고(법률요건분류설)

   민사소송법의 규정이 준용되는 **행정소송에 있어서 입증책임은 원칙적으로 민사소송의 일반원칙에 따라 당사자 간에 분배**되고 항고소송의 경우에는 그 특성에 따라 당해 **처분의 적법을 주장하는 피고에게 그 적법사유에 대한 입증책임이 있다** 할 것인바 피고가 주장하는 당해 처분의 적법성이 합리적으로 수긍할 수 있는 일응의 입증이 있는 경우에는 그 처분은 정당하다 할 것이며 **이와 상반되는 주장과 입증은 그 상대방인 원고에게 그 책임이 돌아간다**고 할 것이다(대판 1984.7.24, 84누124).

2. 행정처분의 공정력과 입증책임

   행정처분의 위법을 주장하여 그 처분의 취소를 구하는 소위 항고소송에 있어서는 그 처분이 적법하였다고 주장하는 피고에게 그가 주장하는 적법사유에 대한 입증책임이 있다고 하는 것이 당원판례의 견해이고, 그 견해를 행정처분의 공정력을 부정하는 것이라고는 할 수 없다(대판 1966.10.18, 66누134).

(3) 행정법독자분류설
행정행위의 적법성에 대한 입증책임은 민사소송법상의 입증책임의 분배원칙인 법률요건분류설을 원칙으로 하되, 행정소송의 특수성을 감안하여 당사자 간의 공평, 사안의 성질, 입증의 난이 등의 구체적 사안에 따라 입증책임을 결정하여야 한다는 견해이다.

177

2

2022 삼봉행정법총론

Ⅱ 구성요건적 효력

1. 의의 및 성질

(1) 개 념

구성요건적 효력 또는 구성요건효란 행정행위가 당연무효가 아닌 이상 처분청 이외의 다른 국 가기관은 행정행위의 유효성을 존중하며 스스로의 판단의 기초 내지는 구성요건으로 삼아야 하는 효력을 말한다. 예컨대, 갑(甲)이 국적법에 근거하여 법무부장관으로부터 귀화허가를 받 았다면, 그 귀화허가가 무효가 아닌 한 다른 국가기관은 갑(甲)을 대한민국 국민이라는 구성요 건(법률요건)을 충족했다고 판단해야지 외국인이라는 구성요건을 충족한 것으로 판단하여 외 국인토지법을 적용할 수 없는 구속력을 말한다.

하자 있는 병역처분에 의해 입대한 경우에도 당연무효가 아닌 이상 현역군인이라는 요건을 충족한 것으 로 판단해야 하므로 군형법의 적용대상이 된다(대판 2002.4.26, 2002도740).

(2) 실체적 효력 여부

구성요건적 효력은 행정행위의 존재 및 내용이 타 국가기관을 구속하는 효력으로서 실체적 구 속력이다.

2. 공정력과 구성요건적 효력의 관계

구 분	공정력	구성요건적 효력
법적 성질	절차적 구속력	실체적 구속력
대 상	국민(행정행위의 상대방과 이해관계인인 제3자)	타 국가기관
이론적 근거	행정목적의 신속한 달성과 행정의 능률성 및 실효성 확보, 행정법관계의 안정과 그에 대한 상대방과 제3자의 신뢰보호	헌법상의 권력분립의 원칙, 행정기관 상호 간의 권한존중과 불가침(권한분배의 체계)

3. 구성요건적 효력과 선결문제

(1) 개 설

민사소송 수소법원이나 형사소송 수소법원이 선결문제로서 행정행위의 위법 여부 또는 유효 여부를 확인하거나 효력을 부인하는 것이 구성요건적 효력에 배치되지 않는가 하는 문제이다. 선결문제란 소송에서 본안판단을 함에 있어서 그 해결이 필수적 전제가 되는 법문제를 말한다. 과거에는 공정력과의 관련에서 다루었는데, 현재는 구성요건적 효력과의 관계에서 논의하는 것이 다수설이다.

행정소송법 제11조 제1항은 "처분등의 효력 유무(유효·무효·실효) 또는 존재 여부(존재·부존재)가 민사소송의 선결문제로 되어 당해 민사소송의 수소법원이 이를 심리·판단하는 경우에는 제17(행정청의 소송참가)·25(행정심판기록의 제출명령)·26조(직권심리) 및 제33조(소송비용에 관한 재판의 효력)의 규정을 준용한다(재판관할, 사정판결에 관한 준용규정은 없음)."라고 규정하여 행정행위가 무효이거나 부존재인 경우에는 선결문제로 심사할 수 있음을 명문으로 규정하고 있다.

관련판례

1. 행정행위가 무효인 경우 형사법원은 행정행위의 무효를 확인하여 무죄판결을 할 수 있다

   소론 법조에 정한 **체납범은 정당한 과세에 대하여서만 성립되는 것이고, 과세가 당연히 무효한 경우에 있어서는 체납의 대상이 없어 체납범 성립의 여지가 없다**(대판 1971.5.31, 71도742).

2. 의무이행을 명하는 행정처분이 무효인 경우 그 행정처분에 불응하였음을 이유로 행정형벌을 부과할 수 없다(대판 2011.11.10, 2011도11109).

그러나 취소할 수 있는 행정행위의 경우 위법·적법 여부에 대해서는 명문규정이 없기 때문에 학설·판례가 대립한다.

(2) 민사사건의 경우

① 행정행위의 위법성 확인(위법 여부)이 선결문제인 경우(국가배상청구)

    ㉠ 부정설(소극설) : 행정행위가 당연무효가 아닌 한, 민사소송에 있어서 법원은 그 위법성 여부를 심리·판단할 수 없다는 견해(이상규, 한견우)이다.

    ㉡ 긍정설(적극설 ; 다수설) : 우리나라의 다수설(김남진, 김동희, 김성수, 류지태, 박균성, 박윤흔, 석종현, 유상현, 홍정선, 홍준형)이다.

부정설(소극설)	긍정설(적극설 : 다수설)
1. 현행법은 취소소송의 배타적 관할제를 채택하고 있기 때문에 민사·형사소송의 수소법원은 행정행위에 대한 취소권이 없다는 점, 2. 행정행위는 공정력이 있기 때문에 권한 있는 기관에 의하여 취소될 때까지는 어떠한 국가기관도 그 효력에 구속되어야 한다는 점, 3. 현행 행정소송법은 처분등의 효력 유무 또는 존재 여부가 민사소송의 선결문제로 되는 경우에 대해서만 규정하고 있다는 점 등을 논거로 들고 있다.	1. 민사·형사소송의 수소법원이 행정행위의 효력을 부인하지 않는 한도에서 행정행위의 위법성 여부를 판단하는 것은 구성요건적 효력에 반하는 것이 아니고, 2. 행정소송법 제11조의 규정은 학설·판례상 의견의 일치를 본 부분만 명기하고 그 외의 부분은 학설·판례의 발전에 맡긴 것으로 보아야 한다는 점을 들고 있다.

ⓒ 판례(긍정설) : 판례는 학설과 달리 공정력의 문제로 이해하고 있지만, 결론적으로 민사법원이 선결문제로서 행정행위의 위법성 여부에 대하여 심사를 할 수 있다고 한다. 그러나 행정행위가 당연무효가 아닌 한, 민사법원이 행정행위의 효력·존재까지 부인할 수 없다는 입장이다.

관련판례

1. 공정력의 의의

   행정처분이 아무리 위법하다고 하여도 그 하자가 중대하고 명백하여 당연무효라고 보아야 할 사유가 있는 경우를 제외하고는 아무도 그 하자를 이유로 무단히 그 효과를 부정하지 못하는 것으로, 이러한 행정행위의 공정력은 판결의 기판력과 같은 효력은 아니지만 그 공정력의 객관적 범위에 속하는 행정행위의 하자가 취소사유에 불과한 때에는 그 처분이 취소되지 않는 한 처분의 효력을 부정하여 그로 인한 이득을 법률상 원인 없는 이득(부당이득)이라고 말할 수 없는 것이다(대판 2007.3.16, 2006다83802).
2. 위법한 행정대집행이 완료되면 그 처분의 무효확인 또는 취소를 구할 소의 이익은 없다 하더라도, 미리 그 행정처분의 취소판결이 있어야만 그 행정처분의 위법임을 이유로 한 손해배상청구를 할 수 있는 것은 아니다(대판 1972.4.28, 72다337).
3. 재개발사업 시행자가 분양신청을 하지 아니한 재개발구역 내의 토지소유자에 대하여 대지 및 건축시설을 분양하지도 아니하고 청산금도 지급하지 아니한 채 분양처분고시를 함으로써 토지의 소유권을 상실시킨 경우 토지소유자에 대하여 불법행위의 책임을 진다(대판 2002.10.11, 2002다33502).

② 행정행위의 효력 부인(효력 여부)이 선결문제인 경우(부당이득반환청구)

   ㉠ 학설(부정설) : 공법상의 부당이득반환청구소송에 있어서는 국가배상청구소송과는 달리 행정행위의 위법성 여부가 아니라 행정행위의 효력 여부가 선결문제로 되고 있다. 위법한 행정행위도 무효가 아닌 한, 권한 있는 기관에 의해 취소되기 전에는 유효성을 갖고 있기 때문에 재산상 이동의 법률상 원인이 되므로 부당이득반환청구권이 성립할 수 없다는 부정설이 다수설이다. 그러나 부정설에 서면서도 논거로는 공정력의 문제나 구성요건적 효력의 문제가 아닌 법원의 관할문제로 보는 것이 타당하다는 견해가 있다.

   ㉡ 판례(부정설) : 부당이득반환청구소송에서는 하자가 중대하고 명백하여 무효에 해당하는 경우에는 이를 심사하여 부당이득 여부를 판단할 수 있으나, 단순한 취소사유에 그치는 경우에는 효력을 부인할 수 없다고 판시하고 있다.

1. 국세 등의 부과 및 징수처분과 같은 행정처분이 당연무효임을 전제로 하여 민사소송을 제기한 때에는 그 **행정처분이 당연무효인지의 여부가 선결문제이므로 법원은 이를 심사하여 그 행정처분의 하자가 중대하고도 명백하여 당연무효라고 인정될 경우에는 이를 전제로 하여 판단할 수 있으나, 그 하자가 단순한 취소사유에 그칠 때에는 법원은 그 효력을 부인(취소)할 수 없다**(대판 1973.7.10, 70다1439).

2. 재결이 당연무효이거나 취소되지 않는 한 재결에서 정한 손실보상금의 산정에 있어서 위 하자가 반영되지 않았다는 이유로 민사소송절차로 토지소유자에게 부당이득의 반환을 구할 수는 없다(대판 2001.1.16, 98다58511).

(3) 형사사건의 경우

① 행정행위의 위법성 확인(위법 여부)이 선결문제인 경우·행정행위(명령)의 위법 여부가 범죄구성요건의 문제로 되는 경우(도시계획법상 원상회복명령위반죄·온천법상 시설개선명령위반죄) : 적법한 명령에 따르지 않으면 범죄가 성립하지만, 위법한 명령에 따르지 않으면 범죄가 성립하지 않는 경우에는 행정행위의 효력의 부인이 아니라 행정행위의 위법성을 확인하는 것이 형사소송의 선결문제가 된다.

  ㉠ 부정설(소극설) : 행정행위의 하자가 중대하고 명백하여 무효인 경우를 제외하고는 효력을 부인할 수 없을 뿐만 아니라, 위법성도 심사할 수 없다는 견해(이상규)이다.

  ㉡ 긍정설(적극설 ; 다수설) : 형사소송에서 행정행위효력 유무가 선결문제가 되는 때에는 법원은 직접 행정행위의 효력을 부인할 수는 없으나, 위법성의 판단은 가능하다는 견해로서 통설(김남진, 김동희, 김성수, 류지태, 박균성, 박윤흔, 서원우, 장태주, 정하중, 한견우, 홍정선)이다. 그러나 형사소송의 경우 실체진실주의, 신속한 재판의 원리 등의 특수성이 있으므로 민사사건과는 달리 형사사건에는 공정력이나 구성요건적 효력이 미치지 않는다는 견해(김성수, 박균성, 박윤흔, 한견우)도 제기된다.

  ㉢ 판례(긍정설) : 판례는 위법성 여부만 관계되는 온천법상 시설개선명령위반죄(대판 1986.1.28, 85도2489), 도시계획법상 원상회복명령위반죄에 관한 판결(대판 1992.8.18, 90도1709)에서 긍정설을 취하고 있다.

1. 도시계획구역 안에서 허가 없이 토지의 형질을 변경한 경우 행정청이 도시계획법 제78조 제1항에 의하여 행하는 처분이나 원상회복 등 조치명령의 대상자는 그 토지의 형질을 변경한 자이고 토지의 형질을 변경하지 않은 자에 대하여 한 원상복구의 시정명령은 위법하다

   구 도시계획법 제92조 제4호, 제78조 제1호, 제4조 제1항 제1호의 각 규정을 종합하면 도시계획구역 안에서 허가 없이 토지의 형질을 변경(전에서 답으로)한 경우 행정청은 그 토지의 형질을 변경한 자(토지임차인)에 대하여서만 같은 법 제78조 제1항에 의하여 처분이나 원상회복 등의 조치명령을 할 수 있다고 해석되고, **토지의 형질을 변경한 자도 아닌 자(토지소유자)에 대하여 원상복구의 시정명령이 발하여진**

경우 위 원상복구의 시정명령은 **위법하다** 할 것이다. 같은 법 제78조 제1항에 정한 처분이나 조치명령을 받은 자가 이에 위반한 경우 이로 인하여 같은 법 제92조에 정한 처벌을 하기 위하여는 그 처분이나 조치명령이 적법한 것이라야 하고, 그 **처분이 당연무효가 아니라 하더라도 그것이 위법한 처분으로 인정되는 한 같은 법 제92조 위반죄가 성립될 수 없다**(대판 1992.8.18, 90도1709).

2. 구 도시계획법 제78조 제1항에 정한 처분이나 조치명령을 받은 자가 이에 위반한 경우, 같은 법 제92조에 정한 처벌을 하기 위하여는 그 처분이나 조치명령이 적법할 것을 요한다

   구 도시계획법 제78조에 정한 처분이나 조치명령을 받은 자가 이에 위반한 경우 이로 인하여 같은 법 제92조에 정한 처벌을 하기 위하여는 그 처분이나 조치명령이 적법한 것이라야 하고, 그 처분이 당연무효가 아니라 하더라도 그것이 위법한 처분으로 인정되는 한 같은 법 제92조 위반죄가 성립될 수 없다. 개발제한구역 안에 건축되어 있던 비닐하우스를 매수한 자에게 구청장이 이를 철거하여 토지를 원상회복하라고 시정지시한 조치는 위법하므로 이러한 시정지시를 따르지 않았다고 하여 구 도시계획법 제92조 제4호에 정한 조치명령 등 위반죄로 처벌할 수는 없다(대판 2004.5.14, 2001도2841).

3. 조세의 부과처분을 취소하는 행정판결이 확정된 경우, 확정된 행정판결이 조세포탈에 대한 무죄 내지 원심판결이 인정한 죄보다 경한 죄를 인정할 명백한 증거에 해당한다(대판 2015.10.29, 2013도14716).

4. 조세심판원이 재조사결정을 하고 그에 따라 과세관청이 후속처분으로 당초 부과처분을 취소한 경우, 형사소송법 제420조 제5호에 정한 재심사유에 해당한다(대판 2015.10.29, 2013도14716).

5. 「개발제한구역의 지정 및 관리에 관한 특별조치법」 제30조 제1항에 의하여 행정청으로부터 시정명령을 받은 자가 이를 위반한 경우, 같은 법 제32조 제2호에 정한 처벌을 하기 위하여는 시정명령이 적법하여야 하고, 시정명령이 당연무효는 아니지만 위법한 것으로 인정되는 경우, 같은 법 제32조 제2호 위반죄가 성립하지 않는다(대판 2017.9.21, 2017도7321).

6. 피고인 甲 주식회사의 대표이사 피고인 乙이 개발제한구역 내에 무단으로 고철을 쌓아 놓은 행위 등에 대하여 관할관청으로부터 원상복구를 명하는 시정명령을 받고도 이행하지 아니하였다고 하여 「개발제한구역의 지정 및 관리에 관한 특별조치법」 위반으로 기소된 사안에서, 관할관청이 침해적 행정처분인 시정명령을 하면서 적법한 사전통지를 하거나 의견제출 기회를 부여하지 않았고 이를 정당화할 사유도 없어 시정명령은 절차적 하자가 있어 위법하므로, 피고인 乙에 대하여 같은 법 제32조 제2호 위반죄가 성립하지 않는다고 한 사례(대판 2017.9.21, 2017도7321)

② 행정행위의 효력 부인(효력 유무)이 선결문제인 경우(무면허운전죄·무면허수입죄·무면허어업죄)

　　㉠ 학설(부정설) : 형사법원이 행정행위의 하자를 심사하여 행정행위의 효력을 부인하는 것은 민사소송에서처럼 공정력이나 구성요건적 효력에 반하므로 인정될 수 없다고 보는 것이 다수설이다.

　　　　이에 대해서는 형사소송의 특수성, 즉 형사소송에서는 피고인의 인권보장이 고려되어야 하고 신속한 재판을 받을 권리가 보장되어야 한다는 점에 비추어 형사법원이 선결문제로 심리할 수 있는 것으로 보아야 한다는 견해가 제기된다.

　　㉡ 판례(부정설) : 판례는 행정행위의 효력을 부인하지 않으면 범죄구성요건이 충족되지 않는 무면허운전죄(대판 1982.6.8, 80도2646), 무면허수입죄(대판 1989.3.28, 89도149), 무면허어업죄(대판 1991.5.14, 91도627)에 관한 판결에서 부정설의 입장을 취하고 있다.

1. 운전면허가 취소되기 전에 운전한 행위는 무면허운전이 아니다

   연령미달의 결격자인 피고인이 소외인의 이름으로 운전면허시험에 응시, 합격하여 교부받은 운전면허는 당연무효가 아니고 도로교통법 제65조 제3호의 사유(운전면허취소사유)에 해당함에 불과하여 **취소되지 않는 한 유효하므로 피고인의 운전행위는 무면허운전에 해당하지 아니한다**(대판 1982.6.8, 80도2646).

2. 적성검사 미필로 운전면허가 취소되고 그 취소사실의 통지에 갈음하여 적법한 공고가 있었으나 면허취소사실을 모르고 운전한 경우, 무면허운전에 해당한다(대판 2002.10.22, 2002도4203).

3. 일단 수입면허를 받고 물품을 통관한 경우 관세법상 무면허수입죄가 성립되지 않는다(대판 1989.3.28, 89도149).

4. 어업면허를 받은 피고인 甲과 어장시설의 복구·증설 비용을 부담하기로 한 피고인 乙이 동업계약을 맺고 어류를 양식하던 중 어업면허가 취소되었으나 그 후 판결로 그 처분이 취소되기까지 사이에 어장을 그대로 유지한 행위는 무면허어업행위가 되지 않는다(대판 1991. 5.14, 91도627).

5. 형사소송에서 행정행위의 효력이 인정되어야만 범죄구성요건이 충족될 수 있는 경우(조세포탈죄) 행정행위의 효력을 부인할 수 없어 유죄판결을 하여야 하나 당해 행정행위가 판결로 취소된 경우 재심사유에 해당한다

   위법한 행정행위(조세부과처분)의 취소가 유죄판결(조세포탈)확정 후에 이루어진 경우에 형사소송법 제420조 제5호 소정의 재심사유에 해당한다(대판 1985.10.22, 83도2933).

제3항 **존속력(확정력)**

Ⅰ 존속력의 의의

행정행위는 확정판결(기판력)과 달리 영속적·종국적으로 관계당사자를 구속하는 것은 아니다. 그러나 행정행위가 발급되면 그 행위를 근거로 하여 많은 법률관계가 형성되기 때문에 일단 발급된 행정행위를 존속시키기 위해 존속력이 인정된다. 불가쟁력과 불가변력을 합하여 존속력이라 부른다.

1. 형식적 존속력(불가쟁력)

형식적 존속력은 쟁송제기기간의 경과나 심급의 경유로 인해 행정행위의 상대방 기타 이해관계인이 더 이상 효력을 다툴 수 없는 힘을 말한다. 불가쟁력은 형식적 존속력이므로 불가쟁력이 발생하더라도 형식적으로 다툴 수 없을 뿐이지 위법한 행정행위의 위법성이 치유되어 적법하게 되지는 않는다. 불가쟁력이 발생하면 취소소송은 제기할 수 없지만, 무효확인소송이나 국가배상청구소송까지 제기할 수 없는 것은 아니다. 불가쟁력이 발생한 행정행위에 대한 취소심판 및 취소소송의 제기는 부적법한 것으로 각하된다. 다만, 불가쟁력이 발생한 행정처분에 대한 무효확인청구는 무효사유일 경우 인용판결(무효확인판결)을 받게 되지만, 취소사유에 불과할 경우에는 기각판결을 받게 된다.

관련
판례

취소사유로서 확정력이 발생한 행정처분에 대한 무효확인청구는 기각하여야 한다

위헌인 법률에 근거한 행정처분이 당연무효인지의 여부는 위헌결정의 소급효와는 별개의 문제로서, 위헌결정의 소급효가 인정된다고 하여 위헌인 법률에 근거한 행정처분이 당연무효가 된다고는 할 수 없고, 오히려 이미 취소소송의 제기기간을 경과하여 확정력이 발생한 행정처분에는 위헌결정의 소급효가 미치지 않는다고 보아야 한다. 어느 행정처분에 대하여 그 **행정처분의 근거가 된 법률이 위헌이라는 이유로 무효확인청구의 소가 제기된 경우에는 다른 특별한 사정이 없는 한 법원으로서는 그 법률이 위헌인지 여부에 대하여는 판단할 필요 없이 그 무효확인청구를 기각하여야 한다**(대판 1994.10.28, 92누9463).

2. 실질적 존속력(불가변력)

실질적 존속력은 행정청 스스로도 행정행위의 내용 자체를 변경(직권취소나 철회)을 할 수 없는 힘을 말한다. 따라서 불가변력이 있는 행정행위를 취소하거나 철회하는 경우 위법의 문제가 발생한다. 불가변력은 법령상 명문의 규정이 없는 경우에 행정행위의 성질에 비추어 당연히 인정되는 효력이다.

Ⅱ 불가쟁력과 불가변력의 비교

구 분	불가쟁력	불가변력
성 질	절차적 효력(형식적 존속력)	실체적 효력(실질적 존속력)
대 상	국민(처분의 상대방이나 이해관계인인 제3자)	처분청 자신
양자의 관계 양자의 관계	불가쟁력이 발생한 행정행위라도 불가변력이 없는 한 행정청이 직권으로 취소가능	불가변력이 발생한 행정행위라도 불가쟁력이 발생하기 전에는 이해관계인은 행정쟁송절차를 통해 효력을 다툴 수 있다(쟁송취소 가능).
	1. 양자는 상호의존적이다. (×) 2. 불가변력이 발생하면 불가쟁력은 당연히 발생한다. (×) 3. 불가쟁력이 발생하면 원칙적으로 불가변력은 발생한다. (×) 4. 불가쟁력과 불가변력은 서로 무관하다.	
목 적	행정의 능률성, 법적 평화, 법적 안정성	법적 안정성
사 유	쟁송제기기간의 도과(경과), 심급의 종료	
한 계	무효인 행정행위에는 부정	무효인 행정행위에는 부정
인정 영역	모든 종류의 행정행위	1. 특정한 행정행위(확인행위, 준사법적 행위)에만 인정하는 것이 통설 2. 광의로 이해하는 견해 : 협의의 불가변력에 수익적 행정행위의 취소·철회의 제한을 추가하는 견해

1. 준사법적 행정행위에만 불가변력이 인정된다

귀속재산에 관한 지방관재기관의 귀속재산처리에 대한 소청심의회 결정이 원래 행정처분의 성격을 가진 것이라 할 것이나 실질적인 면에서 본다면 본질상 쟁송의 절차를 통한 준재판이라 할 것인 만큼 이러한 성질을 가진 소청 재결청의 판정은 일반 행정처분과는 달리 재심 기타 특별한 규정이 없는 한 재결청인 소청심의회 자신이 취소변경할 수는 없다[대판(전합) 1965.4.22, 63누200].

2. 불가쟁력이 발생해도 직권취소가 가능하다

개별토지에 대한 가격결정도 행정처분에 해당하며, 원래 행정처분을 한 처분청은 그 행위에 하자가 있는 경우에는 원칙적으로 별도의 법적 근거가 없더라도 스스로 이를 직권으로 취소할 수 있는 것이고, 행정처분에 대한 법정의 불복기간이 지나면(불가쟁력 발생) 직권으로도 취소할 수 없게 되는 것은 아니므로, 처분청은 토지에 대한 개별토지가격의 산정에 명백한 잘못이 있다면 이를 직권으로 취소할 수 있다(대판 1995.9.15, 95누6311).

3. 불가쟁력이 발생한 경우 위헌결정의 소급효 제한

이미 취소소송의 제기기간을 경과하여 확정력이 발생한 행정처분의 경우에는 위헌결정의 소급효가 미치지 않는다(대판 2002.11.8, 2001두3181).

4. 행정처분이나 행정심판 재결이 불복기간의 경과로 확정된 경우, 확정력의 의미

행정처분이나 행정심판 재결이 불복기간의 경과로 인하여 확정될 경우 확정력은 처분으로 인하여 법률상 이익을 침해받은 자가 **처분이나 재결의 효력을 더 이상 다툴 수 없다는 의미일 뿐**(처분이나 행정심판의 재결에) 판결에 있어서와 같은 **기판력(실질적 확정력)이 인정되는 것은 아니어서 처분의 기초가 된 사실관계나 법률적 판단이 확정되고 당사자들이나 법원이 이에 기속되어 모순되는 주장이나 판단을 할 수 없게 되는 것은 아니다.** 종전의 산업재해요양보상급여 취소처분이 불복기간의 경과로 인하여 확정되었더라도 요양급여청구권이 없다는 내용의 법률관계까지 확정된 것은 아니며 소멸시효에 걸리지 아니한 이상 다시 요양급여를 청구할 수 있고 그것이 거부된 경우 이는 새로운 거부처분으로서 위법 여부를 소구할 수 있다(대판 1993.4.13, 92누17181).

5. 행정행위의 불가변력은 당해 행정행위에 대하여서만 인정되는 것이고, 동종의 행정행위라 하더라도 그 대상을 달리할 때에는 이를 인정할 수 없다(대판 1974.12.10, 73누129).

6. 피재해자에게 이루어진 요양승인처분이 불복기간의 경과로 확정되었다 하더라도 사업주는 피재해자가 재해발생 당시 자신의 근로자가 아니라는 사정을 들어 보험급여액징수처분의 위법성을 주장할 수 있다(대판 2008.7.24, 2006두20808).

Ⅲ 불가쟁력이 발생한 행정행위의 재심(사)

불가쟁력이 발생한 행정행위도 특별한 사유가 있으면 예외적으로 재심사될 수 있다.

제7절 행정행위의 하자 일반론

제1항   개 설

Ⅰ 하자의 의의

1. 하자의 개념

행정행위가 성립은 하였으나 발령 당시에 적법요건을 갖추지 못해 완전한 효력을 발생하지 못하는 경우를 하자 있는 행정행위라 한다. 하자는 광의로는 위법과 부당(공익판단위배·합목적성위배)을 포함하지만, 협의로는 위법만을 의미한다. 하자유형으로는 대체로 무효인 행정행위와 취소할 수 있는 행정행위로 나눈다.

2. 행정행위의 하자의 효과

일률적으로 말할 수 없으며, 하자의 정도와 유형에 따라 그 효과가 달리 발생한다. 일반적으로는 무효 또는 취소사유에 해당하므로 당사자는 소송을 제기하여 취소할 수 있다. 그러나 행정청은 처분에 오기(誤記, 잘못 기재), 오산(誤算, 잘못 계산) 또는 그 밖에 이에 준하는 명백한 잘못이 있을 때에는 직권으로 또는 신청에 따라 지체 없이 정정하고 그 사실을 당사자에게 통지하여야 한다(행정절차법 제25조). 따라서 명백한 오기·오산은 하자가 아니다.

Ⅱ 행정행위의 부존재

행정행위의 부존재란 행정행위가 법이 정하는 행정행위의 중요한 요소를 완전히 결여함으로써 외관상으로도 행정행위라고 할 만한 행위가 존재하지 않고, 행정행위로서 성립조차 못한 경우로서 처음부터 효력이 없는 것을 말한다.

I 개 설

1. 행정행위의 무효의 의의

행정행위의 무효는 행정행위로서의 외형은 갖추고 있으나, 그 하자가 중대하고 명백하여 처음부터 법률적 효력이 전혀 없는 행정행위를 말한다. 행정행위의 외형을 갖추고 있다는 점, 행정행위로서 성립은 했다는 점에서 행정행위의 부존재와는 구별된다. 따라서 누구도 이에 구속당함이 없이 다른 국가기관은 물론 사인조차도 독자의 책임과 판단에서 그 무효를 단정할 수 있다.

2. 취소할 수 있는 행정행위의 의의

취소할 수 있는 행정행위라 함은 행정행위에 하자가 있음에도 불구하고 권한 있는 기관이 취소함으로써 비로소 행정행위로서의 효력을 상실하게 되는 행정행위를 말한다. 따라서 정당한 권한을 가진 처분청(직권취소) 또는 법원(쟁송취소)이 취소하기 전에는 상대방 및 제3자(공정력)는 물론 기타 국가기관(구성요건적 효력)도 이에 구속되어 효력을 부정할 수 없다.

II 무효와 취소의 구별실익

구 분	무효사유	취소사유
효 력	처음부터 효력을 발생하지 않음.	권한 있는 기관에 의해 취소될 때까지는 효력 인정(일단 유효)
공정력·구성요건적 효력	×	○
존속력 (불가쟁력, 불가변력)	×	○
제소기간 제한규정 (제척기간)의 적용	× (무효선언을 구하는 의미의 취소소송은 적용)	○
행정심판전치	× (무효선언을 구하는 의미의 취소소송, 선거·당선무효소송은 예외)	○ (특별규정 있는 경우)
선결문제심리	○ (행정소송법 제11조에 명문규정)	△ (위법성확인은 가능, 효력 부인은 불가)

하자의 치유	×	○
하자의 전환	○	×
하자의 승계	선행행위는 언제나 쟁송제기 가능, 후행행위도 당연무효(당연승계)	△ [일정한 경우(하나의 목적과 효과) 승계 인정]
행정쟁송의 형태	1. 무효확인심판·소송(원칙) 2. 무효선언을 구하는 의미의 취소소송	취소심판·소송
부당이득반환청구	○	×
국가배상청구	○	○
집행부정지원칙	○	○
사정재결·사정판결	×	○
복종의무	×(위법명령의 실질적 심사 가능)	○(형식적 심사만 가능)

Ⅲ 무효와 취소의 구별기준

1. 학 설

(1) 중대명백설(외견상 일견명백설, 통설)

① 의의 : 행정행위의 하자가 내용상 중대하고 외견상 명백한 경우에만 무효가 되고, 그에 이르지 않는 단순위법의 행위 등은 취소사유라는 견해이다. 하자의 명백성은 행정행위의 하자가 일반적 평균인(통상인)을 기준으로 외견상 일견 명백한 경우를 말한다.

② 근거 : 중대명백설은 행정의 실효성 확보요청과 실질적 정의(공익), 법적 안정성의 원칙(신뢰보호의 원칙) 및 국민의 권리구제의 요청의 원칙(사익)과의 조화에 근거를 두고 있다. 즉, 행정행위의 위법성이 중대하고 명백한 경우에도 국민이 구속된다고 하는 것은 지나치게 행정편의만 고려하는 것이고, 또한 위법성이 외관상 명백한 경우이기 때문에 무효로 해도 국민의 신뢰를 해치는 것이 아니라고 한다.

③ 비판 : 중대명백설은 구체적 사안의 특수성을 무시한 단일의 경직된 기준으로 무효사유와 취소사유를 구분하고 있다는 것과 중대명백설이 국민의 권리구제의 측면에 다소 엄격하다는 비판하에 명백성 요건을 완화 내지 삭제하려는 견해들이 제기되고 있다. 또한 독일연방행정절차법과 같이 절대적 무효사유와 상대적 무효사유에 대해 명확하게 규정하는 것이 좋다는 견해도 제시된다.

(2) 조사의무설(객관적 명백설, 직무성실의무설)

외견상 일견명백설이 '통상인'을 기준으로 하여 명백성의 요건을 판단하는 데 비해, 조사의무설은 전문가인 '행정청'을 기준으로 하여 명백성의 요건을 판단하므로 하자의 발견능력이 높고, 공무원의 성실한 조사를 통해 밝혀질 수 있는 하자에 대해서도 명백성을 인정함으로써 무효의 범위가 넓어지게 된다.

(3) 명백성보충요건설

하자의 중대성은 필수적 요건이지만, 하자의 명백성은 구체적인 사안에 있어서 이익형량에 따라 요구될 수도 있는 보충적 가중요건이라는 견해로서, 통설보다는 무효사유의 인정 폭이 넓다. 대법원판례의 반대의견에서 제시된 바 있다.

반대의견(대법원 소수의견임)
행정행위의 무효사유를 판단하는 기준으로서의 **명백성은 행정처분의 법적 안정성 확보를 통하여 행정의 원활한 수행을 도모하는 한편 그 행정처분을 유효한 것으로 믿은 제3자나 공공의 신뢰를 보호하여야 할 필요가 있는 경우에 보충적으로 요구**되는 것으로서, **그와 같은 필요가 없거나 하자가 워낙 중대하여 그와 같은 필요에 비하여 처분 상대방의 권익을 구제하고 위법한 결과를 시정할 필요가 훨씬 더 큰 경우라면 그 하자가 명백하지 않더라도 그와 같이 중대한 하자를 가진 행정처분은 당연무효**라고 보아야 한다[대판(전합) 1995.7.11, 94누4615].

2. 판례(중대명백설)

판례는 기본적으로 중대명백설(외견상 일견명백설)에 입각하고 있다.

1. 중대명백설
   하자 있는 행정처분이 당연무효가 되기 위하여는 그 하자가 법규의 중요한 부분을 위반한 중대한 것으로서 객관적으로 명백한 것이어야 한다(대판 2011.7.28, 2011두2842).
2. 하자가 중대하고 명백한 것인지 여부를 판별함에 있어서는 그 법규의 목적, 의미, 기능 등을 목적론적으로 고찰함과 동시에 구체적 사안 자체의 특수성에 관하여도 합리적으로 고찰함을 요한다(대판 2011.7.28, 2011두2842).
3. 외견상 일견명백설
   명백한 하자라 함은 행정처분 자체에 하자 있음이 객관적으로(외형상으로) 명백히 드러나는 것을 말한다(대판 1991.10.22, 91다26690).
4. 조사의무설 부정
   행정처분의 대상이 되는 법률관계나 사실관계가 전혀 없는 사람에게 행정처분을 한 때에는 그 하자가 중대하고도 명백하다 할 것이나, 행정처분의 대상이 되지 아니하는 어떤 법률관계나 사실관계에 대하여 이를 처분의 대상이 되는 것으로 오인할 만한 객관적인 사정이 있는 경우로서 그것이 **처분대상이 되는지의 여부가 그 사실관계를 정확히 조사하여야 비로소 밝혀질 수 있는 때에는 비록 이를 오인한 하자가 중대하다고 할지라도 외관상 명백하다고 할 수는 없다**(대판 2011.7.28, 2011두2842).

5. 공공사업의 경제성 또는 사업성의 결여로 인해 행정처분이 무효로 되기 위한 요건과 그 경제성 또는 사업성의 판단방법(새만금사건)

공공사업의 경제성 내지 사업성의 결여로 인하여 행정처분이 무효로 되기 위하여는 공공사업을 시행함으로 인하여 얻는 이익에 비하여 공공사업에 소요되는 비용이 훨씬 커서 이익과 비용이 현저하게 균형을 잃음으로써 사회통념에 비추어 행정처분으로 달성하고자 하는 사업 목적을 실질적으로 실현할 수 없는 정도에 이르렀다고 볼 정도로 과다한 비용과 희생이 요구되는 등 그 하자가 중대하여야 할 뿐만 아니라, 그러한 사정이 객관적으로 명백한 경우라야 한다. 그리고 위와 같은 공공사업에 경제성 내지 사업성이 있는지 여부는 공공사업이 그 시행 당시 적용되는 법률의 요건을 모두 충족하고 있는지 여부에 따라 판단되어야 함은 물론, 경제성 내지 사업성 평가와 관련하여서는 그 평가 당시의 모든 관련 법률의 목적과 의미, 내용 그리고 학문적 성과가 반영된 평가기법에 따라 가장 객관적이고 공정한 방법을 사용하여 평가되었는지 여부에 따라 판단되어야 한다[대판(전합) 2006.3.16, 2006두330].

6. 행정청이 어느 법률관계나 사실관계에 대하여 어느 법률 규정을 적용할 수 없음에도 이를 잘못 해석한 나머지 그 법률을 적용하여 행정처분을 한 경우, 하자가 중대하고 명백한지 판단하는 기준

행정청이 어느 법률관계나 사실관계에 대하여 어느 법률 규정을 적용하여 행정처분을 한 경우에 그 법률관계나 사실관계에 대하여는 그 법률 규정을 적용할 수 없다는 법리가 명백히 밝혀져 해석에 다툼의 여지가 없음에도 행정청이 위 규정을 적용하여 처분을 한 때에는 하자가 중대하고도 명백하지만, 그 법률관계나 사실관계에 대하여 그 법률 규정을 적용할 수 없다는 법리가 명백히 밝혀지지 않아 해석에 다툼의 여지가 있는 때에는 행정관청이 이를 잘못 해석하여 행정처분을 했더라도 이는 처분 요건사실을 오인한 것에 불과하여 하자가 명백하다고 할 수 없다(대판 2012.8.23, 2010두13463).

7. 행정처분이 당연무효라 하기 위한 요건 및 법령 규정의 문언만으로는 처분 요건의 의미가 분명하지 않지만 그에 관하여 법원이나 헌법재판소의 분명한 판단이 있고, 행정청이 판단 내용에 따라 법령 규정을 해석·적용하는 데에 아무런 법률상 장애가 없는데도 합리적 근거 없이 사법적 판단과 어긋나게 행정처분을 한 경우, 하자가 객관적으로 명백하다(대판 2017.12.28, 2017두30122).

8. 과세관청이 법령 규정의 문언상 과세처분 요건의 의미가 분명함에도 합리적인 근거 없이 그 의미를 잘못 해석한 결과, 과세처분 요건이 충족되지 아니한 상태에서 해당 처분을 한 경우에는 법리가 명백히 밝혀지지 아니하여 그 해석에 다툼의 여지가 있다고 볼 수 없다(대판 2019.4.23, 2018다287287).

3. 헌법재판소

헌법재판소도 기본적으로 중대명백설에 입각하지만, 대법원판례와 달리 중대명백설의 예외사유를 구체적으로 판시하고 있다. 그러나 헌법재판소가 명백성 보충요건설을 취한다고 해석하는 견해도 있다.

1. 행정처분의 집행이 이미 종료되었고 그것이 번복될 경우 법적 안정성을 크게 해치게 되는 경우에는 후에 행정처분의 근거가 된 법규가 헌법재판소에서 위헌으로 선고된다고 하더라도 그 행정처분이 당연무효가 되지는 않음이 원칙이라고 할 것이나, **행정처분 자체의 효력이 쟁송기간 경과 후에도 존속 중인 경우, 특히 그 처분이 위헌법률에 근거하여 내려진 것이고 그 행정처분의 목적달성을 위하여서는 후행(後行)행정처분이 필요한데 후행(後行)행정처분은 아직 이루어지지 않은 경우와 같이 그 행정처분을 무효로 하더라도 법적 안정성을 크게 해치지 않는 반면에 그 하자가 중대하여 그 구제가 필요한 경우에 대하여서는 그 예외를 인정하여 이를 당연무효사유로 보아서 쟁송기간 경과 후에라도 무효확인을 구할 수 있는 것이라고 봐야 할 것이다**(헌재결 1994.6.30, 92헌바23).

2. 행정처분에 대한 제소기간이 도과한 후 그 처분에 대한 무효확인의 소를 제기한 경우 당해 행정처분의 근거법률이 위헌인지 여부는 당해 사건 재판의 전제가 되지 않는다(각하)

   행정처분의 근거법률이 헌법에 위반된다는 사정은 헌법재판소의 위헌결정이 있기 전에는 객관적으로 명백한 것이라고 할 수는 없으므로 특별한 사정이 없는 한 그러한 하자는 행정처분의 취소사유에 해당할 뿐 당연무효사유는 아니어서, 제소기간이 경과한 뒤에는 행정처분의 근거 법률이 위헌임을 이유로 무효확인소송 등을 제기하더라도 행정처분의 효력에는 영향이 없음이 원칙이다. 따라서 행정처분의 근거가 된 법률조항의 위헌 여부에 따라 당해 행정처분의 무효확인을 구하는 당해 사건 재판의 주문이 달라지거나 재판의 내용과 효력에 관한 법률적 의미가 달라지는 것은 아니므로 재판의 전제성이 인정되지 아니한다(헌재결 2014.1.28, 2010헌바251).

제3항 행정행위 하자의 치유와 전환

Ⅰ 개 설

법률적합성의 원칙상 행정행위의 성립에 하자(원시적 하자)가 있는 경우에는 그 하자의 정도에 따라 무효 또는 취소할 수 있음이 원칙이다. 그러나 이러한 행정행위의 하자론의 예외로 그 성립에 하자가 있는 위법한 행정행위라 할지라도 그 효력을 유지시키고자 하는 법리가 흠의 치유와 전환의 법리이다.

Ⅱ 행정행위 하자의 치유와 전환의 의의

1. 치유의 의의

하자 있는 행정행위의 치유란 행정행위가 성립 당시에 하자(원시적 하자)가 있었음에도 불구하고 일정한 요건 아래서 행정행위를 유효하게 다루는 것을 말한다.

2. 전환의 의의

하자 있는 행정행위를 적법한 다른 행정행위로서 효력을 발생하게 하는 것을 하자 있는 행정행위의 전환이라 한다. 사망한 귀속재산의 수불하자에 대한 불하처분의 취소처분이 상속인에게 송달되었을 때 유효한 행위로 전환하는 것(대판 1969.1.21, 68누190), 위법한 징계면직처분(파면·해임)을 적법한 직권면직처분으로 전환하는 것 등이 그 예이다.

관련 판례

행정행위의 전환을 새로운 행정처분으로 보아 행정쟁송의 대상이 된다는 판례
귀속재산을 불하받은 자가 사망한 후에 그 수불하자(불하받은 자)에 대하여 한 그 불하취소처분은 사망자에 대한 행정처분이므로 무효이지만 그 취소처분을 수불하자의 상속인에게 송달한 때에는 그 송달 시에 그 상속인에 대하여 다시 그 불하처분을 취소한다는 새로운 행정처분을 한 것이라고 할 것이다(대판 1969.1.21, 68누190).

3. 양자의 구별

치유는 하자 있는 행정행위가 하자 없는 것으로 되어 본래의 행위로서 효력을 발생하는 것을 말하는데, 전환은 본래의 행정행위가 아니고 전혀 다른 행위로 효력을 발생하는 점에서 구별된다.

Ⅲ 치유와 전환의 인정 여부 및 인정근거

1. 치유의 인정 여부(제한적 긍정설) 및 인정근거

하자의 치유를 인정할 것인가에 대해서는 ① 적극설과 ② 소극설, ③ 제한적 긍정설(통설)이 대립하고 있다. 그중 하자의 치유는 법치행정의 원칙에서 보면 원칙적으로 허용되지 아니하고, 예외적으로 치유가 허용되는 경우에도 행정행위의 무용한 반복을 피하고 당사자의 법적 안정성을 위해 국민의 권리나 이익을 침해하지 않는 범위에서만 구체적 사정에 따라 합목적적으로 인정하여야 한다는 제한적 긍정설이 통설·판례이다.

한편, 판례는 경원자관계의 경우 위법한 수익적 행정행위의 하자의 치유를 인정한다면 타방 당사자의 이익을 침해할 수 있다는 이유로 치유가능성을 부정한다.

1. 행정행위의 하자의 치유 및 전환범위(제한적 긍정설)

하자 있는 행정행위의 치유나 전환은 행정행위의 성질이나 법치주의의 관점에서 볼 때 원칙적으로 허용될 수 없는 것이지만, 행정행위의 무용한 반복을 피하고 당사자의 법적 안정성을 위해 이를 허용하는 때에도 국민의 권리와 이익을 침해하지 않는 범위에서 구체적 사정에 따라 합목적적으로 인정해야 할 것이다(대판 1983.7.26, 82누420).

2. 경원자관계의 경우 하자치유 부정

원고의 적법한 허가신청이 참가인들의 신청과 경합되어 있어 이 사건 처분의 치유를 허용한다면 원고에게 불이익하게 되므로 이를 허용할 수 없다(대판 1992.5.8, 91누13274).

3. 치유를 인정하면 개발부담금 납부의무자로서는 위법한 처분에 대한 가산금(연체이자) 납부의무를 부담하게 되는 등 불이익이 있는 경우 하자의 치유 부정

선행처분인 개별공시지가결정이 위법하여 그에 기초한 개발부담금부과처분도 위법하게 된 경우 그 하자의 치유를 인정하면 개발부담금 납부의무자로서는 위법한 처분에 대한 가산금 납부의무를 부담하게 되는 등 불이익이 있을 수 있으므로, 그 후 적법한 절차를 거쳐 공시된 개별공시지가결정이 종전의 위법한 공시지가결정과 그 내용이 동일하다는 사정만으로는 위법한 개별공시지가결정에 기초한 개발부담금부과처분이 적법하게 된다고 볼 수 없다(대판 2001.6.26, 99두11592).

4. 구 「법인세법 시행령」 제109조 제1항 후문에서 납세고지서에 부기하여야 한다고 정한 '납세지 관할 지방국세청장이 조사·결정하였다는 뜻'이 납세고지서의 필요적 기재사항은 아니고, 과세관청이 과세처분에 앞서 납세자에게 보낸 세무조사결과통지 등에 납세고지서의 필요적 기재사항이 제대로 기재되어 있어 처분에 대한 불복 여부의 결정 등에 지장을 받지 않았음이 명백한 경우, 납세고지서의 하자가 보완되거나 치유될 수 있다(대판 2020.10.29, 2017두51174).

2. 전환의 인정 여부(긍정설) 및 인정근거

판례는 제한적 긍정설을 취한다. 전환의 인정근거도 치유의 인정근거와 같다.

Ⅳ 치유사유와 전환요건

1. 치유사유

(1) 흠결된 요건의 사후보완

종래의 학설은 치유의 사유로 ① 흠결된 요건의 사후보완, ② 장기간의 방치로 인한 법률관계의 확정, ③ 취소를 불허하는 공익상의 요구의 발생 등을 들고 있다. 그러나 현재 통설은 ②와 ③은 행정행위의 '취소의 제한사유'로 보고 ①만을 엄밀한 의미의 치유사유로 본다.

(2) 내용상의 하자치유

독일행정절차법과 달리 명문규정은 없지만 우리도 내용에 관한 하자의 치유는 허용하지 않는다(이견 있음).

내용상의 하자에 대하여는 하자의 치유 부정
사업계획변경인가처분에 관한 하자가 행정처분의 내용에 관한 것이고 새로운 노선면허가 소 제기 이후에 이루어진 사정 등에 비추어 하자의 치유를 인정하지 않은 원심의 판단은 정당하다(대판 1991.5.28, 90누 1359).

(3) 하자치유 인정사례

1. 청문서 도달기간을 어겼더라도 영업자가 이의하지 아니한 채 스스로 청문일에 출석하여 의견을 진술하고 변명하는 등 방어의 기회를 충분히 가진 경우(대판 1992.10.23, 92누2844).
2. 단체협약에 규정된 여유기간을 두지 않고 징계회부 사실을 통보하였으나 피징계자가 징계위원회에 출석하여 통지절차에 대한 이의 없이 충분한 소명을 한 경우(대판 1999.3.26, 98두4672)
3. 납세고지서의 기재사항 일부 등이 누락된 경우라도 앞서 보낸 과세예고통지서 등에 필요적 기재사항이 제대로 기재된 경우(대판 2001.3.27, 99두8039)
4. 압류처분의 단계에서 독촉의 흠결과 같은 절차상의 하자가 있었다고 하더라도 그 이후에 이루어진 공매절차에서 공매통지서가 적법하게 송달된 경우(대판 2006.5.12, 2004두14717)

청문서 도달기간을 어겼더라도 영업자가 이의하지 아니한 채 스스로 청문일에 출석하여 의견을 진술하고 변명하는 등 방어의 기회를 충분히 가진 경우
행정청이 식품위생법상의 청문절차를 이행함에 있어 소정의 청문서 도달기간을 지키지 아니하였다면 이는 청문의 절차적 요건을 준수하지 아니한 것이므로 이를 바탕으로 한 행정처분은 일단 위법하다고 보아야 할 것이지만 이러한 청문제도의 취지는 처분으로 말미암아 받게 될 영업자에게 미리 변명과 유리한 자료를 제출할 기회를 부여함으로써 부당한 권리침해를 예방하려는 데에 있는 것임을 고려하여 볼 때, 가령 **행정청이 청문서 도달기간을 다소 어겼다 하더라도 영업자가 이에 대하여 이의하지** 아니한 채 스스로 청문일에 출석하여 그 의견을 진술하고 변명하는 등 방어의 기회를 충분히 가졌다면 청문서 도달기간을 준수하지 아니한 하자는 치유되었다고 봄이 상당하다(대판 1992.10.23, 92누2844).

(4) 하자치유 부정사례

1. 경원자관계(대판 1992.5.8, 91누13274).
2. 치유를 인정하면 개발부담금 납부의무자로서는 위법한 처분에 대한 가산금(연체이자) 납부의무를 부담하게 되는 등 불이익이 있는 경우(대판 2001.6.26, 99두11592)
3. 납세의무자가 부과된 세금을 자진납부하였다 하여 세액산출근거가 누락된 납세고지서에 의한 부과처분의 하자가 치유되지 않는다(대판 1985. 4.9, 84누431).
4. 사위의 방법으로 면허를 받은 후 면허관청의 사정으로 면허자격을 완화한 경우(대판 1985.6.11, 84누700)
5. 과세관청이 사전에 납세의무회사의 직원에게 과세근거와 세액산출근거 등을 사실상 알려준 경우(대판 1988.2.9, 83누404)
6. 환지변경처분 후에 이의를 유보함이 없이 변경처분에 따른 청산금을 교부받은 경우(대판 1992.11.10, 91누8227)
7. 시정조치 및 과징금납부명령에 불복하여 이의신청을 하면서 뒤늦게 '판매가격 합의' 부분에 대한 의견을 제출한 경우(대판 2001.5.8, 2000두10212)
8. 납세의무자가 나름대로 산출근거를 알고 있다거나 사실상 이를 알고서 쟁송에 이른 경우(대판 2002.11.13, 2001두1543)
9. 주택재개발정비사업조합 설립추진위원회가 주택재개발정비사업조합 설립인가처분의 취소소송에 대한 1심 판결 이후 정비구역 내 토지등 소유자의 4분의 3을 초과하는 조합설립동의서를 새로 받은 경우(대판 2010.8.26, 2010두2579)

관련판례 새로운 조합설립동의서를 징구한 것만으로 당초 조합설립인가처분의 흠이 치유되지 않는다

이 사건 정비구역 내 토지등 소유자 중 4분의 3을 초과하는 자들로부터 새로 조합설립동의서를 받았으니 이 사건 처분의 흠은 치유되었다는 피고 측의 주장에 대하여, 구 「도시 및 주거환경정비법」 제16조 제1항에서 정하는 **조합설립인가처분은 설권적 처분의 성질**을 갖고 있고, **흠의 치유를 인정하더라도 토지등 소유자들에게 아무런 손해가 발생하지 않는다고 단정할 수 없다**는 점 등을 이유로 이를 배척한 원심을 수긍한 사례(대판 2010.8.26, 2010두2579).

2. 전환의 요건

적극적 요건	소극적 요건(전환의 제한사유)
1. 양 행정행위의 요건·목적·효과 사이에 실질적 공통성이 있을 것	1. 전환이 행정청의 의도에 명확히 반하지 않을 것
2. 양 행정행위의 처분청과 절차 및 형식이 동일할 것	2. 전환이 상대방에게 원행정행위보다 불이익하지 않을 것
3. 당사자가 전환을 의욕하는 것으로 인정될 것	3. 제3자의 이익을 침해하지 않을 것
4. 전환되는 행위는 적법한 성립·발효요건을 갖추고 있을 것	4. 기속행위의 재량행위로의 전환이 아닐 것
5. 행위의 중복을 회피하는 의미가 있을 것	5. 하자 있는 행정행위의 취소가 금지되지 않을 것

V 법적 성질

하자 있는 행위의 치유는 보완적인 것이므로 그 자체를 하나의 독립적인 행정행위로 보기는 어렵다. 그러나 전환의 성질에 대해서는 그 자체가 독립된 행정행위라는 견해가 일반적이다. 따라서 전환행위에 대해 항고소송 제기가 가능하고, 소송계속 중 행정행위의 전환이 이루어지면 처분변경으로 인한 소의 변경이 가능하다.

VI 치유와 전환의 대상

1. 치유의 대상(취소할 수 있는 행정행위)

취소할 수 있는 행정행위만이 요건의 사후보완(추완 포함)을 통해 치유될 수 있으며, 무효인 행정행위의 치유를 인정하는 것은 오히려 관계인의 신뢰 및 법적 생활의 안정을 해치는 결과가 될 우려가 있고, 무효인 행정행위는 언제나 무효이므로 다른 행정행위로 전환됨은 몰라도 치유는 인정될 수 없다는 것이 통설이다. 독일 행정절차법도 행정행위를 무효로 만들지 않는 절차 및 형식규정의 위반에 대해서 치유를 인정하고 있다(같은 법 제45조 제1항). 판례도 무효인 행정행위에 대해 치유를 부정하고 있다.

1. 무효인 행정행위는 치유 불가
   징계처분이 중대하고 명백한 흠 때문에 당연무효의 것이라면 징계처분을 받은 자가 이를 용인하였다 하여 그 흠이 치료되는 것은 아니다(대판 1989.12.12, 88누8869).
2. 환지처분 확정 후 새로운 환지절차를 밟지 않고 한 환지변경처분은 무효이므로 원고가 이의를 유보함이 없이 청산금을 교부받았더라도 흠이 치유되지 않는다(대판 1992.11.10, 91누8227).
3. 토지등급결정의 통지가 없어 토지등급결정이 무효이므로 개별통지의 하자가 치유되는 것은 아니다(대판 1997.5.28, 96누5308).

2. 전환의 대상(무효인 행정행위)

(1) 무효인 행정행위에 대해서만 인정하는 견해(다수설)

종래의 다수설은 무효인 행정행위에 대해서만 타 행정행위로의 전환을 인정하고, 취소할 수 있는 행정행위에 대해서는 전환을 부인한다.

(2) 취소할 수 있는 행정행위에 대해서도 인정하는 견해

그러나 무효와 같이 하자의 정도가 심한 경우에도 행정행위의 전환이 인정된다면 그보다 경미한 하자인 취소할 수 있는 하자의 경우에도 전환이 인정된다는 견해가 유력하게 제시되고 있다.

Ⅶ 하자치유가능시기

1. 학설(행정쟁송제기시설)

하자의 치유는 쟁송제기 이전에만 가능하다는 것이 일반적인 견해이다. 행정심판단계에서의 인정 여부는 견해가 대립되지만, 행정소송 단계에서는 인정되지 않는다는 것이 통설이다. 한편, 독일 행정절차법은 행정소송절차가 종결되기까지 치유를 허용하고 있다(제45조 제2항).

2. 판례

판례의 입장에 대해서는 하자의 치유는 ① 행정심판의 제기 전까지만 가능하다는 입장이라고 해석하는 견해(김동희, 정하중, 홍정선)와 ② 행정소송 제기 전까지 가능하다는 입장이라고 해석하는 견해(박균성, 박윤흔)로 나뉜다. 그러나 적어도 행정소송단계에서 하자의 치유를 부인하고 있음은 명백하다.

1. 상대방의 불복 여부의 결정 및 불복신청에 편의를 줄 수 있는 상당한 기간 내

   과세처분 시 납세고지서에 과세표준, 세율, 세액의 산출근거 등이 누락된 경우에는 늦어도 **과세처분에 대한 불복 여부의 결정 및 불복신청에 편의를 줄 수 있는 상당한 기간 내에 보정행위를 하여야 그 하자가 치유된다 할 것**이므로, 과세처분이 있은 지 4년이 지나서 그 취소소송이 제기된 때에 보정된 납세고지서를 송달하였다는 사실이나 오랜 기간(4년)의 경과로써 과세처분의 하자가 치유되었다고 볼 수는 없다(대판 1983.7.26, 82누420).

2. 징계재심절차라는 행정심판단계에서 하자의 치유 인정

   징계처분에 대한 재심절차는 원래의 징계절차와 함께 전부가 하나의 징계처분절차를 이루는 것으로서 그 **절차의 정당성도 징계과정 전부에 관하여 판단되어야** 할 것이므로, 원래의 징계과정에 절차위반의 하자가 있더라도 **재심과정에서 보완되었다면 그 절차위반의 하자는 치유된다**(대판 1999.3.26, 98두4672).

3. 소송단계에서 하자의 치유 부정

   과세관청이 취소소송 계속 중에 납세고지서의 세액산출근거를 밝히는 보정통지를 하였다 하여 이것을 종전에 위법한 부과처분을 스스로 취소하고 새로운 부과처분을 한 것으로 볼 수 없으므로 이미 **항고소송이 계속 중인 단계에서 위와 같은 보정통지를 하였다 하여 그 위법성이 이로써 치유된다 할 수 없다**(대판 1988.2.9, 83누404).

Ⅷ 치유와 전환의 효과(소급효)

1. 치유의 효과

치유의 효과는 소급적이기 때문에 치유된 행정행위는 치유 시가 아니라 처음부터 적법한 행위와 같은 효과를 가진다.

2. 전환의 효과

전환으로 인하여 생긴 새로운 행정행위는 전환 시가 아니라 종전의 행정행위의 발령 당시로 소급하여 효력을 발생한다.

관련 판례

행정행위의 전환의 소급효를 인정한 판례

이미 사망한 자를 제3채무자로 표시한 압류 및 전부명령이 있었다고 하더라도 이러한 오류는 위와 같은 경정결정에 의하여 시정될 수 있다고 할 것이므로, 채권압류 및 전부명령의 제3채무자의 표시를 사망자에서 그 상속인으로 경정하는 결정이 있고 그 경정결정이 확정되는 경우에는 **당초의 압류 및 전부명령 정본이 제3채무자에게 송달된 때에 소급하여 제3채무자가 사망자의 상속인으로 경정된 내용의 압류 및 전부명령의 효력이 발생한다**(대판 1998.2.13, 95다15667).

| 제4항 | 행정행위의 하자의 승계 |

Ⅰ 개 설

1. 문제의 소재

둘 이상의 행정행위가 연속적으로 행해질 때 선행행위에 불가쟁력이 발생하여 선행행위의 취소를 구하는 소송을 제기할 수 없는 경우에 후행행위 자체는 적법함에도 선행행위의 위법을 이유로 후행행위의 위법을 주장할 수 있는가, 달리 말하면 선행행위의 하자가 후행행위에 승계되는가 하는 것이 문제된다. 다만, 여기서 문제되는 것은 '선행행위의 하자의 후행행위에 대한 승계'이지, '후행행위의 하자의 선행행위의 승계'가 아니다. 판례도 마찬가지이다.

후행행위 하자의 선행행위에 대한 승계 부정

계고처분의 후속절차인 대집행에 위법이 있다고 하더라도, 그와 같은 후속절차에 위법성이 있다는 점을 들어 선행절차인 계고처분이 부적법하다는 사유로 삼을 수는 없다(대판 1997.2.14, 96누15428).

다수설·판례는 이 문제를 불가쟁력이 발생한 행정행위의 하자의 승계문제로 다루는데, 행정행위의 구속력(선행행위의 후행행위에 대한 구속력·기결력·규준력)이라는 시각에서 다루는 견해가 제기되고 있다.

2. 인정 필요성(논의의 실익)

불가쟁력이 발생한 선행행위에 대해서는 법적 안정성이나 행정의 능률적 수행을 위해 그 효력을 다툴 수 없는 것이 원칙이다. 그러나 선행행위의 위법의 후행행위에 대한 승계를 인정하여 후행행위의 효력을 다툴 수 있게 되어 국민의 권리구제의 폭이 확대될 수 있다는 실익이 있다. 결국 이 문제는 선행행위의 불가쟁력이 가져다주는 행정작용의 능률적인 수행이라는 공익적 측면과 당사자의 권리보호나 개별적 정의 또는 법적 안정성 및 실질적인 타당성(사익)을 어떻게 조화할 것인가의 문제이다.

Ⅱ 하자의 승계론

1. 하자승계의 의의

행정행위의 하자의 승계란 둘 이상의 행정행위가 연속적으로 행해지는 경우에 불가쟁력이 발생한 선행행위의 하자가 후행행위에 승계됨으로써 선행행위의 하자를 후행행위에 대한 쟁송에서 다툴 수 있게 된다는 의미이다. 하자가 승계되면 후행행위가 위법이 됨으로써 후행행위에 대한 소송에서 인용판결이 가능하게 된다.

2. 하자승계 논의의 전제

(1) 선행행위에 관한 요건

① 선행행위가 당연무효나 부존재가 아닐 것(취소사유) : 행정행위가 당연무효인 경우 불가쟁력이 발생하지 않아 후행행위단계에서 선행행위의 하자를 언제나 다툴 수 있고, 선행행위의 하자가 후행행위에 당연히 승계되거나, 당연히 위법(무효)이 되기 때문에 선행행위가 취소사유일

경우에만 하자의 승계가 문제가 된다.

관련 판례
1. 선행행위인 원상복구명령이 당연무효이면 후행행위인 계고처분도 당연무효이다(대판 1996.6.28, 96누 4374).
2. 선행행위인 철거명령이 당연무효이면 후행행위인 대집행 계고처분도 당연무효이다(대판 1999. 4.27, 97 누6780).

② 선행행위에 불가쟁력이 발생하였을 것 : 선행행위에 불가쟁력이 발생하지 않은 경우 선행행위를 다툴 수 있기 때문에 하자의 승계를 논할 실익이 없다.

(2) 후행행위는 적법일 것

후행행위에 별도의 위법사유가 있을 때는 후행행위 자체를 다툴 수 있으므로 후행행위에는 별도의 위법사유가 없을 때 논의의 실익이 있다.

(3) 공통적 요건

선행행위와 후행행위가 행정처분(행정행위)에 해당할 것을 요한다.

3. 하자승계의 요건

(1) 양 행정행위가 하나의 법적 효과인 경우(밀접한 관련)

선행행위와 후행행위가 결합하여 하나의 법률효과를 목적으로 해야 한다.

(2) 두 행위가 독립하여 별개의 효과를 발생하는 경우

① 일반적 견해 : 양자가 서로 독립하여 별개의 효과를 목적으로 하는 경우에는 선행행위가 무효가 아닌 한 위법성은 후행행위에 승계되지 않는다는 것이 통설과 판례이다.

② 수정론 : 통설적 입장은 지나치게 단순하고 형식적이라는 비판이 제기되고 있다. 따라서 하자의 승계 여부는 법적 안정성 및 제3자의 보호와 국민의 권리구제를 고려하여 구체적 타당성을 도모할 수 있도록 보충적 기준이 필요하다는 견해이다.

Ⅲ 판례(하자승계론)

1. 원칙적으로 하자승계론에 입각

(1) 하나의 목적·효과일 경우(하자승계 인정)

판례도 원칙적으로 통설과 같이 하자승계론의 입장을 취하고 있다.

동일한 목적 하나의 효과일 때만 하자승계 인정

동일한 행정목적을 달성하기 위하여 단계적인 일련의 절차로 연속하여 행하여지는 선행처분과 후행처분이 서로 결합하여 하나의 법률효과를 발생시키는 경우(승계요건), 선행처분이 하자가 있는 위법한 처분이라면, 비록 하자가 중대하고도 명백한 것이 아니어서 선행처분을 당연무효의 처분이라고 볼 수 없고, 행정쟁송으로 효력이 다투어지지도 아니하여 이미 불가쟁력이 생겼으며, 후행처분 자체에는 아무런 하자가 없다고 하더라도(논의의 전제), 선행처분을 전제로 하여 행하여진 후행처분도 선행처분과 같은 하자가 있는 위법한 처분으로 보아 항고소송으로 취소를 청구할 수 있다(승계효과)(대판 1993.2.9, 92누4567).

(2) 별개의 목적·효과일 경우

1. 선행처분과 후행처분이 서로 독립하여 별개의 효과를 목적으로 하는 경우에도 선행처분의 하자를 이유로 후행처분의 효력을 다툴 수 있는 경우

   두 개 이상의 행정처분을 연속적으로 하는 경우 선행처분과 후행처분이 서로 독립하여 별개의 법률효과를 목적으로 하는 때에는 선행처분에 불가쟁력이 생겨 그 효력을 다툴 수 없게 된 경우에는 선행처분의 하자가 중대하고 명백하여 당연무효인 경우를 제외하고는 선행처분의 하자를 이유로 후행처분의 효력을 다툴 수 없는 것이 원칙이다. 그러나 선행처분과 후행처분이 서로 독립하여 별개의 효과를 목적으로 하는 경우에도 선행처분의 불가쟁력이나 구속력이 그로 인하여 불이익을 입게 되는 자에게 수인한도를 넘는 가혹함을 가져오며, 그 결과가 당사자에게 예측가능한 것이 아닌 경우에는 국민의 재판받을 권리를 보장하고 있는 헌법의 이념에 비추어 선행처분의 후행처분에 대한 구속력은 인정될 수 없다(대판 2013.3.14, 2012두6964).

2. 선행처분인 도시계획시설사업 시행자 지정 처분이 처분 요건을 충족하지 못하여 당연무효인 경우, 후행처분인 도시계획시설사업의 시행자가 작성한 실시계획을 인가하는 처분도 무효이다(대판 2017.7.11, 2016두35120).

3. 선행처분과 후행처분이 서로 독립하여 별개의 법률효과를 발생시키는 때에 선행처분에 불가쟁력이 생겨 그 효력을 다툴 수 없게 된 경우, 원칙적으로 선행처분의 하자를 이유로 후행처분의 효력을 다툴 수 없다

   2개 이상의 행정처분이 연속적 또는 단계적으로 이루어지는 경우 선행처분과 후행처분이 서로 합하여 1개의 법률효과를 완성하는 때에는 선행처분에 하자가 있으면 그 하자는 후행처분에 승계된다. 이러한 경우에는 선행처분에 불가쟁력이 생겨 그 효력을 다툴 수 없게 되더라도 선행처분의 하자를 이유로 후행처분의 효력을 다툴 수 있다. 그러나 선행처분과 후행처분이 서로 독립하여 별개의 법률효과를 발생시키는

경우에는 선행처분에 불가쟁력이 생겨 그 효력을 다툴 수 없게 되면 선행처분의 하자가 당연무효인 경우를 제외하고는 특별한 사정이 없는 한 선행처분의 하자를 이유로 후행처분의 효력을 다툴 수 없는 것이 원칙이다(대판 2017.7.18, 2016두49938).

4. 개별공시지가결정과 과세처분

개별공시지가결정은 이를 기초로 한 과세처분등과는 별개의 독립된 처분으로서 서로 독립하여 별개의 법률효과를 목적으로 하는 것이나, 개별공시지가는 이를 토지소유자나 이해관계인에게 개별적으로 고지하도록 되어 있는 것이 아니어서 토지소유자 등이 개별공시지가결정 내용을 알고 있었다고 전제하기도 곤란할 뿐만 아니라, 결정된 개별공시지가가 자신에게 유리하게 작용될 것인지 또는 불이익하게 작용될 것인지 여부를 쉽사리 예견할 수 있는 것도 아니며, 더욱이 장차 어떠한 과세처분등 구체적인 불이익이 현실적으로 나타나게 되었을 경우에 비로소 권리구제의 길을 찾는 것이 우리 국민의 권리의식임을 감안하여 볼 때, **토지소유자 등으로 하여금 결정된 개별공시지가를 기초로 하여 장차 과세처분등이 이루어질 것에 대비하여 항상 토지의 가격을 주시하고 개별공시지가결정이 잘못된 경우 정해진 시정절차를 통하여 이를 시정하도록 요구하는 것은 부당하게 높은 주의의무를 지우는 것**이라고 아니할 수 없고, 위법한 개별공시지가결정에 대하여 그 정해진 시정절차를 통하여 시정하도록 요구하지 아니하였다는 **이유로 위법한 개별공시지가를 기초로 한 과세처분등 후행 행정처분에서 개별공시지가결정의 위법을 주장할 수 없도록 하는 것은 수인한도를 넘는 불이익을 강요하는 것으로서 국민의 재산권과 재판 받을 권리를 보장한 헌법의 이념에도 부합하는 것이 아니라고 할 것이므로, 개별공시지가결정에 위법이 있는 경우에는 그 자체를 행정소송의 대상이 되는 행정처분으로 보아 그 위법 여부를 다툴 수 있음은 물론 이를 기초로 한 과세처분등 행정처분의 취소를 구하는 행정소송에서도 선행처분인 개별공시지가결정의 위법을 독립된 위법사유로 주장할 수 있다고 해석함이 타당하다**(대판 1994.1.25, 93누8542).

5. 개별토지가격 결정에 대한 재조사 청구에 따른 감액조정에 대하여 더 이상 불복하지 아니한 경우, 이를 기초로 한 양도소득세 부과처분 취소소송에서 다시 개별토지가격 결정의 위법을 당해 과세처분의 위법사유로 주장할 수 없다

원고가 이 사건 토지를 매도한 이후에 그 양도소득세 산정의 기초가 되는 1993년도 개별공시지가 결정에 대하여 한 **재조사청구에 따른 조정결정을 통지받고서도 더 이상 다투지 아니한 경우까지 선행처분인 개별공시지가 결정의 불가쟁력이나 구속력이 수인한도를 넘는 가혹한 것이거나 예측불가능하다고 볼 수 없어,** 위 개별공시지가 결정의 위법을 이 사건 과세처분의 위법사유로 주장할 수 없다고 판단하고 있다. 기록과 위에서 본 법리에 비추어 살펴보면, 원심의 위와 같은 판단은 정당하고, 거기에 상고이유로 지적하는 바와 같은 법리오해 등의 위법이 있다고 할 수 없다(대판 1998.3.13, 96누6059).

6. 표준지공시지가와 수용재결

표준지공시지가결정은 이를 기초로 한 수용재결 등과는 별개의 독립된 처분으로서 서로 독립하여 별개의 법률효과를 목적으로 하지만, 표준지공시지가는 이를 인근 토지의 소유자나 기타 이해관계인에게 **개별적으로 고지하도록 되어 있는 것이 아니어서 인근 토지의 소유자 등이 표준지공시지가결정 내용을 알고 있었다고 전제하기가 곤란**할 뿐만 아니라, 결정된 표준지공시지가가 공시될 당시 보상금 산정의 기준이 되는 표준지의 인근 토지를 함께 공시하는 것이 아니어서 인근 토지소유자는 보상금 산정의 기준이 되는 **표준지가 어느 토지인지를 알 수 없으므로, 인근 토지소유자가 표준지의 공시지가가 확정되기 전에 이를 다투는 것은 불가능하다.** 더욱이 장차 어떠한 수용재결 등 구체적인 불이익이 현실적으로 나타나게 되었을 경우에 비로소 권리구제의 길을 찾는 것이 우리 국민의 권리의식임을 감안하여 볼 때, 인근 토지소유자 등으로 하여금 결정된 표준지공시지가를 기초로 하여 **장차 토지보상 등이 이루어질 것에 대비하여 항상 토지의 가격을 주시하고 표준지공시지가결정이 잘못된 경우 정해진 시정절차를 통하여 이를 시정하도록 요구하는 것은 부당하게 높은 주의의무를 지우는 것**이고, 위법한 표준지공시지가결정에 대하여 그 정해진 시정절차를 통하여 시정하도록 요구하지 않았다는 이유로 위법한 표준지공시지가를 기초로 한 수용재결 등 후행 행정처분에서 표준지공시지가결정의 위법을 주장할 수 없도록 하는 것은 **수인한도를 넘는 불이익을 강요하는 것**으로서 국민의 재산권과 재판받을 권리를 보장한 헌법의 이념에도 부합하는 것이 아니다. 따라서 표준지공시지가결정이 위법한 경우에는 그 자체를 행정소송의 대상이 되는 행정처분으로 보아 그 위법 여부를 다툴 수 있음은 물론, **수용보상금의 증액을 구하는 소송에서도 선행처분으로서 그 수용대상토지 가격 산정의 기초가 된 비교표준지공시지가결정의 위법을 독립한 사유로 주장할 수 있다**(대판 2008.8.21, 2007두13845).

표준지공시지가결정과 개별토지가격(개별공시지가)결정(대판 1995.3.28, 94누12920), 표준지공시지가 결정과 조세부과처분(대판 1997.2.28, 96누10225) 간에는 하자승계를 부정

7. 甲을 친일반민족행위자로 결정한 친일반민족행위진상규명위원회의 최종발표(선행처분)에 따라 지방보훈지청장이 「독립유공자 예우에 관한 법률」 적용 대상자로 보상금 등의 예우를 받던 甲의 유가족 乙 등에 대하여 「독립유공자 예우에 관한 법률」 적용배제자 결정(후행처분)을 한 사안에서, 선행처분의 후행처분에 대한 구속력을 인정할 수 없어 선행처분의 위법을 이유로 후행처분의 효력을 다툴 수 있다

甲을 친일반민족행위자로 결정한 친일반민족행위진상규명위원회(진상규명위원회)의 최종발표(선행처분)에 따라 지방보훈지청장이 「독립유공자 예우에 관한 법률」(독립유공자법) 적용 대상자로 보상금 등의 예우를 받던 甲의 유가족 乙 등에 대하여 독립유공자법 적용배제자 결정(후행처분)을 한 사안에서, 진상규명위원회가 甲의 친일반민족행위자 결정 사실을 통지하지 않아 乙은 후행처분이 있기 전까지 선행처분의 사실을 알지 못하였고, 후행처분인 지방보훈지청장의 독립유공자법 적용배제결정이 자신의 법률상 지위에 직접적인 영향을 미치는 행정처분이라고 생각했을 뿐, 통지를 받지도 않은 진상규명위원회의 친일반민족행위자 결정처분이 자신의 법률상 지위에 영향을 주는 독립된 행정처분이라고 생각하기는 쉽지 않았을 것으로 보여, 乙이 선행처분에 대하여 「일제강점하 반민족행위 진상규명에 관한 특별법」에 의한 이의신청절차를 밟거나 후행처분에 대한 것과 별개로 행정심판이나 행정소송을 제기하지 않았다고 하여 선행처분의 하자를 이유로 후행처분의 효력을 다툴 수 없게 하는 것은 乙에게 수인한도를 넘는 불이익을 주고 그 결과가 乙에게 예측가능한 것이라고 할 수 없어 선행처분의 후행처분에 대한 구속력을 인정할 수 없으므로 선행처분의 위법을 이유로 후행처분의 효력을 다툴 수 있음에도, 이와 달리 본 원심판결에 법리를 오해한 위법이 있다고 한 사례(대판 2013.3.14, 2012두6964)

:: 하자승계 관련사례

구 분		사 례
하명과 강제집행	인정	강제집행절차 상호 간 1. 대집행절차 상호 간(계고처분 ⇨ 대집행영장에 의한 통지 ⇨ 대집행의 실행 ⇨ 대집행에 요한 비용의 납부명령 사이)(대판 1996.2.9, 95누12507) 2. 강제징수절차 상호간[독촉 ⇨ 체납처분(압류 ⇨ 매각(공매) ⇨ 청산)] 　① 독촉과 가산금·중가산금징수처분(대판 1986.10.28, 86누147) 　② 압류와 공매처분 　③ 독촉과 압류 　■ 규준력설에 의할 경우에는 선행행위의 구속력에 의해 후행행위를 다툴 수 없다는 점에서 차이

	부정	의무부과(하명)와 강제집행절차 상호 간 1. 건물철거명령과 대집행계고처분(대판 1982.7.27, 81누293) 2. 과세처분과 체납처분(대판 1987.9.22, 87누383) ■ 규준력설에 의할 경우 권리구제 긍정

공시
지가
공시
지가
	인정	1. 개별공시지가결정과 과세처분(대판 1994.1.25, 93누8542)
		    ■ 별개의 목적·효과임에도 하자의 승계를 인정한 예외판례임.
		2. 표준지공시지가와 수용재결(대판 2008.8.21, 2007두13845)
		    ■ 별개의 목적·효과임에도 하자의 승계를 인정한 예외판례임.

	부
	정
		1. 개별토지가격 결정에 대한 재조사 청구에 따른 감액조정에 대하여 더 이상 불복하지 아니한 경우(대판 1998.3.13, 96누6059)
		2. 표준지공시지가결정과 개별토지가격결정(조세부과처분) 사이
		    ① 표준지공시지가결정과 개별토지가격(개별공시지가)결정(대판 1995.3.28, 94누12920)
		    ② 표준지공시지가결정과 조세부과처분(대판 1997.2.28, 96누10225)

기
타
	인
	정
		1. 시험
		    ① 한지의사시험자격인정과 한지의사면허처분(대판 1975.12.9, 75누123)
		    ② 안경사시험의 합격무효처분과 안경사면허취소처분(대판 1993.2.9, 92누4567)
		2. 암매장분묘개장명령과 계고처분(대판 1961.12.21, 4293행상31)
		    ■ 하명과 강제집행 간의 하자승계 긍정한 예외판례임.
		3. 귀속재산임대처분과 매각처분(대판 1963.2.7, 62누215)
		4. 기준지가고시처분과 토지수용처분(대판 1979.4.24, 78누227)
		5. 친일반민족행위진상규명위원회의 최종발표(선행처분)와 「독립유공자 예우에 관한 법률」 적용배제자 결정(후행처분)(대판 2013.3.14, 2012두6964)
		6. 근로복지공단의 산재보험 사업종류 변경결정과 그에 따른 국민건강보험공단의 보험료 부과처분(대판 2020.4.9, 2019두61137) : 예외적 인정

	부 정	1. 변상판정과 변상명령(대판 1963.7.25, 63누65) 2. 공무원의 직위해제처분과 면직처분(대판 1984.9.11, 84누191)(규준력설에서는 수인가능성이 없음을 이유로 긍정) 3. 사업인정과 수용재결(대판 1987.9.8, 87누395) 4. 도시계획결정과 수용재결처분(대판 1990.1.23, 87누947) 5. 액화석유가스판매사업허가처분과 사업개시신고반려처분(대판 1991.4.23, 90누8756) 6. 재개발사업시행인가처분과 토지수용재결처분(대판 1992.12.11, 92누5584) 7. 수강거부처분과 수료처분(대판 1994.12.23, 94누477) 8. 택지개발지정처분과 택지개발계획의 승인처분(대판 1996.12.6, 95누8409) 9. 택지개발계획승인과 수용재결(대판 1996.4.26, 95누13241) 10. 사업계획승인처분과 도시계획시설변경 및 지적승인고시처분(대판 2000.9.5, 99두9889) 11. 토지등급설정 또는 수정처분과 과세처분(대판 2001.3.23, 98두5583) 12. 병역법상 보충역편입처분과 공익근무요원소집처분(대판 2002.12.10, 2001두5422) 13. 토지구획정리사업 시행 후 시행인가처분의 하자와 환지청산금 부과처분 사이(대판 2004.10.14, 2002두424) 14. 농지전용부담금 부과처분과 압류처분 15. 소득금액변동통지와 징수처분(납세고지)(대판 2012.1.26, 2009두14439) 16. 사업시행계획의 하자와 관리처분계획(대판 2012.8.23, 2010두13463) 17. 종전 상이등급 결정과 상이등급 개정 여부에 관한 결정(대판 2015.12.10, 2015두46505) 18. 도시·군계획시설결정과 실시계획인가(대판 2017.7.18, 2016두49938)

2. 하자승계 인정사례

1. 한지의사시험자격인정과 한지의사면허처분

한지의사 자격시험에 응시하기 위한 응시자격인정의 결정을 사위의 방법으로 받은 이상 이에 터잡아 취득한 한지의사면허처분도 면허를 취득할 수 없는 사람이 취득한 하자 있는 처분이 된다 할 것이므로 보건사회부장관(현 보건복지부장관)이 그와 같은 **하자 있는 처분임을 이유로 원고가 취득한 한지의사 면허를 취소하는 처분을 하였음은 적법하다**(대판 1975.12.9, 75누123).

2. 대집행절차 상호 간(계고처분, 대집행영장에 의한 통지, 대집행의 실행, 대집행에 요한 비용의 납부명령 사이)

대집행의 계고, 대집행영장에 의한 통지, 대집행의 실행, 대집행에 요한 비용의 납부명령 등은 타인이 대신하여 행할 수 있는 행정의무의 이행을 의무자의 비용부담하에 확보하고자 하는, 동일한 행정목적을 달성하기 위하여 단계적인 일련의 절차로 연속하여 행하여지는 것으로서 서로 결합하여 하나의 법률효과를 발생시키는 것이므로, 선행처분인 계고처분이 하자가 있는 위법한 처분이라면, 비록 그 하자가 중대하고도 명백한 것이 아니어서 당연무효의 처분이라고 볼 수 없고, 행정소송으로 효력이 다투어지지도 아니하여 이미 불가쟁력이 생겼으며, 후행처분인 대집행영장발부통보처분 자체에는 아무런 하자가 없다고 하더라도, **후행처분인 대집행영장발부통보처분의 취소를 청구하는 소송에서 청구원인으로 선행처분인 계고처분이 위법한 것이기 때문에 그 계고처분을 전제로 행하여진 대집행영장발부통보처분도 위법한 것이라는 주장을 할 수 있다**(대판 1996.2.9, 95누12507).

3. 근로복지공단의 산재보험 사업종류 변경결정과 그에 따른 국민건강보험공단의 보험료 부과처분의 관계

근로복지공단의 사업종류 변경결정을 취소하는 판결이 확정되면, 그 사업종류 변경결정을 기초로 이루어진 국민건강보험공단의 각각의 산재보험료 부과처분은 그 법적·사실적 기초를 상실하게 되므로, 국민건강보험공단은 직권으로 각각의 산재보험료 부과처분을 취소하거나 변경하고, 사업주가 이미 납부한 보험료 중 정당한 액수를 초과하는 금액은 반환하는 등의 조치를 할 의무가 있다. 한편, 근로복지공단의 사업종류 변경결정에 따라 국민건강보험공단이 사업주에 대하여 하는 각각의 산재보험료 부과처분도 항고소송의 대상인 처분에 해당하므로, 사업주는 각각의 산재보험료 부과처분을 별도의 항고소송으로 다툴 수 있다. 그런데 근로복지공단이 사업종류 변경결정을 하면서 개별 사업주에 대하여 사전통지 및 의견청취, 이유제시 및 불복방법 고지가 포함된 처분서를 작성하여 교부하는 등 실질적으로 행정절차법에서 정한 처분절차를 준수함으로써 사업주에게 방어권행사 및 불복의 기회가 보장된 경우에는, 그 사업종류 변경결정은 그 내용·형식·절차의 측면에서 단순히 조기의 권리구제를 가능하게 하기 위하여 행정소송법상 처분으로 인정되는 소위 '쟁송법적 처분'이 아니라, 개별·구체적 사안에 대한 규율로서 외부에 대하여 직접적 법적 효과를 갖는 행정청의 의사표시인 소위 '실체법적 처분'에 해당하는 것으로 보아야 한다. 이 경우 사업주가 행정심판법 및 행정소송법에서 정한 기간 내에 불복하지 않아 불가쟁력이 발생한 때에는 그 사업종류 변경결정이 중대·명백한 하자가 있어 당연무효가 아닌 한, 사업주는 그 사업종류 변경결정에 기초하여 이루어진 각각의 산재보험료 부과처분에 대한 쟁송절차에서는 선행처분인 사업종류 변경결정의 위법성을 주장할 수 없다고 봄이 타당하다. 이 경우 근로복지공단의 사업종류 변경결정을 항고소송의 대상인 처분으로 인정하여 행정소송법에 따른 불복기회를 보장하는 것은 '행정법관계의 조기 확정'이라는 단기의 제소기간 제도의 취지에도 부합한다. 다만 근로복지공단이 사업종류 변경결정을 하면서 실질적으로 행정절차법에서 정한 처분절차를 준수하지 않아 사업주에게 방어권행사 및 불복의 기회가 보장되지 않은 경우에는 이를 항고소송의 대상인 처분으로 인정하는 것은 사업주에게 조기의 권리구제기회를 보장하기 위한 것일 뿐이므로, 이 경우에는 사업주가 사업종류 변경결정에 대해 제소기간 내에 취소소송을 제기하지 않았다고 하더라도 후행처분인 각각의 산재보험료 부과처분에 대한 쟁송절차에서 비로소 선행처분인 사업종류 변경결정의 위법성을 다투는 것이 허용되어야 한다(대판 2020.4.9, 2019두61137).

3. 하자승계 부정사례

1. 과세처분과 체납처분
   일정한 행정목적을 위하여 독립된 행위가 단계적으로 이루어진 경우에 **선행행위인 과세처분의 하자는 당연무효사유를 제외하고는 집행행위인 체납처분에 승계되지 아니한다**(대판 1961.10.26, 4292행상 73).
2. 건물철거명령과 대집행계고처분
   건물철거명령에 대한 소원이나 소송을 제기하여 그 위법함을 소구하는 절차를 거치지 아니하였다면 위 선행행위인 건물철거명령은 적법한 것으로 확정되었다고 할 것이니 **후행행위인 대집행계고처분에서는 동 건물이 무허가건물이 아닌 적법한 건축물이라는 주장이나 그러한 사실인정을 하지 못한다**(대판 1982.7.27, 81누293).
3. 소득금액변동통지의 처분성을 인정하는 대법원 판결 선고 이후에는 선행처분인 소득금액변동통지의 하자가 후행처분인 징수처분(납세고지)에 승계되지 않는다
   원천징수의무자인 법인이 원천징수하는 소득세의 납세의무를 이행하지 아니함에 따라 과세관청이 하는 납세고지는 확정된 세액의 납부를 명하는 징수처분에 해당하므로 선행처분인 소득금액변동통지에 하자가 존재하더라도 그 하자가 당연무효사유에 해당하지 않는 한 후행처분인 징수처분에 그대로 승계되지 아니한다. 따라서 과세관청의 소득처분과 그에 따른 소득금액변동통지가 있는 경우 원천징수하는 소득세의 납세의무에 관하여는 이를 확정하는 **소득금액변동통지에 대한 항고소송에서 다투어야 하고 그 소득금액변동통지가 당연무효가 아닌 한 징수처분에 대한 항고소송에서 이를 다툴 수는 없다**고 해야 할 것이다(대판 2012.1.26, 2009두14439).
4. 종전 상이등급 결정과 상이등급 개정 여부에 관한 결정이 서로 결합하여 하나의 법률효과를 발생시키는 관계에 있지 않으므로, 종전 상이등급 결정에 불가쟁력이 생겨 효력을 다툴 수 없게 된 경우, 종전 상이등급결정의 하자를 들어 상이등급 개정 여부에 관한 결정의 효력을 다툴 수 없다(대판 2015.12.10, 2015두46505).

Ⅳ 선행행위의 후행행위에 대한 구속력이론(규준력, 기결력)

1. 구속력의 의의

선행행위의 후행행위에 대한 구속력은 행정청은 후행 행정행위를 함에 있어 불가쟁력이 발생한 선행행정행위의 규율내용과 모순되는 결정을 할 수 없고, 상대방도 후행행정행위를 다툼에 있

어 불가쟁력이 발생한 선행행정행위의 규율내용에 대해서는 다투어서는 안 되는 효력을 말한다. 기결력은 행정행위가 불가쟁력이 발생한 이후에 생기게 된다는 점에서 일반적 구속력과 구별된다. 선행행위의 후행행위에 대한 구속력은 주로 다단계 행정행위에 있어 선행행위(예비결정이나 부분허가)가 후행행위에 대하여 미치는 구속력을 말한다.

2. 법적 근거(쟁송제기기간의 제한규정)

명시적·직접적인 법적 근거는 없고 행정행위의 불가쟁력, 즉 행정쟁송제기기간에 관한 규정(행정심판법 제27조, 행정소송법 제20조)이 간접적인 근거가 된다.

3. 구속력의 범위(요건) 및 한계

행정행위의 실질적 존속력은 판결의 실질적 확정력(기판력)과 마찬가지로 객관적 한계, 주관적 한계, 시간적 한계를 갖고 있으며, 아울러 판결에 대한 행정행위의 특수성에 따라 선행행위의 내용적 구속력의 예견가능성과 수인의 기대가능성을 전제로 하고 있다.

(1) 사물적(사항적, 객관적, 내용적) 한계

양 행위의 규율대상 내지는 법적 효과에 있어서 일치성이 있어야 한다.

(2) 주관적(대인적) 한계

후행행위의 당사자가 선행행위의 당사자(수범자)와 일치해야 한다.

(3) 시간적 한계

선행행위의 기초를 이루는 사실 및 법적 상태의 동일성이 유지되는 한도 내에서만 미친다.

(4) 추가적 요건으로서 예견가능성과 수인가능성·기대가능성

선행행위의 후행행위에 대한 구속력의 한계 내에서는 선행행위의 위법을 이유로 후행행위의 취소를 구할 수 없지만, 그 결과가 개인에게 지나치게 가혹하며 수인 또는 기대(예측)가능한 것이 아닌 경우에는 규준력의 효과를 차단할 필요가 있다.

○제8절 행정행위의 무효사유·취소사유

I 주 체

1. 정당한 권한을 가진 행정기관이 아닌 자의 행위

(1) 공무원이 아닌 자의 행위

① 적법하게 선임되지 않은 자(임용결격자), 행위 당시 신분을 상실한 자(예 정년퇴직, 당연퇴직, 면직, 임용이 취소된 자)의 행위는 원칙적으로 무효이다.

② 다만 국민의 신뢰보호를 위해 사실상 공무원의 행위이론에 의해 유효로 취급되는 경우가 있다.

③ 공무원이 아닌 것이 명백한 사인이 공무원자격을 사칭하여 한 행위는 부존재

(2) 대리권이 없는 자 또는 권한의 위임을 받지 않은 자의 행위

① 정당한 대리권이 없는 자의 행위는 원칙적으로 무효

② 정당한 대리권자라고 믿을만한 상당한 이유가 있는 때에는 민법상의 표현대리의 법리에 따라 유효이다.

③ 위임의 근거가 없는 경우나 적법한 위임이 없는 경우

---

1. 무효사유

폐기물처리시설 설치계획에 대한 승인권자는 구「폐기물처리시설설치촉진 및 주변지역 지원 등에 관한 법률」제10조 제2항의 규정에 의하여 환경부장관이며, **이러한 설치승인권한을 환경관리청장에게 위임할 수 있는 근거도 없으므로**, 환경관리청장의 폐기물처리시설 설치승인처분은 권한 없는 기관에 의한 행정처분으로서 그 하자가 중대하고 명백하여 당연무효이다(대판 2004.7.22, 2002두10704).

2. 취소사유

⑴ **구청장이 서울특별시 조례에 의한 적법한 위임 없이 택시운전자격정지처분을 한 경우**, 그 하자가 비록 중대하다고 할지라도 객관적으로 명백하다고 할 수는 없으므로 당연무효사유가 아니다(대판 2002.12.10, 2001두4566).

⑵ **적법한 권한 위임 없이 세관출장소장에 의하여 행하여진 관세부과처분**은 그 하자가 중대하기는 하지만 객관적으로 명백하다고 할 수 없어 당연무효는 아니다(대판 2004.11.26, 2003두2403).

---

④ 권한이 위임된 경우 수임자가, 내부위임의 경우에는 위임자가 권한을 가진 기관이다. 따

라서 내부위임을 받은 수임기관이 자신의 명의로 처분을 한 경우는 무효사유이다(대판 1993.5.27, 93누6621).

다만, 피고는 명의기관인 수임기관이라는 것이 판례

1. 행정처분의 권한을 내부적으로 위임받은 수임기관이 그 권한을 행사함에 있어서는 행정처분의 내부적 성립과정은 스스로 결정하여 행하고 그 외부적 성립요건인 상대방에의 표시만 위임기관의 명의로 하면 된다(대판 1984.12.11, 80누344).

2. 체납취득세에 대한 압류처분권한은 도지사로부터 시장에게 권한위임된 것이고 시장으로부터 압류처분 권한을 **내부위임 받은 데 불과한 구청장으로서는 시장 명의로 압류처분을 대행처리할 수 있을 뿐**이고 자신의 명의로 이를 할 수 없다 할 것이므로 **구청장이 자신의 명의로 한 압류처분은 권한 없는 자에 의하여 행하여진 위법무효의 처분**이다(대판 1993.5.27, 93누6621).

⑤ 대통령에게 한국방송공사 사장 해임권한이 있다

한국방송공사의 설치·운영에 관한 사항을 정하고 있는 방송법은 제50조 제2항에서 "사장은 이사회의 제청으로 대통령이 임명한다."고 규정하고 있는데, 한국방송공사 사장에 대한 해임에 관하여는 명시적 규정을 두고 있지 않다. 그러나 **감사원은 한국방송공사에 대한 외부감사를 실시하고(방송법 제63조 제3항), 임용권자 또는 임용제청권자에게 임원 등의 해임을 요구할 수 있는데(감사원법 제32조 제9항) 이는 대통령에게 한국방송공사 사장 해임권한이 있음을 전제**로 한 것으로 볼 수 있는 점, 방송법 제정으로 폐지된 **구 한국방송공사법 제15조 제1항은 대통령이 한국방송공사 사장을 '임면'하도록 규정**되어 있었고, 방송법 제정으로 대통령의 해임권을 제한하기 위해 '임명'이라는 용어를 사용하였다면 해임 제한에 관한 규정을 따로 두어 이를 명확히 할 수 있었을 텐데도 방송법에 한국방송공사 사장의 해임 제한 등 신분보장에 관한 규정이 없는 점 등에 비추어, 방송법에서 '임면' 대신 '임명'이라는 용어를 사용한 입법 취지가 대통령의 해임권을 배제하기 위한 것으로 보기 어려운 점 등 방송법의 입법 경과와 연혁, 다른 법률과의 관계, 입법 형식 등을 종합하면, 한국방송공사 사장의 임명권자인 대통령에게 해임권한도 있다고 보는 것이 타당하다(대판 2012.2.23, 2011두5001).

⑥ 대통령의 권한인 서훈취소처분을 국가보훈처장이 통지한 경우 주체나 형식에 하자가 있다고 보기 어렵다(대판 2014.9.26, 2013두2518).

이 사건 서훈취소 처분의 통지가 처분권한자인 대통령이 아니라 그 보좌기관인 피고에 의하여 이루어졌다고 하더라도, 그 처분이 대통령의 인식과 의사에 기초하여 이루어졌고, 그 통지로 이 사건 서훈취소 처분의 주체(대통령)와 내용을 알 수 있으므로, 이 사건 서훈취소 처분의 외부적 표시의 방법으로서 위 통지의 주체나 형식에 어떤 하자가 있다고 보기도 어렵다(대판 2014.9.26, 2013두2518).

(3) 적법하게 구성되지 않은 합의제기관의 행위

적법한 소집절차에 따르지 않은 경우, 의사 또는 의결정족수를 결한 경우, 정족수 미달인 상태에서 의장단을 선출한 서울특별시의회의 의결회의(서울고판 1958.9.20, 4294행신60), 결격자를 참가시킨 경우 등 적법하게 구성되지 않은 합의제 행정기관의 행위는 무효사유이다.

1. 행정청은 일반적으로 어떤 행정처분을 함에 앞서 법령 또는 재량에 의하여 그 사전심사를 위한 심의기구를 구성하여 이를 위임할 수 있는 것이므로 피고가 개인택시를 면허함에 있어서 개인택시면허심사회의를 구성하여 그 심사회의로 하여금 면허신청자의 자격 등을 심사하도록 하고 그 **심사위원 중에 공무원 아닌 사람이 포함되어 있다고 하여 심사절차나 그 심사위원에 관하여 특별규정이 없는 이상 이를 무효라고 할 이유가 없다**(대판 1985.11.26, 85누394).

2. 표결과정에서 표결권이 없는 광역교통실장이 참석하여 다른 표결권자 대신 표결한 경우 개발제한구역 해제결정은 적법(원지동 추모공원사건)

   건설교통부차관의 찬성표를 제외하더라도 참석위원 20명 중 찬성 17표, 반대 3표로 이 사건 부지에 대한 개발제한구역 해제안이 가결되는 데에는 아무런 영향이 없는 점, 「개발제한구역의 지정 및 관리에 관한 특별조치법」 제7조 제3항에 의하면 피고가 개발제한구역의 지정 및 해제에 관한 도시계획을 결정하고자 할 때 **중앙도시계획위원회의 심의를 거치도록 한 취지는 피고가 도시계획을 결정함에 있어서 도시계획에 관한 학식과 경험이 풍부한 자들로 구성된 위원회의 집합적 의견을 들어 이를 참고하라는 것일 뿐 중앙도시계획위원회의 심의결과에 기속되어 도시계획을 결정하여야 한다는 것은 아닌 점** 등을 종합하면, 중앙도시계획위원회의 심의에 위와 같은 잘못이 있다고 하여 이 사건 처분까지 위법하다고 할 수 없다(대판 2007.4.12, 2005두2544).

(4) 공무원이 정당한 증표를 제시하지 않고 행한 행위

행정강제에 있어 법령상 의무로 규정하고 있는 경우(예) 행정대집행법 제4조, 행정조사기본법 제11조 제3항) 증표를 제시하지 않고 행정강제를 행한 경우 무효사유이다.

「경찰관 직무집행법」 제3조 제4항은 경찰관이 불심검문을 하고자 할 때에는 자신의 신분을 표시하는 증표를 제시하여야 한다고 규정하고, 「경찰관 직무집행법 시행령」 제5조는 위 법에서 규정한 신분을 표시하는 증표는 경찰관의 공무원증이라고 규정하고 있는데, 불심검문을 하게 된 경위, 불심검문 당시의 현장상황과 검문을 하는 경찰관들의 복장, 피고인이 공무원증 제시나 신분 확인을 요구하였는지 여부 등을 종합적으로 고려하여, 검문하는 사람이 경찰관이고 검문하는 이유가 범죄행위에 관한 것임을 피고인이 충분히 알고 있었다고 보이는 경우에는 신분증을 제시하지 않았다고 하여 그 불심검문이 위법한 공무집행이라고 할 수 없다(대판 2014.12.11, 2014도7976).

2. 무권한의 행위(권한 없는 자의 행위)

무권한의 행위(권한 없는 자의 행위)는 원칙적으로 무효사유이다. 권한초과(권한유월)의 경우에는 초과부분만이 무효 또는 취소의 대상이 된다.

관련 판례 행정기관의 권한에는 사무의 성질 및 내용에 따르는 제약이 있고, 지역적·대인적으로 한계가 있으므로 이러한 권한의 범위를 넘어서는 권한유월의 행위는 무권한 행위로서 원칙적으로 무효이다(대판 **1996**.6.28, 96누4374).

(1) 사항적 무권한

① 음주운전을 단속한 경찰관 명의로 행한 운전면허정지처분은 당연무효(대판 1997.5.16, 97누2313) : 경찰서장의 권한

② 개별 시·도지사가 관할 지역의 운송업체에 대하여 직행형 시외버스운송사업의 면허를 부여한 후 실질적으로 고속형 시외버스운송사업에 해당하는 운송사업을 할 수 있도록 사업계획변경을 인가하는 것은 국토교통부장관의 권한이므로 시·도지사의 권한을 넘은 것으로 위법한 처분이다(대판 2010.11.11, 2010두4179).

③ 개별 시·도지사가 관할 지역의 운송업체에 대하여 직행형 시외버스운송사업의 면허를 부여한 후 사실상 고속형 시외버스운송사업에 해당하는 운송사업을 할 수 있도록 사업계획변경을 인가하는 것은 위법한 처분이고, 이러한 위법한 인가처분이 존속하게 된 결과, 사실상 고속형 시외버스운송사업을 하게 된 직행형 시외버스운송사업자에 대하여 위법상태의 일부라도 유지하는 내용의 새로운 사업계획변경을 재차 인가하는 시·도지사의 처분은 위법하며, 위 처분은 전체적으로 위법하다(대판 2018.4.26, 2015두53824).

(2) 대인적 무권한

비조합원에 대한 토지개량조합비 부과처분(대판 1965.2.9, 64누112)

(3) 지역적 무권한

서울특별시장이 관할구역 외에서의 영업허가를 하는 경우

관련 판례 구 「소득세법 시행령」 제192조 제1항 단서에 따른 소득금액변동통지를 납세지 관할 세무서장 또는 관할 지방국세청장이 아닌 다른 세무서장 또는 지방국세청장이 한 경우, 관할 없는 과세관청의 통지로서 흠이 있는 통지이다(대판 2015.1.29, 2013두4118).

(4) 국세부과의 제척기간이 경과된 후에 이루어진 과세처분(대판 2019.8.30, 2016두62726)

조세채권의 소멸시효기간이 완성된 후에 부과한 과세처분(대판 1988.3.22, 87누1018)

3. 행정기관의 의사에 결함이 있는 경우

(1) 의사능력 없는 자의 행위

공무원의 심신상실 중의 행위 등 의사무능력자의 행위 및 저항할 수 없을 정도의 강박에 의한 행위는 무효이다.

(2) 행위능력 없는 자의 행위

행위무능력자의 행위의 경우 민법상으로는 취소사유에 해당하지만, 행정법상으로는 다르다.
① 미성년자의 행위 : 미성년자도 공무원이 될 수 있으므로 그 행위의 효력은 적법·유효이다.
② 제한능력자의 행위 : 피성년후견인 또는 피한정후견인(제한능력자)은 공무원이 될 수 없는 결
격사유에 해당하므로(국가공무원법 제33조) 원칙적으로 무효이다. 그러나 사실상 공무원이
론에 의해 유효로 되는 경우가 있다.

(3) 착오로 인한 행위

단순한 착오는 그것만으로 위법이 되지 않고, 착오에 의한 행위 자체에 위법이 있을 때(착오의
결과 불능이 된 경우 등) 무효 또는 취소사유에 해당한다.

---

1. 착오 자체는 하자가 아니다

착오로 행정행위를 한 것이고, 행정행위의 절차에 하자가 있는 것으로 볼 수 없는 경우는 그 사유만으로
행정행위를 취소할 수 없다. 영업의 장소변경허가는 영업허가 중 장소만의 변경을 허가한 것이고 새로운
영업허가를 한 것이 아니므로 영업의 장소변경허가가 취소사유가 있다 하여 영업허가 자체를 취소할 수 없
다(대판 1979.6.26, 79누43).

2. 착오의 결과 무효사유(착오에 의한 행정재산 매각처분)

행정재산은 공유물로서 이른바, 사법상 거래의 대상이 되지 아니하는 불융통물이므로 이러한 행정재산
을 관계당국이 모르고 매각처분하였다면 그 매각처분은 무효이다(대판 1967.6.27, 67다806).

3. 착오의 결과 취소사유

(1) **징발재산이 실제로 甲의 소유이고 불법한 절차에 의하여 乙 앞으로 소유권이전등기가 경료된 것**이
라 하더라도 국가가 이를 매수함에 있어 당시 등기부상 소유자로 되어 있는 위 乙을 피징발자로 보
고 매수 결정한 것이어서 그 하자가 중대하고 객관적으로 명백하여 당연무효라고 할 수는 없다(대판
1991.10.22, 91다26690).

(2) 과세관청이 증여세과세처분 당시 납세자의 주소지나 거소지를 관할하는 세무서는 아니지만, **증여세**

결정전통지서가 송달될 당시에는 납세자의 주소지를 관할하고 있었고, 과세처분 납세고지서가 납세자에게 송달되어 납세자가 증여세를 그 납부기한 안에 납부하였으며, 과세처분 당시 3개월마다 갱신되는 전산자료를 행정자치부로부터 받아 납세자의 주소지를 확인하고 있던 과세당국으로서는 **과세처분 납세고지서가 납세자에게 송달될 때 납세자의 주민등록 변경사항을 전산자료를 통하여 확인할 수 없었던 점 등에 비추어 보면, 납세자의 주소지를 관할하지 아니하는 세무서장이 한 증여세부과처분이 위법하나 그 흠이 객관적으로 명백하여 당연무효라고 볼 수는 없다**(대판 2003.1.10, 2002다61897).

(4) 사기·강박·증수뢰(뇌물수수) 등 부정행위에 의한 행위는 취소사유

저항할 수 없을 정도의 강박에 의한 행위는 무효사유

Ⅱ 내 용

1. 내용이 실현불가능한 경우

내용이 실현불능인 행위는 사실상 불능, 법률상 불능을 막론하고 무효사유이다.

> **관련판례** 행정행위 효력요건은 정당한 권한 있는 기관이 필요한 수속을 거치고 필요한 표시의 형식을 갖추어야 할뿐만 아니라, 행정행위의 내용이 법률상 효과를 발생할 수 있는 것이어야 되며 그중의 어느 하나의 요건의 흠결도 당해 행정행위의 절대적 무효를 초래하는 것이며 **행정행위의 내용이 법률상 결과를 발생할 수 없는 권리의무를 목적한 것이면 그 행정행위 및 부관은 절대무효이다**(대판 1959.5.14, 4290민상834).

(1) 사실상 불능

① 실현에 과다한 비용이 소요되는 경우
② 과거를 기한으로 출석을 명하는 경우

(2) 법률상 불능

① 사람(人)에 관한 불능
  ㉠ 존재하지 않는 허무인을 대상으로 하는 행위 : 사자(死者 ; 죽은 사람)에 대한 광업허가, 사자에 대한 특허 부여, 사자에 대한 운전면허, 사자에 대한 조세부과처분
  ㉡ 명백하게 권리 또는 의무능력 없는 자에 대하여 권리를 부여하거나 의무를 명하는 경우 : 여자에 대한 징집영장의 발부, 조세 완납자에 대한 체납처분, 과세대상이 되는 법률관계나 소득 또는 행위 등의 사실관계가 전혀 없는 사람에게 한 과세처분, 법원의 행정처분 집행정지결정에 위

배한 처분(대판 1961.11.23, 4294행상3), 부동산을 양도한 사실이 없음에도 세무당국의 착오로 인한 양도소득세 부과(대판 1983.8.23, 83누179), 가옥을 소유하지 아니한 자에 대한 재산세부과, 남편이 무허가로 건물을 축조함에 있어 도와준 처에 대하여 한 철거계고처분(대판 1991.10.11, 91누896), 법인설립등기 전의 법인에 대한 광업허가, 제한능력자에 대한 공무원임명, 국가시험에 불합격한 자에 대한 의사면허

② 물건(物)에 관한 불능

㉠ 존재하지 않는 허무의 물건을 대상으로 하는 행위 : 존재하지 않는 물건의 징발을 명하는 행위, 존재하지 않는 토지에 대한 수용재결

㉡ 명백하게 행정행위의 목적이 될 수 없는 물건을 목적으로 하는 행위 : 적법한 건물에 대한 대집행(대판 1999.4.27, 97누6780), 체납자 아닌 제3자 소유물건에 대한 압류처분(대판 2006.4.13, 2005두15151)

관련판례

1. 납세의무자 또는 특별징수의무자가 아닌 제3자의 재산을 대상으로 한 압류처분의 효력은 당연무효이다(대판 2013.1.24, 2010두27998).

2. 과세관청이 납세자에 대한 체납처분으로서 국내은행 해외지점에 예치된 예금에 대한 반환채권을 대상으로 한 압류처분은 무효이다(대판 2014.11.27, 2013다205198).

㉢ 행정행위의 내용이 법률상 결과를 발생할 수 없는 권리의무를 목적(대판 1959.5.14, 4290민상834)

③ 법률관계에 관한 불능

㉠ 실존하지 않는 허무의 법률관계를 대상으로 하는 행위 : 치외법권을 가진 자와 같이 납세의무 없는 자에 대한 납세의무면제, 영조물이용자가 아닌 자에 대하여 사용료납부를 명하는 것, 판매되지 않은 물품에 대한 물품세 부과처분(대판 1966.12.20, 65다43), 확정판결 이전의 사실에 의하여 한 확정판결에 저촉되는 행정처분(대판 1962.10.11, 4294민상1282)

㉡ 법률상 명백하게 금지되어 있거나 법률상 절대로 인정되지 않는 권리의무를 목적으로 하는 행위 : 법률상 인정되지 않는 독점권을 부여하는 행위, 법률상 인정되지 않는 어업권 설정행위, 법률상 인정되지 않는 집행벌의 부과, 매매춘알선업에 대한 경찰허가, 형법이나 경찰법이 금지하는 행위를 명하는 것, 인신매매업을 허가하는 처분

2. 내용이 불명확한 경우

행정행위의 내용이 사회통념상 인식할 수 없을 정도로 불명확하거나 확정되지 아니한 경우에는 원칙적으로 무효(대판 1964.5.26, 63누136)

(1) 경계를 명확히 하지 않은 도로구역결정

(2) 목적물의 특정 없는 귀속재산 임대처분(대판 1961.3.13, 4292행상92)

(3) 범위가 불확정된 계고처분(대판 1979.8.21, 79누1)

(4) 과세대상과 납세의무자 확정이 잘못된 과세처분(대판 1971.5.31, 71도742)

관련
판례

1. 행정처분은 그 유효요건으로서 그 처분의 목적물이 특정되어 있어야 할 것이고 이것이 특정되어 있지 아니한다 할 것 같으면 그 행정처분은 무효임을 면할 수 없다(대판 1964.5.26, 63누136).

2. '이익제공 강요' 및 '불이익제공'의 내용이 구체적으로 명확하게 특정되어야 하고, 그러하지 아니한 상태에서 이루어진 그 시정명령은 위법하다. 대형할인매장이 납품업자들에게 각종 비용을 부담시킨 행위에 대한 공정거래위원회의 시정명령이 그 대상이 되는 행위의 내용을 구체적으로 명확하게 특정하지 않아 위법하다고 한 사례(대판 2007.1.12, 2004두7146)

3. 노동위원회가 사용자에게 '부당한 징계 및 해고기간 동안 정상적으로 근무하였다면 받을 수 있었던 임금 상당액을 지급하라'는 구제명령을 하고 구제명령 불이행을 이유로 이행강제금을 부과한 사안에서, 위 구제명령에서 지급의무의 대상이 되는 '임금상당액'의 액수를 구체적으로 특정하지 않았다고 하더라도 구제명령의 이행이 불가능할 정도로 불특정하여 위법·무효라고 할 수 없으므로, 이행강제금 부과처분이 적법하다고 한 원심의 판단을 수긍한 사례(대판 2010.10.28, 2010두12682)

3. 기 타

(1) 위헌법률, 위헌·위법의 명령·조례·규칙은 무효사유(대판 1995.8.22, 94누5694)

(2) 위헌무효인 법률에 근거한 행정처분의 효력

① 초기판례는 무효사유로 판시한 경우도 존재(대판 1993.2.26, 92누12247)

② 최근의 주류적 판례는 중대한 하자이지만 명백하지는 않으므로 취소사유(대판 1998.4.10, 96다52359)

관련
판례

위헌법률에 근거한 행정처분(위헌결정 전에 한 처분)은 중대한 하자이지만 명백하지 않으므로 취소사유이다. 하자 있는 행정처분이 당연무효가 되기 위해서는 그 하자가 중대할 뿐만 아니라 명백한 것이어야 하는 바, **일반적으로 국회에서 헌법과 법률이 정한 절차에 의하여 제정·공포된 법률이 헌법에 위반된다는 사정은 헌법재판소의 위헌결정이 있기 전에는 객관적으로 명백한 것이라고 할 수는 없으므로**, 특별한 사정이 없는 한 이러한 하자는 행정처분의 취소사유에 해당할 뿐 당연무효사유는 아니다(대판 1998.4.10, 96다52359).

③ 위헌결정 이후 위헌무효인 법률에 근거한 처분의 효력 : 위헌법률의 집행력 부정

1. 위헌결정 이후에 행해진 행정처분(체납처분)은 중대한 하자이고, 그 위헌 여부가 헌법재판소에 의해 명백히 밝혀짐으로써 객관적으로 명백한 하자이므로 무효사유이다

구 「택지소유상한에 관한 법률」(1998. 9. 19. 법률 제5571호로 폐지) 소정의 택지초과소유부담금은 조세의 일종이 아니라 위 법이 정한 의무위반에 대한 제재로서 부과하는 금전적 부담으로서 위 법의 목적을 실현하기 위한 이행강제수단에 불과하므로 **법률적인 근거 없이는 체납 택지초과소유부담금을 국세징수법에 따라 강제로 징수할 수는 없다** 할 것인데, 위 법 폐지 전에는 그 제30조에서 "택지초과소유부담금의 납부의무자가 독촉장을 받고 지정된 기한까지 택지초과소유부담금 및 가산금 등을 완납하지 아니한 때에는 건설교통부장관은 국세체납처분의 예에 의하여 이를 징수할 수 있다."고 규정함으로써 국세징수법 제3장의 체납처분규정에 의하여 체납 택지초과소유부담금을 강제징수할 수 있는 길을 열어 놓았으나, 1999. 4. 29. 위 「택지소유상한에 관한 법률」 전부에 대한 위헌결정으로 위 제30조 규정 역시 그날로부터 효력을 상실하게 되었고, 위 규정 이외에는 체납 택지초과소유부담금을 강제로 징수할 수 있는 다른 법률적 근거가 없으므로, 위 위헌결정 이전에 이미 택지초과소유부담금 부과처분과 압류처분 및 이에 기한 압류등기가 이루어지고 각 처분이 확정되었다고 하여도, 위헌결정 이후에는 별도의 행정처분인 공매처분등 후속 체납처분 절차를 진행할 수 없고, 만일 그와 같은 절차를 진행하였다면 그로 인한 공매처분은 법률의 근거 없이 이루어진 것으로서 그 하자가 중대하고도 명백하여 당연무효라고 할 것이며, 그 공매처분에 기하여 이루어진 소유권이전등기 역시 원인무효의 등기라고 할 것이다(대판 2002.11.22, 2002다46102).

2. 위헌결정 이전에 이미 부담금 부과처분과 그 징수를 위한 압류처분이 확정되었다고 하더라도 납부가 자기의 자유로운 의사에 반하여 이루어진 것으로 볼 수 있는 사정이 있는 때에는 위헌결정 이후 납부한 부담금의 부당이득반환 긍정

구 「택지소유상한에 관한 법률」에 대한 위헌결정 이전에 부담금 등에 대한 수납 및 징수가 완료된 경우에는 법적 안정성의 측면에서 부득이 과거의 상태를 그대로 유지시켜 그 반환청구를 허용할 수 없다고 하더라도, **위헌결정 이후에는 국민의 권리구제의 측면에서 위헌법률의 적용상태를 그대로 방치하거나 위헌법률의 종국적인 실현을 위한 국가의 추가적인 행위를 용납하여서는 아니 되므로**, 위헌결정 이전에 이미 부담금 부과처분과 그 징수를 위한 압류처분이 확정되었다고 하더라도, **위헌결정 이후에는 부담금 등의 납부의무가 없음을 알면서도 압류해제거부로 인한 사실상의 손해를 피하기 위하여 부득이 부담금 등을 납부하게 된 경우 등 그 납부가 자기의 자유로운 의사에 반하여 이루어진 것으로 볼 수 있는 사정이 있는 때에는 납부자가 그 반환청구권을 상실하지 않는다**(대판 2003.9.2, 2003다14348).

3. 위헌법률에 근거한 행정처분의 집행이나 집행력을 유지하기 위한 행위는 허용되지 않는다(대판 2002.8.23, 2001두2959).

4. 부담금의 물납허가처분 이행을 위한 등기촉탁이 택상법에 대한 위헌결정이 있는 날인 1999. 4. 29. 이루어진 것은 법률의 근거 없이 이루어진 것으로서 무효라고 본 사례(대판 2005.4.15, 2004다58123).

5. 과세처분 이후 그 근거가 되었던 법률규정에 대하여는 위헌결정이 있었으나 그 조세채권의 집행을 위한 후속 체납처분의 근거규정에 대하여는 따로 위헌결정이 없었던 경우에도 그 체납처분의 하나인 압류처분은 당연무효이다

구 헌법재판소법 제47조 제1항은 "법률의 위헌결정은 법원 기타 국가기관 및 지방자치단체를 기속한다."고 규정하고 있는데, 이러한 **위헌결정의 기속력과 헌법을 최고규범으로 하는 법질서의 체계적 요청에 비추어 국가기관 및 지방자치단체는 위헌으로 선언된 법률규정에 근거하여 새로운 행정처분을 할 수 없음은 물론이고, 위헌결정 전에 이미 형성된 법률관계에 기한 후속처분이라도 그것이 새로운 위헌적 법률관계를 생**

성·확대하는 경우라면 이를 허용할 수 **없다**고 봄이 타당하다. 따라서 **조세 부과의 근거가 되었던 법률규정이 위헌으로 선언된 경우, 비록 그에 기한 과세 처분이 위헌결정 전에 이루어졌고, 그 과세처분에 대한 제소기간이 이미 경과하여 조세채권이 확정되었으며, 그 조세채권의 집행을 위한 체납처분의 근거규정 자체에 대하여는 따로 위헌결정이 내려진 바 없다고 하더라도, 위와 같은 위헌결정 이후에 조세채권의 집행을 위한 새로운 체납처분에 착수하거나 이를 속행하는 것은 더 이상 허용되지 않고, 나아가 이러한 위헌결정의 효력에 위배하여 이루어진 체납처분은 그 사유만으로 하자가 중대하고 객관적으로 명백하여 당연무효**라고 보아야 한다. 이 사건 과세처분의 근거가 된 법률규정에 대하여 1998. 5. 28. 위헌결정이 선고되었음에도 원고가 체납 중이던 체납액 등을 징수하기 위하여 2005. 10. 11. 원고 명의의 예금채권을 압류한 이상, 이 사건 압류처분은 이 사건 과세처분의 종국적인 집행을 위한 피고의 추가적인 행위로서 당연무효라고 한 원심의 결론을 수긍한 사례[대판(전합) 2012.2.16, 2010두10907]

---

(3) 위헌·위법무효인 시행령이나 시행규칙에 근거한 행정처분의 효력은 취소사유(대판 1997.5.28, 95다15735)

위헌·위법무효선언한 대법원 판결 전에 내려진 처분은 취소사유, 판결 후에 내려진 처분은 무효사유이다

하자 있는 행정처분이 당연무효로 되려면 그 하자가 법규의 중요한 부분을 위반한 중대한 것이어야 할 뿐 아니라 객관적으로 명백한 것이어야 하고, 행정청이 위헌이거나 위법하여 무효인 시행령을 적용하여 한 행정처분이 당연무효로 되려면 그 규정이 행정처분의 중요한 부분에 관한 것이어서 결과적으로 그에 따른 행정처분의 중요한 부분에 하자가 있는 것으로 귀착되고, 또한 그 규정의 위헌성 또는 위법성이 객관적으로 명백하여 그에 따른 행정처분의 하자가 객관적으로 명백한 것으로 귀착되어야 하는바, **일반적으로 시행령이 헌법이나 법률에 위반된다는 사정은 그 시행령의 규정을 위헌 또는 위법하여 무효라고 선언한 대법원의 판결이 선고되지 아니한 상태에서는 그 시행령 규정의 위헌 내지 위법 여부가 해석상 다툼의 여지가 없을 정도로 명백하였다고 인정되지 아니하는 이상 객관적으로 명백한 것이라 할 수 없으므로, 이러한 시행령에 근거한 행정처분의 하자는 취소사유에 해당할 뿐 무효사유가 되지 아니한다**(대판 2007.6.14, 2004두619).

---

(4) 무효인 서울특별시행정권한위임조례의 규정에 근거한 관리처분계획의 인가처분(대판 1995.8. 22, 94누5694), 무효인 서울특별시행정권한위임조례의 규정에 근거하여 한 구청장의 건설업 영업정지처분[대판(전합) 1995.7.11, 94누4615], 무효인 권한위임규칙에 근거한 행정처분(대판 1997.6.19, 95누8669)은 취소사유이다.

처분권한의 근거 조례가 무효인 경우, 조례에 기하여 한 행정처분은 당연무효가 아니다(대판 2009.10.29, 2007두26285).

---

(5) 선량한 풍속 기타 사회질서에 위반되는 경우

공서양속(미풍양속)에 반하는 행위는 취소사유라는 것이 통설·판례(대판 2002.4.26, 2002두

1465)이다. 그러나 독일연방행정절차법과 민법 제103조는 무효사유로 규정하고 있다.

(6) 그 밖의 취소사유

① 공익위반인 경우, 자유재량을 잘못 행사한 부당한 운수사업면허취소, 부당한 하자 : 직권취소·취소심판의 대상

② 신뢰보호원칙(과잉금지원칙) 등 일반법원칙 위반, 재량권을 남용한 경우에는 위법으로 취소사유이다. 법률우위원칙 위반은 하자의 정도에 따라 무효사유 또는 취소사유이지만, 판례상 법률유보원칙 위반은 무효사유(주류적 판례)이다.

관련판례

1. 구「개발이익환수에 관한 법률」시행 당시 주택조합의 조합원에 대하여 한 개발부담금부과처분은 법적근거가 없는 것으로서 당연무효이다

   주택건설촉진법에 의한 설립인가를 받은 주택조합이 아파트지구 개발사업의 사업계획을 승인받아 아파트를 건축한 경우 구「개발이익환수에 관한 법률」제6조 제1항 소정의 **개발부담금 납부의무자는 사업시행자인 주택조합이고 그 조합원들이 아니므로, 납부의무자가 아닌 조합원들에 대한 개발부담금부과처분은 그 처분의 법적 근거가 없는 것으로서 그 하자가 중대하고도 명백하여 무효이다**(대판 1998.5.8, 95다30390).

2. 법적 근거 없는 공매처분은 당연무효이다(대판 2002.11.22, 2002다46102).

3. 국민건강보험공단이 처방전을 발급한 요양기관인 의료기관을 상대로 약국이 지급받은 약제비용에 관하여 한 구 국민건강보험법 제52조 제1항 등에 근거한 부당이득징수처분의 효력은 법적 근거가 없는 것으로서 당연무효이다(대판 2013.3.28, 2009다78214).

③ 단순위법

④ 보조사업자가 허위서류 등을 제출하여 보조금을 지급받은 후에 적발된 경우, 중앙관서의 장이 그 보조금교부결정의 전부 또는 일부를 취소하는 것

(7) 개발부담금부과처분을 하면서 납부고지서에 납부기한을 법정납부기한보다 단축하여 기재한 경우 적법(대판 2002.7.23, 2000두9946)

관련판례

개발부담금의 납부기한은「개발이익환수에 관한 법률」제16조의 규정에 따라 정하여지고 납부고지서의 기재는 그 정하여진 날짜를 그대로 기재하는 것에 불과하여 **납부기한을 잘못 기재한 것만으로는 납부기한이 단축되는 효력이 발생되는 것이 아니고, 따라서 처분에 대한 불복 여부의 결정과 불복신청에 지장을 주었다고 단정하기 어려우므로 그 처분이 위법하게 되는 것은 아니다**(대판 2002.7.23, 2000두9946).

(8) 복개도로의 관리청이 도로점용허가를 해 주고도 공유수면 또는 하천의 점용에 따른 점용료 부과처분을 한 경우 무효사유(대판 2004.10.15, 2002다68485)

(9) 군무원에 대하여 기여금과 부담금이 적립되지 않았다는 이유 등으로 공무원연금법에 따른 퇴직금지급을 거부한 처분은 당연무효에 해당한다(대판 2009.2.26, 2006두2572).

대한민국과 미합중국 간의 협정에 따라 대한민국 군무원으로 임용과 동시에 휴직처리되어 주한미군에 근무하면서 보수를 미군으로부터 지급받다가 미군 측의 고용해제에 따라 직권면직을 당한 자가 공무원연금법에 따른 퇴직금지급을 구하였는데 원고에 대한 공무원연금법 소정의 **기여금과 부담금이 적립되지 않았으며 이미 미군 측으로부터 퇴직금 명목의 금원을 수령하였다는 이유로 이를 거부당하자 그 처분의 무효확인을 구한 사안에서 원고의 특수한 근무형태에도 불구하고 원고는 적법하게 임용된 대한민국 군무원으로서 공무원연금법 소정의 공무원에 해당하므로 원고에 대한 퇴직금지급을 거부한 처분은 당연무효이다**(대판 2009.2.26, 2006두2572).

(10) 건축물대장 합병처분상의 하자가 중대하고 명백하여 당연무효라고 본 사례(대판 2009.5.28, 2007두19775)

건축물대장규칙 제6조 제2항 제2호의 규정에 의하면 건축물대장의 합병신청 시 건축물의 소유자 또는 건축주는 '합병하고자 하는 건축물의 소유권을 증명하는 서류'를 제출하여야 하므로, 피고 구청장 소속 담당 공무원은 이 사건 각 건물에 관한 등기부등본만으로도 이 사건 각 건물의 전부 또는 일부에 가압류등기가 마쳐져 있는 사실을 쉽게 알 수 있는 점, 이 사건 각 건물에는 등기원인 및 그 연원일과 접수번호가 동일한 근저당권설정등기 및 가압류등기 외에도 그중 일부 건물들에 대해서는 또 다른 가압류등기가 마쳐져 있었던 점 등을 종합해 보면, **이 사건 각 건물의 건축물대장을 합병한 이 사건 처분은 그 하자가 중대할 뿐만 아니라 객관적으로도 명백하다**(대판 2009.5.28, 2007두19775).

(11) 피고가 한 주택재개발정비사업 조합설립추진위원회 설립승인처분이 정비구역의 지정·고시 전에 정비예정지역에 의하여 확정된 토지등 소유자의 과반수 동의를 얻어 구성된 추진위원회에 대하여 이루어진 것이라고 하더라도, 그 하자가 중대하거나 명백하다고 할 수 없다(대판 2010.9.30, 2010두9358).

(12) 사단법인 한국토지보상관리회가 한국직업능력개발원에 보상관리사(보) 자격을 민간자격으로 등록해줄 것을 신청하였으나 한국직업능력개발원이 거부처분을 한 사안에서, 보상관리사(보) 자격은 그 직무내용 중 일부가 국가자격 관련 법령인 구 변호사법 등에 따라 금지되는 경우로서 자격기본법 제17조 제1항 제1호의 민간자격 제한분야에 속한다는 이유로, 위 처분이 적법

하다고 본 원심의 결론을 정당하다고 한 사례

보상관리사(보) 자격의 직무내용 중 '보상협의, 계약체결 및 보상금의 지급', '보상 관련 민원처리 및 소송수행 관련 업무'는 구 변호사법에 따라, '토지 등의 등기 관련 업무'는 법무사법에 따라, '분할측량 및 지적등록에 관한 업무'는 구 행정사법에 따라 각 해당 법령의 직무내용과 저촉되어 무자격자의 행위가 금지되는 경우에 해당하므로 보상관리사(보) 자격은 자격기본법 제17조 제1항 제1호의 민간자격 제한분야에 속한다는 이유로, 위 처분이 적법하다고 본 원심의 결론을 정당하다고 한 사례(대판 2013.4.26, 2011두9874)

(13) 공유수면에 대한 적법한 사용인지 무단 사용인지의 여부에 관한 판단을 그르쳐 변상금부과처분을 할 것을 사용료부과처분을 하거나 반대로 사용료부과처분을 할 것을 변상금부과처분을 한 경우, 그 부과처분의 하자는 중대한 하자가 아니다(대판 2013.4.26, 2012두20663).

공유수면 점·사용 허가 등을 받아 적법하게 사용하는 경우에는 사용료부과처분을, 허가를 받지 않고 무단으로 사용하는 경우에는 변상금부과처분을 하는 것이 적법하다. 그러나 적법한 사용이든 무단 사용이든 그 공유수면 점·사용으로 인한 대가를 부과할 수 있다는 점은 공통된 것이고, **적법한 사용인지 무단 사용인지의 여부에 관한 판단은 사용관계에 관한 사실 인정과 법적 판단을 수반하는 것으로 반드시 명료하다고 할 수 없으므로**, 그러한 판단을 그르쳐 변상금부과처분을 할 것을 사용료부과처분을 하거나 반대로 사용료부과처분을 할 것을 변상금부과처분을 하였다고 하여 그와 같은 부과처분의 하자를 중대한 하자라고 할 수는 없다.

(14) 구 사회복지사업법상 사회복지법인에 대한 관할 시·도지사의 임원 해임명령만 있고 이사회의 해임결의 등 법인의 후속조치가 없는 경우, 해임명령만 내려진 상태에서 관할 시·도지사가 임시이사를 선임한 경우 그 처분의 효력은 취소사유이다(대판 2013.6.13, 2012다40332).

(15) 골프장에 관한 도시계획시설결정에 따라 관할 시장이 甲 주식회사를 사업시행자로 하여 회원제 골프장을 설치하는 내용의 도시계획시설사업 실시계획인가 고시를 한 사안에서, 위 인가처분은 위법하지만, 그 흠이 중대·명백하여 당연무효라고 볼 수는 없다고 한 사례

도시계획시설결정은 일반인의 이용에 제공하기 위하여 설치하는 골프장에 관하여 한 것이라고 인정되는 범위 내에서만 적법한데, 회원제 골프장은 상당한 정도로 고액인 입회비를 내고 회원이 된 사람 이외의 사람에게는 이용이 제한되므로, 특별한 사정이 없는 한 이를 '일반인의 이용에 제공하기 위하여 설치하는 체육시설'이라고 보기는 어려워, 위 도시계획시설사업 실시계획인가는 그 근거가 되는 도시계획시설결정의 적법성이 인정되는 범주를 벗어나는 것으로서 위법하지만, 인가처분 당시 골프장에 관한 도시계획시설결정이

'일반인의 이용에 제공하기 위하여 설치하는 체육시설'인 골프장에 한정되고, 회원제 운영방식의 골프장은 이에 맞지 않아 위법하다는 법리가 명백히 밝혀져 해석에 다툼의 여지가 없었다고 보기는 어려우므로 그 흠이 중대·명백하여 당연무효라고 볼 수는 없다(대판 2013.9.12, 2012두12884).

(16) 개별공시지가가 감정가액이나 실제 거래가격을 초과한다는 사유만으로 가격 결정이 위법하다고 단정할 수는 없다.

개별공시지가 결정의 적법 여부는 부동산 가격공시 및 감정평가에 관한 법률 등 관련 법령이 정하는 절차와 방법에 따라 이루어진 것인지에 의하여 결정될 것이지 당해 토지의 시가나 실제 거래가격과 직접적인 관련이 있는 것은 아니므로, 단지 그 공시지가가 감정가액이나 실제 거래가격을 초과한다는 사유만으로 그것이 현저하게 불합리한 가격이어서 그 가격 결정이 위법하다고 단정할 수는 없다(대판 2013.10.11, 2013두6138).

(17) 개별공시지가가 감정가액이나 실제 거래가격을 초과한다는 사유만으로 가격 결정이 위법하다고 단정할 수는 없다.

개별공시지가 결정의 적법 여부는 부동산 가격공시 및 감정평가에 관한 법률 등 관련 법령이 정하는 절차와 방법에 따라 이루어진 것인지에 의하여 결정될 것이지 당해 토지의 시가나 실제 거래가격과 직접적인 관련이 있는 것은 아니므로, 단지 그 공시지가가 감정가액이나 실제 거래가격을 초과한다는 사유만으로 그것이 현저하게 불합리한 가격이어서 그 가격 결정이 위법하다고 단정할 수는 없다(대판 2013.10.11, 2013두6138).

(18) 도시·주거환경정비기본계획에서 정한 정비예정구역의 범위 안에서 정비구역을 지정하는 경우, 정비구역의 지정을 위한 절차를 거치는 외에 따로 기본계획을 먼저 변경해야 한다거나 그 변경절차를 거치지 않고 곧바로 정비구역을 지정하는 것은 위법하지 않다.

구 「도시 및 주거환경정비법」은 정비예정구역의 개략적 범위에 관한 사항을 포함하는 도시·주거환경정비기본계획을 수립 또는 변경하고자 하는 때 소정의 절차를 거치도록 하면서 대통령령이 정하는 경미한 사항을 변경하는 경우에는 그 예외를 인정하고 있는데(제3조 제1항, 제3항), 구 '도시 및 주거환경정비법 시행령'은 정비예정구역의 면적을 구체적으로 명시한 때 당해 구역 면적의 20% 미만 변경인 경우를 경미한 사항을 변경하는 경우의 하나로 들고 있다(제9조 제3항 제5호). 한편 구 도시정비법은 정비구역의 지정 및 정비계획의 수립에 관하여 기본계획에 적합한 범위 안에서 소정의 요건 및 절차를 거치도록 정하고 있을 뿐 정비구역과 정비예정구역의 관계에 관한 규정은 두고 있지 않다(제4조). 이러한 각 규정의 내용, 형식 및 취지를 종합하면, 기본계획 단계에서 그 내용 중 일부인 정비예정구역의 면적을 20% 이상

변경하는 경우에는 기본계획 변경절차를 거쳐야 하나, 이미 수립된 기본계획에서 정한 정비예정구역의 범위 안에서 정비구역을 지정하는 경우에는 정비구역의 지정을 위한 절차를 거치는 외에 따로 기본계획을 먼저 변경하여야 한다거나 그 변경절차를 거치지 않고 곧바로 정비구역 지정행위에 나아간 것이 위법하다고 볼 수는 없다(대판 2013.10.24, 2011두28455).

(19) 표준지를 특정하여 선정하지 않거나 「부동산 가격공시 및 감정평가에 관한 법률」 제9조 제2항에 따른 비교표에 의하지 아니한 채 개별공시지가가 없는 토지의 가액을 평가하고 기준시가를 정하는 것은 위법하다.

「소득세법 시행령」 제164조 제1항은 개별공시지가가 없는 토지의 가액을 그와 지목·이용상황 등 지가형성요인이 유사한 인근토지를 표준지로 보고 「부동산 가격공시 및 감정평가에 관한 법률」 제9조 제2항에 따른 비교표(토지가격비준표)에 따라 평가하도록 규정함으로써, 납세의무자가 표준지 선정과 토지가격비준표 적용의 적정 여부, 평가된 가액이 인근 유사토지의 개별공시지가와 균형을 유지하고 있는지 여부 등을 확인할 수 있도록 하고 있으므로, 표준지를 특정하여 선정하지 않거나 토지가격비준표에 의하지 아니한 채 개별공시지가가 없는 토지의 가액을 평가하고 기준시가를 정하는 것은 위법하다(대판 2014.4.10, 2013두2570).

(20) 행정청이 법령 규정의 문언상 처분 요건의 의미가 분명함에도 합리적인 근거 없이 그 의미를 잘못 해석한 결과, 처분 요건이 충족되지 아니한 상태에서 해당 처분을 한 경우 하자는 명백한 하자에 해당한다(대판 2014.5.16, 2011두27094).

(21) 정비사업조합에 관한 조합설립인가처분 또는 선행 조합설립변경인가처분이 쟁송에 의하여 취소되거나 무효로 확정된 경우, 이에 기초하여 이루어진 조합설립변경인가처분 또는 후행 조합설립변경인가처분의 효력은 원칙적으로 무효이다(대판 2014.5.29, 2011다46128, 2013다69057).

(22) 정비사업조합에 관한 조합설립인가처분 또는 선행 조합설립변경인가처분이 쟁송에 의하여 취소되거나 무효로 확정된 경우, 이에 기초하여 이루어진 후행 조합설립변경인가처분의 효력이 인정되는 경우

다만 조합설립변경인가처분도 조합에 정비사업을 시행할 수 있는 권한을 설정하여 주는 처분인 점에서는 당초 조합설립인가처분과 다르지 아니하므로, 선행 조합설립변경인가처분이 쟁송에 의하여 취소되었거나 무효인 경우라도 후행 조합설립변경인가처분이 선행 조합설립변경인가처분에 의해 변경된 사항을 포함하여 새로운 조합설립변경인가처분의 요건을 갖추고 있는 경우에는 그에 따른 효과가 인정될 수 있다. 이러한

경우에 조합은 당초 조합설립인가처분과 새로운 조합설립변경인가처분의 요건을 갖춘 후행 조합설립변경인
가처분의 효력에 의하여 정비사업을 계속 진행할 수 있으므로, 그 후행 조합설립변경인가처분을 무효라고
할 수는 없다(대판 2014.5.29, 2011다46128, 2013다69057).

(23) 정비사업조합에 관한 조합설립인가처분 또는 선행 조합설립변경인가처분이 쟁송에 의하여 취
소되거나 무효로 확정된 경우, 이에 기초하여 이루어진 후행 조합설립변경인가처분의 효력이
인정되는 경우

다만 조합설립변경인가처분도 조합에 정비사업을 시행할 수 있는 권한을 설정하여 주는 처분인 점에서는
당초 조합설립인가처분과 다르지 아니하므로, 선행 조합설립변경인가처분이 쟁송에 의하여 취소되었거나
무효인 경우라도 후행 조합설립변경인가처분이 선행 조합설립변경인가처분에 의해 변경된 사항을 포함하
여 새로운 조합설립변경인가처분의 요건을 갖추고 있는 경우에는 그에 따른 효과가 인정될 수 있다. 이러한
경우에 조합은 당초 조합설립인가처분과 새로운 조합설립변경인가처분의 요건을 갖춘 후행 조합설립변경인
가처분의 효력에 의하여 정비사업을 계속 진행할 수 있으므로, 그 후행 조합설립변경인가처분을 무효라고
할 수는 없다(대판 2014.5.29, 2011다46128, 2013다69057).

(24) 유선장을 설치하여 수상레저사업을 운영하기 위해 하천점용허가를 받은 甲이 乙로부터 돈을
차용하면서 乙과 하천점용허가 및 유선장을 매도하는 계약을 체결하였는데, 그 후 乙이 하천
점용허가의 권리의무승계 신고를 하자 관할 시장이 하천 점·사용허가 권리의무승계처분을 한
사안에서, 위 처분에는 하자가 중대·명백하여 무효에 해당하는 위법이 없다고 한 사례

관할 시장은 甲 명의의 권리의무승계신고서와 승계사실 증명에 관한 서류가 위조되는 등으로 승계의 효력
이 없다고 볼 특별한 사정이 없는 한 위 신고에 따른 권리의무승계처분을 하면 되는 점, 하천점용허가 관리
대장은 허가가 있었음을 증명하는 문서로 행정상 편의를 위하여 작성하는 것에 불과하고, 하천의 점용허가
권은 재산권의 설정과 이전에 관하여 등기 또는 등록이 성립요건 또는 대항요건이 되어 있는 재산권이라고
할 수 없으므로 「가등기담보 등에 관한 법률」이 준용된다고 할 수 없는 점 등에 비추어, 위 처분에는 하자가
중대·명백하여 무효에 해당하는 위법이 없음에도, 이와 달리 본 원심판결에 법리를 오해한 잘못이 있다고
한 사례(대판 2015.1.29, 2012두27404).

(25) 도시계획시설사업에 관한 실시계획의 인가 요건을 갖추지 못한 인가처분의 경우, 그 하자는
중대하다(대판 2015.3.20, 2011두3746).

(26) 농업협동조합이나 농업협동조합중앙회의 업무 및 재산에 대하여 농지보전부담금을 부과한 처분에 법규의 중요한 부분을 위반한 중대한 하자가 있다

부과금 면제대상인 조합이나 중앙회의 업무 및 재산에 대하여 농지보전부담금을 부과한 처분은 부과대 상이 아닌 자에 대하여 부과금을 부과한 것으로서 법규의 중요한 부분을 위반한 중대한 하자가 있다(대판 2015.6.23, 2013다209008).

(27) 농업용 창고 등을 신축할 목적으로 농지전용허가를 받은 甲 농업협동조합에 농지보전부담금 부과처분을 한 사안에서, 처분의 하자가 객관적으로 명백하다고 한 사례

甲 조합은 구 농업협동조합법(농협법) 제8조에서 정한 '조합 등'에 해당하고, 지역농업협동조합인 甲 조합 이 농업용 창고 등을 신축할 목적으로 농지전용허가를 받은 것이 부과금 면제대상인 조합의 '업무와 재산' 에 해당한다고 해석하는 것에 다툼의 여지가 없으며, 부과금 면제를 규정한 농협법 제8조가 특별법으로서 다른 법률에 우선한다는 법리와 농협법 제8조의 문언에 의하면, 이미 처분 당시에 부과금 면제에 관한 농협 법의 규정에 우선하여 농지보전부담금 부과에 관한 농지법령의 규정을 적용할 수 없음은 법리상 분명하고, 그와 같은 농협법 및 농지법령의 해석에 합리적인 다툼의 여지가 없었으므로, 처분의 하자가 객관적으로 명백하다고 한 사례(대판 2015.6.23, 2013다209008).

(28) 사인(私人)인 사업시행자가 도시·군계획시설사업의 대상인 토지를 사업시행기간 중에 제3자에게 매각하고 제3자로 하여금 해당 시설을 설치하도록 하는 내용이 포함된 실시계획은 허용되지 않고, 그와 같은 실시계획을 인가하는 처분은 하자가 중대하지만 명백하지는 않다(대판 2017.7.11, 2016두35120).

(29) 주택건설 사업부지에 관한 선행 도시·군관리계획결정이 존재하지 않거나 그 결정에 하자가 있는 경우, 그것만으로 곧바로 주택건설사업계획 승인처분의 위법사유를 구성하지 않는다(대판 2017.9.12, 2017두45131).

(30) 분양대상자별 종전자산가격 평가기준일을 당연무효인 조합설립인가처분에 터 잡은 사업시행계획에 대한 인가일로 하여 수립된 관리처분계획의 하자는 중대·명백하다고 볼 수 없다(대판 2016.12.15, 2015두51309).

(31) 세무조사가 과세자료의 수집 또는 신고내용의 정확성 검증이라는 본연의 목적이 아니라 부정

한 목적을 위하여 행하여진 경우, 세무조사에 의하여 수집된 과세자료를 기초로 한 과세처분은 위법하다(대판 2016.12.15, 2016두47659).

Ⅲ 절 차

1. 일반적 기준

(1) 통설(중대명백설, 개별적 고찰설)

하자의 일반이론인 중대명백설에 따라 절차상 하자로 인하여 행정행위 자체의 하자가 중대하고 명백한 것인가에 따라 결정한다.

① 절차를 정한 취지나 목적이 상호 대립하는 당사자 사이의 이해를 조정함을 목적으로 하는 경우, 또는 이해관계인의 권리·이익의 보호를 목적으로 하는 경우 등 필요불가결한 중요한 절차를 결여한 행위는 무효사유
② 절차의 취지·목적이 단순히 행정의 적정·원활한 운영을 위하는 등 행정상의 편의에 있을 경우는 취소사유

(2) 판 례

주류적 판례는 취소사유, 초기판례에 무효사유라는 예외판례

2. 법률상 필요한 상대방의 신청 또는 동의를 결여한 행위

법령이 일정한 행정행위에 대하여 상대방의 신청 또는 동의를 필요적 절차로 규정하고 있는 특허나 인가의 경우(예 상대방의 동의 없는 공무원임명, 상대방의 신청 없이 행한 광업허가)에 상대방의 신청 또는 동의를 결하는 행위는 무효이다. 그러나 신청절차 없는 허가는 취소사유이다.

관련 판례

1. 광업권자의 동의 없이 공유수면매립면허를 해 주었다 하여 그 면허처분에 어떠한 위법이 있다 할 수 없고, 공유수면에 관하여 권리를 가진 자의 동의 없이 공유수면매립면허를 하였다 하더라도 그 처분이 당연 무효가 되는 것은 아니다(대판 1992.11.13, 92누596).
2. 당해 공무원의 동의 없는 지방공무원법 제29조의3의 규정에 의한 전출명령은 위법하여 취소되어야 하므로, 그 전출명령이 적법함을 전제로 내린 징계처분은 징계양정에 있어 재량권을 일탈하여 위법하다고

한 사례(대판 2001.12.11, 99두1823)

3. 조합설립 동의에 흠이 있는 경우 조합설립인가처분이 당연무효인지 여부(한정 소극)

주택재개발사업의 사업시행자인 정비사업조합은 관할행정청의 조합설립인가와 등기에 의해 설립되고, **조합설립에 대한 토지등 소유자의 동의는 조합설립인가처분이라는 행정처분을 하는 데 필요한 절차적 요건 중 하나에 불과하므로, 조합설립 동의에 흠이 있다 하더라도 그 흠이 중대·명백하지 않다면 조합설립인가처분이 당연무효라고 할 수 없다**(대판 2010.12.23, 2010두16578).

4. 구 「도시 및 주거환경정비법」상의 요건을 갖춘 추진위원회 설립승인신청이 있는 경우 원칙적으로 시장·군수는 이를 승인하여야 하고, 정비구역이 정해지기 전의 토지소유자 등의 동의에 기초한 설립승인처분은 나중에 확정된 실제 사업구역이 위 동의 당시 예정한 사업구역과 사이에 동일성을 인정할 수 없을 정도로 달라진 때에 한해 위법하다(대판 2011.7.28, 2011두2842).

5. 추진위원회 설립동의 당시 예정한 사업구역과 나중에 확정된 실제 사업구역 사이에 동일성이 인정되지 않아 위 동의를 실제 사업구역을 기반으로 하는 추진위원회의 설립에 대한 동의로 볼 수 없는 경우 그 동의의 하자는 추진위원회 설립승인처분은 취소사유이다(대판 2011.7.28, 2011두2842).

6. 추진위원회 설립동의를 받을 당시 추진위원 명단이 첨부되지 않았으나 설립승인 신청서에는 추진위원회 명단이 첨부된 경우 그 신청에 대한 설립승인처분은 취소사유이다(대판 2011.7.28, 2011두2842).

7. 주택 재건축조합이 구 「도시 및 주거환경정비법」 시행 전에 재건축결의가 이루어졌으나 위 법률 시행 후 재건축결의 시와 비교하여 용적률, 세대수, 신축아파트 규모 등이 대폭 변경된 내용의 사업시행계획을 정기총회에서 단순 다수결로 의결한 사안에서, 사업시행계획 수립에 조합원 3분의 2 이상의 동의를 얻지 못한 하자는 취소사유에 불과하고 이를 들어 관리처분계획의 적법 여부를 다툴 수 없다는 이유로, 관리처분계획이 적법하다고 본 원심의 결론은 정당하다고 한 사례

법 시행 후 재건축결의 시와 비교하여 용적률 등이 대폭 변경된 경우 사업시행계획 수립에 적용될 조합 정관의 결의요건에 관한 규정이 유효한지에 관하여는 하급심의 해석이 엇갈리는 상황이었고 이에 관한 명시적인 대법원판결도 없었던 점 등에 비추어 정기총회에서 사업시행계획 수립에 조합원 3분의 2 이상의 동의를 얻지 못한 하자가 있다고 하더라도 그 하자가 객관적으로 명백하다고 보기 어려워 무효사유가 아니라 취소사유에 불과하고, 사업시행계획에 관한 취소사유인 하자는 관리처분계획에 승계되지 아니하여 그 하자를 들어 관리처분계획의 적법 여부를 다툴 수 없다는 이유로, 관리처분계획이 적법하다고 본 원심의 결론은 정당하다고 한 사례(대판 2012.8.23, 2010두13463).

8. 도시개발구역지정처분이 적법한 제안권자 아닌 자가 제안했거나 제안에 필요한 동의요건을 갖추지 못한 제안에 기초하여 이루어진 경우 그 처분이 위법하다고 할 수 없다

법 규정의 내용 및 취지 등에 비추어 볼 때, **시·도지사 등 지정권자는 계획적인 도시개발이 필요하다고 인정되는 때에는 도시개발구역을 지정할 수 있고, 토지소유자 등의 개발구역지정제안은 지정권자가 도시개발구역을 지정하는 데 반드시 필요한 절차가 아니라 단순히 지정권자의 권한 행사를 촉구하는 것에 불과하다**고 할 것이다. 따라서 도시개발구역지정을 제안한 제안자가 적법한 제안권자가 아니라거나 개발구역지정제안에 필요한 대상구역의 토지면적의 3분의 2 이상에 해당하는 토지소유자의 동의를 얻지 못하였다고 하더라도, 그와 같은 사유로 인하여 그 제안에 기초하여 이루어진 도시개발구역지정처분이 위법하다고 할 수 없다(대판 2012.9.27, 2010두16219).

9. 甲 주택재개발정비사업조합설립 추진위원회가 토지등 소유자로부터 '신축건물의 설계 개요' 등이 공란으로 된 조합설립동의서를 제출받은 다음 위임받은 보충권을 행사하여 공란에 조합설립총회에서 가결된 내용을 보충한 후 이를 첨부하여 조합설립인가신청을 하고, 관할 관청이 조합설립인가처분을 한 경우 위 처분은 적법하다(대판 2013.1.10, 2010두16394).

10. 甲 주식회사가 2001. 12. 22. 주택재건축정비사업 시행구역에 있는 전체 토지등 소유자의 과반수가 참석한 주택재건축정비사업조합 창립총회에서 참석인원 과반수의 동의로 시공자로 선정된 다음 2002. 8. 9. 이후 전체 토지등 소유자 2분의 1 이상이 되도록 토지등 소유자로부터 추가로 동의를 받아 주택재건

축사업의 시공자 선정 신고를 하자 관할 구청장이 구 「도시 및 주거환경정비법」 부칙 제7조 제2항에 따라 수리한 사안에서, 위 수리처분은 하자가 중대명백하여 당연무효라고 본 원심판단을 정당하다고 한 사례(대판 2013.2.14, 2012두9000)

11. 주택재개발사업 조합설립추진위원회가 조합의 정관 또는 정관 초안을 첨부하지 않은 채 구 '도시 및 주거환경정비법 시행규칙' 제7조 제3항 [별지 제4호의2] 서식에 따른 동의서에 의하여 조합설립 동의를 받는 것은 적법이고 동의서에 비용분담의 기준이나 소유권의 귀속에 관한 사항이 더 구체적이지 않다는 이유로 무효라고 할 수 없다(적법)

구 「도시 및 주거환경정비법」(구 도시정비법) 제16조 제1항, 제5항, 구 '도시 및 주거환경정비법 시행령' 제26조 제1항, 제2항, 구 '도시 및 주거환경정비법 시행규칙' 제7조 제3항 별지 제4호의2의 서식(법정동의서) 등 주택재개발사업의 조합설립 동의에 관한 규정의 체계, 형식 및 내용, 나아가 ① 구 '도시정비법 시행규칙'이 정한 법정동의서는 상위 법령의 위임에 따른 것으로서 법적 구속력이 있고, 구 도시정비법령이 이처럼 법정동의서를 규정한 취지는 종래 건설교통부 고시로 제공하던 표준동의서를 대신할 동의서 양식을 법령에서 정하여 그 사용을 강제함으로써 동의서의 양식이나 내용을 둘러싼 분쟁을 미연에 방지하려는 취지라고 할 것인 점, ② 법정동의서의 정관에 관한 사항 부분은 정관에 포함될 구체적 내용에 대한 동의를 얻기 위한 취지라기보다는 조합의 운영과 활동에 관한 자치규범으로서 정관을 마련하고 그 규율에 따르겠다는 데에 대한 동의를 얻기 위한 취지로 해석되는 점, ③ 법정동의서 중 비용의 분담기준 및 소유권의 귀속에 관한 각 사항 부분에서 그 구체적인 사항은 조합정관에 의한다는 취지의 기재 역시 해당 사항의 구체적인 내용이 기재된 정관이나 정관 초안에 대한 동의를 얻기 위한 것이라기보다는 해당 사항의 구체적인 내용은 장차 창립총회의 결의 등을 거쳐 마련된 정관에 따르겠다는 데에 대한 동의를 얻기 위한 취지로 해석되는 점, ④ 아울러 조합정관에 관한 의견의 수렴은 창립총회에서 충분히 이루어질 수 있으므로 굳이 조합설립에 관한 동의를 받을 때 동의서에 정관 초안을 첨부하여 그 내용에 관한 동의까지 받도록 요구할 필요가 없을 뿐만 아니라 이를 요구하는 것은 절차상 무리인 측면도 있는 점 등을 종합적으로 고려하면, 조합설립추진위원회가 조합의 정관 또는 정관 초안을 첨부하지 아니한 채 법정동의서와 같은 서식에 따른 동의서에 의하여 조합설립에 관한 동의를 받는 것은 적법하고, 그 동의서에 비용분담의 기준이나 소유권의 귀속에 관한 사항이 더 구체적이지 아니하다는 이유로 이를 무효라고 할 수 없다(대판 2013. 12.26, 2011두8291).

---

3. 필요한 공고 또는 통지를 결여한 행위

(1) 법령이 행정행위를 함에 있어 이해관계인으로 하여금 그의 권리를 주장하고 이의신청 등을 할 기회를 부여하기 위하여 행정행위에 앞서 일정한 공고 또는 통지를 하도록 규정하고 있는 경우, 그 공고나 통지를 결한 행정행위는 원칙적으로 무효

① 특허출원공고 없이 한 발명특허

② 토지세목의 공고를 결한 토지수용재결

③ 열람을 시키지 않고 행한 선거인명부확정

④ 독촉절차 없이 한 압류처분은 무효사유이다. 다만, 판례는 취소사유(대판 1988.6.28, 87누1009)

(2) 재외국민이 거주용 여권 무효확인서를 첨부하지 아니하였음을 이유로 최고·공고의 절차를 거 치지 않고 한 주민등록말소처분은 취소사유이다.

(3) 열람을 위한 공고나 개별통지를 하지 않은 토지등급결정은 무효이고, 그에 기초한 종합토지세 등의 부과처분은 당연무효가 아닌 취소사유이다(대판 1998.7.24, 98다10854).

(4) 구 「폐기물처리시설 설치촉진 및 주변지역 지원 등에 관한 법률」상의 입지선정위원회가 주민의 의견이 반영된 전문연구기관의 재조사결과에 관하여 새로이 공람·공고 절차를 거치지 않고 입 지를 선정한 경우 적법이다.

를 거치지 않았다 하여 입지선정에 있어서 요구되는 지역주민들의 절차적 권리가 침해된 것이라고 보기 어려운 점 등에 비추어 보면, 입지선정위원회가 주민의 의견이 반영된 전문연구기관의 재조사결과에 관하여 새로이 공람·공고 절차를 거치지 않고 입지를 선정하였다 하여 그 입지선정이 위법하다고 볼 수 없다(대판 2002.5.28, 2001두8469).

(5) 재개발구역 내 토지등 소유자들에게 구 도시재개발법(현 도시 및 주거환경정비법) 제33조 제1항에서 정한 분양신청기간의 통지 등 절차를 이행하지 아니한 채 한 수용재결은 위법이다(대판 2007.3.29, 2004두6235).

(6) 사전통지를 거치지 않은 직권면직처분은 취소사유이다.

교육인적자원부장관이 공립유치원 교사의 임용권을 당해 교육감에게 위임하였고, 교육감은 공립유치원 교사의 관내전보, 직위해제, 의원면직, 신규채용권한을 교육장에게 재위임하였을 뿐 직권면직 권한까지 재위임한 바는 없으므로 피고가 **공립유치원 교사인 원고에 대하여 이 사건 직권면직처분을 한 것은 적법한 위임 없이 권한 없는 자가 행한 처분으로서 그 하자가 중대하다고 할 것이나, 객관적으로 명백하다고는 할 수 없어 당연무효는 아니고,** 근로기준법 제30조 제2항은 교육공무원인 원고에게는 적용되지 아니하며, **이 사건 처분을 하면서 사전통지절차를 거치지 아니한 것은 취소사유에 불과**하고, 교육공무원법 제50조 제3항의 규정은 직권면직처분에는 그 적용이 없다(대판 2007.9.21, 2005두11937).

(7) 감사원이 한국방송공사에 대한 감사를 실시한 결과 사장 甲에게 부실 경영 등 문책사유가 있다는 이유로 한국방송공사 이사회에 甲에 대한 해임제청을 요구하였고, 이사회가 대통령에게 甲의 사장직 해임을 제청함에 따라 대통령이 甲을 한국방송공사 사장직에서 해임한 사안에서, 대통령의 해임처분에 재량권 일탈·남용의 하자가 존재한다고 하더라도 그것이 중대명백하지 않고, 행정절차법을 위반한 위법이 있으나 절차나 처분형식의 하자가 중대하고 명백하다고 볼 수 없어 당연무효가 아닌 취소사유에 해당한다.

감사원이 한국방송공사에 대한 감사를 실시한 결과 사장 甲에게 부실 경영 등 문책사유가 있다는 이유로 한국방송공사 이사회에 甲에 대한 해임제청을 요구하였고, 이사회가 임시이사회를 개최하여 감사원 해임제청요구에 따른 문책사유와 방송의 공정성 훼손 등의 사유를 들어 甲에 대한 해임제청을 결의하고 대통령에게 甲의 사장직 해임을 제청함에 따라 대통령이 甲을 한국방송공사 사장직에서 해임한 사안에서, 甲에게 한국방송공사의 적자구조 만성화에 대한 경영상 책임이 인정되는 데다 대통령이 감사원의 한국방송공사에 대한 감사에 따른 해임제청 요구 및 한국방송공사 이사회의 해임제청결의에 따라 해임처분을 하게 된 것인 점 등에 비추어 대통령에게 주어진 한국방송공사 사장 해임에 관한 재량권 일탈·남용의 하자가 존재한다고 하더라도 그것이 중대명백하지 않아 당연무효 사유에 해당하지 않고, **해임처분 과정에서 甲이 처분 내용을 사전에 통지받거나**

그에 대한 의견제출 기회 등을 받지 못했고 해임처분 시 법적 근거 및 구체적 해임 사유를 제시받지 못하였으므로 해임처분이 행정절차법에 위배되어 위법하지만, 절차나 처분형식의 하자가 중대하고 명백하다고 볼 수 없어 역시 당연무효가 아닌 취소사유에 해당한다(대판 2012.2.23, 2011두5001).

(8) 구 「도시 및 주거환경정비법」 제28조 제4항에서 정관 등이 정하는 바에 따라 토지등 소유자의 동의를 얻도록 한 취지

구 「도시 및 주거환경정비법」(구 도시정비법) 제28조 제4항, 제5항, 제17조, 구 「도시 및 주거환경정비법 시행령」 제28조 제4항의 규정 형식과 내용, 사업시행계획 수립이 조합원들의 이해관계에 미치는 영향 등에 비추어 보면, 구 도시정비법 제28조 제4항에서 정관 등이 정하는 바에 따라 토지등 소유자의 동의를 얻도록 한 것은 사업시행계획에 대한 인가신청에 앞서 조합설립동의서나 창립총회 결의 등과는 별도로 서면 동의 방식을 통한 토지등 소유자의 동의를 받도록 하되, 다만 그 구체적인 동의율 등에 관하여는 정관 등의 규정에 의한다는 취지이다(대판 2014.2.13, 2011두21652).

(9) 甲 주택재개발정비사업조합이 관할 구청장으로부터 인가받은 관리처분계획 및 인가처분에 대하여 乙 등이 구 「도시 및 주거환경정비법」 제48조 제1항 제4호, 제5호에 정한 사항을 통지하지 않았다는 이유 등으로 무효 확인을 청구한 사안에서, 사업시행자가 관리처분계획의 수립을 위한 총회 개최 이전에 조합원들에게 위 제4호 및 제5호에서 정한 사항을 통지해야 하는 것은 아니라고 한 사례

구 「도시 및 주거환경정비법」(구 도시정비법)과 구 「도시 및 주거환경정비법 시행령」은 사업시행자가 관리처분계획 수립을 위한 총회 개최 이전에 조합원들에게 구 도시정비법 제48조 제1항에서 정한 '분양대상자별 종전의 토지 또는 건축물의 명세 및 사업시행인가의 고시가 있은 날을 기준으로 한 가격'(4호 사항) 및 '정비사업비의 추산액 및 그에 따른 조합원 부담규모 및 부담시기'(5호 사항)에 관한 사항을 통지하도록 하는 내용의 명문 규정을 두고 있지 않다는 등의 이유로 사업시행자가 관리처분계획의 수립을 위한 총회 개최 이전에 조합원들에게 위 4호 사항 및 5호 사항을 통지해야 하는 것은 아니라고 한 사례(대판 2014.2.13, 2011두21652)

4. 필요한 이해관계인의 참여 또는 협의를 결여한 행위

이해관계인의 이익의 보호 또는 조정을 목적으로 한 이해관계인의 입회 또는 협의 등을 결한 행정행위는 원칙적으로 무효라는 것이 다수설이다.

(1) 체납자 등의 참여 없이 행한 재산압류

(2) 토지소유자와의 협의를 거치지 않고 행한 토지수용재결

1. 취소사유라는 판례

(1) 건설부장관이 택지개발계획을 승인함에 있어서 토지수용법 제15조에 의한 이해관계자의 의견을 듣지 아니하였거나, 토지소유자에 대한 통지를 하지 아니한 하자

건설부장관이 택지개발계획을 승인함에 있어서 **토지수용법 제15조에 의한 이해관계자의 의견을 듣지 아니하였거나,** 같은 법 제16조 제1항 소정의 **토지소유자에 대한 통지를 하지 아니한 하자는 중대하고 명백한 것이 아니므로** 사업인정 자체가 당연무효라고 할 수 없고, 이러한 하자는 수용재결의 선행처분인 사업인정단계에서 다투어야 할 것이므로 **쟁송기간이 도과한 이후에 위와 같은 하자를 이유로 수용재결의 취소를 구할 수 없다**(대판 1993.6.29, 91누2342).

(2) 기업자가 과실 없이 토지소유자의 등기부상 주소와 실제 주소가 다른 사실을 알지 못하거나 과실로 이를 알지 못하여 등기부상 주소로 보상협의에 관한 통지를 한 결과 보상협의절차를 거치지 못한 하자

기업자(현 사업시행자)가 과실 없이 토지소유자의 등기부상 주소와 실제 주소가 다른 사실을 알지 못하거나 과실로 이를 알지 못하여 등기부상 주소로 보상협의에 관한 통지를 한 결과 보상협의절차를 거치지 못하였다 하더라도 그러한 사유만으로는 수용재결이 당연무효이거나 부존재하는 것으로 볼 수 없다(대판 1994.4.15, 93누18594).

(3) 기업자(현 사업시행자)가 토지수용을 하면서 협의나 통지절차를 이행하지 않으면 위법하다

구 **토지수용법령이 기업자로 하여금 관계인과 협의하거나 그 협의를 위한 통지를 하도록 규정한 취지는,** 관계인에게 수용의 취지·절차 및 그에 따른 손실보상 제도를 설명하고 이해시켜 가능한 한 공권력 발동에 의하지 않고 원만하게 토지취득의 목적을 달성하는 한편, **비자발적으로 담보권을 상실하게 될 저당권자 등의 관계인으로 하여금 당해 협의절차에 참여하여 자신의 권리를 스스로 행사할 수 있는 기회를 부여함으로써** 그와 같은 토지수용으로 인하여 불측의 손해를 입지 아니하도록 예방할 뿐만 아니라, **협의가 성립되지 아니하여 수용재결로 나아가는 경우 저당권자 등의 관계인에게 물상대위권 등의 권리를 행사할 수 있는 기회를 제공**하는 데에도 있다고 할 것이다. 또한 기업자가 수용할 토지의 저당권자에게 위와 같은 협의나 통지를 하지 아니하였다면 이는 위법하다고 할 것이다(대판 2011.7.28, 2009다35842).

2. 토지소유자 등에게 입회를 요구하지 아니하고 작성한 토지조서는 절차상의 하자가 인정되지만, 토지조서에 실제 현황에 관한 기재가 되어 있지 아니하다거나 토지소유자의 입회나 서명날인이 없었다든지 하는 사유로는 수용재결이나 이의재결이 위법이 되는 것은 아니다(대판 1993.9.10, 93누5543).

(3) 「폐기물처리시설 설치촉진 및 주변지역 지원 등에 관한 법률」 및 그 시행령상의 입지선정위원회의 구성방법과 절차가 주민대표나 주민대표 추천에 의한 전문가의 참여 없이 이루어지는 등 위법한 경우, 그 의결에 터 잡아 이루어진 폐기물처리시설 입지결정처분은 무효사유이다.

1. 구 「폐기물처리시설 설치촉진 및 주변지역 지원 등에 관한 법률」 및 그 시행령상의 입지선정위원회의 구성방법과 절차가 주민대표나 주민대표 추천에 의한 전문가의 참여 없이 이루어지는 등 위법한 경우, 그 의결에 터잡아 이루어진 폐기물처리시설 입지결정처분은 위법이다

입지선정위원회는 폐기물처리시설의 입지를 선정하는 의결기관이고, 입지선정위원회의 구성방법에 관

하여 일정 수 이상의 주민대표 등을 참여시키도록 한 것은 **폐기물처리시설 입지선정 절차에 있어 주민의 참여를 보장함으로써** 주민들의 이익과 의사를 대변하도록 하여 주민의 권리에 대한 부당한 침해를 방지하고 행정의 민주화와 신뢰를 확보하는 데 그 취지가 있는 것이므로, 주민대표나 주민대표 추천에 의한 전문가의 참여 없이 의결이 이루어지는 등 **입지선정위원회의 구성방법이나 절차가 위법한 경우**에는 그 하자 있는 입지선정위원회의 의결에 터 잡아 이루어진 폐기물처리시설 입지결정처분도 위법하게 된다(대판 2007.4.12, 2006두20150).

2. 구 「폐기물처리시설 설치촉진 및 주변지역 지원 등에 관한 법률」에 정한 입지선정위원회가 그 구성방법 및 절차에 관한 같은 법 시행령의 규정에 위배하여 군수와 주민대표가 선정·추천한 전문가를 포함시키지 않은 채 임의로 구성되어 의결을 한 경우, 그에 터잡아 이루어진 폐기물처리시설 입지결정처분의 하자는 중대한 것이고 객관적으로도 명백하므로 무효사유이다(대판 2007.4.12, 2006두20150).

5. 필요한 청문 또는 변명의 기회를 주지 아니한 행위

행정행위를 함에 있어서 법에 규정된 소정의 청문이나 의견진술의 기회를 주지 않은 경우 그 행위는 원칙적으로 무효이다.

(1) 청문절차가 결여된 숙박업소의 허가취소

(2) 청문절차 없이 행한 영업소 폐쇄명령. 다만, 판례는 취소사유(대판 1983.6.14, 83누14)

행정청이 영업허가취소 등의 처분을 하려면 반드시 사전에 청문절차를 거쳐야 하고 설사 식품위생법 제26조 제1항 소정의 사유가 분명히 존재하는 경우라 할지라도 **당해 영업자가 청문을 포기한 경우가 아닌 한 청문절차를 거치지 않고 한 영업소 폐쇄명령은 위법하여 취소사유에 해당된다**(대판 1983.6.14, 83누14).

(3) 사전진술의 기회를 주지 않고 행한 징계의결

징계위원회는 징계혐의자에게 충분히 진술할 수 있는 기회를 부여하여야 하며, 진술의 기회를 부여하지 아니하고 한 징계의결은 무효이다(국가공무원법 제81조 제3항, 제13조 제2항).

적법한 출석통지 없이 한 징계심의 절차는 위법하다

교육공무원법의 위임에 의하여 제정된 교육공무원징계령 제8조 소정의 징계혐의자에 대한 출석통지는 징계혐의자로 하여금 징계심의 개최일을 알게 하고 동시에 자기에게 이익 되는 사실을 진술하거나 증거자료를 제출할 기회를 부여하기 위한 조치에서 나온 강행규정이므로 적법한 출석통지 없이 한 징계심의 절차는 위법하다(대판 1987.7.21, 86누623).

(4) 구 도시계획법에 의한 청문을 거치지 않은 사업시행자 지정처분취소는 취소사유(대판 2004.7.8, 2002두8350)

6. 환경영향평가관련 하자의 정도

1. 환경영향평가를 거치지 아니하였음에도 승인 등 처분을 하였다면 그 처분은 위법이지만, 환경영향평가의 내용이 다소 부실하다 하더라도, 그 부실의 정도가 환경영향평가제도를 둔 입법 취지를 달성할 수 없을 정도이어서 환경영향평가를 하지 아니한 것과 다를 바 없는 정도의 것이 아닌 이상 적법이다[대판(전합) 2006.3.16, 2006두330].

2. 구 환경영향평가법상 환경영향평가를 실시하여야 할 사업에 대하여 환경영향평가를 거치지 아니하였음에도 승인 등 처분을 한 경우, 그 행정처분은 당연무효이다(예외판례) : 주류적 판례는 취소사유

   환경영향평가를 거쳐야 할 대상사업에 대하여 환경영향평가를 거치지 아니하였음에도 불구하고 승인 등 처분이 이루어진다면, 사전에 환경영향평가를 함에 있어 평가대상지역 주민들의 의견을 수렴하고 그 결과를 토대로 하여 환경부장관과의 협의내용을 사업계획에 미리 반영시키는 것 자체가 원천적으로 봉쇄되는바, 이렇게 되면 **환경파괴를 미연에 방지하고 쾌적한 환경을 유지·조성하기 위하여 환경영향평가제도를 둔 입법 취지를 달성할 수 없게 되는 결과를 초래할 뿐만 아니라 환경영향평가대상지역 안의 주민들의 직접적이고 개별적인 이익을 근본적으로 침해**하게 되므로, 이러한 행정처분의 하자는 법규의 중요한 부분을 **위반한 중대한 것이고 객관적으로도 명백한 것이라고** 하지 않을 수 없어, 이와 같은 행정처분은 당연무효이다(대판 2006.6.30, 2005두14363).

3. 국립공원 관리청이 국립공원 집단시설지구개발사업과 관련하여 그 시설물기본설계 변경승인처분을 함에 있어서 환경부장관과의 협의를 거친 이상 환경부장관의 환경영향평가에 대한 의견에 반하는 처분을 하였다고 하여 그 처분이 위법하다고 할 수 없다(대판 2001.7.27, 99두2970).

4. 사전에 교통영향평가를 거치지 아니한 채 '건축허가 전까지 교통영향평가 심의필증을 교부받을 것'을 부관으로 붙여 한 실시계획승인처분은 무효가 아니다(대판 2010.2.25, 2009두102).

5. 제주해군기지 국방·군사시설사업에 관한 환경영향평가의 부실 정도가 환경영향평가제도를 둔 입법 취지를 달성할 수 없을 만큼 심하여 환경영향평가를 하지 아니한 것과 다를 바 없는 정도에 해당하지 않는다[대판(전합) 2012.7.5, 2011두19239].

6. 환경영향평가절차가 완료되기 전에 공사시행을 금지하고, 위반행위에 대하여 형사처벌을 하도록 한 환경영향평가법 제28조 제1항 본문, 제51조 제1호 및 제52조 제2항 제2호의 규정 취지 및 사업자가 사전 공사시행 금지규정을 위반한 경우 승인기관의 장이 한 사업계획 등에 대한 승인 등의 처분이 위법하게 되지 않는다

   환경영향평가법 제16조 제1항, 제28조 제1항 본문, 제3항, 제51조 제1호 및 제52조 제2항 제2호의 내용, 형식 및 체계에 비추어 보면, 환경영향평가법 제28조 제1항 본문이 환경영향평가절차가 완료되기 전에 공사시행을 금지하고, 제51조 제1호 및 제52조 제2항 제2호가 그 위반행위에 대하여 형사처벌을 하도록 한 것은 환경영향평가의 결과에 따라 사업계획 등에 대한 승인 여부를 결정하고, 그러한 사업계획 등에 따라 공사를 시행하도록 하여 당해 사업으로 인한 해로운 환경영향을 피하거나 줄이고자 하는 환경영향평가제도의 목적을 달성하기 위한 데에 입법 취지가 있다. 따라서 사업자가 이러한 사전 공사시행 금지규정을 위반하였다고 하여 승인기관의 장이 한 사업계획 등에 대한 승인 등의 처분이 위법하게 된다고는 볼 수 없다(대판 2014.3.13, 2012두1006).

7. 법령상 필요한 타 기관의 협력을 받지 않고 행한 행위

의결기관이나 동의기관의 의결을 거치지 않거나 심의기관의 심의를 거치지 않은 행정청의 결정은 무효이다. 그러나 판례는 심의기관의 심의를 거치지 않은 경우 원칙적으로 취소사유라는 입장이다(대판 2007.3.15, 2006두15806).

(1) 무효사유

① 징계위원회의 의결을 거치지 않은 징계처분

② 다른 기관의 필요적 협력을 결여한 행위

③ 지방자치단체장이 특정한 사항을 집행하기 위해 반드시 필요한 지방의회의 의결을 거치지 않고 한 행위

④ 대통령의 승인 없이 한 공공요금결정

⑤ 국토교통부장관이 관계장관과 협의 없이 공유수면매립면허를 한 경우

⑥ 농지위원회의 의결을 거치지 않은 농지분배처분(대판 1966.7.19, 66다913)

⑦ 교육위원회의 의결 없이 한 유치원설립인가(대판 1969.6.24, 68누209)

⑧ 학교법인 이사회의 승인의결없이 한 기존재산교환허가신청에 대한 감독청(시교육위원회)의 교환허가처분[대판(전합) 1984.2.28, 81누275]

⑨ 도지사의 인사교류안 작성과 그에 따른 인사교류의 권고가 전혀 이루어지지 않은 상태에서 행하여진 관할구역 내 시장의 인사교류에 관한 처분(대판 2005.6.24, 2004두10968)

관련판례 경기도지사의 인사교류안 작성과 그에 따른 인사교류의 권고가 전혀 이루어지지 않은 상태에서 행하여진 관할구역 내 시장의 인사교류에 관한 처분은 당연무효이다(대판 2005.6.24, 2004두10968).

(2) 취소사유

① 필요한 자문을 결여한 경우

② 2 이상의 시·도에 걸친 노선업종에 있어서의 노선신설이나 변경 또는 노선과 관련되는 사업계획변경인가처분이 미리 관계 도지사와 협의를 거치지 아니하고 행해진 경우(대판 1995.11.7, 95누9730)

③ 건설부장관이 관계 중앙행정기관의 장과 협의를 거치지 아니하고 한 택지개발예정지구 지정처분(대판 2000.10.13, 99두653)

건설부장관이 관계 중앙행정기관의 장과 협의를 거치지 아니하고 한 택지개발예정지구지정처분은 취소 사유이다

건설부장관이 택지개발예정지구를 지정함에 있어 미리 관계중앙행정기관의 장과 협의를 하라고 규정한 의미는 그의 자문을 구하라는 것이지 그 의견을 따라 처분을 하라는 의미는 아니라 할 것이므로 이러한 협의를 거치지 아니하였다고 하더라도 이는 위 지정처분을 취소할 수 있는 원인이 되는 하자 정도에 불과 하고 위 지정처분이 당연무효가 되는 하자에 해당하는 것은 아니다(대판 2000. 10.13, 99두653).

④ 구 학교보건법상 학교환경위생정화구역에서의 금지행위 및 시설의 해제 여부에 관한 행정 처분을 함에 있어 학교환경위생정화위원회의 심의절차를 누락한 행정처분(대판 2007.3.15, 2006두15806)

금지행위 및 시설의 해제 여부에 관한 행정처분을 하면서 절차상 위와 같은 심의를 누락한 흠이 있다면 그 와 같은 흠을 가리켜 위 행정처분의 효력에 아무런 영향을 주지 않는다거나 경미한 정도에 불과하다고 볼 수는 없으므로, 특별한 사정이 없는 한 이는 행정처분을 위법하게 하는 취소사유가 된다(대판 2007.3.15, 2006두15806)

⑤ 민간투자법 제6조에 따른 민간투자심의위원회(심의위원회)의 심의를 거치지 아니한 하자

구 민간투자법 제6조, 구 '민간투자법 시행령' 제4조, 제7조 제6항, 제10항, 제8조, 제14조에 의하면, **주무 관청은 일정한 민간제안사업을 민간투자사업으로 추진하거나 일정한 민간제안사업에 대한 사업시행자를 지정할 경우 민간투자심의위원회(심의위원회)의 심의를 거쳐야 하며, 심의위원회는 심의위원장인 기획예 산처장관이 소집하고, 재적위원 과반수의 출석과 출석위원 과반수의 찬성으로 의결하여야 하므로, 심의위 원회에의 대리출석이나 서면심의는 원칙적으로 허용되지 않는다. 원심이 채택한 증거에 의하면, 심의위원 회는 2002. 4. 30. 이 사건 사업의 제3자공고(안)에 대한 심의회에 일부 위원은 불출석, 일부 위원은 대리 출석을 하여 심의의결을 하였고, 이 사건 실시협약(안)에 대해서는 2004. 2. 23. 서면심의 상정을 하여 같 은 해 3. 13. 서면의결을 함으로써 그 절차규정을 위반하였음을 알 수 있다. 따라서 위 각 심의위원회의 절 차가 법령에 위배되지 않는다는 원심의 판단은 부당하다. 그러나 심의위원회는 스스로 민간제안사업의 민 간투자사업 추진 여부나 사업시행자 지정 여부를 결정하는 것이 아니고 의사결정권자의 자문에 응하여 심 의하는 기관에 불과하므로, 위와 같은 절차규정 위반은 이 사건 사업시행자지정처분을 무효로 할 만한 중 대하고 명백한 하자라고 볼 수 없다(대판 2009.4.23, 2007두13159).

⑥ 교수위원들이 법학교육위원회 제15차 회의에 관여한 하자는 무효사유가 아니라 취소사유에 해당한다.

원심은, 교수위원들이 위원회 제15차 회의에 관여한 것은 소속대학에 대한 관계에서 법 제13조를 위반한 것이기는 하나, **법 제13조의 적용 범위 등에 관하여 해석상 논의의 여지**가 있고, **교수위원이 소속한 전남대학교의 경우 서울외권역 중 2순위의 평가점수를 받아 소속 교수위원이 배제된 상태에서 심의를 하였더라도 동일한 심의결과가 나왔을 것으로 보이는 점** 등에 비추어, 그러한 위반은 이 사건 인가처분의 무효사유가 아니라 취소사유에 해당한다고 판단하였다(대판 2009.12.10, 2009두8359).

(3) 적 법

법학전문대학원의 설치인가 심사기준 중 법원행정처장 등에 대한 의견수렴절차 후에 추가·변경된 법조인 배출실적 등의 사항에 대하여 다시 위 의견수렴절차를 거치지 않은 것이 법학전문대학원의 설치·운영에 관한 법률 제21조의 절차에 위배되었다고 할 수 없고, 그 심사기준들이 교육과학기술부장관이 재정지원을 하여 제출된 용역보고서에 제시되지 않았었다고 하더라도 설치인가 심사기준을 설정함에 있어 신뢰이익을 침해하였거나 재량권을 일탈·남용한 위법이 없다고 한 사례(대판 2009.12.10, 2009두8359)

(4) '협의'의 실질이 '동의'인 경우

한편, 실정법령에서 '협의'라는 용어를 사용하고 있는 경우에도 실질은 동의로 보아야 하는 경우가 있다.

1. 문화재보호법의 입법목적과 문화재의 보존·관리 및 활용은 원형유지라는 문화재보호의 기본원칙 등에 비추어, 건설공사시 문화재보존의 영향 검토에 관한 문화재보호법 제74조 제2항 및 같은 법 시행령 제43조의2 제1항에서 정한 **'문화재청장과 협의'는 '문화재청장의 동의'를 말한다**(대판 2006.3.10, 2004추119).
2. 구 군사시설보호법 제7조 제3호, 제6호, 제7호 등에 의하면, 관계 행정청이 군사시설보호구역 안에서 가옥 기타 축조물의 신축 또는 증축, 입목의 벌채 등을 허가하고자 할 때에는 미리 관할 부대장과 협의를 하도록 규정하고 있고, 구「군사시설보호법 시행령」제10조 제2항에 비추어 보면, 여기서 **협의는 동의를 뜻한다** 할 것이며, …… 군사시설보호구역으로 지정된 토지는 군 당국의 동의가 없는 한 건축 또는 사용이 금지된다 할 것이다(대판 1995.3.10, 94누12739).

8. 기타

(1) 새로운 사업시행자(용인시 중부공용화물터미널 주식회사) 지정절차를 거치지 않은 채 종전의 사업시행자를 사업시행자로 하여 새로이 실시계획승인처분을 한 경우 취소사유이다.

관련 판례 사업시행자가 사업기간 내에 사업구역에 포함된 토지를 매수하거나 이에 대하여 수용재결신청을 하지 않아 실시계획 승인 처분이 실효될 경우 사업시행자 지정 효력도 당연히 상실되는지에 관하여는 해석상 다툼의 여지가 있다고 할 것이다. **그렇다면, 피고가 새로운 사업시행자 지정절차를 거치지 않은 채 종전의 사업시행자인 참가인을 사업시행자로 하여 새로이 실시계획 승인 등을 한 이 사건 제2차 처분에 중대하고 명백한 흠이 있다고 할 수 없으므로 이를 무효로 보기는 어렵다**(대판 2010.2.25, 2009두102).

(2) 경찰공무원에 대한 징계위원회의 심의과정에 감경사유에 해당하는 공적 사항이 제시되지 아니한 경우에는 그 징계양정이 결과적으로 적정한지와 상관없이 이는 관계 법령이 정한 징계절차를 지키지 않은 것으로서 위법하다(대판 2012.10.11, 2012두13245).

(3) 정비구역이 지정·고시되기 전의 정비예정구역을 기준으로 한 토지등 소유자 과반수의 동의를 얻어 구성된 추진위원회에 대하여 구성 승인처분이 이루어진 후 지정된 정비구역이 정비예정구역보다 면적이 축소되었다는 사정만으로 승인처분은 당연무효라고 할 수 없다

관련 판례 구 「도시 및 주거환경정비법」(구 도시정비법) 제13조 제1항, 제2항은 시장·군수 또는 주택공사 등이 아닌 자가 정비사업을 시행하고자 하는 경우에는 토지등 소유자로 구성된 조합을 설립해야 하고, 이때 조합을 설립하려면 토지등 소유자 과반수의 동의를 얻어 조합설립추진위원회(추진위원회)를 구성하여 시장·군수의 승인을 얻어야 한다고만 규정하고 있었을 뿐, **추진위원회의 구성에 관한 토지등 소유자의 동의시기를 정비구역의 지정·고시 이후로 제한하는 규정을 두고 있지 않았으므로**, 이러한 점 등에 비추어 보면 구 도시정비법 제13조 제1항, 제2항에 의한 **추진위원회 구성 승인처분이 정비구역이 지정·고시되기 전에 지정된 정비예정구역을 기준으로 한 토지등 소유자의 과반수 동의를 얻어 구성된 추진위원회에 대하여 이루어진 것이라고 하더라도 그 하자가 중대하거나 명백하다고 할 수는 없다. 그리고 행정소송에서 행정처분의 위법 여부는 당해 처분이 행하여졌을 때의 법령과 사실 상태를 기준으로 판단해야 한다. 따라서 정비구역이 지정·고시되기 전의 정비예정구역을 기준으로 한 토지등 소유자 과반수의 동의를 얻어 구성된 추진위원회에 대하여 그 구성에 관한 승인처분이 이루어졌는데, 그 후에 지정된 정비구역이 정비예정구역보다 면적이 축소되었다고 하더라도 이러한 사정만으로 그 추진위원회 구성에 관한 승인처분이 당연무효라고 할 수는 없다**(대판 2013.10.24, 2011두28455).

(4) 토석채취허가신청에 대하여 시장·군수·구청장이 지방산지관리위원회 심의를 거치지 않은 채 불허가할 수 있는 경우 및 지방산지관리위원회의 심의를 거쳐야 함에도 거치지 않고 처분을 한 경우, 처분은 위법하다(대판 2015.11.26, 2013두765).

(5) 갑 등이 '4대강 살리기 사업' 중 한강 부분에 관한 각 하천공사시행계획 및 각 실시계획승인처분에 보의 설치와 준설 등에 대한 구 국가재정법 제38조 등에서 정한 예비타당성조사를 하지 않은 절차상 하자가 있다는 이유로 각 처분의 취소를 구한 사안에서, 예산이 각 처분 등으로써 이루어지는 '4대강 살리기 사업' 중 한강 부분을 위한 재정 지출을 내용으로 하고 있고 예산의 편성에 절차상 하자가 있다는 사정만으로 곧바로 각 처분에 취소사유에 이를 정도의 하자가 존재한다고 보기 어렵다고 한 사례

갑 등이 국토해양부, 환경부, 문화체육관광부, 농림수산식품부가 합동으로 2009. 6. 8. 발표한 '4대강 살리기 마스터플랜'에 따른 '4대강 살리기 사업' 중 한강 부분에 관한 각 하천공사시행계획 및 각 실시계획승인처분에 보의 설치와 준설 등에 대한 구 국가재정법 제38조 및 구 「국가재정법 시행령」 제13조에서 정한 예비타당성조사를 하지 않은 절차상 하자가 있다는 이유로 각 처분의 취소를 구한 사안에서, 구 하천법 제27조 제1항, 제3항, 구 국가재정법 제38조 및 구 「국가재정법 시행령」 제13조의 내용과 형식, 입법 취지와 아울러, 예산은 1회계연도에 대한 국가의 향후 재원 마련 및 지출 예정 내역에 관하여 정한 계획으로 매년 국회의 심의·의결을 거쳐 확정되는 것으로서, 각 처분과 비교할 때 수립절차, 효과, 목적이 서로 다른 점 등을 종합하면, 구 국가재정법 제38조 및 구 「국가재정법 시행령」 제13조에 규정된 예비타당성조사는 각 처분과 형식상 전혀 별개의 행정계획인 예산의 편성을 위한 절차일 뿐 각 처분에 앞서 거쳐야 하거나 근거 법규 자체에서 규정한 절차가 아니므로, 예비타당성조사를 실시하지 아니한 하자는 원칙적으로 예산 자체의 하자일 뿐, 그로써 곧바로 각 처분의 하자가 된다고 할 수 없어, 예산이 각 처분 등으로써 이루어지는 '4대강 살리기 사업' 중 한강 부분을 위한 재정 지출을 내용으로 하고 있고 예산의 편성에 절차상 하자가 있다는 사정만으로 각 처분에 취소사유에 이를 정도의 하자가 존재한다고 보기 어렵다고 한 사례(대판 2015.12.10, 2011두32515)

(6) 과세관청이 과세예고 통지 후 과세전적부심사 청구나 그에 대한 결정이 있기 전에 과세처분을 한 경우, 절차상 하자가 중대·명백하여 과세처분은 무효이다(대판 2016.12.27, 2016두49228).

(7) 갑 재건축조합이 재건축한 공동주택에 관하여 을 구청장으로부터 준공인가 전 사용허가를 받은 후 동·호수 추첨이 무효라는 확정판결이 있었는데도 당초의 추첨 결과에 따른 집합건축물 대장 작성절차를 강행하였는데, 조합원들이 '기존의 동·호수 추첨 결과에 따라 배정된 주택에 잠정적으로 입주하는 것을 허용하되, 이로 인하여 입주한 동·호수를 분양받은 것으로 의제되는 것은 아니다'라는 취지의 가처분결정을 받은 후 입주하고 소유권보존등기를 마치자, 을 구

청장이 사용승인 이후부터 조합원들이 소유권보존등기를 마치기 전까지 기간 동안 갑 조합이 공동주택의 사실상 소유자라고 보아 갑 조합에 재산세를 부과하는 처분을 한 사안에서, 처분은 하자가 중대하고 명백하여 당연무효라고 한 사례(대판 2016.12.29, 2014두2980, 2997).

(8) 일정한 법규 위반 사실이 행정처분의 전제사실이자 형사법규의 위반 사실이 되는 경우, 형사판결 확정에 앞서 일정한 위반사실을 들어 행정처분을 하였다고 하여 절차적 위반이 있다고 할 수 없다

행정처분과 형벌은 각각 그 권력적 기초, 대상, 목적이 다르다. 일정한 법규 위반 사실이 행정처분의 전제사실이자 형사법규의 위반 사실이 되는 경우에 동일한 행위에 관하여 독립적으로 행정처분이나 형벌을 부과하거나 이를 병과할 수 있다. 법규가 예외적으로 형사소추 선행 원칙을 규정하고 있지 않은 이상 형사판결 확정에 앞서 일정한 위반사실을 들어 행정처분을 하였다고 하여 절차적 위반이 있다고 할 수 없다(대판 2017.6.19, 2015두59808).

(9) 도시관리계획결정·고시와 그 도면에 특정 토지가 도시관리계획에 포함되지 않았음이 명백한데도 도시관리계획을 집행하기 위한 후속 계획이나 처분에서 그 토지가 도시관리계획에 포함된 것처럼 표시되어 있는 경우, 표시된 부분은 무효이다

관련판례 도시관리계획결정·고시와 그 도면에 특정 토지가 도시관리계획에 포함되지 않았음이 명백한데도 도시관리계획을 집행하기 위한 후속 계획이나 처분에서 그 토지가 도시관리계획에 포함된 것처럼 표시되어 있는 경우가 있다. 이것은 실질적으로 도시관리계획결정을 변경하는 것에 해당하여 구「국토의 계획 및 이용에 관한 법률」제30조 제5항에서 정한 도시관리계획 변경절차를 거치지 않는 한 당연무효이다(대판 2019.7.11, 2018두47783).

(10) 과세전적부심사 계속 중 부과제척기간이 임박한 경우 과세전적부심사 결정 전에 한 과세처분은 당연무효이다(대판 2020.4.9, 2018두57490).

(11) 과세관청이 법인에 대하여 세무조사결과통지를 하면서 익금누락 등으로 인한 법인세 포탈에 관하여「조세범 처벌법」위반으로 고발 또는 통고처분을 한 경우, 소득처분에 따른 소득금액변동통지와 관련된 조세포탈에 대하여도 과세전적부심사의 예외사유인 '고발 또는 통고처분'을 한 것으로 볼 수 없고, 이 경우 세무조사결과통지 후 과세전적부심사 청구 또는 그에 대한 결정이 있기 전에 이루어진 소득금액변동통지의 효력은 원칙적으로 무효이다(대판 2020.10.29, 2017두51174).

Ⅳ 형식

1. 문서에 의하지 않은 행위

법령상 서면에 의하도록 되어 있는 행정행위를 서면에 의하지 않은 경우는 무효사유

(1) 재결서에 의하지 않은 행정심판재결

(2) 독촉장에 의하지 않은 납세독촉

(3) 문서에 의하지 않은 대집행계고

관련 판례

1. 파블로프의 예비군사건

   예비군대원의 교육훈련을 위한 소집은 당해 경찰서장이 발부하는 소집 통지서에 의하여야 하며 구두, 사이렌, 타종, 기타 방법에 의할 수 없다(대판 1970.3.24, 69도724).

2. 적법한 납세고지가 이루어진 과세처분에 관하여 감액경정결정일로부터 2개월여가 경과한 후 경정결정을 통지하면서 '납세고지서'라는 명칭을 사용하지 않았더라도 적법하다(대판 2005.1.13, 2003두14116).

2. 필요적 기재(이유·일자)가 없는 행위

(1) 다수설

법령등이 이유 등을 필요적으로 기재하도록 규정한 경우 이를 결한 행위는 무효사유, 이유부기가 부실한 정도인 경우 취소사유

(2) 판례(취소사유)

① 세액의 산출근거가 기재되지 아니한 물품세 납세고지서에 의한 부과처분(대판 1984.5.9, 84누116)

② 납부고지서에 납부금액 및 산출근거, 납부기한과 납부장소의 기재가 누락된 개발부담금부과처분(대판 1994.3.25, 93누19542)

③ 납세고지서 기재사항 중 일부를 누락시킨 과세처분

관련 판례

1. 지방세법 제1조 제1항 제5호, 제25조 제1항, 「지방세법 시행령」 제8조 등 납세고지서에 관한 법령규정들은 강행규정으로서 이들 **법령이 요구하는 기재사항 중 일부를 누락시킨 하자가 있는 경우 이로써 그 부과처분은 위법**하게 되지만, 이러한 납세고지서 작성과 관련한 하자는 그 **고지서가 납세의무자에게 송달된 이상 과세처분의 본질적 요소를 이루는 것은 아니어서 과세처분의 취소사유가 됨은 별론으로 하고** 당

연무효의 사유로는 되지 아니한다(대판 1998.6.26, 96누12634).

2. 재개발조합의 설립추진위원회가 토지등 소유자로부터 받아 행정청에 제출한 동의서에 구 「도시 및 주거환경정비법 시행령」 제26조 제1항 제1호와 제2호에 정한 '건설되는 건축물의 설계의 개요'와 '건축물의 철거 및 신축에 소요되는 비용의 개략적인 금액'에 관하여 그 내용의 기재가 누락되어 있음에도 이를 유효한 동의로 처리하여 재개발조합의 설립인가를 한 처분은 위법하고 그 하자가 중대하고 명백하여 무효라고 한 사례(대판 2010.1.28, 2009두4845)

④ 국유재산 무단 점유자에 대한 변상금부과처분에 있어서 그 납부고지서 또는 사전통지서에 변상금 산출근거를 명시하지 않은 경우, 그 부과처분은 위법하다.

1. 구 「국유재산법 시행령」 제56조 제4항은 변상금부과 징수의 주체, 납부고지서에 명시하여야 할 사항, 납부기한 등의 절차적 규정에 관하여 가산금의 부과절차에 관한 위 시행령 제31조 제2항 내지 제4항을 준용하고 있음이 분명한바, 국유재산 무단 점유자에 대하여 변상금을 부과함에 있어서 그 납부고지서에 일정한 사항을 명시하도록 요구한 위 시행령의 취지와 그 규정의 강행성 등에 비추어 볼 때, **처분청이 변상금부과처분을 함에 있어서 그 납부고지서 또는 적어도 사전통지서에 그 산출근거를 밝히지 아니하였다면 위법한 것이고, 위 시행령 제26조, 제26조의2에 변상금 산정의 기초가 되는 사용료의 산정방법에 관한 규정이 마련되어 있다고 하여 산출근거를 명시할 필요가 없다거나, 부과통지서 등에 위 시행령 제56조를 명기함으로써 간접적으로 산출근거를 명시하였다고는 볼 수 없다**(대판 2001. 12.14, 2000두86).

2. 납세고지서에 해당 본세의 과세표준과 세액의 산출근거 등이 제대로 기재되지 않은 경우 그 징수처분은 위법하다(2019.7.4, 2017두38645).

3. 납세자가 납세고지서에 기재된 세율이 명백히 잘못된 오기임을 알 수 있고 납세자의 불복 여부의 결정이나 불복신청에 지장을 초래하지 않을 정도인 경우, 납세고지서의 세율이 잘못 기재되었다는 사정만으로 그에 관한 징수처분을 위법하다고 볼 수 없다(2019.7.4, 2017두38645).

3. 서명날인을 결한 행위

행정행위가 정당한 권한 있는 행정청에 의해 행해짐을 명백히 하기 위하여 행정청의 서명날인이 특히 요구된다고 인정되는 경우(예 선거관리위원의 날인이 없는 선거록)에, 그것을 결한 행정행위는 원칙적으로 무효사유이다.

토지조서나 물건조서에 토지소유자들의 입회와 서명날인이 없는 이의재결은 적법하다
기업자(현 사업시행자)가 토지조서나 물건조서를 작성함에 있어 소유자들의 입회와 서명날인이 있었는지의 여부는 그 기재의 증명력에 관한 문제이어서 입회나 서명날인이 없었다는 사유만으로는 중앙토지수용위원회의 이의재결이 위법하다 하여 그 취소의 사유로 삼을 수는 없다(대판 1990.1.23, 87누947).

Ⅴ 무효의 효과

행정행위가 무효인 경우 처음부터 아무런 효력이 발생하지 않는다. 따라서 처분청, 감독청 및 행정법원만이 아니라 누구라도 무효를 주장할 수 있다. 그러나 행정행위로서의 외관은 존재하기 때문에 행정청이 유효하다고 주장하여 강제집행을 할 우려가 있다. 따라서 공식적으로 법원의 재판을 통해 무효 여부를 확인받을 필요가 있다. 필요성의 원칙상 행정행위의 일부만이 무효이면 일부무효의 원칙이 적용된다. 또한 당사자가 무효인 처분에 대해 취소소송을 제기한다면 법원은 무효를 선언하는 의미의 취소판결을 할 수 있다.

1. 무효한 행정처분은 형식상 행정처분으로서는 존재하나 그 처분내용에 적응한 법률상 결과는 전혀 발생할 수 없는 것이므로 **권한 있는 기관으로부터의 취소선언이 없다 하여도 누구나 언제든지 그 무효를 주장할 수 있고 법원은 그 행정처분을 민사사건의 선결문제로서 심리하여 그 무효를 인정할 수 있는 것이다**(대판 1966.11.29, 66다1619).

2. 과세처분의 취소를 구하였으나 재판과정에서 그 과세처분이 무효로 밝혀졌다고 하여도, 그 과세처분은 처음부터 무효이고 무효선언으로서의 취소판결이 확정됨으로써 비로소 무효로 되는 것은 아니므로 오납시부터 소멸시효가 진행함에는 차이가 없다[대판(전합) 1992.3.31, 91다32053].

Ⅵ 무효의 주장방법

1. 행정쟁송

(1) 무효확인심판

무효확인심판이란 행정청의 처분의 무효 여부에 대한 확인을 하는 심판을 말한다(행정심판법 제5조 제2호).

(2) 무효확인소송

무효확인소송이란 행정청의 처분등의 무효 여부에 대한 확인을 하는 소송을 말한다(행정소송법 제4조 제2호). 무효확인소송의 경우 행정심판전치(예외적으로 행정심판전치주의에 대한 특별규정이 있는 경우에도)와 제소기간의 제한규정이 적용되지 않는다.

(3) 무효선언을 구하는 의미의 취소소송

무효를 주장하는 원칙적인 방법은 무효확인소송이다. 그러나 국민의 권리구제의 편의를 위해 다수설과 판례는 무효선언을 구하는 의미의 취소소송의 제기를 허용하는 입장이다. 다만, 어디까지나 소송종류는 취소소송이기 때문에 취소소송의 제소요건을 충족해야 하므로 행정심판전치나 제소기간의 제한규정이 적용된다는 것이 판례의 입장이다.

관련판례

1. 취소소송의 제소요건을 갖추어야 한다

   행정처분의 당연무효를 선언하는 의미에서 그 취소를 청구하는 행정소송을 제기한 경우에도 전심절차와 제소기간의 준수 등 취소소송의 제소요건을 갖추어야 한다(대판 1990.12.26, 90누6279).

2. 취소소송의 요건을 갖추지 못한 경우 행정처분의 취소의 소를 무효확인의 소로 변경한 경우 취소를 구하는 취지는 포함되지 않는다

   일반적으로 행정처분의 무효확인을 구하는 소에는 원고가 그 처분의 취소는 구하지 아니한다고 밝히고 있지 아니하는 이상 그 처분이 만약 당연무효가 아니라면 그 취소를 구하는 취지도 포함되어 있는 것으로 볼 것이나, 행정심판절차를 거치지 아니한 까닭에 행정처분 취소의 소를 무효확인의 소로 변경한 경우에는 무효확인을 구하는 취지 속에 그 처분이 당연무효가 아니라면 그 취소를 구하는 취지까지 포함된 것으로 볼 여지가 전혀 없다고 할 것이므로 법원으로서는 그 처분이 당연무효인가 여부만 심리판단하면 족하다고 할 것이다(대판 1987.4.28, 86누887).

2. 선결문제

공법상의 당사자소송 또는 민사소송(부당이득반환청구)을 제기하거나 형사소송에서 선결문제로 행정행위의 무효를 주장하여 확인받는 방법이다.

제9절 행정행위의 취소

Ⅰ 행정행위의 취소의 의의

1. 의 의

행정행위의 취소라 함은 일응(일단) 유효하게 성립한 행정행위의 효력을 그 성립에 하자(원시적 하자)가 있음을 이유로 권한 있는 기관이 원칙적으로 원래의 행위 시에 소급하여 소멸시키는 원

래의 행정행위와는 별개의 독립된 행정행위를 말한다. 협의로는 직권취소만을 말한다. 행정청은 종전 처분과 양립할 수 없는 처분을 함으로써 묵시적으로 종전 처분을 취소할 수도 있다.

 구 사회복지사업법상 관할 행정청의 임시이사 선임에 하자가 존재하더라도 그 하자가 중대·명백하지 않은 경우, 임시이사 해임처분이 있기 전까지는 임시이사의 지위가 유효하게 존속한다(대판 2020.10.29, 2017다269152).

2. 취소와 철회의 비교

 행정행위의 '취소'와 '철회'의 구별 및 행정행위의 '취소 사유'와 '철회 사유'의 구별
행정행위의 '취소'는 일단 유효하게 성립한 행정행위를 그 행위에 위법한 하자가 있음을 이유로 소급하여 효력을 소멸시키는 별도의 행정처분을 의미함이 원칙이다. 반면, **행정행위의 '철회'는 적법요건을 구비하여 완전히 효력을 발하고 있는 행정행위를 사후적으로 효력의 전부 또는 일부를 장래에 향해 소멸시키는 별개의 행정처분**이다. 그리고 행정행위의 **'취소 사유'는 원칙적으로 행정행위의 성립 당시에 존재하였던 하자(원시적 하자)**를 말하고, **'철회 사유'는 행정행위가 성립된 이후에 새로이 발생한 것으로서 행정행위의 효력을 존속시킬 수 없는 사유(후발적 사유)**를 말한다(대판 2018.6.28, 2015두58195).

구분	취소	철회
대상	일단 유효한 행정행위	완전히 유효한 행정행위
사유	원시적 하자(행정행위 성립 시)	후발적 사유(하자가 아님)
인정취지	위법의 시정	변화된 사정에 적합
권한자	1. 처분청 2. 감독청 : 소극설과 적극설이 대립	1. 처분청 2. 감독청 불가
소멸효과	소급효(수익적 행정행위는 장래효가 원칙)	장래효
제한	수익적 행정행위의 취소·철회의 제한법리(과잉금지원칙과 신뢰보호원칙) : 취소·철회의 상대화	

Ⅱ 직권취소와 쟁송취소

구분	직권취소	쟁송취소
목적·기능	1. 적법성·합목적성의 확보(공익)가 1차적 기능 2. 당사자의 권리구제인 사익보호는 부차적 기능	1. 행정심판 : 적법성 확보가 1차적, 당사자의 권익구제는 부수적 기능 2. 행정소송 : 당사자의 권익구제인 사익보호가 1차적, 행정행위의 적법성 확보는 부수적 기능
성질	형식적·실질적 행정	1. 행정심판 : 형식적 행정·실질적 사법 2. 행정소송 : 형식적·실질적 사법
취소권자	행정청(처분청과 감독청)	1. 행정심판 : 행정심판위원회(재결청이 아님) 2. 행정소송 : 법원
대상	수익적 행정행위(주된 대상)+부담적 행정행위+복효적 행정행위	침익적(부담적) 행정행위+복효적 행정행위
법적 근거	법적 근거 불요(통설·판례)	행정심판법·행정소송법
취소사유	위법+부당(합목적성 위반, 공익판단 위반)	1. 행정심판 : 위법+부당 2. 행정소송 : 위법에 한정
취소권의 제한	공익과 사익 간의 이익형량 필요(과잉금지원칙)	원칙으로 취소해야 하고 이익형량 불요(기속성). 단, 사정재결이나 사정판결의 경우에는 공익과의 이익형량 필요
취소기간	법정기간은 없으나 실권의 법리 적용	제기기간 등의 법정(행정심판법 제27조, 행정소송법 제20조)
절차	일반적인 행정행위의 절차에 따름(행정절차법상 처분절차)	행정심판법이나 행정소송법의 규정
형식	형식성 요구되지 않음(행정절차법상 문서주의).	재결(행정심판), 판결(행정소송) 등의 형식(문서주의)
내용(범위)	적극적 변경(예 면허취소를 면허정지로) 가능	1. 행정심판 : 적극적 변경 가능 2. 행정소송 : 적극적 변경 불가=소극적 변경으로서의 일부취소(예 면허정지 3월을 1월로)만 가능
효과(효력)	1. 부담적 행정행위의 경우는 소급효 인정. 수익적 행정행위는 원칙적으로 장래효(예외적으로 당사자의 귀책사유가 있는 경우만 소급효 인정) 2. 불가변력 인정되지 않음.	1. 소급효(장래효는 부정) 2. 불가변력 인정
양자의 관계	취소소송이 진행 중일 경우에도 직권취소할 수 있다.	

Ⅲ 취소권자

1. 직권취소

(1) 처분청

처분청이 취소권을 갖는다는 것은 이견이 없다.

> 권한 없는 행정기관이 한 당연무효인 처분의 취소권자는 당해 처분청이지 적법한 권한을 가진 행정청이 아니다
> 권한 없는 행정기관이 한 당연무효인 행정처분을 취소할 수 있는 권한은 당해 행정처분을 한 처분청에게
> 속하고, 당해 행정처분을 할 수 있는 적법한 권한을 가지는 행정청에게 그 취소권이 귀속되는 것이 아니다
> (대판 1984.10.10, 84누463).

(2) 감독청

대통령은 국무총리와 중앙행정기관의 장의 명령이나 처분이 위법 또는 부당하다고 인정하면 이를 중지 또는 취소할 수 있다(정부조직법 제11조 제2항). 국무총리는 중앙행정기관의 장의 명령이나 처분이 위법 또는 부당하다고 인정될 경우에는 '대통령의 승인'을 받아 이를 중지 또는 취소할 수 있다(같은 법 제18조 제2항). 지방자치단체의 사무에 관한 그 장의 명령이나 처분이 법령에 위반되거나 현저히 부당하여 공익을 해친다고 인정되면 시·도에 대하여는 주무부장관이, 시·군 및 자치구에 대하여는 시·도지사가 기간을 정하여 서면으로 시정할 것을 명하고, 그 기간에 이행하지 아니하면 이를 취소하거나 정지할 수 있다. 이 경우 자치사무에 관한 명령이나 처분에 대하여는 법령을 위반하는 것에 한한다(지방자치법 제169조 제1항). 그러나 명문의 규정이 있는 경우를 제외하고 감독청이 취소권을 행사할 수 있는가 여부에 대하여는 견해의 대립이 있다.

① 적극설(긍정설)

취소권은 감독권에 당연히 포함되어 있으므로 감독청도 '취소권'을 행사할 수 있다는 견해이다.

② 소극설(부정설)

상급청의 취소는 일종의 대집행적 성질을 가지며, 취소는 훈령과는 달리 대외적 효력이 있기 때문에 취소권은 당해 행정청만이 가지고 감독청은 '취소명령권'만을 가진다는 견해이다.

(3) 사인의 취소신청권(부정)

직권취소를 할 수 있다는 사정만으로 이해관계인에게 처분청에 대하여 그 취소를 요구할 신청권이 부여된 것으로 볼 수 없다는 것이 대법원판례의 입장이다.

산림 복구설계승인 및 복구준공통보에 대한 이해관계인의 취소신청을 거부한 행위는 항고소송의 대상이 되는 행정처분에 해당하지 않는다

산림법령에는 채석허가처분을 한 처분청이 산림을 복구한 자에 대하여 복구설계서승인 및 복구준공통보를 한 경우 그 취소신청과 관련하여 아무런 규정을 두고 있지 않고, 원래 행정처분을 한 처분청은 그 처분에 하자가 있는 경우에는 원칙적으로 별도의 법적 근거가 없더라도 스스로 이를 직권으로 취소할 수 있지만, 그와 같이 **직권취소를 할 수 있다는 사정만으로 이해관계인에게 처분청에 대하여 그 취소를 요구할 신청권이 부여된 것으로 볼 수는 없으므로,** 처분청이 위와 같이 법규상 또는 조리상의 신청권이 없이 한 이해관계인의 복구준공통보 등의 취소신청을 거부하더라도, 그 거부행위는 항고소송의 대상이 되는 처분에 해당하지 않는다(대판 2006.6.30, 2004두701).

2. 쟁송취소

쟁송취소권자는 행정심판위원회와 법원이다. 행정심판의 경우 행정심판위원회, 제3의 기관(예 소청심사위원회 등)이 취소권자이고, 행정소송의 경우 법원이 취소권자가 된다.

Ⅳ 취소권의 법적 근거

1. 쟁송취소의 경우

쟁송취소의 근거로는 행정심판법·행정소송법에 명문규정이 있다.

2. 직권취소의 경우

직권취소에 별도의 법적 근거가 필요한지 여부에 대해서는 학설이 나뉜다.

(1) 적극설

직권취소는 주로 수익적 행정행위가 대상이 되는데 수익적 행정행위의 취소는 부담적·침익적 행정행위가 되므로 별도의 법적 근거가 필요하다는 견해이다.

(2) 소극설(통설)

법률적합성의 관점에서 행정청은 별도의 법적 근거 없이 위법한 행정작용을 스스로 시정할 수 있는 권한이 있다는 견해이다.

(3) 판례(소극설)

1. 소극설
   행정행위를 한 처분청은 그 행위에 하자가 있는 경우에는 별도의 법적 근거가 없더라도 스스로 이를 취소할 수 있다(대판 2006.5.25, 2003두4669).
2. 도시계획시설사업의 사업자 지정이나 실시계획의 인가처분을 한 관할청은 도시계획시설사업의 시행자 지정이나 실시계획 인가처분에 하자가 있는 경우, 별도의 법적 근거가 없더라도 스스로 이를 취소할 수 있다(대판 2014.7.10, 2013두7025).

Ⅴ 취소사유와 제한

1. 취소사유

취소사유에 관하여는 관계법에서 명문의 규정을 두고 있는 경우도 있으나, 그러한 규정이 없는 경우에도 무효원인에 해당하지 않는 경우, 즉 하자가 중대하지만 명백하지 않거나, 명백하지만 중대하지 않은 경우에는 취소사유이다.

국민에게 일정한 이익과 권리를 취득하게 한 종전 행정처분을 직권으로 취소할 수 있는 경우 및 취소해야 할 필요성에 관한 증명책임의 소재(=행정청)
일정한 행정처분으로 국민이 일정한 이익과 권리를 취득하였을 경우에 종전 행정처분에 하자가 있음을 전제로 직권으로 이를 **취소하는 행정처분은 이미 취득한 국민의 기존 이익과 권리를 박탈하는 별개의 행정처분**으로, 취소될 행정처분에 하자가 있어야 하고, 나아가 행정처분에 하자가 있다고 하더라도 **취소해야 할 공익상 필요와 취소로 당사자가 입게 될 기득권과 신뢰보호 및 법률생활안정의 침해 등 불이익을 비교·교량한 후 공익상 필요가 당사자가 입을 불이익을 정당화할 만큼 강한 경우에 한하여 취소할 수 있는 것이며, 하자나 취소해야 할 필요성에 관한 증명책임은 기존 이익과 권리를 침해하는 처분을 한 행정청에** 있다(대판 2014.11.27, 2014두9226).

2. 취소의 제한사유

(1) 쟁송취소

쟁송취소는 주로 부담적 행정행위가 대상이 되므로 원칙적으로 자유이다. 그러나 불가쟁력이 발생한 경우, 사정재결(행정심판법 제44조)이나 사정판결(행정소송법 제28조)의 경우에는 취소권 행사가 제한된다.

- 불가쟁력 : 쟁송취소의 제한사유
- 불가변력 : 직권취소·철회의 제한사유

취소소송에 의한 행정처분 취소의 경우에는 수익적 행정처분의 취소·철회 제한에 관한 법리가 적용되지 않는다

수익적 행정처분에 대한 취소권 등의 행사는 기득권의 침해를 정당화할 만한 중대한 공익상의 필요 또는 제3자의 이익보호의 필요가 있는 때에 한하여 허용될 수 있다는 법리는, 처분청이 수익적 행정처분을 직권으로 취소·철회하는 경우에 적용되는 법리일 뿐 쟁송취소의 경우에는 적용되지 않는다(대판 2019.10.17, 2018두104).

(2) 직권취소

① **부담적 행정행위**(자유) : 부담적 행정행위의 취소는 적법성 확보의 의미를 갖고 상대방에게 이익을 주는 수익적인 결과가 되므로 자유롭게 인정된다.

② **수익적 행정행위**(제한) : 사익인 당사자의 신뢰보호 및 법적 안정성의 관점과 공익인 행정의 합법률성의 관점이 서로 충돌하게 되므로 이익형량이 요구된다. 즉, 행정행위를 취소함으로써 얻어지는 이익(공익이나 제3자의 사익)이 당해 행정행위의 취소를 제한함으로써 얻어지는 이익(사익)보다 큰 경우에만 취소가 허용된다.

관련판례 이익형량에 의한 제한

수익적 행정처분을 취소 또는 철회하는 경우에는 이미 부여된 그 국민의 기득권을 침해하는 것이 되므로, 비록 취소 등의 사유가 있다고 하더라도 그 **취소권 등의 행사는 기득권의 침해를 정당화할 만한 중대한 공익상의 필요 또는 제3자의 이익보호의 필요가 있는 때에 한하여 상대방이 받는 불이익과 비교교량하여 결정하여야** 하고, 그 처분으로 인하여 **공익상의 필요보다 상대방이 받게 되는 불이익 등이 막대한 경우에는 재량권의 한계를 일탈한 것으로서 그 자체가 위법하다**(대판 2004.11.26, 2003두10251·10268).

ⓐ 행정행위를 신뢰하고 수령한 금전이나 물건을 소모 또는 처분하거나 건축허가를 받고 건축에 착수한 경우(예 신뢰보호의 사익이 공익보다 큰 경우)

ⓑ **경제적 효과의 형량** : 관계인의 막대한 경제적 손실(예 위법한 개간허가이지만 많은 사람의 생계가 달려 있는 경우), 국가재정 등의 막대한 경제적 손실(예 위법한 수용절차로 취득한

토지에 댐건설 공사가 진행 중인 경우)

ⓒ 불가변력이 발생한 행정행위(예 행정심판의 재결, 합격자결정 등)

ⓔ 포괄적인 신분관계 설정행위(예 귀화허가, 공무원임용행위 등)

ⓜ 사인의 법률적 행위의 효력을 완성시켜 주는 행위(예 인가 등) : 이를 기초로 여러 거래가 성립

ⓗ 취소권이 시간의 경과로 상실된 경우(실권의 법리)

ⓢ 복효적 행정행위

ⓞ 하자의 치유·전환이 인정되는 경우 : 철회에는 없는 제한사유

(3) 취소가 제한되지 않는 경우

① 위험방지 : 위험방지를 위해 취소가 불가피한 경우

② 우월한 공익상의 필요

산업기능요원에 대한 복무만료처분이 있은 후에도 산업기능요원편입처분을 취소할 수 있다(대판 2008.8.21, 2008두5414).

③ 복효적 행정행위

④ 수익자의 귀책사유

ⓞ 수익자의 주관적 책임(상대방의 신뢰가 보호할 가치가 없는 경우) : 수익적 행정행위의 당사자가 사기·강박·증뢰(대판 2003.7.22, 2002두11066), 허위나 부실기재로 인한 신청에 의한 경우, 당해 행정행위의 위법성을 알고 있었거나(악의) 중대한 과실로 알지 못한 경우

1. 수익자의 주관적 책임(당사자의 신뢰가 보호할 가치가 없는 경우)

처분의 하자가 **당사자의 사실은폐나 기타 사위의 방법에 의한 신청행위에 기인한 것**이라면 당사자는 그 처분에 의한 이익이 위법하게 취득되었음을 알아 그 **취소가능성도 예상하고 있었다고 할 것**이므로 그 자신이 위 처분에 관한 신뢰의 이익을 원용할 수 없음은 물론 행정청이 이를 고려하지 아니하였다고 하여도 재량권의 남용이 되지 않는다(대판 1991.4.12, 90누9520).

2. 사실은폐에 의한 옥외광고물표시허가

집합건물인 사실을 은폐하고 구분소유자의 승낙서류를 첨부하지 아니한 채 옥외광고물표시허가를 받았다가, 뒤에 행정청으로부터 그 승낙서류의 보완을 지시받고도 제대로 보완하지 아니하여 허가를 취소당하였다면, 수익적 처분의 취소에 관한 재량권 남용이 있다고 할 수 없다(대판 1996.10.25, 95누14190).

3. 행정처분의 성립과정에서 뇌물이 수수되었다는 사유로 이를 직권취소하는 경우, 직권취소의 예외가 인정되기 위한 요건에 대한 입증책임의 소재는 그를 주장하는 측에게 있다

행정처분의 성립과정에서 그 처분을 받아내기 위한 뇌물이 수수되었다면 특별한 사정이 없는 한 그 행

정처분에는 **직권취소사유**가 있는 것으로 보아야 할 것이고, 이러한 이유로 직권취소하는 경우에는 처분 상대방 측에 귀책사유가 있기 때문에 신뢰보호의 원칙도 적용될 여지가 없다 할 것이며, 다만 행정처분의 성립과정에서 뇌물이 수수되었다고 하더라도 그 행정처분이 기속적 행정행위이고 그 처분의 요건이 충족되었음이 객관적으로 명백하여 다른 선택의 여지가 없었던 경우에는 직권취소의 예외가 될 수 있을 것이지만, 그 경우 이에 대한 입증책임은 이를 주장하는 측에게 있다(대판 2003.7.22, 2002두11066).
4. 구 출입국관리법 제76조의3 제1항 제3호(거짓 진술이나 사실은폐)에 따라 난민인정 결정을 취소하는 경우 당사자가 난민인정 결정에 관한 신뢰를 주장할 수 없고 행정청이 이를 고려하지 않은 경우 재량권을 일탈·남용한 것이 아니다(대판 2017.3.15, 2013두16333).

ⓒ 수익자의 객관적 책임(**예** 수익자의 수임인·고용인·대리인 등의 부정 또는 부실신고에 의한 경우)

(4) 취소권 행사기간의 제한

1987년의 행정절차법안 제31조 제2항은 이에 관해 명문으로 규정(처분의 위법성을 안 날로부터 1년)하고 있었지만, 현행 행정절차법에는 이에 관한 규정이 없다. 따라서 실권의 법리에 의한 제한을 받을 뿐이다.

VI 취소의 효과

1. 취소효과의 개별화

(1) 쟁송취소의 경우(소급효)

쟁송취소는 당사자의 권리구제가 목적이므로 권리보호를 위하여 소급효가 인정된다. 쟁송취소는 직권취소에 비해 소급효가 더 강하게 요구된다.

관련판례 피고인이 행정청으로부터 자동차 운전면허취소처분을 받았으나 나중에 그 **행정처분 자체가 행정쟁송절차에 의하여 취소되었다면, 위 운전면허취소처분은 그 처분 시에 소급하여 효력을 잃게 되고, 피고인은 위 운전면허취소처분에 복종할 의무가 원래부터 없었음이 후에 확정**되었다고 봄이 타당할 것이고, 행정행위에 공정력의 효력이 인정된다고 하여 행정소송에 의하여 적법하게 취소된 운전면허취소처분이 단지 장래에 향하여서만 효력을 잃게 된다고 볼 수는 없다(대판 1999.2.5, 98도4239).

(2) 직권취소의 경우

개별·구체적으로 검토하여 결정한다. 부담적 행정행위가 대상인 경우에는 소급하여 효력이 발생하지만, 수익적 행정행위가 대상인 경우에는 장래에 대해(상대방에 귀책사유가 있는 경우에는 소급하여) 효력이 발생한다.

2. 손실보상·원상회복

수익적 행정행위가 상대방의 귀책사유로 취소되는 경우가 아닌 한, 그로 인한 손실에 대해서는 상대방에게 보상하거나 원상회복조치를 취하여야 한다. 한편, 행정청은 그 행정행위와 관련하여 부여한 문서(예 허가증 등), 물건의 반환을 청구할 수 있다.

3. 일부취소

행정행위의 일부에만 하자가 존재하는 경우에는 일부만의 취소도 가능하다.

1. 전부취소 대신 감액경정처분이라는 일부취소도 허용된다
   감액경정처분은 당초처분의 일부취소로서의 성질을 가지고 있으므로, 당초처분에 취소사유인 하자가 있는 경우 그것이 처분 전체에 영향을 미치는 절차상 사유에 해당하는 등의 사정이 없는 한 당초처분 자체를 취소하고 새로운 과세처분을 하는 대신 하자가 있는 해당부분 세액을 감액하는 경정처분에 의해 당초처분의 하자를 시정할 수 있다(대판 2006.3.9, 2003두2861).
2. 보조사업자가 허위의 신청이나 기타 부정한 방법으로 보조금의 교부를 받았음을 이유로 보조금의 교부결정을 취소함에 있어서 전부를 취소할 것인지 일부를 취소할 것인지 여부와 일부를 취소하는 경우 그 범위는 보조사업의 목적과 내용, 보조금을 교부받음에 있어서 부정한 방법을 취하게 된 동기, 보조금의 전체액수 중 부정한 방법으로 교부받은 보조금의 비율과 교부받은 보조금을 그 조건과 내용에 따라 사용한 비율 등을 종합하여 개별적으로 결정하여야 한다(대판 2005.1.28, 2002두11165).
3. 여러 개의 상병에 대한 요양불승인처분 취소소송에서 일부 상병만이 요양의 대상으로 인정되는 경우, 불승인처분 전부를 취소할 수 없다(대판 2010.12.9, 2010두15803).

Ⅶ 취소의 하자(취소의 취소 등)

1. 취소에 무효사유인 하자가 있는 경우

행정행위로서의 당해 취소행위는 처음부터 효력을 발생하지 아니하므로, 원행정행위는 아무런 영향을 받지 않고 그대로 존속한다.

2. 취소에 단순취소사유인 하자가 있는 경우(취소의 취소)

(1) 학설(긍정설)

① 긍정설 : 직권취소는 그 자체가 독자적인 행정행위로서의 성질을 가지므로 취소에 하자가 있는 경우에는 하자의 일반론에 따라 취소가능하다는 적극설(긍정설)이 통설이다. 취소의 취소가 가능하다는 의미는 원처분이 소생하므로 새로운 처분을 요하지 않는다는 것을 말한다.

② 부정설 : 행정행위가 취소되면 당해 행정행위는 확정적으로 효력을 상실하므로 법률이 명문으로 인정하지 않는 한 취소의 취소는 원칙상 불가능하다는 견해이다.

③ 절충설 : 행정행위가 취소되면 당해 행정행위는 확정적으로 효력을 상실하므로 취소의 취소는 원칙상 불가능하다. 그러나, 수익적 행정행위의 취소의 경우에는 위법한 취소처분을 취소하여 원상을 회복할 필요가 있으므로 취소의 취소를 인정해야 한다는 견해(박균성)이다.

(2) 판 례

판례의 입장에 대해서는 ① 일정하지 않다는 견해(김남진, 정하중, 홍준형), ② 소극설(부정설)의 입장이라는 견해(김성수, 류지태, 홍정선), ③ 절충설을 취했다고 해석하는 견해(박균성) 등이 대립한다.

관련판례

1. 침익적 처분의 경우 소극설

(1) 조세부과 취소처분의 취소

부과의 취소에 위법사유가 있다고 하더라도 당연무효가 아닌 한 일단 유효하게 성립하여 부과처분을 확정적으로 상실시키는 것이므로, 과세관청은 부과의 취소를 다시 취소함으로써 원부과처분을 소생시킬 수는 없고 납세의무자에게 종전의 과세대상에 대한 납부의무를 지우려면 **다시 법률에서 정한 부과절차에 좇아 동일한 내용의 새로운 처분을 하는 수밖에 없다**(대판 1995.3.10, 94누7027).

(2) 현역병입영대상편입 처분취소처분의 취소

구 병역법 제5조, 제8조, 제12조, 제14조, 제62조, 제63조, 제65조의 규정을 종합하면, 지방병무청장이 재신체검사 등을 거쳐 현역병입영대상편입처분을 보충역편입처분이나 제2국민역편입처분으로 변경하거나 보충역편입처분을 제2국민역편입처분으로 변경하는 경우 **비록 새로운 병역처분의 성립에 하자가 있다고 하더라도 그것이 당연무효가 아닌 한 일단 유효하게 성립하고 제소기간의 경과 등 형식적 존속력(불가쟁력)이 생김과 동시에 종전의 병역처분의 효력은 취소 또는 철회되어 확정적으로 상실된다고 보아야 할 것**이므로 그 후 새로운 병역처분의 성립에 하자가 있었음을 이유로 하여 이를 **취소한다고 하더라도 종전의 병역처분의 효력이 되살아난다고 할 수 없다**(대판 2002. 5.28, 2001두9653).

2. 수익적 처분의 경우 이해관계인이 생긴 경우 광업허가 취소의 취소 불가

피고가 본건 광업권자가 1년 내에 사업에 착수하지 못한 이유가 광구소재지 출입허가를 얻지 못한 때문이라는 점, 또는 위 정리요강에 의한 사전서면 통고를 하지 아니하였다는 점을 참작하여 피고가 광업권취소처분을 하지 아니하였다던가, 또는 일단 취소처분을 한 후에 새로운 이해관계인이 생기기 전에 취소처분을 취소하여 그 광업권의 회복을 시켰다면 모르되 피고가 **본건 취소처분을 한 후에 원고가 1966. 1. 19.에 본건 광구에 대하여 선출원을 적법히 함으로써 이해관계인이 생긴 이 사건에 있어서, 피고가 1966. 8. 24.자로 1965. 12. 30.자의 취소처분을 취소하여, 소외인 명의의 광업권을 복구시키는 조처는, 원고의 선출원 권리를 침해하는 위법한 처분이라고 하지 않을 수 없다**(대판 1967.10.23, 67누126).

◉ 제10절 행정행위의 철회

Ⅰ 철회의 의의

행정행위의 철회란 하자 없이 완전히 유효하게 성립한 행정행위의 효력을 성립 후에 발생한 새로운 사유(후발적 사유)를 이유로 장래에 향해 그 효력의 전부 또는 일부를 소멸시키는 독립한 행정행위를 말한다. 실정법상으로는 취소라는 용어가 많이 사용되고 있다.

취소는 일응 유효하게 성립한 행정행위에 하자가 있음을 이유로 효력을 소멸시키는 데 비해, 철회는 하자 없이 성립한 행정행위의 효력을 소멸시킨다는 점에서 차이가 있다.

Ⅱ 철회의 종류

1. 전부철회와 일부 철회(범위)

철회권 행사의 범위에 따른 구분이다. 즉, 전부철회는 행정행위의 효력 전부를 철회하는 것이고, 행정행위의 일부 철회란 행정행위의 일부에 대하여만 장래에 향해 효력을 소멸시키는 별도의 행정행위(영업정지는 일부 철회에 해당)를 말한다. 외형상 하나의 행정행위라 하더라도 가분성이 있거나 행정행위의 일부가 특정될 수 있고 일부 철회되는 부분과 나머지 부분 사이의 실질적 관련성이 없다면 행정행위의 일부 철회도 가능하다. 철회권 행사에 있어서 행정법의 일반원칙이 적용되므로 과잉금지의 원칙(필요성의 원칙)이 적용되고 따라서 일부 철회가 가능하다면 일부 철회를 해야 한다.

1. 한 사람이 여러 종류의 자동차운전면허를 취득한 경우 이를 취소 또는 정지할 때 서로 별개의 것으로 취급해야 하고 취소사유가 다른 면허와 공통된 것이거나 운전면허를 받은 사람에 관한 것일 경우, 여러 면허를 전부 취소할 수 있다

   한 사람이 여러 종류의 자동차운전면허를 취득하는 경우뿐 아니라 이를 취소 또는 정지하는 경우에도 서로 별개의 것으로 취급하는 것이 원칙(일부철회의 원칙)이고, 다만 취소사유가 특정 면허에 관한 것이 아니고 다른 면허와 공통된 것이거나 운전면허를 받은 사람에 관한 것일 경우에는 여러 면허를 전부 취소할 수도 있다(대판 2012.5.24, 2012두1891).

2. 제1종 대형, 제1종 보통 자동차운전면허를 가지고 있는 갑이 배기량 400cc의 오토바이를 절취하였다는 이유로 지방경찰청장이 갑의 제1종 대형, 제1종 보통 자동차운전면허를 모두 취소한 사안에서, 위 오토바이를 훔쳤다는 사유만으로 제1종 대형면허나 보통면허를 취소할 수 없다고 본 원심판단을 정당하다고 한 사례

   도로교통법 제93조 제1항 제12호, 「도로교통법 시행규칙」 제91조 제1항 [별표 28] 규정에 따르면 그 취

소 사유가 훔치거나 빼앗은 해당 자동차 등을 운전할 수 있는 특정 면허에 관한 것이며, 제2종 소형면허 이외의 다른 운전면허를 가지고는 위 오토바이를 운전할 수 없어 취소 사유가 다른 면허와 공통된 것도 아니므로, 갑이 위 오토바이를 훔친 것은 제1종 대형면허나 보통면허와는 아무런 관련이 없어 위 오토바이를 훔쳤다는 사유만으로 제1종 대형면허나 보통면허를 취소할 수 없다(대판 2012.5.24, 2012두1891).

3. 승용자동차를 면허 없이 운전한 사람에 대하여 그 사람이 소지한 제2종 원동기장치 자전거면허를 취소할 수 있다(대판 2012.6.28, 2011두358).

4. 외형상 하나의 행정처분이라 하더라도 가분성이 있거나 그 처분대상의 일부가 특정될 수 있는 경우, 일부 철회가 가능하다

  외형상 하나의 행정처분이라 하더라도 가분성이 있거나 그 처분대상의 일부가 특정될 수 있다면 그 일부만의 취소도 가능하고 그 일부의 취소는 당해 취소부분에 관하여 효력이 생긴다고 할 것인바, 이는 한 사람이 여러 종류의 자동차 운전면허를 취득한 경우 그 각 운전면허를 취소하거나 그 운전면허의 효력을 정지함에 있어서도 마찬가지이다[대판(전합) 1995.11.16, 95누8850].

5. 국고보조조림결정에서 정한 조건에 일부만 위반했음에도 그 조림결정 전부를 취소한 것은 위법하다(대판 1986.12.9, 86누276).

6. 원고가 교부받은 직장보육시설 보조금의 일부가 정상적으로 집행되었다고 볼 수 있는 사정 등을 제대로 감안하지 아니하고 보조금교부결정을 전부 취소한 행정청의 처분은 재량권의 한계를 일탈·남용한 것이다(대판 2003.5.16, 2003두1288).

2. 공익철회와 제재철회(철회사유)

철회사유에 따른 구분이다. 즉, 공익철회는 상대방의 귀책사유와 관계 없이 사정변경이나 공익상의 필요에 의한 철회를 말하고, 제재철회란 상대방의 의무불이행이나 의무위반 등의 귀책사유에 의한 철회를 말한다. 공익철회의 경우에는 통상 손실보상이 인정되지만, 제재철회의 경우에는 손실보상이 부정된다.

Ⅲ 철회권자(처분청만)

1. 처분청과 감독청

행정행위의 철회는 처분청만이 할 수 있고 감독청은 법률에 근거가 있는 경우에 한해 철회권을 갖는다는 것이 통설이다. 철회는 그 자체가 새로운 행정행위로서의 성질을 갖고, 감독권은 피감독청(처분청)의 잘못을 시정하기 위해 발해지는 것이라는 점, 감독청은 법률에 특별한 규정이 없는 한 피감독청(처분청)의 권한에 대한 대집행권한이 없다는 점을 논거로 한다.

2. 사인의 철회청구권(부정)

판례에 의하면 사인은 적법한 침익적 행위에 대한 철회청구권을 갖지 아니한다.

도시계획법령이 토지형질변경행위허가의 변경신청 및 변경허가에 관하여 아무런 규정을 두지 않고 있을 뿐 아니라, 처분청이 처분 후에 원래의 처분을 그대로 존속시킬 필요가 없게 된 사정변경이 생겼거나 중대한 공익상의 필요가 발생한 경우에는 별도의 법적 근거가 없어도 별개의 행정행위로 이를 철회·변경할 수 있지만 이는 그러한 **철회·변경의 권한을 처분청에게 부여하는 데 그치는 것일 뿐 상대방 등에게 그 철회·변경을 요구할 신청권까지를 부여하는 것은 아니다**(대판 1997.9.12, 96누6219).

Ⅳ 철회권의 법적 근거 및 철회사유

1. 철회권의 법적 근거

(1) 침익적 행정행위의 철회(불요)

부담적 행정행위의 철회는 상대방에게 수익적 효과를 주기 때문에 법적 근거가 불필요하다는 것이 일반적인 견해이다.

(2) 수익적 행정행위의 철회

① 근거필요설(철회부자유설) : 현재 다수설(김남진·김연태, 김성수, 김철용, 석종현, 장태주, 정하중, 홍정선)로서 철회 역시 법적 근거 없이 행할 수 없다고 한다.

법치주의의 원리와 헌법상의 기본권보장의 뜻에 비추어 볼 때, 법령의 근거 없이 단순히 공익상의 필요만을 이유로 침익적 행정행위를 할 수 없는 것과 같이 새로운 행정행위인 행정행위의 철회 역시 법령의 근거 등이 있을 때만 행사할 수 있다고 보아야 한다는 점을 논거로 한다.

② 근거불요설(철회자유설) : 수익적 행정행위의 철회에 법률의 근거를 요하지 않는다는 견해(김동희, 박균성, 한견우)이다. 과거 철회자유의 원칙이 지배하던 시대에 있어 지배적인 견해였다. 그러나 이 견해도 법적 근거가 없어도 철회가 가능하다는 의미에서의 '법적 근거로부터의 자유'를 말하는 것이지 철회권 '행사의 자유'를 말하는 것은 아니다.

소극설의 논거로는 행정법규가 완벽하지 않은 상태에서 철회에 일일이 법적 근거를 요한다고 한다면, 중대한 공익의 요청이 있는 경우에도 철회할 수 없다는 점이 제시된다.

법적 근거를 요하지 않는다는 판례(주류적 판례)
행정행위를 한 처분청은 비록 그 처분 당시에 별다른 하자가 없었고, 또 그 처분 후에 이를 취소(강학상 철회 ; 필자 주)할 별도의 법적 근거가 없다 하더라도 원래의 처분을 존속시킬 필요가 없게 된 사정변경이 생겼

거나 또는 중대한 공익상의 필요가 발생한 경우에는 그 효력을 상실케 하는 별개의 행정행위로 이를 취소
할 수 있다(대판 2004.11.26, 2003두10251·10268).

③ 제한적 긍정설 : 수익적 행정행위의 철회의 경우에 법적 근거가 필요한가 하는 문제는 일률적
으로 판단될 문제가 아니라 철회의 원인이 되는 사유, 신뢰보호의 요청 및 철회의 구체적
효과와 밀접한 관련을 갖는다는 견해(류지태, 박윤흔, 유상현, 이상규, 홍준형)이다.

2. 철회사유

(1) 법령에 철회사유에 관한 명시적 규정이 있는 경우

법률에서 철회의 근거와 사유를 규정하고 있는 경우에 법정사유 이외의 사유로 철회하는 것이
가능할 것인지가 문제된다.

행정행위의 부관으로 철회권을 유보한 경우, 철회사유는 법령에 규정이 있는 것에 한하지 않는다(대판
1984.11.13, 84누269).

(2) 법령에 명시적 규정이 없는 경우(후발적 사유)

철회사유는 행정행위가 성립된 이후에 새로이 발생한 것으로서 행정행위의 효력을 존속시킬
수 없는 사유를 말한다.

① 사정변경

㉠ 사실관계의 변화(예 도로의 폐지에 따른 도로점용허가의 철회, 사후에 「국민기초생활 보
장법」상 요건을 갖추지 못하는 경우, 영업지역이 새롭게 청소년보호구역으로 지정되어 당
해 영업을 관할지역에서 적법하게 할 수 없는 상태가 된 경우, 도로확장으로 인한 주유소영
업허가의 취소, 중대한 사정의 변경으로 인한 도로점용허가의 취소 등)

특례보충역편입처분 후 국외여행허가를 받아 출국하였다가 귀국을 지연한 경우
국비유학생으로 선발되어 지방병무청장에 의해 학술특기자로 특례보충역에 편입된 후 유학사유로 국외여
행허가를 받아 출국한 후 그 여행허가기간이 만료되어 국외체재기간연장신청을 하였으나 그 신청이 불허
되었음에도 귀국치 아니하다 2차에 걸친 귀국최고 및 기한연장 후에서야 귀국한 경우, **특례보충역편입처분
후 그와 같은 귀국지연이라는 사유가 발생한 경우에는 이러한 사정은 그 편입처분을 취소할 수 있는 사정
변경 또는 중대한 공익상의 필요가 발생한 것**으로 볼 수 있어 처분청으로서는 그 취소에 관한 별도의 법적
근거가 없이도 이를 취소할 수 있다고 하여야 한다(대판 1995.2.28, 94누7713).

ⓛ 근거 법령의 변경(법령의 개폐로 더 이상 원래의 행정행위를 존속시킬 수 없게 된 경우)

② 철회권이 유보된 경우 유보된 사실의 발생

③ 상대방의 의무위반

　　㉠ 음주운전으로 인한 운전면허 효력상실

1. 개인택시운송사업자가 음주운전교통사고로 자동차운전면허를 취소당한 경우 운송사업면허취소사유에 해당한다(대판 1990.6.26, 89누5713).

2. 개인택시운송사업자에게 운전면허취소사유가 있으나 그에 따른 운전면허취소처분이 이루어지지는 않은 경우, 관할관청은 개인택시운송사업면허를 취소할 수 없다(대판 2008.5.15, 2007두26001)

　　ⓛ 용도 이외의 사용으로 인한 자금지원행위(행정행위)의 효력상실

　　ⓒ 부패한 식품을 판매한 자에 대한 영업허가의 취소

　　ⓔ 불법영업으로 인한 영업허가취소

　　ⓜ 사립학교법인이 관할청의 허가를 받아 차입한 자금을 법인회계에 수입조치하지 아니하고 본래의 허가 용도가 아닌 다른 용도에 사용하였다는 사유로 관할청이 기존의 자금차입허가를 취소한 경우

　　ⓗ 학교법인 임원 간의 분쟁이 발생하지 않도록 진지한 타협안과 양보안을 제시하고, 중재를 위하여 적극 노력하였다는 등의 특별한 사정이 있는 임원의 경우, 임원취임승인 취소사유에 해당하지 않는다(대판 2018.1.25, 2017두53361).

　　ⓢ 시정요구를 받은 학교법인이 시정을 하지 아니한 사정(대판 2017.12.28, 2015두56540)

1. 사립학교법 제20조의2 제1항에서 정한 임원취임승인 취소의 사유가 발생하였다는 객관적인 사실이 인정되면, 임원취임승인 취소처분의 처분사유가 존재하고, 같은 조 제2항에 따라 시정요구를 받은 학교법인이 시정을 하지 아니한 사정만으로 임원취임승인 취소의 요건이 충족된다

　　사립학교법 제20조의2 제1항에 규정된 사유가 발생하였다는 객관적인 사실이 인정되면 해당 임원에게 이러한 사유 발생과 관련한 임무해태를 탓할 수 없는 정당한 사유가 인정되지 않는 한, 임원취임승인 취소처분의 처분사유 자체는 존재한다고 보아야 한다. 마찬가지로 사립학교법 제20조의2 제2항 역시 시정요구를 받은 학교법인이 시정을 하지 아니한 사정만 있다면 임원취임승인 취소의 요건이 충족되고, 단순히 시정을 위한 최선의 노력을 하였다는 것만으로 '시정 요구에 응하였다'고 보는 것은 문언 취지에도 맞지 아니하므로, 그러한 사정은 임원취임승인 취소의 재량권 일탈·남용 여부 판단의 참작요소가 될 뿐이다(대판 2017.12.28, 2015두56540).

2. 사립학교법 제20조의2가 정한 임원취임승인 취소처분은 재량행위에 해당한다

　　사립학교법 제20조의2가 정한 임원취임승인 취소처분은 재량행위에 해당하고, 이러한 처분이 사회통념상 재량권의 범위를 일탈하였거나 남용하였는지는 처분사유로 된 위반행위의 내용과 처분에 의하여 달

성하려는 공익목적 및 이에 따르는 제반 사정 등을 객관적으로 심리하여 공익 침해의 정도와 처분으로 개인이 입게 될 불이익을 비교·형량하여 판단하여야 한다(대판 2017.12.28, 2015두56540).

④ 부담의 불이행
　　㉠ 부담으로 명하여진 의무의 불이행으로 인한 사립학교인가의 효력상실
　　㉡ 점용료를 납부하지 않은 자에 대한 영업허가의 취소

관련판례

1. **부담부 행정처분의 상대방이 부담을 이행하지 않음을 이유로 철회가능**
   부담부 행정처분에 있어서 처분의 상대방이 부담(의무)을 이행하지 아니한 경우에 처분행정청으로서는 이를 들어 당해 처분을 취소(철회)할 수 있는 것이다(대판 1989.10.24, 89누2431).

2. **사실상 시정이 불가능하여 시정요구가 무의미한 경우에도 임원취임승인취소처분을 할 수 있다**
   사립학교법 제20조의2 제2항에서 정한 **시정요구는 사학의 자율성을 고려하여 관할청이 취임승인 취소사유를 발견하였더라도 바로 임원의 취임승인을 취소할 것이 아니라 일정한 기간을 주어 학교법인 스스로 이를 시정할 기회를 주고 학교법인이 이에 응하지 아니한 때에 한하여 취임승인을 취소한다는 취지**이다. 따라서 시정이 가능한 사항에 대하여만 시정요구할 것을 전제로 하고 있다거나 시정이 불가능하여 시정요구가 무의미한 경우에는 임원취임승인취소처분을 할 수 없다고 해석할 수는 없다(대판 2014.9.4, 2011두6431).

3. **사립학교법 제20조의2에서 정한 '시정요구에 응하지 아니한 경우'에는 시정에 응한 결과가 관할청의 시정요구를 이행하였다고 보기에 미흡한 경우가 포함된다**
   사립학교법 제20조의2에서 말하는 '시정요구에 응하지 아니한 경우'에는 관할청의 시정요구를 애초부터 거부한 경우뿐만 아니라 시정에 응한 결과가 관할청의 시정요구를 이행하였다고 보기에 미흡한 경우도 포함된다. 시정요구를 받은 학교법인이 시정에 응할 의사로 최선의 합리적인 조치를 다하였는지는 이를 객관적으로 판정하기 어려우며, 기본적으로 시정이 전혀 이루어지지 않았음에도 시정을 위한 최선의 노력을 하였다는 것만으로 '시정요구에 응하였다'고 보는 것은 문언 취지에도 맞지 않으므로, 그러한 사정은 임원취임승인취소의 재량 남용 여부를 판단할 때 참작될 수 있을 뿐이다(대판 2014.9.4, 2011두6431).

4. 사립학교법 제20조의2에서 정한 임원취임승인취소처분의 재량권 남용 여부를 판단할 때, 처분사유로 된 시정요구의 불이행 범위·정도와 시정요구를 있게 한 위법행위 내용과 결과를 참작할 수 있다(대판 2014.9.4, 2011두6431).

5. **허가취소 유예기간에 관한 고지를 받고 유예기간 내에 출국하였다가 재입국한 경우, 국외여행허가를 취소할 수 없다**
   구 「병역법 시행령」 제147조의2 제1항 제1호 (다)목은 부 또는 모와 거주하는 것을 요건으로 국외여행허가를 받은 사람에 대하여 국외여행허가를 취소할 수 있는 경우 중의 하나로 '부 또는 모가 1년의 기간 내에 통틀어 6개월 이상 국내에서 체재하고 있는 경우'를 들면서 이때의 국내체재기간은 산정일(입국일은 포함하고 출국일은 제외)부터 역산하여 합산한다고 규정하고, 제2항은 위 국외여행허가 취소 사유에 해당하는 사람에 대하여는 "한 번만 3개월의 허가취소 유예기간을 주고 그 기간 내에 출국하지 아니하는 경우에는 국외여행허가를 취소하고 병역의무를 부과할 수 있다."고 규정하고 있다. 이러한 **제도의 취지는 국내체재기간을 통산함으로써 국외여행허가제도를 이용하여 국내체재기간을 편법적으로 늘리는 것**

을 방지하되, 국외여행허가를 받은 사람이나 그 부 또는 모에게 국내 장기체재 사실을 알리고 국내생활을 정리하여 국외로 출국할 수 있는 준비기간을 준 것으로 보아야지 더 나아가 준비기간 내에 출입국하는 것까지 막겠다는 것은 아니다. 따라서 허가취소 유예기간에 관한 고지를 받고 유예기간 내에 출국하였다가 재입국하였다고 하였다는 이유만으로 국외여행허가를 취소할 수는 없다(대판 2014.9.4, 2014두36624).

⑤ 중대한 공익상의 필요

  ㉠ 하천에 댐을 건설하게 되어 부득이 기존 하천점용허가를 철회할 경우와 같이 더 큰 공익상의 필요

  ㉡ 공익상의 필요로 인한 도로점용허가의 효력상실

⑥ 행정행위의 철회와 관계없는 것

  ㉠ 임용신청서상의 허위사실기재로 인한 공무원임용행위의 효력상실 : 무효 또는 취소사유

  ㉡ 해제조건의 성취·종기의 도래 : 실효사유

3. 철회권의 제한

(1) 부담적 행정행위의 철회(자유)

부담적 행정행위의 철회는 상대방에게 이익을 주므로 원칙적으로 자유롭다. 다만, 예외적으로 행정행위를 존속시켜야 할 중대한 공익이 존재하는 경우나 행정행위를 철회한 후에 다시 동일한 내용의 행정행위를 발령해야 되는 경우(기속행위)에는 철회가 제한된다.

(2) 수익적 행정행위의 철회(제한)

위법한 행위의 취소는 행정의 법률적합성 확보라는 최소한의 공익이 존재하는데, 철회는 완전 유효한 행정행위의 효력을 소멸시킨다는 점(특히 제재철회가 아닌 공익철회의 경우)에서, 취소보다는 철회가 더 제한적이다.

① 철회가 제한되는 경우

  ㉠ 기득권익의 존중

공익상의 필요와 당사자가 입을 불이익 등의 형량이 잘못된 면허취소처분은 위법하다

면허청이 상대방에게 면허권을 주는 행정처분을 하였을 때에는 비록 법규상의 취소권발동사유가 발생하더라도 수익자에게 실제로 취소권을 발동시키는 데는 취소하여야 할 공익상의 필요와 취소로 인하여 당사자가 입을 불이익 등을 형량하여 취소 여부를 결정하여야 하고 이것이 잘못되었을 경우에는 기속재량

권의 남용이나 그 범위의 일탈에 해당하여 당해 취소처분이 위법함을 면할 수 없다(대판 1990.6.26, 89누5713).

ⓒ 복효적 행정행위

수익적 행정처분을 취소 또는 철회하거나 중지시키는 경우에는 이미 부여된 그 국민의 기득권을 침해하는 것이 되므로, 비록 취소 등의 사유가 있다고 하더라도 그 취소권 등의 행사는 기득권의 침해를 정당화할 만한 중대한 공익상의 필요 또는 제3자의 이익보호의 필요가 있는 때에 한하여 상대방이 받는 불이익과 비교교량하여 결정하여야 하고, 그 처분으로 인하여 공익상의 필요보다 상대방이 받게 되는 불이익 등이 막대한 경우에는 재량권의 한계를 일탈한 것으로서 그 자체가 위법하다(대판 2004.7.22, 2003두7606).

ⓒ 불가변력 있는 행정행위
 ■ 철회권 제한사유가 아닌 것:불가쟁력 있는 행정행위
ⓔ 실권(시간경과)
ⓜ 포괄적 신분설정행위(예 귀화허가, 공무원임명)
② 철회가 제한되지 않는 경우
 ㉠ 위험방지
 ㉡ 수익자의 책임

Ⅴ 철회의 절차

철회의 절차에 관한 일반적 규정은 없다. 그러나 상대방의 권익보호 또는 철회의 공정성 담보의 견지에서 공청회, 상대방에 대한 변명기회의 부여(청문) 등을 규정하는 경우도 있다.

Ⅵ 철회의 효과

1. 철회의 효과(장래효)

철회의 효력은 일반적으로 장래에 향해서만 발생하는 것이 원칙이다. 그러나 상대방에게 귀책사유가 있으면 소급효가 인정된다. 부수적인 효과로는 철회로 인하여 행정기관이나 당사자는 법률이 정하는 바에 따라 원상회복의 의무가 생기며, 이미 지급된 문서(예 허가증)나 물건의 반환을 요구할 수 있고, 당사자의 귀책사유 없이 철회되는 경우에는 손실보상을 함이 원칙이다.

영유아보육법 제30조 제5항 제3호에 따른 평가인증 취소의 법적 성격은 평가인증의 철회이고, 행정청이 평가인증이 이루어진 이후에 새로이 발생한 사유를 들어 영유아보육법 제30조 제5항에 따라 평가인증을 철회하는 처분을 하면서, 별도의 법적 근거 없이 평가인증의 효력을 과거로 소급하여 상실시킬 수 없다(대판 2018.6.28, 2015두58195).

2. 하자 있는 철회의 효력(철회의 취소 등)

철회 자체도 원행정행위는 별개의 독립된 행정행위이다. 따라서 철회행위 자체가 무효인 경우 처음부터 철회의 효력은 발생하지 않고, 철회행위에 취소사유가 있다면 철회의 취소가 가능하다. 또한 철회행위에 철회사유가 있다면 철회의 철회도 가능하다.

1. 수익적 행정행위 철회의 쟁송취소는 소급효
    영업의 금지를 명한 영업허가취소처분 자체가 **나중에 행정쟁송절차에 의하여 취소되었다면 그 영업허가취소처분은 그 처분 시에 소급하여 효력을 잃게 되며**, 그 영업허가취소처분에 복종할 의무가 원래부터 없었음이 확정되었다고 봄이 타당하고, 영업허가취소처분이 장래에 향하여서만 효력을 잃게 된다고 볼 것은 아니므로 그 **영업허가취소처분 이후의 영업행위를 무허가영업이라고 볼 수는 없다**(대판 1993.6.25, 93도277).
2. 철회(이사취임승인처분의 취소)의 직권취소를 인정한 판례
    행정처분이 취소되면 그 소급효에 의하여 처음부터 그 처분이 없었던 것과 같은 효과를 발생하게 되는 바, 행정청이 의료법인의 이사에 대한 이사취임승인취소처분(제1처분)을 직권으로 취소(제2처분)한 경우에는 그로 인하여 이사가 소급하여 이사로서의 지위를 회복하게 되고, 그 결과 위 제1처분과 제2처분 사이에 법원에 의하여 선임결정된 임시이사들의 지위는 법원의 해임결정이 없더라도 당연히 소멸된다(대판 1997.1.21, 96누3401).
3. 철회의 직권취소를 부정한 판례(예외판례)
    적법한 영업허가의 취소처분이 있었고, 제소기간의 경과로 확정된 이상 영업허가처분은 그 효력이 확정적으로 상실되었다 할 것이므로 그 영업허가취소(철회)처분을 다시 취소하여 이미 상실한 영업허가의 효력을 다시 소생시킬 수 없으며 이를 소생시키기 위하여는 원 행정행위와 동일한 내용의 새로운 행정행위를 할 수밖에 없다(대판 1980.4.8, 80누27).

제11절 처분(행정행위)의 변경

1. 처분변경의 의의

처분변경은 기존의 처분을 다른 처분으로 변경하는 것을 말한다. 처분은 ① 당사자, ② 처분사유, ③ 처분내용으로 구성된다. 따라서 처분변경도 당사자의 변경, 처분사유의 변경, 처분내용의 변경으로 나눌 수 있다.

2. 처분변경의 종류

(1) 처분 당사자의 변경

처분의 당사자의 변경도 처분변경에 해당한다.

(2) 처분사유의 추가·변경

처분사유의 추가·변경이 처분변경이 되려면 처분사유의 추가·변경이 종전처분의 처분사유와 기본적 사실관계의 동일성이 없는 사유이어야 한다. 처분청은 스스로 당해 처분의 적법성과 합목적성을 확보하고자 행하는 자신의 내부시정절차에서는 당초 처분의 근거로 삼은 사유와 기본적 사실관계의 동일성이 인정되지 않는 사유라 하더라도 처분사유로 추가·변경할 수 있다.

1. 산업재해보상보험법상 심사청구에 관한 절차의 성격은 근로복지공단 내부의 시정절차이고 그 절차에서는 근로복지공단이 당초 처분의 근거로 삼은 사유와 기본적 사실관계의 동일성이 인정되지 않는 사유를 처분사유로 추가·변경할 수 있다

산업재해보상보험법 규정의 내용, 형식 및 취지 등에 비추어 보면, 산업재해보상보험법상 심사청구에 관한 절차는 보험급여 등에 관한 처분을 한 근로복지공단으로 하여금 스스로의 심사를 통하여 당해 처분의 적법성과 합목적성을 확보하도록 하는 근로복지공단 내부의 시정절차에 해당한다고 보아야 한다. **따라서 처분청이 스스로 당해 처분의 적법성과 합목적성을 확보하고자 행하는 자신의 내부 시정절차에서는 당초 처분의 근거로 삼은 사유와 기본적 사실관계의 동일성이 인정되지 않는 사유라고 하더라도 이를 처분의 적법성과 합목적성을 뒷받침하는 처분사유로 추가·변경할 수 있다**고 보는 것이 타당하다(대판 2012.9.13, 2012두3859).

2. 근로복지공단이 '우측 감각신경성 난청'으로 장해보상청구를 한 근로자 甲에 대하여 소멸시효 완성을 이유로 장해보상급여부지급결정을 하였다가, 甲이 불복하여 심사청구를 하자 甲의 상병이 업무상 재해인 소음성 난청으로 보기 어렵다는 처분사유를 추가하여 심사청구를 기각한 사안에서, 甲의 상병과 업무 사이의 상당인과관계 부존재를 처분사유 중 하나로 본 원심판단을 정당하다고 한 사례

근로복지공단이 산업재해보상보험법상 심사청구에 대한 자신의 심리·결정 절차에서 추가한 사유인 '甲의 상병과 업무 사이의 상당인과관계 부존재'는 당초 처분의 근거로 삼은 사유인 '소멸시효 완성'과 기본적 사실관계의 동일성이 인정되는지와 상관없이 처분의 적법성의 근거가 되는 것으로서 취소소송에서 처음부터 판단대상이 되는 처분사유에 해당한다는 이유로, 甲의 상병과 업무 사이의 상당인과관계 부존재를 처분사유 중 하나로 본 원심판단을 정당하다고 한 사례(대판 2012.9.13, 2012두3859)

(3) 처분내용의 변경

① 의의

처분의 내용을 적극적으로 변경하는 것을 말한다. 처분의 소극적 변경, 즉 일부취소는 처분 변경이 아니다.

② 종류 및 효력

㉠ 실질적 변경처분 : 처분내용을 상당한 정도로 변경하는 처분이다. 이 경우 종전 처분은 변경 처분으로 대체되고 장래에 향하여 효력을 상실한다.

장해보상연금을 받던 사람이 재요양 후에 장해등급이 변경되어 장해보상연금의 지급 대상에서 제외되었음에도 장해보상연금을 받은 경우, 구 산업재해보상보험법 제84조 제1항에 따른 부당이득의 징수 대상 여부

장해보상연금을 받던 사람이 재요양 후에 장해등급이 변경되어 장해보상연금의 지급 대상에서 제외되었음에도 장해보상연금을 받았다면 특별한 사정이 없는 한 이는 보험급여가 잘못 지급된 경우에 해당하지만, 이 경우 장해등급이 변경되었다고 하려면 장해등급 변경 결정이 있어야 할 것이므로, **장해등급 변경 결정 이후에 지급된 장해보상연금만 산업재해보상보험법 제84조 제1항에 따른 부당이득의 징수 대상이 된다**고 할 것이다. 다만 **장해보상연금을 받던 사람이 산업재해보상보험법 제51조에 따른 재요양 후에 장해 상태가 호전됨으로써 장해등급이 변경되어 장해보상연금을 수령할 수는 없게 되었으나 '산업재해보상보험법 시행령' 제58조 제2항 제2호에서 정한 차액을 지급받을 수 있는 경우에는 여전히 그 금액을 장해보상 일시금으로 수령할 수 있는 지위에 있으므로 그 금액의 범위 안에서는 부당이득의 징수 대상이 되지 않는다**고 할 것이다(대판 2013.2.14, 2011두12054).

㉡ 일부변경처분 : 선행처분의 내용 중 일부만을 소폭 변경하는 등 선행처분과 분리가능한 변경처분이다. 이 경우 종전 선행처분은 일부 변경된 채로 효력을 유지하고 일부변경처분도 별도로 존재한다.

선행처분의 내용을 변경하는 후행처분이 있는 경우, 선행처분의 효력 존속 여부[피고(인천해양경찰서장)가 A업체(세종해운 주식회사)에 대한 도선사업면허를 A업체에게 유리하게 변경하여 주는 내용의 1차 변경처분을 하자, 경업자관계에 있던 B업체(유한회사 한림해운)가 A업체에 대한 1차 변경처분의 취소소송을 제기하였는데, 소송 계속 중에 피고가 A업체에 대한 1차 변경처분의 내용 중 일부를 A업체에게 불리하게 직권으로 감축하는 내용의 2차 변경처분을 한 경우에, B업체가 1차 변경처분을 다툰 사안]

선행처분의 주요 부분을 실질적으로 변경하는 내용으로 후행처분을 한 경우에 선행처분은 특별한 사정이 없는 한 효력을 상실하지만, 후행처분이 선행처분의 내용 중 일부만을 소폭 변경하는 정도에 불과한 경우에는 선행처분은 소멸하는 것이 아니라 후행처분에 의하여 변경되지 아니한 범위 내에서는 그대로 존속한다(대판 2020.4.9, 2019두49953).

③ 절차

　　㉠ 실질적 변경처분 : 명문의 규정이 없는 한 선행처분과 동일한 절차에 따라 행해진다.

　　㉡ 일부변경처분 : 선행처분보다 간소한 절차로 행해질 수 있다.

1. 구 초·중등교육법 제29조가 교과용도서에 관한 검정제도를 채택하고, 구 '교과용도서에 관한 규정'이 교과용도서의 적합성 여부 심사를 위해 교과용도서심의회 심의를 거친 후 심사 결과에 따라 교육과학기술부장관이 검정 합격 여부를 결정하도록 규정한 목적이나 입법 취지

　　구 초·중등교육법 제29조가 교과용도서에 관한 검정제도를 채택하고, 그 위임을 받은 구 「교과용도서에 관한 규정」이 교과용도서로서의 적합성 여부를 심사하기 위하여 교원이나 학부모를 비롯한 이해관계 있는 자나 관련 전문가 등으로 구성되는 교과용도서심의회의 심의를 거치도록 한 후 그 심사 결과에 따라 교육과학기술부장관이 검정 합격 여부를 결정하도록 규정한 목적이나 입법 취지는 **헌법 제31조와 교육기본법 제3조, 제5조, 제6조에서 규정한 국민의 교육을 받을 권리를 실질적으로 보장하고 교육의 자주성·전문성·정치적 중립성을 구현하고자 하는 데에 있다**(대판 2013.2.15, 2011두21485).

2. 구 '교과용도서에 관한 규정' 제26조 제1항에서 규정하고 있는 검정도서에 대한 수정명령의 요건과 절차의 해석 방법

　　교과용도서의 수정과 개편에 관한 구 「교과용도서에 관한 규정」의 규정 내용과 태도, 교과용도서의 검정제도에 관한 관계 법령 규정들의 내용과 입법 취지 및 검정도서에 대한 수정은 교과용도서로서의 적합성 여부에 관한 교과용도서심의회의 심의를 거쳐 이미 검정의 합격결정을 받은 교과용도서에 대하여 이루어지는 것인 점, 교과용도서의 수정에 관한 교육과학기술부장관의 권한은 교과용도서의 검정에 관한 권한에서 유래된 것으로서 검정에 관한 권한 행사의 일종으로 볼 수 있는 점 등에 비추어 보면, 구 「교과용도서에 관한 규정」 제26조 제1항에서 규정하고 있는 **'검정도서에 대한 수정명령'의 요건과 절차는, 교육의 자주성·전문성·정치적 중립성을 보장하고 있는 헌법과 교육기본법의 기본정신이나 교과용도서에 관하여 검정제도를 채택한 구 초·중등교육법의 목적과 입법 취지 및 구 「교과용도서에 관한 규정」에 의하여 교원이나 학부모를 비롯한 이해관계 있는 자나 관련 전문가 등의 절차적 관여가 보장된 검정제도의 본질이 훼손되지 아니하도록 이를 합리적으로 해석하는 것이 타당하다**(대판 2013.2.15, 2011두21485).

3. 구 「교과용도서에 관한 규정」 제26조 제1항의 의미 및 검정도서에 대한 수정명령의 대상이나 범위

　　구 「교과용도서에 관한 규정」 제26조 제1항은 **"교육과학기술부장관은 교육과정의 부분개정이나 그 밖의 사유로 인하여 개편의 범위에 이르지 아니할 정도로 검정도서의 문구·문장·통계·삽화 등을 교정·증감·변경하는 등 그 내용을 수정할 필요가 있다고 인정할 때 검정도서의 수정을 명할 수 있다."**는 의미이고, 이러한 **수정명령의 대상이나 범위에는 문구·문장 등의 기재내용 자체 또는 전후 문맥에 비추어 명백한 표현상의 잘못이나 제본 등 기술적 사항뿐만 아니라 객관적 오류 등을 바로잡는 것도 포함된다**(대판 2013.2.15, 2011두21485).

4. 구 「교과용도서에 관한 규정」 제26조 제1항에 따른 검정도서에 대한 수정명령의 내용이 이미 검정을 거친 내용을 실질적으로 변경하는 결과를 가져오는 경우 거쳐야 할 절차

　　구 「교과용도서에 관한 규정」 제26조 제1항에 따른 검정도서에 대한 수정명령의 절차와 관련하여 **구 「교과용도서에 관한 규정」에 수정명령을 할 때 교과용도서의 검정절차를 거쳐야 한다거나 이를 준용하는 명시적인 규정이 없으므로 교과용도서심의회의 심의 자체를 다시 거쳐야 한다고 보기는 어렵지만,** 헌법 등에 근거를 둔 교육의 자주성·전문성·정치적 중립성 및 교과용도서에 관한 검정제도의 취지에 비추어 보면, **수정명령의 내용이 표현상의 잘못이나 기술적 사항 또는 객관적 오류를 바로잡는 정도를 넘어서서 이미 검정을 거친 내용을 실질적으로 변경하는 결과를 가져오는 경우에는 새로운 검정절차를 취하는 것과 마찬가지라 할 수 있으므로 검정절차상의 교과용도서심의회의 심의에 준하는 절차를 거쳐야 한다.** 그렇지 않으면 행정청이 수정명령을 통하여 검정제도의 취지를 훼손하거나 잠탈할 수 있고, 교과

용도서심의회의 심의 등 적법한 검정절차를 거쳐 검정의 합격결정을 받은 자의 법률상 이익이 쉽게 침해될 수 있기 때문이다(대판 2013.2.15, 2011두21485).

 제12절 행정행위의 실효

1. 실효의 의의

행정행위의 실효란 하자 없이 성립한 행정행위가 일정한 사실(후발적 사유)의 발생에 의해 당연히 그 효력이 소멸되는 것을 말한다.

실효는 ① 완전히 유효하게 성립된 행정행위의 효력이 소멸되는 것인 점에서 처음부터 효력이 발생하지 아니하는 무효와, ② 효력의 소멸이 흠이나 행정청의 의사표시와 관계없이 발생한다는 점에서 취소·철회와 구별된다.

2. 실효의 사유

(1) 대상의 소멸

① 대인적 허가의 경우 운전면허나 의사면허를 받은 사람의 사망으로 인한 면허의 실효
② 대물적 허가의 경우 물건의 소멸·물적 시설의 철거 등 대상의 소멸, 철거명령을 받은 건물이 지진에 붕괴되어 소멸된 경우

 유기장의 영업허가를 받은 자가 영업장소를 명도하고 유기시설을 모두 매각함으로써 유기장업을 폐업한 경우
유기장법상 **유기장의 영업허가는 대물적 허가**로서 영업장소의 소재지와 유기시설 등이 영업허가의 요소를 이루는 것이므로, **영업장소에 설치되어 있던 유기시설이 모두 철거되어 허가를 받은 영업상의 기능을 더 이상 수행할 수 없게 된 경우**에는, 이미 당초의 영업허가는 허가의 대상이 멸실된 경우와 마찬가지로 그 효력이 당연히 소멸(실효)되는 것이고, 또 유기장의 영업허가는 신청에 의하여 행하여지는 처분으로서 허가를 받은 자가 영업을 폐업할 경우에는 그 효력이 당연히 소멸(실효)되는 것이니, 이와 같은 경우 허가행정청의 허가취소처분은 허가가 실효되었음을 확인하는 것에 지나지 않는다고 보아야 할 것이므로, 유기장의 영업허가를 받은 자가 영업장소를 명도하고 유기시설을 모두 철거하여 매각함으로써 유기장업을 폐업하였다면 영업허가취소처분의 취소를 청구할 소의 이익이 없는 것이라고 볼 수 있다(대판 1990.7.13, 90누2284).

③ 허가영업의 자진폐업

1. 종전의 결혼예식장영업을 **자진폐업한 이상 위 예식장영업허가는 자동적으로 소멸(실효)**하고 위 건물 중 일부에 대하여 다시 예식장영업허가신청을 하였다 하더라도 이는 전혀 새로운 영업허가의 신청임이 명백하므로 일단 소멸한 종전의 영업허가권이 당연히 되살아난다고 할 수는 없는 것이니 여기에 **종전의 영업허가권이 새로운 영업허가신청에도 그대로 미친다고 보는 기득권의 문제는 개재될 여지가 없다**(대판 1985.7.9, 83누412).

2. 청량음료 제조업허가는 신청에 의한 처분임이 분명한바 **신청에 의한 허가처분은 그 영업을 폐업한 경우는 그 허가도 당연 실효**된다고 할 것이며 **이런 경우 허가행정청의 허가취소처분은 허가의 실효됨을 확인하는 뜻에 불과하다** 할 것이다. 원고가 청량음료 제조영업을 폐업하였다면 그 영업허가는 자연실효되고 피고의 본건 허가취소처분은 그 실효를 확인하는 것에 불과하므로 원고는 그 허가취소처분의 취소를 구할 소의 이익이 없다고 할 것이다(대판 1981.7.14, 80누593).

(2) 해제조건의 성취 또는 종기의 도래

- 정지조건의 성취가 아님.

(3) 목적의 달성

(4) 새로 제정된 법률에 당해 행정행위의 효력을 부인하는 규정을 두고 있는 경우

3. 실효의 효과(장래효)

행정행위의 실효사유가 발생하면, 행정행위의 효력은 그때부터 장래에 향하여 당연히 실효된다.

4. 실효의 주장

실효의 주장방법으로서 실효확인소송 또는 유효확인소송을 제기할 수 있다.[메모]

제3장 그 밖의 행정의 행위형식

제1절 행정상의 확약

I 개 설

1. 개념 및 대상

(1) 확 약

① 의의 : 확약이란 행정청이 자기구속을 할 의도로써 국민에 대해 장래 특정한 행정행위를 하거나(발급) 하지 않을 것(불발급)을 약속하는 의사표시를 말한다.

② 사례 : 확약의 사례로는 ㉠ 각종 인허가의 발급약속, ㉡ 내인가·내허가, ㉢ 공무원임용내정(내락)·공무원 승진약속, ㉣ 주민에 대한 개발사업의 약속, ㉤ 무허가건물의 자진철거자에 대한 아파트입주권약속, ㉥ 자진신고자에 대한 세율인하약속, ㉦ 어업면허우선순위결정(대판 1995.1.20, 94누6529) 등이 있다.

(2) 확 언

이러한 확약은 약속의 대상을 행정행위에 한정하지 않고 널리 인정되는 확언의 일종(예 행정행위의 발령, 공법상 계약의 체결, 행정계획의 수립·실시, 도로보수 등 사실행위의 실현 등)이다.

2. 유사개념과의 구별

확약은 ① 행정청이 자기구속을 할 의도로 행하는 것인 점에서 비구속적인 법률적 견해의 표명에 불과한 교시(정보제공)와, ② 일정한 법적 효과를 발생시키는 점에서 행정지도 등의 사실행위와, ③ 행정청의 일방적 조치인 점에서 쌍방적 행위인 공법상 계약과, ④ 국민에 대한 의사표시인 점에서 행정조직 내의 내부행위와, ⑤ 종국적 규율(행정행위)에 대한 약속에 지나지 않는다는 점에서 비록 한정된 사항이지만 종국적으로 규율하는 행정행위로서의 예비결정 또는 부분허가와 구별된다.

Ⅱ 법적 성질

1. 행정행위설(다수설)

행정청에 대하여 장래에 일정한 행위의 의무를 부과한다는 점에서 행정행위라는 견해로서 다수설이다.

2. 행정행위와 유사하지만 특수성을 인정하는 견해

확약은 행정청의 자기구속적 의사표명에 의해 일정한 행위의무를 부담하는 것이라는 점에서는 자체 법적 규율성이 있고 그 한도에서는 행정행위의 성질이지만, 완결성·종국성에 있어 일반 행정행위와는 차이가 있다는 견해이다.

3. 독자성설

확약은 단지 행정행위의 발급에 대한 약속에 지나지 않기 때문에 독자적인 행위형식이라는 견해이다.

4. 판 례

판례는 확약 자체의 처분성·행정행위성은 부정하지만, 확약(내인가)의 취소에 대해서는 처분성을 인정한다.

관련판례

1. 확약인 어업면허우선순위결정(행정행위성 부인, 처분성 부인)

   어업권면허에 선행하는 우선순위결정은 행정청이 우선권자로 결정된 자의 신청이 있으면 어업권면허 처분을 하겠다는 것을 약속하는 행위로서 강학상 확약에 불과하고 행정처분은 아니므로, 우선순위결 정에 공정력이나 불가쟁력과 같은 효력은 인정되지 아니하며, 따라서 우선순위결정이 잘못되었다는 이유로 종전의 어업권면허처분(특허)이 취소(강학상 취소)되면 행정청은 종전의 우선순위결정을 무시하고 다시 우선순위를 결정한 다음 새로운 우선순위결정에 기하여 새로운 어업권면허를 할 수 있다(대판 1995.1.20, 94누6529).

2. 내인가(확약)의 취소(처분성 인정)

   자동차운송사업양도양수계약에 기한 양도양수인가신청에 대하여 피고 시장이 내인가를 한 후 위 내인가에 기한 본인가신청이 있었으나 자동차운송사업 양도양수인가신청서가 합의에 의한 정당한 신청서라고 할 수 없다는 이유로 위 내인가를 취소한 경우, 위 내인가의 법적 성질이 행정행위의 일종으로 볼 수 있든 아니든 그것이 행정청의 상대방에 대한 의사표시임이 분명하고, 피고가 위 **내인가를 취소함으로써 다시**

본인가에 대하여 따로 인가 여부의 처분을 한다는 사정이 보이지 않는다면 위 내인가 취소를 인가신청을 거부하는 처분으로 보아야 할 것이다(대판 1991.6.28, 90누4402).

Ⅲ 확약의 허용성과 한계

1. 허용의 근거(본처분권한내재설)

확약에 관한 근거 규정이 있으면 확약은 허용된다는 데 이견이 없다. 독일에는 행정절차법이나 조세통칙법에 확약에 관한 규정이 있는데, 우리나라 행정절차법에는 확약에 관한 규정이 없다. 확약에 관한 근거 규정이 없는 경우에도 확약이 가능한지에 대하여 견해가 나뉜다.

(1) 부정설

과거 독일의 판례·학설에서 확약의 권한과 본처분의 발령권한은 별개라는 논리로 확약은 인정될 수 없다는 견해였다. 그러나 현재 존재하지 않는 견해이다.

(2) 긍정설

① 신뢰보호설 : 법적 안정성에 바탕을 둔 신뢰보호의 법리는 법의 일반원리로서, 공법의 영역에도 타당하다는 입장에서 이를 근거로 하여 확약을 인정하는 견해로서 종전 독일판례의 입장이다.

② 본처분권한포함(내재)설(통설) : 법령이 본행정행위를 할 수 있는 권한(例 공무원임명권, 건축허가권)을 부여한 경우에는, 반대규정이 없는 한 확약의 권한(例 공무원임용 내정권, 건축허가발급약속권)도 함께 부여한 것으로 보고 별도의 근거를 요하지 않는다는 견해로서 통설이다.

2. 허용의 한계

(1) 기속행위에 대한 확약가능성(긍정)

재량행위에 있어 확약의 가능성에 대해서는 이견이 없지만 기속행위의 경우에는 다툼이 있다. 논리적으로 보면 기속행위는 본처분이 반드시 행해져야 하는 것이므로 확약이 의미 없다고 볼 수도 있다. 그러나 기속행위의 경우에도 확약에 의해 당사자가 후의 본처분을 대비하는 '준비

이익·기대이익·예지이익·대처이익'이 있기 때문에 가능하다는 견해가 통설이다.

(2) 요건사실 완성 후의 확약가능성(긍정)

이 경우 확약은 상대방에게 수익적 행위에 대하여 행해지는 것이므로 확약을 할 것이 아니라 본처분을 해야 한다는 견해도 있으나, 기속행위에 대한 확약의 경우와 마찬가지로 '준비이익·기대이익·예지이익·대처이익'이 있기 때문에 가능하다는 견해가 통설이다.

Ⅳ 확약의 요건

구 분	내 용
주 체	본처분을 할 수 있는 권한이 있는 행정청이 권한의 범위 내에서 해야 한다. 본처분에 관한 권한 없는 기관의 확약은 무효이다.
내 용	확약의 내용이 법령에 적합하고 명확하고 실현가능해야 한다.
절 차	본처분의 발급에 관하여 일정한 사전절차가 요구되고 있는 경우에는 확약에 있어서도 그 절차가 이행되어야 한다. 확약에 앞선 절차의 생략은 상대방을 보호하고자 하는 절차의 취지를 회피하기 위한 수단으로 악용될 수 있기 때문에 허용되지 않는다.
형 식	독일 행정절차법은 서면에 의할 것을 효력발생요건으로 정하고 있다. 명문의 규정이 없는 현행법상으로는 구술에 의한 확약도 가능하다. 그러나 문서로 하는 것이 바람직하다.

Ⅴ 확약의 효과

1. 내용적 구속력

행정청은 확약된 내용을 이행해야만 한다. 반면에 확약은 상대방에게 기대권과 같은 법적 효과가 발생하기 때문에 그 상대방은 확약된 내용의 이행을 청구할 수 있는 권리를 가진다. 확약의 '구속력의 근거'는 확약의 '허용성의 근거'(본처분권한 내재설)와는 달리 신뢰보호의 원칙이라는 것이 통설이다.

2. 확약의 취소·변경·철회

확약을 한 행정청은 의무불이행이나 확약 후에 발생한 사정을 이유로 확약을 철회할 수 있다. 그러나 확약의 취소와 철회는 상대방의 신뢰보호의 견지에서 제한을 받게 된다. 철회권의 제한은 취소권의 제한보다 상대방의 신뢰보호의 원칙상 그 정도가 강하다고 보아야 한다.

3. 사정변경과 확약의 실효(구속력의 배제)

확약 후 불가항력 기타 사유로 확약의 내용을 이행할 수 없을 정도로 사실상태 또는 법률상태가 변경된 경우나 행정청이 그러한 변경이 있을 것을 미리 알았더라면 그와 같은 확약을 하지 않았을 것으로 인정되는 경우에는 행정청은 확약의 내용에 구속받지 않는다(독일연방행정절차법 제38조 제3항, 1987년 행정절차법안 제25조 제4항). 우리 행정절차법은 이에 대해 규정하고 있지 않으나, 사정변경의 원리는 우리의 경우에도 적용된다. 학설상으로는 사정변경을 확약의 철회사유라고 보기도 하고 실효사유라고 보기도 한다.

관련판례

확약 또는 공적인 의사표명이 있은 후에 사실적·법률적 상태가 변경되었다면, 확약 또는 공적인 의사표명은 행정청의 별다른 의사표시를 기다리지 않고 실효된다

행정청이 상대방에게 장차 어떤 처분을 하겠다고 확약 또는 공적인 의사표명을 하였다고 하더라도, 그 자체에서 상대방으로 하여금 언제까지 처분의 발령을 신청하도록 유효기간을 두었는데도 그 **기간 내에 상대방의 신청이 없었다거나 확약 또는 공적인 의사표명이 있은 후에 사실적·법률적 상태가 변경되었다면**, 그와 같은 **확약 또는 공적인 의사표명은 행정청의 별다른 의사표시를 기다리지 않고 실효된다**(대판 1996.8.20, 95누10877).

Ⅵ 권리구제

1. 행정쟁송

확약의 불이행(거부·부작위)에 대해서는 의무이행심판을 통해 직접 의무의 이행을 청구할 수 있고, 거부처분취소소송이나 부작위위법확인소송에 의해 간접적으로 의무이행을 촉구할 수 있다. 또한 확약의 취소에 대해서도 취소심판·취소소송 제기가 가능하다.

확약 자체를 다투고자 하는 경우에는 행정행위성을 인정하는 다수설에 따르면 항고소송의 제기가 가능하지만, 처분성을 부정하는 판례에 의하면 항고소송을 통한 구제는 불가능하다.

2. 손해배상

확약의 불이행으로 인해 손해를 입은 국민은 국가배상법 제2조의 요건을 충족하는 범위 내에서 손해배상을 청구할 수 있다.

Ⅰ 개 설

1. 행정계획의 의의

행정계획이란 행정주체가 장래 일정기간 내에 도달하고자 하는 목표를 설정하고, 그를 위해 필요한 수단들을 종합하고 통합하는 작용(Planning) 또는 그 결과로 설정된 활동기준(Plan)을 말한다.

관련판례 행정계획의 의미
행정계획은 도시의 건설·정비·개량 등과 같은 특정한 행정목표를 달성하기 위하여 행정에 관한 전문적·기술적 판단을 기초로 관련되는 행정수단을 종합·조정함으로써 장래의 일정한 시점에 일정한 질서를 실현하기 위하여 설정한 활동기준이나 그 설정행위를 말한다(대판 2020.6.25, 2019두56135).

2. 등장배경(필요성)

행정계획은 과거의 국가에도 존재하고 있었지만 오늘날에 있어 행정목적의 달성을 위한 중요한 수단으로 등장하게 된 이유로 ① 공공의 안녕과 질서에 대한 위해방지라는 소극행정에 중점을 두었던 시민적 법치국가와는 달리 오늘날의 사회적 법치국가에서는 위해방지임무와 더불어 적극적인 사회형성임무가 부여됨으로써 행정의 중점이 장기성·종합성을 요구하게 되었다는 점, ② 부족한 자원의 합리적인 배분을 위한 이해관계의 조정이나 행정수요의 효율적인 충족을 위해 계획의 수립이 불가피하다는 점, ③ 막대한 비용이 소요되지만 국민생활에 불가결한 거대시설의 설치와 지역적인 배치 등을 위해서는 종합적인 계획의 수립이 필연적이라는 점, ④ 현대행정의 광역화·복잡화와 그에 따른 행정기관 상호 간의 협조·조정이 불가피하다는 점, ⑤ 행정계획을 가능케 하는 미래예측기술의 발달을 들 수 있다.

3. 행정계획의 기능

(1) 목표설정기능
(2) 행정수단의 종합화기능
(3) 행정과 국민 간의 매개적 기능
(4) 국민에 대한 유도적·지침적 기능
(5) 국민에 대한 예측가능성 부여기능
(6) 정보제공기능

Ⅱ 행정계획의 종류

1. 구속력에 따른 분류

구분		내용
구속력	명령적 계획	국민이나 행정기관에 대해 구속력을 갖는 계획
	유도적(영향적) 계획	법적 구속력은 없으나 조세특혜, 보조금·장려금의 지급, 아파트입주권의 약속 등 수익적 조치나 불이익조치를 통해 수범자를 일정한 방향으로 유도하는 계획
	지침적(정보제공적) 계획	사회·경제 등의 추세나 전망을 담은 각종의 경제계획·개발계획. 법적 구속력이 없는 정보제공적 계획으로서 비권력적 사실행위에 해당

구속성	구속적 계획	1. 수범자를 법적으로 구속하는 계획. 행정기관 사이에서만 구속력을 가지는 계획과 국민에 대해서도 구속력을 갖는 계획으로 구분
		2. 국민에 대해 구속력을 가지는 계획
		    ① 도시·군관리계획
		    ② 도시개발법상 환지계획(판례는 처분성 부정)
		    ③ 환권계획(관리처분계획[대판(전합) 2009.9.17, 2007다2428], 분양계획)
		    ④ 「도시 및 주거환경정비법」에 따른 주택재건축정비사업시행계획(대결 2009.11.2, 2009마596)
		3. 타 계획에 대해 구속력을 가지는 계획 : 국토종합계획, 국토기본계획, 광역도시계획, 도시·군기본계획
		    ■ 처분성 부정
		4. 관계 행정기관에 대해 구속력을 가지는 계획 : 예산운용계획
		    ■ 비구속적 계획으로 분류하는 이견 있음. 처분성 부정

	비구속적 계획	1. 대외적으로 일반국민에 대해서, 대내적으로 행정기관에 대해서도 구속력을 가지지 않는 계획 2. 산업교육진흥계획, 농어촌전화사업계획, 교육진흥계획, 체육진흥계획, 인구계획

관련 판례

도시기본계획은 행정청에 대한 직접적 구속력을 가지지 않는다

구 도시계획법 제19조 제1항 및 도시계획시설결정 당시의 지방자치단체의 도시계획조례에서는, 도시계획이 도시기본계획에 부합되어야 한다고 규정하고 있으나, **도시기본계획은 도시의 장기적 개발방향과 미래상을 제시하는 도시계획 입안의 지침이 되는 장기적·종합적인 개발계획**으로서 행정청에 대한 직접적인 구속력은 없다(대판 1998.11.27, 96누13927).

2. 타 계획의 기준성에 따른 분류

상위계획	하위계획
1. 다른 계획의 기준이 되는 계획 2. 국토종합계획, 광역도시계획, 도시·군기본계획	도시·군관리계획

Ⅲ 행정계획의 법적 성질

1. 행정계획 일반(복수성질설)

행정계획의 법적 성질에 대해서는 ① 입법행위설, ② 행정행위설, ③ 독자성설(행정계획은 법규범도 아니고 행정행위도 아닌 독자적인 행위형식이지만 구속력을 가지는 점에서 행정행위에 준하여 항고소송의 대상이 된다는 견해), ④ 행정계획 가운데는 법률의 형식에 의한 행정계획(독일의 예산), 행정입법(예 법규명령·행정규칙·조례)의 형식에 의한 행정계획, 행정행위의 형식에 의한 행정계획, 사실행위의 형식에 의한 행정계획(홍보적·정보제공적 행정계획)이 있을 수 있다는 복수성질성(다수설)이 대립한다. 행정계획의 처분성 확대는 권익구제확대와 관련된다.

2. 도시·군관리계획(행정행위설)

그러나 행정계획 중 도시·군관리계획 결정은 그것이 고시나 공고가 되면 법률규정과 결합하여 각종의 권리제한의 효과(예 건축물의 건축 및 용도변경, 공작물의 설치, 토지의 형질변경, 죽목(竹木)의 벌채, 토지의 분할, 물건을 쌓아놓는 행위금지 등 부작위의무 부과)를 가져오므로, 특정 개인의 권리 내지 법률상 이익을 개별적·구체적으로 규제하는 효과를 가져오게 하는 행정청의 처분(행정행위)이라는 견해가 다수설이다.

(1) 처분성 인정사례

1. 도시계획결정(현재는 도시·군관리계획결정)(대판 1982.3.9, 80누105)
2. 관리처분계획(환권계획, 분양계획)(대판 2002.12.10, 2001두6333)
3. 택지개발예정지구의 지정(대판 1996. 3.22, 95누10075)
4. 「국토의 계획 및 이용에 관한 법률」상 토지거래허가구역의 지정(대판 2006.12.22, 2006두12883)
5. 「도시 및 주거환경정비법」에 따른 주택재건축정비사업시행계획(대결 2009.11.2, 2009마596)

1. 도시·군관리계획

도시계획법 제12조 소정의 고시된 **도시계획결정은 특정 개인의 권리 내지 법률상의 이익을 개별적이고 구체적으로 규제하는 효과를 가져오게 하는 행정청의 처분**이라 할 것이고, 이는 행정소송의 대상이 된다(대판 1982.3.9, 80누105).

2. 도시재개발법상의 관리처분계획(환권계획, 분양계획)

도시재개발법(현 도시 및 주거환경정비법)에 의한 재개발조합은 조합원에 대한 법률관계에서 적어도 특수한 존립목적을 부여받은 특수한 행정주체로서 국가의 감독하에 그 존립목적인 특정한 공공사무를 행하고 있다고 볼 수 있는 범위 내에서는 공법상의 권리의무관계에 서 있는 것이므로 분양신청 후에 정하여진 관리처분계획의 내용에 관하여 다툼이 있는 경우에는 그 **관리처분계획은 토지 등의 소유자에게 구체적이고 결정적인 영향을 미치는 것으로서 조합이 행한 처분에 해당**하므로 항고소송의 방법으로 그 무효확인이나 취소를 구할 수 있다(대판 2002.12.10, 2001두6333).

3. 택지개발예정지구의 지정

택지개발촉진법 제3조에 의한 건설교통부장관(현 국토교통부장관)의 **택지개발예정지구의 지정은 그 처분의 고시에 의하여 개발할 토지의 위치, 면적과 그 행사가 제한되는 권리내용 등이 특정되는 처분**인 반면에, 같은 법 제8조에 의한 건설교통부장관(현 국토교통부장관)의 택지개발계획 시행자에 대한 **택지개발계획의 승인**은 당해 사업이 택지개발촉진법상의 택지개발사업에 해당함을 인정하여 시행자가 그 후 일정한 절차를 거칠 것을 조건으로 하여 일정한 내용의 수용권을 설정하여 주는 처분(특허)으로서 그 승인고시에 의하여 수용할 목적물의 범위가 확정되는 것이므로, 그 두 처분은 후자가 전자의 처분을 전제로 하는 것이기는 하나 각각 단계적으로 별개의 법률효과를 발생하는 독립한 행정처분이다(대판 1996.12.6, 95누8409).

4. 개발제한구역지정처분의 법적 성질은 일종의 행정계획으로서 계획재량처분이다(대판 1997.6.24, 96누1313).

5. 관할구청장의 인가 등에 의해 확정된 재건축사업시행계획은 행정처분이므로 그에 관한 총회결의의 효력 정지를 구하는 방법은 민사소송법상 가처분이 아니라 행정소송법상 집행정지신청으로서만 가능하다(대결 2009.11.2, 2009마596).

(2) 처분성 부정사례

1. 기본계획
   ① 도시기본계획(대판 1997.9.26, 96누10096)
   ② 농어촌도로기본계획(대판 2000.9.5, 99두974)
   ③ 대학입시기본계획(헌재결 1997. 7.16, 97헌마70)
   ④ 하수도정비기본계획(대판 2002.5.17, 2001두10578)
2. 종합계획
3. 광역도시계획
4. 환지계획(대판 1999.8.20, 97누6889)(학설은 처분성 인정)
   - ■ 환지처분이 확정된 후 별도로 행하여진 환지청산금 교부처분은 사법적 심사의 대상인 행정처분이 아님(대판 1987.3.24, 85누926) : 환지청산금 교부처분도 환지계획에 따른 환지처분에 포함되는 것이므로

1. 도시기본계획

　　도시기본계획은 도시의 기본적인 공간구조와 장기발전방향을 제시하는 종합계획으로서 그 계획에는 토지이용계획, 환경계획, 공원녹지계획 등 장래의 도시개발의 일반적인 방향이 제시되지만, 그 계획은 **도시계획입안의 지침이 되는 것에 불과하여 일반국민에 대한 직접적인 구속력은 없는 것이다**(대판 2002.10.11, 2000두8226).

2. 택지개발촉진법상 택지개발사업 시행자의 택지공급방법결정행위·통보

　　택지개발촉진법 제18조, 제20조의 규정에 따라 택지개발사업 시행자가 건설부장관(현 국토교통부장관)으로부터 승인을 받아 택지의 공급방법을 결정하였더라도 그 **공급방법의 결정은 내부적인 행정계획에 불과**하여 그것만으로 택지공급희망자의 권리나 법률상 이익에 개별적이고 구체적인 영향을 미치는 것은 아니므로, 택지개발사업시행자가 그 **공급방법을 결정하여 통보한 것은 분양계약을 위한 사전 준비절차로서의 사실행위에 불과**하고 항고소송의 대상이 되는 행정처분으로 볼 수 없다(대판 1993.7.13, 93누36).

3. 환지계획

　　토지구획정리사업법(현 도시개발법) 제57·62조 등의 규정상 **환지예정지 지정이나 환지처분은 그에 의하여 직접 토지소유자 등의 권리의무가 변동되므로 이를 항고소송의 대상이 되는 처분**이라고 볼 수 있으나, **환지계획**은 위와 같은 환지예정지 지정이나 환지처분의 근거가 될 뿐 그 자체가 직접 토지소유자 등의 법률상의 지위를 변동시키거나 또는 환지예정지 지정이나 환지처분과는 다른 고유한 법률효과를 수반하는 것이 아니어서 이를 **항고소송의 대상이 되는 처분에 해당한다고 할 수가 없다**(대판 1999.8.20, 97누6889).

Ⅳ 행정계획의 법적 근거와 계획수립절차

1. 법적 근거

　　행정계획을 수립하기 위해서는 조직법적 근거를 요한다. 그러나 작용법적 근거는 구속적 행정계획에는 요구되는데, 비구속적 행정계획에는 요구되지 않는다.

2. 행정계획수립절차

(1) 행정절차법

　　행정절차법상 계획수립(확정)절차에 대하여는 규정이 없다. 다만, 계획의 행정예고와 처분성을 갖는 계획의 경우 처분에 관한 절차규정이 적용된다(1987년 행정절차법안에는 행정계획수립절차에 관한 명문규정이 존재).

(2) 개별법(계획수립절차)

① 행정기관 내부절차

㉠ 위원회의 조사·심의(「국토의 계획 및 이용에 관한 법률」 제30조 제3항)

㉡ 관계 행정기관 간의 조정·협의(「국토의 계획 및 이용에 관한 법률」 제30조 제1항)

㉢ 상급행정청의 승인이나 조정(「국토의 계획 및 이용에 관한 법률」 제16조)

㉣ 지방의회의 의견청취

② 주민참여절차(미흡)

㉠ 이해관계인의 의견청취(「국토의 계획 및 이용에 관한 법률」 제28조)

㉡ 공청회(국토기본법 제11조 제1항)

관련 관례

1. 기초조사절차를 거치지 아니한 도시계획결정은 취소사유이다(대판 1990.6.12, 90누2178).
2. 공청회를 거치지 않고 이주대책을 수립하지 않은 도시계획결정은 취소사유이다(대판 1990.1.23, 87누947).
3. 공고·공람절차를 거치지 않은 도시계획결정은 취소사유이다(대판 2000.3.23, 98두2768).
4. 「도시 및 주거환경정비법」 제46조 제1항에서 정한 분양신청기간의 통지 등 절차를 제대로 거치지 않고 이루어진 관리처분계획은 위법하다(대판 2011.1.27, 2008두14340).
5. 주택재개발정비사업조합이 새로 조합설립인가처분을 받는 것과 동일한 요건과 절차로 조합설립변경인가처분을 받은 후 종전의 조합설립인가처분이 당연무효이거나 취소되는 경우, 조합이 관리처분계획을 새롭게 수립하여 인가를 받아야 하고, 이때 조합이 종전 분양신청 현황에 따라 관리처분계획을 수립한 경우, 관리처분계획은 원칙적으로 위법하다(대판 2016.12.15, 2015두51309).

(3) 현행 계획확정절차의 문제점

현행법상의 계획확정절차의 문제점으로는 행정기관 간의 내부적인 조정이나 통제절차는 어느 정도 마련되고 있으나, 정작 중요한 의미를 갖는 당사자나 이해관계인의 참여를 통한 통제절차가 매우 미흡하다는 점을 들 수 있다. 이러한 참여절차가 규정되고 있는 경우에도 당사자나 이해관계인의 의견 등이 당해 행정계획 내용 형성에 영향을 미칠 수 있는 내용으로서 보장되고 있지 못하며, 그 의미가 단지 요식행위 정도로 인식되고 있다.

V 행정계획의 효력

1. 효력발생요건

도시·군관리계획 결정의 효력은 지형도면을 고시한 날부터 발생한다(「국토의 계획 및 이용에 관한 법률」 제31조 제1항).

관련
판례

1. 도시계획결정의 효력발생요건은 도시계획결정고시이고, 구체적·개별적 범위는 지적고시도면의 결정·고시로 확정된다(대판 2000.3.23, 99두11851).

2. 도시관리계획 결정·고시를 하지 않으면 효력이 발생하지 않는다
   서울특별시장, 도지사 등 지방장관이 기안, 결재 등의 과정을 거쳐 정당하게 도시계획결정 등의 처분을 하였다고 하더라도 이를 관보에 게재하여 고시하지 아니한 이상 대외적으로는 아무런 효력도 발생하지 아니한다(대판 1985.12.10, 85누186).

2. 계획의 집중효

(1) 의 의

집중효란 행정계획이 확정(승인)되면 다른 법령에 의해 받아야 하는 인가·승인허가 등을 받은 것으로 의제되는 효력을 말한다. 이는 계획확정절차를 통해 인허가 등을 받은 것으로 대체된다는 점에서 대체효라고도 한다.

(2) 법적 근거

집중효는 행정기관의 권한에 변경을 가져온다. 따라서 행정조직법정주의의 원리상 반드시 개별법률에서 명시적으로 규정된 경우에만 인정된다.

(3) 기능(절차간소화)

집중효는 ① 절차간소화를 통해 사업자의 부담해소에 기여하고, ② 다수의 인허가부서를 통합하는 효과를 가져오며, ③ 인허가에 필요한 구비서류의 감소효과를 가져온다.

(4) 집중효의 정도

① 관할집중설 : 집중효는 계획을 확정하는 행정청에 의해 대체되는 행정청의 관할만이 병합된다는 견해이다. 즉, 대체행정청의 관할권을 계획확정기관에 이관하는 것을 의미하는 데 그친다고 한다. 따라서 계획확정 행정청은 당해 사업을 규율하는 법규뿐 아니라 대체행정청이 준수해야 하는 절차적·실체적 요건을 모두 준수해야 한다. 그러나 이 견해에 따르면 집중효의 기능은 의미를 상실한다.

② 절차집중설(다수설) : 법적으로 특별히 규정되어 있지 않는 한 대체행정청에 적용되는 부차적

인 절차법은 적용되지 않지만, 계획을 확정하는 행정청도 부차적인 실체법에 대해서는 대체행정청과 같은 정도로 기속된다는 견해이다(강현호, 김재광, 홍정선). 판례도 절차집중설을 취하고 있다.

채광계획인가로 공유수면점용허가가 의제될 경우, 공유수면 점용불허사유로써 채광계획을 인가하지 아니할 수 있다

채광계획인가는 기속재량행위에 속하는 것으로 보아야 할 것이나, 구 광업법 제47조의2 제5호에 의하여 **채광계획인가를 받으면 공유수면점용허가**(특허로서 재량행위)**를 받은 것으로 의제**(집중효)되고, **이 공유수면점용허가는 공유수면 관리청이 공공 위해의 예방 경감과 공공복리의 증진에 기여함에 적당하다고 인정하는 경우에 그 자유재량에 의하여 허가의 여부를 결정**하여야 할 것이므로, **공유수면점용허가를 필요로 하는 채광계획 인가신청에 대하여도, 공유수면 관리청이 재량적 판단에 의하여 공유수면 점용을 허가 여부를 결정할 수 있고, 그 결과 공유수면 점용을 허용하지 않기로 결정하였다면, 채광계획 인가관청은 이를 사유로 하여 채광계획을 인가하지 아니할 수 있는 것이다**(대판 2002.10.11, 2001두151).

③ 제한적 실체집중설 : 집중효는 절차의 집중 및 실체의 집중 모두를 의미하지만, 대체행정청의 실체법적 요건들에 대한 기속은 완화된다는 견해이다. 따라서 계획을 확정하는 행정청은 대체행정청이 적용하는 절차적 요건에 구속되지 않으며, 실체법적 요건에도 엄격하게 기속되지 않는다. 이 견해는 계획을 확정하는 행정청이 실체법적인 요건들에 엄격하게 구속된다면 요건들이 상반되는 이익을 보호하는 경우 계획확정이 어려워진다는 점을 논거로 한다.

(5) 절 차

① 관계기관과의 협의 : 행정계획이 결정되면 다른 인허가 등 행위가 행하여진 것으로 의제되는 경우에 행정계획을 결정하는 행정청은 미리 의제되는 행위의 관계기관과 협의하여야 한다(택지개발촉진법 제11조 제2항). 이는 행정계획을 결정하는 행정청이 의제되는 인허가의 실체적 요건을 심사할 수 있도록 하는 목적을 갖고 있다.

내부협의나 공고가 없었다 하여 사업주체가 도로법상 도로점용허가를 얻은 것으로 간주되는 주택건설촉진법 제33조 제4항의 적용이 배제되지 않는다(대판 2002.2.26, 2000두4323).

② 이해관계 있는 제3자의 절차적 보호 : 의제되는 인허가의 관계 법률이 정하고 있는 이해관계인의 권익보호절차는 존중되어야 한다. 그러나 판례는 의제되는 법률에 규정된 이해관계인의 의

견청취절차를 생략할 수 있다는 입장이다(대판 1992.11.10, 92누1162).

1. 건설부장관이 관계기관의 장과의 협의를 거쳐 주택건설사업계획 승인을 한 경우 별도로 도시계획법 소정의 중앙도시계획위원회의 의결이나 주민의 의견청취 등의 절차를 거칠 필요는 없다(대판 1992.11.10, 92누1162).
2. 주택건설사업계획 승인권자가 도시·군관리계획 결정권자와 협의를 거쳐 주택건설사업계획을 승인함으로써 도시·군관리계획결정이 이루어진 것으로 의제되기 위해서는 협의 절차와 별도로 「국토의 계획 및 이용에 관한 법률」 제28조 등에 따른 주민 의견청취 절차를 거쳐야 하는 것은 아니다(대판 2018.11.29, 2016두38792).

(6) 계획 승인시 부관을 이행하지 않아 의제되는 인허가가 취소된 경우 항고소송의 대상(의제되는 인허가취소처분)

군수(괴산군수)가 甲 주식회사(주식회사 리사이클링테크)에 구 「중소기업창업 지원법」 제35조에 따라 산지전용허가 등이 의제되는 사업계획을 승인하면서 산지전용허가와 관련하여 재해방지 등 명령을 이행하지 아니한 경우 산지전용허가를 취소할 수 있다는 조건을 첨부하였는데, 甲 회사가 재해방지 조치를 이행하지 않았다는 이유로 산지전용허가 취소를 통보하고, 이어 토지의 형질변경 허가 등이 취소되어 공장설립 등이 불가능하게 되었다는 이유로 甲 회사에 사업계획승인을 취소한 사안에서, 의제된 산지전용허가 취소가 항고소송의 대상이 되는 처분에 해당하고, 산지전용허가를 제외한 나머지 인허가 사항만 의제된 사업계획승인 취소와 별도로 산지전용허가 취소를 다툴 필요가 있는데도, 이와 달리 본 원심판단에 법리를 오해한 위법이 있다고 한 사례

산지전용허가 취소는 군수가 의제된 산지전용허가의 효력을 소멸시킴으로써 甲 회사의 구체적인 권리·의무에 직접적인 변동을 초래하는 행위로 보이는 점 등을 종합하면 의제된 산지전용허가 취소가 항고소송의 대상이 되는 처분에 해당하고, 산지전용허가 취소에 따라 사업계획승인은 산지전용허가를 제외한 나머지 인허가 사항만 의제하는 것이 되므로 사업계획승인 취소는 산지전용허가를 제외한 나머지 인허가 사항만 의제된 사업계획승인을 취소하는 것이어서 산지전용허가 취소와 사업계획승인 취소가 대상과 범위를 달리하는 이상, 甲 회사로서는 사업계획승인 취소와 별도로 산지전용허가 취소를 다툴 필요가 있는데도, 이와 달리 본 원심판단에 법리를 오해한 위법이 있다고 한 사례(대판 2018.7.12, 2017두48734).

Ⅵ 행정계획과 권리구제

1. 사후적 권리구제(곤란)

(1) 행정쟁송

① **처분성**: 일부계획만 처분성이 인정된다. 행정계획이 행정활동의 지침으로서만의 성격에 그치거나 행정조직 내부에서의 효력만을 가질 때는 항고소송의 대상으로서의 처분성을 갖지는 않는다.

② **계획재량**: 본안판단에서 계획재량으로 인해 위법성 인정 곤란

③ **기성사실의 문제**: 판결 시에는 행정계획은 그에 입각한 법적·사실적 행위를 통해서 현실화된 뒤이므로 취소쟁송을 제기하는 단계에서는 여러 가지 기성사실이 존재하게 된다. 그리고 행정계획 또는 도시계획은 상호 연관이 있기 때문에 어느 부분만을 취소 또는 변경하기가 어렵다. 따라서 문제된 행정계획의 위법성이 인정된다 하더라도 사정판결·사정재결이 행해질 가능성이 많다.

관련 판례 도시계획시설결정 후 장기간 그 사업이 시행되지 아니하였더라도 일단 그 도시계획사업이 시행되어 토지 수용에까지 나아간 이상 토지에 대한 도시계획결정의 취소를 청구할 법률상 이익이 인정되지 않는다(헌재결 2002.5.30, 2000헌바58·2001헌바3).

(2) 손해전보

① **손해배상**: 행정계획과 관련하여 공무원이 직무상 고의 또는 과실로 법령에 위반하여 타인에게 손해를 가한 경우 당사자는 국가배상청구가 가능하다(국가배상법 제2조). 그러나 행정계획의 위법성이나 과실을 인정하기 곤란한 문제가 있다.

② **손실보상**: 행정계획으로 인해 특별한 희생에 해당하는 재산권의 침해를 받은 자는 법률에 손실보상의 근거규정이 있는 경우 손실의 보상을 청구할 수 있다(헌법 제23조 제3항). 그러나 특별한 재산적 손실에 해당함에도 관계 법령이 손실보상규정을 두고 있지 않은 경우에 그 권리구제를 어떻게 할 것인지가 문제가 된다. 이에 대해서는 ㉠ 위헌무효설, ㉡ 유추적용설, ㉢ 직접효력설이 대립하고 있다. 그러나 대법원이나 헌법재판소는 보상규정이 없으면 보상이 안 된다는 입장이다. 다만, 개발제한구역의 지정으로 인하여 특별한 희생을 받은 개인은 「개발제한구역의 지정 및 관리에 관한 특별조치법」 제17조에 따라 매수청구권을 행사할 수 있고, 도시·군계획시설 부지의 지정으로 인하여 특별한 희생을 받은 경우에는 「국토의 계획 및 이용에 관한 법률」 제47조에 따라 매수청구권을 행사할 수 있다. 행정계획의 확정·변경 또는 실효로 인한 국민의 재산상 손실의 보상에 관해서는 행정절차법이 일반적 규정을 두고 있지 않다.

(3) 헌법소원

1. 비구속적 행정계획안이나 행정지침이라도 국민의 기본권에 직접적으로 영향을 끼치고, 앞으로 법령의 뒷받침에 의하여 그대로 실시될 것이 틀림없을 것으로 예상될 수 있을 때에는 공권력행위로서 예외적으로 헌법소원의 대상이 될 수 있다(헌재결 2000.6.1, 99헌마538).

2. 서울대학교가 「94학년도 대학입학고사 주요요강」을 제정하여 발표한 것에 대하여 제기된 헌법소원심판청구는 적법하다
   국립대학인 서울대학교의 「94학년도 대학입학고사 주요요강」은 사실상의 준비행위 내지 사전안내로서 행정쟁송의 대상이 될 수 있는 행정처분이나 공권력의 행사는 될 수 없지만 **그 내용이 국민의 기본권에 직접 영향을 끼치는 내용이고 앞으로 법령의 뒷받침에 의하여 그대로 실시될 것이 틀림없을 것으로 예상되어 그로 인하여 직접적으로 기본권 침해를 받게 되는 사람에게는 사실상의 규범작용으로 인한 위험성이 이미 현실적으로 발생하였다고 보아야 할 것이므로 이는 헌법소원의 대상이 되는 헌법재판소법 제68조 제1항 소정의 공권력의 행사에 해당**된다고 할 것이며, 이 경우 헌법소원 외에 달리 구제방법이 없다(헌재결 1992.10.1, 92헌마68·76).

2. 사전적 권리구제(계획수립절차)

행정계획에 대한 사후구제가 어렵기 때문에 다른 어떤 행정작용보다 사전적 권리구제절차인 계획수립절차의 중요성이 더욱 크다. 그러나 현행 행정절차법은 1987년 초안이나 독일연방행정절차법과는 달리 계획수립절차에 관한 규정이 없어 문제점으로 지적된다.

Ⅶ 계획재량과 형량명령

1. 계획재량의 의의

계획재량이란 행정주체가 행정계획을 입안·결정 [계획수립·확정(계획집행이 아님)] 함에 있어서 가지는 비교적 광범위한 형성의 자유를 말한다(대판 2000.3.23, 98두2768).

2. 법적 성질(행정재량과의 구별)

(1) 학 설

계획재량과 행정재량과의 관계에 대하여는 질적 차이를 긍정하는 구별긍정설(다수설. 다만 이견 있음)과 양적 차이에 불과하다는 구별부정설이 있다. 그러나 양적 차이에 대해서는 이견이 없다.

질적 차이설(구별긍정설)	양적 차이설(구별부정설)
1. 규범구조적인 측면에서 일반적인 행정법규는 "~인 경우에는, ~하여야 한다."라는 조건명제의 형식(가언적 구조)을 취하고 있으나, 계획법규는 법률요건 또는 법률효과에 아무런 규정을 두고 있지 않고, 계획에 의해 추구해야 할 목적과 수단에 대하여 규정하는 목적·수단명제의 형식을 취한다는 점 2. 계획재량에는 형량명령이라는 특유한 재량하자이론이 존재한다는 점	1. 입법자의 수권목적에 따라 행정기관이 갖는 재량의 범위나 내용은 다를 수 있고 그에 상응하여 규범구조도 다르게 나타나는 것이므로 수권규범구조상의 특색이 중요한 것은 아니다. 2. 계획재량의 하자이론으로 제시되는 형량명령은 비례의 원칙 중 협의의 과잉금지원칙(상당성)의 계획재량에 있어서의 적용이론일 뿐이다.

(2) 판 례

판례는 행정계획결정에 있어 광범위한 형성의 자유(계획재량)를 인정하고, 이에 대한 한계원리로서 형량명령의 법리를 반영하고 '형량하자'라는 용어를 사용하면서도 뒤에서는 '재량권의 일탈·남용'이라고 판시하고 있다. 이에 대해 판례는 부정설을 취하고 있다고 해석하는 견해가 제기된다.

관련 판례

1. 계획재량의 의의

   도시계획법 등 관계 법령에는 추상적인 행정목표와 절차만이 규정되어 있을 뿐 행정계획의 내용에 대하여는 별다른 규정을 두고 있지 아니하므로(목적프로그램) 행정주체는 구체적인 행정계획을 입안·결정함에 있어서 비교적 광범위한 형성의 자유를 가진다(대판 2000.3.23, 98두2768).

2. 계획재량은 불확정적인 개념 사용의 필요성이 행정재량보다 더 크다(헌재결 2007.10.4, 2006헌바91).

3. 용도지역 지정·변경행위의 법적 성질은 행정계획으로서 재량행위이다

   용도지역지정행위나 용도지역변경행위는 전문적·기술적 판단에 기초하여 행하여지는 일종의 행정계획으로서 재량행위이다(대판 2005.3.10, 2002두5474).

4. 도시기반시설인 노외주차장의 설치를 위한 도시·군관리계획 입안·결정에 관하여 행정청이 가지는 재량의 범위

   행정주체가 노외주차장의 필요성과 그 구체적인 내용을 결정하는 것에 관한 형성의 재량은 무제한적인 것이 아니라, 관련되는 제반 공익과 사익을 비교·형량하여 노외주차장을 설치하여 달성하려는 공익이 그로써 제한받는 다른 공익이나 침해받는 사익보다 우월한 경우에 한하여 그 주차장 설치계획이 정당하다고 볼 수 있다. 특히 노후·불량주택 자체를 효율적으로 개량하기 위한 목적이 아닌 공익사업을 시행하는 과정에서 다수의 기존 주택을 철거하여야 하는 경우에는 단순히 재산권 제한에 그치는 것이 아니라 매우 중요한 기본권인 '주거권'이 집단적으로 제한될 수 있으므로, 이를 정당화하려면 그 공익사업에 중대한 공익상 필요가 분명하게 인정되어야 한다. 이러한 중대한 공익상 필요는 신뢰할 수 있는 자료를 기초로 앞서 본 제반 사정을 종합하여 신중하게 판단하여야 한다. 나아가 설치하려는 주차장 자체의 경제성·효율성과 주차장을 설치한 후 운영하는 과정에서 발생하게 될 인근 주민의 불편이나 해당 지역의 교통에 미칠 영향 등을 함께 비교·형량하여야 한다. 행정주체가 주차장 설치계획을 입안·결정할 때 이러한 이익형량을 전혀 하지 아니하거나 이익형량의 고려 대상에 마땅히 포함시켜야 할 사항을 누락한 경우, 또는 이익형량을 하였으나 정당성·객관성이 결여된 경우에는 그 주차장 설치계획 결정은 재량권을 일

탈·남용한 것으로 위법하다고 보아야 한다(대법원 2006. 4. 28. 선고 2003두11056 판결 등 참조)(대판 2018.6.28, 2018두35490, 35506).

(3) 계획재량과 행정재량의 구별

구 분	계획재량	행정재량
규범구조	목적프로그램. 목적수단의 정식 국토교통부장관은 도시의 무질서한 확산을 방지하고 도시주변의 자연환경을 보전하여 도시민의 건전한 생활환경을 확보하기 위하여 도시의 개발을 제한할 필요가 있거나 국방부장관의 요청이 있어 보안상 도시의 개발을 제한할 필요가 있다고 인정되면(목적) 개발제한구역의 지정 또는 변경(수단)을 도시·군관리계획으로 결정할 수 있다(「국토의 계획 및 이용에 관한 법률」 제38조 제1항).	조건프로그램, 조건효과정식, 가언명제(정언명제가 아님)의 정식. 지방경찰청장은 운전면허를 받은 사람이 다음 각 호의 어느 하나에 해당하는 때에는(법률요건=조건) 행정자치부령이 정하는 기준에 의하여 운전면허를 취소하거나 1년 이내의 범위에서 운전면허의 효력을 정지시킬 수 있다(법률효과=재량)(도로교통법 제93조 제1항).
재량의 대상	장래에 이루고자 하는 목적사항, 즉 형성적 사항 ⇨ 형성의 자유	소여의 사실. 현재적·구체적 생활관계 ⇨ 선택의 자유
범 위	판단의 자유의 범위가 상대적으로 넓다.	판단의 자유의 범위가 상대적으로 좁다.
행사절차	형량명령의 준수	포섭(어떤 사실관계가 법률요건을 충족하는 것)의 방법으로 목적달성
통 제	절차적 통제만 의의	실체적 통제, 절차적 통제 모두 의의

3. 계획재량에 대한 사법적 통제

(1) 형량명령

① 의의 : 형량명령이란 행정계획을 수립함에 있어 관련된 모든 이익을 정당하게 형량해야 한다는 원칙으로서 계획재량의 통제와 관련이 깊다. 형량명령의 법리는 학설·판례상 인정되는 것이고, 「국토의 계획 및 이용에 관한 법률」에는 규정이 전혀 없다.

관련판례

1. 행정주체가 가지는 형성의 자유는 무제한적인 것이 아니라 그 행정계획에 관련되는 자들의 이익을 공익과 사익 사이에서는 물론이고 공익 상호 간과 사익 상호 간에도 정당하게 비교교량하여야 한다는 제한이 있는 것이다(대판 2006.4.28, 2003두11056).

2. 행정주체가 기반시설을 조성하기 위하여 도시·군계획시설결정을 하거나 실시계획인가처분을 할 때 행사하는 재량권은 재량통제의 대상이 된다
   행정주체가 기반시설을 조성하기 위하여 도시·군계획시설결정을 하거나 실시계획인가처분을 할 때 행사하는 재량권에는 한계가 있음이 분명하므로, 이는 재량통제의 대상이 된다(대판 2018.7.24, 2016두48416).

② **내용**: 이익을 형량하기 위해서는 계획청은 행정계획과 관련이 있는 이익을 조사해야 한다. 또한 관련된 모든 이익을 이익형량에 포함해야 한다. 법령에 의해 정해진 고려사항을 법정고려사항이라고 하는데, 법령에서 고려하도록 규정된 이익뿐만 아니라 법령에 규정되지 않은 이익도 행정계획과 관련이 있으면 모두 고려해야 한다. 관련된 이익을 제대로 평가해야 하고, 개개의 이익과 객관적 가치에 비례해서 행해져야 한다. 또한 목표를 달성할 수 있는 방안 중에서 공익과 사익에 대한 침해를 최소화할 수 있는 방안을 선택해야 한다.

(2) 형량하자의 의의와 유형

형량명령에 위반한 계획재량의 행사는 위법이 된다. 대법원판례도 형량하자의 법리를 인정하고 있지만, 판례는 결과적으로 재량일탈·남용으로 해결한다는 점에서 비판을 받고 있다. 다만, 형량하자를 인정한 예외판례도 있다.

구 분	내 용
형량의 탈락·해태·조사결함	이익형량을 전혀 행하지 아니한 경우
형량의 흠결·부전(不全)	이익형량의 고려대상에 마땅히 포함시켜야 할 사항을 누락한 경우
오형량(형량과오, 형량불비례)	이익형량을 하였으나 정당성·객관성이 결여된 경우

판례는 형량하자의 법리를 행정계획을 입안·결정할 때만이 아니라 행정행위(대판 2005.9.15, 2005두3257), 도시계획시설의 변경신청에 관한 결정(대판 2012.1.12, 2010두5806)을 함에 있어서도 적용하고 있다.

관련판례

1. 형량하자의 유형

   행정주체가 행정계획을 입안·결정함에 있어서 이익형량을 전혀 행하지 아니하거나 이익형량의 고려 대상에 마땅히 포함시켜야 할 사항을 누락한 경우 또는 이익형량을 하였으나 정당성·객관성이 결여된 경우에는 그 행정계획결정은 재량권을 일탈·남용한 것으로서 위법하다(대판 2006.4.28, 2003두11056).

2. 대학시설을 유치하기 위한 울산광역시의 도시계획시설결정이 공익과 사익의 이익형량에 정당성과 객관성을 결여한 하자가 있어 위법하다고 한 사례

   울산지역의 인구 증가에 따른 대학교육 수요를 충족시키기 위하여 대학시설을 유치함으로써 부족한 기존의 대학시설(종합대학교 1개교, 전문대 1개교)을 확충하는 등 교육여건을 개선하고 지역을 발전시킬 필요성이 있는 점 등 피고가 주장하는 그 판시와 같은 사정들을 감안하더라도, **춘해대학의 구체적이고 타당성 있는 교육수요와 현실적인 재원확보정도를 고려한 현실성 있는 장기발전계획을 고려한다면 이 사건 공공시설입지승인만으로도 그와 같은 목적을 달성할 수 있을 것으로 보이고**, 위와 같은 사정에다가 위 3.항에서 본 바와 같이 원고(선정당사자) 등을 비롯하여 이 사건 공공시설입지승인 지역 내의 **토지나 건물소유자들이 이 사건 공공시설입지승인에 추가하여 이 사건 처분이 이루어짐에 따라 입게 되는 권리행사의 제한과 수용 또는 사용의 가능성으로 인하여 현저한 불이익을 입을 것으로 예상되는 점**, 이

사건의 경우 실제로 사업을 시행하는 과정에서 토지소유자들과 적정한 가격에 협의되지 않는다거나 재원확보가 이루어지고 사업시행에 적절한 규모로 토지를 추가확보할 필요성이 있을 경우 춘해학원이 다시 도시계획시설결정을 받을 수도 있을 것이라는 점 등을 아울러 고려하여 보면, **이 사건 처분은 공익과 사익의 이익형량이 정당성과 객관성을 결여함으로써 형량에 하자(오형량·형량과오·형량불비례)가 있어 위법하다**(대판 2006.9.8, 2003두5426).

3. 청계산 도시자연공원 인근에 휴게광장을 조성하기 위한 구청장의 도시계획결정이 공익과 사익에 관한 이익형량을 그르쳐 위법하다고 한 사례

도시계획을 입안함에 있어서는 미리 인구·교통·환경·토지이용 등에 대한 기초조사를 거쳐 추가적인 도시계획시설의 필요성 및 수요를 파악하여 시설의 규모와 편입대상토지의 범위 등에 대한 검토가 이루어져야 함에도, 피고는 이러한 **기초조사도 하지 않은 상태에서 도시계획결정을 입안**하여 도시계획위원회의 심의까지 마친 점, 그 후 보완한 기초조사의 결과에 의하더라도 구체적인 조사자료나 근거 없이 주말 등에 원터골을 통하여 청계산 도시자연공원을 찾는 등산객의 수를 2~3만 명으로 추산하고 있을 뿐, 이 사건 토지 부근의 **청계산 원터골에 등산객 등을 위한 어떠한 도시계획시설이 있는지에 대한 조사나 추가적인 만남의 장소 또는 휴게장소의 필요성과 그 수요에 대한 조사 등도 없었던 것으로 보이는 점**, 이 사건 도시계획사업의 공람공고와 관련하여 서울특별시 도시계획상임기획단은 이 사건 토지와 그 주변의 산림이 양호하고 지반이 낮은 골짜기 형태의 급경사지와 개울을 이루고 있어서 광장 조성 시에 대량의 성토 및 절토가 예상되므로 이를 최소화 할 수 있도록 도로변을 중심으로 축소·조정하는 것이 바람직하다는 의견을 제출하였고, 피고가 미리 작성한 이 사건 도시계획사업의 설계도면에 의하더라도 이 사건 토지 전부를 광장으로 조성하지 아니함에도, 피고는 합리적인 근거 없이 위와 같은 의견을 반영하지 아니한 채 이 사건 토지 전부를 위 도시계획사업의 편입대상으로 결정한 점 등을 종합하여 보면, 피고가 이 사건 도시계획사업에 관한 행정계획을 입안·결정함에 있어서 이 사건 토지 전부를 사업부지로 편입한 것은 **공익과 사익에 관한 이익형량의 고려 대상에 마땅히 포함시켜야 할 사항을 누락하였거나(형량의 흠결·부전) 정당성 내지 객관성이 결여된 상태에서 이익형량을 하였다(오형량)**고 할 것이므로 이 사건 도시계획결정은 형량에 하자가 있어 위법하다(대판 2007.1.25, 2004두12063).

4. 행정주체가 구체적인 행정계획을 입안·결정할 때 가지는 형성의 자유의 한계에 관한 법리는 장기간 미집행 도시계획시설의 변경신청에 관한 결정을 함에 있어서도 적용된다

위와 같은 법리(계획재량, 형량명령, 형량하자)는 행정주체가 구 「국토의 계획 및 이용에 관한 법률」 제26조에 의한 주민의 도시관리계획 입안 제안에 대하여 이를 받아들여 도시관리계획결정을 할 것인지 여부를 결정함에 있어서도 마찬가지이고, 나아가 도시계획시설구역 내 토지 등을 소유하고 있는 주민이 장기간 집행되지 아니한 도시계획시설의 결정권자에 대하여 도시계획시설의 변경을 신청하고, 그 결정권자가 이러한 신청을 받아들여 도시계획시설을 변경할 것인지 여부를 결정함에 있어서도 동일하게 적용된다고 보아야 한다(대판 2012.1.12, 2010두5806).

이러한 법리는 행정청이 「국토의 계획 및 이용에 관한 법률」(국토계획법)에 따라 주민 등의 도시관리계획 입안 제안을 받아들여 도시관리계획결정을 할 것인지를 결정하는 경우에도 마찬가지로 적용된다(대판 2020.6.25, 2019두56135).

계획보장청구권(행정계획과 신뢰보호)

1. 문제의 소재

계획의 양면성(계획의 신축성 확보 및 계획변경의 필요성이라는 공익과 계획의 존속에 대한 국민의 신뢰보호의 필요성이라는 사익)으로 인해 국민은 어느 범위에서 계획보장을 청구할 수 있는지가 문제된다.

계획보장청구권이란 행정청의 행정계획 폐지·변경에 대해 당사자가 그 ① 계획의 존속, ② 계획의 이행(준수 + 집행), ③ 경과조치 및 ④ 손실보상 등을 요구할 수 있는 청구권을 의미한다. 행정계획은 종합성을 특징으로 하기 때문에 이익형량의 결과는 통상 공익이 크게 마련이므로 일반적으로 인정되지 않는다.

2. 계획존속청구권

(1) 내 용

계획의 변경 또는 폐지에 대항하여 계획의 존속을 주장하는 권리이다. 일반적인 계획존속청구권은 개인의 신뢰보호가 공익에 대하여 일방적인 우선권을 가지는 경우를 전제로 하기 때문에 원칙적으로 인정되지 않는다는 것이 일반적인 견해이다.

(2) 예 외

다만 예외적으로 ① 법률의 형식에 의한 행정계획은 부진정소급효(진정소급효가 아님)의 경우 경과규정이나 적응조치를 통해, ② 행정행위의 형식에 의한 행정계획의 경우에는 수익적 행정행위의 취소와 철회의 제한의 원칙에 의해 잠정적인 계획존속청구권이 고려될 수 있다.

3. 계획이행청구권(계획준수 + 계획집행청구권)

(1) 내 용

기존 행정계획과 다르게 계획이 집행되는 경우에 기존의 계획에 따라 집행해 줄 것을 요구하는 권리를 계획준수청구권, 수립된 계획이 집행되지 않을 때 집행을 요구하는 권리를 계획집행청구권, 양자를 합하여 계획이행청구권이라고 한다. 일반적 계획이행청구권은 부인하는 것이 다수설이다.

(2) 예 외

다만, 「국토의 계획 및 이용에 관한 법률」 제47조는 도시·군계획시설부지로 지정한 후 10년 이내에 도시·군계획시설사업을 시행하지 않는 경우에 해당 토지소유자는 관련 지방자치단체장에 대하여 토지매수청구권을 행사할 수 있도록 하고 있는바, 이는 계획이행청구권을 갈음하는 청구권이라고 할 수 있다.

1. 도시계획시설부지로 지정하고 장기간 도시계획사업을 시행하지 않은 경우 구제조치 필요

   입법자는 토지재산권의 제한에 관한 전반적인 법체계, 외국의 입법례 등과 기타 현실적인 요소들을 종합적으로 참작하여 국민의 재산권과 도시계획사업을 통하여 달성하려는 공익 모두를 실현하기에 적정하다고 판단되는 기간을 정해야 한다. 그러나 **어떠한 경우라도 토지의 사적 이용권이 배제된 상태에서 토지소유자로 하여금 10년 이상을 아무런 보상 없이 수인하도록 하는 것은 공익실현의 관점에서도 정당화될 수 없는 과도한 제한으로서 헌법상의 재산권보장에 위배된다**고 보아야 한다. 도시계획시설로 지정된 토지가 나대지인 경우, 토지소유자는 더 이상 그 토지를 종래 허용된 용도(건축)대로 사용할 수 없게 됨으로써 토지의 매도가 사실상 거의 불가능하고 경제적으로 의미 있는 이용가능성이 배제된다. 이러한 경우, 사업시행자에 의한 토지매수가 장기간 지체되어 토지소유자에게 토지를 계속 보유하도록 하는 것이 경제적인 관점에서 보아 더 이상 요구될 수 없다면, **입법자는 매수청구권이나 수용신청권의 부여, 지정의 해제, 금전적 보상 등 다양한 보상가능성을 통하여 재산권에 대한 가혹한 침해를 적절하게 보상**하여야 한다(헌재결 1999.10.21, 97헌바26).

2. 장기미집행 도시계획시설결정의 실효제도는 법률상 권리일 뿐 헌법상 재산권으로부터 도출되는 권리는 아니다(헌재결 2005.9.29, 2002헌바84·89, 2003헌마678·943).

3. 도시계획시설부지가 나대지인 경우와 달리 지목이 대 이외인 토지인 경우는 매수청구권을 인정하지 않더라도 평등원칙위반이 아니다(헌재결 2005.9.29, 2002헌바84·89, 2003헌마678·943).

4. 경과조치청구권(적합원조청구권)

경과조치청구권이란 계획의 존속을 신뢰하여 조치를 취한 자가 행정계획의 변경 또는 폐지로 인해 받게 될 불이익을 방지하기 위해 행정청에 대해 경과조치 또는 적응조치(적합원조청구권)를 청구할 수 있는 권리로서 일반적 경과조치청구권은 부인된다. 현행 행정절차법에는 이에 관한 규정이 없다.

5. 손해전보청구권

행정상 손해배상이나 손실보상에 관한 일반원리에 따라(계획에 특유한 손해전보는 인정되지 않음) 손해전보를 청구하는 권리로서, 협의의 계획보장청구권이라고도 한다. 현행 행정절차법에는 이에 관한 규정이 없다.

IX 계획변경청구권

계획의 변경은 권한 있는 기관에 의해 행해져야 적법하게 변경된다.

관련 판례

1. 후행 도시계획에 선행 도시계획과 서로 양립할 수 없는 내용이 포함되어 있다면 특별한 사정이 없는 한 선행 도시계획은 후행 도시계획과 같은 내용으로 변경되는 것이나, 후행 도시계획의 결정을 하는 행정청이 선행 도시계획의 결정·변경 등에 관한 권한을 가지고 있지 아니한 경우에는 선행 도시계획과 양립할 수 없는 내용이 포함된 후행 도시계획결정의 효력은 무효이다(대판 2000.9.8, 99두11257).
2. 당초 관리처분계획의 주요 부분을 실질적으로 변경하는 내용으로 새로운 관리처분계획을 수립하여 시장·군수의 인가를 받은 경우, 당초 관리처분계획은 원칙적으로 효력을 상실한다(대판 2016.6.23, 2014다16500).
3. 효력을 상실한다는 것의 의미는 변경 시점을 기준으로 장래를 향하여 실효된다는 의미이다(대판 2016.6.23, 2014다16500).
4. 변경된 관리처분계획이 당초 관리처분계획의 주요 부분을 실질적으로 변경하는 정도에 이르지 않는 경우, 당초 관리처분계획 중 변경되는 부분은 장래를 향하여 실효된다(대판 2016.6.23, 2014다16500).

한편, 계획변경청구권은 기존 계획의 변경을 청구하는 권리로서 일반적 계획변경청구권은 부인된다는 것이 다수설이다. 판례는 행정계획을 변경해 달라는 국민의 신청에 대해 종래 법규상 신청권뿐만 아니라 조리상 신청권(계획변경청구권)도 부정함으로써 처분성을 부정하는 입장이 주류적이고, 최근에 예외적으로 긍정설(대판 2003.9.23, 2001두10936)을 취한 바 있다.

신청권 인정사례(예외)[10 국가7급]	신청권 부정사례(원칙)
1. 구 국토이용관리법상의 국토이용계획변경신청에 대한 거부(대판 2003.9.23, 2001두10936)：장래 일정한 기간 내에 관계 법령이 규정하는 시설 등을 갖추어 일정한 행정처분을 구하는 신청을 할 수 있는 법률상 지위에 있는 자의 국토이용계획변경신청을 거부하는 것이 실질적으로 당해 행정처분 자체를 거부하는 결과가 되는 경우 예외적으로 신청권 인정	1. 도시계획시설인 시장 및 아파트지구결정 변경신청거부(대판 1984.10.23, 84누227)
2. 문화재청장이 국가지정문화재의 보호구역에 인접한 나대지에 건물을 신축하기 위한 국가지정문화재 현상변경신청을 허가하지 않은 경우(대판 2006.5.12, 2004두9920)	2. 도시계획시설인 부산시 남구 수영공원조성계획 취소신청거부(대판 1989.10.24, 89누725)
3. 「산림법 시행규칙」 제44조 제1항 제4호 (가)목의 '제1종 수원함양보안림'으로 지정된 토지의 보안림 해제신청에 대한 행정청의 반려처분(대판 2006. 6.2, 2006두2046)	3. 경산시 백천동 도시계획도로 폐지 또는 변경신청 거부(대판 1994.1.28, 93누22029)
4. 산업단지개발계획상 산업단지 안의 토지 소유자로서 산업단지개발계획에 적합한 시설을 설치하여 입주하려는 자의 산업단지개발계획의 변경거부행위(대판 2017.8.29, 2016두44186)	4. 종로구의 노외주차장시설부지를 여객자동차정류장으로 변경한 도시계획시설 변경·폐지신청거부(대판 1994.12.9, 94누8433)
	5. 임야의 국토이용계획상 용도지역을 사설묘지를 설치할 수 있는 용도지역으로 변경해 달라는 신청의 거부(대판 1995.4.28, 95누627)
	6. 재개발사업지구 내 토지 등의 소유자의 재개발사업계획 변경신청에 대한 불허통지(대판 1999. 8.24, 97누7004)
	7. 도시계획폐지신청 내지 도시계획결정으로 인한 보상청구에 대한 행정청의 거부(헌재결 1999.10.21, 98헌마407)

관련 판례

1. 처분성 부정(주류적 판례)

국민의 신청에 대한 행정청의 거부처분이 항고소송의 대상이 되는 행정처분이 되기 위하여는, 국민이 행정청에 대하여 그 신청에 따른 행정행위를 해 줄 것을 요구할 수 있는 **법규상 또는 조리상의 권리가 있어야** 하는바, 도시계획법상 주민이 도시계획 및 그 변경에 대하여 어떤 신청을 할 수 있음에 관한 규정이 없을 뿐만 아니라(이는 법규상의 신청권이 없다는 내용의 판시임), **도시계획과 같이 장기성·종합성이 요구되는 행정계획에 있어서는 그 계획이 일단 확정된 후에 어떤 사정의 변동이 있다고 하여 지역주민에게 일일이 그 계획의 변경을 청구할 권리를 인정해 줄 수도 없는 이치**(이는 조리상의 신청권조차 없다는 내용의 판시임. 이처럼 판례는 일관되게 거부행위의 처분성과 관련하여 일반의 작위와는 달리 법규상 또는 조리상의 신청권을 추가적으로 요구하고 있다는 점에 유의할 것)이므로 **도시계획시설변경신청을 불허한 행위는 항고소송의 대상이 되는 행정처분이라고 볼 수 없다**(대판 1994.1.28, 93누22029).

2. 임야의 국토이용계획상의 용도지역변경허가신청을 거부·반려한 행위는 행정처분이 아니다

국토이용계획의 결정과 그 변경은 건설부장관이 관계행정기관의 장으로부터 그 의견을 듣거나 그 지정 또는 변경요청을 받아 이를 입안 또는 변경하여 국토이용계획심의회의 심의를 거쳐 고시하도록 규정되어 있을 뿐, 국토이용관리법상 주민이 국토이용계획의 변경에 대하여 신청을 할 수 있다는 규정이 없을 뿐만 아니라, 국토건설종합계획의 효율적인 추진과 국토이용질서를 확립하기 위한 **국토이용계획은 장기성, 종합성이 요구되는 행정계획에 있어서는 그 계획이 일단 확정된 후에 어떤 사정의 변동이 있다고 하여 지역주민이나 일반 이해관계인에게 일일이 그 계획의 변경을 청구할 권리를 인정하여 줄 수도 없는 것**이라고 할 것이므로, 이 사건 임야의 국토이용계획상의 용도지역을 사설묘지를 설치할 수 있는 용도지역으로 변경하는 것을 허가하여 달라는 원고의 이 사건 신청을 피고가 거부 내지 반려하였다고 하여 그 거부 내지 반려한 행위를 가지고 항고소송의 대상이 되는 행정처분이라고 볼 수는 없다고 할 것이다(대판 1995.4.28, 95누627).

3. 국토이용계획변경신청을 거부하는 것이 실질적으로 당해 행정처분 자체를 거부하는 결과가 되는 경우 예외적으로 처분성을 인정한 사례(국토이용계획변경신청에 대한 거부행위)

장래 일정한 기간 내에 관계 법령이 규정하는 시설 등을 갖추어 **일정한 행정처분을 구하는 신청을 할 수 있는 법률상 지위에 있는 자의 국토이용계획변경신청을 거부하는 것이 실질적으로 당해 행정처분 자체를 거부하는 결과가 되는 경우**(국토이용계획변경신청에 대한 거부행위가 폐기물처리업허가 자체를 거부하는 결과가 되는 경우)에는 예외적으로 그 신청인에게 국토이용계획변경을 신청할 권리가 인정된다고 봄이 상당하므로, 이러한 신청에 대한 거부행위는 항고소송의 대상이 되는 행정처분에 해당한다(대판 2003.9.23, 2001두10936).

4. 도시계획폐지신청 내지 도시계획결정으로 인한 보상청구에 대한 행정청의 거부행위는 헌법소원심판의 대상이 아니다(헌재결 1999.10.21, 98헌마407).

5. 산업단지개발계획상 산업단지 안의 토지 소유자로서 산업단지개발계획에 적합한 시설을 설치하여 입주하려는 자에게 산업단지지정권자 또는 그로부터 권한을 위임받은 기관에 대하여 산업단지개발계획의 변경을 요청할 수 있는 법규상 또는 조리상 신청권이 있고, 이러한 신청에 대한 거부행위는 항고소송의 대상이 되는 행정처분에 해당한다(대판 2017.8.29, 2016두44186).

X 도시·군관리계획입안요구권

1. **도시계획구역 내 토지소유자의 도시계획입안 신청에 대한 도시계획 입안권자의 거부행위는 항고소송의 대상이 되는 행정처분에 해당한다**

   구 도시계획법은 도시계획의 수립 및 집행에 관하여 필요한 사항을 규정함으로써 공공의 안녕질서를 보장하고 공공복리를 증진하며 주민의 삶의 질을 향상하게 함을 목적으로 하면서도 도시계획시설결정으로 인한 개인의 재산권행사의 제한을 줄이기 위하여, 도시계획시설부지의 매수청구권, 도시계획시설결정의 실효에 관한 규정과 아울러 도시계획 입안권자인 특별시장·광역시장·시장 또는 군수로 하여금 5년마다 관할 도시계획구역 안의 도시계획에 대하여 그 타당성 여부를 전반적으로 재검토하여 정비하여야 할 의무를 지우고, **도시계획입안제안과 관련하여서는 주민이 입안권자에게 '1. 도시계획시설의 설치·정비 또는 개량에 관한 사항 2. 지구단위계획구역의 지정 및 변경과 지구단위계획의 수립 및 변경에 관한 사항'에 관하여 '도시계획도서와 계획설명서를 첨부'하여 도시계획의 입안을 제안할 수 있고, 위 입안제안을 받은 입안권자는 그 처리결과를 제안자에게 통보하도록 규정**하고 있는 점 등과 헌법상 개인의 재산권 보장의 취지에 비추어 보면, 도시계획구역 내 토지 등을 소유하고 있는 주민으로서는 입안권자에게 도시계획입안을 요구할 수 있는 법규상 또는 조리상의 신청권이 있다고 할 것이고, 이러한 신청에 대한 거부행위는 항고소송의 대상이 되는 행정처분에 해당한다(대판 2004.4.28, 2003두1806).

2. 군수가 도시관리계획 구역 내 토지 등을 소유하고 있는 주민의 납골시설에 관한 도시관리계획의 입안제안을 반려한 처분은 항고소송의 대상이 되는 행정처분에 해당한다(대판 2010.7.22, 2010두5745).

제3절 공법상의 계약

I 개 설

1. 의의 및 성질

공법상 계약이란 행정주체 상호 간 또는 행정주체와 국민 간에 공법상의 효과발생을 목적으로 복수의 대등한 당사자 간에 반대방향의 의사의 합치에 의해 성립되는 비권력적·쌍방적 공법행위를 말한다. 다수설에 의하면 계약의 일방당사자가 비록 행정주체일지라도 행정주체의 우월성보다는 양 당사자 간의 대등성을 전제로 한다. 이 관념은 원래 대륙법계 국가 특히 프랑스에서 형성되었다. 또한 공법상 계약은 비권력적 공법행위이기 때문에 공정력, 자력집행력이 인정되지 않는다.

관련판례 '공법상 계약'의 의미
공법상 계약이란 공법적 효과의 발생을 목적으로 하여 대등한 당사자 사이의 의사표시의 합치로 성립하는 공법행위를 말한다(대판 2021.2.4, 2019다277133).

한편, 공법상 계약은 학문상 확립된 개념이며, 실정법상의 개념이 아니다(행정절차법에 규정 없음).

2. 유사개념과의 구별

(1) 행정계약과의 관계

행정계약은 사법상 계약과 공법상 계약을 포괄하는 개념(프랑스)인데, 공법과 사법의 이원적 법체계를 채택하고 있는 우리나라의 실정법제도상 양자는 구별되어야 하고, 따라서 행정계약이라는 용어를 부정하는 것이 다수설이다. 프랑스에서 행정계약으로 보는 행정작용 중 우리나라나 독일에서는 ① 행정행위(**예** 공기업특허, 공물사용특허), ② 사법계약(**예** 공공토목공사도급계약, 물품납부계약, 운송계약, 공금차입계약), ③ 공법상 계약(보상계약)으로 본다.

(2) 사법상 계약과의 구별

공법상 계약은 ① 주체의 면에서 일방당사자가 행정주체라는 점, ② 공익을 목적으로 한다는 점, ③ 공법상의 효과발생을 목적으로 한다는 점에서 사법상 계약과 구분된다.
국가와 사인간의 사법상 계약은 「국가를 당사자로 하는 계약에 관한 법률」에 의해 규율된다. 위 법률에 규정이 없는 경우 사법상 계약에 관한 법령이 적용된다.

관련판례 구 「국가를 당사자로 하는 계약」에 관한 법률상의 요건과 절차를 거치지 않고 체결한 국가와 사인 간의 사법상 계약의 효력은 무효이다(대판 2015.1.15, 2013다215133).

다만, 공공계약의 공공성과 공정성을 보장하기 위해 비례원칙, 평등원칙 등 공법적 규율이 필요하다.

(3) 행정행위와의 구별

양자 모두 공법적 효과를 발생하고, 개별적·구체적 사안에 대한 규율이라는 점은 같다. 그러나 공법상 계약은 비권력적·쌍방적 공법행위인데, 행정행위는 권력적·단독적 공법행위라는 점에서 다르다.

(4) 공법상 합동행위와의 구별

① 의의 : 공법상의 합동행위는 공법적 효과의 발생을 목적으로 하는 복수당사자의 같은 방향의 의사의 합치에 의해 성립되는 비권력적·쌍방적 공법행위를 말한다.

② 공법상 계약과의 차이 : 합동행위는 당사자가 대등한 지위에서 행하는 비권력적·쌍방적 공법행위라는 점에서는 공법상 계약과 같지만, 같은 방향의 의사의 합치(예 같이 재개발조합을 만들자는 의사의 합치)에 의해 성립하는 점에서 반대방향의 의사의 합치(예 매매계약의 경우 매도인의 판매의사와 매수인의 구매의사라는 반대방향의 의사의 합치)에 의한 공법상 계약과 구별된다.

③ 종류 : 공법상 합동행위로는 ㉠ 공공조합(예 도시개발조합, 정비사업조합, 시·군조합, 산림조합 등) 및 공공조합연합회 설립행위, ㉡ 지방자치단체조합의 설립행위 등이 있다.

④ 특수성 : 공법상 합동행위는 ㉠ 당사자 간의 동일한 방향의 의사의 합치이고, ㉡ 당사자에게 동일한 법적 효과를 발생하며, ㉢ 당사자뿐만 아니라 나중에 참가한 자도 구속하고, ㉣ 일단 성립한 후에는 개개 당사자의 의사의 흠결을 이유로 효력을 다툴 수 없다는 등의 특수성이 있다.

Ⅱ 장단점과 법적 근거(성립가능성과 자유성)

1. 장단점

(1) 장점(유용성)

① 개별·구체적 사정에 즉응한 탄력적 행정목적 달성가능(비권력적 공법행위이므로 법적 근거를 요하지 않기 때문)

② 법적 근거가 없이도 당사자의 협의에 의해 체결할 수 있기 때문에 법의 흠결 보완 및 사실관

계나 법률관계가 불명확할 때 문제해결이 용이(상대방과의 협상과정을 통해)

③ 법률지식이 없는 자에 대해서도 교섭이나 협상을 통하여 문제를 이해시킴.

④ 합의에 의한 행정으로 마찰회피

(2) 단 점

① 행정주체를 영업단체로 전락시켜 행정을 상업화할 우려가 있다는 점, ② 법치행정을 회피하려는 행정의 내재적 속성은 계약이라는 당사자의 자유가 보장되는 경우 극대화될 수 있다는 점 등이 지적되고 있다.

2. 가능성

(1) O. Mayer는 국가는 국민에 대해 본질적으로 우월한 지위를 가지므로 당사자의 대등성을 전제로 하는 공법상 계약의 주체가 될 수 없다고 주장한 바 있다. 그러나 오늘날 국가의 본질적 우월성은 부정되고 따라서 공법상 계약의 가능성을 부인하는 견해는 없다.

(2) 기속행위의 경우에도 법적 제한이 없는 한 공법상 계약의 성립이 가능하다는 것이 일반적 견해이다. 다만, 계약의 내용은 법률에서 예정되고 있는 것에 한정된다.

3. 자유성(법적 근거)

비권력행정 영역의 경우 법령이 특히 허용하는 경우에 한한다는 견해(계약부자유설)도 있으나, 통설은 법률의 근거가 없는 경우에도 체결할 수 있다는 입장이다(계약자유설). 그러나 실무적으로는 대부분의 공법상 계약이 실정법상의 근거(예 「국가를 당사자로 하는 계약에 관한 법률」, 「지방자치단체를 당사자로 하는 계약에 관한 법률」, 전기통신사업법 등)를 가지므로 논의의 실익은 없다.

한편, 법률우위원칙은 공법상 계약에도 적용된다.

Ⅲ 종 류

공법상 계약의 종류에는 ① 행정주체 상호 간의 공법상 계약, ② 행정주체와 사인 간의 공법상 계약, ③ 사인 상호 간의 공법상 계약이 있다. 따라서 사인도 당사자가 될 수 있다.

1. 행정주체 상호 간의 공법상 계약

(1) 공공단체 상호 간의 사무위탁
① 지방자치단체 간의 교육사무위탁(「지방교육자치에 관한 법률」 제26조)
② 농지개량조합의 시·군·구에 대한 공공조합비의 징수위탁

(2) 지방자치단체 간에 행해지는 도로·하천 등 공물의 관리 및 경비분담에 관한 협의·지방자치단체 간의 도로관리에 관한 협의·지방자치단체 상호 간의 하천의 경비부담에 관한 협의

(3) 동일한 과세물건에 대한 과세협정

2. 행정주체와 사인 간의 공법상 계약

(1) 준비행정에서의 계약
① 임의적 공용부담계약 : 개인이 사유지를 도로나 공원의 부지·학교용 대지 등으로 제공하는 계약 등 사소유권에 대해 공물의 목적상 가하여지는 공법상의 제한을 받는 계약, 공원용지의 지방자치단체에 대한 기증
② 청원경찰에 관한 비용부담
③ 사인에 대한 행정사무의 위임·위탁 : 신청에 의한 별정우체국장의 지정
④ 사회간접자본시설의 건설과 운영을 대상으로 하는 협의
⑤ 교육행정사무위임을 위한 협의
⑥ 협의취득 : 다수설은 공법상 계약설인데, 판례는 사법상 계약설이다.

관련 판례

1. 협의취득은 사법상의 법률행위이므로 행정처분이 아니다
도시계획사업의 시행자가 그 사업에 필요한 토지를 협의취득하는 행위는 사경제주체로서 행하는 사법상의 법률행위에 지나지 않으며 공권력의 주체로서 우월한 지위에서 행하는 공법상의 행정처분이 아니므로 행정소송의 대상이 되지 않는다(대판 1992.10.27, 91누3871).

2. 공공용지의취득및손실보상에관한특례법에 의한 협의취득의 법적 성질은 사법상 매매이다
공공용지의취득및손실보상에관한특례법에 의하여 공공용지를 협의취득한 사업시행자가 그 양도인과 사이에 체결한 매매계약은 공공기관이 사경제주체로서 행한 사법상 매매이다(대판 1999.11.26, 98다47245).

2. 토지 등의 협의취득에 기한 손실보상금의 환수통보는 행정처분에 해당하지 않는다
구 「공공용지의 취득 및 손실보상에 관한 특례법」(2002. 2. 4. 법률 제6656호 공익사업을 위한 토지 등

의 취득 및 보상에 관한 법률 부칙 제2조로 폐지됨)에 따른 토지 등의 **협의취득은 공공사업에 필요한 토지 등을 그 소유자와의 협의에 의하여 취득하는 것으로서 공공기관이 사경제주체로서 행하는 사법상 매매 내지 사법상 계약의 실질을 가지는 것이지 행정청이 공권력의 주체로서 상대방의 의사 여하에 불구하고 일방적으로 행하는 행정처분이라 볼 수 없는 것이고, 위 협의취득에 기한 손실보상금의 환수통보 역시 사법상의 이행청구에 해당하는 것으로서 이를 항고소송의 대상이 되는 행정처분이라고 할 수 없다**(대판 2010.11.11, 2010두14367).

(2) 급부행정에서의 계약

① 국공영의 전기·가스공급계약 : 주로 사법상 계약

② 보조금지원·교부계약(실정법상 행정행위로 구성하는 경우가 있다. 「보조금의 예산 및 관리에 관한 법률」에 의한 보조금의 교부결정 등)·수출보조금 교부계약

③ 보상계약(예 지방자치단체와 운송업자 등 특허기업자 간의 계약)

④ 원자력손해배상계약

(3) 규제행정(권력행정분야)에서의 계약

당사자 간의 합의에 의한 방식은 원칙적으로 활용되지 않는다. 따라서 과세권자와 납세의무자 간의 공법상 계약은 원칙적으로 부인된다.

① 지방자치단체와 사기업 사이의 환경보전·관리협정

② 공해방지협정

③ 독일의 교환계약(예 행정 측에서 사인에게 허가 등 수익적 행정행위를 행할 것을 약속하고, 사인 측에서 행정주체에게 개발협력금의 납부의무를 부담하는 것)

④ 지역개발협정

⑤ 국세기본법 제2조 제12호에 의한 납세보증계약

(4) 특별행정법관계 설정합의

① 계약직공무원 임용·계약직공무원의 채용계약

ㄱ 학술 : 지방전문직공무원인 서울특별시의 경찰국 산하 서울대공전술연구소 소장 채용계약 (대판 1993.9.14, 92누4611)

ㄴ 예술단원

ⓐ 서울시립무용단원의 위촉(대판 1995.12.22, 95누4636)

 서울특별시립무용단 단원의 위촉은 **공법상의 계약**이라고 할 것이고, 따라서 그 단원의 해촉에 대하여는 **공**

법상의 당사자소송으로 그 무효확인을 청구할 수 있다(대판 1995.12.22, 95누4636).

ⓑ 국립중앙극장 전속합창단원의 채용(대판 1996.8.27, 95나35953)
ⓒ 광주시립합창단원에 대한 재위촉(대판 2001.12.11, 2001두7794)

시립합창단원에 대한 재위촉 거부는 항고소송의 대상인 처분에 해당하지 않는다
광주광역시문화예술회관장의 단원 위촉은 광주광역시문화예술회관장이 행정청으로서 공권력을 행사하여
행하는 행정처분이 아니라 공법상의 근무관계의 설정을 목적으로 하여 광주광역시와 단원이 되고자 하는
자 사이에 대등한 지위에서 의사가 합치되어 성립하는 공법상 근로계약에 해당한다고 보아야 할 것이므로,
광주광역시립합창단원으로서 위촉기간이 만료되는 자들의 재위촉 신청에 대하여 광주광역시문화예술회
관장이 실기와 근무성적에 대한 평정을 실시하여 재위촉을 하지 아니한 것을 항고소송의 대상이 되는 불합
격처분이라고 할 수는 없다(대판 2001.12.11, 2001두7794).

ⓓ 언론 : 국방일보의 발행책임자인 국방홍보원장으로 채용된 계약직공무원에 대한 채용계약
(대판 2002.11.26, 2002두5948)
ⓔ 의사 : 전문직공무원인 공중보건의사 채용계약(대판 1996.5.31, 95누10617)·공중보건의 계약
해지

공중보건의사 채용계약의 법적 성질은 공법상 계약이므로 채용계약 해지에 관한 쟁송방법은 당사자소송이다
현행 실정법이 **전문직공무원인 공중보건의사의 채용계약 해지의 의사표시는 일반공무원에 대한 징계처분과
는 달라서 항고소송의 대상이 되는 처분등의 성격을 가진 것으로 인정되지 아니하고**, 일정한 사유가 있을 때
에 관할 도지사가 채용계약관계의 한쪽 당사자로서 대등한 지위에서 행하는 의사표시로 취급하고 있는 것으
로 이해되므로, 공중보건의사 채용계약 해지의 의사표시에 대하여는 대등한 당사자 간의 소송형식인 **공법상
의 당사자소송**으로 그 의사표시의 무효확인을 청구할 수 있는 것이지, 이를 항고소송의 대상이 되는 행정처분
이라는 전제하에서 그 취소를 구하는 항고소송을 제기할 수는 없다(대판 1996.5.31, 95누10617).

② 국·공립학교 입학
③ 지원입대

3. 사인 상호 간의 공법상 계약

토지보상법상 사인인 사업시행자와 토지소유자 간의 협의취득이 이에 해당한다. 그러나 이 경
우의 사인은 순수한 사인이 아니고 공무수탁사인이므로 공법상 계약이라는 것이 다수설이다.

그러나 판례는 사법상의 계약이라는 입장이다(대판 1999.11.26, 98다47245).

4. 성질에 의한 분류

공법상 계약은 그 성질에 따라 '대등계약'과 '종속계약'으로 나눌 수 있다. 이는 독일연방행정절차법상의 분류에 의한 것이다. 대등계약은 대등한 행정주체 상호 간, 사인 상호 간의 공법상 계약을 의미하는 것으로서 행정행위의 형식을 통해서는 규율할 수 없는 법관계가 그 대상이다. 이에 반해 종속계약은 행정주체와 사인 간의 공법상 계약을 말하는 것으로서 행정행위 대신에 체결될 수 있는 경우를 대상으로 한다.

Ⅳ 공법상 계약의 특수성

1. 실체법적 특수성

(1) 법적합성

공법상 계약의 체결에 법률유보원칙은 적용되지 않지만 법률우위의 원칙은 적용된다. 또한 특별한 규정이 없으면 원칙적으로 민법의 계약에 관한 규정이 준용되나, 헌법상의 평등원칙이나 과잉금지원칙 등에 의해 사적 자치가 제한된다. 또한 평등의 원칙상 공법상 계약은 부종계약(부합계약)의 형식을 취하는 경우가 많다.

따라서 공법상 계약에서는 대등당사자가 자유롭게 의사형성을 하기보다는 법규에 근거하여 행정청만이 보다 많은 형성의 자유를 가질 수 있다.

관련 판례

1. 지방공무원법과 지방전문직공무원규정 등 관계 법령의 규정내용에 비추어 보면, 지방전문직공무원 채용계약에서 정한 **채용기간이 만료한 경우 채용계약을 갱신하거나 채용기간을 연장할 것인지 여부는 지방자치단체장의 재량**에 맡겨져 있는 것으로 보아야 할 것이므로 지방전문직공무원 채용계약에서 정한 기간이 형식적인 것에 불과하고 그 채용계약은 기간의 약정이 없는 것이라고 볼 수 없다(대판 1993.9.14, 92누4611).

2. 「국가를 당사자로 하는 계약에 관한 법률」 및 그 시행령상의 입찰절차나 낙찰자 결정기준에 관한 규정의 성질은 국가의 내부규정에 불과하다(대판 2001.12.11, 2001다33604).

3. 계약당사자가 연안화물부두 축조 타당성 조사용역계약에 위반하여 타당성 조사용역이 시행되기도 전에 사업시행자로 선정되었음을 전제로 입찰공고 등 일련의 행위를 한 경우, 조사용역계약의 계속적 성격과 공익적 성격에 비추어 이는 계약당사자 사이의 신뢰관계를 파괴하고 그 공익성을 저해함으로써 계약관계의 계속을 현저히 곤란하게 한다는 이유로 위 조사용역계약이 지방해양수산청장의 해지통고로 적법하게 해지되었다고 한 사례(대판 2003.2.26, 2002두10209)

4. 지방자치단체는 「지방자치단체를 당사자로 하는 계약에 관한 법률」 제33조 제2항 각 호에 해당하는 사업자를 계약대상자로 하여 어떤 내용의 수의계약도 체결할 수 없다

「지방자치단체를 당사자로 하는 계약에 관한 법률」(지방계약법) 제33조는 지방자치단체를 당사자로 하는 계약에 관하여 영향력을 행사할 수 있는 자들의 계약 체결을 제한하여 계약의 체결 및 이행과정에서 부당한 영향력을 행사할 수 있는 여지를 사전에 차단함으로써 투명성을 높이려는 것이므로, 체결을 금지하는 대상 계약의 범위는 명확하여야 하고, 이를 위반한 부정당업자에 대한 입찰참가자격 제한은 엄격하게 집행될 필요가 있는 점, 지방계약법은 지방자치단체는 수의계약에 부칠 사항에 대하여도 미리 예정가격을 작성하도록 하고(제11조 제1항), 「지방자치단체를 당사자로 하는 계약에 관한 법률 시행령」은 지방자치단체의 장 또는 계약담당자는 수의계약을 체결하려는 경우에는 원칙적으로 2인 이상으로부터 견적서를 받도록 하고(제30조 제1항), 견적제출자의 견적가격과 계약이행능력 등 행정자치부장관이 정하는 기준에 따라 수의계약대상자를 결정하도록 규정하는 등(같은 조 제5항) 지방자치단체가 수의계약을 하는 경우에도 공정성과 투명성을 확보하기 위하여 경쟁입찰에 부치는 경우와 유사한 절차를 취하도록 하고 있는 점 등에 비추어 보면, 지방자치단체는 지방계약법 제33조 제2항 각 호에 해당하는 사업자를 계약상대자로 하여서는 어떤 내용의 수의계약도 체결할 수 없고, 계약상대자의 부당한 영향력 행사의 가능성을 개별적으로 심사하여 수의계약 체결 여부를 결정할 수 있다거나, 경쟁입찰방식을 일부 혼합한 절차를 거친다고 하여 수의계약을 체결하는 것이 허용되는 것은 아니다(대판 2014.5.29, 2013두7070).

(2) 계약의 절차·형식

일반법인 행정절차법에 규정이 없지만, 개별법상 관계행정청의 확인이나 이해관계인의 동의를 요하는 경우가 있다. 법률상 계약체결이 강제되어 행정기관은 정당한 사유 없이 청약을 거절하지 못하는 경우도 있다. 수도법은 "일반수도사업자는 수돗물의 공급을 원하는 자에게 정당한 이유 없이 그 공급을 거절하여서는 아니 된다."(같은 법 제39조 제1항)라고 규정하고 있으므로 정당한 이유가 있다면 공급을 거절할 수 있다. 한편, 판례는 공법상 계약은 처분이 아니기 때문에 국방일보의 발행책임자인 국방홍보원장으로 채용된 자가 부하직원에 대한 지휘·감독을 소홀히 함으로써 북한의 혁명가극인 '피바다'에 관한 기사가 국방일보에 게재되어 사회적 물의를 야기한 경우 채용계약 해지를 함에 있어서는 처분절차의 하나인 이유부기를 할 필요가 없다고 판시하고 있다(대판 2002.11.26, 2002두5948).

독일은 특별한 경우를 제외하고는 문서의 형식에 의하도록 하고 있는데(행정절차법 제57조), 특별한 규정이 없는 우리도 원칙적으로 문서로 해야 한다는 견해(류지태), 문서로 하는 것이 바람직하다는 견해(홍정선)가 대립한다.

한편, 「국가를 당사자로 하는 법률」에서는 계약의 방법에 관해 일반경쟁을 원칙으로 규정하고 있다. 각 중앙관서의 장 또는 계약담당공무원은 계약을 체결하려면 일반경쟁에 부쳐야 한다. 다만, 계약의 목적, 성질, 규모 등을 고려하여 필요하다고 인정되면 대통령령으로 정하는 바에 따라 참가자의 자격을 제한하거나 참가자를 지명하여 경쟁에 부치거나 수의계약(隨意契約)을 할 수 있다(「국가를 당사자로 하는 계약에 관한 법률」 제7조 제1항).

(3) 계약의 하자

공법상 계약에 하자가 있는 경우 공법상 계약은 취소소송의 대상이 아니므로 유효 아니면 무효일 뿐 취소할 수 있는 계약은 없다.

1. 구 지방재정법 및 구 예산회계법령상의 요건과 절차를 거치지 아니하고 체결된 지방자치단체와 사인 간의 사법상 계약 및 예약의 효력은 무효이다(대판 2004.1.27, 2003다14812).
2. 지방자치단체가 사인과 사법상의 계약을 체결할 때 따라야 할 요건과 절차를 규정한 법령의 법적 성격은 강행규정이고 강행규정에 위반된 계약의 성립을 부정하거나 무효를 주장하는 것은 신의칙에 반하지 않는다(대판 2004.1.27, 2003다14812).

(4) 사정변경

계속적 급부의 경우 행정주체 측에서는 공익상 일방적인 해제·해지가 가능하고, 상대방에게 손실보상청구권이 인정되지만, 사인 측에서는 공익에 영향이 없는 경우를 제외하고는 해제·해지가 제한된다. 따라서 민법상의 계약해제에 관한 규정은 원칙적으로 적용되지 않는다.

1. 계속적 계약의 기초가 되는 신뢰관계가 파괴되어 계약관계를 그대로 유지하기 어려운 정도에 이르게 된 경우 해지사유에 해당한다

계속적 계약은 당사자 상호 간의 신뢰관계를 그 기초로 하는 것이므로, 당해 계약의 존속 중에 당사자의 일방이 그 계약상의 의무를 위반함으로써 그로 인하여 계약의 기초가 되는 신뢰관계가 파괴되어 계약관계를 그대로 유지하기 어려운 정도에 이르게 된 경우에는 상대방은 그 계약관계를 막바로 해지함으로써 그 효력을 장래에 향하여 소멸시킬 수 있다. 국방일보의 발행책임자인 국방홍보원장으로 채용된 자가 부하직원에 대한 지휘·감독을 소홀히 함으로써 북한의 혁명가극인 '피바다'에 관한 기사가 국방일보에 게재되어 사회적 물의를 야기한 경우, 그 채용계약의 기초가 되는 신뢰관계가 파괴되어 채용계약을 그대로 유지하기 어려운 정도에 이르렀다고 한 사례(대판 2002.11.26, 2002두5948)
2. 계속적 계약의 해지사유

피고(대한민국) 산하 교육과학기술부장관(현 교육부장관)에 의하여 전남대학교병원 감사로 임명된 원고가 개인적으로 지출한 비용 1,422,000 원을 특정 업무비로 청구하여 부당하게 지급받았음을 이유로 해임된 데 대하여 여러 사정을 종합하여 원고와 피고 사이에 신뢰관계가 파괴되어 계속적 계약관계를 그대로 유지하기 어려운 정도에 이르게 되었다고 볼 수 없으므로 해임의 의사표시가 무효라고 판단한 원심을 수긍한 사례(대판 2010.8.19, 2010두4971).

2. 절차법적 특수성

(1) 강제절차

프랑스는 계약상의 의무불이행 시 강제집행을 할 수 있는 특권이 인정되지만, 우리의 경우 공법상 계약은 대등한 당사자 간의 지위이므로 성질상(비권력적 공법행위) 명문규정이 있는 경우를 제외하고는 인정되지 않는다는 것이 통설이다.

(2) 쟁송절차

① 공법상 당사자소송

공법상 계약에 관한 쟁송은 행정처분이 아닌 공법상의 법률관계에 관한 다툼이기 때문에 공법상 당사자소송에 의한다.

처분성 부정
1. 공법상 계약 　① 지방전문직공무원인 서울특별시의 경찰국 산하 서울대공전술연구소 소장 채용계약 　　(대판 1993.9.14, 92누4611) 　② 서울특별시립무용단 단원의 위촉(대판 1995.12.22, 95누4636) 　③ 전문직공무원인 공중보건의사의 채용계약(대판 1996.5.31, 95누10617) 2. 합동행위

판례도 공법상 당사자소송에 의하고 있다. 한편, 판례는 항고소송의 일종인 무효확인소송에는 확인의 이익(즉시확정의 이익, 보충성)을 요하지 않지만, 당사자소송의 일종으로서의 무효확인소송을 제기할 경우에는 확인의 이익을 요한다.

1. 공기업·준정부기관의 계약상대방에 대한 입찰참가자격 제한 조치가 법령에 근거한 행정처분인지 계약에 근거한 권리행사인지 판단하는 방법

　공기업·준정부기관이 법령 또는 계약에 근거하여 선택적으로 입찰참가자격 제한 조치를 할 수 있는 경우, 계약상대방에 대한 입찰참가자격 제한 조치가 법령에 근거한 행정처분인지 아니면 계약에 근거한 권리행사인지는 원칙적으로 의사표시의 해석 문제이다. 이때에는 **공기업·준정부기관이 계약상대방에게 통지한 문서의 내용과 해당 조치에 이르기까지의 과정을 객관적·종합적으로 고찰하여 판단**하여야 한다. 그럼에도 불구하고 공기업·준정부기관이 법령에 근거를 둔 행정처분으로서의 입찰참가자격 제한 조치를 한 것인지 아니면 계약에 근거한 권리행사로서의 입찰참가자격 제한 조치를 한 것인지가 **여전히 불분명한 경우에는, 그에 대한 불복방법 선택에 중대한 이해관계를 가지는 그 조치 상대방의 인식가능성 내지 예측가능성을 중요하게 고려하여 규범적으로 이를 확정함이 타당**하다(대판 2018.10.25, 2016두33537).

2. 실질적 당사자소송

　서울특별시립무용단 단원의 위촉은 공법상의 계약이라고 할 것이고, 따라서 그 단원의 해촉에 대하여는

공법상의 당사자소송으로 그 무효확인을 청구할 수 있다(대판 1995.12.22, 95누4636).

3. 지방자치단체와 채용계약에 의하여 채용된 계약직공무원이 그 계약기간 만료 이전에 채용계약 해지 등의 불이익을 받은 후 그 계약기간이 만료된 경우, 채용계약 해지의사표시의 무효확인을 구할 소의 이익이 없다(대판 2002.11.26, 2002두1496).

4. 공법상 계약의 한쪽 당사자가 다른 당사자를 상대로 효력을 다투거나 이행을 청구하는 소송은 공법상 당사자소송이다(대판 2021.2.4, 2019다277133).

5. 행정청이 일방적인 의사표시로 자신과 상대방 사이의 법률관계를 종료시킨 경우, 의사표시가 항고소송의 대상이 되는 행정처분인지 또는 공법상 계약관계의 일방 당사자로서 대등한 지위에서 하는 의사표시인지 판단하는 방법

    행정청이 자신과 상대방 사이의 법률관계를 일방적인 의사표시로 종료시켰다고 하더라도 곧바로 의사표시가 행정청으로서 공권력을 행사하여 행하는 행정처분이라고 단정할 수는 없고, 관계 법령이 상대방의 법률관계에 관하여 구체적으로 어떻게 규정하고 있는지에 따라 의사표시가 항고소송의 대상이 되는 행정처분에 해당하는지 아니면 공법상 계약관계의 일방 당사자로서 대등한 지위에서 행하는 의사표시인지를 **개별적으로 판단**하여야 한다(대판 2015.8.27, 2015두41449).

6. 중소기업기술정보진흥원장이 甲 주식회사와 중소기업 정보화지원사업 지원대상인 사업의 지원에 관한 협약을 체결하였는데, 협약이 甲 회사에 책임이 있는 사업실패로 해지되었다는 이유로 협약에서 정한 대로 지급받은 정부지원금을 반환할 것을 통보한 사안에서, 협약의 해지 및 그에 따른 환수통보는 행정청이 우월한 지위에서 행하는 공권력의 행사로서 행정처분에 해당한다고 볼 수 없다고 한 사례(대판 2015.8.27, 2015두41449).

② 항고소송의 대상이 되는 경우

행정청에 의한 공법상 계약의 체결 여부 또는 계약상대방의 결정은 행정소송법상 처분에 해당하는 경우가 많다.

1. 「사회기반시설에 대한 민간 투자법」상 실시협약대상자 지정행위는 행정행위이다

    「사회기반시설에 대한 민간 투자법」 제13조 제3항상의 실시협약(동법에 의하여 주무관청과 민간투자사업을 시행하고자 하는 자간에 사업시행의 조건 등에 관하여 체결하는 계약)**은 공법상 계약이고, 그 이전에 행해지는** 동법 제13조 제2항상의 **행정청의 협상대상자**(특별한 사정이 없는 한 사업시행자가 된다) **지정행위는 행정행위의** 성질을 갖는 것으로 보아야 한다(서울고법 2004.6.24, 2003누6483).

2. 민간투자법상 민간투자시설사업시행자지정처분은 행정처분이다

    선행처분인 서울 - 춘천 간 고속도로 민간투자시설사업의 사업시행자 지정처분의 무효를 이유로 그 후행처분인 도로구역결정처분의 취소를 구하는 소송에서, 선행처분인 사업시행자 지정처분을 무효로 할 만큼 중대하고 명백한 하자가 없다(대판 2009.4.23, 2007두13159).

3. 구 「산업집적활성화 및 공장설립에 관한 법률」에 따른 산업단지 입주계약의 해지통보는 행정처분이다

    산업단지 입주계약의 해지통보는 단순히 대등한 당사자의 지위에서 형성된 공법상 계약을 계약당사자의 지위에서 종료시키는 의사표시에 불과하다고 볼 것이 아니라 행정청인 관리권자로부터 관리업무를 위탁받은 피고(한국산업단지공단)가 우월적 지위에서 원고에게 일정한 법률상 효과를 발생하게 하는 것으로서 항고소송의 대상이 되는 행정처분에 해당한다(대판 2011.6.30, 2010두23859).

또한, 계약직공무원에 대한 징계로서 행하는 채용계약 해지 등은 법에 근거하여 제재로서 행해지는 공법상 계약 상대방에 대한 권력적 성격이 강한 행위이므로 행정처분으로 볼 수 있다(박균성). 판례도 이런 가능성을 시사하고 있다.

관련 판례

1. **지방계약직공무원에 대하여 지방공무원법 등에 정한 징계절차에 의하지 않고 보수를 삭감할 수 없다**
   근로기준법 등의 입법 취지, 지방공무원법과 「지방공무원징계 및 소청규정」의 여러 규정에 비추어 볼 때, 채용계약상 특별한 약정이 없는 한, 지방계약직공무원에 대하여 지방공무원법, '지방공무원징계 및 소청규정'에 정한 징계절차에 의하지 않고서는 보수를 삭감할 수 없다고 봄이 상당하다(대판 2008.6.12, 2006두16328).
2. **지방계약직공무원에 대하여 지방공무원법의 징계에 관한 규정에 따라 징계처분을 할 수 있다**
   지방공무원법 제73조의3과 「지방공무원 징계 및 소청규정」 제13조 제4항에 의하여 지방계약직공무원에게도 지방공무원법 제69조 제1항 각 호의 징계사유가 있는 때에는 징계처분을 할 수 있다(대판 2008.6.12, 2006두16328).

③ 국가배상청구소송

공법상 계약의 체결·집행상의 불법행위로 인한 손해배상책임은 공법관계이므로 당사자소송에 의하는 것이 타당하다. 그러나 실무상(판례)으로는 민사소송으로 본다.

제4절 행정사법(行政私法)

I 개 설

1. 행정사법의 의의

행정기관이 사법적인 형태에 의해 행정과업을 직접적으로 수행하거나 공법적으로 설정된 과업을 수행하는 경우를 행정사법이라고 하고, 행정사법관계는 행정사법에 의해 규율되는 법률관계를 말한다. 행정사법이란 개념은 비록 사법형식에 기초하고 있지만 행정목적의 직접적 수행을 목적으로 하기 때문에 사적 자치원리를 완전히 누리지 못하고 공법적인 구속을 받는다는 점에 특징이 있다.

2. 관리관계와의 구별

(1) 구별긍정설

관리관계는 행정작용의 형태인 데 비해 행정사법은 일정한 행정작용을 규율하는 법을 의미한다는 견해와 관리관계는 공법관계인데 행정사법관계는 사법관계라는 점에서 양자를 구별하는 견해이다.

(2) 구별부정설

① 관리관계를 해체시켜 행정사법관계로 대체시키자는 견해 : 관리관계와 행정사법관계는 실질적인 내용에 있어서 서로 명확하게 구분될 수 없으며 많은 점에서 유사한 내용이기 때문에 관리관계를 해체하고 행정사법관계로 대체시키자는 견해이다.

② 관리관계만 인정하고 행정사법관계를 부인하는 견해 : 행정사법관계라는 것도 관리관계와 근본적인 차이가 있는 것은 아니고 관리관계와 별도로 행정사법관계를 인정할 필요성을 부정하는 견해이다.

Ⅱ 행정사법과 공법적 기속

1. 헌법상 기본권규정 등에 의한 제약

모든 국가작용은 평등권, 재산권 등 자유권적 기본권과 과잉금지의 원칙·신뢰보호의 원칙에 의한 기속을 받는다. 그러므로 국가가 행정사법의 형식으로 행위를 한다 하더라도 통상의 사법관계와는 달리 전면적인 사적 자치의 원칙이나 계약자유의 원칙이 지배할 수는 없다. 만약 행정사법의 영역을 전면적인 사법원리에 방임한다면 '사법으로의 도피'(Fleiner의 표현. W. Jellinek는 군인이 자기 활동의 자유를 더 얻기 위해 군복 아닌 사복으로 갈아입고 외출하고자 하는 이유로 비유)현상을 허용하는 결과가 될 것이기 때문이다. 행정사법은 이와 같은 사법으로의 도피현상을 막기 위한 이론이다.

2. 사법적 규정의 제약 내지 수정

국가 등 행정주체가 사법의 형식으로 활동하는 경우에는 사법상의 행위능력에 관한 규정, 의사표시에 관한 규정 등이 수정되는 경우가 있다. ① 우편법상 무능력자의 행위를 능력자의 행위로 간주하는 규정(제10조), ② 공기업이용관계에 있어서의 계약강제·강제성, ③ 공기업법에 있어서 획일·정형성(부종계약·부합계약), ④ 외형성, ⑤ 해제·해지의 제한, ⑥ 요금의 국가에 의한 승인 등이 통용될 수 있다.

3. 공법적 규율을 받는 경우의 법률관계

(1) 공법관계설
공법관계 가운데 관리관계 내지 비권력관계에 해당하는 것으로 보는 견해이다.

(2) 사법관계설(다수설)
특수한 법적 규율에 의한 법적 제한은 사법행위에 대한 제한에 불과하고 행위 그 자체의 성질
을 변경하여 공법관계가 되는 것은 아니라는 견해로서 다수설이다.

Ⅲ 행정사법의 적용영역

1. 경찰·조세행정영역(부정)
행정사법은 행정주체에게 당해 행정작용의 법적 형식에 대한 선택가능성이 인정되는 경우에
한한다. 따라서 행정주체에게 공·사법형식의 선택이 인정되지 않는 경찰·조세행정영역에는 적
용될 여지가 없다.

2. 급부행정영역
급부행정분야의 행정사법으로는 ① 운수사업(예 공영철도·시영버스사업), ② 공급사업(예 전
기·수도·가스사업 등), ③ 우편·전신·전화사업, ④ 하수도·쓰레기(오물)처리사업, ⑤ 주택건설, ⑥
국공영극장·스포츠시설 등의 운영 등이 있다.

3. 경제유도행정영역
① 경기대책, ② 고용대책의 일환으로서의 보조금 지급·대부 등의 수단에 의한 행정영역에 적
용된다.

Ⅳ 행정사법과 권리구제(민사소송)

사법형식의 행정작용은 그 자체가 사법작용(사법관계)이므로, 그에 관한 법적 분쟁은 특별한 규정이 없는 한 민사소송의 대상이 되고, 손해를 입은 경우에는 민법상의 손해배상청구권을 행사할 수 있다는 것이 다수설·판례이다. 행정사법의 경우도 마찬가지이다. 사법작용이 공법규정에 의한 기속을 받는다고 공법작용으로 변질되는 것은 아니다. 그러나 공법상 법률관계에 관한 소송이기 때문에 당사자소송에 의해야 한다는 견해가 있다.

관련판례 전화가입계약은 사법상의 계약이므로 그 해지행위는 처분이 아니다

전화가입계약은 전화가입희망자의 가입청약과 이에 대한 전화관서의 승낙에 의하여 성립하는 영조물 이용의 계약관계로서 비록 그것이 공중통신역무의 제공이라는 이용관계의 특수성 때문에 그 이용조건 및 방법, 이용의 제한, 이용관계의 종료 원인 등에 관하여 여러 가지 법적 규제가 있기는 하나 그 성질은 **사법상의 계약관계에 불과**하다고 할 것이므로, 피고(서울용산전화국장)가 '전기통신법 시행령' 제59조에 의하여 전화가입계약을 해지하였다 하여도 이는 사법상의 계약의 해지와 성질상 다른 바가 없다 할 것이고 이를 **항고소송의 대상이 되는 행정처분으로 볼 수 없다**(대판 1982.12.28, 82누441).

제5절 행정상의 사실행위

Ⅰ 개 설

1. 개 념

사실행위란 법률적 효과의 발생을 직접적인 목적으로 하지 않는 행위를 말한다.

2. 사실행위의 중요성

현대 행정은 다양한 형식의 행정작용이 행해지고 있으며, 이로 인해 사실행위의 비중도 높아지고 있다. 따라서 사실행위에 대한 권리구제 문제가 중요한 의미를 갖게 된다.

Ⅱ 사실행위의 종류

1. 정신작용에 따른 분류

물리적 사실행위(사건)	정신적 사실행위(용태)
1. 단순한 육체적 행동이나 물리적 행위를 수반하여 행해지는 사실행위 2. 공물의 설치·관리행위(도로공사·하천의 준설), 예방접종행위, 대집행의 실행(무허가건물의 철거), 관용차운전, 폐기물 수거	1. 정신작용을 내용으로 하는 사실행위 2. 행정조사, 행정지도, 보고, 경고, 훈시, 학교의 수업

2. 행정행위 관련성에 따른 분류

집행적 사실행위	독립적 사실행위
1. 행정행위 등의 집행수단으로 행해지는 사실행위 2. 강제집행(대집행의 실행·무허가건물의 철거, 국세체납자의 재산압류) 3. 즉시강제(경찰관의 무기사용, 감염병환자의 강제격리)	1. 행정행위와 무관하게 자체 독립적으로 행해지는 사실행위 2. 행정조사, 행정지도, 관용차운전, 도로보수공사, 학교수업

3. 공권력의 행사에 따른 분류

권력적 사실행위	비권력적 사실행위
1. 행정주체가 사인보다 우월한 지위에서 행해지는 사실행위. 법률유보적용, 처분성 인정 2. 강제집행(대집행 실행, 위법영업소 폐쇄조치, 위법간판철거, 압류) 3. 즉시강제(경찰관의 무기사용, 감염병환자의 강제격리, 위법관세품의 임시영치)	1. 사인과 대등한 지위에서 행해지는 사실행위. 법률유보 원칙이 적용되지 않고, 처분성 부정 2. 행정지도, 비공식적 행정작용, 훈시, 담화, 통지, 보고, 경고, 홍보
행정조사 : 권력적 조사와 비권력 조사]	

4. 법적 규율에 따른 분류

공법적 사실행위	사법적 사실행위
1. 공법적 규율을 받아 수행하는 사실행위 2. 대집행 실행 3. 국가배상법에 의한 손해배상책임	1. 사법적 규율을 받아 수행하는 사실행위 2. 도로의 보수공사 3. 민법에 의한 손해배상책임

5. 국민과의 관련에 따른 분류

내부적 사실행위	외부적 사실행위
1. 행정조직 내부에서 행해지는 사실행위 2. 행정결정을 위한 준비행위, 문서편철·정리	1. 국민과의 관계에서 행해지는 사실행위 2. 민원서류의 접수, 금전의 수납·지급, 인구조사, 건물의 강제철거, 통상의 사실행위

Ⅲ 법적 근거와 한계

1. 법적 근거

사실행위는 직접적인 법적 효과를 발생하지 않으므로 법적 근거가 필요하지 않음이 원칙이나, 권력적 사실행위는 작용법적 근거가 필요하다. 한편, 사실행위도 행정작용인 이상 조직법적 근거는 필요하다.

2. 한 계

사실행위는 법령에 위반되어서는 아니 되며, 법령의 근거하에서도 필요한 한도에서 행해져야 하고(과잉금지의 원칙), 그 밖에 평등의 원칙, 신뢰보호의 원칙 등도 준수해야 한다.

Ⅳ 사실행위에 대한 권리구제

1. 행정쟁송

(1) 취소소송

① 대상적격

㉠ 권력적 사실행위:통설은 쟁송법적 처분개념설에 입각하여 권력적 사실행위는 행정행위는 아니지만 처분성이 인정된다는 입장이다. 그러나 일원설에 입각한 합성처분설(합성적 행정행위설)은 권력적 사실행위는 '행정행위인 수인하명'과 '사실행위로서의 집행행위'로 이루어지고, 이 가운데 행정행위에 해당하는 수인하명에 대해서만 처분성이 인정된다고 한다. 판례는 강학상 권력적 사실행위에 해당하는 단수처분(대판 1979.12.28, 79누218)과 교도소재소자의 이송조치(대결 1992.8.7, 92두30)의 처분성을 인정하고 있다. 다만, 권력적 사실행위라는 논거를 밝히지는 않고 결론만 제시하고 있다.

ⓛ 비권력적 사실행위 : 형식적 행정행위론에 의할 경우 처분성이 인정되는데, 우리나라 통설·판례는 비권력적 사실행위에 대해서는 처분성을 부정하는 입장이다.

관련 판례

비권력적 사실행위의 처분성 부정

항고소송의 대상이 되는 행정처분이라 함은 행정청의 공법상 행위로서 특정사항에 대하여 법규에 의한 권리의 설정 또는 의무의 부담을 명하며 기타 법률상 효과를 발생케 하는 등 국민의 구체적 권리의무에 직접적 변동을 초래하는 행위를 말하고 **행정권 내부에서의 행위나 알선, 권유, 사실상의 통지 등과 같이 상대방 또는 기타 관계자들의 법률상 지위에 직접적인 법률적 변동을 일으키지 아니하는 행위는 항고소송의 대상이 될 수 없다**(대판 1993.10.26, 93누6331).

ⓐ 사실행위로서의 통지·통보

1. 인사발령
 ① 정년퇴직 발령(대판 1983.2.8, 81누263)·당연퇴직의 통보·인사발령(대판 1995.11.14, 95누2036)
 ② 공무원임용결격사유자에 대한 공무원 임용취소(대판 1987.4.14, 86누459)
 ③ 주한 미군에 근무하면서 특수업무를 수행하는 한국인 군무원에 대한 주한 미군 측의 고용해제 통보 후 국방부장관이 행한 직권면직의 인사발령(대판 1997.11.11, 97누1990)
2. 상훈대상자를 결정할 권한이 없는 국가보훈처장이 기포상자에게 훈격재심사계획이 없다고 한 회신(대판 1989.1.24, 88누3116)
3. 청원에 대한 심사처리결과의 통지(대판 1990.5.25, 90누1458)
4. 수도사업자가 급수공사신청자에 대하여 한 급수공사비 내역과 이를 지정기일 내에 선납하라는 취지의 납부통지(대판 1993.10.26, 93누6331)
5.. 의료보험연합회의 요양기관 지정취소에 갈음하는 금전대체부담금 납부안내(대판 1993.12.10, 93누12619) : 비록 행정청의 행위라 해도 그것이 아무런 법적 근거가 없어 국민의 권리의무에 직접 어떤 영향을 미치는 행정처분으로서의 효력을 발생할 수 없고, 그 내용도 상대방에게 공법상 어떤 의무를 부과하는 것으로 보이지 아니하므로

6. 신고납세방식인 관세를 과세관청이 납세의무자의 신고에 따라 수령한 것(대판 1997.7.22, 96누8321) : 사실행위에 불과할 뿐 이를 부과처분으로 볼 수는 없다.

7. 제1차 철거명령 및 계고처분에 대한 의무불이행으로 새로이 발한 제2·3차 철거명령 및 대집행계고(대판 2000.2.22, 98두4665)

   ■ 1차 계고는 당연히 처분성이 인정됨에 주의할 것. 또한 거부처분의 경우는 동일한 내용을 수차 신청한 경우 그에 대한 거부처분은 수 회 있을 수 있으므로 각 거부처분은 독립적인 처분성 인정(대판 2002.3.29, 2000두6084)

8. 자동차대여사업 등록실효 통지(대판 1996.6.14, 96누3661) : 사실상의 등록에 불과

9. 원처분에 대한 형성적 취소재결이 확정된 후 처분청의 원처분에 대한 취소처분 (대판 1998.4.24, 97누17131)

10. 학교당국이 미납공납금을 완납하지 아니할 경우에 졸업증의 교부와 증명서를 발급하지 않겠다고 통고한 것(헌재결 2001.10.25, 2001헌마113)

11. 개별토지가격합동조사지침에 의한 토지소유자의 개별공시지가 조정신청에 대한 행정청의 정정불가결정 통지(대판 2002.2.5, 2000두5043) : 토지소유자 등 이해관계인이 그 경정결정을 신청할 수 있는 권리를 인정하고 있지 아니하므로, 토지소유자 등의 토지에 대한 개별공시지가 조정신청을 재조사청구가 아닌 경정결정신청으로 본다고 할지라도, 이는 행정청에 대하여 직권발동을 촉구하는 의미밖에 없으므로

12. 재개발조합이 조합원들에게 한 '조합원 동·호수 추첨결과 통보 및 분양계약체결 안내'라는 제목의 통지(대판 2002.12.10, 2001두6333)

13. 공무원연금관리공단이 공무원연금법령의 개정사실과 퇴직연금 수급자가 퇴직연금 중 일부 금액의 지급정지대상자가 되었다는 사실을 통보한 행위(대판 2004.7.8, 2004두244)

14. 「소득세법 시행령」 제192조 제1항 단서에 따른 소득의 귀속자에 대한 소득금액변동통지(대판 2015.1.29, 2013두4118)

15. 과세관청의 소득처분에 따른 소득금액변동통지는 처분[대판(전합) 2006.4.20, 2002두1878]

16. 성업공사(한국자산관리공사)의 공매(재공매)통지(대판 1998.6.26, 96누12030 ; 대판 2007.7.27, 2006두8464)

17. 「민원사무 처리에 관한 법률」 제18조 제1항에서 정한 '거부처분에 대한 이의신청'을 받아들이지 않는 취지의 기각 결정 또는 그 취지의 통지(대판 2012.11.15, 2010두8676) : 행정청과 별도의 행정심판기관에 대하여 불복할 수 있도록 한 절차인 행정심판과는 달리, 민원사무처리법에 의하여 민원사무 처리를 거부한 처분청이 민원인의 신청 사항을 다시 심사하여 잘못이 있는 경우 스스로 시정하도록 한 절차

18. 국민건강보험공단(국민건강보험공단 인천부평지사장)이 甲 등에게 '직장가입자 자격상실 및 자격변동 안내' 통보 및 '사업장 직권탈퇴에 따른 가입자 자격상실 안내' 통보(대판 2019.2.14, 2016두41729) : 甲 등의 가입자 자격의 변동 여부 및 시기를 확인하는 의미에서 한 사실상 통지행위에 불과

ⓑ 그 밖의 사실행위

1. 지방공무원법상의 고충심사결정(대판 1987.12.8, 87누657·658) : 법률적인 쟁송의 절차에 의하여서가 아니라 사실상의 절차에 의하여 그 시정과 개선책을 청구하여 줄 것을 임용권자에게 청구할 수 있도록 한 제도로서, 고충심사결정 자체에 의하여는 어떠한 법률관계의 변동이나 이익의 침해가 직접적으로 생기는 것은 아니므로

2. 추첨방식에 의하여 운수사업면허 대상자를 선정하는 경우에 있어서의 추첨(대판 1993.5.11, 92누15987)

3. 국가보훈처장의 서훈추천서의 행사·불행사(대판 1990.11.23, 90누3553) : 과거의 역사적 사실관계의 존부나 공법상의 구체적인 법률관계가 아닌 사실관계에 관한 것들을 확인의 대상으로 하는 것이거나 행정청의 단순한 부작위를 대상으로 하는 것

4. 건설부장관이 행한 국립공원지정처분에 따라 공원관리청이 행한 경계측량 및 표지의 설치(대판 1992.10.13, 92누2325)

5. 지적측량성과검사(대판 1997.3.28, 96누19000) : 측량성과에 관한 자료의 정확성을 검사하는 행위로 측량성과에 의하여 지적공부를 정리하기 위한 것이고, 실체상의 권리관계에 변동을 가져오는 것은 아님.

6. 비공식 행정작용

7. 명단공표

8. 재단법인 한국연구재단이 甲 대학교 총장에게 연구개발비의 부당집행을 이유로 '해양생물유래 고부가식품·향장·한약 기초소재 개발 인력양성사업'에 대한 2단계 두뇌한국(BK)21 사업' 협약을 해지하고 연구팀장 乙에 대한 대학 자체 징계 요구 등을 통보한 사안에서, 乙에 대한 대학 자체 징계 요구(대판 2014.12.11, 2012두28704)

ⓒ 사법상의 통지

> 한국철도시설공단이 갑 주식회사에 대하여 시설공사 입찰참가 당시 허위 실적증명서를 제출하였다는 이유로 한 향후 2년간 공사낙찰적격심사 시 종합취득점수의 10/100을 감점한다는 내용의 통보(대판 2014.12.24, 2010두6700)

1. 수도사업자가 급수공사 신청자에 대하여 급수공사비 내역과 이를 지정기일 내에 선납하라는 취지로 한 납부통지

수도사업자가 급수공사 신청자에 대하여 급수공사비 내역과 이를 지정기일 내에 선납하라는 취지로 한 **납부통지는 수도사업자가 급수공사를 승인하면서 급수공사비를 계산하여 급수공사 신청자에게 이를 알려 주고 위 신청자가 이에 따라 공사비를 납부하면 급수공사를 하여 주겠다는 취지의 강제성이 없는 의사 또는 사실상의 통지행위**라고 풀이함이 상당하고, 이를 가리켜 항고소송의 대상이 되는 행정처분이라고 볼 수 없다(대판 1993.10.26, 93누6331).
  ■ 수도료부과징수는 학설상 처분성 인정

2. 추첨방식에 의하여 운수사업면허 대상자를 선정하는 경우에 있어서의 추첨

추첨방식에 의하여 운수사업면허 대상자를 선정하는 경우에 있어 **추첨 자체는 다수의 면허신청자 중에서 면허를 받을 수 있는 신청자를 특정하여 선발하는 행정처분을 위한 사전 준비절차로서의 사실행위에 불과한 것**으로 이 단계에서의 신청자격 유무는 신청서류에 의하여 형식적으로 심사함으로써 족하고 서류상 일응 자격이 있다고 인정되면 추첨에 참여시켜야 하는 것이며 행정청으로서는 위와 같은 추첨에

의하여 당첨된 신청인을 상대로 면허처분을 할 때에 다시 그의 자격 유무를 구체적으로 조사·판단하여 종국적으로 면허 또는 면허거부처분을 하여야 할 것이다(대판 1993.5.11, 92누15987).

3. 원처분에 대한 형성적 취소재결이 확정된 후 처분청이 다시 원처분을 취소한 경우, 위 처분은 항고소송의 대상이 되는 처분이 아니다

당해 의약품제조품목허가처분취소재결은 보건복지부장관이 재결청의 지위에서 스스로 제약회사에 대한 위 의약품제조품목허가처분을 취소한 이른바 형성재결임이 명백하므로, 위 회사에 대한 **의약품제조품목허가처분은 당해 취소재결에 의하여 당연히 취소·소멸**되었고, 그 이후에 다시 위 허가처분을 취소한 당해 처분은 당해 취소재결의 당사자가 아니어서 그 재결이 있었음을 모르고 있는 위 회사에게 위 **허가처분이 취소·소멸되었음을 확인하여 알려주는 의미의 사실 또는 관념의 통지에 불과할 뿐 위 허가처분을 취소·소멸시키는 새로운 형성적 행위가 아니므로** 항고소송의 대상이 되는 처분이라고 할 수 없다(대판 1998.4.24, 97누17131).

4. 재단법인 한국연구재단이 甲 대학교 총장에게 연구개발비의 부당집행을 이유로 '해양생물유래 고부가식품·향장·한약 기초소재 개발 인력양성사업에 대한 2단계 두뇌한국(BK)21 사업' 협약을 해지하고 연구팀장 乙에 대한 대학자체 징계 요구 등을 통보한 사안에서, 乙에 대한 대학자체 징계 요구는 항고소송의 대상이 되는 행정처분에 해당하지 않는다고 한 사례

재단법인 한국연구재단이 甲 대학교 총장에게 乙에 대한 대학 자체징계를 요구한 것은 법률상 구속력이 없는 권유 또는 사실상의 통지로서 乙의 권리, 의무 등 법률상 지위에 직접적인 법률적 변동을 일으키지 않는 행위에 해당하므로, 항고소송의 대상인 행정처분에 해당하지 않는다(대판 2014.12.11, 2012두28704).

5. 한국철도시설공단이 갑 주식회사에 대하여 시설공사 입찰참가 당시 허위 실적증명서를 제출하였다는 이유로 향후 2년간 공사낙찰적격심사 시 종합취득점수의 10/100을 감점한다는 내용의 통보를 한 사안에서, 위 통보는 행정소송의 대상이 되는 행정처분이라고 할 수 없다고 한 사례

피고가 원고에 대하여 한 이 사건 감점조치는 행정청이나 그 소속 기관 또는 그 위임을 받은 공공단체의 공법상의 행위가 아니라 장차 그 대상자인 원고가 피고가 시행하는 입찰에 참가하는 경우에 그 낙찰적격자 심사 등 계약 사무를 처리함에 있어 피고 내부규정인 이 사건 세부기준에 의하여 종합취득점수의 10/100을 감점하게 된다는 뜻의 사법상의 효력을 가지는 통지행위에 불과하다 할 것이고, 또한 피고의 이와 같은 통지행위가 있다고 하여 원고에게 공공기관의 운영에 관한 법률 제39조 제2항, 제3항, 구 공기업·준정부기관 계약사무규칙 제15조에 의한 국가, 지방자치단체 또는 다른 공공기관에서 시행하는 모든 입찰에의 참가자격을 제한하는 효력이 발생한다고 볼 수도 없으므로, 피고의 이 사건 감점조치는 행정소송의 대상이 되는 행정처분이라고 할 수 없다(대판 2014.12.24, 2010두6700).

6. 구 「소득세법 시행령」 제192조 제1항 단서에 따른 소득의 귀속자에 대한 소득금액변동통지는 항고소송의 대상이 되는 행정처분에 해당하지 않는다

소득의 귀속자가 소득세 부과처분에 대한 취소소송 등을 통하여 소득처분에 따른 원천납세의무의 존부나 범위를 충분히 다툴 수 있는 점 등에 비추어 보면, 구 「소득세법 시행령」 제192조 제1항 단서에 따른 소득의 귀속자에 대한 소득금액변동통지는 원천납세의무자인 소득의 귀속자에 대한 법률상 지위에 직접적인 변동을 가져오는 것이 아니므로 항고소송의 대상이 되는 행정처분에 해당하지 않는다. 그런데 구 「소득세법 시행령」 제192조 제1항 단서는 제134조 제1항에 따라 소득의 귀속자에게 종합소득 과세표준의 추가신고 및 자진납부의 기회를 주기 위하여 마련된 특칙으로서 원천납세의무에 따른 신고·납부기한과 이를 전제로 한 가산세의 존부나 범위를 결정하는 요건이 되므로, 구 「소득세법 시행령」 제192조 제1항 단서에 따른 소득의 귀속자에게 소득금액변동통지가 없거나 그것이 적법하지 아니한 경우에는 원천납세의무자인 소득의 귀속자는 과세처분취소소송 등에서 그 흠을 주장하여 다툴 수 있다(대판

② 협의의 소익(권리보호의 필요성) : 권력적 사실행위는 통상 단기간에 종료하므로 협의의 소익 (권리보호의 필요성)이 부정될 가능성이 많다. 따라서 이를 막기 위해서는 집행정지가 필요한 데, 집행정지의 요건 가운데 하나로 적법한 본안소송이 계속 중일 것이 요구되므로 국민의 낮은 법지식을 감안할 때 단기간에 본안소송을 제기하여 집행정지를 신청하는 것은 대단히 어렵다. 따라서 계속적 사실행위(예 불법감금 등)를 제외하고는 항고소송 제기가 곤란하므로 손해전보가 실효적인 권리구제수단이다.

(2) 예방적 부작위청구소송

권력적 사실행위로 인해 국민의 권익이 현실적으로 침해되고 난 후에는 협의의 소익이 부정되기 때문에 권리구제에 어려움이 있다. 따라서 예방적 부작위청구소송이 효과적인 구제방법으로 논의되는데, 판례는 부정하는 입장이다.

건축건물의 준공처분을 하여서는 아니 된다는 내용의 부작위를 구하는 청구는 행정소송에서 허용되지 아니하는 것이므로 부적법하다(대판 1987.3.24, 86누182).

2. 손해전보

(1) 손해배상

위법·유책한 사실행위로 인해 권익을 침해당한 경우 국가배상법에 따라 손해배상청구가 가능하다.

(2) 손실보상

적법한 권력적 사실행위로 인해 국민이 특별한 희생을 당한 경우에는 손실보상이 인정된다. 그러나 비권력적 사실행위는 공권력 행사가 아니므로 '공권적 침해'에 해당하지 않기 때문에 손실보상이 곤란하다.

(3) 결과제거청구권

위법한 사실행위는 결과제거청구권에 의해 구제될 수 있다.

3. 사법상 구제

실무상으로는 행정상 사실행위로 인한 권리침해에 대한 사법상 구제(민사소송)를 허용하고 있다.

4. 헌법소원

헌법재판소는 권력적 사실행위를 행정소송법상의 처분으로 보면서도 보충성원칙에 대한 예외에 해당하는 경우 헌법소원의 대상이 된다고 보고 있다.

관련 판례 마약류 관련 수형자에 대하여 마약류반응검사를 위하여 소변을 받아 제출하게 한 것은 헌법재판소법 제68조 제1항의 공권력의 행사에 해당한다

교도소 수형자에게 소변을 받아 제출하게 한 것은, 형을 집행하는 우월적인 지위에서 외부와 격리된 채 형의 집행에 관한 지시, 명령을 복종하여야 할 관계에 있는 자에게 행해진 것으로서 그 목적 또한 교도소 내의 안전과 질서유지를 위하여 실시하였고, 일방적으로 강제하는 측면이 존재하며, 응하지 않을 경우 직접적인 징벌 등의 제재는 없다고 하여도 불리한 처우를 받을 수 있다는 심리적 압박이 존재하리라는 것을 충분이 예상할 수 있는 점에 비추어, 권력적 사실행위로서 헌법재판소법 제68조 제1항의 공권력의 행사에 해당한다(헌재결 2006.7.27, 2005헌마277).

제6절 행정지도

Ⅰ 행정지도의 의의 및 법적 성질

행정지도란 행정주체가 조언·권고 등의 방법으로 국민이나 기타 관계자의 행동을 유도하여 의도하는 바를 실현하기 위해 행하는 비권력적 사실행위로서 상대방의 임의적 동의나 협력을 전제로 행해진다. 행정지도는 행정목적 달성에 필요한 제재를 가하기 위해 행해지는 단계적 행정행위로서의 사전적인 행위가 아니다.

관련 판례 행정관청이 건축허가 시에 도로의 폭에 대하여 행정지도를 하였다는 점만으로는 「건축법 시행령」 제64조 제1항 소정의 도로지정이 있었던 것으로 볼 수 없다(대판 1991.12.13, 91누1776).

행정절차법도 "행정지도란 행정기관이 그 소관 사무의 범위에서 일정한 행정목적을 실현하기 위하여 특정인에게 일정한 행위를 하거나 하지 아니하도록 지도, 권고, 조언 등을 하는 행정작용을 말한다."(제2조 제3호)라고 규정하고 있다.

공통적인 개념징표
1. 지도, 2. 권고(권유·권장·조언), 3. 요망(요청·요구·촉구)

Ⅱ 행정지도의 등장배경 및 기능·문제점

1. 행정지도의 필요성(등장배경)

(1) 행정기능의 양적·질적 증대

(2) 급부국가에서의 주요 행위형식(생존배려적 행정, 적극적 행정)

(3) 산업정보의 제공 필요

일본에서 생성·발전 ⇨ 비공식적 행정작용은 독일에서 생성·발전

2. 행정지도의 기능

(1) 비권력적 사실행위로 법적 근거를 요하지 않으므로

① 신축적·탄력적인 행정(현실의 행정수요에 대응)이 가능
② 공권력발동으로 야기될 수 있는 마찰이나 저항의 방지
③ 분쟁의 사전회피(임의적 수단에 의한 편의성)

(2) 상대방의 임의적 동의나 협력을 통해 법률흠결에 대한 보완

(3) 행정지도의 기능에 따른 종류

① 조성적(촉진적) 행정지도 : 최신의 지식·기술·정보를 제공
② 조정적 행정지도 : 조정적·유도적 기능

③ 억제적(규제적) 행정지도 : 규제기능

3. 행정지도의 문제점

(1) 사실상의 강제성

비권력적 사실행위로서 비강제적·임의적인 것이 원칙이지만, 현실적으로는 행정주체의 공권력을 배경으로 하고 있으므로 사실상 강제성을 띠는 경우가 많다.

(2) 남용·악용가능성

법적 근거를 요하지 않으므로 기준이 불명확하여 필요한 한계를 넘어 남용됨으로써 법치행정의 회피수단으로 악용될 우려가 있다.

(3) 책임소재의 불분명

법적 근거가 없는 경우 책임소재의 불분명으로 문제 발생 시 책임을 회피할 우려가 있다. 따라서 행정절차법 제49조 제1항에서 행정지도실명제로 보완규정을 두고 있다.

Ⅲ 행정지도의 종류

1. 객체(대상)에 따른 분류

(1) 행정주체·기관

소방공무원 인사교류 권고, 산업교육진흥 권고, 국토조사의 권고

(2) 사인(기능)

구 분	내 용
조성적(촉진적) 행정지도	1. 서비스의 형식으로 지식·정보·기술을 제공하는 행정지도 2. 사 례 　① 영농지도(농약의 살포시기와 종류, 우량품종의 재배권장) 　② 중소기업에 대한 경영합리화지도·기업지도·기술지도 　③ 생활개선지도·보건지도·위생지도·건강상담 　④ 장학지도 　⑤ 세무지도(조세상담 ; 대판 1990.10.10, 88누5280) 　⑥ 직업지도 　⑦ 어업지도

구 분	내 용
조정적 행정지도	1. 경제적 이해대립이나 과당경쟁 등을 시정, 조정하는 내용의 행정지도 2. 사 례 　① 기업 간의 이해조정, 중소기업의 계열화권고, 수출물량의 조정, 철강공업자의 지정, 합리화업종의 　　지정 　② 노사(勞使) 간의 협의의 알선·조정
규제적(억제적) 행정지도	1. 공공복리 또는 질서유지에 반하는 것으로 판단되는 행위·사태 등을 제거 또는 억제하기 위해 특정인 　이나 단체에 일정한 행위를 하거나 하지 아니할 것을 요망 또는 권고하는 행위 2. 사 례 　① 물가억제를 위한 권고 　② 불법건축물의 철거요청(철거명령은 작위하명으로 행정행위) 　③ 공정거래법 위반행위에 대한 시정권고 　④ 공해방지조치의 권고, 오물 투기제한 　⑤ 토지거래중지의 권고

2. 법적 근거에 따른 분류

구 분	내 용
법령의 직접적인 근거에 의한 행정지도	1. 법령이 명문으로 행정지도를 규정하고 있는 경우 2. 중소기업기본법상의 기술지도, 주택법상의 공업화주택건설권고
법령의 간접적인 근거에 의한 행정지도	1. 법령이 행정지도에 관하여 직접 규정하고 있지는 않으나, 일정한 고권적 조치(행정행위)를 취할 　수 있는 경우에 그를 배경으로 일차적으로 행정지도를 행하는 경우 2. 건축물의 철거·개축 등 처분을 발할 수 있는 법적 근거가 있는 경우에 그 처분에 갈음하여 철거 　권고 등 행정지도를 하는 경우
법령에 근거하지 않은 행정지도	법령에 직접·간접의 근거가 없어도 행정청이 그 권한의 사항에 대하여 조직법적 근거만으로 행하 는 행정지도로 대부분을 차지

3. 판례상의 행정지도

(1) 지 도

세무지도(조세상담 ; 대판 1990.10.10, 88누5280)

(2) 권고·권유·권장

1. 관광안내업체에 대한 보험요율의 일률적용통지(대판 1982.9.14, 82누161)
2. 공장입지 변경권고(대판 1996.7.12, 95누11665)
   - 국가인권위원회의 성희롱 결정 및 시정조치권고는 행정지도가 아니므로 처분성 인정(대판 2005.7.8, 2005두487)
   - 공정거래위원회의 '표준약관 사용권장행위'는 행정지도가 아니므로 처분성 인정(대판 2010.10.14, 2008두23184)

관련판례 공정거래위원회의 '표준약관 사용권장행위'는 항고소송의 대상이 된다

공정거래위원회의 '표준약관 사용권장행위'는 그 통지를 받은 **해당 사업자 등에게 표준약관과 다른 약관을 사용할 경우 표준약관과 다르게 정한 주요내용을 고객이 알기 쉽게 표시하여야 할 의무를 부과**하고, 그 불이행에 대해서는 **과태료**에 처하도록 되어 있으므로, 이는 **사업자 등의 권리의무에 직접 영향을 미치는 행정처분**으로서 항고소송의 대상이 된다(대판 2010.10.14, 2008두23184).

(3) 요망·요청·요구

1. 세무당국의 주류거래중지요청(대판 1980.10.27, 80누395)
2. 위법건축물에 대한 단전 및 전화통화 단절조치 요청행위(대판 1996. 3.22, 96누433)
3. 한국전력공사가 전기공급의 적법 여부를 조회한 데 대해 전기공급이 불가하다는 내용의 관할 구청장의 회신(대판 1995.11.21, 95누9099)
4. 학교법인이 사립학교법상 부동산 매각과 관련된 관할청의 시정요구사항을 이행하지 아니하여 관할청이 임원취임승인을 취소함과 동시에 임시이사를 선임하고 당초의 시정요구사항을 변경하는 통보를 한 경우, 당초의 시정요구 및 그 시정요구 변경통보(대판 2002.2.5, 2001두7138)
5. 교육인적자원부장관(현 교육부장관)의 대학총장들에 대한 학칙시정요구(헌재결 2003.6.26, 2002헌마337, 2003헌마7·8)
6. 방송통신심의위원회의 시정요구는 항고소송의 대상이다(헌재결 2012.2.23, 2011헌가13).

관련판례
1. 세무당국이 소외 회사에 대하여 원고와의 주류거래를 일정기간 중지하여 줄 것을 요청한 행위는 처분이 아니다

   세무당국이 소외 회사에 대하여 원고와의 주류거래를 일정기간 중지하여 줄 것을 **요청한 행위는 권고 내지 협조를 요청하는 권고적 성격의 행위**로서 소외 회사나 원고의 법률상의 지위에 직접적인 법률상의 변동을 가져오는 **행정처분이라고 볼 수 없는 것**이므로 항고소송의 대상이 될 수 없다(대판 1980.10.27, 80누395).

2. 방송통신심의위원회의 시정요구는 항고소송의 대상이다

행정기관인 방송통신심의위원회의 시정요구는 **정보통신서비스제공자 등에게 조치결과 통지의무를 부과**하고 있고, 정보통신서비스제공자 등이 **이에 따르지 않는 경우 방송통신위원회의 해당 정보의 취급거부·정지 또는 제한명령이라는 법적 조치가 예정**되어 있으며, 행정기관인 방송통신심의위원회가 표현의 자유를 제한하게 되는 결과의 발생을 의도하거나 또는 적어도 예상하였다 할 것이므로, 이는 단순한 행정지도로서의 한계를 넘어 규제적·구속적 성격을 갖는 것으로서 헌법소원 또는 항고소송의 대상이 되는 공권력의 행사라고 봄이 상당하다(헌재결 2012.2.23, 2011헌가13).

(4) 경고

① 행정지도로 처분성 부정

1. 소속공무원에 대한 장관의 서면에 의한 경고(대판 1991.11.12, 91누2700)
2. 유흥전문음식점에 대하여 시장이 한 주간영업금지지시(대판 1982.12.28, 82누366) : 새로운 의무를 부과하는 것이 아니라 이미 허가조건에 부쳐진 사항의 이행을 지시경고하는 것
3. 「서울특별시 교육·학예에 관한 감사규칙」 제11조, '서울특별시교육청 감사결과 지적사항 및 법률위반공무원처분기준'에 정해진 경고(대판 2004.4.23, 2003두13687)
4. 금융감독원장이 종합금융주식회사의 전 대표이사에게 재직 중 위법·부당행위 사례를 첨부하여 금융 관련 법규를 위반하고 신용·질서를 심히 문란하게 한 사실이 있다는 내용으로 '문책경고장(상당)'을 보낸 행위(대판 2005.2.17, 2003두10312)

1. 소속공무원에 대한 장관의 서면에 의한 경고는 행정지도로서 처분이 아니다

   공무원이 소속장관으로부터 받은 "직상급자와 다투고 폭언하는 행위 등에 대하여 엄중 경고하니 차후 이러한 사례가 없도록 각별히 유념하기 바람."이라는 내용의 **서면에 의한 경고가 공무원의 신분에 영향을 미치는 국가공무원법상의 징계의 종류에 해당하지 아니하고, 근무충실에 관한 권고행위 내지 지도행위로서 그 때문에 공무원으로서의 신분에 불이익을 초래하는 법률상의 효과가 발생하는 것도 아니므로**, 경고가 국가공무원법상의 징계처분이나 행정소송의 대상이 되는 행정처분이라고 할 수 없다(대판 1991.11.12, 91누2700).

2. 「서울특별시 교육·학예에 관한 감사규칙」 제11조, 「서울특별시 교육청 감사결과 지적사항 및 법률위반공무원 처분기준」에 정해진 경고는 행정처분이 아니다

   구 「서울특별시 교육·학예에 관한 감사규칙」 제11조, 「서울특별시 교육청 감사결과 지적사항 및 법률위반공무원 처분기준」에 정해진 경고는, **교육공무원의 신분에 영향을 미치는 교육공무원법령상의 징계의 종류에 해당하지 아니하고, 인사기록카드에 등재되지도 않으며**, '2001년도정부포상업무지침'에 정해진 포상추천 제외대상이나 '교육공무원 징계양정 등에 관한 규칙' 제4조 제1항 단서에 정해진 징계감경사유 제외대상에 해당하지도 않을 뿐만 아니라, '서울특별시 교육청 교육공무원 평정업무처리요령'에 따라 근무평정자가 위와 같은 경고를 이유로 경고를 받은 자에게 상위권 평점을 부여하지 않는다고 하더라도, 그와 같은 사정은 경고 자체로부터 직접 발생되는 법률상 효과라기보다는 경고를 받은 원인이 된 비위사실이 인사평정 당시의 참작사유로 고려되는 사실상 또는 간접적인 효과에 불과한 것이어서 교육공무원으로서의 신분에 불이익을 초래하는 법률상의 효과를 발생시키는 것은 아니라 할 것이

320

다. **따라서 위와 같은 경고는, 교육공무원법, 교육공무원징계령, '교육공무원 징계양정 등에 관한 규칙'에 근거하여 행해지고, 인사기록카드에 등재되며, '2001년도 정부포상업무지침'에 따른 포상추천 제한사유 및 '교육공무원 징계양정 등에 관한 규칙' 제4조 제1항 단서에 정해진 징계감경사유 제외대상에 해당하는 불문(경고)과는 달리, 항고소송의 대상이 되는 행정처분에 해당하지 않는다**고 할 것이다(대판 2004.4.23, 2003두13687).

3. **검찰총장이 검사에 대하여 하는 '경고조치'는 항고소송의 대상이 되는 처분이다**

검찰총장이 사무검사 및 사건평정을 기초로 「대검찰청 자체감사규정」 제23조 제3항, 「검찰공무원의 범죄 및 비위 처리지침」 제4조 제2항 제2호 등에 근거하여 검사에 대하여 하는 '경고조치'는 일정한 서식에 따라 검사에게 개별 통지를 하고 이의신청을 할 수 있으며, **검사가 검찰총장의 경고를 받으면 1년 이상 감찰관리 대상자로 선정되어 특별관리를 받을 수 있고, 경고를 받은 사실이 인사자료로 활용되어 복무평정, 직무성과금 지급, 승진·전보인사에서도 불이익을 받게 될 가능성이 높아지며, 향후 다른 징계사유로 징계처분을 받게 될 경우에 징계양정에서 불이익을 받게 될 가능성이 높아지므로, 검사의 권리 의무에 영향을 미치는 행위**로서 항고소송의 대상이 되는 처분이라고 보아야 한다(대판 2021.2.10, 2020두47564).

---

② 행정지도가 아니므로 행정처분성 인정

1. 행정규칙에 의한 불문경고조치(대판 2002.7.26, 2001두3532)
2. 금융기관의 임원에 대한 금융감독원장의 문책경고(대판 2005.2.17, 2003두14765)
3. 「표시·광고의 공정화에 관한 법률」(표시·광고법) 위반을 이유로 한 공정거래위원회의 경고(헌재결 2012.6.27, 2010헌마508)
4. 검찰총장이 검사에 대하여 하는 '경고조치'(대판 2021.2.10, 2020두47564)

---

1. **행정규칙에 의한 '불문경고조치'는 처분에 해당한다**

행정규칙에 의한 '불문경고조치'가 **비록 법률상의 징계처분은 아니지만 위 처분을 받지 아니하였다면 차후 다른 징계처분이나 경고를 받게 될 경우 징계감경사유로 사용될 수 있었던 표창공적의 사용가능성을 소멸시키는 효과와 1년 동안 인사기록카드에 등재됨으로써 그동안은 장관표창이나 도지사 표창 대상자에서 제외시키는 효과** 등이 있으므로 항고소송의 대상이 되는 행정처분에 해당한다(대판 2002.7.26, 2001두3532).

2. **금융기관의 임원에 대한 금융감독원장의 문책경고는 처분에 해당한다**

「금융기관검사 및 제재에 관한 규정」 제22조는 **금융기관의 임원이 문책경고를 받은 경우에는 금융업 관련 법 및 당해 금융기관의 감독 관련규정에서 정한 바에 따라 일정기간 동안 임원선임의 자격제한을 받는다고 규정하고 있고**, 은행법 제18조 제3항의 위임에 기한 구 은행업감독규정 제17조 제2호 (다)목, 제18조 제1호는 제재규정에 따라 문책경고를 받은 자로서 **문책경고일로부터 3년이 경과하지 아니한 자는 은행장, 상근감사위원, 상임이사, 외국은행지점 대표자가 될 수 없다고 규정**하고 있어서, 문책경고는 그 상대방에 대한 **직업선택의 자유를 직접 제한하는 효과를 발생**하게 하는 등 상대방의 **권리의무에 직접 영향을 미치는 행위로서 행정처분에 해당**한다(대판 2005.2.17, 2003두14765).

3. 구 「남녀차별금지 및 구제에 관한 법률」상 국가인권위원회의 성희롱결정 및 시정조치권고는 처분에 해당한다

구 「남녀차별금지 및 구제에 관한 법률」 제28조에 의하면, 국가인권위원회의 성희롱결정과 이에 따른 시정조치의 권고는 불가분의 일체로 행하여지는 것인데 국가인권위원회의 이러한 결정과 시정조치의 권고는 **성희롱 행위자로 결정된 자의 인격권에 영향을 미침과 동시에 공공기관의 장 또는 사용자에게 일정한 법률상의 의무**(남녀차별행위의 중지, 원상회복·손해배상 기타 필요한 구제조치, 재발방지를 위한 교육 및 대책수립 등을 위한 조치, 일간신문의 광고란을 통한 공표 등의 의무)**를 부담시키는 것**이므로 국가인권위원회의 성희롱결정 및 시정조치권고는 **행정소송의 대상이 되는 행정처분에 해당**한다고 보지 않을 수 없다(대판 2005.7.8, 2005두487).

(5) 촉 구

구청장이 도시재개발구역 내의 건물소유자에게 지장물철거촉구라는 제목으로 건물의 자진철거를 요청하는 내용의 공문을 발송한 행위(대판 1989.9.12, 88누8883)

(6) 기 타

교육감이 학교법인에 대한 감사 실시 후 처리지시를 하고 그와 함께 그 시정조치에 대한 결과를 증빙서를 첨부한 문서로 보고하도록 한 것은, 행정지도가 아니다(대판 2008.9.11, 2006두18362).

관련판례 교육감이 학교법인에 대한 감사 실시 후 처리지시를 하고 그와 함께 그 시정조치에 대한 결과를 증빙서를 첨부한 문서로 보고하도록 한 것은, 의무의 부담을 명하거나 기타 법률상 효과를 발생하게 하는 것으로서 항고소송의 대상이 되는 행정처분에 해당한다
보고명령 및 증빙서 첨부명령을 이행하지 않는 경우 학교법인의 이사장이 형사상 처벌을 받거나 법 규정을 위반하였다는 사유로 임원 취임의 승인이 취소될 수도 있다. 이와 같은 사정에 비추어 보면, 원고로서는 위 보고명령 및 증빙서 첨부명령을 이행하기 위하여 이 사건 처리지시에 따른 제반 조치를 먼저 이행하는 것이 사실상 강제되어 있다고 할 것이므로, 이 사건 **처리지시는 단순히 권고적 효력만을 가지는 비권력적 사실행위인 행정지도에 불과하다고 보기 어렵고,** 원고에게 의무의 부담을 명하거나 기타 법률상 효과를 발생하게 하는 것으로서 항고소송의 대상이 되는 행정처분에 해당한다(대판 2008.9.11, 2006두18362).

Ⅳ 행정지도의 근거와 한계

1. 행정지도의 근거

행정지도도 법률에 위반하지 않아야 한다. 또한 조직법적 근거는 당연히 요구된다. 그러나 행

정지도에 작용법적 근거가 필요한지에 대해서는 견해가 대립한다. ① 행정지도는 법적 성질이 비권력적 사실행위이고, 행정지도는 법률이 흠결된 경우 새로운 행정수요에 신축적·탄력적으로 대응하기 위한 수단이라는 장점이 있는데, 법적 근거를 요하면 이러한 행정지도의 장점이 사라지게 되기 때문에 법적 근거를 요하지 않는다는 부정설이 다수설이다. ② 긍정설은 행정지도는 행정주체의 행위이기 때문에 실질적으로 권력적 행정에 못지않은 강제적 효과를 발생시킬 수 있기 때문에 원칙적으로 법적 근거를 요한다고 한다. ③ 절충설에 따르면 조성적 행정지도는 법적 근거를 요하지 않지만, 규제적 행정지도는 상대방의 임의성을 억압하는 일방적 공권력 행사로 변질될 가능성이 많기 때문에 법적 근거를 요한다고 한다. 현행 행정절차법에 행정지도에 관한 명문의 규정을 두고 있다.

2. 행정지도의 한계

행정지도가 적법하려면 조직법적으로 정당한 권한을 가져야 하고, 법률우위의 원칙에 따라 법령에 위배돼서는 안 된다. 또한 행정법의 일반원칙인 과잉금지·평등·신뢰보호원칙 등에 위배돼서는 안 된다. 그 밖에도 행정절차법상 임의성의 원칙과 불이익조치금지의 원칙에 위배돼서는 안 된다.

관련 판례

1. 위법한 행정지도에 따른 사인의 행위의 위법성 조각 부정
   행정관청이 국토이용관리법 소정의 토지거래계약신고에 관하여 공시된 기준시가를 기준으로 매매가격을 신고하도록 행정지도를 하여 그에 따라 허위신고를 한 것이라 하더라도 이와 같은 행정지도는 법에 어긋나는 것으로서 그와 같은 행정지도나 관행에 따라 허위신고행위에 이르렀다고 하여도 이것만 가지고서는 그 범법행위가 정당화될 수 없다(대판 1994.6.14, 93도3247).

2. 정부의 주식매각 종용행위가 강박행위에 해당하는 경우 불법행위로 인한 손해배상책임을 져야 한다
   이른바 행정지도라 함은 행정주체가 일정한 행정목적을 실현하기 위하여 권고 등과 같은 비강제적인 수단을 사용하여 상대방의 자발적 협력 내지 동의를 얻어내어 행정상 바람직한 결과를 이끌어내는 행정활동으로 이해되고, 따라서 **적법한 행정지도로 인정되기 위하여는 우선 그 목적이 적법한 것으로 인정될 수 있어야 할 것이므로, 주식매각의 종용이 정당한 법률적 근거 없이 자의적으로 주주에게 제재를 가하는 것이라면 이 점에서 벌써 행정지도의 영역을 벗어난 것이라고 보아야 할 것이고 만일 이러한 행위도 행정지도에 해당된다고 한다면 이는 행정지도라는 미명하에 법치주의의 원칙을 파괴하는 것이라고 하지 않을 수 없으며,** 더구나 그 주주가 주식매각의 종용을 거부한다는 의사를 명백하게 표시하였음에도 불구하고, 집요하게 위협적인 언동을 함으로써 그 매각을 강요하였다면 이는 위법한 강박행위에 해당한다고 하지 않을 수 없다 하여, **정부의 재무부(현 기획재정부) 이재국장 등이 국제그룹 정리방안에 따라 신한투자금융주식회사의 주식을 주식회사 제일은행에게 매각하도록 종용한 행위가 행정지도에 해당되어 위법성이 조각된다는 주장을 배척한 사례**(대판 1994.12.13, 93다49482).

3. 무효인 조례 규정에 터잡은 행정지도에 따라 스스로 납세의무자로 믿고 자진신고 납부하였다 하더라도, 신고행위가 없어 부과처분에 의해 조세채무가 확정된 경우에 조세를 납부한 자와의 균형을 고려하건대, 그 신고행위의 하자가 중대하고 명백한 것이라고 단정할 수 없다(대판 1995.11.28, 95다18185).

V 행정절차법상 행정지도의 원칙과 방식

1. 행정지도의 원칙(실체적 규정)

(1) 과잉금지원칙(필요성의 원칙만 명시적 규정)·임의성의 원칙

행정지도는 그 목적 달성에 필요한 최소한도에 그쳐야 하며, 행정지도의 상대방의 의사에 반하여 부당하게 강요하여서는 아니 된다(행정절차법 제48조 제1항).

(2) 불이익조치금지원칙

행정기관은 행정지도의 상대방이 행정지도에 따르지 아니하였다는 것을 이유로 불이익한 조치를 하여서는 아니 된다(같은 법 제48조 제2항).

2. 행정지도의 방식

(1) 명확성의 원칙·행정지도실명제

행정지도를 하는 자는 그 상대방에게 그 행정지도의 취지 및 내용과 신분을 밝혀야 한다(같은 법 제49조 1항).
- ■ 처분절차로서 처분실명제 외에 행정지도에 대한 별도규정 존재

(2) 원칙적 구술주의, 서면교부 요구 시 서면주의(서면교부청구권)

행정지도가 말로 이루어지는 경우에 상대방이 제1항의 사항을 적은 서면의 교부를 요구하면 그 행정지도를 하는 자는 직무 수행에 특별한 지장이 없으면 이를 교부하여야 한다(같은 법 제49조 제2항).

3. 의견제출

행정지도의 상대방은 해당 행정지도의 방식·내용 등에 관하여 행정기관에 의견제출을 할 수 있다(같은 법 제50조).
- ■ 처분절차로서 의견제출 외에 행정지도에 대한 별도규정 존재

4. 다수인을 대상으로 하는 행정지도[행정지도의 명확성과 공평성(평등원칙) 확보]

행정기관이 같은 행정목적을 실현하기 위하여 많은 상대방에게 행정지도를 하려는 경우에는 특별한 사정이 없으면 행정지도에 공통적인 내용이 되는 사항을 공표하여야 한다(같은 법 제51조).

> 행정지도에 관해 규정이 없는 사항
> 1. 행정절차법에 전혀 규정이 없는 경우
>   ① 손실보상청구권
>   ② 부당결부금지의 원칙
>   ③ 법률유보의 원칙
> 2. 행정절차법에는 규정이 있지만 행정지도에 관한 규정이 아닌 경우(통칙적 규정임)
>   ① 신의성실의 원칙
>   ② 신뢰보호의 원칙
>   ③ 사전통지

VI 행정지도와 권리구제

1. 행정쟁송

행정지도는 비권력적 사실행위이기 때문에 처분성이 부정되므로 항고소송을 통한 구제는 곤란하다. 다만, 행정지도에 불응한 것을 이유로 부담적 행정행위(불이익조치)가 행해진 경우 이를 대상으로 한 항고소송 제기는 가능하다.

사 례
1. 세무당국이 소외 회사에 대하여 원고와의 주류거래를 일정기간 중지하여 줄 것을 요청한 행위(대판 1980.10.27, 80누395)
2. 관광안내업체에 대한 보험요율의 일률적용통지(대판 1982.9.14, 82누161)
3. 유흥전문음식점업의 소관관서인 시장이 한 허가에 부쳐진 영업시간의 준수지시(대판 1982.12.28, 82누366)
4. 공무원이 소속장관으로부터 받은 서면에 의한 경고(대판 1991.11.12, 91누2700) ■ 행정규칙에 의한 '불문경고조치'에 대해서는 처분성 긍정(대판 2002.7.26, 2001두3532)
5. 택시운송사업자에 대한 사업용자동차 증차배정조치(대판 1993.9.24, 93누11999) : 자동차운송사업자에 대하여 증차를 수반하는 자동차운송사업계획의 변경인가신청을 권유하는 내용을 결정·통보한 것에 불과
6. 한국전력공사가 전기공급의 적법 여부를 조회한 데 대한 관할구청장의 회신(대판 1995.11.21, 95누9099)
7. 위법건축물에 대한 단전 및 전화통화 단절조치 요청행위(대판 1996. 3.22, 96누433)·위법건물 단속기관이 수도공급기관에 수도공급을 거부하도록 요청하는 행위

8. 구청장이 도시재개발구역 내의 건물소유자에게 건물의 자진철거를 요청하면서 '지장물철거촉구'라는 제목의 공문을 보낸 경우(대판 1989.9.12, 88누8883)
9. 행정기관이 상대방 개인에 행하는 알선·권유
10. 경기도 대기환경개선 위해 황사기간 중 공장가동시간 1시간 줄이기운동 전개 협조요청
11. 「서울특별시 교육·학예에 관한 감사규칙」 제11조 '서울특별시 교육청 감사결과 지적사항 및 법률위반공무원 처분기준'에 정해진 경고(대판 2004.4.23, 2003두13687)

---

1. 행정지도의 처분성 부정

행정청이 위법건축물에 대한 시정명령을 하고 나서 위반자가 이를 이행하지 아니하여 전기·전화의 공급자에게 그 위법건축물에 대한 전기·전화공급을 하지 말아 줄 것을 요청한 행위는 권고적 성격의 행위에 불과한 것으로서 전기·전화공급자나 특정인의 법률상 지위에 직접적인 변동을 가져오는 것은 아니므로 이를 항고소송의 대상이 되는 행정처분이라고 볼 수 없다(대판 1996.3.22, 96누433).

2. 행정지도에 대한 헌법소원 예외적 긍정

교육인적자원부장관(현 교육부장관)의 대학총장들에 대한 이 사건 학칙시정요구는 고등교육법 제6조 제2항, 동법 시행령 제4조 제3항에 따른 것으로서 그 법적 성격은 대학총장의 임의적인 협력을 통하여 사실상의 효과를 발생시키는 **행정지도의 일종이지만, 그에 따르지 않을 경우 일정한 불이익조치를 예정하고 있어 사실상 상대방에게 그에 따를 의무를 부과하는 것과 다를 바 없으므로 단순한 행정지도로서의 한계를 넘어 규제적·구속적 성격을 상당히 강하게 갖는 것으로서 헌법소원의 대상이 되는 공권력의 행사**라고 볼 수 있다(헌재결 2003.6.26, 2002헌마337, 2003헌마7·8).

---

2. 손해전보

(1) 손해배상

비권력적 사실행위도 통설·판례인 광의설에 따르면 직무행위에는 해당된다. 그러나 행정지도는 상대방의 임의적 동의를 전제로 하기 때문에 "동의는 불법을 조각한다."는 불법행위법상의 법언(法諺)에 의해 위법성 인정이 곤란하다. 또한 상대방은 자유로운 의사에 의해 행정지도에 따른 것이므로 행정지도와 손해발생 사이의 인과관계를 인정하기 어렵다. 다만, 규제적 행정지도의 경우 상대방이 사실상 행정지도에 따르지 않을 수 없을 정도라면 예외적으로 위법성과 인과관계를 인정할 수 있다.

1. 재무부장관이 금융기관의 부실채권 정리에 관한 행정지도를 함에 있어 중요한 사항에 대해 사전에 대통령에게 보고·지시를 받는 것은 적법이고, 그 행정지도가 통상의 방법에 의하지 아니하고 사실상 지시하는 방법으로 행해진 경우, 그 행정지도는 위헌이다(대판 1999.7.23, 96다21706).

2. 한계를 일탈하지 않은 행정지도로 인하여 상대방에게 손해가 발생한 경우, 행정기관이 손해배상책임을 지지 않는다

　　행정지도가 강제성을 띠지 않은 비권력적 작용으로서 행정지도의 한계를 일탈하지 아니하였다면, 그로 인하여 상대방에게 어떤 손해가 발생하였다 하더라도 행정기관은 그에 대한 손해배상책임이 없다(대판 2008.9.25, 2006다18228).

3. 행정기관의 위법한 행정지도로 일정기간 어업권을 행사하지 못하는 손해를 입은 자가 그 어업권을 타인에게 매도하여 매매대금 상당의 이득을 얻은 경우, 손해배상액의 산정에서 그 이득을 손익상계할 수 없다

　　행정기관의 위법한 행정지도로 일정기간 어업권을 행사하지 못하는 손해를 입은 자가 그 어업권을 타인에게 매도하여 매매대금 상당의 이득을 얻었더라도 그 이득은 손해배상책임의 원인이 되는 행위인 위법한 행정지도와 상당인과관계에 있다고 볼 수 없고, 행정기관이 배상하여야 할 손해는 위법한 행정지도로 피해자가 일정기간 어업권을 행사하지 못한 데 대한 것임에 반해 피해자가 얻은 이득은 어업권 자체의 매각대금이므로 위 이득이 위 손해의 범위에 대응하는 것이라고 볼 수도 없어, 피해자가 얻은 매매대금 상당의 이득을 행정기관이 배상하여야 할 손해액에서 공제할 수 없다(대판 2008.9.25, 2006다18228).

4. 위법한 행정지도로 상대방에게 일정기간 어업권을 행사하지 못하는 손해를 입힌 행정기관이 "어업권 및 시설에 대한 보상 문제는 관련 부서와의 협의 및 상급기관의 질의, 전문기관의 자료에 의하여 처리해야 하므로 처리기간이 지연됨을 양지하여 달라."는 취지의 공문을 보낸 사유만으로 자신의 채무를 승인한 것으로 볼 수 없다(대판 2008.9.25, 2006다18228).

(2) 손실보상

　　비권력적 사실행위이므로 '공권적 침해'요건을 충족시킬 수가 없기 때문에 손실보상은 인정되기 어렵다.

◉ 제7절　비공식 행정작용

Ⅰ　개 설

1. 비공식 행정작용의 의의 및 성질

　　비공식 행정작용은 요건·효과·절차 등이 법에 의해 정해지지 않으며, 법적 구속력을 발생하지 않는 일체의 행정작용을 의미한다. 이 가운데 협의(狹義)로는 광의의 비공식 행정작용 가운데 행정주체와 국민 간의 합의나 협의를 통해서 수행되는 것만을 의미한다. 비권력적 사실행위의 일종이고, 협력의 원칙과 밀접한 관련을 갖는다.

2. 적용영역

비공식 행정작용은 오늘날 여러 영역에서 나타나고 있으나, 주된 영역으로는 환경법·경제규제법·건축법·경찰법 등을 들 수 있다.

Ⅱ 비공식 행정작용에 관한 평가

순기능	역기능
1. 탄력성 있는 행정(비권력적 사실행위이므로 법적 근거를 요하지 않기 때문) 2. 법적 불명확성 제거(상대방과의 협의나 합의를 통해) 3. 노력·비용의 절감	1. 법치행정의 후퇴(법규범적인 규율의 완화) 2. 제3자에의 위험부담(상대방과의 합의 아래 결정할 경우 제3자를 배제시킴으로써 제3자의 지위약화 초래) 3. 효과적인 권리보호의 곤란(비권력적 사실행위이므로 행정에 대한 효과적인 통제가 곤란) 4. 활성적 행정에의 장애(행정의 능률적 집행의 저해)

Ⅲ 허용성과 한계

1. 허용성

행정작용의 형식에는 정원(定員)개념은 없다. 따라서 비공식 행정작용의 허용 여부에 대해서는 이견이 없다.

2. 법률유보의 문제

비공식 행정작용은 비권력적 사실행위이기 때문에 별도의 특별한 개별적인 수권규정을 필요로 하지 않는다.

3. 한 계

(1) 실체법적 한계

비공식 행정작용이 허용된다고 해도 무제한 허용되는 것이 아니라 법치국가의 일반법원칙에 따라 일정한 범위 내에서만 허용되어야 한다. 먼저 실체법적으로 ① 행정청은 관계인에게 위법한 허가 또는 위법한 사실상태로 귀결될 성질의 것을 양해사항으로 해서는 안 되며, ② 당해 사안과 무관한 반대급부를 연계하는 것의 금지(부당결부금지원칙), ③ 제3자를 불이익하게 하는 내용의 합의금지, ④ 규범목적에 반하는 내용의 사실상의 구속력 창설금지 등의 한계를 준수해야 한다.

(2) 절차법적 한계

절차법적 측면에서는 행정청은 비공식 행정작용을 조사의무나 제3자의 청문권·참가권 등을 회피 또는 배제하기 위한 수단으로 사용해서는 안 된다.

Ⅳ 법적 효과

비공식 행정작용은 비권력적 사실행위이므로 법적 구속력은 없고, 사실상의 구속력만 인정된다. 따라서 비공식 행정작용에 대해서는 신뢰보호의 원칙이나 자기구속원칙을 매개로 해도 법적 구속력을 인정할 수 없다. 또한 행정청은 사실 또는 법적 여건이 변경된 경우뿐만 아니라 당해 문제에 대한 견해의 변경에 의해서도 합의내용과 다른 결정을 할 수도 있다. 사인도 합의내용을 준수할 법적 의무는 없다.

Ⅴ 권리구제

비공식 행정작용은 비권력적 사실행위이기 때문에 처분성이 부정되어 취소소송의 대상이 되지 못하며 공법상 당사자소송의 대상이 될 수 있을 뿐이다.

제4장 행정절차·정보공개

제1절 행정절차

제1항 개 설

Ⅰ 행정절차의 의의

1. 광의의 행정절차

행정의사의 결정과 집행에 관련된 일체의 과정을 의미한다. 이에는 사전절차로서의 행정입법·행정계획·행정처분·행정계약 및 행정지도에 관한 절차와 사후절차로서의 행정심판절차 및 행정상의 의무이행확보절차까지 포함될 수 있다.

2. 협의의 행정절차(통설)

행정입법·행정계획·행정처분·행정계약 및 행정지도에 관한 사전절차를 의미한다. 제1차적 행정절차, 즉 행정청이 공권력을 행사하여 행정에 관한 결정을 함에 있어 요구되는 외부와의 일련의 교섭과정으로서 행정절차법의 입장이다.

3. 최협의의 행정절차

행정처분(행정행위)의 사전절차만을 말한다.

Ⅱ 행정절차의 필요성(기능)

1. 사전적 권익구제(사법기능의 보완)

행정소송을 통한 사후적 권리구제는 ① 협의의 소익이 부정됨으로써 처분 전 상태로의 복귀가 현실적으로 불가능하여 손해전보에 그치는 경우가 많다는 점, ② 시간·비용·노력이 많이 소요된다는 점, ③ 위법성의 통제에 한정되고 부당에 대해서는 통제할 수 없다는 한계가 있다. 따라서 사전적으로 권리침해를 예방하는 행정절차의 필요성이 강조되고 있다.

2. 국민의 행정참여(행정과정의 민주화, 인간의 존엄성 확보)

이해대립이 심한 현대행정에 있어 이해관계자 간의 합의를 도출하고, 행정권행사의 목표와 방향을 제시하여 적정한 행사를 촉진함을 목적으로 하는 민주주의적 기능이다. 행정에의 시민참여는 ① 정보수집기능, ② 설득적 기능, ③ 권익보장기능, ④ 쟁점정리기능, ⑤ 행정수행촉진기능 등을 수행한다.

3. 행정작용의 적정화(행정작용의 정당성 확보)

이해관계인으로부터 의견청취 결과 행정청이 모르는 사실을 알 수 있고, 판단의 잘못을 발견할 수 있는 기회가 되어 행정청의 사실인정 및 법령의 해석·적용을 적정화함으로써 행정작용의 적법·타당성을 확보할 수 있다.

4. 행정작용의 능률화(⇔ 신속성)

행정절차는 상대방에 대해 행정청의 입장을 이해시켜 설득기회를 제공함으로써, 절차를 능률화·간소화하는 데 도움이 되기 때문에 장기적·궁극적으로는 행정능률에 이바지할 수 있다.

Ⅲ 행정절차의 발전

	구 분	내 용
영국	자연적 정의 (natural justice)	보통법(common law)의 기본원리 1. 편견배제의 원칙 : 누구도 자기에 관계되는 사건의 재판관이 될 수 없다. 2. 쌍방청문의 원칙 : 누구도 청문 없이는 불이익을 받지 아니한다. 쌍방 모두에 청문의 기회가 주어져야 한다. ⇨ 행정절차와 관련
	기 타	「행정심판소 및 심문에 관한 법률」(재결절차에 관한 일반적 사항 규율)

미국	적법절차	누구도 법의 적정한 절차(due process of law)에 의하지 아니하고는 생명, 자유 또는 재산을 박탈당하지 아니한다(미국 수정헌법 제5조).
	행정절차법제	1. 1946년 행정절차법 제정 : 현재는 5.U.S.C에 포함하여 규정 ⇨ 현재는 단일법 없음. 2. 정보자유법(Freedom of Infomation Act) 제정
독일	연방행정절차법	프랑스와 달리 행정절차에 관한 단행법·일반법으로서의 행정절차법이 제정
	독일 행정절차법의 특색	1. 행정의 결정과정을 사법절차화 2. 실체법적 내용의 규정(행정행위의 개념, 부관, 확약, 재량, 행정행위의 효력과 무효사유, 행정행위의 취소·철회, 공법상 계약)도 상당수 존재 ⇨ 절차법을 중심으로 한 통일행정법전의 모델 3. 행정행위와 공법상 계약에만 적용되어 적용범위가 제한 4. 하자의 치유(행정행위를 무효로 만들지 않는 형식·절차상의 하자에만 인정)나 기속행위에 대한 예외를 광범위하게 규정 ⇨ 행정절차의 실효성이 약화(행정능률 중시)
	행정절차의 유형	1. 비정식절차 : 무형식성(원칙) 2. 정식절차 : 다른 법률에 특별규정이 있는 경우에만 적용

Ⅳ 행정절차의 헌법적 근거

1. 학설(헌법원리성 인정)

(1) 적법절차조항근거설

행정절차의 근거를 헌법 제12조 제1항(모든 국민은 법률과 '적법한 절차'에 의하지 아니하고는 처벌·보안처분 또는 강제노역을 받지 아니한다)·제3항(체포·구속·압수 또는 수색을 할 때에는 '적법한 절차'에 따라 검사의 신청에 의하여 법관이 발부한 영장을 제시하여야 한다)의 적법절차조항에서 찾는 견해이다.

(2) 헌법원리근거설

행정절차의 근거를 ① 민주국가원리, ② 법치국가원리 또는 ③ 인간의 존엄과 가치에 관한 헌법 제10조 등에서 찾는 견해이다.

2. 판 례

(1) 대법원

대법원은 행정절차의 헌법원리성을 부정하여 ① 개별법률이나 대통령령에 규정된 청문절차 결여 시 위법(대판 1991.7.9, 91누971)이지만, ② 개별법에 명문규정이 없을 경우는 적법(대판 1994.3.22, 93누18969)이고, ③ 부령형식의 행정규칙에 정한 청문절차는 행정규칙에 불과하므로 청문을 거치지 않아도 적법(대판 1987.2.10, 84누350)하고, ④ 행정규칙에 규정된 청문절차를 결여한 처분의 경우 위법이라는 예외판례(대판 1984.9.11, 82누166)도 있지만 적법이라는 것이 주류적 입장이다(대판 1994.8.9, 94누3414 등).

관련판례 헌법원리성 부정

1. **개별법률이나 대통령령에 규정된 청문절차 결여 시 위법**
   관계행정청이 식품위생법에 의한 영업정지처분을 하려면 반드시 사전에 청문절차를 거쳐야 함은 물론 청문서 도달기간 등을 엄격하게 지켜 영업자로 하여금 의견진술과 변명의 기회를 보장하여야 할 것이고, 가령 **식품위생법 제58조 소정의 사유(영업정지사유)가 분명히 존재하는 경우라 하더라도 위와 같은 청문절차를 제대로 준수하지 아니하고 한 영업정지처분은 위법임을 면치 못할 것이다**(대판 1991.7.9, 91누971).

2. 행정처분의 근거 법령등에서 청문의 실시를 규정하고 있는 경우, 청문절차를 결여한 처분은 위법한 처분으로서 취소사유에 해당한다(대판 2007.11.16, 2005두15700).

3. **부령형식의 행정규칙에 정한 청문절차 결여 시 적법**
   규칙의 성질은 자동차운수사업면허 취소처분등에 관한 사무처리기준과 처분절차 등 행정청 내부의 사무처리준칙을 규정한 것에 불과하여 처분이 이에 위반되는 것이라고 하더라도 위법의 문제는 생기지 않는 것이다(대판 1987.2.10, 84누350).

4. **행정규칙에 규정된 청문절차 결여 시 적법(주류적 판례)**
   「국민의 권익보호를 위한 행정절차에 관한 훈령」에 따라 1990. 3. 1.부터 시행된 행정절차운영지침에 의하면 행정청이 공권력을 행사하여 국민의 구체적인 권리 또는 의무에 직접적인 변동을 초래하게 하는 행정처분을 하고자 할 때에는 미리 당사자에게 행정처분을 하고자 하는 원인이 되는 사실을 통지하여 그에 대한 **의견을 청취한 다음 이유를 명시하여 행정처분을 하여야 한다고 규정되어 있으나 이는 대외적 구속력을 가지는 것이 아니므로, 시장이 건조물 소유자의 신청이 없는 상태에서 소유자의 의견을 듣지 아니하고 건조물을 문화재로 지정하였다고 하여 위법한 것이라고 할 수 없다**(대판 1994.8.9, 94누3414).

5. **개별법령에 명문규정이 없을 경우는 적법**
   청문절차 없이 어떤 행정처분을 한 경우에도 관계 법령에서 청문절차를 시행하도록 규정하지 않고 있는 경우에는 그 행정처분이 위법하게 되는 것이 아니라고 할 것인바, 구 주택건설촉진법 및 같은 법 시행령에 의하면 주택조합설립인가처분의 취소처분을 하고자 하는 경우에 청문절차를 거치도록 규정하고 있지 아니하므로 청문절차를 거치지 아니한 것이 위법하지 아니하다(대판 1994.3.22, 93누18969).

(2) 헌법재판소

헌법재판소는 헌법 제12조 제1항과 제3항의 적법절차조항을 근거로 헌법원리성을 인정하는 입장이다.

1. 헌법원리성 인정, 적법절차조항근거설

헌법 제12조 제3항 본문은 동조 제1항과 함께 적법절차원리의 일반조항에 해당하는 것으로서, 형사절차
상의 영역에 한정되지 않고 입법, 행정 등 국가의 모든 공권력의 작용에는 절차상의 적법성뿐만 아니라
법률의 구체적 내용도 합리성과 정당성을 갖춘 실체적인 적법성이 있어야 한다는 적법절차의 원칙을 헌
법의 기본원리로 명시하고 있는 것이다(헌재결 1992.12.24, 92헌가8).

2. 독자적 헌법원리

**적법절차라 함은 인신의 구속이나 처벌 등 형사절차만이 아니라 국가작용으로서의 모든 입법작용과 행
정작용에도 광범위하게 적용되는 독자적인 헌법원리**의 하나로 절차가 형식적 법률로 정하여지고 그 법
률에 합치하여야 할 뿐만 아니라 적용되는 법률의 내용에 있어서도 합리성과 정당성을 갖춘 적정한 것이
어야 하며, 특히 형사소송절차와 관련시켜 적용함에 있어서는 형벌권의 실행절차인 형사소송의 전반을
규율하는 기본원리로 이해하여야 하는 것이다(헌재결 1994.4.28, 93헌바26).

제2항 행정절차법의 주요내용

I 구성과 특징

행정절차법은 제1장 총칙(제1절 목적·정의 및 적용범위, 제2절 행정의 관할 및 협조, 제3절 당사자
등, 제4절 송달 및 기간·기한의 특례), 제2장 처분(제1절 통칙, 제2절 의견제출 및 청문, 제3절 공청
회), 제3장 신고, 제4장 행정상 입법예고, 제5장 행정예고, 제6장 행정지도, 제7장 보칙의 전문 54
개조와 부칙으로 구성되어 있다. 이 중 처분에 관한 규정이 약 절반을 차지하고 있고 실체적 규정
은 거의 없기 때문에 주로 행정절차법은 처분절차법이라고 할 수 있다.

그러나 ① 신의성실의 원칙, ② 신뢰보호의 원칙, ③ 투명성의 원칙, ④ 명백한 오기·오산의 경우
행정청의 정정, ⑤ 행정지도의 원칙에 관한 규정 등 실체적 규정이 있기 때문에 순수한 절차규정
이라고는 할 수 없다.

행정절차법에 규정이 없는 사항

   1. 확약
   2. 행정계획수립(확정)절차(다만 처분절차와 행정예고를 통한 간접적 규정이 존재)
   3. 공법상 계약
   4. 행정입법확정절차(행정상 입법예고절차는 존재)
   5. 선례구속성의 원칙: 영·미법계와 달리 우리나라는 원칙 자체가 부정됨.
   6. 행정개입청구권
   7. 행정강제·행정집행절차
   8. 부당결부금지원칙
   9. 절차상 하자 있는 행정행위의 일반적 효력
   10. 제3자효 행정행위에 있어 제3자에 대한 통지제도
   11. 행정조사절차
   12. 행정행위 하자의 치유와 전환
   13. 불가쟁력이 발생한 행정행위의 재심사
   14. 행정행위의 개념, 부관, 재량, 행정행위의 효력과 무효사유, 행정행위의 취소·철회
   15. 대량절차, 기계에 의한 처리에 관한 절차
   16. 손실보상청구권
   17. 계획보장청구권
   18. 실권의 법리

Ⅱ 목적 및 일반원칙

1. 목 적

이 법은 행정절차에 관한 공통적인 사항을 규정하여 국민의 행정 참여를 도모함으로써 행정의 공정성·투명성 및 신뢰성(신속성이 아님)을 확보하고 국민의 권익을 보호함을 목적으로 한다 (제1조).

2. 공정성의 원칙

공정성의 원칙은 행정절차가 공평하고 정당하게 이루어져야 한다는 원칙을 말한다. 행정절차법에 명시적인 규정은 없지만 간접적 규정이 많다(제6조, 제17조 제2항, 제18조, 제19조 제4항, 제48조 등).

3. 신의성실 및 신뢰보호의 원칙

(1) 신의성실의 원칙

행정청은 직무를 수행할 때 신의(信義)에 따라 성실히 하여야 한다(제4조 제1항).

(2) 신뢰보호의 원칙

행정청은 법령등의 해석 또는 행정청의 관행이 일반적으로 국민들에게 받아들여졌을 때에는 공익 또는 제3자의 정당한 이익을 현저히 해칠 우려가 있는 경우를 제외하고는 새로운 해석 또는 관행에 따라 소급하여 불리하게 처리하여서는 아니 된다(같은 조 제2항).

4. 투명성의 원칙

행정청이 행하는 행정작용은 그 내용이 구체적이고 명확하여야 한다(제5조 제1항). 행정작용의 근거가 되는 법령등의 내용이 명확하지 아니한 경우 상대방은 해당 행정청에 그 해석을 요청할 수 있으며, 해당 행정청은 특별한 사유가 없으면 그 요청에 따라야 한다(같은 조 제2항). 행정청은 상대방에게 행정작용과 관련된 정보를 충분히 제공하여야 한다(같은 조 제3항).

Ⅲ 적용범위

1. 적용대상(행정절차에 관한 일반법)

처분, 신고, 행정상 입법예고, 행정예고 및 행정지도의 절차(행정절차)에 관하여 다른 법률에 특별한 규정이 있는 경우를 제외하고는 이 법에서 정하는 바에 따른다(제3조 제1항).

어린이집 평가인증의 취소절차에 관하여 특별한 절차규정이 있음을 이유로 행정절차법의 적용이 배제되지 않는다

영유아보육법 제30조 제7항은 어린이집 평가인증의 실시 및 유효기간 등에 필요한 사항에 관해서만 보건복지부령으로 정하도록 위임하고 있는 점, 구 「영유아보육법 시행규칙」 제31조도 '운영체계, 평가지표, 수수료 등 어린이집의 평가인증에 필요한 사항'(제1항), '평가인증의 절차 및 서식 등에 관한 구체적인 사항'(제4항)만을 보건복지부장관이 정하도록 위임하고 있는 점 등을 종합하면, 보건복지부장관이 작성한 「보육사업안내」에 평가인증취소의 절차에 관한 사항을 일부 정하고 있다 하더라도 이러한 사정만으로 행정절차법 제3조 제1항이 정한 '다른 법률에 특별한 규정이 있는 경우'에 해당하여 평가인증취소에 행정절차법 적용이 배제된다고 보기 어렵다(대판 2016.11.9, 2014두1260).

2. 적용제외대상

이 법은 다음 각 호의 어느 하나에 해당하는 사항에 대하여는 적용하지 아니한다(같은 조 제2항).

(1) 국회 또는 지방의회의 의결을 거치거나 동의 또는 승인을 받아 행하는 사항(1호)

(2) 법원 또는 군사법원의 재판에 의하거나 그 집행으로 행하는 사항(2호)

(3) 헌법재판소의 심판을 거쳐 행하는 사항(3호)

(4) 각급 선거관리위원회의 의결을 거쳐 행하는 사항(4호)

(5) 감사원이 감사위원회의의 결정을 거쳐 행하는 사항(5호)

(6) 형사, 행형 및 보안처분 관계 법령에 따라 행하는 사항(6호)

(7) 국가안전보장·국방·외교 또는 통일에 관한 사항 중 행정절차를 거칠 경우 국가의 중대한 이익을 현저히 해칠 우려가 있는 사항(7호)

(8) 심사청구, 해양안전심판, 조세심판, 특허심판, 행정심판, 그 밖의 불복절차에 따른 사항(8호)

(9) 병역법에 따른 징집·소집, 외국인의 출입국·난민인정·귀화, 공무원 인사 관계 법령에 따른 징계와 그 밖의 처분, 이해 조정을 목적으로 하는 법령에 따른 알선·조정·중재·재정 또는 그 밖의 처분 등 해당 행정작용의 성질상 행정절차를 거치기 곤란하거나 거칠 필요가 없다고 인정되는 사항과 행정절차에 준하는 절차를 거친 사항으로서 대통령령으로 정하는 사항(9호)

■ 법 제3조 제2항 제9호에서 "대통령령으로 정하는 사항"이라 함은 다음 각 호의 어느 하나에 해당하는 사항을 말한다(같은 법 시행령 제2조).

① 병역법, 예비군법, 민방위기본법, 「비상대비자원 관리법」, 「대체역의 편입 및 복무 등에 관한 법률」에 따른 징집·소집·동원·훈련에 관한 사항(1호)

산업기능요원 편입취소처분은 행정절차법의 적용이 배제되는 사항인 행정절차법 제3조 제2항 제9호, 같은 법 시행령 제2조 제1호에서 규정하는 '병역법에 의한 소집에 관한 사항'에 해당하지 않으므로 사전통지와 의견제출절차를 거쳐야 한다(대판 2002.9.6, 2002두554).

② 외국인의 출입국·난민인정·귀화·국적회복에 관한 사항(2호)

1. 출입국관리법규정은 난민인정 거부처분의 이유제시에 관한 한 행정절차법 중 이유제시에 대한 특별규정이다

심판대상 법률조항 중 행정절차법 제3조 제2항 제9호 중 외국인의 난민인정에 대하여 행정절차법 제23조(처분의 이유제시)의 적용을 배제하는 부분은 난민인정에 관련한 처분의 경우 행정절차법을 전반적으로 적용하지 아니한다고 규정함으로써 구체적으로 난민인정 거부처분에 그 근거와 이유의 제시에 관한

행정절차법 제23조의 적용을 배제하고 있는 반면, 난민인정에 관한 절차 등을 규정한 **출입국관리법 제 76조의2 제3항은 행정청이 난민인정을 하지 아니한 때에는 서면으로 그 사유를 통지하여야 한다고 규 정**하고 있는바, 위 출입국관리법규정은 난민인정 거부처분의 이유제시에 관한 한 행정절차법, 특히 심판 **대상법률조항에 대한 특별규정**이라 할 것이므로, 이 사건처분의 적법성에 대한 당해 사건 재판에서 심 판대상 법률조항은 적용이 배제되고, 출입국관리법 제76조의2 제3항만이 적용된다 할 것이다(헌재결 2009.1.13, 2008헌바161).

2. 행정절차법 제3조 제2항 제9호, 「행정절차법 시행령」 제2조 제2호에서 정한 행정절차법의 적용이 제외 되는 '외국인의 출입국에 관한 사항'의 경우 행정절차를 거칠 필요가 당연히 부정되는 것은 아니다(대판 2019.7.11, 2017두38874).

---

③ 공무원 인사관계법령에 의한 징계 기타 처분에 관한 사항(3호)

---

1. 공무원 인사관계 법령에 의한 처분에 관한 사항에 대하여 행정절차법의 적용이 배제되는 범위
   (1) 행정과정에 대한 국민의 참여와 행정의 공정성, 투명성 및 신뢰성을 확보하고 국민의 권익을 보호함 을 목적으로 하는 행정절차법의 입법목적과 행정절차법 제3조 제2항 제9호의 규정 내용 등에 비추어 보면, **공무원 인사관계 법령에 의한 처분에 관한 사항 전부에 대하여 행정절차법의 적용이 배제되는 것이 아니라 성질상 행정절차를 거치기 곤란하거나 불필요하다고 인정되는 처분이나 행정절차에 준 하는 절차를 거치도록 하고 있는 처분의 경우에만 행정절차법의 적용이 배제**된다.
   (2) 군인사법령에 의하여 진급예정자명단에 포함된 자에 대하여 의견제출의 기회를 부여하지 아니한 채 진급선발을 취소하는 처분을 한 것은 절차상 하자가 있어 위법하다(대판 2007.9.21, 2006두20631).

2. 정규공무원으로 임용된 사람에게 시보임용처분 당시 지방공무원법 제31조 제4호에 정한 공무원임용 결 격사유가 있어 시보임용처분을 취소하고 그에 따라 정규임용처분을 취소한 사안에서, 정규임용처분을 취소하는 처분은 성질상 행정절차를 거치는 것이 불필요하여 행정절차법의 적용이 배제되는 경우에 해 당하지 않으므로, 그 처분을 하면서 사전통지나 의견제출의 기회를 부여하지 않은 것은 위법하다
   정규임용처분을 취소하는 처분은 원고의 이익을 침해하는 처분이라 할 것이고, 한편 **지방공무원법 및 그 시행령에는 이 사건 처분과 같이 정규임용처분을 취소하는 처분을 함에 있어 행정절차에 준하는 절 차를 거치도록 하는 규정이 없을 뿐만 아니라 위 처분이 성질상 행정절차를 거치기 곤란하거나 불필요 하다고 인정되는 처분이라고 보기도 어렵다**고 할 것이어서 이 사건 처분이 행정절차법의 적용이 제외되 는 경우에 해당한다고 할 수 없으며, 나아가 이 사건 처분은, 지방공무원법 제31조 제4호 소정의 공무원 임용 결격사유가 있어 당연무효인 이 사건 시보임용처분과는 달리, 위 시보임용처분의 무효로 인하여 시 보공무원으로서의 경력을 갖추지 못하였다는 이유만으로, 위 결격사유가 해소된 후에 한 별도의 정규임 용처분을 취소하는 처분이어서 행정절차법 제21조 제4항 및 제22조 제4항에 따라 원고에게 사전통지를 하지 않거나 의견제출의 기회를 주지 아니하여도 되는 예외적인 경우에 해당한다고 할 수도 없다(대판 2009.1.30, 2008두16155).

3. 대통령의 한국방송공사 사장 해임에 행정절차법이 적용된다
   행정청이 침해적 행정처분을 하면서 당사자에게 행정절차법상의 사전통지를 하거나 의견제출의 기회를 주지 않고, 그 처분의 근거와 이유를 제시하지 아니하였다면, 그러한 절차를 거치지 않아도 되는 예외적 인 경우에 해당하지 아니하는 한 그 처분은 위법하다. **대통령의 한국방송공사 사장의 해임절차에 관하 여 방송법이나 관련 법령에도 별도의 규정을 두지 않고 있고, 행정절차법의 입법목적과 행정절차법 제3**

조 제2항 제9호와 관련 시행령의 규정 내용 등에 비추어 보면, **이 사건 해임처분이 행정절차법과 그 시행령에서 열거적으로 규정한 예외 사유에 해당한다고 볼 수 없으므로** 이 사건 해임처분에도 행정절차법이 적용된다고 할 것이다. **대통령이 한국방송공사 적자구조 만성화에 대한 경영책임을 물어 사장인 원고(정연주 사장)를 해임하면서 행정절차법 소정의 사전통지 등 절차를 거치지 않은 위법이 있음을 이유로 그 해임처분을 취소**한 원심을 수긍한 사례(대판 2012.2.23, 2011두5001).

4. 공무원 인사관계 법령에 의한 처분에 관한 사항에 대하여 행정절차법의 적용이 배제되는 범위 및 그 법리는 별정직 공무원에 대한 직권면직 처분에도 적용된다(대판 2013.1.16, 2011두30687).

5. 국가공무원법상 직위해제처분에 처분의 사전통지 및 의견청취 등에 관한 행정절차법 규정이 적용되지 않는다
국가공무원법상 직위해제처분은 구 행정절차법 제3조 제2항 제9호, 구 「행정절차법 시행령」 제2조 제3호에 의하여 당해 행정작용의 성질상 행정절차를 거치기 곤란하거나 불필요하다고 인정되는 사항 또는 행정절차에 준하는 절차를 거친 사항에 해당하므로, 처분의 사전통지 및 의견청취 등에 관한 행정절차법의 규정이 별도로 적용되지 않는다(대판 2014.5.16, 2012두26180).

6. 행정절차법의 적용이 제외되는 공무원 인사관계 법령에 의한 처분에 관한 사항의 의미
행정절차법 제3조 제2항, 「행정절차법 시행령」 제2조 등 행정절차법령 관련 규정들의 내용을 행정의 공정성, 투명성 및 신뢰성을 확보하고 국민의 권익보호를 목적으로 하는 행정절차법의 입법 목적에 비추어 보면, 행정절차법의 적용이 제외되는 공무원 인사관계 법령에 의한 처분에 관한 사항이란 성질상 행정절차를 거치기 곤란하거나 불필요하다고 인정되는 처분이나 행정절차에 준하는 절차를 거치도록 하고 있는 처분에 관한 사항만을 말하는 것으로 보아야 한다(대판 2018.3.13, 2016두33339).

7. 이러한 법리는 육군3사관학교 생도에 대한 퇴학처분에도 적용된다(대판 2018.3.13, 2016두33339).

---

④ 이해조정을 목적으로 법령에 의한 알선·조정·중재·재정 기타 처분에 관한 사항(4호)

⑤ 조세관계법령에 의한 조세의 부과·징수에 관한 사항(5호)

⑥ 「독점규제 및 공정거래에 관한 법률」, 「하도급거래 공정화에 관한 법률」, 「약관의 규제에 관한 법률」에 따라 공정거래위원회의 의결·결정을 거쳐 행하는 사항(6호)

관련 판례 공정거래위원회의 시정조치 및 과징금납부명령에 행정절차법 소정의 의견청취절차 생략사유가 존재하는 경우, 공정거래위원회가 행정절차법을 적용하여 의견청취절차를 생략할 수 없다(대판 2001. 5.8, 2000두10212).

---

⑦ 국가배상법, 「공익사업을 위한 토지 등의 취득 및 보상에 관한 법률」에 따른 재결·결정에 관한 사항(7호)

⑧ 학교·연수원등에서 교육·훈련의 목적을 달성하기 위하여 학생·연수생등을 대상으로 행하는 사항(8호)

10. 생도에 대한 퇴학처분과 같이 신분을 박탈하는 징계처분은 행정절차법의 적용이 제외되는 경우인 「행정절차법 시행령」 제2조 제8호에 해당하지 않는다

「행정절차법 시행령」 제2조 제8호는 '학교·연수원 등에서 교육·훈련의 목적을 달성하기 위하여 학생·연수생들을 대상으로 하는 사항'을 행정절차법의 적용이 제외되는 경우로 규정하고 있으나, 이는 교육과정과 내용의 구체적 결정, 과제의 부과, 성적의 평가, 공식적 징계에 이르지 아니한 질책·훈계 등과 같이 교육·훈련의 목적을 직접 달성하기 위하여 행하는 사항을 말하는 것으로 보아야 하고, 생도에 대한 퇴학처분과 같이 신분을 박탈하는 징계처분은 여기에 해당한다고 볼 수 없다(대판 2018.3.13, 2016두33339).

⑨ 사람의 학식·기능에 관한 시험·검정의 결과에 따라 행하는 사항(9호)

⑩ 「배타적 경제수역에서의 외국인어업 등에 대한 주권적 권리의 행사에 관한 법률」에 따라 행하는 사항(10호)

⑪ 특허법, 실용신안법, 디자인보호법, 상표법에 따른 사정·결정·심결, 그 밖의 처분에 관한 사항(11호)

■ 적용제외 대상이 아닌 것
1. 상대방에게 상당한 불이익을 줄 우려가 있는 처분
2. 공중위생, 식품위생 및 보건에 관한 사항
3. 대통령이 직접 행하는 처분사항
4. 대통령의 승인을 얻어 행하는 사항
5. 과징금 부과처분

Ⅳ 행정청의 관할·협조·행정응원

1. 관 할

행정청이 그 관할에 속하지 아니하는 사안을 접수하였거나 이송받은 경우에는 지체 없이 이를 관할 행정청에 이송하여야 하고 그 사실을 신청인에게 통지하여야 한다. 행정청이 접수하거나 이송받은 후 관할이 변경된 경우에도 또한 같다(제6조 제1항). 행정청의 관할이 분명하지 아니한 경우에는 해당 행정청을 공통으로 감독하는 상급 행정청이 그 관할을 결정하며, 공통으로 감독하는 상급 행정청이 없는 경우에는 각 상급 행정청이 협의(당해 행정청의 협의나 법원이 아님)하여 그 관할을 결정한다(같은 조 제2항).

2. 협조

행정청은 행정의 원활한 수행을 위하여 서로 협조하여야 한다(제7조).

3. 행정응원

(1) 응원요청 사유

행정청은 다음 각 호의 어느 하나에 해당하는 경우에는 다른 행정청에 행정응원을 요청할 수 있다(제8조 제1항).

> 1. 법령등의 이유로 독자적인 직무 수행이 어려운 경우
> 2. 인원·장비의 부족 등 사실상의 이유로 독자적인 직무 수행이 어려운 경우
> 3. 다른 행정청에 소속되어 있는 전문기관의 협조가 필요한 경우
> 4. 다른 행정청이 관리하고 있는 문서(전자문서를 포함한다)·통계 등 행정자료가 직무 수행을 위하여 필요한 경우
> 5. 다른 행정청의 응원을 받아 처리하는 것이 보다 능률적이고 경제적인 경우

(2) 응원거부 사유

행정응원을 요청받은 행정청은 다음 각 호의 어느 하나에 해당하는 경우에는 응원을 거부할 수 있다(같은 조 제2항).

> 1. 다른 행정청이 보다 능률적이거나 경제적으로 응원할 수 있는 명백한 이유가 있는 경우
> 2. 행정응원으로 인하여 고유의 직무 수행이 현저히 지장받을 것으로 인정되는 명백한 이유가 있는 경우

(3) 절 차

행정응원은 해당 직무를 직접 응원할 수 있는 행정청에 요청하여야 한다(같은 조 제3항). 행정응원을 요청받은 행정청은 응원을 거부하는 경우 그 사유를 응원을 요청한 행정청에 통지하여야 한다(같은 조 제4항).

(4) 지휘·감독

행정응원을 위하여 파견된 직원은 응원을 요청한 행정청(원소속행정청이 아님)의 지휘·감독을 받는다. 다만, 해당 직원의 복무에 관하여 다른 법령등에 특별한 규정이 있는 경우에는 그에 따른다(같은 조 제5항).

(5) 비용부담

행정응원에 드는 비용은 응원을 요청한 행정청이 부담하며, 그 부담금액 및 부담방법은 응원을 요청한 행정청과 응원을 하는 행정청이 협의하여 결정한다(같은 조 제6항).

V 행정절차의 당사자등

1. 당사자등의 의의

당사자등이란 행정청의 처분에 대하여 직접 그 상대가 되는 당사자(상대방), 행정청이 직권으로 또는 신청에 따라 행정절차에 참여하게 한 이해관계인(제3자)을 말한다(제2조 제4호). 즉, 모든 이해관계인이 아니다.

2. 당사자등의 자격

다음 각 호의 어느 하나에 해당하는 자는 행정절차에서 당사자등이 될 수 있다(제9조).

> 1. 자연인
> 2. 법인, 법인이 아닌 사단 또는 재단(법인등)
> 3. 그 밖에 다른 법령등에 따라 권리의무의 주체가 될 수 있는 자

행정청이란 다음 각 목의 자를 말한다(제2조 제1호).

> 가. 행정에 관한 의사를 결정하여(의결권) 표시하는(표시권) 국가 또는 지방자치단체의 기관(조직법적 의미의 행정청)
> 나. 그 밖에 법령 또는 자치법규(법령등)에 따라 행정권한을 가지고 있거나 위임 또는 위탁받은 공공단체 또는 그 기관이나 사인(공무수탁사인)

3. 지위의 승계

(1) 포괄승계(당연승계)

당사자등이 사망하였을 때의 상속인과 다른 법령등에 따라 당사자등의 권리 또는 이익을 승계한 자는 당사자등의 지위를 승계한다(제10조 제1항). 당사자등인 법인등이 합병하였을 때에는

합병 후 존속하는 법인등이나 합병 후 새로 설립된 법인등이 당사자등의 지위를 승계한다(같은 조 제2항). 제1항 및 제2항에 따라 당사자등의 지위를 승계한 자(포괄승계인)는 행정청에 그 사실을 통지하여야 한다(같은 조 제3항). 제3항에 따른 통지가 있을 때까지 사망자 또는 합병 전의 법인등에 대하여 행정청이 한 통지는 제1항 또는 제2항에 따라 당사자등의 지위를 승계한 자에게도 효력이 있다(같은 조 제5항).

(2) 특정승계(승인필요)

처분에 관한 권리 또는 이익을 사실상 양수한 자는 행정청의 승인을 받아 당사자등의 지위를 승계할 수 있다(제10조 제4항).

4. 대표자

다수의 당사자등이 공동으로 행정절차에 관한 행위를 할 때에는 대표자를 선정할 수 있다(제11조 제1항). 행정청은 제1항에 따라 당사자등이 대표자를 선정하지 아니하거나 대표자가 지나치게 많아 행정절차가 지연될 우려가 있는 경우에는 그 이유를 들어 상당한 기간 내에 3인 이내의 대표자를 선정할 것을 요청할 수 있다. 이 경우 당사자등이 그 요청에 따르지 아니하였을 때에는 행정청이 직접 대표자를 선정할 수 있다(같은 조 제2항). 당사자등은 대표자를 변경하거나 해임할 수 있다(같은 조 제3항). 대표자는 각자 그를 대표자로 선정한 당사자등을 위하여 행정절차에 관한 모든 행위를 할 수 있다. 다만, 행정절차를 끝맺는 행위에 대하여는 당사자등의 동의를 받아야 한다(같은 조 제4항). 대표자가 있는 경우에는 당사자등은 그 대표자를 통하여서만 행정절차에 관한 행위를 할 수 있다(같은 조 제5항). 다수의 대표자가 있는 경우 그 중 1인에 대한 행정청의 행위는 모든 당사자등에게 효력이 있다. 다만, 행정청의 통지는 대표자 모두(1인이 아님)에게 하여야 그 효력이 있다(같은 조 제6항). 당사자등이 대표자 또는 대리인을 선정하거나 선임하였을 때에는 지체 없이 그 사실을 행정청에 통지하여야 한다. 대표자 또는 대리인을 변경하거나 해임하였을 때에도 또한 같다(제13조 제1항). 제1항에도 불구하고 제12조 제1항 제4호에 따라 청문 주재자가 대리인의 선임을 허가한 경우에는 청문 주재자가 그 사실을 행정청에 통지하여야 한다(같은 조 제2항).

5. 대리인

당사자등은 ① 당사자등의 배우자, 직계존속·비속 또는 형제자매, ② 당사자등이 법인 등인 경우 그 임원 또는 직원, ③ 변호사, ④ 행정청 또는 청문 주재자(청문의 경우만 해당한다)의 허가를 받은 자, ⑤ 법령등에 따라 해당 사안에 대하여 대리인이 될 수 있는 자를 대리인으로 선임할 수 있다(제12조 제1항). 대리인에 관하여는 제11조 제3항·제4항 및 제6항을 준용한다(같은 조 제2항).

관련 판례

1. 행정청은 징계와 같은 불이익처분절차에서 징계심의대상자가 선임한 변호사가 징계위원회에 출석하여 징계심의대상자를 위하여 필요한 의견을 진술하는 것을 거부할 수 없다(대판 2018.3.13, 2016두33339).
2. 육군3사관학교 사관생도에 대한 징계절차에서 징계심의대상자가 대리인으로 선임한 변호사가 징계위원회 심의에 출석하여 진술하는 것을 막은 경우, 징계처분이 위법하여 취소되어야 한다(대판 2018.3.13, 2016두33339).

Ⅵ 처분절차

수익적·침익적 처분의 공통	수익적 처분에만 적용	불이익처분에만 적용
1. 처분기준의 설정·공표(제20조) 2. 처분의 이유제시(강학상 이유부기)(제23조) 3. 처분의 방식: 문서주의(제24조) 4. 처분의 정정(명백한 오기·오산)(제25조) 5. 고지제도	1. 처분의 신청(제17조) 2. 다수의 행정청이 관여하는 처분(제18조) 3. 처리기간 설정·공표(제19조)	1. 처분의 사전통지(제21조 제1항·제3항) 2. 의견청취 　①의견제출(약식청문) 　②청문(정식청문) 　③공청회

1. 정식절차인 청문과 공청회는 개별법에 근거가 있거나, 행정청 스스로 필요 인정 시에만 실시의무(행정절차법상 실시의무 없음)
2. 이유부기와 의견제출은 행정절차법상 의무적 절차. 단, 예외사항 있음.

1. 다수의 행정청이 관여하는 처분

행정청은 다수의 행정청이 관여하는 처분을 구하는 신청을 접수한 경우에는 관계 행정청과의 신속한 협조를 통하여 그 처분이 지연되지 아니하도록 하여야 한다(제18조).

2. 처리기간의 설정·공표의무(기간 내 처리는 훈시규정 ⇔ 강행규정)

행정청은 신청인의 편의를 위하여 처분의 처리기간을 종류별로 미리 정하여 공표하여야 한다(제19조 제1항). 행정청은 부득이한 사유로 제1항에 따른 처리기간 내에 처분을 처리하기 곤란한 경우에는 해당 처분의 처리기간의 범위에서 한 번만 그 기간을 연장할 수 있다(같은 조 제2항). 행정청은 제2항에 따라 처리기간을 연장할 때에는 처리기간의 연장 사유와 처리 예정 기한을 지체 없이 신청인에게 통지하여야 한다(같은 조 제3항). 행정청이 정당한 처리기간 내에 처리하지 아니하였을 때에는 신청인은 해당 행정청 또는 그 감독 행정청에 신속한 처리를 요청할 수 있다(같은 조 제4항).

행정절차법이나 「민원사무 처리에 관한 법률」상 처분·민원의 처리기간에 관한 규정은 강행규정이 아니고, 행정청이 처리기간을 지나 처분을 한 경우 및 「민원 처리에 관한 법률 시행령」 제23조에 따른 민원처리진행 상황 통지를 하지 않은 경우, 처분을 취소할 절차상 하자로 볼 수 없다

처분이나 민원의 처리기간을 정하는 것은 신청에 따른 사무를 가능한 한 조속히 처리하도록 하기 위한 것이다. **처리기간에 관한 규정은 훈시규정에 불과할 뿐 강행규정이라고 볼 수 없다.** 행정청이 처리기간이 지나 처분을 하였더라도 이를 처분을 취소할 절차상 하자로 볼 수 없다. 민원처리법 시행령 제23조에 따른 민원처리진행상황 통지도 민원인의 편의를 위한 부가적인 제도일 뿐, 그 통지를 하지 않았더라도 이를 처분을 취소할 절차상 하자로 볼 수 없다(대판 2019.12.13, 2018두41907).

3. 처분기준의 설정·공표의무(처분기준해석·설명요청권)

행정청은 필요한 처분기준을 해당 처분의 성질에 비추어 되도록 구체적으로 정하여 공표하여야 한다. 처분기준을 변경하는 경우에도 또한 같다(제20조 제1항). 처분기준을 공표하는 것이 해당 처분의 성질상 현저히 곤란하거나 공공의 안전 또는 복리를 현저히 해치는 것으로 인정될 만한 상당한 이유가 있는 경우에는 처분기준을 공표하지 아니할 수 있다(같은 조 제2항). 당사자등은 공표된 처분기준이 명확하지 아니한 경우 해당 행정청에 그 해석 또는 설명을 요청할 수 있다. 이 경우 해당 행정청은 특별한 사정이 없으면 그 요청에 따라야 한다(같은 조 제3항).

1. 행정절차법 제20조 제1항에서 행정청으로 하여금 처분기준을 구체적으로 정하여 공표할 의무를 부과한 취지 및 처분기준 사전공표 의무의 예외를 정한 같은 조 제2항에 따라 처분기준을 따로 공표하지 않거나 개략적으로만 공표할 수 있는 경우

   행정청으로 하여금 처분기준을 구체적으로 정하여 공표하도록 한 것은 해당 처분이 가급적 미리 공표된 기준에 따라 이루어질 수 있도록 함으로써 해당 처분의 상대방으로 하여금 결과에 대한 예측가능성을 높이고 이를 통하여 행정의 공정성, 투명성, 신뢰성을 확보하며 행정청의 자의적인 권한행사를 방지하기 위한 것이다. 그러나 **처분의 성질상 처분기준을 미리 공표하는 경우 행정목적을 달성할 수 없게 되거나 행정청에 일정한 범위 내에서 재량권을 부여함으로써 구체적인 사안에서 개별적인 사정을 고려하여 탄력적으로 처분이 이루어지도록 하는 것이 오히려 공공의 안전 또는 복리에 더 적합한 경우**도 있다. 그러한 경우에는 행정절차법 제20조 제2항에 따라 **처분기준을 따로 공표하지 않거나 개략적으로만 공표할 수도** 있다(대판 2019.12.13, 2018두41907).

2. 행정청이 행정절차법 제20조 제1항의 처분기준 사전공표 의무를 위반하여 미리 공표하지 아니한 기준을 적용하여 처분을 하였다는 사정만으로 해당 처분에 취소사유에 이를 정도의 흠이 존재한다고 할 수 없고, 해당 처분에 적용한 기준이 상위법령의 규정이나 법의 일반원칙을 위반하였거나 객관적으로 합리성이 없다고 볼 수 있는 구체적인 사정이 있는 경우, 해당 처분은 위법하다(대판 2020.12.24, 2018두45633).

3. 행정청이 관계 법령의 규정이나 자체적인 판단에 따라 처분상대방에게 특정한 권리나 이익 또는 지위 등을 부여한 후 일정한 기간마다 심사하여 갱신여부를 판단하는 이른바 '갱신제'를 채택하여 운용하는 경우, 처분상대방은 갱신 여부에 관하여 합리적인 기준에 의한 공정한 심사를 요구할 권리를 가진다(대판

2020.12.24, 2018두45633).

4. '공정한 심사'의 의미

여기에서 '공정한 심사'란 갱신 여부가 행정청의 자의가 아니라 객관적이고 합리적인 기준에 의하여 심사되어야 할 뿐만 아니라, 처분상대방에게 사전에 심사기준과 방법의 예측가능성을 제공하고 사후에 갱신 여부 결정이 합리적인 기준에 의하여 공정하게 이루어졌는지를 검토할 수 있도록 심사기준이 사전에 마련되어 공표되어 있어야 함을 의미한다(대판 2020.12.24, 2018두45633).

5. 사전에 공표한 심사기준을 심사대상기간이 이미 경과하였거나 상당 부분 경과한 시점에서 처분상대방의 갱신 여부를 좌우할 정도로 중대하게 변경하는 것은 원칙적으로 허용되지 않는다[피고(문화체육관광부장관)가 '중국 단체관광객 유치 전담여행사' 지정과 관련하여 원고(주식회사 한중네트웍)에 대한 2년의 갱신제 심사대상기간이 만료된 후 갱신심사 도중에 심사기준을 변경하여 변경된 심사기준에 따라 갱신 거부처분을 하여 다투어진 사안](대판 2020.12.24, 2018두45633).

4. 이유부기

(1) 이유부기의 의의

이유부기란 처분을 함에 있어 법적·사실적 근거와 이유를 구체적으로 명시하도록 하는 것(행정절차법 제23조 제1항 본문)을 말하는데, 이유명시·이유강제라고도 하고 행정절차법상으로는 '이유제시'라고 규정하고 있다.

청문은 단순히 당사자의 의견을 듣는 데 그치는 것이 아니라, 청문을 통해 진술된 당사자의 의견이나 자료에 대해 행정기관이 이유부기의 내용을 통하여 구체적인 평가를 행하여야 한다. 따라서 이유부기는 청문의 기능을 실질적으로 보장하는 역할을 한다.

(2) 이유부기의 기능

이유부기는 ① 명료화기능(사안을 설명하며 명확하게 하는 기능), ② 설득기능·충족기능·동의기능(당사자를 양해시키고 만족시켜 공동의 동의를 가져오는 기능), ③ 정당화기능·결정기능(정당한 결론의 도출을 가능하게 하는 기능), ④ 권리구제기능(상대방의 불복 여부의 결정과 불복신청에 편의제공), ⑤ 자기통제기능(처분 전에 상대방의 불복가능성을 고려하여 자의를 배제, 신중하고 합리적이며 공정한 처분을 가능하게 하는 기능), ⑥ 외부적 통제기능(외부기관에 의한 통제기능), ⑦ 사후통제 시 부담완화기능 등 다양한 기능을 발휘한다.

1. 이유제시의 취지

국세징수법의 납세고지에 관한 규정은 헌법상 적법절차의 원칙과 행정절차법의 기본 원리를 과세처분의 영역에도 그대로 받아들여, 과세관청으로 하여금 자의를 배제한 신중하고도 합리적인 과세처분을 하게 함으로써 조세행정의 공정을 기함과 아울러 납세의무자에게 과세처분의 내용을 자세히 알려주어 이에 대한 불복 여부의 결정과 불복신청의 편의를 주려는 데 그 근본취지가 있다(대판 2014.1.16, 2013두 17305).

2. 법인에 대한 소득금액변동통지를 일정한 사항을 기재한 서면에 의하도록 한 이유, 소득금액변동통지서에 소득의 귀속자나 귀속자별 소득금액을 특정하여 기재하지 않고 한 소득금액변동통지가 위법한지 여부(원칙적 적극) 및 소득금액변동통지서에 기재하여야 할 사항을 일부 누락하거나 잘못 기재하였더라도 소득금액변동통지가 위법하다고 볼 수 없는 경우

과세관청이 소득금액변동통지서에 소득의 귀속자나 소득의 귀속자별 소득금액을 특정하여 기재하지 아니한 채 소득금액변동통지를 한 경우에는 특별한 사정이 없는 한 소득금액변동통지는 위법하나, 과세관청이 소득금액변동통지서에 기재하여야 할 사항을 일부 누락하거나 잘못 기재하였더라도 그것이 사소한 누락 또는 명백한 착오에 해당함이 소득금액변동통지서상 분명하거나 소득금액변동통지에 앞서 이루어진 세무조사결과통지 등에 의하여 원천징수의무자가 그러한 사정을 충분히 알 수 있어서 소득종류, 소득자, 소득금액 및 그에 따른 원천징수세액을 특정하고 원천징수의무자가 불복신청을 하는 데 지장을 초래하지 아니하는 경우라면 소득금액변동통지를 위법하다고 볼 것은 아니다(대판 2014.8.20, 2012두 23341).

(3) 법적 근거

행정절차법 제23조에서 행정행위의 이유부기에 관한 일반적인 규정을 두고 있다. 행정절차법상 이유부기는 의견제출과 마찬가지로 행정청의 의무사항이다. 그러나 처분절차에만 적용되기 때문에 행정처분이 아닌 공법상 계약에는 이유부기를 요하지 않는다는 것이 판례이다.

계약직공무원인 국방홍보원장의 해촉은 행정처분이 아니므로 이유제시를 하지 않아도 된다(피바다사건)
계약직공무원 채용계약 해지의 의사표시는 일반공무원에 대한 징계처분과는 달라서 항고소송의 대상이 되는 처분등의 성격을 가진 것으로 인정되지 아니하고, 일정한 사유가 있을 때에 국가 또는 지방자치단체가 채용계약관계의 한쪽 당사자로서 대등한 지위에서 행하는 의사표시로 취급되는 것으로 이해되므로, 이를 징계해고 등에서와 같이 그 징계사유에 한하여 효력 유무를 판단하여야 하거나, **행정처분과 같이 행정절차법에 의하여 근거와 이유를 제시하여야 하는 것은 아니다**(대판 2002.11.26, 2002두5948).

(4) 이유부기의 예외

행정청은 처분을 할 때에는 다음 각 호의 어느 하나에 해당하는 경우를 제외하고는 당사자에게 그 근거와 이유를 제시하여야 한다(제23조 제1항).

행정청은 제1항 제2호 및 제3호의 경우에 처분 후 당사자가 요청하는 경우에는 그 근거와 이유를 제시하여야 한다(같은 조 제2항). 이에 해당하는가의 여부는 엄격히 새겨야 한다.

(5) 이유부기의 내용과 정도

① 이유부기의 내용 : 행정청은 처분의 주된 법적 근거 및 사실상의 사유를 구체적으로 제시해야 한다.

② 이유부기의 정도 : 이유부기는 처분사유를 이해할 수 있을 정도로 구체적으로 행정청이 결정에 이르게 된 사실상이나 법률상의 근거를 제시하여야 한다. 법적 근거는 적용법조 및 법원칙을 구체적으로 제시하여야 하며, 또한 재량결정에 있어서의 이유부기에는 행정청이 자기의 재량 행사에서 기준으로 하였던 관점도 알려야 한다(독일 연방행정절차법 제39조).

1. 세무서장인 피고가 주류도매업자인 원고에 대하여 한 이 사건 **일반주류도매업면허취소통지에 "상기 주류도매장은 무면허 주류판매업자에게 주류를 판매하여 주세법 제11조 및 「국세법사무처리규정」 제26조에 의거 지정조건위반으로 주류판매면허를 취소합니다."**라고만 되어 있어서 원고의 **영업기간과 거래 상대방 등에 비추어 원고가 어떠한 거래행위로 인하여 이 사건 처분을 받았는지 알 수 없게 되어 있다면 이 사건 면허취소처분은 위법**하다(대판 1990.9.11, 90누1786).

2. 이유부기 정도
   일반적으로 **당사자가 근거 규정 등을 명시하여 신청하는 인허가 등을 거부하는 처분을 함에 있어 당사자가 그 근거를 알 수 있을 정도로 상당한 이유를 제시한 경우에는 당해 처분의 근거 및 이유를 구체적 조항 및 내용까지 명시하지 않았더라도 그로 말미암아 그 처분이 위법한 것이 된다고 할 수 없다.** 행정청이 토지형질변경허가신청을 불허하는 근거 규정으로 '도시계획법 시행령' 제20조를 명시하지 아니하고 '도시계획법'이라고만 기재하였으나, 신청인이 자신의 신청이 개발제한구역의 지정목적에 현저히 지장을 초래하는 것이라는 이유로 구 '도시계획법 시행령' 제20조 제1항 제2호에 따라 불허된 것임을 알 수 있었던 경우, 그 불허처분은 위법하지 아니하다(대판 2002. 5.17, 2000두8912).

3. 행정청이 당사자가 신청하는 허가 등을 거부하는 처분을 하면서 처분의 근거와 이유를 구체적으로 명시하지는 않았으나 당사자가 그 근거를 알 수 있을 정도로 이유를 제시한 경우, 그 처분은 위법하지 않다(대판 2017.8.29, 2016두44186).

4. '이유를 제시한 경우'의 의미
   '이유를 제시한 경우'는 처분서에 기재된 내용과 관계 법령 및 당해 처분에 이르기까지의 전체적인 과정 등을 종합적으로 고려하여, 처분 당시 당사자가 어떠한 근거와 이유로 처분이 이루어진 것인지를 충분히 알 수 있어서 그에 불복하여 행정구제절차로 나아가는 데 별다른 지장이 없었다고 인정되는 경우를 뜻한다(대판 2017.8.29, 2016두44186).

5. 구체적이고 합리적인 이유의 제시 없이 사업계획의 부적정 통보를 하거나 사업계획서를 반려하는 경우에는 재량권의 일탈·남용에 해당하여 위법하다(대판 2004.5.28, 2004두961).

6. 납세고지서의 하자 여부의 판단방법 및 그 하자를 사전에 보완할 수 있는 요건
   납세고지서에는 원칙적으로 납세의무자가 부과처분의 내용을 상세하게 알 수 있도록 과세대상 재산을 특정하고 그에 대한 과세표준액, 적용할 세율 등 세액의 산출근거를 구체적으로 기재하여야 하고, 위 규정은 강행규정으로서 위 규정에서 요구하는 사항 중 **일부를 누락시킨 하자가 있는 경우 그 과세처분은 위법**하다 할 것이나, 한편 납세고지서에 과세대상과 그에 대한 과세표준액, 세율, 세액산출방법 등 세액 산출의 구체적 과정과 기타 필요한 사항이 상세히 기재되어 있어 **납세의무자가 당해 부과처분의 내용을 확연하게 파악할 수 있고 과세표준액과 세율에 관한 근거 법령이 기재되어 있다면 그 근거 법령이 다소 총괄적으로 기재되어 있다 하여도 특별한 사정이 없는 한 위 법이 요구하는 세액산출근거의 기재요건을 충족**한 것으로 보아야 할 것이고, **과세관청이 과세처분에 앞서 납세의무자에게 보낸 과세예고통지서 등에 납세고지서의 필요적 기재사항이 제대로 기재되어 있어 납세의무자가 그 처분에 대한 불복 여부의 결정 및 불복신청에 전혀 지장을 받지 않았음이 명백하다면, 이로써 납세고지서의 하자가 보완되거나 치유**될 수 있다(대판 2010.11.11, 2008두5773).

7. 납세고지서에 과세대상과 그에 대한 과세표준액, 세액, 세액산출방법 등은 상세히 기재하면서 구체적 근거 법령인 '지방세법 시행령'과 조례의 규정을 누락한 경우 부과처분은 적법이다(대판 2008.11.13, 2007두160).

8. 시설 종목마다 각각 다른 공동시설세 세율 중 구 지방세법 제240조 제1항 제1호, 제2호에 정한 '소방시설에 요하는 공동시설세'의 세율은 납세고지서에 상세히 기재하였으나 시설 종목을 표시하는 세목은 기재하지 않은 경우, 공동시설세 부과처분은 적법하다(대판 2008.11.13, 2007두160).

9. "귀하의 소유 우리시 과천동 ○○번지상의 이축 전 기존건축물이 신축건물사용승인 전에 철거하여야 함에도 이행되지 않아 통보하오니 2007. 7. 15.까지 철거하시고 전·후 사진을 제출하시기 바랍니다."라고 기재되어 있을 뿐 그 근거 법령은 기재되어 있지 않더라도 이유부기의 하자가 아니다(대판 2011.1.13, 2009두20755).

10. 납세고지서에 해당 본세의 과세표준과 세액의 산출근거 등이 제대로 기재되지 않은 경우 과세처분은 원칙적으로 위법하고, 하나의 납세고지서에 의하여 복수의 과세처분을 하는 경우에는 과세처분별로 그 세액과 산출근거 등을 구분하여 기재함으로써 납세의무자가 각 과세처분의 내용을 알 수 있도록 해야 한다[대판(전합) 2012.10.18, 2010두12347].

11. 하나의 납세고지서에 본세와 가산세를 함께 부과할 때 및 여러 종류의 가산세를 함께 부과하는 경우, 납세고지서의 기재 방식 / 본세와 가산세 각각의 세액과 산출근거 및 가산세 상호 간의 종류별 세액과 산출근거 등을 구분하여 기재하지 않은 채 본세와 가산세의 합계액 등만을 기재한 경우, 과세처분은 위법하다(대판 2018.12.13, 2018두128).

12. 납세고지에 관한 구 국세징수법 제9조 제1항의 규정이나 개별 세법의 규정 취지는 가산세의 납세고지에도 적용된다[대판(전합) 2012.10.18, 2010두12347].

13. 행정절차법 제23조 제1항의 규정 취지 및 처분서에 처분의 근거와 이유가 구체적으로 명시되어 있지 않은 처분이라도 절차상 위법하지 않은 경우
    처분서에 기재된 내용과 관계 법령 및 당해 처분에 이르기까지 전체적인 과정 등을 종합적으로 고려하여, 처분 당시 당사자가 어떠한 근거와 이유로 처분이 이루어진 것인지를 충분히 알 수 있어서 그에 불복

하여 행정구제절차로 나아가는 데에 별다른 지장이 없었던 것으로 인정되는 경우에는 처분서에 처분의 근거와 이유가 구체적으로 명시되어 있지 않았다고 하더라도 그로 말미암아 그 처분이 위법한 것으로 된다고 할 수는 없다(대판 2013.11.14, 2011두18571).

14. 구체적이고 합리적인 이유의 제시 없이 사업계획의 부적정 통보를 하거나 사업계획서를 반려하는 경우에는 재량권의 일탈·남용에 해당하여 위법하다(대판 2004.5.28, 2004두961).

15. 납세의무자가 부과처분이나 세액 징수처분과 구별되는 초과환급금 환수처분이라는 점과 환수를 요하는 구체적인 사유 등을 알 수 있을 정도인 경우, 납세고지서에 국세기본법 제51조 제7항과 같은 근거 규정을 적시하지 않았다거나 초과환급금 액수의 구체적 계산내역을 기재하지 않았다는 사정만으로 환수처분이 위법하다고 볼 수 없다(대판 2014.1.16, 2013두17305).

16. 교육부장관이 부적격사유가 없는 후보자들 사이에서 어떤 후보자를 상대적으로 총장 임용에 더 적합하다고 판단하여 임용제청하는 경우, 임용제청 행위 자체로서 행정절차법상 이유제시의무를 다한 것이고, 나아가 교육부장관에게 개별 심사항목이나 고려요소에 대한 평가 결과를 자세히 밝힐 의무는 없다(대판 2018.6.15, 2016두57564).

(6) 이유부기의 방식(문서주의)

행정절차법상 처분의 방식은 원칙적으로 문서로 하게 되어 있고(제24조 제1항), 「민원 처리에 관한 법률」에서도 처리결과의 통지는 원칙적으로 문서로 하게 되어 있는바, 이러한 경우에는 그 이유부기도 당해 문서로 하여야 할 것이다.

(7) 이유부기를 결한 하자

이유부기의 하자란 ① 행정절차법 제23조 제1항에 따라 행정청이 처분이유를 제시해야 함에도 처분이유를 전혀 제시하지 않은 경우, ② 처분이유를 불충분하게 제시한 경우 및 ③ 당사자가 처분이유의 제시를 처분 후에 요청하였음에도 처분이유를 제시하지 않거나 불충분하게 제시한 경우를 말한다. 통설과 판례는 이유부기의 하자를 포함한 절차하자의 독자적 위법사유를 인정한다.

5. 처분의 방식 및 고지

(1) 처분의 방식

① 문서주의 : 행정청이 처분을 할 때에는 다른 법령등에 특별한 규정이 있는 경우를 제외하고는 문서로 하여야 하며, 전자문서로 하는 경우에는 당사자등의 동의가 있어야 한다. 다만, 신속히 처리할 필요가 있거나 사안이 경미한 경우에는 말 또는 그 밖의 방법으로 할 수 있다. 이 경우 당사자가 요청하면 지체 없이 처분에 관한 문서를 주어야 한다(제24조 제1항).

1. 행정청이 문서로 처분을 한 경우, 처분서의 문언만으로도 행정청이 어떤 처분을 하였는지 분명함에도 문언과 달리 다른 처분까지 포함되어 있는 것으로 해석할 수 없다(대판 2016.10.13, 2016두42449).

2. 행정청이 문서로 처분을 한 경우, 어떤 처분을 하였는지는 문언에 따라 확정하여야 하고, 처분서의 문언만으로도 행정청이 어떤 처분을 하였는지 분명한 경우, 다른 사정을 고려하여 처분서의 문언과 달리 다른 처분까지 포함되어 있는 것으로 해석할 수 없다(대판 2017.8.29, 2016두44186).

3. 행정청이 문서로 처분을 하였으나 처분서의 문언만으로는 행정처분의 내용이 불분명한 경우, 처분 경위와 목적, 처분 이후 상대방의 태도 등을 고려하여 처분서의 문언과 달리 처분의 내용을 해석할 수 있고, 행정청이 행정처분을 하면서 논리적으로 당연히 수반되어야 하는 의사표시를 명시적으로 하지 않았으나 그것이 행정청의 추단적 의사에도 부합하고 상대방도 이를 알 수 있는 경우, 행정처분에 위와 같은 의사표시가 묵시적으로 포함되어 있다고 볼 수 있다(대판 2021.2.4, 2017다207932).

4. 행정청이 문서로 처분을 하였으나 처분서의 문언만으로는 행정처분의 내용이 불분명한 경우, 처분 경위와 목적, 처분 이후 상대방의 태도 등을 고려하여 처분서의 문언과 달리 처분의 내용을 해석할 수 있고, 행정청이 행정처분을 하면서 논리적으로 당연히 수반되어야 하는 의사표시를 명시적으로 하지 않았으나 그것이 행정청의 추단적 의사에도 부합하고 상대방도 이를 알 수 있는 경우, 행정처분에 위와 같은 의사표시가 묵시적으로 포함되어 있다고 볼 수 있다(대판 2021.2.4, 2017다207932).

5. 지방소방사시보 발령을 취소한다고만 기재되어 있는 인사발령통지서에 정규공무원인 지방소방사 임용행위까지 취소한다는 취지가 포함되어 있다고 볼 수 없다(대판 2005.7.28, 2003두469).

6. 행정청이 문서에 의하여 처분을 하였으나 그 처분서의 문언만으로는 행정처분의 내용이 불분명한 경우, 처분 경위나 처분 이후의 상대방의 태도 등을 고려하여 처분서의 문언과 달리 그 처분의 내용을 해석할 수 있다(대판 2010.2.11, 2009두18035).

7. 행정청의 처분의 방식에 관하여 규정한 행정절차법 제24조에 위반하여 행하여진 행정청의 처분은 그 하자가 중대하고 명백하여 원칙적으로 무효이다

행정의 공정성·투명성 및 신뢰성을 확보하고 국민의 권익을 보호하기 위한 것이므로 위 규정에 위반하여 행하여진 행정청의 처분은 그 하자가 중대하고 명백하여 원칙적으로 무효이다. 관할 소방서의 담당 소방공무원이 피고인에게 행정처분인 「소방시설설치유지 및 안전관리에 관한 법률」 제9조에 의한 소방시설의 시정보완명령을 구두로 고지한 것은 행정절차법 제24조에 위반한 것으로 그 하자가 중대하고 명백하여 위 시정보완명령은 당연무효라고 할 것이고, 무효인 위 시정보완명령에 따른 피고인의 의무위반이 생기지 아니하는 이상 피고인에게 위 시정보완명령에 위반하였음을 이유로 같은 법 제48조의2 제1호에 따른 행정형벌을 부과할 수 없다(대판 2011.11.10, 2011도11109).

8. 공익근무요원 소집통지를 받고 육군훈련소로 입영하여 교육소집을 받다가 교육시간 부족과 질병 등 사유로 퇴영조치된 갑에게 관할 지방병무청장이 다시 공익근무요원 소집통지를 한 사안에서, 처분 경위 등 모든 사정을 종합하여 위 처분은 새로운 '공익근무요원소집처분'이라기 보다 이미 공익근무요원으로 소집된 갑에 대하여 「병역법 시행령」 제111조의 교육소집처분이라고 본 원심판단을 정당하다고 한 사례(대판 2013.5.9, 2012두5985)

9. 명예전역 선발을 취소하는 처분은 행정절차법 제24조 제1항에 따라 문서로 해야 한다(대판 2019.5.30, 2016두49808).

10. 외국인(스티브유)의 사증발급 신청에 대한 거부처분이 행정절차법 제24조에서 정한 '처분서 작성·교부'를 할 필요가 없거나 곤란하다고 인정되는 사항이거나 행정절차법 제24조에 정한 절차를 따르지 않고 '행정절차에 준하는 절차'로 대체할 수 없다(대판 2019.7.11, 2017두38874).

11. 행정처분의 처분 방식에 관한 행정절차법 제24조 제1항을 위반한 처분은 무효이다(대판 2019.7.11,

2017두38874).
12. 행정청이 행정처분을 하면서 논리적으로 당연히 수반되어야 하는 의사표시를 명시적으로 하지 않았으나 그것이 행정청의 추단적 의사에도 부합하고 상대방도 이를 알 수 있는 경우, 행정처분에 위와 같은 의사표시가 묵시적으로 포함되어 있다고 볼 수 있다(대판 2020.10.29, 2017다269152).
13. 관할 행정청이 사회복지법인의 정식이사 선임보고를 수리하는 처분에 종전 임시이사 해임처분이 포함된 것으로 보아야 한다(대판 2020.10.29, 2017다269152).

② 처분실명제 : 처분을 하는 문서에는 그 처분 행정청과 담당자의 소속·성명 및 연락처(전화번호, 팩스번호, 전자우편주소)를 적어야 한다(같은 조 제2항)고 하여 처분실명제를 실시하고 있다.

(2) 처분의 고지

행정청이 처분을 할 때에는 당사자에게 그 처분에 관하여 행정심판 및 행정소송을 제기할 수 있는지 여부, 그 밖에 불복을 할 수 있는지 여부, 청구절차 및 청구기간, 그 밖에 필요한 사항을 알려야 한다(제26조).

6. 사전통지(불이익처분에 한정)

(1) 대상(원칙)

행정청은 당사자에게 의무를 부과하거나 권익을 제한하는 처분을 하는 경우에는(불이익처분에 한정) 미리 ① 처분의 제목, ② 당사자의 성명 또는 명칭과 주소, ③ 처분하려는 원인이 되는 사실과 처분의 내용 및 법적 근거, ④ ③에 대하여 의견을 제출할 수 있다는 뜻과 의견을 제출하지 아니하는 경우의 처리방법, ⑤ 의견제출기관의 명칭과 주소, ⑥ 의견제출기한, ⑦ 그 밖에 필요한 사항 등을 당사자등에게 통지하여야 한다(제21조 제1항).

관련 판례

1. 행정청이 구 식품위생법상의 영업자지위승계신고 수리처분을 하는 경우, 종전의 영업자가 행정절차법 제2조 제4호 소정의 '당사자'에 해당하므로 수리처분 시 종전의 영업자에게 행정절차법 소정의 행정절차를 실시하여야 한다

   행정청이 구 식품위생법 규정에 의하여 **영업자지위승계신고를 수리하는 처분은 종전의 영업자의 권익을 제한하는 처분**이라 할 것이고 따라서 종전의 영업자는 그 처분에 대하여 직접 그 상대가 되는 자에 해당한다고 봄이 상당하므로, 행정청으로서는 위 신고를 수리하는 처분을 함에 있어서 행정절차법 규정 소정의 당사자에 해당하는 **종전의 영업자에 대하여 위 규정 소정의 행정절차를 실시하고 처분을 하여야 한다**(대판 2003.2.14, 2001두7015).

2. 특별한 사정이 없는 한 신청에 대한 거부처분은 현재의 권익제한이 아니므로 사전통지대상이 되지 않는다

   신청에 따른 처분이 이루어지지 아니한 경우에는 아직 당사자에게 권익이 부과되지 아니하였으므로 특

별한 사정이 없는 한 신청에 대한 거부처분이라고 하더라도 직접 당사자의 권익을 제한하는 것은 아니어서 **신청에 대한 거부처분을 여기에서 말하는 '당사자의 권익을 제한하는 처분'에 해당한다고 할 수 없는 것이어서 처분의 사전통지대상이 된다고 할 수 없다**(대판 2003.11.28, 2003두674).

3. 행정청이 구 「관광진흥법」 또는 구 「체육시설의 설치·이용에 관한 법률」의 규정에 의하여 유원시설업자 또는 체육시설업자 지위승계신고를 수리하는 처분을 하는 경우, 종전 유원시설업자 또는 체육시설업자에 대하여 행정절차법 제21조 제1항 등에서 정한 처분의 사전통지 등 절차를 거쳐야 한다(대판 2012.12.13, 2011두29144).

(2) 예외사유

그러나 ① 공공의 안전 또는 복리를 위하여 긴급히 처분을 할 필요가 있는 경우, ② 법령등에서 요구된 자격이 없거나 없어지게 되면 반드시 일정한 처분을 하여야 하는 경우에 그 자격이 없거나 없어지게 된 사실이 법원의 재판 등에 의하여 객관적으로 증명된 경우, ③ 해당 처분의 성질상 의견청취가 현저히 곤란하거나 명백히 불필요하다고 인정될 만한 상당한 이유가 있는 경우에는 통지를 아니할 수 있다(같은 조 제4항). 제4항에 따라 사전 통지를 하지 아니하는 경우 행정청은 처분을 할 때 당사자등에게 통지를 하지 아니한 사유를 알려야 한다. 다만, 신속한 처분이 필요한 경우에는 처분 후 그 사유를 알릴 수 있다(같은 조 제6항).

관련판례

1. 예외사유

(1) 예외사유에 해당하는 경우 사전통지를 결하면 적법, 예외사유에 해당하지 않을 경우에는 위법

행정청이 침해적 행정처분을 함에 있어서 당사자에게 사전통지를 하거나 의견제출의 기회를 주지 아니하였다면 사전통지를 하지 않거나 의견제출의 기회를 주지 아니하여도 되는 예외적인 경우에 해당하지 아니하는 한 그 처분은 위법하여 취소를 면할 수 없다(대판 2004.5.28, 2004두1254).

(2) 사전고지나 그에 따른 당사자의 자진 폐공의 약속 등의 사유는 예외사유가 아니다(대판 2000. 11.14, 99두5870).

(3) 사전통지를 하고 의견제출의 기회를 준다면 많은 액수의 손실보상금을 기대하여 공사를 강행할 우려가 있다는 사정은 예외사유가 아니다(대판 2004.5.28, 2004두1254).

2. 처분상대방이 이미 행정청에 위반사실을 시인하였다거나 처분의 사전통지 이전에 의견을 진술할 기회가 있었다는 사정을 고려하여야 하는 것은 아니다

'의견청취가 현저히 곤란하거나 명백히 불필요하다고 인정될 만한 상당한 이유가 있는 경우'에 해당하는지는 해당 행정처분의 성질에 비추어 판단하여야 하며, 처분상대방이 이미 행정청에 위반사실을 시인하였다거나 처분의 사전통지 이전에 의견을 진술할 기회가 있었다는 사정을 고려하여 판단할 것은 아니다(대판 2016.10.27, 2016두41811).

3. 특별규정이 있을 경우 일반법인 행정절차법이 적용되지 않는다

(1) 행정절차법 제3조 제1항의 규정취지와 사립학교법 제20조의2 제2항이 행정절차법의 특별규정이다

사립학교법 제20조의2 제2항은 "제1항의 규정에 의한 취임승인의 취소는 관할청이 당해 학교법인에게 그 사유를 들어 시정을 요구한 날로부터 15일이 경과하여도 이에 응하지 아니한 경우에 한한다."고 규정하고 있는바, 비록 그 취지가 사학의 자율성을 고려하여 학교법인 스스로 임원의 위법·부당행위

를 시정할 기회를 주는 데 있다고 하더라도, 학교법인이나 해당 임원의 입장에서는 위 시정요구에 응하지 아니하면 임원취임승인이 취소되므로 관할청에 위 **시정요구사항에 대한 결과보고를 함에 있어서, 위 기간 안에 시정할 수 없는 사항에 대하여는 임원취임승인취소처분을 면하기 위하여 당연히 위 기간 안에 시정할 수 없는 사유와 그에 대한 앞으로의 시정계획, 학교법인의 애로사항 등에 관한 의견진술을 하게 될 것**인즉, 그렇다면 위 조항에 의한 **시정요구는 학교법인 이사장을 비롯한 임원들에게, 임원취임승인취소처분의 사전통지와 아울러 행정절차법 소정의 의견진술의 기회를 준 것에 다름 아니다**(대판 2002.2.5, 2001두7138).

(2) 도로구역변경고시는 사전통지나 의견청취의 대상이 되는 처분에 해당되지 않는다(대판 2008.6.12, 2007두1767).

(3) 사회복지시설에 대하여 특별감사를 실시한 후 행한 감사결과 지적사항에 대한 시정지시에는 사전통지나 의견진술의 기회를 부여할 필요가 없다(대판 2009.2.12, 2008두14999).

4. 불이익처분의 직접 상대방인 당사자 또는 행정청이 참여하게 한 이해관계인이 아닌 제3자에 대하여는 사전통지 및 의견제출에 관한 같은 법 제21조, 제22조가 적용되지 않는다(대판 2009.4.23, 2008두686).

5. 보조금 반환명령 당시 사전통지 및 의견제출 기회가 부여된 경우에도 뒤이은 평가인증취소처분에 대해서 사전통지의 예외를 인정할 수 없다

이 사건 평가인증취소처분은 이로 인하여 원고에 대한 인건비 등 보조금 지급이 중단되는 등 원고의 권익을 제한하는 처분에 해당하며, 보조금 반환명령과는 전혀 별개의 절차로서 보조금 반환명령이 있으면 피고 보건복지부장관이 평가인증을 취소할 수 있지만 반드시 취소하여야 하는 것은 아닌 점 등에 비추어 보면, 보조금 반환명령 당시 사전통지 및 의견제출의 기회가 부여되었다 하더라도 그 사정만으로 이 사건 평가인증취소처분이 구 행정절차법 제21조 제4항 제3호에서 정하고 있는 사전통지 등을 하지 아니하여도 되는 예외사유에 해당한다고도 볼 수 없으므로, 구 행정절차법 제21조 제1항에 따른 사전통지를 거치지 않은 이 사건 평가인증취소처분은 위법하다(대판 2016.11.9, 2014두1260).

처분의 전제가 되는 사실이 법원의 재판 등에 의하여 객관적으로 증명된 경우 등 제4항에 따른 사전통지를 하지 아니할 수 있는 구체적인 사항은 대통령령으로 정한다(같은 조 제5항).

법 제21조 제4항 및 제5항에 따라 사전 통지를 하지 아니할 수 있는 경우는 다음 각 호의 어느 하나에 해당하는 경우로 한다(같은 법 시행령 제13조 제1항).

1. 급박한 위해의 방지 및 제거 등 공공의 안전 또는 복리를 위하여 긴급한 처분이 필요한 경우
2. 법원의 재판 또는 준사법적 절차를 거치는 행정기관의 결정 등에 따라 처분의 전제가 되는 사실이 객관적으로 증명되어 처분에 따른 의견청취가 불필요하다고 인정되는 경우
3. 의견청취의 기회를 줌으로써 처분의 내용이 미리 알려져 현저히 공익을 해치는 행위를 유발할 우려가 예상되는 등 해당 처분의 성질상 의견청취가 현저하게 곤란한 경우
4. 법령 또는 자치법규(법령등)에서 준수하여야 할 기술적 기준이 명확하게 규정되고, 그 기준에 현저히 미치지 못하는 사실을 이유로 처분을 하려는 경우로서 그 사실이 실험, 계측, 그 밖에 객관적인 방법에 의하여 명확히 입증된 경우
5. 법령등에서 일정한 요건에 해당하는 자에 대하여 점용료·사용료 등 금전급부를 명하는 경우 법령등에서 규정하는 요건에 해당함이 명백하고, 행정청의 금액산정에 재량의 여지가 없거나 요율이 명확하게 정하여져 있는 경우 등 해당 처분의 성질상 의견청취가 명백히 불필요하다고 인정될 만한 상당한 이유가 있는 경우

1. 「행정절차법 시행령」 제13조 제2호에서 정한 "법원의 재판 또는 준사법적 절차를 거치는 행정기관의 결정 등에 따라 처분의 전제가 되는 사실이 객관적으로 증명되어 처분에 따른 의견청취가 불필요하다고 인정되는 경우"의 의미

   행정절차법 제21조, 제22조, 「행정절차법 시행령」 제13조의 내용을 행정절차법의 입법 목적과 의견청취 제도의 취지에 비추어 종합적·체계적으로 해석하면, 행정절차법 시행령 제13조 제2호에서 정한 "법원의 재판 또는 준사법적 절차를 거치는 행정기관의 결정 등에 따라 처분의 전제가 되는 사실이 객관적으로 증명되어 처분에 따른 의견청취가 불필요하다고 인정되는 경우"는 법원의 재판 등에 따라 처분의 전제가 되는 사실이 객관적으로 증명되면 행정청이 반드시 일정한 처분을 해야 하는 경우 등 의견청취가 행정청의 처분 여부나 그 수위 결정에 영향을 미치지 못하는 경우를 의미한다고 보아야 한다(대판 2020.7.23, 2017두66602).

2. 처분의 전제가 되는 '일부' 사실만 증명된 경우이거나 의견청취에 따라 행정청의 처분 여부나 처분 수위가 달라질 수 있는 경우라면 위 예외사유에 해당하지 않는다(대판 2020.7.23, 2017두66602).

3. 관할 시장(서산시장)이 甲에게 구 폐기물관리법 제48조 제1호에 따라 토지에 장기보관 중인 폐기물을 처리할 것을 명령하는 1차, 2차 조치명령을 각각 하였고, 甲이 위 각 조치명령을 불이행하였다고 하여 구 폐기물관리법 위반죄로 유죄판결이 각각 선고·확정되었는데, 이후 관할 시장이 폐기물 방치 실태를 확인하고 별도의 사전 통지와 의견청취 절차를 밟지 않은 채 甲에게 폐기물 처리에 관한 3차 조치명령을 한 사안에서, 3차 조치명령은 재량행위로서 「행정절차법 시행령」 제13조 제2호에서 정한 사전 통지, 의견청취의 예외사유에 해당하지 않는다고 한 사례(대판 2020.7.23, 2017두66602)

7. 의견청취절차(불이익처분에 한정)

의견청취절차로는 ① 의견제출(약식청문), ② 청문(정식청문), ③ 공청회가 있다.

(1) 의견제출(약식청문)

① 의의 : 의견제출이란 행정청이 어떠한 행정작용을 하기 전에 당사자등이 의견을 제시하는 절차로서 청문이나 공청회에 해당하지 아니하는 절차를 말한다(제2조 제7호). 반박과 재반박이 허용되지 않는다는 점(진술형 청문)이 청문(사실심형 청문)과 다르다.

② 실시사유와 대상 : 행정청이 당사자에게 의무를 부과하거나 권익을 제한하는 처분(불이익처분에 한정)을 할 때 청문이나 공청회를 실시하는 경우 외에는 당사자등에게 의견제출의 기회를 주어야 한다(제22조 제3항).

1. 퇴직연금의 환수결정은 당사자에게 의무를 과하는 처분이기는 하나, 관련 법령에 따라 당연히 환수금액이 정하여지는 것이므로, **퇴직연금의 환수결정에 앞서 당사자에게 의견진술의 기회를 주지 아니하여도 행정절차법 제22조 제3항이나 신의칙에 어긋나지 아니한다**(대판 2000.11.28, 99두5443).

2. 행정청이 의무를 부과하거나 권익을 제한하는 처분을 할 때 구 행정절차법 제22조 제3항에 따라 의견제출의 기회를 주어야 하는 '당사자'의 의미

구 행정절차법 제22조 제3항에 따라 행정청이 의무를 부과하거나 권익을 제한하는 처분을 할 때 의견제출의 기회를 주어야 하는 '당사자'는 '행정청의 처분에 대하여 직접 그 상대가 되는 당사자'(구 행정절차법 제2조 제4호)를 의미한다(대판 2014.10.27, 2012두7745).

3. '고시'의 방법으로 불특정 다수인을 상대로 의무를 부과하거나 권익을 제한하는 처분에서도 상대방에게 의견제출의 기회를 주어야 하는 것은 아니다(대판 2014.10.27, 2012두7745).

③ 내용: 당사자등은 처분 전에 그 처분의 관할행정청에 서면이나 말로 또는 정보통신망을 이용하여 의견제출을 할 수 있다(제27조 제1항). 당사자등은 제1항에 따라 의견제출을 하는 경우 그 주장을 입증하기 위한 증거자료 등을 첨부할 수 있다(같은 조 제2항). 행정청은 당사자등이 말로 의견제출을 하였을 때에는 서면으로 그 진술의 요지와 진술자를 기록하여야 한다(같은 조 제3항). 당사자등이 정당한 이유 없이 의견제출기한까지 의견제출을 하지 아니한 경우에는 의견이 없는 것으로 본다(같은 조 제4항).

④ 제출의견의 반영 등: 행정청은 처분을 할 때에 당사자등이 제출한 의견이 상당한 이유가 있다고 인정하는 경우에는 이를 반영하여야 한다(제27조의2 제1항). 행정청은 당사자등이 제출한 의견을 반영하지 아니하고 처분을 한 경우 당사자등이 처분이 있음을 안 날부터 90일 이내에 그 이유의 설명을 요청하면 서면으로 그 이유를 알려야 한다. 다만, 당사자등이 동의하면 말, 정보통신망 또는 그 밖의 방법으로 알릴 수 있다(같은 조 제2항).

(2) 청 문

① 의의: 청문이란 행정청이 어떠한 처분을 하기 전에 당사자등의 의견을 직접 듣고 증거를 조사하는 절차를 말한다(제2조 제5호).

청문제도의 취지는 처분으로 말미암아 불이익을 받게 될 영업자에게 미리 변명과 유리한 자료를 제출할 기회를 부여하려는 데에 있다(대판 1992.10.23, 92누2844).

② 사전통지의무: 행정청은 청문을 하려면 청문이 시작되는 날부터 10일 전(공청회는 14일 전)까지 일정한 사항을 당사자등에게 통지하여야 한다(제21조 제2항). 의견제출기한은 의견제출에 필요한 기간을 10일 이상으로 고려하여 정하여야 한다(같은 조 제3항).

③ 실시사유: 행정청이 처분을 할 때 다음 각 호의 어느 하나에 해당하는 경우에는 청문을 한다(제22조 제1항).

1. 다른 법령등에서 청문을 하도록 규정하고 있는 경우
2. 행정청이 필요하다고 인정하는 경우
3. 다음 각 목의 처분 시 제21조 제1항 제6호에 따른 의견제출기한 내에 당사자등의 신청이 있는 경우
    가. 인허가 등의 취소
    나. 신분·자격의 박탈
    다. 법인이나 조합 등의 설립허가의 취소

따라서 청문과 공청회는 행정절차법상 의무적 절차가 아니다.

1. 사학분쟁조정위원회가 학교법인의 정상화를 심의하는 과정에서 반드시 설립자나 종전이사의 의견을 청취하여야 하는 것은 아니다
   「사립학교법 시행령」 제9조의6 제3항, '사학분쟁조정위원회 운영규정' 제13조 제1항은 조정위원회가 안건의 심의에 필요하다고 인정할 경우 그 판단에 따라 이해관계인 등으로부터 의견을 청취할 수 있다고 규정하고 있을 뿐 반드시 이해관계인 등으로부터 의견청취를 하도록 규정하고 있지 아니하므로, 피고 서울특별시 교육감이 참가인의 임시이사를 해임하고 정식이사를 선임한 이 사건 처분이 원고들의 의견을 청취하지 아니한 상태에서 행하여졌다고 하여 위법하다고 볼 수 없다(대판 2014.1.23, 2012두6629).
2. 행정청이 침해적 행정처분을 할 때 처분의 근거 법령 등에서 청문을 실시하도록 규정하고 있는 경우, 반드시 청문을 실시하여야 하고, 청문절차를 결여한 처분은 위법한 처분으로 취소사유에 해당한다(대판 2017.4.7, 2016두63224).
3. 지방자치단체의 장이 「공유재산 및 물품관리법」에 근거하여 민간투자사업을 추진하던 중 우선협상대상자 지위를 박탈하는 처분을 하는 경우, 반드시 청문을 실시할 의무는 없다
   행정청이 당사자에게 의무를 부과하거나 권익을 제한하는 처분을 하는 경우에는 원칙적으로 행정절차법 제21조 제1항에 따른 사전통지를 하고, 제22조 제3항에 따른 의견제출 기회를 주는 것으로 족하며, 다른 법령 등에서 반드시 청문을 실시하도록 규정한 경우이거나 행정청이 필요하다고 인정하는 경우 등에 한하여 청문을 실시할 의무가 있다(대판 2020.4.29, 2017두31064).

④ 예외사유

다음의 경우에는 의견청취를 아니할 수 있다(제22조 제4항).

행정청이 침해적 행정처분을 하면서 당사자에게 위와 같은 사전통지를 하거나 의견제출의 기회를 주지 않았다면, 사전통지를 하지 않거나 의견제출의 기회를 주지 않아도 되는 예외적인 경우에 해당하지 않는 한, 그 처분은 위법하여 취소를 면할 수 없다(대판 2013.1.16, 2011두30687).

㉠ 공공의 안전 또는 복리를 위하여 긴급히 처분을 할 필요가 있는 경우

ⓛ 법령등에서 요구된 자격이 없거나 없어지게 되면 반드시 일정한 처분을 하여야 하는 경우에 그 자격이 없거나 없어지게 된 사실이 법원의 재판 등에 의하여 객관적으로 증명된 경우

기소유예처분에 대한 진정이 안동지청에서 공람종결된 경우는 예외사유가 아니다
원고가 기소유예 처분을 받았고, 그에 대한 원고의 진정이 안동지청에서 공람종결되었다고 하여 이 사건이 청문절차의 예외적 사유로 「행정절차법 시행령」 제13조 제3호가 규정하고 있는 '**법원의 판결 등에 의하여 처분의 전제가 되는 사실이 객관적으로 증명되어 처분에 따른 의견청취가 불필요하다고 판단되는 경우**'에 **해당한다고 볼 수 없다**(대판 2004.3.12, 2002두7517).

ⓒ 해당 '처분의 성질'상 의견청취가 현저히 곤란하거나 명백히 불필요하다고 인정될 만한 상당한 이유가 있는 경우(이상은 사전통지와 공통적인 예외사유임)

1. 청문통지서의 반송 여부(수취인 부재 및 수취인 미거주를 이유로 2회 반송), 청문통지의 방법(공시송달), 행정처분의 상대방이 청문일시에 불출석하였다는 이유는 청문의 예외사유가 아니다(서울시 종로구 청진동의 아케이드 이큅먼트사건)
   '의견청취가 현저히 곤란하거나 명백히 불필요하다고 인정될 만한 상당한 이유가 있는지 여부'는 당해 '행정처분의 성질'에 비추어 판단하여야 하는 것이지, 청문통지서의 반송 여부, 청문통지의 방법 등에 의하여 판단할 것은 아니며, 또한 행정처분의 상대방이 통지된 청문일시에 불출석하였다는 이유만으로 행정청이 관계 법령상 그 실시가 요구되는 청문을 실시하지 아니한 채 침해적 행정처분을 할 수는 없을 것이므로, **행정처분의 상대방에 대한 청문통지서가 반송되었다거나, 행정처분의 상대방이 청문일시에 불출석하였다는 이유로 청문을 실시하지 아니하고 한 침해적 행정처분은 위법**하다(대판 2001.4.13, 2000두3337).
2. 행정처분 시 의견청취 예외사유에 관한 행정절차법 제22조 제4항, 제21조 제4항 제3호에서 '의견청취가 현저히 곤란하거나 명백히 불필요하다고 인정될 만한 상당한 이유가 있는 경우'에 해당하는지 판단할 때 처분상대방이 이미 행정청에 위반사실을 시인하였다거나 처분의 사전통지 이전에 의견을 진술할 기회가 있었다는 사정을 고려하여야 하는 것은 아니다(대판 2017.4.7, 2016두63224).

ⓔ 당사자가 의견진술의 기회를 포기한다는 뜻을 명백히 표시한 경우

행정청과 당사자 사이의 의견청취절차배제협약은 예외사유가 아니다
행정청이 당사자와 사이에 도시계획사업의 시행과 관련한 협약을 체결하면서 관계 법령 및 행정절차법에 규정된 청문의 실시 등 의견청취절차를 배제하는 조항을 두었다고 하더라도, 국민의 행정참여를 도모함으로써 행정의 공정성·투명성 및 신뢰성을 확보하고 국민의 권익을 보호한다는 행정절차법의 목적 및 청문제도의 취지 등에 비추어 볼 때, **위와 같은 협약의 체결로 청문의 실시에 관한 규정의 적용을 배제할 수 있다**

고 볼만한 법령상의 규정이 없는 한, 이러한 협약이 체결되었다고 하여 청문의 실시에 관한 규정의 적용이 배제된다거나 청문을 실시하지 않아도 되는 예외적인 경우에 해당한다고 할 수 없다(대판 2004.7.8, 2002두8350).

⑤ 청문 주재자 : 행정청은 소속 직원 또는 대통령령으로 정하는 자격을 가진 사람 중에서 청문 주재자를 공정하게 선정하여야 한다(제28조 제1항). 이를 위해 청문 주재자에 대한 제척·기피·회피가 규정되어 있다(제29조). 행정청은 청문이 시작되는 날부터 7일 전까지 청문 주재자에게 청문과 관련한 필요한 자료를 미리 통지하여야 한다(같은 조 제2항). 청문 주재자는 독립하여 공정하게 직무를 수행하며, 그 직무 수행을 이유로 본인의 의사에 반하여 신분상 어떠한 불이익도 받지 아니한다(같은 조 제3항).

구분	행정절차법	행정심판법
제척 (당연 배제)	청문 주재자가 다음 각 호의 어느 하나에 해당하는 경우에는 청문을 주재할 수 없다(제29조 제1항). 1. 자신이 당사자등이거나 당사자등과 민법 제777조 각 호의 어느 하나에 해당하는 친족관계에 있거나 있었던 경우 2. 자신이 해당 처분과 관련하여 증언이나 감정을 한 경우 3. 자신이 해당 처분의 당사자등의 대리인으로 관여하거나 관여하였던 경우 4. 자신이 해당 처분업무를 직접 처리하거나 처리하였던 경우 5. 자신이 해당 처분업무를 처리하는 부서에 근무하는 경우. 이 경우 부서의 구체적인 범위는 대통령령으로 정한다.	위원회의 위원은 다음 각 호의 어느 하나에 해당하는 경우에는 그 사건의 심리·의결에서 제척(除斥)된다(제10조 제1항). 1. 위원 또는 그 배우자나 배우자이었던 사람이 사건의 당사자이거나 사건에 관하여 공동 권리자 또는 의무자인 경우 2. 위원이 사건의 당사자와 친족이거나 친족이었던 경우 3. 위원이 사건에 관하여 증언이나 감정을 한 경우 4. 위원이 당사자의 대리인으로서 사건에 관여하거나 관여하였던 경우 5. 위원이 사건의 대상이 된 처분 또는 부작위에 관여한 경우
기피	청문 주재자에게 공정한 청문 진행을 할 수 없는 사정이 있는 경우 당사자등은 행정청에 기피신청을 할 수 있다. 이 경우 행정청은 청문을 정지하고 그 신청이 이유가 있다고 인정 할 때에는 해당 청문 주재자를 지체 없이 교체하여야 한다(같은 조 제2항).	당사자는 위원에게 공정한 심리·의결을 기대하기 어려운 사정이 있으면 위원장에게 기피신청을 할 수 있다(같은 조 제2항).
회피	청문 주재자는 제척 또는 기피사유에 해당하는 경우에는 행정청의 승인을 받아 스스로 청문의 주재를 회피할 수 있다(같은 조 제3항).	위원회의 회의에 참석하는 위원이 제척사유 또는 기피사유에 해당되는 것을 알게 되었을 때에는 스스로 그 사건의 심리·의결에서 회피할 수 있다. 이 경우 회피하고자 하는 위원은 위원장에게 그 사유를 소명하여야 한다(같은 조 제6항).

⑥ **청문의 공개**: 행정절차법은 "청문은 당사자가 공개를 신청하거나 청문 주재자가 필요하다고 인정하는 경우 공개할 수 있다. 다만, 공익 또는 제3자의 정당한 이익을 현저히 해칠 우려가 있는 경우에는 공개하여서는 아니 된다."(제30조)라고 하여 비공개주의를 원칙으로 한다.
- ■ 행정심판도 비공개주의. 다만, 행정소송의 심리와 판결은 공개주의

⑦ **청문의 진행**: 청문 주재자가 청문을 시작할 때에는 먼저 예정된 처분의 내용, 그 원인이 되는 사실 및 법적 근거 등을 설명하여야 한다(제31조 제1항). 당사자등은 의견을 진술하고 증거를 제출할 수 있으며, 참고인이나 감정인 등에게 질문할 수 있다(같은 조 제2항). 당사자등이 의견서를 제출한 경우에는 그 내용을 출석하여 진술한 것으로 본다(같은 조 제3항). 청문 주재자는 청문의 신속한 진행과 질서유지를 위하여 필요한 조치를 할 수 있다(같은 조 제4항). 청문을 계속할 경우에는 행정청은 당사자등에게 다음 청문의 일시 및 장소를 서면으로 통지하여야 하며, 당사자등이 동의하는 경우에는 전자문서로 통지할 수 있다. 다만, 청문에 출석한 당사자등에게는 그 청문일에 청문 주재자가 말로 통지할 수 있다(같은 조 제5항).

⑧ **청문의 병합·분리**: 행정청은 직권으로 또는 당사자의 신청에 따라 여러개의 사안을 병합하거나 분리하여 청문을 할 수 있다(제32조).

⑨ **증거조사**: 청문 주재자는 직권으로 또는 당사자의 신청에 따라 필요한 조사를 할 수 있으며(직권증거조사주의), 당사자등이 주장하지 아니한 사실에 대하여도 조사할 수 있다(직권탐지주의)(제33조 제1항). 증거조사는 다음 각 호의 어느 하나에 해당하는 방법으로 한다(같은 조 제2항).

> 1. 문서·장부·물건 등 증거자료의 수집
> 2. 참고인·감정인 등에 대한 질문
> 3. 검증 또는 감정·평가
> 4. 그 밖에 필요한 조사

청문 주재자는 필요하다고 인정할 때에는 관계행정청에 필요한 문서의 제출 또는 의견의 진술을 요구할 수 있다. 이 경우 관계행정청은 직무 수행에 특별한 지장이 없으면 그 요구에 따라야 한다(같은 조 제3항).

⑩ **청문조서·청문 주재자의견서**: 청문 주재자는 청문조서를 작성하여야 하는데, 당사자등은 청문조서의 기재내용을 열람·확인할 수 있으며, 이의가 있을 때에는 그 정정을 요구할 수 있다(제34조). 또한 청문 주재자는 청문 주재자의 의견서를 작성하여야 한다(제34조의2).

⑪ **청문의 종결**: 청문 주재자는 해당 사안에 대하여 당사자등의 의견진술, 증거조사가 충분히 이루어졌다고 인정하는 경우에는 청문을 마칠 수 있다(제35조 제1항). 청문 주재자는 당사자등

의 전부 또는 일부가 정당한 사유 없이 청문기일에 출석하지 아니하거나 의견서를 제출하지 아니한 경우에는 이들에게 다시 의견진술 및 증거제출의 기회를 주지 아니하고 청문을 마칠 수 있다(같은 조 제2항). 청문 주재자는 당사자등의 전부 또는 일부가 정당한 사유로 청문기일에 출석하지 못하거나 의견서를 제출하지 못한 경우에는 10일 이상의 기간을 정하여 이들에게 의견진술 및 증거제출을 요구하여야 하며, 해당 기간이 지났을 때에 청문을 마칠 수 있다(같은 조 제3항). 청문 주재자는 청문을 마쳤을 때에는 청문조서, 청문 주재자의 의견서, 그 밖의 관계 서류 등을 행정청에 지체 없이 제출하여야 한다(같은 조 제4항).

⑫ 청문결과의 반영 : 행정청은 처분을 할 때에 받은 청문조서, 청문 주재자의 의견서 그 밖의 관계 서류 등을 충분히 검토하고 상당한 이유가 있다고 인정하는 경우에는 청문결과를 반영하여야 한다(제35조의2).

■ 구속력이 없음.

광업법 제88조 제2항에서 처분청이 광업용 토지수용을 위한 사업인정(특허)을 하고자 할 때에 토지소유자와 토지에 관한 권리를 가진 자의 의견을 들어야 한다고 한 것은 그 사업인정 여부를 결정함에 있어서 소유자나 기타 권리자가 **의견을 반영할 기회를 주어 이를 참작하도록 하고자 하는 데 있을 뿐, 처분청이 그 의견에 기속되는 것은 아니다**(대판 1995.12.22, 95누30).

⑬ 청문의 재개 : 행정청(청문 주재자가 아님)은 청문을 마친 후 처분을 할 때까지 새로운 사정이 발견되어 청문을 재개할 필요가 있다고 인정할 때에는 받은 청문조서 등을 되돌려 보내고 청문의 재개를 명할 수 있다(제36조).

⑭ 문서열람·복사요청 및 비밀유지 : 당사자등은 '청문의 통지가 있는 날부터 청문이 끝날 때까지' 행정청에 해당 사안의 조사결과에 관한 문서와 그 밖에 해당 처분과 관련되는 문서의 열람 또는 복사를 요청할 수 있다. 이 경우 행정청은 다른 법령에 따라 공개가 제한되는 경우를 제외하고는 그 요청을 거부할 수 없다(제37조 제1항). 행정청은 열람 또는 복사의 요청에 따르는 경우 그 일시 및 장소를 지정할 수 있고(같은 조 제2항), 열람 또는 복사의 요청을 거부하는 경우에는 그 이유를 소명하여야 한다(같은 조 제3항). 행정청은 복사에 드는 비용을 복사를 요청한 자에게 부담시킬 수 있다(같은 조 제5항). 누구든지 청문을 통하여 알게 된 사생활이나 경영상 또는 거래상의 비밀을 정당한 이유 없이 누설하거나 다른 목적으로 사용하여서는 아니 된다(같은 조 제6항).

■ 문서열람·복사청구권을 청문에 한해서만 규정하고 있을 뿐 아니라(의견제출과 공청회에는 인정하지 않음). 청문의 통지 이후 청문의 종결 시까지만 인정하고 있어 문서열람청구권이 대폭 축소·제한되어 있다는 비판

⑮ **청문의 하자**: 청문절차를 결여한 처분의 위법성 정도에 대해 다수설은 중대명백설을 취하지만, 취소사유라는 것이 최근 대법원판례의 주류적 경향이다.

⑯ **기타**: 행정청은 청문·공청회 또는 의견제출을 거쳤을 때에는 신속히 처분하여 해당 처분이 지연되지 아니하도록 하여야 한다(제22조 제5항). 행정청은 처분 후 1년 이내에 당사자등이 요청하는 경우에는 청문·공청회 또는 의견제출을 위하여 제출받은 서류나 그 밖의 물건을 반환하여야 한다(같은 조 제6항).

(3) 공청회

① **의의**: 공청회란 행정청이 공개적인 토론을 통하여 어떠한 행정작용에 대하여 당사자등, 전문지식과 경험을 가진 사람, 그 밖의 일반인으로부터 의견을 널리 수렴하는 절차를 말한다(제2조 제6호).

 묘지공원과 화장장의 후보지를 선정하는 과정에서 행정청이 아닌 추모공원건립추진협의회가 개최한 공청회는 행정절차법에서 정한 절차를 준수하여야 하는 것은 아니다(대판 2007.4.12, 2005두1893).

② **실시사유**: 행정청이 처분을 할 때 다음 각 호의 어느 하나에 해당하는 경우에는 공청회를 개최한다(제22조 제2항).

> 1. 다른 법령등에서 공청회를 개최하도록 규정하고 있는 경우
> 2. 해당 처분의 영향이 광범위하여 널리 의견을 수렴할 필요가 있다고 행정청이 인정하는 경우
> 3. 국민생활에 큰 영향을 미치는 처분으로서 대통령령으로 정하는 처분에 대하여 대통령령으로 정하는 수 이상의 당사자등이 공청회 개최를 요구하는 경우

③ **공청회 개최의 알림**: 행정청은 공청회를 개최하려는 경우에는 공청회 개최 14일(10일, 20일이 아님) 전까지 제목, 일시 및 장소 등을 당사자등에게 통지하고, 관보, 공보, 인터넷 홈페이지 또는 일간신문 등에 공고하는 등의 방법으로 널리 알려야 한다. 다만, 공청회 개최를 알린 후 예정대로 개최하지 못하여 새로 일시 및 장소 등을 정한 경우에는 공청회 개최 7일 전까지 알려야 한다(제38조 제1항).

④ **공청회의 주재자 및 발표자의 선정**: 행정청은 해당 공청회의 사안과 관련된 분야에 전문적 지식이 있거나 그 분야에 종사한 경험이 있는 사람으로서 대통령령으로 정하는 자격을 가진 사람 중에서 공청회의 주재자를 선정한다(제38조의3 제1항). 공청회의 발표자는 발표를 신청한 사람(관련전문가가 아님) 중에서 행정청이 선정한다. 다만, 발표를 신청한 사람이 없거나 공청회의 공정성을 확보하기 위하여 필요하다고 인정하는 경우에는 ㉠ 해당 공청회의 사안과 관련

된 당사자등, ⓛ 해당 공청회의 사안과 관련된 분야에 전문적 지식이 있는 사람, ⓒ 해당 공청
회의 사안과 관련된 분야에서 종사한 경험이 있는 사람 중에서 지명하거나 위촉할 수 있다(같
은 조 제2항). 행정청은 공청회의 주재자 및 발표자를 지명 또는 위촉하거나 선정할 때 공정
성이 확보될 수 있도록 하여야 한다(같은 조 제3항). 공청회의 주재자, 발표자, 그 밖에 자료를
제출한 전문가 등에게는 예산의 범위에서 수당 및 여비와 그 밖에 필요한 경비를 지급할 수
있다(같은 조 제4항).

⑤ **공청회의 진행**: 공청회의 주재자는 공청회를 공정하게 진행하여야 하며, 공청회의 원활한 진행
을 위하여 발표 내용을 제한할 수 있고, 질서유지를 위하여 발언 중지 및 퇴장 명령 등 행정안
전부장관이 정하는 필요한 조치를 할 수 있다(제39조 제1항). 발표자는 공청회의 내용과 직접
관련된 사항에 대하여만 발표하여야 한다(같은 조 제2항). 공청회의 주재자는 발표자의 발표
가 끝난 후에는 발표자 상호 간에 질의 및 답변을 할 수 있도록 하여야 하며, 방청인에게도 의
견을 제시할 기회를 주어야 한다(같은 조 제3항).

⑥ **공청회 결과의 반영**: 행정청은 처분을 할 때에 공청회, 전자공청회 및 정보통신망 등을 통하여
제시된 사실 및 의견이 상당한 이유가 있다고 인정하는 경우에는 이를 반영하여야 한다(제39
조의2).

■ 구속력이 없음.

⑦ **공청회의 재개최**: 행정청은 공청회를 마친 후 처분을 할 때까지 새로운 사정이 발견되어 공청
회를 다시 개최할 필요가 있다고 인정할 때에는 공청회를 다시 개최할 수 있다(제39조의3).

⑧ **전자공청회**: 행정청은 공청회와 병행하여서만(대신이 아님) 정보통신망을 이용한 공청회(전자
공청회)를 실시할 수 있다(제38조의2 제1항). 행정청은 전자공청회를 실시하는 경우 의견제출 및
토론 참여가 가능하도록 적절한 전자적 처리능력을 갖춘 정보통신망을 구축·운영하여야 한다
(같은 조 제2항). 전자공청회를 실시하는 경우에는 누구든지(당사자등이 아님) 정보통신망을 이
용하여 의견을 제출하거나 제출된 의견 등에 대한 토론에 참여할 수 있다(같은 조 제3항).

Ⅶ 행정상 입법예고 및 행정예고절차

1. 행정상 입법예고

(1) 예고대상

법령등을(행정부가 만든 법률안과 법규명령, 행정규칙) 제정·개정 또는 폐지(입법)하려는 경우
에는 해당 입법안을 마련한 행정청 [법제처장(×)] 은 이를 예고하여야 한다. 다만, 다음 각 호

의 어느 하나에 해당하는 경우에는 예고를 하지 아니할 수 있다(제41조 제1항).

> 1. 신속한 국민의 권리 보호 또는 예측 곤란한 특별한 사정의 발생 등으로 입법이 긴급을 요하는 경우
> 2. 상위법령등의 단순한 집행을 위한 경우
> 3. 입법내용이 국민의 권리의무 또는 일상생활과 관련이 없는 경우
> 4. 단순한 표현·자구를 변경하는 경우 등 입법내용의 성질상 예고의 필요가 없거나 곤란하다고 판단되는 경우
> 5. 예고함이 공공의 안전 또는 복리를 현저히 해칠 우려가 있는 경우

법제처장은 입법예고를 하지 아니한 법령안의 심사 요청을 받은 경우에 입법예고를 하는 것이 적당하다고 판단할 때에는 해당 행정청에 입법예고를 권고하거나 직접 예고할 수 있다(같은 조 제3항).

관련판례 법령 개정시 입법예고나 홍보가 없어도 무효는 아니다

1987. 5. 8. 대통령령 제12154호로 개정되어 1989. 8. 1. 대통령령 제12767호로 개정되기 전의 「소득세법 시행령」 제115조 제3항이 조세법률주의의 원칙에 위배되는 무효의 규정이라고 볼 수 없고, 이와 같이 **개정됨에 있어서 입법예고나 홍보가 없었다고 하여 그 조항이 신의성실의 원칙에 위배되는 무효인 규정이라고 볼 수도 없으므로** 그 위임에 따라 제정된 '소득세법 시행규칙' 제56조의5 제7항도 같은 시행령 제115조 제1항이나 제2항에 위배되는 무효인 규정이라고 볼 수 없다(대판 1990.6.8, 90누2420).

(2) 예고기간(40일 이상)

입법예고기간은 예고할 때 정하되, 특별한 사정이 없으면 40일(자치법규는 20일) 이상으로 한다(제43조).

(3) 예고방법

행정청은 입법안의 취지, 주요 내용 또는 전문(全文)을 다음 각 호의 구분에 따른 방법으로 공고하여야 하며, 추가로 인터넷, 신문 또는 방송 등을 통하여 공고할 수 있다(제42조 제1항).

> 1. 법령의 입법안을 입법예고하는 경우: 관보 및 법제처장이 구축·제공하는 정보시스템을 통한 공고
> 2. 자치법규의 입법안을 입법예고하는 경우: 공보를 통한 공고

행정청은 대통령령을 입법예고하는 경우 국회 소관 상임위원회에 이를 제출하여야 한다(같은

조 제2항). 행정청은 입법예고를 할 때에 입법안과 관련이 있다고 인정되는 중앙행정기관(부·처·청), 지방자치단체, 그 밖의 단체 등이 예고사항을 알 수 있도록 예고사항을 통지하거나 그 밖의 방법으로 알려야 한다(같은 조 제3항). 행정청은 예고된 입법안에 대하여 전자공청회 등을 통하여 널리 의견을 수렴할 수 있다(같은 조 제4항). 행정청은 예고된 입법안의 전문에 대한 열람 또는 복사를 요청받았을 때에는 특별한 사유가 없으면 그 요청에 따라야 한다(같은 조 제5항). 행정청은 복사에 드는 비용을 복사를 요청한 자에게 부담시킬 수 있다(같은 조 제6항).

한편, 행정규제기본법은 입법예고기간 동안 규제영향분석서를 공표하도록 하여 이해관계자 등이 규제영향분석서에 대한 의견을 제출할 수 있도록 하고 있다(같은 법 제7조 제2항).

(4) 의견제출 및 처리

누구든지[당사자등에 한정(×)] 예고된 입법안에 대하여 의견을 제출할 수 있다(제44조 제1항). 행정청은 의견접수기관, 의견제출기간, 그 밖에 필요한 사항을 해당 입법안을 예고할 때 함께 공고하여야 한다(같은 조 제2항). 행정청은 해당 입법안에 대한 의견이 제출된 경우 특별한 사유가 없으면 이를 존중하여 처리하여야 한다(같은 조 제3항). 행정청은 의견을 제출한 자에게 그 제출된 의견의 처리결과를 통지하여야 한다(같은 조 제4항).

(5) 공청회(재량)

행정청은 입법안에 관하여 공청회를 개최할 수 있다(제45조).

(6) 재입법예고

입법안을 마련한 행정청은 입법예고 후 예고내용에 국민생활과 직접 관련된 내용이 추가되는 등 대통령령으로 정하는 중요한 변경이 발생하는 경우에는 해당 부분에 대한 입법예고를 다시 하여야 한다. 다만, 제1항 각 호의 어느 하나에 해당하는 경우에는 예고를 하지 아니할 수 있다(제41조 제4항). 〈신설 2012. 10. 22, 시행 2013. 1. 23〉

2. 행정예고

(1) 예고대상

행정청은 정책, 제도 및 계획(정책등)을 수립·시행하거나 변경하려는 경우에는 이를 예고하여야 한다. 다만, 다음 각 호의 어느 하나에 해당하는 경우에는 예고를 하지 아니할 수 있다(제46조 제1항).

1. 신속하게 국민의 권리를 보호하여야 하거나 예측이 어려운 특별한 사정이 발생하는 등 긴급한 사유로 예고가 현저히 곤란한 경우
2. 법령등의 단순한 집행을 위한 경우
3. 정책등의 내용이 국민의 권리·의무 또는 일상생활과 관련이 없는 경우
4. 정책등의 예고가 공공의 안전 또는 복리를 현저히 해칠 우려가 상당한 경우

법령등의 입법을 포함하는 행정예고는 입법예고로 갈음할 수 있다(같은 조 제2항).

(2) 예고기간(20일 이상)

행정예고기간은 예고내용의 성격 등을 고려하여 정하되, 특별한 사정이 없으면 20일 이상으로 한다(같은 조 제3항).

(3) 행정예고 통계 작성 및 공고

행정청은 매년 자신이 행한 행정예고의 실시 현황과 그 결과에 관한 통계를 작성하고, 이를 관보·공보 또는 인터넷 등의 방법으로 널리 공고하여야 한다(제46조의2).

(4) 예고방법 등

행정청은 정책등안(案)의 취지, 주요 내용 등을 관보·공보나 인터넷·신문·방송 등을 통하여 공고하여야 한다(제47조 제1항).행정예고의 방법, 의견제출 및 처리, 공청회 및 전자공청회에 관하여는 제38조, 제38조의2, 제38조의3, 제39조, 제39조의2, 제39조의3, 제42조(제1항·제2항 및 제4항은 제외한다), 제44조제1항부터 제3항까지 및 제45조제1항을 준용한다. 이 경우 "입법안"은 "정책등안"으로, "입법예고"는 "행정예고"로, "처분을 할 때"는 "정책등을 수립·시행하거나 변경할 때"로 본다(같은 조 제2항).

Ⅷ 국민참여의 확대

1. 국민참여 확대 노력

행정청은 행정과정에 국민의 참여를 확대하기 위하여 다양한 참여방법과 협력의 기회를 제공하도록 노력하여야 한다(제52조).

2. 전자적 정책토론

행정청은 국민에게 영향을 미치는 주요 정책 등에 대하여 국민의 다양하고 창의적인 의견을 널리 수렴하기 위하여 정보통신망을 이용한 정책토론(전자적 정책토론)을 실시할 수 있다(제53조 제1항). 행정청은 효율적인 전자적 정책토론을 위하여 과제별로 한시적인 토론 패널을 구성하여 해당 토론에 참여시킬 수 있다. 이 경우 패널의 구성에 있어서는 공정성 및 객관성이 확보될 수 있도록 노력하여야 한다(같은 조 제2항). 행정청은 전자적 정책토론이 공정하고 중립적으로 운영되도록 하기 위하여 필요한 조치를 할 수 있다(같은 조 제3항).

Ⅸ 보칙

1. 비용의 부담

행정절차에 드는 비용은 행정청이 부담한다. 다만, 당사자등이 자기를 위하여 스스로 지출한 비용은 그러하지 아니하다(제54조).

2. 참고인 등에 대한 비용 지급

행정청은 행정절차의 진행에 필요한 참고인이나 감정인 등에게 예산의 범위에서 여비와 일당을 지급할 수 있다(제55조 제1항).

3. 협조요청 등(행정안전부장관)

행정안전부장관(행정상 입법예고의 경우에는 법제처장)은 이 법의 효율적인 운영을 위하여 노력하여야 하며, 필요한 경우에는 그 운영 상황과 실태를 확인할 수 있고, 관계행정청에 관련 자료의 제출 등 협조를 요청할 수 있다(제56조).

제3항 절차하자와 행정행위의 효력

Ⅰ 개설

1. 절차하자의 의의

행정행위 등은 적법요건을 갖추어야 적법한 것이 된다. 행정청에 의한 각종의 공법적 작용에 절차요건상 흠이 있는 것을 절차하자(절차적 하자, 절차상 하자)라 한다.

절차하자에는 절차적 요건을 결여한 절차하자 외에 형식의 요건을 결여한 형식하자까지 포함한다는 견해와, 형식의 흠과 절차의 흠은 엄격히 구분된다는 견해가 대립한다. 행정절차법은 양자 모두에 대해 규정하고 있다.

2. 절차하자의 특성

행정절차는 그 자체가 목적은 아니다. 그것은 행정결정의 법률적합성·합목적성의 보장을 확보하고 행정절차에 관계되는 자들의 권리를 보장·실현하는 것을 가능하게 하는 데 있다. 이 때문에 행정절차상의 하자에 실체법상의 하자와 동일한 의미를 부여하기는 곤란하다.

Ⅱ 절차하자의 독자적 위법사유 인정 여부

1. 명문규정이 있는 경우

개별법의 경우 "소청사건을 심사할 때 소청인 등에게 진술의 기회를 부여하지 아니하고 한 결정은 무효로 한다(국가공무원법 제13조 제2항 ; 지방공무원법 제18조 제2항)."와 같이 명문의 규정을 두기도 한다. 그러나 명문의 규정을 두고 있지 않은 경우가 일반적이다.

2. 명문규정이 없는 경우

기속행위의 경우 행정청은 관계 법령이 정한 실체법상의 요건이 충족된 경우에 당해 처분을 해야 할 법적 기속을 받게 되므로 다시 적법한 절차를 거쳐 절차상의 흠을 시정하여 다시 처분을 해도 결국 동일한 처분을 반복할 것이므로 행정경제 또는 소송경제에 반한다는 점에서 절차상의 흠이 독자적 취소사유가 될 수 있는지의 문제가 제기된다.

(1) 학 설

① 소극설 : 기속행위와 재량행위를 구별하여 기속행위의 경우에는 절차의 하자가 독립된 취소사유가 되지 않는다고 보고, 재량행위의 경우에는 절차의 하자가 행정청의 실체적 결정에 영향을 미칠 수 있는 경우에 한하여 독립된 취소사유가 된다고 보는 견해이다. 따라서 절차상의 흠은 사후보완과 같은 치유방법으로 해결해야 한다고 한다.

② 적극설(다수설) : 절차상의 하자가 독자적 위법사유가 되므로 취소판결사유가 된다는 견해이다.

소극설	적극설(다수설)
1. 절차규정이란 적정한 행정결정을 확보하기 위한 수단에 불과하다는 점, 2. 절차상의 하자가 있더라도 실체법상으로 적법하면 절차상의 하자로 당해 행정처분이 취소되더라도 다시 적법한 소정의 절차를 거쳐서 동일한 처분을 하여야 하는 경우(기속행위나 재량권이 0으로 수축된 경우)에는 행정경제 및 소송경제에 반한다는 점 등을 논거로 한다.	1. 적정한 절차는 적정한 결정의 전제가 된다는 점, 2. 행정의 법률적합성의 원칙에 따라 행정행위는 내용상뿐만 아니라 절차상으로 적법해야 되며, 3. 취소 후에 행정청이 재처분을 하는 경우에 반드시 전과 동일한 결정에 이르게 되는 것은 아니라는 점(사실오인의 경우), 4. 취소소송의 기속력이 절차의 위법을 이유로 하는 경우에 준용된다는 점(행정소송법 제30조 제3항), 5. 소극설을 취하는 경우에는 기속행위에 대해서는 절차적 담보수단이 없어지고 규제가 유명무실해질 우려가 있다는 점에서 행정절차의 실효성을 보장하기 위해서는 독자적 위법사유로 보아야 한다는 점 등을 논거로 한다.

(2) 판례(적극설)

판례도 재량행위와 기속행위의 구별 없이 절차하자를 이유로 행정행위의 취소를 구할 수 있다고 판시하여 독자적 위법사유로 보는 적극설에 따르고 있다.

1. 기속행위의 경우

부과처분의 실체가 적법한 이상 납세고지서의 기재사항 누락이라는 경미한 형식상의 하자 때문에 부과처분을 취소한다면 소득이 있는데 세금을 부과하지 못하는 불공평이 생긴다거나, 다시 납세부과처분이나 보완통지를 하는 등 무용한 처분을 되풀이한다 하더라도 이로 인하여 경제적, 시간적, 정신적인 낭비만 초래하게 된다는 사정만으로는 과세처분을 취소하는 것이 행정소송법 제12조에서 말하는 현저히 공공복리에 적합하지 않거나 납세의무자에게 실익이 전혀 없다고 할 수 없다(대판 1984.5.9, 84누116).

2. 재량행위의 경우

식품위생법 제64조, 같은 법 시행령 제37조 제1항 소정의 청문절차를 전혀 거치지 아니하거나 거쳤다고 하여도 그 절차적 요건을 제대로 준수하지 아니한 경우에는 가사 영업정지사유 등 위 법 제58조 등 소정 사유가 인정된다고 하더라도 그 처분은 위법하여 취소를 면할 수 없다(대판 1991.7.9, 91누971).

3. 공람공고절차를 위배한 도시계획변경결정처분의 효력

도시계획법 제16조의2 제2항 및 동시행령 제14조의2 제6항, 제7항, 제8항의 규정을 종합하여 보면 공람·공고절차를 위배한 도시계획변경결정신청은 위법하다고 아니할 수 없고 행정처분에 위와 같은 법률이 보장한 절차의 흠결이 있는 위법사유가 존재하는 이상 그 내용에 있어 재량권의 범위 내이고 변경될 가능성이 없다 하더라도 그 행정처분은 위법하다(대판 1988.5.24, 87누388).

Ⅲ 절차하자와 반복금지효와의 관계

1. 취소판결의 기속력의 의의

확정판결의 기속력이란 행정청에 대하여 처분이 위법이라는 판결의 내용을 존중하여 그 사건에 대해 '판결의 취지'에 따라 행동할 의무를 지우는 것을 말한다. 기속력의 내용은 반복금지효와 재처분의무를 그 내용으로 한다. 반복금지효는 청구를 인용하는 판결(취소판결)이 확정되면 행정청은 동일한 사실관계 아래서 동일한 당사자에 대하여 동일한 처분등을 반복해서는 아니 되며(행정소송법 제30조 제1항), 만약 이에 반하는 처분을 하면 그 처분은 당연무효이다.

2. 반복금지효의 위배 여부(부정)

이유부기의 흠결 등 절차상의 이유로 인용판결이 난 경우, 행정청이 그 절차상의 하자를 시정하여 동일한 내용의 처분을 하는 것이 판결의 기속력의 한 내용인 반복금지효(행정소송법 제30조 제1항)에 반하지 않는지가 문제된다.

통설과 판례는 이러한 경우 판결의 기속력에 반하지 않는다고 한다. 왜냐하면 그 확정판결에 적시된 위법사유를 보완하여 행한 새로운 처분은 확정판결에 의해 취소된 종전 처분과는 별개의 처분으로 보기 때문이다. 만약 절차적 흠결을 시정해서 종전 처분과 동일한 처분을 할 수 없다고 한다면 오히려 법률에 의한 행정의 원리에 배치되는 결과가 되기 때문이다.

Ⅳ 절차하자와 국가배상

판례는 절차법적 위법이 있다 해도, 이로 인해 바로 구체적 위법성이 인정되는 것이 아니라 가해행위의 위반내용 등 제반 사정을 종합적으로 검토하여 개별·구체적으로 정해야 한다는 입장이다(장태주).

관련 판례 징벌처분의 절차상 하자와 국가배상책임의 성립 여부

설령 원심이 판시하고 있는 것처럼 대구교도소장이 아닌 관구교감에 의하여 고지된 이 사건 금치처분이 '행형법(현 형의 집행 및 수용자의 처우에 관한 법률) 시행령' 제144조의 규정에 반하는 것으로서 절차적인 면에서 위법하다고 하더라도, 교도소장이 아닌 일반교도관 또는 중간관리자에 의하여 징벌내용이 고지되었다는 사유에 의하여 당해 징벌처분이 위법하다는 이유로 공무원의 고의·과실로 인한 **국가배상책임을 인정하기 위하여는 징벌처분이 있게 된 규율위반행위의 내용, 징벌혐의내용의 조사·징벌혐의자의 의견 진술 및 징벌위원회의 의결 등 징벌절차의 진행경과, 징벌의 내용 및 그 집행경과 등 제반 사정을 종합적으로 고려하여 징벌처분이 객관적 정당성을 상실하고 이로 인하여 손해의 전보책임을 국가에게 부담시켜야 할 실질적인 이유가 있다고 인정되어야 할 것이다**(대판 2004.12.9, 2003다50184).

● 제2절 민원 처리

I 개 설

1. **특별행정절차**

행정절차법은 행정절차에 관한 일반법이라고 할 수 있다. 그런데 행정절차에 관한 특별법으로 「민원 처리에 관한 법률」과 행정규제기본법이 있다.

2. **목 적**

이 법은 민원 처리에 관한 기본적인 사항을 규정하여 민원의 공정하고 적법한 처리와 민원행정 제도의 합리적 개선을 도모함으로써 국민의 권익을 보호함을 목적으로 한다(제1조).

3. **개념정의**

(1) 민원

오늘날 급부행정이 행정의 중심이 되면서 국민생활의 많은 부분을 행정행위에 의존하고 있다. 따라서 오늘날 국민은 행정의 도움 없이는 단 하루도 살 수 없게 되었고, 이러한 국민의 편익을 도모하기 위해 민원 처리기준을 정할 필요에서 「민원사무 처리에 관한 법률」(1997. 8. 22. 법률 제5369호)이 제정되었고, 현재는 「민원 처리에 관한 법률」로 명칭이 개정되었다.

민원에는 민원과 고충민원이 있는데, '민원'에 대해서는 「민원 처리에 관한 법률」에서 규정하고, '고충민원'의 처리에 대해서는 「부패방지 및 국민권익위원회의 설치와 운영에 관한 법률」에서 규정하고 있다.

민원이란 민원인이 행정기관에 대하여 처분 등 특정한 행위를 요구하는 것을 말하며, 그 종류는 다음 각 목과 같다(제2조 제1호).

> 가. 일반민원
> 　1) 법정민원: 법령·훈령·예규·고시·자치법규 등(이하 "관계법령등"이라 한다)에서 정한 일정 요건에 따라 인가·허가·승인·특허·면허 등을 신청하거나 장부·대장 등에 등록·등재를 신청 또는 신고하거나 특정한 사실 또는 법률관계에 관한 확인 또는 증명을 신청하는 민원
> 　2) 질의민원: 법령·제도·절차 등 행정업무에 관하여 행정기관의 설명이나 해석을 요구하는 민원
> 　3) 건의민원: 행정제도 및 운영의 개선을 요구하는 민원
> 　4) 기타민원: 법정민원, 질의민원, 건의민원 및 고충민원 외에 행정기관에 단순한 행정절차 또는 형식요건 등에 대한 상담·설명을 요구하거나 일상생활에서 발생하는 불편사항에 대하여 알리는 등 행정기관에 특정한 행위를 요구하는 민원
> 나. 고충민원: 「부패방지 및 국민권익위원회의 설치와 운영에 관한 법률」 제2조 제5호에 따른 고충민원

(2) 복합민원

복합민원이란 하나의 민원목적을 실현하기 위하여 법령·훈령·예규·고시 등(관계 법령등)에 따라 여러 관계 기관(민원과 관련된 단체·협회 등을 포함) 또는 관계 부서의 허가·인가·승인·추천·협의 또는 확인 등을 거쳐 처리되는 민원사무를 말한다(같은 법 제2조 제5호).

복합민원에 있어서 필요한 인허가를 일괄하여 신청하지 아니하고 그중 어느 하나의 인허가만을 신청한 경우, 근거 법령이 아닌 다른 관계 법령을 고려하여 그 인허가 여부를 결정할 수 있는지 여부(한정 적극)

하나의 민원 목적을 실현하기 위하여 관계 법령등에 의하여 다수 관계기관의 허가·인가·승인·추천·협의·확인 등의 인허가를 받아야 하는 **복합민원에 있어서 필요한 인허가를 일괄하여 신청하지 아니하고 그중 어느 하나의 인허가만을 신청한 경우에도 그 근거 법령에서 다른 법령상의 인허가에 관한 규정을 원용하고 있거나 그 대상 행위가 다른 법령에 의하여 절대적으로 금지되어 있어 그 실현이 객관적으로 불가능한 것이 명백한 경우에는 이를 고려하여 그 인허가 여부를 결정할 수 있다**(대판 2000.3.24, 98두8766).

(3) 민원인

① 민원인의 의의: 민원인이란 행정기관에 민원을 제기하는 개인·법인 또는 단체를 말한다(제2조 제2호). 다만, 행정기관(사경제의 주체로서 제기하는 경우는 제외한다), 행정기관과 사법(私法)상 계약관계(민원과 직접 관련된 계약관계만 해당한다)에 있는 자, 성명·주소 등이 불명확한 자 등 대통령령으로 정하는 자는 제외한다(같은 조 제2호 단서).

「민원 처리에 관한 법률」 제2조 제2호 단서에서 "행정기관(사경제의 주체로서 제기하는 경우는 제외한다), 행정기관과 사법(私法)상 계약관계(민원과 직접 관련된 계약관계만 해당한다)에 있는 자, 성명·주소 등이 불명확한 자 등 대통령령으로 정하는 자"란 다음 각 호의 어느 하나에 해당하는 자를 말한다(같은 법 시행령 제2조 제1항).

1. 행정기관에 처분 등 특정한 행위를 요구하는 행정기관[행정기관이 사경제(私經濟)의 주체로서 요구하는 경우는 제외한다]
2. 행정기관과 사법(私法)상의 계약관계가 있는 자로서 계약관계와 직접 관련하여 행정기관에 처분 등 특정한 행위를 요구하는 자
3. 행정기관에 처분 등 특정한 행위를 요구하는 자로서 성명·주소(법인 또는 단체의 경우에는 그 명칭, 사무소 또는 사업소의 소재지와 대표자의 성명) 등이 불명확한 자

② 민원인의 권리와 의무: 민원인은 행정기관에 민원을 신청하고 신속·공정·친절·적법한 응답을 받을 권리가 있다(제5조 제1항). 민원인은 민원을 처리하는 담당자의 적법한 민원처리를 위한 요청에 협조하여야 하고, 행정기관에 부당한 요구를 하거나 다른 민원인에 대한 민원 처리를 지연시키는 등 공무를 방해하는 행위를 하여서는 아니 된다(같은 조 제2항).

4. 적용범위

민원에 관하여 다른 법률에 특별한 규정이 있는 경우를 제외하고는 이 법에서 정하는 바에 따른다

민원사무에 관하여 다른 법률에 특별한 규정이 있는 경우를 제외하고는 이 법에서 정하는 바에 따른다(제3조 제1항). 제2조 제3호 가목의 국회·법원·헌법재판소·중앙선거관리위원회의 행정사무를 처리하는 기관에 대해서는 제36조 제3항, 제37조, 제38조, 제39조 제2항부터 제6항까지 및 제42조를 적용하지 아니한다(같은 조 제2항).

 사업계획승인 신청 민원의 처리기간과 승인 의제에 관한 「중소기업창업 지원법」 제33조 제3항은 「민원 처리에 관한 법률」 제3조 제1항에서 정한 '다른 법률에 특별한 규정이 있는 경우'에 해당하고, 사업계획승인 신청을 받은 시장 등에게 「민원 처리에 관한 법률 시행령」 제21조 제1항 본문에 따라 처리기간을 임의로 연장할 수 있는 재량이 없다(대판 2021.3.11, 2020두42569).

Ⅱ 「민원 처리에 관한 법률」 주요내용

1. 민원 처리의 원칙

(1) 민원 처리 담당자의 의무(신속·공정·친절·적법)

민원을 처리하는 담당자는 담당 민원을 신속·공정·친절·적법하게 처리하여야 한다(제4조).

(2) 민원 처리의 원칙(우선처리, 부당지연금지, 부당결부금지, 절차강화금지원칙)

행정기관의 장은 관계법령등에서 정한 처리기간이 남아 있다거나 그 민원과 관련 없는 공과금 등을 미납하였다는 이유로 민원 처리를 지연시켜서는 아니 된다(부당결부금지원칙). 다만, 다른 법령에 특별한 규정이 있는 경우에는 그에 따른다(제6조 제1항). 행정기관의 장은 법령의 규정 또는 위임이 있는 경우를 제외하고는 민원 처리의 절차 등을 강화하여서는 아니 된다(같은 조 제2항).

(3) 정보 보호

행정기관의 장은 민원 처리와 관련하여 알게 된 민원의 내용과 민원인 및 민원의 내용에 포함

되어 있는 특정인의 개인정보 등이 누설되지 아니하도록 필요한 조치를 강구하여야 하며, 수집된 정보가 민원 처리의 목적 외의 용도로 사용되지 아니하도록 하여야 한다(제7조).

2. 민원의 처리

(1) 민원의 신청 및 접수 등

① 민원의 신청

민원의 신청은 문서(전자정부법 제2조 제7호에 따른 전자문서를 포함 하여야 한다. 다만, 기타민원은 구술(口述) 또는 전화로 할 수 있다(제8조).

② 민원의 접수

행정기관의 장은 민원의 신청을 받았을 때에는 다른 법령에 특별한 규정이 있는 경우를 제외하고는 그 접수를 보류하거나 거부할 수 없으며, 접수된 민원문서를 부당하게 되돌려 보내서는 아니 된다(제9조 제1항). 행정기관의 장은 민원을 접수하였을 때에는 해당 민원인에게 접수증을 내주어야 한다. 다만, 기타민원과 민원인이 직접 방문하지 아니하고 신청한 민원 및 처리기간이 '즉시'인 민원 등 대통령령으로 정하는 경우에는 접수증 교부를 생략할 수 있다(같은 조 제2항).

③ 불필요한 서류 요구의 금지

행정기관의 장은 민원을 접수·처리할 때에 민원인에게 관계법령등에서 정한 구비서류 외의 서류를 추가로 요구하여서는 아니 된다(제10조 제1항). 행정기관의 장은 동일한 민원서류 또는 구비서류를 복수로 받는 경우에는 특별한 사유가 없으면 원본과 함께 그 사본의 제출을 허용하여야 한다(같은 조 제2항). 행정기관의 장은 민원을 접수·처리할 때에 다음 각 호의 어느 하나에 해당하는 경우에는 민원인에게 관련 증명서류 또는 구비서류의 제출을 요구할 수 없으며, 그 민원을 처리하는 담당자가 직접 이를 확인·처리하여야 한다(같은 조 제3항).

> 1. 민원인이 소지한 주민등록증·여권·자동차운전면허증 등 행정기관이 발급한 증명서로 그 민원의 처리에 필요한 내용을 확인할 수 있는 경우
> 2. 해당 행정기관의 공부(公簿) 또는 행정정보로 그 민원의 처리에 필요한 내용을 확인할 수 있는 경우
> 3. 전자정부법 제36조 제1항에 따른 행정정보의 공동이용을 통하여 그 민원의 처리에 필요한 내용을 확인할 수 있는 경우

행정기관의 장은 원래의 민원의 내용 변경 또는 갱신 신청을 받았을 때에는 특별한 사유가 없으면 이미 제출되어 있는 관련 증명서류 또는 구비서류를 다시 요구하여서는 아니 된다(같은 조 제4항).

④ 민원인의 요구에 의한 본인정보 공동이용

민원인은 행정기관이 컴퓨터 등 정보처리능력을 지닌 장치에 의하여 처리가 가능한 형태로 본

인에 관한 행정정보를 보유하고 있는 경우 민원을 접수·처리하는 기관을 통하여 행정정보 보유기관의 장에게 본인에 관한 증명서류 또는 구비서류 등의 행정정보(법원의 재판사무·조정사무 및 그 밖에 이와 관련된 사무에 관한 정보는 제외한다)를 본인의 민원 처리에 이용되도록 제공할 것을 요구할 수 있다. 이 경우 민원을 접수·처리하는 기관의 장은 민원인에게 관련 증명서류 또는 구비서류의 제출을 요구할 수 없으며, 행정정보 보유기관의 장으로부터 해당 정보를 제공받아 민원을 처리하여야 한다(제10조의2 제1항). 제1항에 따른 요구를 받은 행정정보 보유기관의 장은 다음 각 호의 어느 하나에 해당하는 법률의 규정에도 불구하고 해당 정보를 컴퓨터 등 정보처리능력을 지닌 장치에 의하여 처리가 가능한 형태로 본인 또는 본인이 지정한 민원처리기관에 지체 없이 제공하여야 한다. 다만, 「개인정보 보호법」 제35조 제4항에 따른 제한 또는 거절의 사유에 해당하는 경우에는 그러하지 아니하다(같은 조 제2항).

1. 전자정부법 제39조
2. 국세기본법 제81조의13
3. 관세법 제116조
4. 지방세기본법 제86조
5. 「가족관계의 등록 등에 관한 법률」 제13조
6. 부동산등기법 제109조의2
7. 주민등록법 제30조
8. 「공간정보의 구축 및 관리 등에 관한 법률」 제76조
9. 자동차관리법 제69조
10. 건축법 제32조
11. 상업등기법 제21조
12. 그 밖에 제1호부터 제11호까지의 규정과 유사한 규정으로서 대통령령으로 정하는 법률의 관련 규정

행정안전부장관은 제1항 및 제2항에 따라 민원인이 행정정보 보유기관의 장에게 요구할 수 있는 본인에 관한 행정정보의 종류를 보유기관의 장과 협의하여 정하고, 이를 국민에게 공표하여야 한다(같은 조 제3항). 행정안전부장관은 전자정부법 제37조에 따른 행정정보 공동이용센터를 통하여 안전하고 신뢰할 수 있는 방법으로 같은 법 제2조 제13호에 따른 정보시스템을 연계하는 등 해당 행정정보의 위조·변조·훼손·유출 또는 오용·남용을 방지하여야 한다(같은 조 제4항). 행정기관의 장은 제1항부터 제3항까지의 규정에 따라 컴퓨터 등 정보처리능력을 지닌 장치에 의하여 처리가 가능한 형태로 행정정보를 제공하는 경우에는 다른 법률에도 불구하고 수수료를 감면할 수 있다(같은 조 제5항). 민원인은 제1항에 따라 본인에 관한 행정정보의 공동이용을 요구하는 경우 다음 각 호의 어느 하나에 해당하는 방법으로 해당 행정정보가 본인에 관한 것임을 증명하여야 한다(같은 조 제6항).

제1항에 따라 다른 기관으로부터 행정정보를 제공받아 이용하는 행정기관의 장은 해당 행정정보가 위조·변조·훼손·유출 또는 오용·남용되지 아니하도록 적절한 보안대책을 마련하여야 하며, 행정안전부장관은 이에 대한 실태를 점검할 수 있다(같은 조 제7항).

⑤ 장애인 등에 대한 편의제공

행정기관의 장은 민원의 신청 및 접수·처리 과정에서 장애인, 임산부, 노약자 등에 대한 편의를 제공하기 위하여 노력하여야 한다(제11조).

⑥ 민원실의 설치(재량)

행정기관의 장은 민원을 신속히 처리하고 민원인에 대한 안내와 상담의 편의를 제공하기 위하여 민원실을 설치할 수 있다(제12조).

⑦ 민원편람의 비치 등 신청편의의 제공(의무)

행정기관의 장은 민원실(민원실이 설치되지 아니한 기관의 경우에는 문서의 접수·발송을 주관하는 부서를 말한다)에 민원의 신청에 필요한 사항을 게시(인터넷 등을 통한 게시를 포함한다)하거나 편람을 비치하는 등 민원인에게 민원 신청의 편의를 제공하여야 한다(제13조).

⑧ 다른 행정기관 등을 이용한 민원의 접수·교부(재량)

행정기관의 장은 민원인의 편의를 위하여 그 행정기관이 접수하고 처리결과를 교부하여야 할 민원을 다른 행정기관이나 특별법에 따라 설립되고 전국적 조직을 가진 법인 중 대통령령으로 정하는 법인으로 하여금 접수·교부하게 할 수 있다(제14조 제1항). 제1항에 따라 민원을 접수·교부하는 법인의 임직원은 형법이나 그 밖의 법률에 따른 벌칙을 적용할 때에는 공무원으로 본다(같은 조 제3항).

⑨ 정보통신망을 이용한 다른 행정기관 소관 민원의 접수·교부(재량)

행정기관의 장은 정보통신망을 이용하여 다른 행정기관 소관의 민원을 접수·교부할 수 있는 경우에는 이를 직접 접수·교부할 수 있다(제15조 제1항). 제1항에 따라 접수·교부할 수 있는 민원의 종류는 행정안전부장관이 관계 중앙행정기관의 장과 협의를 거쳐 결정·고시한다(같은 조 제2항).

⑩ 민원문서의 이송(의무)

행정기관의 장은 접수한 민원이 다른 행정기관의 소관인 경우에는 접수된 민원문서를 지체 없이 소관 기관에 이송하여야 한다(제16조 제1항).

(2) 민원의 처리기간·처리방법 등

① 법정민원의 처리기간 설정·공표

행정기관의 장은 법정민원을 신속히 처리하기 위하여 행정기관에 법정민원의 신청이 접수된 때부터 처리가 완료될 때까지 소요되는 처리기간을 법정민원의 종류별로 미리 정하여 공표하여야 한다(제17조 제1항). 행정기관의 장은 제1항에 따른 처리기간을 정할 때에는 접수기관·경유기관·협의기관(다른 기관과 사전협의가 필요한 경우만 해당한다) 및 처분기관 등 각 기관별로 처리기간을 구분하여 정하여야 한다(같은 조 제2항). 행정기관의 장은 제1항 및 제2항에 따른 처리기간을 민원편람에 수록하여야 한다(같은 조 제3항).

② 질의민원 등의 처리기간 등

질의민원·건의민원·기타민원 및 고충민원의 처리기간 및 처리절차 등에 관하여는 대통령령으로 정한다(제18조).

㉠ 질의민원의 처리기간 등

행정기관의 장은 질의민원을 접수한 경우에는 특별한 사유가 없으면 다음 각 호의 기간 이내에 처리하여야 한다(같은 법 시행령 제14조).

> 1. 법령에 관하여 설명이나 해석을 요구하는 질의민원: 14일 이내
> 2. 제도·절차 등 법령 외의 사항에 관하여 설명이나 해석을 요구하는 질의민원: 7일 이내

㉡ 건의민원의 처리기간 등

행정기관의 장은 건의민원을 접수한 경우에는 특별한 사유가 없으면 14일 이내에 처리하여야 한다(같은 법 시행령 제15조).

㉢ 기타민원의 처리기간 등

행정기관의 장은 기타민원을 접수한 경우에는 특별한 사유가 없으면 즉시 처리하여야 한다(같은 법 시행령 제16조 제1항). 행정기관의 장은 법 제8조 단서에 따라 구술 또는 전화로 신청한 기타민원을 처리하는 경우에는 민원 처리부에 기록하는 절차를 생략할 수 있다(같은 조 제2항). 제1항 및 제2항에도 불구하고 행정기관의 장은 해당 기관의 특성을 고려하여 기타민원의 처리기간 및 처리절차 등을 달리 정하여 운영할 수 있다(같은 조 제3항).

㉣ 고충민원의 처리 등

행정기관의 장은 고충민원을 접수한 때에는 특별한 사유가 없으면 7일 이내에 처리하여야 한다(같은 법 시행령 제17조 제1항). 행정기관의 장은 민원인이 동일한 내용의 고충민원을 다시 제출한 경우에는 감사부서 등으로 하여금 이를 조사하도록 하여야 한다(같은 조 제2항). 행정기관의 장은 제1항에 따라 처리하는 고충민원의 내용이 정당한 사유가 있다고 인정될 때에는 지체 없이 원처분(原處分)의 취소·변경 등 적절한 조치를 하고, 이를 민원인에게 통지하여

야 한다(같은 조 제3항). 행정기관의 장은 고충민원의 처리를 위하여 필요한 경우 14일의 범위에서 현장조사 등을 할 수 있다. 다만, 부득이한 사유로 14일 내에 현장조사 등을 완료하기 어렵다고 인정되는 경우에는 7일의 범위에서 그 기간을 한 차례만 연장할 수 있다(같은 조 제4항). 제4항에 따른 현장조사 등에 걸린 기간은 제1항에 따른 처리기간에 산입하지 않는다(같은 조 제5항). 민원인은 제2항에 따른 감사부서 등의 조사를 거친 경우에는 그 고충민원과 관련한 사무에 대한 지도·감독 등의 권한을 가진 감독기관의 장에게 고충민원을 신청할 수 있다. 이 경우 감독기관의 고충민원 처리기간 및 처리방법 등에 관하여는 제1항, 제2항, 제4항 및 제5항을 준용한다(같은 조 제6항). 감독기관의 장은 제6항에 따른 고충민원의 처리결과를 소관 행정기관의 장에게 통보하여야 한다. 이 경우 소관 행정기관의 장은 특별한 사유가 없으면 그 결과를 존중하여 적절한 조치를 하고, 이를 민원인에게 통지하여야 한다(같은 조 제7항). 민원인은 고충민원을 신청하거나 제1항부터 제7항까지의 규정에 따라 처리결과를 통보받은 경우에도 국민권익위원회 또는 「부패방지 및 국민권익위원회의 설치와 운영에 관한 법률」 제2조제9호에 따른 시민고충처리위원회에 고충민원을 신청할 수 있다(같은 조 제8항).

③ 처리기간의 계산

민원의 처리기간을 5일 이하로 정한 경우에는 민원의 접수시각부터 "시간" 단위로 계산하되, 공휴일과 토요일은 산입(算入)하지 아니한다. 이 경우 1일은 8시간의 근무시간을 기준으로 한다(제19조 제1항). 민원의 처리기간을 6일 이상으로 정한 경우에는 "일" 단위로 계산하고 첫날을 산입하되, 공휴일과 토요일은 산입하지 아니한다(같은 조 제2항). 민원의 처리기간을 주·월·연으로 정한 경우에는 첫날을 산입하되, 민법 제159조부터 제161조까지의 규정을 준용한다(같은 조 제2항).

④ 관계 기관·부서 간의 협조

민원을 처리하는 주무부서는 민원을 처리할 때 관계 기관·부서의 협조가 필요한 경우에는 민원을 접수한 후 지체 없이 그 민원의 처리기간 내에서 회신기간을 정하여 협조를 요청하여야 하며, 요청받은 기관·부서는 그 회신기간 내에 이를 처리하여야 한다(제20조 제1항). 협조를 요청받은 기관·부서는 제1항에 따른 회신기간 내에 그 민원을 처리할 수 없는 특별한 사정이 있는 경우에는 그 회신기간의 범위에서 한 차례만 기간을 연장할 수 있다(같은 조 제2항). 협조를 요청받은 기관·부서가 제2항에 따라 기간을 연장하려는 경우에는 제1항에 따른 회신기간이 끝나기 전에 그 연장사유·처리진행상황 및 회신예정일 등을 협조를 요청한 민원처리 주무부서에 통보하여야 한다(같은 조 제3항).

⑤ 민원 처리의 예외

행정기관의 장은 접수된 민원(법정민원을 제외한다. 이하 이 조에서 같다)이 다음 각 호의 어느 하나에 해당하는 경우에는 그 민원을 처리하지 아니할 수 있다. 이 경우 그 사유를 해당 민원인에게 통지하여야 한다(제21조).

> 1. 고도의 정치적 판단을 요하거나 국가기밀 또는 공무상 비밀에 관한 사항
> 2. 수사, 재판 및 형집행에 관한 사항 또는 감사원의 감사가 착수된 사항
> 3. 행정심판, 행정소송, 헌법재판소의 심판, 감사원의 심사청구, 그 밖에 다른 법률에 따라 불복구제절차가 진행 중인 사항
> 4. 법령에 따라 화해·알선·조정·중재 등 당사자 간의 이해 조정을 목적으로 행하는 절차가 진행 중인 사항
> 5. 판결·결정·재결·화해·조정·중재 등에 따라 확정된 권리관계에 관한 사항
> 6. 감사원이 감사위원회의의 결정을 거쳐 행하는 사항
> 7. 각급 선거관리위원회의 의결을 거쳐 행하는 사항
> 8. 사인 간의 권리관계 또는 개인의 사생활에 관한 사항
> 9. 행정기관의 소속 직원에 대한 인사행정상의 행위에 관한 사항

⑥ 민원문서의 보완·취하 등

행정기관의 장은 접수한 민원문서에 보완이 필요한 경우에는 상당한 기간을 정하여 지체 없이 민원인에게 보완을 요구하여야 한다(제22조 제1항). 민원인은 해당 민원의 처리가 종결되기 전에는 그 신청의 내용을 보완하거나 변경 또는 취하할 수 있다. 다만, 다른 법률에 특별한 규정이 있거나 그 민원의 성질상 보완·변경 또는 취하할 수 없는 경우에는 그러하지 아니하다(같은 조 제2항).

⑦ 반복 및 중복 민원의 처리

행정기관의 장은 민원인이 동일한 내용의 민원(법정민원을 제외)을 정당한 사유 없이 3회 이상 반복하여 제출한 경우에는 2회 이상 그 처리결과를 통지하고, 그 후에 접수되는 민원에 대하여는 종결처리할 수 있다(제23조 제1항). 행정기관의 장은 민원인이 2개 이상의 행정기관에 제출한 동일한 내용의 민원을 다른 행정기관으로부터 이송받은 경우에도 제1항을 준용하여 처리할 수 있다(같은 조 제2항). 행정기관의 장은 제1항 및 제2항에 따른 동일한 내용의 민원인지 여부에 대하여는 해당 민원의 성격, 종전 민원과의 내용적 유사성·관련성 및 종전 민원과 동일한 답변을 할 수 밖에 없는 사정 등을 종합적으로 고려하여 결정하여야 한다(같은 조 제3항).

⑧ 다수인관련민원의 처리

다수인관련민원을 신청하는 민원인은 연명부(連名簿)를 원본으로 제출하여야 한다(제24조 제1항). 행정기관의 장은 다수인관련민원이 발생한 경우에는 신속·공정·적법하게 해결될 수 있도록 조치하여야 한다(같은 조 제2항).

⑨ 민원심사관의 지정(의무)

행정기관의 장은 민원 처리상황의 확인·점검 등을 위하여 소속 직원 중에서 민원심사관을

지정하여야 한다(제25조 제1항).

⑩ 처리민원의 사후관리

행정기관의 장은 처리한 민원에 대하여 민원인의 만족 여부 및 개선사항 등을 조사하여 업무에 반영할 수 있다(제26조).

(3) 민원 처리결과의 통지 등

① 처리결과의 통지

행정기관의 장은 접수된 민원에 대한 처리를 완료한 때에는 그 결과를 민원인에게 문서로 통지하여야 한다. 다만, 기타민원의 경우와 통지에 신속을 요하거나 민원인이 요청하는 등 대통령령으로 정하는 경우에는 구술 또는 전화로 통지할 수 있다(제27조 제1항). 행정기관의 장은 제1항에 따라 민원의 처리결과를 통지할 때에 민원의 내용을 거부하는 경우에는 거부 이유와 구제절차를 함께 통지하여야 한다(같은 조 제2항). 행정기관의 장은 제1항에 따른 민원의 처리결과를 허가서·신고필증·증명서 등의 문서(전자정부법 제2조 제7호에 따른 전자문서 및 같은 조 제8호에 따른 전자화문서는 제외한다)로 민원인에게 직접 교부할 필요가 있는 때에는 그 민원인 또는 그 위임을 받은 자임을 확인한 후에 이를 교부하여야 한다(같은 조 제3항).

② 무인민원발급창구를 이용한 민원문서의 발급(재량)

행정기관의 장은 무인민원발급창구를 통하여 민원문서(다른 행정기관 소관의 민원문서를 포함한다)를 발급할 수 있다(제28조 제1항). 제1항에 따라 민원문서를 발급하는 경우에는 다른 법률에도 불구하고 수수료를 감면할 수 있다(같은 조 제2항). 제1항에 따라 발급할 수 있는 민원문서의 종류는 행정안전부장관이 관계 행정기관의 장과의 협의를 거쳐 결정·고시한다(같은 조 제3항).

③ 민원수수료 등의 납부방법

행정기관의 장은 민원인의 편의를 위하여 민원인이 현금·수입인지·수입증지 외의 다양한 방법으로 민원 처리에 따른 수수료 등을 납부할 수 있도록 조치하여야 한다(제29조).

(4) 법정민원

① 사전심사의 청구 등

민원인은 법정민원 중 신청에 경제적으로 많은 비용이 수반되는 민원 등 대통령령으로 정하는 민원에 대하여는 행정기관의 장에게 정식으로 민원을 신청하기 전에 미리 약식의 사전심사를 청구할 수 있다(제30조 제1항). 행정기관의 장은 제1항에 따라 사전심사가 청구된 법정민원이 다른 행정기관의 장과의 협의를 거쳐야 하는 사항인 경우에는 미리 그 행정기관의 장과 협의하여야 한다(같은 조 제2항). 행정기관의 장은 사전심사 결과를 민원인에게 문서로 통지하여야 하며, 가능한 것으로 통지한 민원의 내용에 대하여는 민원인이 나중에 정식으로 민원을 신청한 경우에도 동일하게 결정을 내릴 수 있도록 노력하여야 한다. 다만, 민원인의 귀책사유 또는 불가항력이나 그 밖의 정당한 사유로 이를 이행할 수 없는 경우에는 그러하지 아니하다(같은 조 제3항). 행정기관의 장은 제1항에 따른 사전심사 제도를 효율적으로 운영하기 위하여 필요한 법적·제도적 장치를 마련하여 시행하여야 한다(같은 조 제4항).

관련 판례 구 「민원 처리에 관한 법률」 제19조 제1항에서 정한 사전심사결과 통보는 항고소송의 대상이 되는 행정처분에 해당하지 않는다

사전심사청구제도는 민원인이 대규모의 경제적 비용이 수반되는 민원사항에 대하여 간편한 절차로써 미리 행정청의 공적 견해를 받아볼 수 있도록 하여 민원행정의 예측 가능성을 확보하게 하는 데에 취지가 있다고 보이고, 민원인이 희망하는 특정한 견해의 표명까지 요구할 수 있는 권리를 부여한 것으로 보기는 어려운 점, 행정청은 사전심사결과 가능하다는 통보를 한 때에도 구 민원사무처리법 제19조 제3항에 의한 제약이 따르기는 하나 반드시 민원사항을 인용하는 처분을 해야 하는 것은 아닌 점, 행정청은 사전심사결과 불가능하다고 통보하였더라도 사전심사결과에 구애되지 않고 민원사항을 처리할 수 있으므로 불가능하다는 통보가 민원인의 권리의무에 직접적 영향을 미친다고 볼 수 없고, 통보로 인하여 민원인에게 어떠한 법적 불이익이 발생할 가능성도 없는 점 등 여러 사정을 종합해 보면, 구 민원사무처리법이 규정하는 사전심사결과 통보는 항고소송의 대상이 되는 행정처분에 해당하지 아니한다(대판 2014.4.24, 2013두7834).

② 복합민원의 처리(재량)

행정기관의 장은 복합민원을 처리할 주무부서를 지정하고 그 부서로 하여금 관계 기관·부서 간의 협조를 통하여 민원을 한꺼번에 처리하게 할 수 있다(제31조 제1항).

③ 민원 1회방문 처리제의 시행(의무)

행정기관의 장은 복합민원을 처리할 때에 그 행정기관의 내부에서 할 수 있는 자료의 확인, 관계 기관·부서와의 협조 등에 따른 모든 절차를 담당 직원이 직접 진행하도록 하는 민원 1회방문 처리제를 확립함으로써 불필요한 사유로 민원인이 행정기관을 다시 방문하지 아니하도록 하여야 한다(제32조 제1항). 행정기관의 장은 제1항에 따른 민원 1회방문 처리에 관한 안내와 상담의 편의를 제공하기 위하여 민원 1회방문 상담창구를 설치하여야 한다(같은 조 제2항). 제1항에 따른 민원 1회방문 처리제는 다음 각 호의 절차에 따라 시행한다(같은 조 제3항).

1. 제2항에 따른 민원 1회방문 상담창구의 설치·운영
2. 제33조에 따른 민원후견인의 지정·운영
3. 복합민원을 심의하기 위한 실무기구의 운영
4. 제3호의 실무기구의 심의결과에 대한 제34조에 따른 민원조정위원회의 재심의(再審議)
5. 행정기관의 장의 최종 결정

1. 민원사무를 처리하는 행정기관이 민원 1회방문 처리제를 시행하는 절차의 일환으로 민원사항의 심
   의·조정 등을 위한 민원조정위원회를 개최하면서 민원인에게 회의일정 등을 사전에 통지하지 않은 경
   우, 민원사항에 대한 행정기관의 장의 거부처분에 취소사유에 이를 정도의 흠이 존재하지 않는다(대판
   2015.8.27, 2013두1560).

2. **위 거부처분이 위법한 경우**
   다만 행정기관의 장의 거부처분이 재량행위인 경우에, 위와 같은 사전통지의 흠결로 민원인에게 의견진
   술의 기회를 주지 아니한 결과 민원조정위원회의 심의과정에서 고려대상에 마땅히 포함시켜야 할 사항
   을 누락하는 등 재량권의 불행사 또는 해태로 볼 수 있는 구체적 사정이 있다면, 거부처분은 재량권을 일
   탈·남용한 것으로서 위법하다(대판 2015.8.27, 2013두1560).

④ 민원후견인의 지정·운영(재량)

행정기관의 장은 민원 1회방문 처리제의 원활한 운영을 위하여 민원 처리에 경험이 많은 소
속 직원을 민원후견인으로 지정하여 민원인을 안내하거나 민원인과 상담하게 할 수 있다(제
33조).

⑤ 민원조정위원회의 설치·운영(의무)

행정기관의 장은 다음 각 호의 사항을 심의하기 위하여 민원조정위원회를 설치·운영하여야
한다(제34조 제1항).

1. 장기 미해결 민원, 반복 민원 및 다수인관련민원에 대한 해소·방지 대책
2. 거부처분에 대한 이의신청
3. 민원처리 주무부서의 법규적용의 타당성 여부와 제32조 제3항 제4호에 따른 재심의
4. 그 밖에 대통령령으로 정하는 사항

⑥ 거부처분에 대한 이의신청

법정민원에 대한 행정기관의 장의 거부처분에 불복하는 민원인은 그 거부처분을 받은 날부터
60일 이내에 그 행정기관의 장에게 문서로 이의신청을 할 수 있다(제35조 제1항). 행정기관의
장은 이의신청을 받은 날부터 10일 이내에 그 이의신청에 대하여 인용 여부를 결정하고 그 결
과를 민원인에게 지체 없이 문서로 통지하여야 한다. 다만, 부득이한 사유로 정하여진 기간
이내에 인용 여부를 결정할 수 없을 때에는 그 기간의 만료일 다음 날부터 기산(起算)하여 10
일 이내의 범위에서 연장할 수 있으며, 연장 사유를 민원인에게 통지하여야 한다(같은 조 제
2항). 민원인은 제1항에 따른 이의신청 여부와 관계없이 행정심판법에 따른 행정심판 또는 행
정소송법에 따른 행정소송을 제기할 수 있다(같은 조 제3항).

3. 민원제도의 개선 등

(1) 민원처리기준표의 고시 등

행정안전부장관은 민원인의 편의를 위하여 관계법령등에 규정되어 있는 민원의 처리기관, 처리기간, 구비서류, 처리절차, 신청방법 등에 관한 사항을 종합한 민원처리기준표를 작성하여 관보에 고시하고 전자정부법 제9조제3항에 따른 통합전자민원창구에 게시하여야 한다(제36조 제1항). 행정기관의 장은 관계법령등의 제정·개정 또는 폐지 등으로 제1항에 따라 고시된 민원처리기준표를 변경할 필요가 있으면 즉시 그 내용을 행정안전부장관에게 통보하여야 하며, 행정안전부장관은 그 내용을 관보에 고시하고 통합전자민원창구에 게시한 후 제1항에 따른 민원처리기준표에 반영하여야 한다(같은 조 제2항). 행정안전부장관은 민원의 간소화를 위하여 필요하다고 인정하는 경우에는 관계 행정기관의 장에게 관계법령등에 규정되어 있는 처리기간, 구비서류, 처리절차, 신청방법 등의 개정을 요청할 수 있다(같은 조 제3항).

(2) 민원처리기준표의 조정 등

행정안전부장관은 제36조에 따라 민원처리기준표를 작성·고시할 때에 민원의 간소화를 위하여 필요하다고 인정하는 경우에는 관계 행정기관의 장과 협의를 거쳐 관계법령등이 개정될 때까지 잠정적으로 관계법령등에 규정되어 있는 처리기간과 구비서류를 줄이거나 처리절차·신청방법을 변경할 수 있다(제37조 제1항). 행정기관의 장은 제1항에 따라 민원처리기준표가 조정·고시된 경우에는 이에 따라 민원을 처리하여야 하며, 중앙행정기관의 장은 민원처리기준표의 조정 또는 변경된 내용에 따라 관계법령등을 지체 없이 개정·정비하여야 한다(같은 조 제2항).

(3) 민원행정 및 제도개선 계획 등

행정안전부장관은 매년 민원행정 및 제도개선에 관한 기본지침을 작성하여 행정기관의 장에게 통보하여야 한다(제38조 제1항). 행정기관의 장은 제1항에 따른 기본지침에 따라 그 기관의 특성에 맞는 민원행정 및 제도개선 계획을 수립·시행하여야 한다(같은 조 제2항).

(4) 민원제도의 개선

행정기관의 장은 민원제도에 대한 개선안을 발굴·개선하도록 노력하여야 한다(제39조 제1항). 행정기관의 장은 제1항에 따라 개선한 내용을 대통령령으로 정하는 바에 따라 행정안전부장관에게 통보하여야 한다(같은 조 제2항). 행정기관의 장과 민원을 처리하는 담당자는 민원제도에 대한 개선안을 행정안전부장관 또는 그 민원의 소관 행정기관의 장에게 제출할 수 있다(같은 조 제3항). 행정안전부장관은 제3항에 따라 제출받은 개선안을 검토하여 필요한 경우에는 그 소관 행정기관의 장에게 통보하여 검토하도록 하여야 한다(같은 조 제4항). 제3항 및 제4항에 따라 개선안을 제출·통보받은 소관 행정기관의 장은 그 수용 여부를 결정하여야 하며,

행정안전부장관은 행정기관의 장이 수용하지 아니하기로 한 사항 중 개선할 필요성이 있다고 인정되는 사항에 대하여는 소관 행정기관의 장에게 개선을 권고할 수 있다(같은 조 제5항). 행정기관의 장이 제5항에 따라 행정안전부장관으로부터 권고 받은 사항을 수용하지 아니하는 경우 행정안전부장관은 제40조에 따른 민원제도개선조정회의에 심의를 요청할 수 있다(같은 조 제6항).

(5) 민원제도개선조정회의

여러 부처와 관련된 민원제도 개선사항을 심의·조정하기 위하여 국무총리 소속으로 민원제도 개선조정회의를 둔다(설치의무)(제40조 제1항). 조정회의는 여러 부처와 관련된 민원제도 개선 사항, 제39조 제6항에 따른 심의요청 사항 등 대통령령으로 정하는 사항을 심의·조정한다(같은 조 제2항).

(6) 민원의 실태조사 및 간소화(의무)

중앙행정기관의 장은 매년 그 기관이 관장하는 민원의 처리 및 운영 실태를 조사하여야 한다(제41조 제1항). 중앙행정기관의 장은 제1항에 따른 조사 결과에 따라 소관 민원의 구비서류, 처리절차 등의 간소화 방안을 마련하여야 한다(같은 조 제2항).

(7) 확인·점검·평가 등(재량)

행정안전부장관은 효과적인 민원행정 및 제도의 개선을 위하여 필요하다고 인정할 때에는 행정기관에 대하여 민원의 개선 상황과 운영 실태를 확인·점검·평가할 수 있다(제42조 제1항). 행정안전부장관은 제1항에 따른 확인·점검·평가 결과 민원의 개선에 소극적이거나 이행 상태가 불량하다고 판단되는 경우 국무총리에게 이를 시정하기 위하여 필요한 조치를 건의할 수 있다(같은 조 제2항).

(8) 행정기관의 협조(의무)

행정기관의 장은 이 법에 따라 행정안전부장관이 실시하는 민원 관련 자료수집과 민원제도 개선사업에 적극 협조하여야 한다(제43조).

(9) 민원행정에 관한 여론 수집(재량)

행정안전부장관은 행정기관의 민원 처리에 관하여 필요한 경우 국민들의 여론을 수집하여 민원행정제도 및 그 운영의 개선에 반영할 수 있다(제44조 제1항).

(10) 국민제안의 처리(의무)

중앙행정기관의 장, 지방자치단체의 장 등 대통령령으로 정하는 행정기관의 장은 정부시책이나 행정제도 및 그 운영의 개선에 관한 국민제안을 접수·처리하여야 한다(제45조 제1항).

제3절 행정규제기본법

I 개 설

1. 목적(규제완화)

이 법은 행정규제에 관한 기본적인 사항을 규정하여 불필요한 행정규제를 폐지하고 비효율적인 행정규제의 신설을 억제함으로써 사회·경제활동의 자율과 창의를 촉진하여 국민의 삶의 질을 높이고 국가경쟁력이 지속적으로 향상되도록 함을 목적으로 한다(제1조).

2. 정 의

(1) 행정규제

행정규제란 국가나 지방자치단체가 특정한 행정목적을 실현하기 위하여 국민의 권리를 제한하거나 의무를 부과하는 것으로서 법령등이나 조례·규칙에 규정되는 사항을 말한다.

(2) 규제영향분석

규제영향분석이란 규제로 인하여 국민의 일상생활과 사회·경제·행정 등에 미치는 여러 가지 영향을 객관적이고 과학적인 방법을 사용하여 미리 예측·분석함으로써 규제의 타당성을 판단하는 기준을 제시하는 것을 말한다.

3. 적용범위

(1) 일반법

규제에 관하여 다른 법률에 특별한 규정이 있는 경우를 제외하고는 이 법에서 정하는 바에 따른다(제3조 제1항).

(2) 적용배제 사항

다음 각 호의 어느 하나에 해당하는 사항에 대하여는 이 법을 적용하지 아니한다(같은 조 제2항).

> 1. 국회, 법원, 헌법재판소, 선거관리위원회 및 감사원이 하는 사무
> 2. 형사(刑事), 행형(行刑) 및 보안처분에 관한 사무
> 2의2. 과징금, 과태료의 부과 및 징수에 관한 사항
> 3. 국가정보원법에 따른 정보·보안 업무에 관한 사항
> 4. 병역법, 통합방위법, 예비군법, 민방위기본법, 「비상대비자원 관리법」 및 「재난 및 안전관리기본법」
>   에 규정된 징집·소집·동원·훈련에 관한 사항
> 5. 군사시설, 군사기밀 보호 및 방위사업에 관한 사항
> 6. 조세의 종목·세율·부과 및 징수에 관한 사항

(3) 지방자치단체는 이 법에서 정하는 취지에 따라 조례·규칙에 규정된 규제의 등록 및 공표(公表), 규제의 신설이나 강화에 대한 심사, 기존규제의 정비, 규제심사기구의 설치 등에 필요한 조치를 하여야 한다(같은 조 제3항).

4. 행정규제수단으로서의 행정행위

행정행위 특히 명령적 행위와 형성적 행위, 확인, 공증 등은 행정규제의 수단으로 활용되고 있다.

5. 규제완화추세

규제의 과다는 국민의 자유와 창의를 억제하고, 기업의 국제경쟁력을 약화시킨다는 인식의 결과 규제완화가 시대적 과제로 되어가고 있다.

Ⅱ 행정규제의 원칙과 방법

1. 규제법정주의

규제는 법률에 근거하여야 하며, 그 내용은 알기 쉬운 용어로 구체적이고 명확하게 규정되어야 한다(제4조 제1항). 규제는 법률에 직접 규정하되, 규제의 세부적인 내용은 법률 또는 상위법령에서 구체적으로 범위를 정하여 위임한 바에 따라 대통령령·총리령·부령 또는 조례·규칙으로 정할 수 있다. 다만, 법령에서 전문적·기술적 사항이나 경미한 사항으로서 업무의 성질상 위임

이 불가피한 사항에 관하여 구체적으로 범위를 정하여 위임한 경우에는 고시 등으로 정할 수 있다(같은 조 제2항 ; 법령보충규칙의 근거조항). 행정기관은 법률에 근거하지 아니한 규제로 국민의 권리를 제한하거나 의무를 부과할 수 없다(같은 조 제3항).

2. 규제의 원칙

(1) 국가나 지방자치단체는 국민의 자유와 창의를 존중하여야 하고, 규제를 정하는 경우에도 그 본질적 내용을 침해하지 아니하도록 하여야 한다(제5조 제1항).

(2) 국가나 지방자치단체가 규제를 정할 때에는 국민의 생명·인권·보건 및 환경 등의 보호와 식품·의약품의 안전을 위한 실효성이 있는 규제가 되도록 하여야 한다(같은 조 제2항).

(3) 규제의 대상과 수단은 규제의 목적 실현에 필요한 최소한의 범위에서 가장 효과적인 방법으로 객관성·투명성 및 공정성이 확보되도록 설정되어야 한다(같은 조 제3항).

(4) 우선허용·사후규제 원칙

국가나 지방자치단체가 신기술을 활용한 새로운 서비스 또는 제품(신기술 서비스·제품)과 관련된 규제를 법령등이나 조례·규칙에 규정할 때에는 다음 각 호의 어느 하나의 규정 방식을 우선적으로 고려하여야 한다(제5조의2 제1항).

---

1. 규제로 인하여 제한되는 권리나 부과되는 의무는 한정적으로 열거하고 그 밖의 사항은 원칙적으로 허용하는 규정 방식
2. 서비스와 제품의 인정 요건·개념 등을 장래의 신기술 발전에 따른 새로운 서비스와 제품도 포섭될 수 있도록 하는 규정 방식
3. 서비스와 제품에 관한 분류기준을 장래의 신기술 발전에 따른 서비스와 제품도 포섭될 수 있도록 유연하게 정하는 규정 방식
4. 그 밖에 신기술 서비스·제품과 관련하여 출시 전에 권리를 제한하거나 의무를 부과하지 아니하고 필요에 따라 출시 후에 권리를 제한하거나 의무를 부과하는 규정 방식
   국가와 지방자치단체는 신기술 서비스·제품과 관련된 규제를 점검하여 해당 규제를 제1항에 따른 규정 방식으로 개선하는 방안을 강구하여야 한다(같은 조 제2항).

---

3. 규제의 등록 및 공표·국회제출의무(중앙행정기관장)

중앙행정기관의 장은 소관 규제의 명칭·내용·근거·처리기관 등을 규제개혁위원회에 등록하여야 하고(제6조 제1항), 위원회는 등록된 규제사무 목록을 작성하여 공표하고, 매년 6월 말일까지 국회에 제출하여야 한다(같은 조 제2항).

4. 규제영향분석서작성의무(중앙행정기관장)

중앙행정기관의 장은 규제를 신설하거나 강화(규제의 존속기한 연장을 포함)하려면 다음 각 호

의 사항을 종합적으로 고려하여 규제영향분석을 하고 규제영향분석서를 작성하여야 한다(제7조 제1항).

> 1. 규제의 신설 또는 강화의 필요성
> 2. 규제 목적의 실현 가능성
> 3. 규제 외의 대체 수단 존재 여부 및 기존규제와의 중복 여부
> 4. 규제의 시행에 따라 규제를 받는 집단과 국민이 부담하여야 할 비용과 편익의 비교 분석
> 5. 규제의 시행이 중소기업기본법 제2조에 따른 중소기업에 미치는 영향
> 6. 경쟁 제한적 요소의 포함 여부
> 7. 규제 내용의 객관성과 명료성
> 8. 규제의 신설 또는 강화에 따른 행정기구·인력 및 예산의 소요
> 9. 관련 민원사무의 구비서류 및 처리절차 등의 적정 여부

5. 자체심사의무(중앙행정기관장)

중앙행정기관의 장은 규제영향분석의 결과를 기초로 규제의 대상·범위·방법 등을 정하고 그 타당성에 대하여 자체심사를 하여야 한다. 이 경우 관계전문가 등의 의견을 충분히 수렴하여 심사에 반영하여야 한다(같은 조 제3항).

6. 규제의 존속기한 및 재검토기한 명시의무

중앙행정기관의 장은 규제를 신설하거나 강화하려는 경우에 존속시켜야 할 명백한 사유가 없는 규제는 존속기한 또는 재검토기한(일정기간마다 그 규제의 시행상황에 관한 점검결과에 따라 폐지 또는 완화 등의 조치를 할 필요성이 인정되는 규제에 한정하여 적용되는 기한을 말한다)을 설정하여 그 법령등에 규정하여야 한다(제8조 제1항). 규제의 존속기한은 규제의 목적을 달성하기 위하여 필요한 최소한의 기간 내에서 설정되어야 하며, 그 기간은 원칙적으로 5년을 초과할 수 없다(같은 조 제2항).

중앙행정기관의 장은 기존규제에 대한 점검결과 존속시켜야 할 명백한 사유가 없는 규제는 존속기한 또는 재검토기한을 설정하여 그 법령등에 규정하여야 한다(제19조의2 제1항).

7. 소상공인 등에 대한 규제 형평

중앙행정기관의 장은 규제를 신설하거나 강화하려는 경우 「소상공인기본법」 제2조에 따른 소상공인 및 「중소기업기본법」 제2조제2항에 따른 소기업에 대하여 해당 규제를 적용하는 것이 적절하지 아니하거나 과도한 부담을 줄 우려가 있다고 판단되면 규제의 전부 또는 일부의 적용을 면제하거나 일정기간 유예하는 등의 방안을 검토하여야 한다(제8조의2 제1항). 중앙행정기관의 장은 제1항을 적용하는 것이 적절하지 아니하다고 판단될 경우에는 제10조 제1항에 따라

위원회에 심사를 요청할 때에 그 판단의 근거를 제시하여야 한다(같은 조 제2항).

8. 의견수렴의무(중앙행정기관장)

중앙행정기관의 장은 규제를 신설하거나 강화하려면 공청회, 행정상 입법예고 등의 방법으로 행정기관·민간단체·이해관계인·연구기관·전문가 등의 의견을 충분히 수렴하여야 한다(제9조).

9. 심 사

(1) 심사요청

중앙행정기관의 장은 규제를 신설 또는 강화하고자 하는 경우에는 위원회에 심사를 요청하여야 한다. 이 경우 법령안에 대하여는 법제처장에 법령안 심사를 요청하기 전에 하여야 한다(제10조 제1항).

(2) 예비심사

위원회는 심사를 요청받은 날부터 10일 이내에 그 규제가 국민의 일상생활과 사회·경제활동에 미치는 파급 효과를 고려하여 심사를 받아야 할 규제(중요규제)인지를 결정하여야 한다(제11조 제1항).

(3) 심 사

위원회는 중요규제라고 결정한 규제에 대하여는 심사 요청을 받은 날부터 45일 이내에 심사를 끝내야 한다. 다만, 심사기간의 연장이 불가피한 경우에는 위원회의 결정으로 15일을 넘지 아니하는 범위에서 한 차례만 연장할 수 있다(제12조 제1항).

10. 개선권고

위원회는 심사 결과 필요하다고 인정하면 관계 중앙행정기관의 장에게 그 규제의 신설 또는 강화를 철회하거나 개선하도록 권고할 수 있다(제14조 제1항). 위 권고를 받은 관계 중앙행정기관의 장은 특별한 사유가 없으면 이에 따라야 하며, 그 처리결과를 위원회에 제출하여야 한다(같은 조 제2항).

규제개혁위원회가 행정규제기본법 제14조에 의하여 한 "「자원의 절약과 재활용촉진에 관한 법률 시행규칙」 제4조 [별표 2] 비고 1.의 나.의 단서조항을 삭제하라"는 내용의 권고결정에 대하여 환경부장관이 이에 따라야 할 작위의무를 지는 것은 아니고 이로써 청구인들의 기본권을 침해하는 공권력의 불행사에 해당하지도 않는다(헌재결 2007.2.22, 2003헌마428).

11. 심사절차의 준수의무

중앙행정기관의 장은 위원회의 심사를 받지 아니하고 규제를 신설하거나 강화하여서는 아니 된다(제16조 제1항). 중앙행정기관의 장은 법제처장에게 신설되거나 강화되는 규제를 포함하는 법령안의 심사를 요청할 때에는 그 규제에 대한 위원회의 심사의견을 첨부하여야 한다(같은 조 제2항).

12. 규제 정비의 요청

누구든지 위원회에 기존규제의 폐지 또는 개선에 관한 의견을 제출할 수 있다(제17조 제1항).

(제17조 제1항) ① 누구든지 위원회에 고시(告示) 등 기존규제의 폐지 또는 개선(이하 "정비"라 한다)을 요청할 수 있다. 위원회는 제1항에 따라 정비 요청을 받으면 해당 규제의 소관 행정기관의 장에게 지체 없이 통보하여야 하고, 통보를 받은 행정기관의 장은 책임자 실명으로 성실히 답변하여야 한다(같은 조 제2항). 위원회는 제2항의 답변과 관련하여 필요한 경우 해당 행정기관의 장에게 규제 존치의 필요성 등에 대하여 소명할 것을 요청할 수 있다(같은 조 제3항). 제3항에 따라 소명을 요청받은 행정기관의 장은 특별한 사유가 없으면 이에 따라야 한다(같은 조 제4항).

13. 다른 행정기관 소관의 규제에 관한 의견 제출

중앙행정기관의 장은 규제 개선 또는 소관 정책의 목적을 효과적으로 달성하기 위하여 다른 중앙행정기관의 소관 규제를 개선할 필요가 있다고 판단하는 경우에는 그에 관한 의견을 위원회에 제출할 수 있다(제17조의2).

14. 기존규제의 자체정비의무(중앙행정기관장)

중앙행정기관의 장은 매년 소관 기존규제에 대하여 이해관계인·전문가 등의 의견을 수렴하여 정비가 필요한 규제를 선정하여 정비하여야 한다(제19조 제1항).

15. 규제개혁위원회

(1) 설치(대통령 소속)

정부의 규제정책을 심의·조정하고 규제의 심사·정비 등에 관한 사항을 종합적으로 추진하기 위하여 대통령 소속으로 규제개혁위원회를 둔다(제23조).

(2) 구 성

위원회는 위원장 2명을 포함한 20명 이상 25명 이하의 위원으로 구성한다(제25조 제1항).

제4절 행정정보공개

I 개 설

1. 개 념

정보공개제도란 국민이 국가가 보유한 정보에 접근하여 그것을 이용할 수 있게 하기 위해 국민에게 정부보유정보에 대한 공개를 청구할 수 있는 권리를 보장하고, 국가에 대하여 정보공개의 의무를 지게 하는 제도를 말한다.

2. 정보공개제도의 필요성

정보공개제도의 필요성은 다음과 같다.

① 정보공개는 국민의 알 권리의 충족을 위해 필요하다.

② 정보공개는 공공기관이 수집·축적한 방대하고 다양한 정보를 개인이 유용하게 활용할 수 있게 한다.

③ 정보공개는 민주주의의 존립을 위해서도 필수적이다.

④ 정보공개는 국민의 권리·이익을 보호하고 국민에게 봉사하는 행정을 실현하기 위해서도 필수적이다.

⑤ 사회발전에 있어 갈등과 합의, 즉 변화와 안정의 균형을 유지하기 위한 수단으로 정보의 공개가 요청된다.

⑥ 정보공개에 의하여 개방된 정부의 실현은 국정운영의 투명성을 확보하여 공정하고 민주적인 국정운영을 구현하고 국정에 대한 국민의 신뢰성을 확보하게 된다.

3. 정보공개의 역기능

정보공개의 역기능으로 ① 국가기밀이나 개인정보가 침해될 우려가 커지고, ② 경쟁상대가 되는 기업의 비밀을 탐지하기 위한 목적으로 악용될 소지가 있으며, ③ 정보공개를 위한 문서목록작성, 전담기구의 설치, 인력충원 등 행정부담이 증가되고, ④ 부실한 정보의 유통이나 조작된 정보가 공개될 우려가 있으며, ⑤ 정보접근능력이 있는 자만이 정보를 접함으로써 정보접근능력이 없는 자보다 상대적으로 유리하여져서 형평성을 잃을 우려 등이 있다.

Ⅱ 정보공개청구권

1. 의 의

정보공개청구권이란 사인이 공공기관에 대해 정보를 제공해 줄 것을 요구할 수 있는 개인적 공권을 말한다. 정보공개청구권은 자기와 직접적인 이해관계가 있는 특정한 사안에 대한 개별적 정보공개청구권(예 행정절차법상 정보공개청구권으로서의 문서열람·복사청구권)과 시민단체의 정보공개청구와 같이 개인적인 이해관계가 없는 공익을 위한 경우에도 인정되는 일반적 정보공개청구권으로 구분될 수 있다. 헌법재판소는 '알 권리'의 핵심은 정부가 보유하고 있는 정보에 대한 국민의 알 권리 즉, 국민의 정부에 대한 일반적 정보공개를 구할 권리라고 판시하고 있다(헌재결 1989.9.4, 88헌마22). 「공공기관의 정보공개에 관한 법률」상의 정보공개청구권은 양자를 포함하는 개념이다.

관련판례

1. 알 권리의 핵심은 일반적 정보공개청구권이다(헌재결 1989.9.4, 88헌마22).
2. 알 권리에는 일반적 정보공개청구권이 포함된다(대판 1999.9.21, 97누5114).
3. 군수관리의 임야조사서, 토지조사부에 대한 청구인의 열람·복사 신청에 불응한 부작위는 재산권 침해가 아닌 알 권리 침해에 해당한다(헌재결 1989.9.4, 88헌마22).
4. 확정된 형사소송기록의 복사신청에 대한 거부행위는 알 권리 침해에 해당한다(헌재결 1991.5.13, 90헌마133).
5. 이해관계 있는 국민이 공개를 요구함에도 정당한 이유 없이 이에 응하지 아니하거나 거부하는 것은 당해 국민의 알 권리를 침해하는 것이다(헌재결 1994.8.31, 93헌마174).
6. 법원이 형을 선고받은 피고인에게 재판서를 송달하지 않는다고 하여 국민의 알 권리를 침해한다고 할 수 없다(헌재결 1995.3.23, 92헌바1).
7. 국회예산결산특별위원회 계수조정소위원회의 성격, 국회관행 등을 이유로 동 위원회 회의에 대한 시민단체의 방청을 불허한 것은 알 권리를 침해한 것이 아니다(헌재결 2000.6.29, 98헌마443·99헌마583).

2. 법적 근거

(1) 헌법상 근거

알 권리의 근거에 대해서는 ① 헌법상 표현의 자유에 관한 헌법 제21조(모든 국민은 언론·출판·집회·결사의 자유를 가진다)로부터 도출하는 견해, ② 헌법 제10조의 인간으로서의 존엄과 가치 및 행복추구권과 헌법 제21조에서 찾는 견해, ③ 이에 더하여 헌법 제34조 제1항(모든 국민은 인간다운 생활을 할 권리를 가진다)의 인간다운 생활을 할 권리를 추가하는 견해 등이 있다. 판례는 헌법상 표현의 자유에서 근거를 찾는다. 또한 정보공개청구권 내지 알 권리는 법률에 의한 구체화 없이도 헌법에 의하여 직접 인정되는 헌법직접적 권리인가에 대해 최근 대법원 및 헌법재판소의 판결·결정들을 통해 이를 긍정하고 있다.

관련판례

1. 알 권리는 법률의 제정이 없더라도 헌법 제21조에 의해 가능하다(헌재결 1989.9.4, 88헌마22).
2. 알 권리는 자유권적 기본권과 청구권적 기본권, 생활권적 기본권의 복합적 성질을 공유하는 권리이다(헌재결 1991.5.13, 90헌마133).

(2) 법률상 근거

우리나라는 행정정보공개에 관한 일반법으로 「공공기관의 정보공개에 관한 법률」(정보공개법)이 있다. 이 법률은 헌법상의 기본권인 알 권리를 구체화한 법률이라 할 수 있다. 한편, 정보공개청구권과 관련된 내용을 규정한 개별법률도 존재한다[예 행정절차법상 처리기간의 설정·공표(제19조), 처분기준설정·공표(제20조), 이유제시(제23조), 문서열람·복사청구권(제37조), 「민원처리에 관한 법률」상 민원사무편람의 비치(제⑦3조), 민원처리기준표의 통합고시(제36조), 등]. 그리고 교육관련기관의 정보공개에 관한 일반법으로 「교육관련기관의 정보공개에 관한 특례법」이 있고, 같은 법에서 규정하지 않은 사항에 대해서는 「공공기관의 정보공개에 관한 법률」을 적용한다(같은 법 제4조).

(3) 정보공개조례

헌법 제117조 제1항 후단은 "지방자치단체는 법령의 범위 안에서 자치에 관한 규정을 제정할 수 있다."라고 규정하고 있으며, 지방자치법 제22조는 "지방자치단체는 법령의 범위 안에서 그 사무에 관하여 조례를 제정할 수 있다. 다만, 주민의 권리제한 또는 의무부과에 관한 사항이나 벌칙을 정할 때에는 법률의 위임이 있어야 한다."라고 규정하고 있다.

대법원은 법적 근거 없이 제정된 청주시정보공개조례안(91년 제정)의 적법성을 인정하였다. 대법원의 판결에 따라 많은 지방자치단체가 행정정보공개조례를 제정하고 있다.

관련 판례

법적 근거 없이 제정된 청주시정보공개조례안은 적법하다
청주시의회에서 의결한 청주시행정정보공개조례안은 행정에 대한 주민의 **알 권리의 실현을 그 근본내용으**로 하면서도 이로 인한 **개인의 권익침해 가능성을 배제(법령상 공개가 금지되었거나, 개인의 사생활을 침해할 우려가 있는 등의 정보를 제외)**하고 있으므로 이를 들어 주민의 권리를 제한하거나 의무를 부과하는 조례라고는 단정할 수 없고, 따라서 그 제정에 있어서 반드시 법률의 개별적 위임이 따로 필요한 것은 아니다(대판 1992.6.23, 92추17).

그럼에도 「공공기관의 정보공개에 관한 법률」에서는 "지방자치단체는 그 소관 사무에 관하여 법령의 범위에서 정보공개에 관한 조례를 정할 수 있다."(제4조 제2항)라고 명시적으로 규정하고 있다.

Ⅲ 「공공기관의 정보공개에 관한 법률」의 내용

1. 개 설

(1) 목 적

이 법은 공공기관이 보유·관리하는 정보에 대한 국민의 공개 청구 및 공공기관의 공개 의무에 관하여 필요한 사항을 정함으로써 국민의 알권리를 보장하고 국정(國政)에 대한 국민의 참여와 국정 운영의 투명성을 확보함을 목적으로 한다(제1조).

(2) 정보공개의 원칙

공공기관이 보유·관리하는 정보는 국민의 알권리 보장 등을 위하여 이 법에서 정하는 바에 따라 적극적으로 공개하여야 한다(제3조).

(3) 적용범위

정보의 공개에 관하여는 다른 법률에 특별한 규정이 있는 경우를 제외하고는 이 법에서 정하는 바에 따른다(제4조 제1항). 국가안전보장에 관련되는 정보 및 보안 업무를 관장하는 기관에서 국가안전보장과 관련된 정보의 분석을 목적으로 수집하거나 작성한 정보에 대해서는 이 법을 적용하지 아니한다. 다만, 제8조 제1항에 따른 정보목록의 작성·비치 및 공개에 대해서는 그러하지 아니한다(같은 조 제3항).

1. 다른 법률에 특별한 규정의 의미

   '정보공개에 관하여 다른 법률에 특별한 규정이 있는 경우'에 해당한다고 하여서 정보공개법의 적용을 배제하기 위해서는, 그 **특별한 규정이 '법률'이어야** 하고, 나아가 그 **내용이 정보공개의 대상 및 범위, 정보공개의 절차, 비공개대상정보 등에 관하여 정보공개법과 달리 규정**하고 있는 것이어야 할 것이다(대판 2007.6.1, 2007두2555).

2. 구 「공공기관의 정보공개에 관한 법률」 제4조 제1항에서 정한 '정보공개에 관하여 다른 법률에 특별한 규정이 있는 경우'에 해당하여 위 법의 적용을 배제하기 위한 요건

   「공공기관의 정보공개에 관한 법률」(정보공개법) 제4조 제1항은 "정보의 공개에 관하여는 다른 법률에 특별한 규정이 있는 경우를 제외하고는 이 법이 정하는 바에 의한다."라고 규정하고 있다. 여기서 '정보공개에 관하여 다른 법률에 특별한 규정이 있는 경우'에 해당한다고 하여 정보공개법의 적용을 배제하기 위해서는, 그 특별한 규정이 '법률'이어야 하고, 나아가 그 내용이 정보공개의 대상 및 범위, 정보공개의 절차, 비공개대상정보 등에 관하여 정보공개법과 달리 규정하고 있는 것이어야 한다(대판 2016.12.15, 2013두20882).

3. 형사소송법 제59조의2는 구 「공공기관의 정보공개에 관한 법률」 제4조 제1항에서 정한 '정보의 공개에 관하여 다른 법률에 특별한 규정이 있는 경우'에 해당한다(대판 2016.12.15, 2013두20882).

4. 형사재판확정기록의 공개에 관하여 구 「공공기관의 정보공개에 관한 법률」에 의한 공개청구가 허용되지 않는다(대판 2016.12.15, 2013두20882).

2. 정보공개 청구권자와 공공기관의 의무

(1) 정보공개 청구권자(모든 국민과 일정한 범위의 외국인)

모든 국민은 정보의 공개를 청구할 권리를 가진다(제5조 제1항). 즉, 정보공개청구권은 모든 국민에게 인정되는 것이고, 공개대상정보와 이해관계를 가진 당사자에게 한정되는 권리는 아니다. 한편, 외국인의 정보공개 청구에 관하여는 대통령령으로 정한다(같은 조 제2항). 이에 따라 시행령은 ① 국내에 일정한 주소를 두고 거주하거나 학술·연구를 위하여 일시적으로 체류하는 사람이나 ② 국내에 사무소를 두고 있는 법인 또는 단체에 대하여 정보공개청구권을 인정하고 있다(동 시행령 제3조). 따라서 외국인의 경우 '일정한 범위의 외국인'에 한정된다는 점에서 '모든 국민에게 인정되는 것과 다르다.

1. 「공공기관의 정보공개에 관한 법률」 제6조 제1항은 "**모든 국민**은 정보의 공개를 청구할 권리를 가진다."고 규정하고 있는데, 여기에서 말하는 국민에는 **자연인은 물론 법인, 권리능력 없는 사단·재단도 포함**되고, **법인, 권리능력 없는 사단·재단 등의 경우에는 설립목적을 불문**한다(시민단체인 충주환경운동연합의 당사자적격을 인정)(대판 2003.12.12, 2003두8050).

2. 「공공기관의 정보공개에 관한 법률」의 목적, 규정 내용 및 취지에 비추어 보면 정보공개청구의 목적에 특

별한 제한이 있다고 할 수 없으므로, **오로지 피고를 괴롭힐 목적으로 정보공개를 구하고 있다는 등의 특별한 사정이 없는 한, 정보공개의 청구가 권리남용에 해당한다고 볼 수 없다.** 같은 취지에서, 원고가 피고의 전 직원이었던 소외인의 소송대리인으로서 소송상 유리한 자료를 획득하기 위하여 이 사건 정보공개청구를 하였다 하더라도 그러한 사정만으로 원고의 이 사건 정보공개청구가 권리의 남용에 해당한다고 볼 수 없다(대판 2008.10.23, 2007두1798).

3. 정보공개청구권의 행사가 권리의 남용에 해당하는 경우

일반적인 정보공개청구권의 의미와 성질, 구 「공공기관의 정보공개에 관한 법률」(정보공개법)의 규정 내용과 입법 목적, **정보공개법이 정보공개청구권의 행사와 관련하여 정보의 사용 목적이나 정보에 접근하려는 이유에 관한 어떠한 제한을 두고 있지 아니한 점** 등을 고려하면, 국민의 정보공개청구는 정보공개법 제9조에 정한 비공개 대상정보에 해당하지 아니하는 한 원칙적으로 폭넓게 허용되어야 하지만, **실제로는 해당 정보를 취득 또는 활용할 의사가 전혀 없이 정보공개 제도를 이용하여 사회통념상 용인될 수 없는 부당한 이득을 얻으려 하거나, 오로지 공공기관의 담당공무원을 괴롭힐 목적으로 정보공개청구를 하는 경우처럼 권리의 남용에 해당하는 것이 명백한 경우에는 정보공개청구권의 행사를 허용하지 아니하는 것이 옳다**(대판 2014.12.24, 2014두9349).

4. 지방자치단체는 정보공개청구권자인 '국민'에 포함되지 않는다(서울행판 2005.10.12, 2005구합10484).

---

(2) 공공기관의 의무

① 관련 법령 및 정보관리체계 정비의무 : 공공기관은 정보의 공개를 청구하는 국민의 권리가 존중될 수 있도록 이 법을 운영하고 소관 관계 법령을 정비하며, 정보를 투명하고 적극적으로 공개하는 조직문화 형성에 노력하여야 한다(제6조 제1항). 공공기관은 정보의 적절한 보존 및 신속한 검색과 국민에게 유용한 정보의 분석 및 공개 등이 이루어지도록 정보관리체계를 정비하고, 정보공개 업무를 주관하는 부서 및 담당하는 인력을 적정하게 두어야 하며, 정보통신망을 활용한 정보공개시스템 등을 구축하도록 노력하여야 한다(같은 조 제2항). 행정안전부장관은 공공기관의 정보공개에 관한 업무를 종합적·체계적·효율적으로 지원하기 위하여 통합정보공개시스템을 구축·운영하여야 한다(같은 조 제3항). 공공기관(국회·법원·헌법재판소·중앙선거관리위원회는 제외한다)이 제2항에 따른 정보공개시스템을 구축하지 아니한 경우에는 제3항에 따라 행정안전부장관이 구축·운영하는 통합정보공개시스템을 통하여 정보공개 청구 등을 처리하여야 한다(같은 조 제4항). 공공기관은 소속 공무원 또는 임직원 전체를 대상으로 국회규칙·대법원규칙·헌법재판소규칙·중앙선거관리위원회규칙 및 대통령령으로 정하는 바에 따라 이 법 및 정보공개 제도 운영에 관한 교육을 실시하여야 한다(같은 조 제5항).

② 정보공개 담당자의 의무 : 공공기관의 정보공개 담당자(정보공개 청구 대상 정보와 관련된 업무 담당자를 포함한다)는 정보공개 업무를 성실하게 수행하여야 하며, 공개 여부의 자의적인 결정, 고의적인 처리 지연 또는 위법한 공개 거부 및 회피 등 부당한 행위를 하여서는 아니 된다(제6조의2).

③ 정보의 사전적 공개 등 : 특정정보에 대한 공개청구가 없었던 경우 일반적인 정보공개의무는

없다는 게 헌법재판소의 견해이다. 그러나 정보공개법상으로는 정기적 공표의무에 관한 규정을 두고 있다. 즉, 공공기관은 다음 각 호의 어느 하나에 해당하는 정보에 대해서는 공개의 구체적 범위, 주기, 시기 및 방법 등을 미리 정하여 정보통신망 등을 통하여 알리고, 이에 따라 정기적으로 공개하여야 한다. 다만, 제9조제1항 각 호의 어느 하나에 해당하는 정보에 대해서는 그러하지 아니하다(제7조 제1항).

1. 국민생활에 매우 큰 영향을 미치는 정책에 관한 정보
2. 국가의 시책으로 시행하는 공사(工事) 등 대규모 예산이 투입되는 사업에 관한 정보
3. 예산집행의 내용과 사업평가 결과 등 행정감시를 위하여 필요한 정보
4. 그 밖에 공공기관의 장이 정하는 정보

공공기관은 제1항에 규정된 사항 외에도 국민이 알아야 할 필요가 있는 정보를 국민에게 공개하도록 적극적으로 노력하여야 한다(같은 조 제2항).

관련판례 알 권리에서 파생되는 정부의 공개의무는 특별한 사정이 없는 한 국민의 적극적인 정보수집행위, 특히 특정의 정보에 대한 공개청구가 있는 경우에야 비로소 존재하므로, 정보공개청구가 없었던 경우 대한민국과 중화인민공화국이 2000. 7. 31. 체결한 양국 간 마늘교역에 관한 합의서 및 그 부속서 중 '2003. 1. 1.부터 한국의 민간기업이 자유롭게 마늘을 수입할 수 있다.'는 부분을 사전에 마늘재배농가들에게 공개할 정부의 의무는 인정되지 아니한다(헌재결 2004.12.16, 2002헌마579).

④ 정보목록의 작성·비치·공개의무, 정보공개장소·시설확보의무 : 공공기관은 그 기관이 보유·관리하는 정보에 대하여 국민이 쉽게 알 수 있도록 정보목록을 작성하여 갖추어 두고, 그 목록을 정보통신망을 활용한 정보공개시스템 등을 통하여 공개하여야 한다. 다만, 정보목록 중 제9조 제1항에 따라 공개하지 아니할 수 있는 정보(비공개대상정보)가 포함되어 있는 경우에는 해당 부분을 갖추어 두지 아니하거나 공개하지 아니할 수 있다(제8조 제1항). 공공기관은 정보의 공개에 관한 사무를 신속하고 원활하게 수행하기 위하여 정보공개 장소를 확보하고 공개에 필요한 시설을 갖추어야 한다(같은 조 제2항).

⑤ 공개대상 정보의 원문공개 : 공공기관 중 중앙행정기관 및 대통령령으로 정하는 기관은 전자적 형태로 보유·관리하는 정보 중 공개대상으로 분류된 정보를 국민의 정보공개 청구가 없더라도 정보통신망을 활용한 정보공개시스템 등을 통하여 공개하여야 한다(제8조의2). 법 제8조의2에서 '대통령령으로 정하는 기관'이란 다음 각 호의 기관을 말한다(같은 법 시행령 제5조의2).

3. 공개대상정보 및 공공기관

(1) 정보의 의의

"정보"란 공공기관(공공기관에 한정)이 직무상 작성 또는 취득하여 관리하고 있는 문서(전자문서를 포함한다) 및 전자매체를 비롯한 모든 형태의 매체 등에 기록된 사항을 말한다(제2조 제1호). 공개대상정보는 공개청구의 시점에 공공기관이 보유·관리하고 있는 정보를 말하므로, 구상 중에 있거나 계획단계에 있는 정보 또는 아직 조사가 끝나지 않은 사항에 대하여는 공개를 청구할 수 없다. 또한 대상정보가 폐기되어 공공기관이 그 정보를 더 이상 보유·관리하지 않게 된 경우에도 공개를 청구할 수 없다.

1. 공개를 구하는 정보를 공공기관이 보유·관리하고 있을 상당한 개연성이 있다는 점에 대한 증명책임의 소재는 공개청구자이고, 그 정보를 더 이상 보유·관리하고 있지 아니하다는 점에 대한 증명책임은 공공기관이 부담한다(대판 2004.12.9, 2003두12707).
2. 구 「공공기관의 정보공개에 관한 법률」상 당해 정보를 공공기관이 보유·관리하고 있다는 점에 관한 증명책임은 공개청구자이고 입증정도는 개연성만 증명하면 족하다(대판 2007.6.1, 2006두20587).
3. 사경제의 주체라는 지위에서 행한 사업과 관련된 정보라 하더라도 공공기관이 직무상 작성·관리하는 정보라면 정보공개법의 적용대상인 정보에 해당한다(대판 2007.6.1, 2006두20587).

(2) 공공기관의 의의

① 공공기관이란 다음 각 목의 기관을 말한다(제2조 제3호).

가. 국가기관
   1) 국회, 법원, 헌법재판소, 중앙선거관리위원회
   2) 중앙행정기관(대통령 소속 기관과 국무총리 소속 기관을 포함한다) 및 그 소속 기관
   3) 「행정기관 소속 위원회의 설치·운영에 관한 법률」에 따른 위원회
나. 지방자치단체
다. 「공공기관의 운영에 관한 법률」 제2조에 따른 공공기관
라. 지방공기업법에 따른 지방공사 및 지방공단
마. 그 밖에 대통령령으로 정하는 기관

② 「공공기관의 정보공개에 관한 법률」 제2조 제3호 라목에서 '그 밖에 대통령령으로 정하는 기관'이란 다음 각 호의 기관 또는 단체를 말한다(동시행령 제2조).

　㉠ 유아교육법·초·중등교육법·고등교육법에 따른 각급 학교 또는 그 밖의 다른 법률에 따라 설치된 학교(제⑤호) : 사립고등학교와 사립대학교

구 「공공기관의 정보공개에 관한 법률 시행령」 제2조 제1호가 정보공개의무를 지는 공공기관의 하나로 사립대학교를 들고 있는 것이 모법의 위임 범위를 벗어났다거나 사립대학교(계명대학교)가 국비의 지원을 받는 범위 내에서만 공공기관의 성격을 가진다고 볼 수 없다(대판 2006.8.24, 2004두2783).

　㉡ 「지방자치단체 출자·출연 기관의 운영에 관한 법률」 제2조 제1항에 따른 출자기관 및 출연기관(제3호)
　㉢ 특별법에 따라 설립된 특수법인(제4호)

1. 「공공기관의 정보공개에 관한 법률 시행령」 제2조 제4호가 정보공개 대상기관으로 규정한 '특별법에 의하여 설립된 특수법인'의 의미 및 판단기준
　「공공기관의 정보공개에 관한 법률」 제2조 제3호, 같은 법 시행령 제2조 제4호에서는 정보공개법에 따라 정보를 공개할 의무가 있는 공공기관의 하나로, '특별법에 의하여 설립된 특수법인'을 규정하고 있는 바, 이는 그 문언상 **당해 법인의 설립 및 규율을 목적으로 특별히 제정된 법률(예컨대, 한국은행법, 한국증권선물거래소법 등)에 의하여 설립된 법인에 한정할 것은 아니고, 법인의 설립 및 규율 외의 다른 목적을 위하여 제정된 법률 가운데 특정 법인의 설립근거를 둔 법률에 의하여 설립된 법인도 포함된다고 볼 것이나, 그중 특히 국가기관·지방자치단체·정부투자기관에 준할 정도로 공동체 전체의 이익에 중요한 역할이나 기능을 수행하는 공공기관으로서의 특수성을 갖는 법인을 말한다** 할 것이다. 구체적으로 어느 법인이 이에 해당하는가는 정보공개법의 입법목적을 염두에 두고, 당해 법인에게 부여된 업무가 국가 행정업무이거나, 이에 해당하지 않더라도 그 업무 수행으로써 추구하는 이익이 당해 법인 내부의 이익에 그치지 않고 공동체 전체의 이익에 해당하는 공익적 성격을 갖는지 여부를 중심으로 개별적으로 판단하되, 당해 법인의 설립근거가 되는 **법률이 법인의 조직구성과 활동에 대한 행정적 관리·감독 등에서 민법이나 상법 등에 의하여 설립된 일반 법인과 달리 규율한 취지, 국가나 지방자치단체의 당해 법인에 대한 재정적 지원·보조의 유무와 그 정도, 당해 법인의 공공적 업무와 관련하여 국가기관·지방자치단체 등 다른 공공기관에 대한 정보공개청구와는 별도로 당해 법인에 대하여 직접 정보공개청구를 구할 필요성이 있는지 여부 등을 종합적으로 고려**하여야 한다(대판 2010.4.29, 2008두5643).

2. '한국증권업협회'는 「공공기관의 정보공개에 관한 법률 시행령」 제2조 제4호의 '특별법에 의하여 설립된 특수법인'에 해당한다고 보기 어렵다(대판 2010.4.29, 2008두5643). **[12 지방7급, 11 서울7급]**

3. 한국방송공사는 정보공개법에 따라 정보를 공개할 의무가 있는 '특별법에 의하여 설립된 특수법인'에 해당한다(대판 2010.12.23, 2008두13101).

ⓔ 「사회복지사업법」 제42조 제1항에 따라 국가나 지방자치단체로부터 보조금을 받는 사회복지법인과 사회복지사업을 하는 비영리법인(제5호)

ⓜ 제5호 외에 「보조금 관리에 관한 법률」 제9조 또는 지방재정법 제17조 제1항 각 호 외의 부분 단서에 따라 국가나 지방자치단체로부터 연간 5천만 원 이상의 보조금을 받는 기관 또는 단체. 다만, 정보공개 대상 정보는 해당 연도에 보조를 받은 사업으로 한정한다(제6호).

공공기관이 아닌 사례 : 언론기관, 사기업

4. 정보공개절차

(1) 정보공개의 청구방법(문서 또는 말)

정보의 공개를 청구하는 자(청구인)는 해당 정보를 보유하거나 관리하고 있는 공공기관에 다음 각 호의 사항을 적은 정보공개 청구서를 제출하거나 말로써 정보의 공개를 청구할 수 있다(제10조 제1항).

> 1. 청구인의 성명·생년월일·주소 및 연락처(전화번호·전자우편주소 등을 말한다). 다만, 청구인이 법인 또는 단체인 경우에는 그 명칭, 대표자의 성명, 사업자등록번호 또는 이에 준하는 번호, 주된 사무소의 소재지 및 연락처를 말한다. : 인적사항이 포함되므로 익명이 아님.
> 2. 청구인의 주민등록번호(본인임을 확인하고 공개 여부를 결정할 필요가 있는 정보를 청구하는 경우로 한정한다)
> 3. 공개를 청구하는 정보의 내용 및 공개방법

1. 「공공기관의 정보공개에 관한 법률」상 청구대상정보의 내용과 범위를 특정하는 방법
   (1) 정보공개법 제10조 제1항 제2호는 정보의 공개를 청구하는 자는 정보공개청구서에 '공개를 청구하는 정보의 내용' 등을 기재할 것을 규정하고 있는바, **청구대상정보를 기재함에 있어서는 사회일반인의 관점에서 청구대상정보의 내용과 범위를 확정할 수 있을 정도로 특정함을 요한다**고 할 것이다.
   (2) 또한, 정보비공개결정의 취소를 구하는 사건에 있어서, 만일 원고가 공개를 청구한 정보의 내용 중 너무 포괄적이거나 막연하여서 사회일반인의 관점에서 그 내용과 범위를 확정할 수 있을 정도로 **특정되었다고 볼 수 없는 부분이 포함되어 있다면, 이를 심리하는 법원으로서는 마땅히 정보공개법 제20조 제2항의 규정에 따라 피고에게 그가 보유·관리하고 있는 공개청구정보를 제출하도록 하여 이를 비공개로 열람·심사하는 등의 방법으로 공개청구정보의 내용과 범위를 특정시켜야** 할 것이고,
   (3) 나아가 위와 같은 방법으로도 특정이 불가능한 경우에는 **특정되지 않은 부분과 나머지 부분을 분리할 수 있고 나머지 부분에 대한 비공개결정이 위법한 경우라고 하여도 원고의 청구 중 특정되지 않은 부분에 대한 비공개결정의 취소를 구하는 부분은 나머지 부분과 분리하여서 이를 기각하여야 할 것**이다(대판 2007.6.1, 2007두2555).
2. 구 「공공기관의 정보공개에 관한 법률」에 따라 청구인이 청구대상정보를 기재할 때 청구대상정보 특정의 정도

구 「공공기관의 정보공개에 관한 법률」(정보공개법) 제10조 제1항 제2호는 정보의 공개를 청구하는 자는 정보공개청구서에 '공개를 청구하는 정보의 내용' 등을 기재하도록 규정하고 있다. 청구인이 이에 따라 **청구대상정보를 기재할 때에는 사회일반인의 관점에서 청구대상정보의 내용과 범위를 확정할 수 있을 정도로 특정하여야** 한다(대판 2018.4.12, 2014두5477).

3. 정보비공개결정의 취소를 구하는 사건에서 공개를 청구한 정보의 내용과 범위를 확정할 수 있을 정도로 특정되었다고 볼 수 없는 부분이 포함되어 있는 경우 법원이 취해야 할 조치

   정보비공개결정의 취소를 구하는 사건에서, 청구인이 공개를 청구한 정보의 내용 중 너무 포괄적이거나 막연하여 사회일반인의 관점에서 그 내용과 범위를 확정할 수 있을 정도로 특정되었다고 볼 수 없는 부분이 포함되어 있다면, 이를 심리하는 법원으로서는 마땅히 정보공개법 제20조 제2항의 규정에 따라 **공공기관에 그가 보유·관리하고 있는 청구대상정보를 제출하도록 하여, 이를 비공개로 열람·심사하는 등의 방법으로 청구대상정보의 내용과 범위를 특정시켜야** 한다(대판 2018.4.12, 2014두5477).

4. 정보공개를 청구하는 자가 공공기관에 대해 정보의 사본 또는 출력물의 교부의 방법으로 공개방법을 선택하여 정보공개청구를 한 경우, 공개청구를 받은 공공기관은 그 공개방법을 선택할 재량권이 없다(대판 2003.12.12, 2003두8050).

5. 정보공개 청구인에게 특정한 정보공개방법을 지정하여 청구할 수 있는 법령상 신청권이 있다(대판 2016.11.10, 2016두44674).

6. 공공기관이 공개청구의 대상이 된 정보를 청구인이 신청한 공개방법 이외의 방법으로 공개하기로 하는 결정을 한 경우, 정보공개방법에 관한 부분에 대하여 일부 거부처분을 한 것이고 이에 대하여 항고소송으로 다툴 수 있다(대판 2016.11.10, 2016두44674).

청구인이 말로써 정보의 공개를 청구할 때에는 담당 공무원 또는 담당 임직원(담당공무원등)의 앞에서 진술하여야 하고, 담당공무원등은 정보공개 청구조서를 작성하여 이에 청구인과 함께 기명날인하거나 서명하여야 한다(같은 조 제2항).

(2) 정보공개 여부의 결정

공공기관은 정보공개의 청구를 받으면 그 청구를 받은 날부터 10일 이내에 공개 여부를 결정하여야 한다(제11조 제1항). 공공기관은 부득이한 사유로 제1항에 따른 기간 이내에 공개 여부를 결정할 수 없을 때에는 그 기간이 끝나는 날의 다음 날부터 기산(起算)하여 10일의 범위에서 공개 여부 결정기간을 연장할 수 있다. 이 경우 공공기관은 연장된 사실과 연장 사유를 청구인에게 지체 없이 문서로 통지하여야 한다(같은 조 제2항). 공공기관은 다른 공공기관이 보유·관리하는 정보의 공개 청구를 받았을 때에는 지체 없이 이를 소관 기관으로 이송하여야 하며, 이송한 후에는 지체 없이 소관 기관 및 이송 사유 등을 분명히 밝혀 청구인에게 문서로 통지하여야 한다(같은 조 제4항). 공공기관은 정보공개 청구가 다음 각 호의 어느 하나에 해당하는 경우로서 「민원 처리에 관한 법률」에 따른 민원으로 처리할 수 있는 경우에는 민원으로 처리할 수 있다(같은 조 제5항).

> 1. 공개 청구된 정보가 공공기관이 보유·관리하지 아니하는 정보인 경우
> 2. 공개 청구의 내용이 진정·질의 등으로 이 법에 따른 정보공개 청구로 보기 어려운 경우

(3) 반복 청구 등의 처리

공공기관은 제11조에도 불구하고 제10조제1항 및 제2항에 따른 정보공개 청구가 다음 각 호의 어느 하나에 해당하는 경우에는 정보공개 청구 대상 정보의 성격, 종전 청구와의 내용적 유사성·관련성, 종전 청구와 동일한 답변을 할 수밖에 없는 사정 등을 종합적으로 고려하여 해당 청구를 종결 처리할 수 있다. 이 경우 종결 처리 사실을 청구인에게 알려야 한다(제11조의2 제1항).

> 1. 정보공개를 청구하여 정보공개 여부에 대한 결정의 통지를 받은 자가 정당한 사유 없이 해당 정보의 공개를 다시 청구하는 경우
> 2. 정보공개 청구가 제11조 제5항에 따라 민원으로 처리되었으나 다시 같은 청구를 하는 경우

공공기관은 제11조에도 불구하고 제10조제1항 및 제2항에 따른 정보공개 청구가 다음 각 호의 어느 하나에 해당하는 경우에는 다음 각 호의 구분에 따라 안내하고, 해당 청구를 종결 처리할 수 있다(같은 조 제2항).

> 1. 제7조 제1항에 따른 정보 등 공개를 목적으로 작성되어 이미 정보통신망 등을 통하여 공개된 정보를 청구하는 경우: 해당 정보의 소재(所在)를 안내
> 2. 다른 법령이나 사회통념상 청구인의 여건 등에 비추어 수령할 수 없는 방법으로 정보공개 청구를 하는 경우: 수령이 가능한 방법으로 청구하도록 안내

(4) 정보공개심의회

① 설치 및 운영

국가기관, 지방자치단체, 「공공기관의 운영에 관한 법률」 제5조에 따른 공기업 및 준정부기관, 지방공기업법에 따른 지방공사 및 지방공단(국가기관등)은 제11조에 따른 정보공개 여부 등을 심의하기 위하여 정보공개심의회(심의회다)를 설치·운영한다. 이 경우 국가기관등의 규모와 업무성격, 지리적 여건, 청구인의 편의 등을 고려하여 소속 상급기관(지방공사·지방공단의 경우에는 해당 지방공사·지방공단을 설립한 지방자치단체를 말한다)에서 협의를 거쳐 심의회를 통합하여 설치·운영할 수 있다(제12조 제1항).

② 구성

심의회는 위원장 1명을 포함하여 5명 이상 7명 이하의 위원으로 구성한다(같은 조 제2항).

③ 위원의 위촉

심의회의 위원은 소속 공무원, 임직원 또는 외부 전문가로 지명하거나 위촉하되, 그 중 3분의 2는 해당 국가기관등의 업무 또는 정보공개의 업무에 관한 지식을 가진 외부 전문가로 위촉하여야 한다. 다만, 제9조 제1항 제2호 및 제4호에 해당하는 업무를 주로 하는 국가기관은 그 국가기관의 장이 외부 전문가의 위촉 비율을 따로 정하되, 최소한 3분의 1 이상은 외부 전문가로 위촉하여야 한다(같은 조 제3항). 심의회의 위원에 대해서는 제23조제4항 및 제5항을 준용한다(같은 조 제5항).

④ 위원의 제척·기피·회피

심의회의 위원이 다음 각 호의 어느 하나에 해당하는 경우에는 심의회의 심의에서 제척(除斥)된다(제12조의2 제1항).

> 1. 위원 또는 그 배우자나 배우자이었던 사람이 해당 심의사항의 당사자(당사자가 법인·단체 등인 경우에는 그 임원 또는 직원을 포함한다)이거나 그 심의사항의 당사자와 공동권리자 또는 공동의무자인 경우
> 2. 위원이 해당 심의사항의 당사자와 친족이거나 친족이었던 경우
> 3. 위원이 해당 심의사항에 대하여 증언, 진술, 자문, 연구, 용역 또는 감정을 한 경우
> 4. 위원이나 위원이 속한 법인 등이 해당 심의사항의 당사자의 대리인이거나 대리인이었던 경우

심의회의 심의사항의 당사자는 위원에게 공정한 심의를 기대하기 어려운 사정이 있는 경우에는 심의회에 기피(忌避) 신청을 할 수 있고, 심의회는 의결로 기피 여부를 결정하여야 한다. 이 경우 기피 신청의 대상인 위원은 그 의결에 참여할 수 없다(같은 조 제2항).

위원은 제1항 각 호에 따른 제척 사유에 해당하는 경우에는 심의회에 그 사실을 알리고 스스로 해당 안건의 심의에서 회피(回避)하여야 한다(같은 조 제3항).

위원이 제1항 각 호의 어느 하나에 해당함에도 불구하고 회피신청을 하지 아니하여 심의회 심의의 공정성을 해친 경우 국가기관등의 장은 해당 위원을 해촉하거나 해임할 수 있다(같은 조 제4항).

⑤ 위원장

심의회의 위원장은 위원 중에서 국가기관등의 장이 지명하거나 위촉한다(같은 조 제4항).

(5) 정보공개 여부 결정의 통지의무

공공기관은 정보의 공개를 결정한 경우에는 공개의 일시 및 장소 등을 분명히 밝혀 청구인에게 통지하여야 한다(제13조 제1항). 공공기관은 청구인이 사본 또는 복제물의 교부를 원하는 경우에는 이를 교부하여야 한다(같은 조 제2항).

(6) 정보공개의 의의와 방법

① 정보공개의 의의 : 공개란 공공기관이 이 법에 따라 정보를 열람하게 하거나 그 사본·복제물을

제공하는 것 또는 전자정부법 제2조 제10호에 따른 정보통신망을 통하여 정보를 제공하는 것 등을 말한다(제2조 제2호).

정보공개거부처분의 취소를 구하는 소송에서 공공기관이 청구정보를 증거 등으로 법원에 제출하여 법원을 통하여 그 사본을 청구인에게 교부 또는 송달되게 하여 청구인에게 정보를 공개하게 된 경우, 정보 비공개 결정의 취소를 구할 소의 이익이 소멸하지 않는다

청구인이 정보공개거부처분의 취소를 구하는 소송에서 공공기관이 청구정보를 증거 등으로 법원에 제출하여 법원을 통하여 그 사본을 청구인에게 교부 또는 송달되게 하여 결과적으로 청구인에게 정보를 공개하는 셈이 되었다고 하더라도, 이러한 우회적인 방법은 정보공개법이 예정하고 있지 아니한 방법으로서 정보공개법에 의한 공개라고 볼 수는 없으므로, 당해 정보의 비공개결정의 취소를 구할 소의 이익은 소멸되지 않는다(대판 2016.12.15, 2012두11409, 11416).

② **정보공개의 방법**: 공공기관은 공개 대상 정보의 양이 너무 많아 정상적인 업무수행에 현저한 지장을 초래할 우려가 있는 경우에는 해당 정보를 일정 기간별로 나누어 제공하거나 사본·복제물의 교부 또는 열람과 병행하여 제공할 수 있다(제13조 제3항).

공공기관은 공개대상정보의 양이 과다하여 정상적인 업무수행에 현저한 지장을 초래할 우려가 있는 경우에는 정보의 사본·복제물을 일정 기간별로 나누어 교부하거나 열람과 병행하여 교부할 수 있으나(제13조 제2항), **정보공개청구의 대상이 이미 널리 알려진 사항이거나 청구량이 과다하여 정상적인 업무수행에 현저한 지장을 초래할 우려가 있더라도 청구된 정보의 사본 또는 복제물의 교부를 제한할 수는 없다**(대판 2009.4.23, 2009두2702).

공공기관은 제1항에 따라 정보를 공개하는 경우에 그 정보의 원본이 더럽혀지거나 파손될 우려가 있거나 그 밖에 상당한 이유가 있다고 인정할 때에는 그 정보의 사본·복제물을 공개할 수 있다(같은 조 제4항).

「공공기관의 정보공개에 관한 법률」상 공개청구의 대상이 되는 정보에 해당하는 문서가 원본일 필요는 없다(대판 2006.5.25, 2006두3049).

공공기관은 제11조에 따라 정보의 비공개 결정을 한 경우에는 그 사실을 청구인에게 지체 없이 문서로 통지하여야 한다. 이 경우 제9조 제1항 각 호 중 어느 규정에 해당하는 비공개 대상 정보인지를 포함한 비공개 이유와 불복(不服)의 방법 및 절차를 구체적으로 밝혀야 한다

(같은 조 제5항).

甲이 재판기록 일부의 정보공개를 청구한 데 대하여 서울행정법원장이 민사소송법 제162조를 이유로 소송기록의 정보를 비공개한다는 결정을 전자문서로 통지한 사안에서, 비공개결정 당시 정보의 비공개결정은 구 「공공기관의 정보공개에 관한 법률」 제13조 제4항에 의하여 전자문서로 통지할 수 있다고 본 사례

'문서'에 '전자문서'를 포함한다고 규정한 구 「공공기관의 정보공개에 관한 법률」(정보공개법) 제2조와 정보의 비공개결정을 '문서'로 통지하도록 정한 정보공개법 제13조 제4항의 규정에 의하면 정보의 비공개결정은 전자문서로 통지할 수 있고, 위 규정들은 행정절차법 제3조 제1항에서 행정절차법의 적용이 제외되는 것으로 정한 '다른 법률'에 특별한 규정이 있는 경우에 해당하므로, 비공개결정 당시 정보의 비공개결정은 정보공개법 제13조 제4항에 의하여 전자문서로 통지할 수 있다고 본 원심판단에 법리오해 등의 위법이 없다(대판 2014.4.10, 2012두17384).

③ 부분 공개 : 공개 청구한 정보가 비공개대상정보에 해당하는 부분과 공개 가능한 부분이 혼합되어 있는 경우로서 공개 청구의 취지에 어긋나지 아니하는 범위에서 두 부분을 분리할 수 있는 경우에는 비공개대상정보를 제외하고 공개하여야 한다(제14조). 즉, 부분 공개는 공공기관의 의무사항이지 재량사항이 아니다.

1. 비공개대상정보에 해당하는 부분과 공개가 가능한 부분이 구별되고 이를 분리할 수 있는 경우, 공개가 가능한 부분을 특정하고 판결주문에 공개가 가능한 부분만 취소한다고 표시하여야 한다(일부취소판결)(대판 2003.3.11, 2001두6425).
2. '공개청구의 취지에 어긋나지 아니하는 범위 안에서 비공개대상 정보에 해당하는 부분과 공개가 가능한 부분을 분리할 수 있다'는 의미는 물리적으로 분리가능한 경우를 의미하는 것이 아니고 나머지 정보만을 공개하는 것이 가능하고 나머지 부분의 정보만으로도 공개의 가치가 있는 경우를 의미한다(대판 2004.12.9, 2003두12707).
3. 행정청이 공개를 거부한 정보 중 법인의 계좌번호, 개인의 주민등록번호, 계좌번호 등에 해당하는 정보를 제외한 나머지 부분의 정보를 공개하는 것이 타당하다고 하면서 판결 주문에서 정보공개거부처분 전부를 취소한 것은 위법하다(대판 2009.4.23, 2009두2702).

④ 정보의 전자적 공개

㉠ 전자적 형태로 보유·관리하는 정보(의무) : 공공기관은 전자적 형태로 보유·관리하는 정보에 대하여 청구인이 전자적 형태로 공개하여 줄 것을 요청하는 경우에는 그 정보의 성질상 현저히 곤란한 경우를 제외하고는 청구인의 요청에 따라야 한다(제15조 제1항).

공공기관에 의하여 전자적 형태로 보유·관리되는 정보가 정보공개청구인이 구하는 대로 되어 있지 않더라
도, 공공기관이 공개청구대상정보를 보유·관리하고 있는 것으로 볼 수 있는지 여부(한정 적극)
「공공기관의 정보공개에 관한 법률」에 의한 정보공개제도는 공공기관이 보유·관리하는 정보를 그 상태대로
공개하는 제도이지만, 전자적 형태로 보유·관리되는 정보의 경우에는, 그 **정보가 청구인이 구하는 대로는
되어 있지 않다고 하더라도, 공개청구를 받은 공공기관이 공개청구대상정보의 기초자료를 전자적 형태로
보유·관리하고 있고, 당해 기관에서 통상 사용되는 컴퓨터 하드웨어 및 소프트웨어와 기술적 전문지식을
사용하여 그 기초자료를 검색하여 청구인이 구하는 대로 편집할 수 있으며, 그러한 작업이 당해 기관의 컴
퓨터 시스템 운용에 별다른 지장을 초래하지 아니한다면, 그 공공기관이 공개청구대상정보를 보유·관리하
고 있는 것으로 볼 수 있고, 이러한 경우에 기초자료를 검색·편집하는 것은 새로운 정보의 생산 또는 가공
에 해당한다고 할 수 없다**(대판 2010. 2.11, 2009두6001).

ⓛ 전자적 형태로 보유·관리하지 아니하는 정보(재량) : 공공기관은 전자적 형태로 보유·관리하지
아니하는 정보에 대하여 청구인이 전자적 형태로 공개하여 줄 것을 요청한 경우에는 정상적
인 업무수행에 현저한 지장을 초래하거나 그 정보의 성질이 훼손될 우려가 없으면 그 정보를
전자적 형태로 변환하여 공개할 수 있다(같은 조 제2항).

⑤ 즉시 처리가 가능한 정보의 공개

다음 각 호의 어느 하나에 해당하는 정보로서 즉시 또는 말로 처리가 가능한 정보에 대하여
는 제11조에 따른 절차를 거치지 아니하고 공개하여야 한다(제16조).

> 1. 법령 등에 따라 공개를 목적으로 작성된 정보
> 2. 일반국민에게 알리기 위하여 작성된 각종 홍보자료
> 3. 공개하기로 결정된 정보로서 공개에 오랜 시간이 걸리지 아니하는 정보
> 4. 그 밖에 공공기관의 장이 정하는 정보

⑥ 비용 부담 : 정보의 공개 및 우송 등에 드는 비용은 실비(實費)의 범위에서 청구인(공공기관, 행
정청이 아님)이 부담한다(무료가 아님)(제17조 제1항). 공개를 청구하는 정보의 사용 목적이
공공복리의 유지·증진을 위하여 필요하다고 인정되는 경우에는 제1항에 따른 비용을 감면할
수 있다(같은 조 제2항).

5. 정보공개의 제한(비공개 대상 정보, 제9조)

공공기관이 보유·관리하는 정보는 공개 대상이 된다. 다만, 다음 각 호의 어느 하나에 해당하
는 정보는 공개하지 아니할 수 있다(제9조 제1항). 즉, 비공개대상정보에 대하여는 공공기관이
공개하지 않을 수 있는 재량행위이기 때문에 공개하지 않아야 하는 의무가 있는 것은 아니다.
한편, 공공기관은 비공개사유에 대한 입증책임을 부담한다. 공공기관은 제1항 각 호의 어느 하

나에 해당하는 정보가 기간의 경과 등으로 인하여 비공개의 필요성이 없어진 경우에는 그 정보를 공개 대상으로 하여야 한다(같은 조 제2항). 공공기관은 제1항 각 호의 범위에서 해당 공공기관의 업무 성격을 고려하여 비공개 대상 정보의 범위에 관한 세부 기준(비공개 세부 기준)을 수립하고 이를 정보통신망을 활용한 정보공개시스템 등을 통하여 공개하여야 한다(같은 조 제3항). 공공기관(국회·법원·헌법재판소 및 중앙선거관리위원회는 제외한다)은 제3항에 따라 수립된 비공개 세부 기준이 제1항 각 호의 비공개 요건에 부합하는지 3년마다 점검하고 필요한 경우 비공개 세부 기준을 개선하여 그 점검 및 개선 결과를 행정안전부장관에게 제출하여야 한다(같은 조 제4항).

관련 판례

1. 정보공개를 요구받은 공공기관이 구 「공공기관의 정보공개에 관한 법률」 제9조 제1항 중 몇 호에서 정한 비공개사유에 해당하는지를 주장·증명하지 아니한 채 개괄적인 사유만을 들어 공개를 거부할 수 없다
   국민으로부터 보유·관리하는 정보에 대한 공개를 요구받은 공공기관으로서는, 정보공개법 제9조 제1항 각호에서 정하고 있는 비공개사유에 해당하지 않는 한 이를 공개하여야 한다. 이를 거부하는 경우라 할지라도, 대상이 된 정보의 내용을 구체적으로 확인·검토하여, **어느 부분이 어떠한 법익 또는 기본권과 충돌되어 정보공개법 제9조 제1항 몇 호에서 정하고 있는 비공개사유에 해당하는지를 주장·증명하여야**만 하고, 그에 이르지 아니한 채 **개괄적인 사유만을 들어 공개를 거부하는 것은 허용되지 아니한다**(대판 2018.4.12, 2014두5477).
2. 정보공개 청구권자의 권리구제 가능성 등은 정보의 공개 여부 결정에 영향을 미치지 못한다(대판 2017.9.7, 2017두44558).

:: 판례상 공개 대상 정보

1. 외무부장관이 1996. 3.경 미국정부로부터 당시 미국 정보공개법에 따라 비밀이 해제된 바 있는 1979년 및 1980년의 우리나라 정치상황과 관련한 미국 정부로부터 제공받아 보관하고 있는 문서사본(대판 1999.9.21, 97누5114)
2. 지방자치단체의 도시공원에 관한 조례에서 규정된 도시공원위원회의 심의사항에 관하여 위 위원회의 심의를 거친 후 시장이나 구청장이 위 사항들에 대한 결정을 대외적으로 공표한 후(대판 2000. 5.30, 99추85)
   ■ 다만, 대외적 공표행위가 있기 전까지는 비공개대상정보
3. 형사소송법 제47조의 공개금지는 일반에게 공표를 금지하려는 취지이지, 당해사건의 고소인에게 공소제기내용을 알려주는 것을 금지하는 취지가 아니다(대판 2006.5.25, 2006두3049).
4. 수용자자비부담물품의 판매수익금총액과 교도소장에게 배당된 수익금액 및 사용내역 등에 관한 정보(대판 2004.12.9, 2003두12707)
5. 사법시험 제2차 답안지(대판 2003.3.14, 2000두6114)
   ■ 다만, 사법시험 채점위원별 채점결과는 비공개대상정보임.
6. 아파트재건축주택조합의 조합원들에게 제공될 무상보상평수의 사업수익성 등을 검토한 자료(대판 2006.1.13, 2003두9459)
   ■ 다만, 개인의 인적사항, 재산에 관한 내용이 포함되어 있어서 공개될 경우에는 타인의 사생활의 비밀과 자유를 침해할 우려가 있고, 자료의 분량이 합계 9,029매에 달하는 재개발사업에 관한 자료는 비공개대상정보임(대판 1997.5.23, 96누2439).

7. 교육공무원의 근무성적평정의 결과(대판 2006.10.26, 2006두11910)
8. 사면대상자들의 사면실시건의서와 그와 관련된 국무회의 안건자료에 관한 정보(대판 2006.12.7, 2005두241)
9. 대한주택공사의 아파트 분양원가 산출내역에 관한 정보(대판 2007.6.1, 2006두20587)
10. 한국방송공사의 '수시집행 접대성 경비의 건별 집행서류 일체'에 관한 정보(대판 2008.10.23, 2007두1798)
   ■ 다만, 지방자치단체장의 업무추진비는 비공개대상정보임(대판 2003.3.11, 2001두6425).
11. 교도관이 직무 중 발생한 사유에 관하여 작성하는 근무보고서는 정보공개대상이고, 징벌위원회 회의록 중 비공개 심사·의결 부분은 비공개사유에 해당하지만, 징벌절차 진행 부분은 비공개사유에 해당하지 않으므로 분리공개가 허용된다(대판 2009.12.10, 2009두12785).
12. '2002학년도부터 2005학년도까지의 대학수학능력시험 원데이터'를 연구목적으로 그 정보의 공개를 청구하는 경우(대판 2010.2.25, 2007두9877)
13. 금융위원회의 2003. 9. 26.자 론스타에 대한 동일인 주식보유한도 초과보유 승인과 관련하여 '론스타 측이 제출한 동일인 현황 등 자료' 등(대판 2011.11.24, 2009두19021)
14. 장기요양등급판정과 관련된 자료로서 장기요양인정조사표(조사원 수기 작성분)(대판 2012.2.9, 2010두14268)
15. 수사기록 중의 의견서, 보고문서, 메모, 법률검토, 내사자료 등(의견서등) 중 개인 인적사항 부분을 제외한 나머지 부분인 범죄사실, 적용법조, 증거관계, 고소인 및 피고소인의 진술, 수사결과 및 의견 등(대판 2012.7.12, 2010두7048)
16. 갑 단체(민주사회를 위한 변호사 모임)가 국세청장에게 '을 외국법인(론스타펀드가 대한민국에 투자할 목적으로 벨기에와 룩셈부르크에 설립한 8개 법인) 등이 대한민국을 상대로 국제투자분쟁해결센터(ICSID)에 제기한 국제중재 사건에서 중재신청인들이 주장·청구하는 손해액 중 대한민국이 중재신청인들에게 부과한 과세·원천징수세액의 총합계액과 이를 청구하는 중재신청인들의 명단 등'의 공개를 청구한 정보(대판 2020.5.14, 2017두49652)
   ■ 국세기본법 제81조의13 제1항 본문의 과세정보는 「공공기관의 정보공개에 관한 법률」 제9조 제1항 제1호의 '다른 법률에 의하여 비밀 또는 비공개 사항으로 규정한 정보'에 해당

(1) 다른 법률 또는 법률에서 위임한 명령(국회규칙·대법원규칙·헌법재판소규칙·중앙선거관리위원회규칙·대통령령 및 조례로 한정한다)에 따라 비밀이나 비공개 사항으로 규정된 정보(법령비정보)

관련판례

1. '법률에 의한 명령'은 법률의 위임규정에 의하여 제정된 대통령령, 총리령, 부령 전부를 의미한다기보다는 정보의 공개에 관하여 법률의 구체적인 위임 아래 제정된 법규명령(위임명령)을 의미한다(대판 2010.6.10, 2010두2913).
2. 검찰보존사무규칙(법무부령) 제22조의 법적 성질은 행정기관 내부의 사무처리준칙이므로 같은 규칙상의 열람·등사의 제한이 「공공기관의 정보공개에 관한 법률」 제9조 제1항 제1호의 '다른 법률 또는 법률에 의한 명령에 의하여 비공개사항으로 규정된 경우'에 해당하지 않는다(대판 2006.5.25, 2006두3049).
3. 형사소송법 제47조의 공개금지는 일반에게 공표를 금지하려는 취지이지, 당해 사건의 고소인에게 공소제기내용을 알려주는 것을 금지하는 취지가 아니다(대판 2006.5.25, 2006두3049).
4. 구체적인 법률의 위임 없이 교육공무원의 근무성적평정의 결과를 공개하지 아니한다고 규정하고 있는 교육공무원승진규정(대통령령) 제26조를 근거로 정보공개청구를 거부할 수 없다(대판 2006. 10.26, 2006두11910).
5. 국방부의 한국형 다목적 헬기(KMH) 도입사업에 대한 감사원장의 감사결과보고서는 비공개대상정보

국방부의 한국형 다목적 헬기(KMH) 도입사업에 대한 감사원장의 감사결과보고서가 군사2급비밀에 해당하는 이상 「공공기관의 정보공개에 관한 법률」 제9조 제1항 제1호에 의하여 공개하지 아니할 수 있다 (대판 2006.11.10, 2006두9351).

6. 공직자윤리법상의 등록의무자가 구 「공직자윤리법 시행규칙」 제12조 관련 [별지 14호 서식]에 따라 제출한, '자신의 재산등록사항의 고지를 거부한 직계존·비속의 본인과의 관계, 성명, 고지거부사유, 서명(날인)'이 기재되어 있는 문서는 구 「공공기관의 정보공개에 관한 법률」 제7조 제1항 제1호에 정한 법령비정보에 해당하지 않는다(대판 2007.12.13, 2005두13117).

7. 민사소송법 제344조 제2항에서 말하는 '공무원 또는 공무원이었던 사람이 그 직무와 관련하여 보관하거나 가지고 있는 문서'의 공개에 관하여 적용되는 법률은 「공공기관의 정보공개에 관한 법률」이다 민사소송법 제344조 제2항은 같은 조 제1항에서 정한 문서에 해당하지 아니한 문서라도 문서의 소지자는 원칙적으로 그 제출을 거부하지 못하나, 다만 '공무원 또는 공무원이었던 사람이 그 직무와 관련하여 보관하거나 가지고 있는 문서'는 예외적으로 제출을 거부할 수 있다고 규정하고 있는 바, 여기서 말하는 '공무원 또는 공무원이었던 사람이 그 직무와 관련하여 보관하거나 가지고 있는 문서'는 국가기관이 보유·관리하는 공문서를 의미한다고 할 것이고, 이러한 공문서의 공개에 관하여는 「공공기관의 정보공개에 관한 법률」에서 정한 절차와 방법에 의하여야 할 것이다(대결 2010.1.19, 2008마546).

8. '학교폭력대책자치위원회 회의록'은 「공공기관의 정보공개에 관한 법률」 제9조 제1항 제1호의 비공개대상정보에 해당한다(대판 2010.6.10, 2010두2913).

9. 국가정보원이 직원에게 지급하는 현금급여 및 월초수당에 관한 정보는 「공공기관의 정보공개에 관한 법률」 제9조 제1항 제1호의 비공개대상정보인 '다른 법률에 의하여 비공개 사항으로 규정된 정보'에 해당한다(대판 2010.12.23, 2010두14800).

10. 국가정보원의 조직·소재지 및 정원에 관한 정보는 원칙적으로 「공공기관의 정보공개에 관한 법률」 제9조 제1항 제1호에서 말하는 '다른 법률에 의하여 비공개 사항으로 규정된 정보'에 해당한다(대판 2013.1.24, 2010두18918).

(2) 국가안전보장·국방·통일·외교관계 등에 관한 사항으로서 공개될 경우 국가의 중대한 이익을 현저히 해칠 우려가 있다고 인정되는 정보

관련 관례

1. 외무부장관이 1996. 3.경 미국정부로부터 당시 미국 정보공개법에 따라 비밀이 해제된 바 있는 1979년 및 1980년의 우리나라 정치상황과 관련한 미국 정부로부터 제공받아 보관하고 있는 문서사본은 비공개대상정보가 아니다(대판 1999.9.21, 97누5114).

2. 보안관찰법 소정의 보안관찰 관련 통계자료는 비공개대상정보이다[대판(전합) 2004.3.18, 2001두8254].

(3) 공개될 경우 국민의 생명·신체 및 재산의 보호에 현저한 지장을 초래할 우려가 있다고 인정되는 정보

(4) 진행 중인 재판에 관련된 정보와 범죄의 예방, 수사, 공소의 제기 및 유지, 형의 집행, 교정(矯正), 보안처분에 관한 사항으로서 공개될 경우 그 직무수행을 현저히 곤란하게 하거나 형사피고인의 공정한 재판을 받을 권리를 침해한다고 인정할 만한 상당한 이유가 있는 정보

1. 법원 이외의 공공기관이 '진행중인 재판에 관련된 정보'에 해당한다는 사유로 정보공개를 거부할 수 있는 정보의 범위

   재판의 독립성과 공정성 등 국가의 사법작용이 훼손되는 것을 막기 위하여 제9조 제1항 제4호에서 '진행중인 재판에 관련된 정보'를 비공개대상정보로 규정하고 있다. 이와 같은 정보공개법의 입법목적, 정보공개의 원칙, 위 비공개대상정보의 규정 형식과 취지 등을 고려하면, 법원 이외의 공공기관이 위 규정이 정한 '진행중인 재판에 관련된 정보'에 해당한다는 사유로 정보공개를 거부하기 위하여는 **반드시 그 정보가 진행중인 재판의 소송기록 그 자체에 포함된 내용의 정보일 필요는 없으나, 재판에 관련된 일체의 정보가 그에 해당하는 것은 아니고 진행중인 재판의 심리 또는 재판결과에 구체적으로 영향을 미칠 위험이 있는 정보에 한정된다**고 봄이 상당하다(대판 2011.11.24, 2009두19021).

2. 「공공기관의 정보공개에 관한 법률」 제9조 제1항 제4호에서 '수사'에 관한 사항으로서 공개될 경우 직무수행을 현저히 곤란하게 한다고 인정할 만한 상당한 이유가 있는 정보를 비공개대상정보의 하나로 규정한 취지와 그에 해당하는 정보 및 수사기록 중 의견서등이 비공개대상정보에 해당하기 위한 요건

   「공공기관의 정보공개에 관한 법률」(정보공개법) 제9조 제1항 제4호는 '수사'에 관한 사항으로서 공개될 경우 그 직무 수행을 현저히 곤란하게 한다고 인정할 만한 상당한 이유가 있는 정보를 비공개대상정보의 하나로 규정하고 있다. 그 취지는 수사의 방법 및 절차 등이 공개되어 수사기관의 직무 수행에 현저한 곤란을 초래할 위험을 막고자 하는 것으로서, 수사기록 중의 의견서, 보고문서, 메모, 법률검토, 내사자료 등(의견서 등)이 이에 해당한다고 할 수 있으나, 공개청구대상인 정보가 의견서 등에 해당한다고 하여 곧바로 정보공개법 제9조 제1항 제4호에 규정된 비공개대상정보라고 볼 것은 아니고, 의견서 등의 실질적인 내용을 구체적으로 살펴 수사의 방법 및 절차 등이 공개됨으로써 수사기관의 직무 수행을 현저히 곤란하게 한다고 인정할 만한 상당한 이유가 있어야만 위 비공개대상정보에 해당한다고 봄이 타당하다(대판 2012.7.12, 2010두7048).

3. 구 「공공기관의 정보공개에 관한 법률」 제7조 제1항 제4호에서 규정하고 있는 '공개될 경우 그 직무 수행을 현저히 곤란하게 한다고 인정할 만한 이유가 있는 정보'의 의미 및 판단 방법

   구 「공공기관의 정보공개에 관한 법률」 제7조 제1항 제4호에서 규정하고 있는 '공개될 경우 그 직무 수행을 현저히 곤란하게 한다고 인정할 만한 상당한 이유가 있는 정보'라 함은 구법 제1조의 정보공개제도의 목적 및 구법 제7조 제1항 제4호의 규정에 의한 비공개대상정보의 입법 취지에 비추어 볼 때 **당해 정보가 공개될 경우 범죄의 예방 및 수사 등에 관한 직무의 공정하고 효율적인 수행에 직접적이고 구체적으로 장애를 줄 고도의 개연성이 있고, 그 정도가 현저한 경우를 의미한다**고 할 것이며, 여기에 해당하는지 여부는 비공개에 의하여 보호되는 업무수행의 공정성 등의 이익과 공개에 의하여 보호되는 국민의 알 권리의 보장과 국정에 대한 국민의 참여 및 국정운영의 투명성 확보 등의 이익을 비교교량하여 구체적인 사안에 따라 신중하게 판단되어야 한다(대판 2008.11.27, 2005두15694).

4. 수용자자비부담물품의 판매수익금총액과 교도소장에게 배당된 수익금액 및 사용내역 등에 관한 정보는 비공개대상정보가 아니다(대판 2004.12.9, 2003두12707).

5. 교도관이 직무 중 발생한 사유에 관하여 작성하는 근무보고서는 정보공개대상이고, 징벌위원회 회의록 중 비공개 심사·의결 부분은 비공개사유에 해당하지만 징벌절차 진행 부분은 비공개사유에 해당하지 않으므로 분리공개가 허용된다(대판 2009.12.10, 2009두12785).

6. 수사기록 중의 의견서, 보고문서, 메모, 법률검토, 내사자료 등(의견서등) 중 개인 인적사항 부분을 제외한 나머지 부분인 범죄사실, 적용법조, 증거관계, 고소인 및 피고소인의 진술, 수사결과 및 의견 등은 공개대상정보이다

   원심판결 이유에 의하면, 원심은 그 채택 증거들을 종합하여 판시와 같은 사실을 인정한 다음, 이 사건

정보 중 개인 인적사항 부분을 제외한 나머지 부분인 범죄사실, 적용법조, 증거관계, 고소인 및 피고소인의 진술, 수사결과 및 의견 등은 비록 그것이 수사기록 중의 의견서, 법률검토 등에 해당하여 수사에 관한 사항에 포함되는 것이기는 하나, 원고는 관련사건의 고소인으로서 그 권리구제를 위하여 경찰의 송치의견서의 내용을 알 필요성이 큰 반면 그 정보의 내용, 수집경로 등이 노출되어 향후 범죄의 예방이나 정보수집, 수사활동 등에 영향을 미치는 경우로 보기 어려운 점 등에 비추어 보면, 위 정보가 공개될 경우 피고의 직무 수행을 현저히 곤란하게 하거나 피의자의 인권 및 공익 목적을 해하는 결과를 야기한다고 인정하기 어렵다는 이유를 들어 이 사건 정보 중 개인 인적사항 부분을 제외한 나머지 부분은 정보공개법 제9조 제1항 제4호의 비공개대상정보에 해당하지 아니한다고 판단하였다. 위 법리와 기록에 비추어 보면, 원심의 위와 같은 판단은 정당하다. 거기에 이 부분 상고이유와 같은 정보공개법 제9조 제1항 제4호에 규정된 비공개대상정보에 관한 법리오해의 위법이 없다(대판 2012.7.12, 2010두7048).

7. 「공공기관의 정보공개에 관한 법률」 제9조 제1항 제4호에서 '수사에 관한 사항으로서 공개될 경우 직무수행을 현저히 곤란하게 한다고 인정할 만한 상당한 이유가 있는 정보'를 비공개대상정보의 하나로 규정한 취지와 그에 해당하는 정보 및 수사기록 중 의견서 등이 위 비공개대상정보에 해당하기 위한 요건 / 이때 '공개될 경우 그 직무수행을 현저히 곤란하게 한다고 인정할 만한 상당한 이유가 있는 정보'의 의미 및 이에 해당하는지 판단하는 방법

「공공기관의 정보공개에 관한 법률」(정보공개법) 제9조 제1항 제4호는 '수사에 관한 사항으로서 공개될 경우 그 직무수행을 현저히 곤란하게 한다고 인정할 만한 상당한 이유가 있는 정보'를 비공개대상정보의 하나로 규정하고 있다. 그 **취지는 수사의 방법 및 절차 등이 공개되어 수사기관의 직무수행에 현저한 곤란을 초래할 위험을 막고자 하는 것으로서, 수사기록 중의 의견서, 보고문서, 메모, 법률검토, 내사자료 등(의견서 등)이 이에 해당**하나, **공개청구대상인 정보가 의견서 등에 해당한다고 하여 곧바로 정보공개법 제9조 제1항 제4호에 규정된 비공개대상정보라고 볼 것은 아니고, 의견서 등의 실질적인 내용을 구체적으로 살펴 수사의 방법 및 절차 등이 공개됨으로써 수사기관의 직무수행을 현저히 곤란하게 한다고 인정할 만한 상당한 이유가 있어야만 위 비공개대상정보에 해당**한다. 여기에서 **'공개될 경우 그 직무수행을 현저히 곤란하게 한다고 인정할 만한 상당한 이유가 있는 정보'란 당해 정보가 공개될 경우 수사 등에 관한 직무의 공정하고 효율적인 수행에 직접적이고 구체적으로 장애를 줄 고도의 개연성이 있고 그 정도가 현저한 경우를 의미**하며, 여기에 해당하는지는 비공개에 의하여 보호되는 업무수행의 공정성 등의 이익과 공개에 의하여 보호되는 국민의 알권리의 보장과 수사절차의 투명성 확보 등의 이익을 비교·교량하여 구체적 사안에 따라 신중히 판단하여야 한다(대판 2017.9.7, 2017두44558).

8. 「공공기관의 정보공개에 관한 법률」 제9조 제1항 제4호에서 비공개대상정보로 정하고 있는 '진행 중인 재판에 관련된 정보'의 범위

정보공개법의 입법 목적, 정보공개의 원칙, 위 비공개대상정보의 규정 형식과 취지 등을 고려하면, 법원 이외의 공공기관이 위 규정이 정한 '진행 중인 재판에 관련된 정보'에 해당한다는 사유로 정보공개를 거부하기 위하여는 **반드시 그 정보가 진행 중인 재판의 소송기록 그 자체에 포함된 내용의 정보일 필요는 없으나, 재판에 관련된 일체의 정보가 그에 해당하는 것은 아니고 진행 중인 재판의 심리 또는 재판 결과에 구체적으로 영향을 미칠 위험이 있는 정보에 한정**된다고 보는 것이 타당하다(대판 2018.9.28, 2017두69892).

---

(5) 감사·감독·검사·시험·규제·입찰계약·기술개발·인사관리에 관한 사항이나 의사결정 과정 또는 내부검토 과정에 있는 사항 등으로서 공개될 경우 업무의 공정한 수행이나 연구·개발에 현저한 지장을 초래한다고 인정할 만한 상당한 이유가 있는 정보. 다만, 의사결정 과정 또는 내

부검토 과정을 이유로 비공개할 경우에는 제13조제5항에 따라 통지를 할 때 의사결정 과정 또는 내부검토 과정의 단계 및 종료 예정일을 함께 안내하여야 하며, 의사결정 과정 및 내부검토 과정이 종료되면 제10조에 따른 청구인에게 이를 통지하여야 한다.

① 판단기준

1. 공공기관이 보유·관리하는 인사관리에 관한 정보로서 공개될 경우 업무의 공정한 수행에 현저한 지장을 초래한다고 인정할 만한 상당한 이유가 있는 경우에는 공개하지 아니할 수 있도록 정하고 있는 「공공기관의 정보공개에 관한 법률」 제9조 제1항 제5호의 '인사관리'에 관한 부분은 명확성원칙에 위반되지 않는다 (합헌)

   이 사건 법률조항 중 '현저한 지장', '상당한 이유'라는 부분이 다소 추상적이기는 하지만, 인사관리업무 및 정보의 다양성에서 비롯된 것으로서 입법기술상 불가피한 측면이 있고, 그 의미의 대강을 확정할 수 있는데다가, 구체적 의미는 법원의 보충적 해석을 통하여 확정할 수 있어서 법집행자가 정보의 비공개 범위를 자의적으로 해석하여 적용할 여지가 없다. 따라서 이 사건 법률조항은 명확성원칙에 위반되지 아니한다(헌재결 2014.3.27, 2012헌바373).

2. 학교교육에서의 시험에 관한 정보가 「공공기관의 정보공개에 관한 법률」 제9조 제1항 제5호의 비공개대상정보에 해당하는지 여부의 판단기준

   정보공개법 제9조 제1항 제5호에서 규정하고 있는 '공개될 경우 업무의 공정한 수행에 현저한 지장을 초래한다고 인정할 만한 상당한 이유가 있는 경우'라 함은 공개될 경우 **업무의 공정한 수행이 객관적으로 현저하게 지장을 받을 것이라는 고도의 개연성이 존재하는 경우를 의미**하고, 알 권리와 학생의 학습권, 부모의 자녀교육권의 성격 등에 비추어 볼 때, 학교교육에서의 시험에 관한 정보로서 공개될 경우 업무의 공정한 수행에 현저한 지장을 초래하는지 여부는 정보공개법의 목적 및 시험정보를 공개하지 아니할 수 있도록 하고 있는 입법 취지, 당해 시험 및 그에 대한 평가행위의 성격과 내용, 공개의 내용과 공개로 인한 업무의 증가, 공개로 인한 파급효과 등을 종합하여, **비공개에 의하여 보호되는 업무수행의 공정성 등의 이익과 공개에 의하여 보호되는 국민의 알 권리와 학생의 학습권 및 부모의 자녀교육권의 보장, 학교교육에 대한 국민의 참여 및 교육행정의 투명성 확보 등의 이익을 비교교량하여 구체적인 사안에 따라 신중하게 판단**하여야 한다(대판 2010.2.25, 2007두9877).

3. 공개될 경우 업무의 공정한 수행에 현저한 지장을 초래한다고 인정할 만한 상당한 이유가 있는 정보'의 의미 및 이에 해당하는지 판단하는 기준

   그 판단을 할 때에는 공개청구의 대상이 된 당해 정보의 내용뿐 아니라 그것을 공개함으로써 장래 동종 업무의 공정한 수행에 현저한 지장을 가져올지도 아울러 고려해야 한다(대판 2012.10.11, 2010두18758)

4. 「공공기관의 정보공개에 관한 법률」 제9조 제1항 제5호가 비공개대상정보로 규정하고 있는 '공개될 경우 업무의 공정한 수행에 현저한 지장을 초래한다고 인정할 만한 상당한 이유가 있는 정보'의 의미 및 이에 해당하는 정보인지 판단하는 방법

   「공공기관의 정보공개에 관한 법률」(정보공개법) 제9조 제1항 제5호가 비공개대상정보로서 규정하고 있는 '공개될 경우 업무의 공정한 수행에 현저한 지장을 초래한다고 인정할 만한 상당한 이유가 있는 정보' 란 정보공개법 제1조의 정보공개제도의 목적과 정보공개법 제9조 제1항 제5호의 규정에 의한 비공개대상정보의 입법 취지에 비추어 볼 때, **공개될 경우 업무의 공정한 수행이 객관적으로 현저하게 지장을 받**

을 것이라는 고도의 개연성이 존재하는 경우를 말한다. 이러한 경우에 해당하는지는 **비공개에 의하여 보호되는 업무수행의 공정성 등의 이익과 공개에 의하여 보호되는 국민의 알 권리 보장과 국정에 대한 국민의 참여 및 국정운영 투명성 확보 등의 이익을 비교·교량하여 구체적인 사안에 따라 신중하게 판단** 하여야 한다(대판 2018.9.28, 2017두69892).

② 공개대상정보

1. 사법시험 제2차 답안지

답안지를 열람하도록 할 경우 업무의 증가가 다소 있을 것으로 예상되고, 다른 논술형시험의 열람 여부에도 영향이 있는 등 파급효과로 인하여 시험업무의 수행에 다소 지장을 초래한다고 볼 수 있기는 하지만, **답안지는 응시자의 시험문제에 대한 답안이 기재되어 있을 뿐 평가자의 평가기준이나 평가결과가 반영되어 있는 것은 아니므로** 응시자가 자신의 답안지를 열람한다고 하더라도 시험문항에 대한 채점위원별 채점결과가 열람되는 경우와 달리 평가자가 시험에 대한 **평가업무를 수행함에 있어서 지장을 초래할 가능성이 적은 점**, 답안지에 대한 열람이 허용된다고 하더라도 **답안지를 상호비교함으로써 생기는 부작용이 생길 가능성이 희박**하고, **열람업무의 폭증이 예상된다고 볼만한 자료도 없는 점** 등을 종합적으로 고려하면, 답안지의 열람으로 인하여 시험업무의 수행에 현저한 지장을 초래한다고 볼 수 없다(대판 2003.3.14, 2000두6114).

2. 아파트재건축주택조합의 조합원들에게 제공될 무상보상평수의 사업수익성 등을 검토한 자료

재건축사업계약에 의하여 조합원들에게 제공될 무상보상평수의 산출근거를 알 수 있게 되어 조합원들의 알 권리를 충족시키고 이 사건 재건축사업의 투명성을 확보할 수 있게 되는 점 등 여러 사정들을 감안하여 보면, **이 사건 정보가 법 제7조 제1항 제7호 소정의 '법인 등의 영업상 비밀에 관한 사항으로서 공개될 경우 법인 등의 정당한 이익을 현저히 해할 우려가 있다고 인정되는 정보'에 해당한다고 보기도 어렵다**(대판 2006.1.13, 2003두9459).

3. '2002년도 및 2003년도 국가 수준 학업성취도평가 자료'는 「공공기관의 정보공개에 관한 법률」 제9조 제1항 제5호에서 정한 비공개대상정보에 해당하는 부분이 있으나, '2002학년도부터 2005학년도까지의 대학수학능력시험 원데이터'는 연구목적으로 그 정보의 공개를 청구하는 경우 위 조항의 비공개대상정보에 해당하지 않는다

'2002년도 및 2003년도 국가 수준 학업성취도평가 자료'는 표본조사 방식으로 이루어졌을 뿐만 아니라 학교식별정보 등도 포함되어 있어서 그 원자료 전부가 그대로 공개될 경우 학업성취도평가 업무의 공정한 수행이 객관적으로 현저하게 지장을 받을 것이라는 고도의 개연성이 존재한다고 볼 여지가 있어 「공공기관의 정보공개에 관한 법률」 제9조 제1항 제5호에서 정한 **비공개대상정보에 해당하는 부분이 있으나**, '2002학년도부터 2005학년도까지의 대학수학능력시험 원데이터'는 **연구 목적으로 그 정보의 공개를 청구하는 경우 공개로 인하여 초래될 부작용이 공개로 얻을 수 있는 이익보다 더 클 것이라고 단정하기 어려우므로 그 공개로 대학수학능력시험 업무의 공정한 수행이 객관적으로 현저하게 지장을 받을 것이라는 고도의 개연성이 존재한다고 볼 수 없어 위 조항의 비공개대상정보에 해당하지 않는다**(대판 2010.2.25, 2007두9877).

4. 갑이 자신의 모 을의 장기요양등급판정과 관련된 자료로서 장기요양인정조사표(조사원 수기 작성분) 등에 대한 정보공개를 청구하였으나 국민건강보험공단이 전자문서 외에 수기로 작성된 원본이 없다는 등의 이유로 비공개결정처분을 한 사안에서, 수기 작성 조사표는 국민건강보험공단이 직무와 관련하여 작성하

여 관리하고 있는 문서라고 보는 것이 타당하고, 단순히 공개해야 할 필요성이 없다고 하여 비공개대상정보가 되는 것이 아니라는 이유로, 이와 달리 본 원심판결에 법리를 오해한 위법이 있다고 한 사례

피고 소속 조사원은 바로 전자문서인 장기요양인정조사표를 작성하는 것이 아니라 먼저 방문조사를 하면서 수기로 장기요양인정조사표를 작성한 후 이를 기초로 전자문서인 장기요양인정조사표를 작성하고 있는 것으로 보이는 점, 피고가 2009. 12. 16. 원고에게 통지한 정보공개 내용에 의하면 '장기요양인정조사표의 조사 원본 보관기간은 1년이고, 전산에 입력된 전산출력물의 보관기간은 3년이며, 장기요양인정조사표는 각 개인별로 편철하여 문서함에 보관한다'고 되어 있는 점 등에 비추어 볼 때, **수기 작성 조사표는 피고가 직무와 관련하여 작성하여 관리하고 있는 문서**라고 봄이 상당하다 할 것인데, 수기 작성 조사표에 기록된 사항이 정보공개법 제1항 제5호의 '의사결정과정에 있는 사항'에 준하는 것으로 볼 여지가 있다고 하더라도, 그와 같은 내용이 공개될 경우 업무의 공정한 수행에 현저한 지장을 초래한다고 인정할 만한 상당한 이유가 있는 정보이어야만 비로소 비공개대상정보가 되는 것이므로, **단순히 공개하여야 할 필요성이 없다고 하여 비공개대상정보가 되는 것은 아니라고 할 것**이다(대판 2012.2.9, 2010두14268).

5. 외국 또는 외국 기관으로부터 비공개를 전제로 정보를 입수하였다는 이유만으로 이를 공개할 경우 업무의 공정한 수행에 현저한 지장을 받을 것이라고 단정할 수 없다

한편 외국 또는 외국 기관으로부터 비공개를 전제로 정보를 입수하였다는 이유만으로 이를 공개할 경우 업무의 공정한 수행에 현저한 지장을 받을 것이라고 단정할 수는 없다. 다만 위와 같은 사정은 정보 제공자와의 관계, 정보 제공자의 의사, 정보의 취득 경위, 정보의 내용 등과 함께 업무의 공정한 수행에 현저한 지장이 있는지를 판단할 때 고려하여야 할 형량 요소이다(대판 2018.9.28, 2017두69892).

③ 비공개대상정보

1. 도시공원위원회의 회의관련자료 및 회의록

지방자치단체의 도시공원에 관한 조례에서 규정된 도시공원위원회의 심의사항에 관하여 위 위원회의 심의를 거친 후 시장이나 구청장이 위 사항들에 대한 결정을 **대외적으로 공표하기 전에 위 위원회의 회의관련자료 및 회의록이 공개된다면 업무의 공정한 수행에 현저한 지장을 초래한다고 할 것이므로, 위 위원회의 심의 후 그 심의사항들에 대한 시장 등의 결정의 대외적 공표행위가 있기 전까지는 위 위원회의 회의관련자료 및 회의록은 「공공기관의 정보공개에 관한 법률」 제7조 제1항 제5호에서 규정하는 비공개대상정보에 해당한다**고 할 것이다(대판 2000.5.30, 99추85).

2. 의사결정과정에 제공된 회의관련자료나 의사결정과정이 기록된 회의록 등

「공공기관의 정보공개에 관한 법률」상 비공개대상정보의 입법 취지에 비추어 살펴보면, 같은 법 제7조 제1항 제5호에서의 '감사·감독·검사·시험·규제·입찰계약·기술개발·인사·관리·**의사결정과정 또는 내부검토과정에 있는 사항**'은 비공개대상정보를 예시적으로 열거한 것이라고 할 것이므로 **의사결정과정에 제공된 회의관련자료나 의사결정과정이 기록된 회의록 등은 의사가 결정되거나 의사가 집행된 경우에는 더 이상 의사결정과정에 있는 사항 그 자체라고는 할 수 없으나, 의사결정과정에 있는 사항에 준하는 사항으로서 비공개대상정보에 포함**될 수 있다(대판 2003.8.22, 2002두12946).

3. 학교환경위생구역 내 금지행위(숙박시설) 해제결정에 관한 학교환경위생정화위원회의 회의록에 기재된 발언내용에 대한 해당 발언자의 인적사항 부분에 관한 정보(대판 2003.8.22, 2002두12946)

4. 시험문항에 대한 채점위원별 채점결과(답안지열람거부처분취소)(대판 2003.3.14, 2000두6114)

5. 문제은행 출제방식을 채택하고 있는 치과의사 국가시험의 문제지와 정답지

치과의사 국가시험에서 채택하고 있는 문제은행 출제방식이 출제의 시간·비용을 줄이면서도 양질의 문항을 확보할 수 있는 등 많은 장점을 가지고 있는 점, 그 시험문제를 공개할 경우 발생하게 될 결과와 시험업무에 초래될 부작용 등을 감안하면, 위 **시험의 문제지와 그 정답지를 공개하는 것은 시험업무의 공정한 수행이나 연구·개발에 현저한 지장을 초래한다고 인정할 만한 상당한 이유가 있는 경우에 해당**하므로, 「공공기관의 정보공개에 관한 법률」 제9조 제1항 제5호에 따라 이를 공개하지 않을 수 있다(대판 2007.6.15, 2006두15936).

6. 갑이 자신의 모 을의 장기요양등급판정과 관련된 자료로서 장기요양등급판정위원회 회의록 등에 대한 정보공개를 청구하였으나 국민건강보험공단이 등급판정과 관련된 자료 일체는 「공공기관의 정보공개에 관한 법률」 제9조 제1항 제5호의 '공개될 경우 업무의 공정한 수행에 현저한 지장을 초래한다고 인정할 만한 상당한 이유가 있는 경우'에 해당한다는 이유로 비공개결정처분을 한 사안에서, 회의록은 의사결정과정이 기록된 것으로서 의사결정과정에 있는 사항에 준하는 것에 해당하고 공개될 경우 위원회 심의업무의 공정한 수행에 현저한 지장을 가져온다고 인정할 만한 타당한 이유가 있다는 이유로 비공개결정처분이 위법하지 않다고 본 원심판단을 수긍한 사례(대판 2012.2.9, 2010두14268)

7. 고소인이, 자신이 고소하였다가 불기소처분된 사건기록의 피의자신문조서, 진술조서 중 피의자 등 개인의 인적사항을 제외한 부분의 정보공개를 청구하였으나 해당 검찰청 검사장이 「공공기관의 정보공개에 관한 법률」 제9조 제1항 제6호에 해당한다는 이유로 비공개결정을 한 사안에서, **비공개결정한 정보 중 개인에 관한 정보가 포함된 부분은 비공개대상정보에 해당**한다[대판(전합) 2012.6.18, 2011두2361].

8. 직무유기 혐의 고소사건에 대한 내부 감사과정에서 경찰관들에게서 받은 경위서를 공개하라는 고소인 甲의 정보공개신청에 대하여 관할 경찰서장이 「공공기관의 정보공개에 관한 법률」 제9조 제1항 제5호 등의 사유로 비공개결정을 한 사안에서, 위 경위서가 위 법 제9조 제1항 제5호의 비공개대상정보에 해당하지 않는다고 본 원심판결에 비공개대상정보에 관한 법리오해의 위법이 있다고 한 사례(대판 2012.10.11, 2010두18758)

9. 甲이 친족인 망 乙 등에 대한 독립유공자 포상신청을 하였다가 독립유공자서훈 공적심사위원회의 심사를 거쳐 포상에 포함되지 못하였다는 내용의 공적심사 결과를 통지받자 국가보훈처장에게 '망인들에 대한 독립유공자서훈 공적심사위원회의 심의·의결 과정 및 그 내용을 기재한 회의록' 등의 공개를 청구하였는데, 국가보훈처장이 위 회의록은 「공공기관의 정보공개에 관한 법률」(정보공개법) 제9조 제1항 제5호에 따라 공개할 수 없다는 통보를 한 사안에서, 위 회의록은 「공공기관의 정보공개에 관한 법률」 제9조 제1항 제5호에서 정한 '공개될 경우 업무의 공정한 수행에 현저한 지장을 초래한다고 인정할 만한 상당한 이유가 있는 정보'에 해당한다고 한 사례(대판 2014.7.24, 2013두20301)

(6) 해당 정보에 포함되어 있는 성명·주민등록번호 등 「개인정보 보호법」 제2조제1호에 따른 개인정보로서 공개될 경우 사생활의 비밀 또는 자유를 침해할 우려가 있다고 인정되는 정보.

관련판례

1. 「공공기관의 정보공개에 관한 법률」 제9조 제1항 제6호 본문에서 정한 '당해 정보에 포함되어 있는 이름·주민등록번호 등 개인에 관한 사항으로서 공개될 경우 개인의 사생활의 비밀 또는 자유를 침해할 우려가 있다고 인정되는 정보'의 의미와 범위

「공공기관의 정보공개에 관한 법률」(정보공개법)의 개정 연혁, 내용 및 취지 등에 헌법상 보장되는 사생활의 비밀 및 자유의 내용을 보태어 보면, 정보공개법 제9조 제1항 제6호 본문의 규정에 따라 비공개대상이 되는 정보에는 구 「공공기관의 정보공개에 관한 법률」의 **이름·주민등록번호 등 정보 형식이나 유형을**

기준으로 비공개대상정보에 해당하는지를 판단하는 '개인식별정보'뿐만 아니라 그 외에 정보의 내용을 구체적으로 살펴 '개인에 관한 사항의 공개로 개인의 내밀한 내용의 비밀 등이 알려지게 되고, 그 결과 인격적·정신적 내면생활에 지장을 초래하거나 자유로운 사생활을 영위할 수 없게 될 위험성이 있는 정보'도 포함된다고 새겨야 한다. 따라서 **불기소처분 기록 중 피의자신문조서 등에 기재된 피의자 등의 인적사항 이외의 진술내용 역시 개인의 사생활의 비밀 또는 자유를 침해할 우려가 인정되는 경우 정보공개법 제9조 제1항 제6호 본문 소정의 비공개대상에 해당한다**[대판(전합) 2012.6.18, 2011두2361].

2. 구 「공공기관의 정보공개에 관한 법률」 제9조 제1항 제6호 본문의 규정에 따라 비공개대상이 되는 정보의 범위

정보공개법 제9조 제1항 제6호 본문의 규정에 따라 비공개대상이 되는 정보에는 구 「공공기관의 정보공개에 관한 법률」 제7조 제1항 제6호 본문 소정의 이름·주민등록번호 등 정보의 형식이나 유형을 기준으로 비공개대상정보에 해당하는지 여부를 판단하는 '개인식별정보'뿐만 아니라 그 외에 정보의 내용을 구체적으로 살펴 '개인에 관한 사항의 공개로 인하여 개인의 내밀한 내용의 비밀 등이 알려지게 되고, 그 결과 인격적·정신적 내면생활에 지장을 초래하거나 자유로운 사생활을 영위할 수 없게 될 위험성이 있는 정보'도 포함된다고 새겨야 한다(대판 2016.12.15, 2012두11409, 11416).

3. 기관이 아닌 개인이 타인에 관한 정보의 공개를 청구하는 경우에는 구 「공공기관의 개인정보보호에 관한 법률」이 아닌 「공공기관의 정보공개에 관한 법률」 제9조 제1항 제6호에 따라 개인에 관한 정보의 공개 여부를 판단하여야 한다(대판 2010.2.25, 2007두9877).

4. 「공공기관의 정보공개에 관한 법률」 제9조 제1항 제6호 단서 (다)목에서 정한 '공개하는 것이 개인의 권리구제를 위하여 필요하다고 인정되는 정보'에 해당하는지 판단하는 방법

「공공기관의 정보공개에 관한 법률」 제9조 제1항 제6호 단서 (다)목은 '공공기관이 작성하거나 취득한 정보로서 공개하는 것이 공익이나 개인의 권리 구제를 위하여 필요하다고 인정되는 정보'를 비공개대상정보에서 제외하고 있다. 여기에서 '공개하는 것이 개인의 권리구제를 위하여 필요하다고 인정되는 정보'에 해당하는지는 비공개에 의하여 보호되는 개인의 사생활의 비밀 등의 이익과 공개에 의하여 보호되는 개인의 권리구제 등의 이익을 비교·교량하여 구체적 사안에 따라 신중히 판단하여야 한다(대판 2017.9.7, 2017두44558).

5. 개인의 사생활의 비밀과 자유를 침해할 우려가 있다는 등의 이유로 재개발사업에 관한 정보공개청구를 배척한 사례

재개발사업에 관한 이해관계인이 공개를 청구한 자료 중 **일부는 개인의 인적사항, 재산에 관한 내용이 포함**되어 있어서 공개될 경우에는 타인의 사생활의 비밀과 자유를 침해할 우려가 있으며, 그 **자료의 분량이 합계 9,029매**에 달하기 때문에 이를 공개하기 위하여는 행정업무에 상당한 지장을 초래할 가능성이 있고, 그 자료의 공개로 공익이 실현된다고 볼 수도 없으므로 재개발사업에 관한 정보공개청구를 배척하여 원고의 청구를 기각한다(대판 1997.5.23, 96누2439).

6. 고소인이, 자신이 고소하였다가 불기소처분된 사건기록의 피의자신문조서, 진술조서 중 피의자 등 개인의 인적사항을 제외한 부분의 정보공개를 청구하였으나 해당 검찰청 검사장이 「공공기관의 정보공개에 관한 법률」 제9조 제1항 제6호에 해당한다는 이유로 비공개결정을 한 사안에서, 비공개결정한 정보 중 관련자들의 이름을 제외한 주민등록번호, 직업, 주소(주거 또는 직장주소), 본적, 전과 및 검찰 처분, 상훈·연금, 병역, 교육, 경력, 가족, 재산 및 월수입, 종교, 정당·사회단체가입, 건강상태, 연락처 등 개인에 관한 정보는 개인에 관한 사항으로서 공개되면 개인의 내밀한 비밀 등이 알려지게 되고 그 결과 인격적·정신적 내면생활에 지장을 초래하거나 자유로운 사생활을 영위할 수 없게 될 위험성이 있는 정보에 해당한다고 보아 이를 비공개대상정보에 해당한다고 본 원심판단을 수긍한 사례[대판(전합) 2012.6.18, 2011두2361]

7. 불기소처분 기록 중 피의자신문조서 등에 기재된 피의자 등의 인적사항 외의 진술내용이 개인의 사생활

비밀 또는 자유를 침해할 우려가 인정되는 경우, 「공공기관의 정보공개에 관한 법률」 제9조 제1항 제6호에서 정한 비공개대상에 해당한다(대판 2012.6.28, 2011두16735).

8. 불기소처분 기록이나 내사기록 중 피의자신문조서 등 조서에 기재된 피의자 등의 인적사항 이외의 진술 내용이 개인의 사생활의 비밀 또는 자유를 침해할 우려가 인정되는 경우 「공공기관의 정보공개에 관한 법률」 제9조 제1항 제6호 본문에서 정한 비공개대상정보에 해당한다(대판 2017.9.7, 2017두44558).

다만, 다음 각 목에 열거한 개인에 관한 정보는 제외한다.

① 법령에서 정하는 바에 따라 열람할 수 있는 정보(가목)

② 공공기관이 공표를 목적으로 작성하거나 취득한 정보로서 사생활의 비밀 또는 자유를 부당하게 침해하지 아니하는 정보(나목)

③ 공공기관이 작성하거나 취득한 정보로서 공개하는 것이 공익이나 개인의 권리 구제를 위하여 필요하다고 인정되는 정보(다목)

관련 관례

1. 구 「공공기관의 정보공개에 관한 법률」 제7조 제1항 제6호 단서 (다)목에 정한 '공개하는 것이 공익을 위하여 필요하다고 인정되는 정보'에 해당하는지 여부의 판단 방법(이익형량)
   '공개하는 것이 공익을 위하여 필요하다고 인정되는 정보'에 해당하는지 여부는 비공개에 의하여 보호되는 개인의 사생활 보호 등의 이익과 공개에 의하여 보호되는 국정운영의 투명성 확보 등의 공익을 비교 교량하여 구체적 사안에 따라 신중히 판단하여야 한다(대판 2007.12.13, 2005두13117).

2. 지방자치단체(경상북도 칠곡군)의 업무추진비(속칭 판공비) 세부항목별 집행내역 및 그에 관한 증빙서류에 포함된 개인에 관한 정보는 '공개하는 것이 공익을 위하여 필요하다고 인정되는 정보'에 해당하지 않는다(대판 2003.3.11, 2001두6425).

3. 공무원이 직무와 관련 없이 개인적인 자격으로 간담회·연찬회 등 행사에 참석하고 금품을 수령한 정보는 '공개하는 것이 공익을 위하여 필요하다고 인정되는 정보'에 해당하지 않는다(대판 2003.12.12, 2003두8050).

4. 사면대상자들의 사면실시건의서와 그와 관련된 국무회의 안건자료에 관한 정보는 비공개사유가 아니다(대판 2006.12.7, 2005두241).

5. 공직자윤리법상의 등록의무자가 구 '공직자윤리법 시행규칙' 제12조 관련 [별지 14호 서식]에 따라 정부 공직자윤리위원회에 제출한 문서에 포함되어 있는 고지거부자의 인적사항은, 구 「공공기관의 정보공개에 관한 법률」 제7조 제1항 제6호 단서 (다)목에 정한 '공개하는 것은 공익을 위하여 필요하다고 인정되는 정보'에 해당하지 않는다(대판 2007.12.13, 2005두13117).

6. 공개하는 것이 개인의 권리구제를 위하여 필요하다고 인정되는 정보에 해당하는지 여부의 판단기준
   관련자들의 이름은 수사기록의 공개를 구하는 필요성이나 유용성, 즉 개인의 권리구제라는 관점에서 특별한 사정이 없는 한 원칙적으로 공개되어야 할 것이고, 관련자들의 주민등록번호는 동명이인의 경우와 같이 동일성이 문제되는 등의 특별한 사정이 있는 경우를 제외하고는 개인의 권리구제를 위하여 필요하다고 볼 수는 없으므로 원칙적으로 비공개하여야 할 것이며, 관련자들의 주소·연락처는 공개될 경우 악용될 가능성이나 사생활이 침해될 가능성이 높은 반면, 증거의 확보 등 개인의 권리구제라는 관점에서는 그 공개가 필요하다고 볼 수 있는 경우도 있을 것이므로 개인식별정보는 비공개라는 원칙을 염두에 두고

서 구체적 사안에 따라 개인의 권리구제의 필요성과 비교교량하여 개별적으로 공개 여부를 판단하여야 할 것이고, 그 외 직업, 나이 등의 인적사항은 특별한 경우를 제외하고는 개인의 권리구제를 위하여 필요하다고 볼 수는 없다고 할 것이다(대판 2003.12.26, 2002두1342).

7. 개인의 성명의 비공개에 의하여 보호되는 해당 개인의 사생활비밀 등의 이익은 국정운영의 투명성 확보 등의 공익보다 더 중하다(오송분기역 유치와 관련한 유치위원회의 보조금 집행내역에 관한 정보공개를 청구한 사안)

이 사건 정보 중 개인의 성명은 원심이 공개를 허용하지 않은 다른 정보(개인의 주민등록번호, 주소, 계좌번호, 신용카드번호 및 사업자의 사업자등록번호, 주소 중 번지)들과 마찬가지로 개인의 신상에 관한 것으로서 그 정보가 공개될 경우 해당인의 사생활이 침해될 염려가 있다고 인정되는 반면, 원심이 공개 대상으로 삼은 개인의 성명 외의 나머지 거래내역 등의 공개만으로도 유치위가 오송분기역 유치와 관련하여 청원군으로부터 지급받은 보조금의 사용내역 등을 확인할 수 있을 것으로 보이므로, 개인의 성명의 비공개에 의하여 보호되는 해당 개인의 사생활비밀 등의 이익은 국정운영의 투명성 확보 등의 공익보다 더 중하다고 할 것이므로 이 부분에 대한 공개거부는 적법하다(대판 2009.10.29, 2009두14224).

④ 직무를 수행한 공무원의 성명·직위(라목)

⑤ 공개하는 것이 공익을 위하여 필요한 경우로서 법령에 따라 국가 또는 지방자치단체가 업무의 일부를 위탁 또는 위촉한 개인의 성명·직업

(7) 법인·단체 또는 개인(법인등)의 경영상·영업상 비밀에 관한 사항으로서 공개될 경우 법인등의 정당한 이익을 현저히 해칠 우려가 있다고 인정되는 정보

1. 「공공기관의 정보공개에 관한 법률」 제9조 제1항 제7호에 정한 공개를 거부할 만한 '정당한 이익'이 있는 지 여부의 판단 방법

정보공개법 제9조 제1항 제7호는 '법인 등의 경영·영업상의 비밀에 관한 사항'이라도 공개를 거부할 만한 정당한 이익이 있는지의 여부에 따라 그 공개 여부가 결정되어야 한다고 해석되는바, 그 정당한 이익이 있는지의 여부는 앞서 본 **정보공개법의 입법 취지에 비추어 이를 엄격하게 해석하여야 할 뿐만 아니라 국민에 의한 감시의 필요성이 크고 이를 감수하여야 하는 면이 강한 공익법인에 대하여는 다른 법인 등에 대하여 보다 소극적으로 해석할 수밖에 없다**고 할 것이다(대판 2008.10.23, 2007두1798).

2. 구 「공공기관의 정보공개에 관한 법률」 제9조 제1항 제7호에서 공개 여부의 기준이 되는 공개를 거부할 만한 정당한 이익 유무를 판단하는 방법

정당한 이익 유무를 판단할 때에는 국민의 알권리를 보장하고 국정에 대한 국민의 참여와 국정 운영의 투명성을 확보함을 목적으로 하는 구 정보공개법의 입법 취지와 아울러 당해 법인 등의 성격, 당해 법인 등의 권리, 경쟁상 지위 등 보호받아야 할 이익의 내용·성질 및 당해 정보의 내용·성질 등에 비추어 당해 법인 등에 대한 권리보호의 필요성, 당해 법인 등과 행정과의 관계 등을 종합적으로 고려해야 한다(대판 2014.7.24, 2012두12303).

3. 「공공기관의 정보공개에 관한 법률」 제9조 제1항 제7호에서 비공개대상정보로 정한 '법인 등의 경영상·영업상 비밀'의 의미 및 그 공개 여부를 결정하는 기준인 '공개를 거부할 만한 정당한 이익이 있는지' 판단하

는 방법

「공공기관의 정보공개에 관한 법률」 제9조 제1항 제7호에서 정한 '법인·단체 또는 개인의 경영상·영업상 비밀'은 '타인에게 알려지지 아니함이 유리한 사업활동에 관한 일체의 정보' 또는 '사업활동에 관한 일체의 비밀사항'을 뜻하고, 그 공개 여부는 공개를 거부할 만한 정당한 이익이 있는지 여부에 따라 결정해야 한다. 그러한 정당한 이익이 있는지 여부는 위 법의 입법 취지에 비추어 엄격하게 판단해야 한다(대판 2020.5.14, 2020두31408, 2020두31415).

4. 법인등이 거래하는 금융기관의 계좌번호에 관한 정보는 비공개대상정보

법인등이 거래하는 금융기관의 계좌번호에 관한 정보는 법인등의 영업상 비밀에 관한 사항으로서 **공개될 경우 법인등의 정당한 이익을 현저히 해할 우려가 있다고 인정되는 정보에 해당**한다(대판 2004.8.20, 2003두8302).

5. 대한주택공사의 아파트 분양원가 산출내역에 관한 정보는, 그 공개로 위 공사의 정당한 이익을 현저히 해할 우려가 있다고 볼 수 없어 구 「공공기관의 정보공개에 관한 법률」 제7조 제1항 제7호에서 정한 비공개대상정보에 해당하지 않는다(대판 2007.6.1, 2006두20587).

6. 한국방송공사의 '수시집행 접대성 경비의 건별 집행서류 일체'에 관한 정보는 비공개대상정보가 아니다(대판 2008.10.23, 2007두1798).

7. 방송프로그램의 기획·편성·제작 등에 관한 정보로서 한국방송공사가 공개하지 아니한 것이 정보공개법 제9조 제1항 제7호의 비공개대상정보에 해당하는지 여부(한정 적극)

방송사의 취재활동을 통하여 확보한 결과물이나 그 과정에 관한 정보 또는 방송프로그램의 기획·편성·제작 등에 관한 정보는 경쟁관계에 있는 다른 방송사와의 관계나 시청자와의 관계, 방송프로그램의 객관성·형평성·중립성이 보호되어야 한다는 당위성 측면에서 볼 때 '타인에게 알려지지 아니함이 유리한 사업활동에 관한 일체의 정보'에 해당한다고 볼 수 있는바, **개인 또는 집단의 가치관이나 이해관계에 따라 방송프로그램에 대한 평가가 크게 다를 수밖에 없는 상황에서, 정보공개법에 의한 정보공개청구의 방법으로 피고가 가지고 있는 방송프로그램의 기획·편성·제작 등에 관한 정보 등을 제한 없이 모두 공개하도록 강제하는 것은 피고로 하여금 정보공개의 결과로서 야기될 수 있는 각종 비난이나 공격에 노출되게 하여 결과적으로 방송프로그램 기획 등 방송활동을 위축시킴으로써 피고의 경영·영업상의 이익을 해하고 나아가 방송의 자유와 독립을 훼손할 우려가 있다.** 따라서 방송프로그램의 기획·편성·제작 등에 관한 정보로서 피고가 공개하지 아니한 것은, 사업활동에 의하여 발생하는 위해로부터 사람의 생명·신체 또는 건강을 보호하기 위하여 공개할 필요가 있는 정보나 위법·부당한 사업활동으로부터 국민의 재산 또는 생활을 보호하기 위하여 공개할 필요가 있는 정보를 제외하고는, 정보공개법 제9조 제1항 제7호에 정한 '법인 등의 경영·영업상 비밀에 관한 사항'에 해당할 뿐만 아니라 그 공개를 거부할 만한 정당한 이익도 있다고 보아야 한다. **한국방송공사 소속 프로듀서인 A가 황우석 박사의 논문조작 사건에 관하여 60분 분량의 가제 '새튼은 특허를 노렸나'라는 방송용 가편집본 테이프를 제작한 후 그 방송이 무산되자 이를 가지고 잠적하여 여기에 임의로 더빙 및 자막 처리를 한 이 사건 정보는 방송프로그램의 기획·편성·제작 등에 관한 정보로서 정보공개법 제9조 제1항 제7호에 비공개대상정보로 규정되어 있는 '법인 등의 경영·영업상 비밀에 관한 사항으로서 공개될 경우 법인등의 정당한 이익을 현저히 해할 우려가 있다고 인정되는 정보'에 해당한다**(대판 2010.12.23, 2008두13101).

8. 금융위원회의 2003. 9. 26.자 론스타에 대한 동일인 주식보유한도 초과보유 승인과 관련하여 '론스타 측이 제출한 동일인 현황 등 자료' 등은 비공개대상정보에 해당하지 않는다(대판 2011.11.24, 2009두19021).

다만, 다음 각 목에 열거한 정보는 제외한다.

① 사업활동에 의하여 발생하는 위해(危害)로부터 사람의 생명·신체 또는 건강을 보호하기 위하여 공개할 필요가 있는 정보(가목)

② 위법·부당한 사업활동으로부터 국민의 재산 또는 생활을 보호하기 위하여 공개할 필요가 있는 정보(나목)

(8) 공개될 경우 부동산 투기, 매점매석 등으로 특정인에게 이익 또는 불이익을 줄 우려가 있다고 인정되는 정보

6. 권리구제수단

(1) 상대방(알 권리)

① 이의신청(임의주의)

㉠ 청구인이 정보공개와 관련한 공공기관의 비공개 결정 또는 부분 공개 결정에 대하여 불복이 있거나(구법상 '법률상 이익의 침해를 받은 때'는 '불복이 있는 때'로 개정) 정보공개 청구 후 20일이 경과하도록 정보공개 결정이 없는 때에는 공공기관으로부터 정보공개 여부의 결정 통지를 받은 날 또는 정보 공개 청구 후 20일이 경과한 날부터 30일 이내에 해당 공공기관에 문서로 이의신청을 할 수 있다(제18조 제1항).

㉡ 국가기관등은 제1항에 따른 이의신청이 있는 경우에는 심의회를 개최하여야 한다. 다만, 다음 각 호의 어느 하나에 해당하는 경우에는 심의회를 개최하지 아니할 수 있으며 개최하지 아니하는 사유를 청구인에게 문서로 통지하여야 한다(같은 조 제2항).

> 1. 심의회의 심의를 이미 거친 사항
> 2. 단순·반복적인 청구
> 3. 법령에 따라 비밀로 규정된 정보에 대한 청구

㉢ 공공기관은 이의신청을 받은 날부터 7일(14일이 아님) 이내에 그 이의신청에 대하여 결정하고 그 결과를 청구인에게 지체 없이 문서로 통지하여야 한다. 다만, 부득이한 사유로 정하여진 기간 이내에 결정할 수 없을 때에는 그 기간이 끝나는 날의 다음 날부터 기산하여 7일의 범위에서 연장할 수 있으며, 연장 사유를 청구인에게 통지하여야 한다(같은 조 제3항).

㉣ 공공기관은 이의신청을 각하(却下) 또는 기각(棄却)하는 결정을 한 경우에는 청구인에게 행정심판 또는 행정소송을 제기할 수 있다는 사실을 제3항에 따른 결과 통지와 함께 알려

야 한다(같은 조 제4항).

ⓜ 청구인은 이의신청 절차를 거치지 아니하고 행정심판을 청구할 수 있다(제19조 제2항).

② 행정심판(임의주의)

청구인이 정보공개와 관련한 공공기관의 결정에 대하여 불복이 있거나(구법상 '법률상 이익의 침해를 받은 때'는 '불복이 있는 때'로 개정) 정보공개 청구 후 20일이 경과하도록 정보공개 결정이 없는 때에는 행정심판법에서 정하는 바에 따라(정보공개청구에 관한 특별행정심판은 인정되지 않음) 행정심판을 청구할 수 있다. 이 경우 국가기관 및 지방자치단체 외의 공공기관의 결정에 대한 감독행정기관은 관계 중앙행정기관의 장 또는 지방자치단체의 장으로 한다(제19조 제1항). 행정심판위원회의 위원 중 정보공개 여부의 결정에 관한 행정심판에 관여하는 위원은 재직 중은 물론 퇴직 후에도 그 직무상 알게 된 비밀을 누설하여서는 아니 된다(같은 조 제3항).

③ 행정소송

ⓐ 원고적격 : 청구인이 정보공개와 관련한 공공기관의 결정에 대하여 불복이 있거나(구법상 '법률상 이익의 침해를 받은 때'는 '불복이 있는 때'로 개정) 정보공개 청구 후 20일이 경과하도록 정보공개 결정이 없는 때에는 행정소송법에서 정하는 바에 따라(별도의 정보공개청구소송은 인정되지 않음) 행정소송을 제기할 수 있다(제20조 제1항). [13 서울9급]

관련 판례
정보공개청구권과 원고적격
정보공개청구권은 법률상 보호되는 구체적인 권리이므로 청구인이 공공기관에 대하여 **정보공개를 청구하였다가 거부처분을 받은 것 자체가 법률상 이익의 침해**에 해당한다고 할 것이고, **거부처분을 받은 것 이외에 추가로 어떤 법률상의 이익을 가질 것을 요구하는 것은 아니다**(대판 2004.9.23, 2003두1370).

ⓑ 협의의 소익 : 정보공개청구에 대해 정보공개거부처분 후 대상정보의 폐기 등으로 공공기관이 그 정보를 보유·관리하지 않게 된 경우에는 협의의 소익이 부정되므로 각하판결을 내려야 한다. 판례도 공개청구된 '공안사범사후관리지침'이 공개거부처분 후 폐기된 사건에서 특별한 사정이 없는 한 거부처분의 취소를 구할 법률상 이익이 없다고 판시하고 있다(대판 2003.4.25, 2003두8395).

관련 판례
1. 공공기관이 공개를 구하는 정보를 보유·관리하고 있지 아니한 경우, 정보공개거부처분의 취소를 구할 법률상의 이익이 없다

공공기관이 그 정보를 보유·관리하고 있지 아니한 경우에는 특별한 사정이 없는 한 정보공개거부처분의 취소를 구할 법률상의 이익이 없다(대판 2006.1.13, 2003두9459).

2. 공개청구의 대상이 되는 정보가 이미 다른 사람에게 공개되어 널리 알려져 있다거나 인터넷이나 관보 등을 통하여 공개되어 인터넷 검색이나 도서관에서의 열람 등을 통하여 쉽게 알 수 있다고 하여 소의 이익이 없다거나 비공개결정이 정당화될 수 없다

구법 제8조 제2항은 정보공개청구의 대상이 이미 널리 알려진 사항이라 하더라도 그 공개의 방법만을 제한할 수 있도록 규정하고 있을 뿐 공개 자체를 제한하고 있지는 아니하므로, **공개청구의 대상이 되는 정보가 이미 다른 사람에게 공개하여 널리 알려져 있다거나 인터넷이나 관보 등을 통하여 공개하여 인터넷검색이나 도서관에서의 열람 등을 통하여 쉽게 알 수 있다는 사정만으로는 소의 이익이 없다거나 비공개결정이 정당화될 수는 없다**(대판 2008.11.27, 2005두15694).

ⓒ 피고적격: 공개 청구된 정보의 공개 여부를 결정하는 법적인 의무와 권한을 가진 주체는 공공기관의 장이다(대판 2002.3.15, 2001추95).

ⓔ 대상적격: 정보공개거부처분은 행정소송의 대상이 될 수 있다. 그러나 정보공개청구권이 없는 자의 정보공개청구에 대한 거부행위는 처분이 아니다.

1. 경찰서장의 수사기록사본교부거부처분은 처분에 해당한다(헌재결 2001.2.22, 2000헌마620).
2. 서울특별시 송파구가 서울특별시 선거관리위원회를 상대로 제기한 정보비공개처분 취소청구소송에서 처분성을 부정한 사례

지방자치단체인 원고는 피고에 대하여 이 사건 각 **정보의 공개를 청구할 권리가 없으므로**, 이 사건 처분은 행정소송의 대상이 되는 거부처분에 해당하지 아니한다(서울행판 2005.10.12, 2005구합10484).

ⓜ 행정심판전치: 행정심판을 먼저 거쳐야 한다는 특별한 규정이 없으므로 정보공개거부결정에 대해서는 행정심판을 거치지 아니하고 행정소송을 제기할 수 있다.

ⓗ 심리: 재판장은 필요하다고 인정하면 당사자를 참여시키지 아니하고 제출된 공개 청구 정보를 비공개로 열람·심사할 수 있다(제20조 제2항). 재판장은 행정소송의 대상이 제9조 제1항 제2호에 따른 정보 중 국가안전보장·국방 또는 외교관계에 관한 정보의 비공개 또는 부분 공개 결정처분인 경우에 공공기관이 그 정보에 대한 비밀 지정의 절차, 비밀의 등급·종류 및 성질과 이를 비밀로 취급하게 된 실질적인 이유 및 공개를 하지 아니하는 사유 등을 입증하면 해당 정보를 제출하지 아니하게 할 수 있다(같은 조 제3항).

정보공개법 제20조 제2항은 "재판장은 필요하다고 인정되는 때에는 당사자를 참여시키지 아니하고 제출된 공개청구정보를 비공개로 열람·심사할 수 있다."고 규정하고 있는바, 사실심 법원은 해당 정보의 성질, 당해 사건의 증거관계 등에 비추어 필요하다고 판단한 경우 위 규정에 따라 공개청구정보를 제출받아 **비공개로**

열람·심사할 권한이 있다고 할 것이나, 특별한 사정이 없는 한, 사실심 법원에 그와 같은 의무가 있다고 할 수는 없다(대판 2008.10.23, 2007두1798).

④ 국가배상 : 정보공개청구에 대해 공공기관이 정보공개법에 위반하여 정보공개를 거부한 경우 청구인은 국가배상을 청구할 수 있다. 그러나 청구인이 당해 정보의 직접적인 이해관계인이 아니라면 일반적 정보공개청구권의 침해만을 이유로 승소하는 것은 사실상 어렵다.

수사기관의 피의사실 공표행위가 위법성을 조각하는지의 여부를 판단함에 있어서는 공표 목적의 공익성과 공표 내용의 공공성, 공표의 필요성, 공표된 피의사실의 객관성 및 정확성, 공표의 절차와 형식, 그 표현 방법, 피의사실의 공표로 인하여 생기는 피침해이익의 성질, 내용 등을 종합적으로 참작하여야 한다(대판 2001.11.30, 2000다68474).

(2) 제3자(사생활의 비밀과 자유)

① 비공개 요청권 : 공공기관은 공개 청구된 공개 대상 정보의 전부 또는 일부가 제3자와 관련이 있다고 인정할 때에는 그 사실을 제3자에게 지체 없이(7일 이내가 아님) 통지하여야 하며, 필요한 경우에는 그의 의견을 들을 수 있다(제11조 제3항). 공개 청구된 사실을 통지받은 제3자는 그 통지를 받은 날부터 3일 이내에 해당 공공기관에 대하여 자신과 관련된 정보를 공개하지 아니할 것을 요청할 수 있다(제21조 제1항).

공공기관이 보유·관리하고 있는 제3자 관련정보의 경우, 제3자의 비공개요청은 정보공개법상 비공개사유에 해당하지 않는다

제3자와 관련이 있는 정보라고 하더라도 당해 공공기관이 이를 보유·관리하고 있는 이상 정보공개법 제9조 제1항 단서 각 호의 비공개사유에 해당하지 아니하면 정보공개의 대상이 되는 정보에 해당한다. 따라서 정보공개법 제11조 제3항, 제21조 제1항의 규정은 **공공기관이 보유·관리하고 있는 정보가 제3자와 관련이 있는 경우 그 정보 공개 여부를 결정할 때 공공기관이 제3자와의 관계에서 거쳐야 할 절차를 규정한 것에 불과할 뿐, 제3자의 비공개요청이 있다는 사유만으로 정보공개법상 정보의 비공개사유에 해당한다고 볼 수 없다**(대판 2008.9.25, 2008두8680).

② 이의신청·행정심판·행정소송 : 비공개 요청에도 불구하고 공공기관이 공개 결정을 할 때에는 공개 결정 이유와 공개 실시일을 분명히 밝혀 지체 없이 문서로 통지하여야 하며, 제3자는 해당 공공기관에 문서로 이의신청을 하거나 행정심판 또는 행정소송을 제기할 수 있다. 이 경우 이의신청은 통지를 받은 날부터 7일 이내에 하여야 한다(같은 조 제2항).

③ 정보공개의 유예기간 : 공공기관은 제2항에 따른 공개 결정일과 공개 실시일 사이에 최소한 30일(20일이 아님)의 간격을 두어야 한다(같은 조 제3항).

> 1. 정보공개청구자의 권리
>   ① 정보공개청구권(제5조)
>   ② 이의신청제기권(제18조)
>   ③ 행정심판청구권(제19조)
>   ④ 행정소송제기권(제20조)
> 2. 제3자의 권리(사생활의 비밀과 자유)
>   ① 당해 공공기관에 대한 자신과 관련된 정보의 비공개 요청권(제21조 제1항)
>   ② 이의신청·행정심판·행정소송청구권(같은 조 제2항)

7. 정보공개위원회 등

(1) 정보공개위원회의 설치

다음 각 호의 사항을 심의·조정하기 위하여 국무총리(대통령, 행정안전부장관이 아님) 소속으로 정보공개위원회(위원회)를 둔다(설치의무)(제22조).

> 1. 정보공개에 관한 정책 수립 및 제도 개선에 관한 사항
> 2. 정보공개에 관한 기준 수립에 관한 사항
> 3. 제12조에 따른 심의회 심의결과의 조사·분석 및 심의기준 개선 관련 의견제시에 관한 사항
> 4. 제24조 제2항 및 제3항에 따른 공공기관의 정보공개 운영실태 평가 및 그 결과 처리에 관한 사항
> 5. 정보공개와 관련된 불합리한 제도·법령 및 그 운영에 대한 조사 및 개선권고에 관한 사항
> 6. 그 밖에 정보공개에 관하여 대통령령으로 정하는 사항

(2) 위원회의 구성 등

위원회는 성별을 고려하여 위원장과 부위원장 각 1명을 포함한 11명의 위원으로 구성한다(제23조 제1항). 위원회의 위원은 다음 각 호의 사람이 된다. 이 경우 위원장을 포함한 7명은 공무원이 아닌 사람으로 위촉하여야 한다(같은 조 제2항).

> 1. 대통령령으로 정하는 관계 중앙행정기관의 차관급 공무원이나 고위공무원단에 속하는 일반직공무원
> 2. 정보공개에 관하여 학식과 경험이 풍부한 사람으로서 국무총리가 위촉하는 사람
> 3. 시민단체(「비영리민간단체 지원법」 제2조에 따른 비영리민간단체를 말한다)에서 추천한 사람으로서 국무총리가 위촉하는 사람

위원장·부위원장 및 위원(제2항제1호의 위원은 제외한다)의 임기는 2년으로 하며, 연임할 수 있다(같은 조 제3항). 위원장·부위원장 및 위원은 정보공개 업무와 관련하여 알게 된 정보를 누설하거나 그 정보를 이용하여 본인 또는 타인에게 이익 또는 불이익을 주는 행위를 하여서는 아니 된다(같은 조 제4항). 위원장·부위원장 및 위원 중 공무원이 아닌 사람은 형법이나 그 밖의 법률에 따른 벌칙을 적용할 때에는 공무원으로 본다(같은 조 제5항).

(3) 제도 총괄(행정안전부장관) 등

행정안전부장관은 이 법에 따른 정보공개제도의 정책 수립 및 제도 개선 사항 등에 관한 기획·총괄 업무를 관장한다(제24조 제1항). 행정안전부장관은 위원회가 정보공개제도의 효율적 운영을 위하여 필요하다고 요청하면 공공기관(국회·법원·헌법재판소 및 중앙선거관리위원회는 제외한다)의 정보공개제도 운영실태를 평가할 수 있다(같은 조 제2항). 행정안전부장관은 제2항에 따른 평가를 실시한 경우에는 그 결과를 위원회를 거쳐 국무회의에 보고한 후 공개하여야 하며, 위원회가 개선이 필요하다고 권고한 사항에 대해서는 해당 공공기관에 시정 요구 등의 조치를 하여야 한다(같은 조 제3항). 행정안전부장관은 정보공개에 관하여 필요할 경우에 공공기관(국회·법원·헌법재판소 및 중앙선거관리위원회는 제외한다)의 장에게 정보공개 처리 실태의 개선을 권고할 수 있다. 이 경우 권고를 받은 공공기관은 이를 이행하기 위하여 성실하게 노력하여야 하며, 그 조치 결과를 행정안전부장관에게 알려야 한다(같은 조 제4항). 국회·법원·헌법재판소·중앙선거관리위원회·중앙행정기관 및 지방자치단체는 그 소속 기관 및 소관 공공기관에 대하여 정보공개에 관한 의견을 제시하거나 지도·점검을 할 수 있다(같은 조 제5항).

(4) 자료의 제출 요구 등의 협조요청

국회사무총장·법원행정처장·헌법재판소사무처장·중앙선거관리위원회사무총장 및 행정안전부장관은 필요하다고 인정하면 관계 공공기관에 정보공개에 관한 자료 제출 등의 협조를 요청할 수 있다(제25조).

(5) 국회에의 보고의무

행정안전부장관은 전년도의 정보공개 운영에 관한 보고서를 매년 정기국회 개회 전까지 국회에 제출하여야 한다(제26조 제1항).

(6) 신분보장

누구든지 이 법에 따른 정당한 정보공개를 이유로 징계조치 등 어떠한 신분상 불이익이나 근무조건상의 차별을 받지 아니한다(제28조). [본조신설 2013. 8. 6]

○제5절 개인정보보호

Ⅰ 개 설

1. 의의 및 근거

개인정보보호는 개인은 누구나 자신에 관한 정보를 관리하고 외부로 공개함에 있어 스스로 결정할 수 있는 권리인 정보상 자기결정권을 가지며, 국가가 그것을 개인의 기본권의 하나로서 보호하는 것을 말한다. 정보의 자기결정권은 국가권력이나 제3자의 사생활영역에 대한 부당한 침해를 물리칠 수 있는 소극적인 권능으로부터 오늘날은 국가가 자기에 대해 갖는 개인정보를 통제할 수 있는 적극적인 권능(개인정보 열람·정정·삭제청구)으로 확대되었다.

개인의 사생활 활동이 타인으로부터 침해되거나 사생활이 함부로 공개되지 아니할 소극적인 권리는 물론, 오늘날 고도로 정보화된 현대사회에서 자신에 대한 정보를 자율적으로 통제할 수 있는 적극적인 권리까지도 보장하려는 데에 그 취지가 있는 것으로 해석된다(대판 1998.7.24, 96다42789).

2. 보호의 한계

개인정보보호도 절대적인 것은 아니며, 다른 기본권과 마찬가지로 국가안전보장 등을 위해 필요한 경우에는 법률에 의해 제한을 받게 된다.

정보산업이 초고속으로 발전되고 있는 정보화시대에 있어서는 정부 등이 개인의 주민등록 기타 신상과 부동산 소유 기타 재산에 관한 모든 개인정보를 전산처리하여 관리하게 됨으로써, 정부 등에 의한 주민통제가 용이해지고, 개인의 사생활을 쉽게 침범할 수 있게 되어 개인의 정보보호문제가 심각하게 제기되고 있다.

1. 진술에 대한 녹취를 허용하는 경우에도 녹취를 허용하여야 할 공익상의 필요와 진술인의 인격보호의 이익을 비교형량하여 공익적 요청이 더욱 큰 경우에 한하여 이를 허용하여야 한다(헌재결 1995.12.28, 91헌마114).
2. 개인정보자기결정권을 제한하는 공권력의 행사는 반드시 법률에 그 근거가 있어야 한다(헌재결 2005.5.26, 99헌마513).
3. 정보주체의 동의 없이 개인정보를 공개함으로써 침해되는 인격적 법익과 정보주체의 동의 없이 자유롭게 개인정보를 공개하는 표현행위로서 보호받을 수 있는 법적 이익이 하나의 법률관계를 둘러싸고 충돌하는 경우, 그 행위의 위법성에 관한 판단 방법(이익형량)

정보주체의 동의 없이 개인정보를 공개함으로써 침해되는 인격적 법익과 정보주체의 동의 없이 자유롭게 개인정보를 공개하는 표현행위로서 보호받을 수 있는 법적 이익이 하나의 법률관계를 둘러싸고 충돌하는 경우에는, 개인이 공적인 존재인지 여부, 개인정보의 공공성 및 공익성, 개인정보 수집의 목적·절차·이용형태의 상당성, 개인정보 이용의 필요성, 개인정보 이용으로 인해 침해되는 이익의 성질 및 내용 등 여러 사정을 종합적으로 고려하여, 개인정보에 관한 인격권 보호에 의하여 얻을 수 있는 이익(비공개 이익)과 표현행위에 의하여 얻을 수 있는 이익(공개 이익)을 구체적으로 비교형량하여, 어느 쪽 이익이 더욱 우월한 것으로 평가할 수 있는지에 따라 그 행위의 최종적인 위법성 유무를 판단하여야 한다[대판(전합) 2011.9.2, 2008다42430].

3. 개인정보자기결정권

(1) 의 의

1. 개인정보자기결정권의 의의

   인간의 존엄과 가치, 행복추구권을 규정한 헌법 제10조 제1문에서 도출되는 일반적 인격권 및 헌법 제17조의 사생활의 비밀과 자유에 의하여 보장되는 개인정보자기결정권은 자신에 관한 정보가 언제 누구에게 어느 범위까지 알려지고 또 이용되도록 할 것인지를 그 정보주체가 스스로 결정할 수 있는 권리이다. 즉, **정보주체가 개인정보의 공개와 이용에 관하여 스스로 결정할 권리를 말한다**(헌재결 2005.7.21, 2003헌마282·425).

2. 개인정보자기결정권의 보호대상이 되는 개인정보에는 공적 생활에서 형성되었거나 이미 공개된 개인정보가 포함된다

   개인정보자기결정권의 보호대상이 되는 개인정보는 개인의 신체, 신념, 사회적 지위, 신분 등과 같이 개인의 인격주체성을 특징짓는 사항으로서 개인의 동일성을 식별할 수 있게 하는 일체의 정보라고 할 수 있고, 반드시 개인의 내밀한 영역에 속하는 정보에 국한되지 않고 공적 생활에서 형성되었거나 이미 공개된 개인정보까지 포함한다. 또한 그러한 **개인정보를 대상으로 한 조사·수집·보관·처리·이용 등의 행위는 모두 원칙적으로 개인정보자기결정권에 대한 제한에 해당**한다(대판 2014.7.24, 2012다49933).

3. 군 정보기관(국군보안사령부)이 법령상의 직무범위를 벗어나 민간인에 관한 정보를 비밀리에 수집·관리한 경우 불법행위가 성립한다(원고 노무현, 이강철, 문동환, 김승훈)(대판 1998.7.24, 96다42789).

4. 국가기관이 일반국민의 알 권리와는 무관하게 평소의 동향을 감시할 목적으로 개인의 정보를 비밀리에 수집한 경우, 그 대상자가 공적 인물이라는 이유만으로 면책될 수 없다(대판 1998.7.24, 96다42789).

5. 「주민등록법 시행령」 제33조 제2항(개인의 지문정보 수집, 보관, 전산화 및 범죄수사 목적 이용)은 개인정보자기결정권을 과잉제한하는 것이 아니다(헌재결 2005.5.26, 99헌마513).

6. 서울특별시 교육감 등이 졸업생의 성명, 생년월일 및 졸업일자 정보를 교육정보시스템(NEIS)에 보유하는 행위는 법률유보원칙에 위배되지 않는다(헌재결 2005.7.21, 2003헌마282).

7. 서울특별시 교육감 등이 졸업생의 성명, 생년월일 및 졸업일자 정보를 교육정보시스템(NEIS)에 보유하는 행위는 정보주체의 개인정보자기결정권을 침해하지 않는다(헌재결 2005.7.21, 2003헌마282).

8. 변호사 정보 제공 웹사이트 운영자가 변호사들의 개인신상정보를 기반으로 변호사들의 '인맥지수'를 산출하여 공개하는 서비스를 제공한 사안에서, 위 인맥지수 서비스 제공행위는 변호사들의 개인정보에 관

한 인격권을 침해하는 위법한 것이다[대판(전합) 2011.9.2, 2008다42430].

9. 변호사 정보 제공 웹사이트 운영자가 대법원 홈페이지에서 제공하는 '나의 사건검색' 서비스를 통해 수집한 사건정보를 이용하여 변호사들의 '승소율이나 전문성 지수 등'을 제공하는 서비스를 한 사안에서, 위 행위는 변호사들의 개인정보에 관한 인격권을 침해하는 위법한 행위로 평가할 수 없다고 한 사례[대판(전합) 2011.9.2, 2008다42430].

10. 국회의원 甲(새누리당 조전혁 전 의원) 등이 '각급학교 교원의 교원단체 및 교원노조 가입현황 실명자료'를 인터넷을 통하여 공개한 행위는 해당 교원들의 개인정보자기결정권 등을 침해하는 것으로 위법하다(대판 2014.7.24, 2012다49933).

11. 개인정보자기결정권이나 익명표현의 자유는 헌법 제37조 제2항에 따라 법률로써 제한될 수 있다(대판 2016.3.10, 2012다105482).

12. 전기통신사업자가 검사 또는 수사관서의 장의 요청에 따라 구 전기통신사업법 제54조 제3항, 제4항에서 정한 형식적·절차적 요건을 심사하여 이용자의 통신자료를 제공한 경우, 원칙적으로 이용자의 개인정보자기결정권이나 익명표현의 자유 등을 위법하게 침해한 것으로 볼 수 없다(대판 2016.3.10, 2012다105482).

13. 개인정보를 대상으로 한 조사·수집·보관·처리·이용 등의 행위는 개인정보자기결정권에 대한 제한에 해당한다(대판 2016.8.17, 2014다235080).

14. 법률정보 제공 사이트를 운영하는 甲 주식회사가 공립대학교인 乙 대학교 법과대학 법학과 교수로 재직 중인 丙의 사진, 성명, 성별, 출생연도, 직업, 직장, 학력, 경력 등의 개인정보를 위 법학과 홈페이지 등을 통해 수집하여 위 사이트 내 '법조인' 항목에서 유료로 제공한 사안에서, 甲 회사의 행위를 丙의 개인정보자기결정권을 침해하는 위법한 행위로 평가하거나, 甲 회사가 「개인정보 보호법」 제15조나 제17조를 위반하였다고 볼 수 없다고 한 사례(대판 2016.8.17, 2014다235080)

(2) 법적 근거

① 헌법적 근거

개인정보보호는 헌법상 정보상 자기결정권에 근거를 두고 있다. 다수설은 자기결정권의 근거를 사생활의 비밀과 자유에서 찾는다. 대법원은 정보상 자기결정권의 근거를 헌법 제10조와 제17조에서 도출하는 입장이다. 헌법재판소는 정보상 자기결정권은 헌법에 명시되지 아니한 독자적 기본권으로 보기도 하고(헌재결 2005.5.26, 2004헌마190), 헌법 제10조의 인격권과 제17조의 사생활의 비밀과 자유에 의해 보장된다고 판시(헌재결 2005.7.21, 2003헌마282·425)하기도 한다.

1. 사생활의 비밀과 자유는 헌법 제10조 및 제17조에 근거한다(대법원)(대판 1998.7.24, 96다42789).

2. 개인정보자기결정권은 독자적 기본권으로서 헌법에 명시되지 아니한 기본권이다(헌법재판소)(헌재결 2005.5.26, 2004헌마190).

3. 개인정보자기결정권은 인간의 존엄과 가치, 행복추구권을 규정한 헌법 제10조 제1문에서 도출되는 일반적 인격권 및 헌법 제17조의 사생활의 비밀과 자유에 의하여 보장된다(헌법재판소)(헌재결 2005.7.21, 2003헌마282·425).

4. 공판정에서 진술을 하는 피고인·증인 등도 인간으로서의 존엄과 가치를 가지며(헌법 제10조), 사생활의

비밀과 자유를 침해받지 아니할 권리를 가지고 있으므로(헌법 제17조), **본인이 비밀로 하고자 하는 사적인 사항이 일반에 공개되지 아니하고 자신의 인격적 징표가 타인에 의하여 일방적으로 이용당하지 아니할 권리가 있다.** 따라서 모든 진술인은 원칙적으로 자기의 말을 누가 녹음할 것인지와 녹음된 기기의 음성이 재생될 것인지 여부 및 누가 재생할 것인지 여부에 관하여 스스로 결정할 권리가 있다(헌재결 1995.12.28, 91헌마114).

사생활을 보호하는 기본권은 헌법 제17조 외에도 헌법 제16조(주거의 자유), 헌법 제18조(통신의 비밀)가 있는데, 이들은 헌법 제17조와 일반법·특별법관계에 있다.

② 「개인정보 보호법」

「개인정보 보호법」은 개인정보 보호에 관한 일반법이다. 개인정보 보호에 관하여는 다른 법률에 특별한 규정이 있는 경우를 제외하고는 이 법에서 정하는 바에 따른다(제6조).

Ⅱ 「개인정보 보호법」 주요내용

1. 개 설

(1) 목 적

이 법은 개인정보의 처리 및 보호에 관한 사항을 정함으로써 개인의 자유와 권리를 보호하고, 나아가 개인의 존엄과 가치를 구현함을 목적으로 한다(제1조).

(2) 보호대상정보

① 살아 있는 개인에 관한 정보: 개인정보란 살아 있는 개인에 관한 정보로서 다음 각 목의 어느 하나에 해당하는 정보를 말한다(제2조 제1호). 즉, 살아 있는 개인의 정보에 한정되므로 사자(死者)와 단체(법인, 법인 아닌 사단·재단)의 정보는 보호대상이 아니다.

> 가. 성명, 주민등록번호 및 영상 등을 통하여 개인을 알아볼 수 있는 정보
> 나. 해당 정보만으로는 특정 개인을 알아볼 수 없더라도 다른 정보와 쉽게 결합하여 알아볼 수 있는 정보. 이 경우 쉽게 결합할 수 있는지 여부는 다른 정보의 입수 가능성 등 개인을 알아보는 데 소요되는 시간, 비용, 기술 등을 합리적으로 고려하여야 한다.
> 다. 가목 또는 나목을 제1호의2에 따라 가명처리함으로써 원래의 상태로 복원하기 위한 추가 정보의 사용·결합 없이는 특정 개인을 알아볼 수 없는 정보(가명정보)

1. 지문에 관한 정보(지문날인)는 개인정보에 해당한다(헌재결 2005.5.26, 2004헌마190).

2. 공적 생활에서 형성되었거나 이미 공개된 개인정보도 이에 포함된다

개인정보자기결정권의 보호대상이 되는 개인정보는 개인의 신체, 신념, 사회적 지위, 신분 등과 같이 인격주체성을 특징짓는 사항으로서 개인의 동일성을 식별할 수 있게 하는 일체의 정보를 의미하며, 반드시 개인의 내밀한 영역에 속하는 정보에 국한되지 않고 공적 생활에서 형성되었거나 이미 공개된 개인정보까지도 포함한다(대판 2016.3.10, 2012다105482).

3. 개인정보자기결정권의 보호대상이 되는 '개인정보'에는 공적 생활에서 형성되었거나 이미 공개된 개인정보가 이에 포함된다

인간의 존엄과 가치, 행복추구권을 규정한 헌법 제10조 제1문에서 도출되는 일반적 인격권 및 헌법 제17조의 사생활의 비밀과 자유에 의하여 보장되는 개인정보자기결정권은 자신에 관한 정보가 언제 누구에게 어느 범위까지 알려지고 또 이용되도록 할 것인지를 정보주체가 스스로 결정할 수 있는 권리이다. 개인정보자기결정권의 보호대상이 되는 개인정보는 개인의 신체, 신념, 사회적 지위, 신분 등과 같이 개인의 인격주체성을 특징짓는 사항으로서 개인의 동일성을 식별할 수 있게 하는 일체의 정보이고, 반드시 개인의 내밀한 영역에 속하는 정보에 국한되지 아니하며 공적 생활에서 형성되었거나 이미 공개된 개인정보까지 포함한다(대판 2016.8.17, 2014다235080).

② 컴퓨터 등에 의해 처리되는 정보와 수기문서 포함 : 개정법률에 따르면 전자적으로 처리되는 개인정보 외에 수기(手記)문서까지 개인정보의 보호범위에 포함된다.

③ 공공기관 및 비영리단체에 의해서 처리되는 정보 : 공공기관뿐만 아니라 비영리단체 등 업무상 개인정보파일을 운용하기 위하여 개인정보를 처리하는 자는 모두 이 법에 따른 개인정보 보호규정을 준수하도록 하고 있다.

"공공기관"이란 다음 각 목의 기관을 말한다(제2조 제6호).

> 가. 국회, 법원, 헌법재판소, 중앙선거관리위원회의 행정사무를 처리하는 기관, 중앙행정기관(대통령 소속 기관과 국무총리 소속 기관을 포함한다) 및 그 소속 기관, 지방자치단체
> 나. 그 밖의 국가기관 및 공공단체 중 대통령령으로 정하는 기관

(3) 개인정보보호의 원칙

① 목적명확성의 원칙·과잉금지원칙 : 개인정보처리자는 개인정보의 처리 목적을 명확하게 하여야 하고 그 목적에 필요한 범위에서 최소한의 개인정보만을 적법하고 정당하게 수집하여야 한다(제3조 제1항).

② 목적 외 활용금지원칙 : 개인정보처리자는 개인정보의 처리 목적에 필요한 범위에서 적합하게 개인정보를 처리하여야 하며, 그 목적 외의 용도로 활용하여서는 아니 된다(같은 조 제2항).

③ 정확성·완전성·최신성 : 개인정보처리자는 개인정보의 처리 목적에 필요한 범위에서 개인정보

의 정확성, 완전성 및 최신성이 보장되도록 하여야 한다(같은 조 제3항).

④ **안전관리**: 개인정보처리자는 개인정보의 처리 방법 및 종류 등에 따라 정보주체의 권리가 침해받을 가능성과 그 위험 정도를 고려하여 개인정보를 안전하게 관리하여야 한다(같은 조 제4항).

⑤ **정보주체의 권리보장의무**: 개인정보처리자는 개인정보 처리방침 등 개인정보의 처리에 관한 사항을 공개하여야 하며, 열람청구권 등 정보주체의 권리를 보장하여야 한다(같은 조 제5항).

⑥ **사생활침해의 최소화**: 개인정보처리자는 정보주체의 사생활 침해를 최소화하는 방법으로 개인정보를 처리하여야 한다(같은 조 제6항).

⑦ **익명 또는 가명처리의 원칙**: 개인정보처리자는 개인정보를 익명 또는 가명으로 처리하여도 개인정보 수집목적을 달성할 수 있는 경우 익명처리가 가능한 경우에는 익명에 의하여, 익명처리로 목적을 달성할 수 없는 경우에는 가명에 의하여 처리될 수 있도록 하여야 한다(같은 조 제7항).

⑧ **정보주체의 신뢰획득의무**: 개인정보처리자는 이 법 및 관계 법령에서 규정하고 있는 책임과 의무를 준수하고 실천함으로써 정보주체의 신뢰를 얻기 위하여 노력하여야 한다(같은 조 제8항).

(4) 정보주체의 권리

정보주체는 자신의 개인정보 처리와 관련하여 다음 각 호의 권리를 가진다(제4조).

> 1. 개인정보의 처리에 관한 정보를 제공받을 권리
> 2. 개인정보의 처리에 관한 동의 여부, 동의 범위 등을 선택하고 결정할 권리
> 3. 개인정보의 처리 여부를 확인하고 개인정보에 대하여 열람(사본의 발급을 포함)을 요구할 권리
> 4. 개인정보의 처리 정지, 정정·삭제 및 파기를 요구할 권리
> 5. 개인정보의 처리로 인하여 발생한 피해를 신속하고 공정한 절차에 따라 구제받을 권리

(5) 국가 등의 책무

국가와 지방자치단체는 개인정보의 목적 외 수집, 오용·남용 및 무분별한 감시·추적 등에 따른 폐해를 방지하여 인간의 존엄과 개인의 사생활 보호를 도모하기 위한 시책을 강구하여야 한다(제5조 제1항). 국가와 지방자치단체는 정보주체의 권리를 보호하기 위하여 법령의 개선 등 필요한 시책을 마련하여야 한다(같은 조 제2항). 국가와 지방자치단체는 개인정보의 처리에 관한 불합리한 사회적 관행을 개선하기 위하여 개인정보처리자의 자율적인 개인정보 보호활동을 존중하고 촉진·지원하여야 한다(같은 조 제3항). 국가와 지방자치단체는 개인정보의 처리에 관한 법령 또는 조례를 제정하거나 개정하는 경우에는 이 법의 목적에 부합되도록 하여야 한다(같은 조 제4항).

2. 개인정보 보호정책의 수립 등

(1) 개인정보 보호위원회

① 설치

개인정보 보호에 관한 사무를 독립적으로 수행하기 위하여 국무총리(대통령, 행정안전부장관이 아님) 소속으로 개인정보 보호위원회(보호위원회)(개인정보심의위원회가 아님)를 둔다(제7조 제1항).

② 보호위원회의 구성 등

보호위원회는 상임위원 2명(위원장 1명, 부위원장 1명)을 포함한 9명의 위원으로 구성한다(제7조의2 제1항). 보호위원회의 위원은 개인정보 보호에 관한 경력과 전문지식이 풍부한 다음 각 호의 사람 중에서 위원장과 부위원장은 국무총리의 제청으로, 그 외 위원 중 2명은 위원장의 제청으로, 2명은 대통령이 소속되거나 소속되었던 정당의 교섭단체 추천으로, 3명은 그 외의 교섭단체 추천으로 대통령이 임명 또는 위촉한다(같은 조 제2항).

1. 개인정보 보호 업무를 담당하는 3급 이상 공무원(고위공무원단에 속하는 공무원을 포함한다)의 직에 있거나 있었던 사람
2. 판사·검사·변호사의 직에 10년 이상 있거나 있었던 사람
3. 공공기관 또는 단체(개인정보처리자로 구성된 단체를 포함한다)에 3년 이상 임원으로 재직하였거나 이들 기관 또는 단체로부터 추천받은 사람으로서 개인정보 보호 업무를 3년 이상 담당하였던 사람
4. 개인정보 관련 분야에 전문지식이 있고 고등교육법 제2조 제1호에 따른 학교에서 부교수 이상으로 5년 이상 재직하고 있거나 재직하였던 사람

위원장과 부위원장은 정무직 공무원으로 임명한다(같은 조 제3항). 위원장, 부위원장, 제7조의13에 따른 사무처의 장은 정부조직법 제10조에도 불구하고 정부위원이 된다(같은 조 제4항).

③ 위원장

위원장은 보호위원회를 대표하고, 보호위원회의 회의를 주재하며, 소관 사무를 총괄한다(제7조의3 제1항). 위원장이 부득이한 사유로 직무를 수행할 수 없을 때에는 부위원장이 그 직무를 대행하고, 위원장·부위원장이 모두 부득이한 사유로 직무를 수행할 수 없을 때에는 위원회가 미리 정하는 위원이 위원장의 직무를 대행한다(같은 조 제2항). 위원장은 국회에 출석하여 보호위원회의 소관 사무에 관하여 의견을 진술할 수 있으며, 국회에서 요구하면 출석하여 보고하거나 답변하여야 한다(같은 조 제3항). 위원장은 국무회의에 출석하여 발언할 수 있으며, 그 소관 사무에 관하여 국무총리에게 의안 제출을 건의할 수 있다(같은 조 제4항).

④ 위원의 임기

위원의 임기는 3년으로 하되, 한 차례만 연임할 수 있다(제7조의4 제1항). 위원이 궐위된 때에는 지체 없이 새로운 위원을 임명 또는 위촉하여야 한다. 이 경우 후임으로 임명 또는 위촉된 위원의 임기는 새로이 개시된다(같은 조 제2항).

⑤ 위원의 신분보장

위원은 다음 각 호의 어느 하나에 해당하는 경우를 제외하고는 그 의사에 반하여 면직 또는 해촉되지 아니한다(제7조의5 제1항).

> 1. 장기간 심신장애로 인하여 직무를 수행할 수 없게 된 경우
> 2. 제7조의7의 결격사유에 해당하는 경우
> 3. 이 법 또는 그 밖의 다른 법률에 따른 직무상의 의무를 위반한 경우

위원은 법률과 양심에 따라 독립적으로 직무를 수행한다(같은 조 제2항).

⑥ 겸직금지 등

위원은 재직 중 다음 각 호의 직(職)을 겸하거나 직무와 관련된 영리업무에 종사하여서는 아니 된다(제7조의6 제1항).

> 1. 국회의원 또는 지방의회의원
> 2. 국가공무원 또는 지방공무원
> 3. 그 밖에 대통령령으로 정하는 직

위원은 정치활동에 관여할 수 없다(같은 조 제3항).

⑦ 결격사유

다음 각 호의 어느 하나에 해당하는 사람은 위원이 될 수 없다(제7조의7 제1항).

> 1. 대한민국 국민이 아닌 사람
> 2. 국가공무원법 제33조 각 호의 어느 하나에 해당하는 사람
> 3. 정당법 제22조에 따른 당원

위원이 제1항 각 호의 어느 하나에 해당하게 된 때에는 그 직에서 당연 퇴직한다. 다만, 국가공무원법 제33조 제2호는 파산선고를 받은 사람으로서 「채무자 회생 및 파산에 관한 법률」에 따라 신청기한 내에 면책신청을 하지 아니하였거나 면책불허가 결정 또는 면책 취소가 확정된 경우만 해당하고, 같은 법 제33조제5호는 형법 제129조부터 제132조까지, 「성폭력범죄의

처벌 등에 관한 특례법」 제2조, 「아동·청소년의 성보호에 관한 법률」 제2조 제2호 및 직무와 관련하여 형법 제355조 또는 제356조에 규정된 죄를 범한 사람으로서 금고 이상의 형의 선고유예를 받은 경우만 해당한다(같은 조 제2항).

⑧ 보호위원회의 소관 사무
보호위원회는 다음 각 호의 소관 사무를 수행한다(제7조의8)

1. 개인정보의 보호와 관련된 법령의 개선에 관한 사항
2. 개인정보 보호와 관련된 정책·제도·계획 수립·집행에 관한 사항
3. 정보주체의 권리침해에 대한 조사 및 이에 따른 처분에 관한 사항
4. 개인정보의 처리와 관련한 고충처리·권리구제 및 개인정보에 관한 분쟁의 조정
5. 개인정보 보호를 위한 국제기구 및 외국의 개인정보 보호기구와의 교류·협력
6. 개인정보 보호에 관한 법령·정책·제도·실태 등의 조사·연구, 교육 및 홍보에 관한 사항
7. 개인정보 보호에 관한 기술개발의 지원·보급 및 전문인력의 양성에 관한 사항
8. 이 법 및 다른 법령에 따라 보호위원회의 사무로 규정된 사항

⑨ 보호위원회의 심의·의결 사항 등
보호위원회는 다음 각 호의 사항을 심의·의결한다(제7조의9 제1항).

1. 제8조의2에 따른 개인정보 침해요인 평가에 관한 사항
2. 제9조에 따른 기본계획 및 제10조에 따른 시행계획에 관한 사항
3. 개인정보 보호와 관련된 정책, 제도 및 법령의 개선에 관한 사항
4. 개인정보의 처리에 관한 공공기관 간의 의견조정에 관한 사항
5. 개인정보 보호에 관한 법령의 해석·운용에 관한 사항
6. 제18조제2항제5호에 따른 개인정보의 이용·제공에 관한 사항
7. 제33조제3항에 따른 영향평가 결과에 관한 사항
8. 제28조의6, 제34조의2, 제39조의15에 따른 과징금 부과에 관한 사항
9. 제61조에 따른 의견제시 및 개선권고에 관한 사항
10. 제64조에 따른 시정조치 등에 관한 사항
11. 제65조에 따른 고발 및 징계권고에 관한 사항
12. 제66조에 따른 처리 결과의 공표에 관한 사항
13. 제75조에 따른 과태료 부과에 관한 사항
14. 소관 법령 및 보호위원회 규칙의 제정·개정 및 폐지에 관한 사항
15. 개인정보 보호와 관련하여 보호위원회의 위원장 또는 위원 2명 이상이 회의에 부치는 사항
16. 그 밖에 이 법 또는 다른 법령에 따라 보호위원회가 심의·의결하는 사항

보호위원회는 제1항 각 호의 사항을 심의·의결하기 위하여 필요한 경우 다음 각 호의 조치를 할 수 있다(같은 조 제2항).

1. 관계 공무원, 개인정보 보호에 관한 전문 지식이 있는 사람이나 시민사회단체 및 관련 사업자로부터의 의견 청취
2. 관계 기관 등에 대한 자료제출이나 사실조회 요구

제2항 제2호에 따른 요구를 받은 관계 기관 등은 특별한 사정이 없으면 이에 따라야 한다(같은 조 제3항). 보호위원회는 제1항 제3호의 사항을 심의·의결한 경우에는 관계 기관에 그 개선을 권고할 수 있다(같은 조 제4항). 보호위원회는 제4항에 따른 권고 내용의 이행 여부를 점검할 수 있다(같은 조 제5항).

⑩ 회의

보호위원회의 회의는 위원장이 필요하다고 인정하거나 재적위원 4분의 1 이상의 요구가 있는 경우에 위원장이 소집한다(제7조의10 제1항). 위원장 또는 2명 이상의 위원은 보호위원회에 의안을 제의할 수 있다(같은 조 제2항). 보호위원회의 회의는 재적위원 과반수의 출석으로 개의하고, 출석위원 과반수의 찬성으로 의결한다(같은 조 제3항).

⑪ 위원의 제척·기피·회피

위원은 다음 각 호의 어느 하나에 해당하는 경우에는 심의·의결에서 제척된다(제7조의11 제1항).

1. 위원 또는 그 배우자나 배우자였던 자가 해당 사안의 당사자가 되거나 그 사건에 관하여 공동의 권리자 또는 의무자의 관계에 있는 경우
2. 위원이 해당 사안의 당사자와 친족이거나 친족이었던 경우
3. 위원이 해당 사안에 관하여 증언, 감정, 법률자문을 한 경우
4. 위원이 해당 사안에 관하여 당사자의 대리인으로서 관여하거나 관여하였던 경우
5. 위원이나 위원이 속한 공공기관·법인 또는 단체 등이 조언 등 지원을 하고 있는 자와 이해관계가 있는 경우

위원에게 심의·의결의 공정을 기대하기 어려운 사정이 있는 경우 당사자는 기피 신청을 할 수 있고, 보호위원회는 의결로 이를 결정한다(같은 조 제2항). 위원이 제1항 또는 제2항의 사유가 있는 경우에는 해당 사안에 대하여 회피할 수 있다(같은 조 제3항).

⑫ 소위원회

보호위원회는 효율적인 업무 수행을 위하여 개인정보 침해 정도가 경미하거나 유사·반복되는 사항 등을 심의·의결할 소위원회를 둘 수 있다(제7조의12 제1항). 소위원회는 3명의 위원으로 구성한다(같은 조 제2항). 소위원회가 제1항에 따라 심의·의결한 것은 보호위원회가 심의·의결한 것으로 본다(같은 조 제3항). 소위원회의 회의는 구성위원 전원의 출석과 출석위원 전원의 찬성으로 의결한다(같은 조 제4항).

⑬ 사무처

보호위원회의 사무를 처리하기 위하여 보호위원회에 사무처를 두며, 이 법에 규정된 것 외에 보호위원회의 조직에 관한 사항은 대통령령으로 정한다(제7조의13).

(2) 개인정보 침해요인 평가

중앙행정기관의 장은 소관 법령의 제정 또는 개정을 통하여 개인정보 처리를 수반하는 정책이나 제도를 도입·변경하는 경우에는 보호위원회에 개인정보 침해요인 평가를 요청하여야 한다(제8조의2 제1항). 보호위원회가 제1항에 따른 요청을 받은 때에는 해당 법령의 개인정보 침해요인을 분석·검토하여 그 법령의 소관기관의 장에게 그 개선을 위하여 필요한 사항을 권고할 수 있다(같은 조 제2항).

(3) 기본계획(보호위원회)

보호위 원회는 개인정보의 보호와 정보주체의 권익 보장을 위하여 3년마다 개인정보 보호 기본계획(이기본계획)을 관계 중앙행정기관의 장과 협의하여 수립한다(제9조 제1항). 기본계획에는 다음 각 호의 사항이 포함되어야 한다(같은 조 제2항).

1. 개인정보 보호의 기본목표와 추진방향
2. 개인정보 보호와 관련된 제도 및 법령의 개선
3. 개인정보 침해 방지를 위한 대책
4. 개인정보 보호 자율규제의 활성화
5. 개인정보 보호 교육·홍보의 활성화
6. 개인정보 보호를 위한 전문인력의 양성
7. 그 밖에 개인정보 보호를 위하여 필요한 사항

(4) 시행계획

중앙행정기관의 장(각부장관·처장·청장)은 기본획에 따라 매년 개인정보 보호를 위한 시행계획을 작성하여 보호위원회에 제출하고, 보호위원회의 심의·의결을 거쳐 시행하여야 한다(제10조 제1항).

(5) 자료제출 요구 등

보호위원회는 기본계획을 효율적으로 수립하기 위하여 개인정보처리자, 관계 중앙행정기관의 장, 지방자치단체의 장 및 관계 기관·단체 등에 개인정보처리자의 법규 준수 현황과 개인정보 관리 실태 등에 관한 자료의 제출이나 의견의 진술 등을 요구할 수 있다(제11조 제1항). 보호위원회는 개인정보 보호 정책 추진, 성과평가 등을 위하여 필요한 경우 개인정보처리자, 관계 중앙행정기관의 장, 지방자치단체의 장 및 관계 기관·단체 등을 대상으로 개인정보관리 수준 및 실태파악 등을 위한 조사를 실시할 수 있다(같은 조 제2항). 중앙행정기관의 장은 시행계획을 효율적으로 수립·추진하기 위하여 소관 분야의 개인정보처리자에게 제1항에 따른 자료제출 등을 요구할 수 있다(같은 조 제3항). 제1항부터 제3항까지에 따른 자료제출 등을 요구받은 자는 특별한 사정이 없으면 이에 따라야 한다(같은 조 제4항).

(6) 개인정보 보호지침

보호위원회는 개인정보의 처리에 관한 기준, 개인정보 침해의 유형 및 예방조치 등에 관한 표준 개인정보 보호지침(표준지침)을 정하여 개인정보처리자에게 그 준수를 권장할 수 있다다(제12조 제1항). 중앙행정기관의 장은 표준지침에 따라 소관 분야의 개인정보 처리와 관련한 개인정보 보호지침을 정하여 개인정보처리자에게 그 준수를 권장할 수 있다(같은 조 제2항). 국회, 법원, 헌법재판소 및 중앙선거관리위원회는 해당 기관(그 소속 기관을 포함한다)의 개인정보 보호지침을 정하여 시행할 수 있다(같은 조 제3항).

(7) 자율규제의 촉진 및 지원

보호위원회는 개인정보처리자의 자율적인 개인정보 보호활동을 촉진하고 지원하기 위하여 다음 각 호의 필요한 시책을 마련하여야 한다(제13조).

> 1. 개인정보 보호에 관한 교육·홍보
> 2. 개인정보 보호와 관련된 기관·단체의 육성 및 지원
> 3. 개인정보 보호 인증마크의 도입·시행 지원
> 4. 개인정보처리자의 자율적인 규약의 제정·시행 지원
> 5. 그 밖에 개인정보처리자의 자율적 개인정보 보호활동을 지원하기 위하여 필요한 사항

(8) 국제협력

정부는 국제적 환경에서의 개인정보 보호 수준을 향상시키기 위하여 필요한 시책을 마련하여야 한다(제14조 제1항). 정부는 개인정보 국외 이전으로 인하여 정보주체의 권리가 침해되지 아니하도록 관련 시책을 마련하여야 한다(같은 조 제2항).

3. 개인정보의 처리(개인정보의 수집, 이용, 제공 등)

'처리'란 개인정보의 수집, 생성, 연계, 연동, 기록, 저장, 보유, 가공, 편집, 검색, 출력, 정정(訂正), 복구, 이용, 제공, 공개, 파기(破棄), 그 밖에 이와 유사한 행위를 말한다(제2조 제2호). '가

명처리'란 개인정보의 일부를 삭제하거나 일부 또는 전부를 대체하는 등의 방법으로 추가 정보가 없이는 특정 개인을 알아볼 수 없도록 처리하는 것을 말한다(같은 조 1의2).

(1) 개인정보의 수집·이용

'개인정보처리자'란 업무를 목적으로 개인정보파일을 운용하기 위하여 스스로 또는 다른 사람을 통하여 개인정보를 처리하는 공공기관, 법인, 단체 및 개인 등을 말한다(제2조 제5호). '개인정보파일'이란 개인정보를 쉽게 검색할 수 있도록 일정한 규칙에 따라 체계적으로 배열하거나 구성한 개인정보의 집합물(集合物)을 말한다(제2조 제4호). '정보주체'란 처리되는 정보에 의하여 알아볼 수 있는 사람으로서 그 정보의 주체가 되는 사람을 말한다(제2조 제3호).

개인정보처리자는 다음 각 호의 어느 하나에 해당하는 경우에는 개인정보를 수집할 수 있으며 그 수집 목적의 범위에서 이용할 수 있다(제15조 제1항).

---

1. 정보주체의 동의를 받은 경우
2. 법률에 특별한 규정이 있거나 법령상 의무를 준수하기 위하여 불가피한 경우
3. 공공기관이 법령등에서 정하는 소관 업무의 수행을 위하여 불가피한 경우
4. 정보주체와의 계약의 체결 및 이행을 위하여 불가피하게 필요한 경우
5. 정보주체 또는 그 법정대리인이 의사표시를 할 수 없는 상태에 있거나 주소불명 등으로 사전 동의를 받을 수 없는 경우로서 명백히 정보주체 또는 제3자의 급박한 생명, 신체, 재산의 이익을 위하여 필요하다고 인정되는 경우
6. 개인정보처리자의 정당한 이익을 달성하기 위하여 필요한 경우로서 명백하게 정보주체의 권리보다 우선하는 경우. 이 경우 개인정보처리자의 정당한 이익과 상당한 관련이 있고 합리적인 범위를 초과하지 아니하는 경우에 한한다.

---

1. 개인정보자기결정권을 침해·제한한다고 주장되는 행위의 내용이 이미 정보주체의 의사에 따라 공개된 개인정보를 별도의 동의 없이 영리 목적으로 수집·제공하였다는 것인 경우, 정보처리 행위의 위법성 여부를 판단하는 기준 및 정보처리자에게 영리 목적이 있었다는 사정만으로 곧바로 정보처리 행위를 위법하다고 할 수 있는지 여부(소극)

개인정보자기결정권이라는 인격적 법익을 침해·제한한다고 주장되는 행위의 내용이 이미 정보주체의 의사에 따라 공개된 개인정보를 그의 별도의 동의 없이 영리 목적으로 수집·제공하였다는 것인 경우에는, 정보처리 행위로 침해될 수 있는 정보주체의 인격적 법익과 그 행위로 보호받을 수 있는 정보처리자 등의 법적 이익이 하나의 법률관계를 둘러싸고 충돌하게 된다. 이때는 정보주체가 공적인 존재인지, 개인정보의 공공성과 공익성, 원래 공개한 대상 범위, 개인정보 처리의 목적·절차·이용형태의 상당성과 필요성, 개인정보 처리로 침해될 수 있는 이익의 성질과 내용 등 여러 사정을 종합적으로 고려하여, 개인정보에 관한 인격권 보호에 의하여 얻을 수 있는 이익과 정보처리 행위로 얻을 수 있는 이익 즉 정보처리자의 '알 권리'와 이를 기반으로 한 정보수용자의 '알 권리' 및 표현의 자유, 정보처리자의 영업의 자유, 사회 전체의 경제적 효율성 등의 가치를 구체적으로 비교 형량하여 어느 쪽 이익이 더 우월한 것으로 평가할 수

있는지에 따라 정보처리 행위의 최종적인 위법성 여부를 판단하여야 하고, 단지 정보처리자에게 영리 목적이 있었다는 사정만으로 곧바로 정보처리 행위를 위법하다고 할 수는 없다(대판 2016.8.17, 2014다235080).

2. 이미 공개된 개인정보를 정보주체의 동의가 있었다고 객관적으로 인정되는 범위 내에서 수집·이용·제공 등 처리를 할 때 정보주체의 별도의 동의가 필요하지 않고, 동의를 받지 아니한 경우, 「개인정보 보호법」 제15조나 제17조를 위반한 것이 아니다(대판 2016.8.17, 2014다235080).

3. 정보주체의 동의가 있었다고 인정되는 범위 내인지 판단하는 기준
   2011. 3. 29. 법률 제10465호로 제정되어 2011. 9. 30.부터 시행된 「개인정보 보호법」은 개인정보처리자의 개인정보 수집·이용(제15조)과 제3자 제공(제17조)에 원칙적으로 정보주체의 동의가 필요하다고 규정하면서도, 대상이 되는 개인정보를 공개된 것과 공개되지 아니한 것으로 나누어 달리 규율하고 있지는 아니하다.

4. 정보주체의 동의가 있었다고 인정되는 범위 내인지는 공개된 개인정보의 성격, 공개의 형태와 대상 범위, 그로부터 추단되는 정보주체의 공개 의도 내지 목적뿐만 아니라, 정보처리자의 정보제공 등 처리의 형태와 정보제공으로 공개의 대상 범위가 원래의 것과 달라졌는지, 정보제공이 정보주체의 원래의 공개 목적과 상당한 관련성이 있는지 등을 검토하여 객관적으로 판단하여야 한다(대판 2016.8.17, 2014다235080).

개인정보처리자는 제1항 제1호에 따른 동의를 받을 때에는 다음 각 호의 사항을 정보주체에게 알려야 한다. 다음 각 호의 어느 하나의 사항을 변경하는 경우에도 이를 알리고 동의를 받아야 한다(같은 조 제2항).

> 1. 개인정보의 수집·이용 목적
> 2. 수집하려는 개인정보의 항목
> 3. 개인정보의 보유 및 이용 기간
> 4. 동의를 거부할 권리가 있다는 사실 및 동의 거부에 따른 불이익이 있는 경우에는 그 불이익의 내용

개인정보처리자는 당초 수집 목적과 합리적으로 관련된 범위에서 정보주체에게 불이익이 발생하는지 여부, 암호화 등 안전성 확보에 필요한 조치를 하였는지 여부 등을 고려하여 대통령령으로 정하는 바에 따라 정보주체의 동의 없이 개인정보를 이용할 수 있다(같은 조 제3항).

(2) 개인정보의 수집 제한

개인정보처리자는 개인정보를 수집하는 경우에는 그 목적에 필요한 최소한의 개인정보를 수집하여야 한다. 이 경우 최소한의 개인정보 수집이라는 입증책임은 개인정보처리자가 부담한다(제16조 제1항). 개인정보처리자는 정보주체의 동의를 받아 개인정보를 수집하는 경우 필요한 최소한의 정보 외의 개인정보 수집에는 동의하지 아니할 수 있다는 사실을 구체적으로 알리고 개인정보를 수집하여야 한다(같은 조 제2항). 개인정보처리자는 정보주체가 필요한 최소한의 정보 외의 개인정보 수집에 동의하지 아니한다는 이유로 정보주체에게 재화 또는 서비스의 제

공을 거부하여서는 아니 된다(같은 조 제3항).

(3) 개인정보의 제공

개인정보처리자는 다음 각 호의 어느 하나에 해당되는 경우에는 정보주체의 개인정보를 제3자에게 제공(공유를 포함한다)할 수 있다(제17조 제1항).

> 1. 정보주체의 동의를 받은 경우
> 2. 제15조제1항제2호·제3호·제5호 및 제39조의3제2항제2호·제3호에 따라 개인정보를 수집한 목적 범위에서 개인정보를 제공하는 경우

개인정보처리자는 동의를 받을 때에는 다음 각 호의 사항을 정보주체에게 알려야 한다. 다음 각 호의 어느 하나의 사항을 변경하는 경우에도 이를 알리고 동의를 받아야 한다(같은 조 제2항).

> 1. 개인정보를 제공받는 자
> 2. 개인정보를 제공받는 자의 개인정보 이용 목적
> 3. 제공하는 개인정보의 항목
> 4. 개인정보를 제공받는 자의 개인정보 보유 및 이용 기간
> 5. 동의를 거부할 권리가 있다는 사실 및 동의 거부에 따른 불이익이 있는 경우에는 그 불이익의 내용

개인정보처리자가 개인정보를 국외의 제3자에게 제공할 때에는 제2항 각 호에 따른 사항을 정보주체에게 알리고 동의를 받아야 하며, 이 법을 위반하는 내용으로 개인정보의 국외 이전에 관한 계약을 체결하여서는 아니 된다(같은 조 제3항).

(4) 개인정보의 목적 외 이용·제공 제한

개인정보처리자는 개인정보를 제15조 제1항 및 제39조의3 제1항 및 제2항에 따른 범위를 초과하여 이용하거나 제17조제1항 및 제3항에 따른 범위를 초과하여 제3자에게 제공하여서는 아니 된다(제18조 제1항). 제1항에도 불구하고 개인정보처리자는 다음 각 호의 어느 하나에 해당하는 경우에는 정보주체 또는 제3자의 이익을 부당하게 침해할 우려가 있을 때를 제외하고는 개인정보를 목적 외의 용도로 이용하거나 이를 제3자에게 제공할 수 있다. 다만, 이용자(「정보통신망 이용촉진 및 정보보호 등에 관한 법률」 제2조제1항제4호에 해당하는 자를 말한다. 이하 같다)의 개인정보를 처리하는 정보통신서비스 제공자(「정보통신망 이용촉진 및 정보보호 등에 관한 법률」 제2조제1항제3호에 해당하는 자를 말한다)의 경우 제1호·제2호의 경우로 한정하고, 제5호부터 제9호까지의 경우는 공공기관의 경우로 한정한다(같은 조 제2항).

1. 정보주체로부터 별도의 동의를 받은 경우
2. 다른 법률에 특별한 규정이 있는 경우
3. 정보주체 또는 그 법정대리인이 의사표시를 할 수 없는 상태에 있거나 주소불명 등으로 사전 동의를 받을 수 없는 경우로서 명백히 정보주체 또는 제3자의 급박한 생명, 신체, 재산의 이익을 위하여 필요하다고 인정되는 경우
4. 개인정보를 목적 외의 용도로 이용하거나 이를 제3자에게 제공하지 아니하면 다른 법률에서 정하는 소관 업무를 수행할 수 없는 경우로서 보호위원회의 심의·의결을 거친 경우
5. 조약, 그 밖의 국제협정의 이행을 위하여 외국정부 또는 국제기구에 제공하기 위하여 필요한 경우
6. 범죄의 수사와 공소의 제기 및 유지를 위하여 필요한 경우
7. 법원의 재판업무 수행을 위하여 필요한 경우
8. 형(刑) 및 감호, 보호처분의 집행을 위하여 필요한 경우

개인정보처리자는 제2항 제1호에 따른 동의를 받을 때에는 다음 각 호의 사항을 정보주체에게 알려야 한다. 다음 각 호의 어느 하나의 사항을 변경하는 경우에도 이를 알리고 동의를 받아야 한다(같은 조 제3항).

1. 개인정보를 제공받는 자
2. 개인정보의 이용 목적(제공 시에는 제공받는 자의 이용 목적을 말한다)
3. 이용 또는 제공하는 개인정보의 항목
4. 개인정보의 보유 및 이용 기간(제공 시에는 제공받는 자의 보유 및 이용 기간을 말한다)
5. 동의를 거부할 권리가 있다는 사실 및 동의 거부에 따른 불이익이 있는 경우에는 그 불이익의 내용

공공기관은 제2항 제2호부터 제6호까지, 제8호 및 제9호에 따라 개인정보를 목적 외의 용도로 이용하거나 이를 제3자에게 제공하는 경우에는 그 이용 또는 제공의 법적 근거, 목적 및 범위 등에 관하여 필요한 사항을 행정자치부령으로 정하는 바에 따라 관보 또는 인터넷 홈페이지 등에 게재하여야 한다(같은 조 제4항). 개인정보처리자는 제2항 각 호의 어느 하나의 경우에 해당하여 개인정보를 목적 외의 용도로 제3자에게 제공하는 경우에는 개인정보를 제공받는 자에게 이용 목적, 이용 방법, 그 밖에 필요한 사항에 대하여 제한을 하거나, 개인정보의 안전성 확보를 위하여 필요한 조치를 마련하도록 요청하여야 한다. 이 경우 요청을 받은 자는 개인정보의 안전성 확보를 위하여 필요한 조치를 하여야 한다(같은 조 제5항).

(5) 개인정보를 제공받은 자의 이용·제공 제한의무

개인정보처리자로부터 개인정보를 제공받은 자는 ① 정보주체로부터 별도의 동의를 받은 경우, ② 다른 법률에 특별한 규정이 있는 경우를 제외하고는 개인정보를 제공받은 목적 외의 용도로 이용하거나 이를 제3자에게 제공하여서는 아니 된다(제19조 제1항).

(6) 정보주체 이외로부터 수집한 개인정보의 수집 출처 등 고지의무

개인정보처리자가 정보주체 이외로부터 수집한 개인정보를 처리하는 때에는 정보주체의 요구가 있으면 즉시 다음 각 호의 모든 사항을 정보주체에게 알려야 한다(제20조 제1항).

> 1. 개인정보의 수집 출처
> 2. 개인정보의 처리 목적
> 3. 제37조에 따른 개인정보 처리의 정지를 요구할 권리가 있다는 사실

제1항에도 불구하고 처리하는 개인정보의 종류·규모, 종업원 수 및 매출액 규모 등을 고려하여 대통령령으로 정하는 기준에 해당하는 개인정보처리자가 제17조제1항제1호에 따라 정보주체 이외로부터 개인정보를 수집하여 처리하는 때에는 제1항 각 호의 모든 사항을 정보주체에게 알려야 한다. 다만, 개인정보처리자가 수집한 정보에 연락처 등 정보주체에게 알릴 수 있는 개인정보가 포함되지 아니한 경우에는 그러하지 아니하다(같은 조 제2항).

제1항과 제2항 본문은 다음 각 호의 어느 하나에 해당하는 경우에는 적용하지 아니한다. 다만, 이 법에 따른 정보주체의 권리보다 명백히 우선하는 경우에 한한다(같은 조 제4항).

> 1. 고지를 요구하는 대상이 되는 개인정보가 제32조 제2항 각 호의 어느 하나에 해당하는 개인정보파일에 포함되어 있는 경우
> 2. 고지로 인하여 다른 사람의 생명·신체를 해할 우려가 있거나 다른 사람의 재산과 그 밖의 이익을 부당하게 침해할 우려가 있는 경우

(7) 개인정보의 파기의무

개인정보처리자는 보유기간의 경과, 개인정보의 처리 목적 달성 등 그 개인정보가 불필요하게 되었을 때에는 지체 없이 그 개인정보를 파기하여야 한다. 다만, 다른 법령에 따라 보존하여야 하는 경우에는 그러하지 아니하다(제21조 제1항). 개인정보처리자가 개인정보를 파기할 때에는 복구 또는 재생되지 아니하도록 조치하여야 한다(같은 조 제2항). 개인정보처리자가 개인정보를 파기하지 아니하고 보존하여야 하는 경우에는 해당 개인정보 또는 개인정보파일을 다른 개인정보와 분리하여서 저장·관리하여야 한다(같은 조 제3항).

(8) 동의를 받는 방법

개인정보처리자는 이 법에 따른 개인정보의 처리에 대하여 정보주체(제6항에 따른 법정대리인을 포함한다)의 동의를 받을 때에는 각각의 동의 사항을 구분하여 정보주체가 이를 명확하게 인지할 수 있도록 알리고 각각 동의를 받아야 한다(제21조 제1항). 개인정보처리자는 제1항의 동의를 서면(「전자문서 및 전자거래 기본법」 제2조제1호에 따른 전자문서를 포함한다)으로 받

을 때에는 개인정보의 수집·이용 목적, 수집·이용하려는 개인정보의 항목 등 대통령령으로 정하는 중요한 내용을 보호위원회가 고시로 정하는 방법에 따라 명확히 표시하여 알아보기 쉽게 하여야 한다(같은 조 제2항). 개인정보처리자는 제15조 제1항 제1호, 제17조 제1항 제1호, 제23조 제1항 제1호 및 제24조 제1항 제1호에 따라 개인정보의 처리에 대하여 정보주체의 동의를 받을 때에는 정보주체와의 계약 체결 등을 위하여 정보주체의 동의 없이 처리할 수 있는 개인정보와 정보주체의 동의가 필요한 개인정보를 구분하여야 한다. 이 경우 동의 없이 처리할 수 있는 개인정보라는 입증책임은 개인정보처리자가 부담한다(같은 조 제3항). 개인정보처리자는 정보주체에게 재화나 서비스를 홍보하거나 판매를 권유하기 위하여 개인정보의 처리에 대한 동의를 받으려는 때에는 정보주체가 이를 명확하게 인지할 수 있도록 알리고 동의를 받아야 한다(같은 조 제4항). 개인정보처리자는 정보주체가 제3항에 따라 선택적으로 동의할 수 있는 사항을 동의하지 아니하거나 제4항 및 제18조제2항제1호에 따른 동의를 하지 아니한다는 이유로 정보주체에게 재화 또는 서비스의 제공을 거부하여서는 아니 된다(같은 조 제5항). 개인정보처리자는 만 14세 미만 아동의 개인정보를 처리하기 위하여 이 법에 따른 동의를 받아야 할 때에는 그 법정대리인의 동의를 받아야 한다. 이 경우 법정대리인의 동의를 받기 위하여 필요한 최소한의 정보는 법정대리인의 동의 없이 해당 아동으로부터 직접 수집할 수 있다(같은 조 제6항).

4. 개인정보의 처리 제한

(1) 민감정보의 처리 제한

개인정보처리자는 사상·신념, 노동조합·정당의 가입·탈퇴, 정치적 견해, 건강, 성생활 등에 관한 정보, 그 밖에 정보주체의 사생활을 현저히 침해할 우려가 있는 개인정보로서 대통령령으로 정하는 정보를 처리하여서는 아니 된다. 다만, 다음 각 호의 어느 하나에 해당하는 경우에는 그러하지 아니하다(제23조 제1항).

1. 정보주체에게 제15조 제2항 각 호 또는 제17조 제2항 각 호의 사항을 알리고 다른 개인정보의 처리에 대한 동의와 별도로 동의를 받은 경우
2. 법령에서 민감정보의 처리를 요구하거나 허용하는 경우

개인정보처리자가 제1항 각 호에 따라 민감정보를 처리하는 경우에는 그 민감정보가 분실·도난·유출·위조·변조 또는 훼손되지 아니하도록 제29조에 따른 안전성 확보에 필요한 조치를 하여야 한다(같은 조 제2항).

(2) 고유식별정보의 처리 제한

개인정보처리자는 다음 각 호의 경우를 제외하고는 법령에 따라 개인을 고유하게 구별하기 위하여 부여된 식별정보로서 대통령령으로 정하는 정보(고유식별정보)를 처리할 수 없다(제24조 제1항).

> 1. 정보주체에게 제15조 제2항 각 호 또는 제17조 제2항 각 호의 사항을 알리고 다른 개인정보의 처리에 대한 동의와 별도로 동의를 받은 경우
> 2. 법령에서 구체적으로 고유식별정보의 처리를 요구하거나 허용하는 경우

개인정보처리자가 고유식별정보를 처리하는 경우에는 그 고유식별정보가 분실·도난·유출·변조 또는 훼손되지 아니하도록 대통령령으로 정하는 바에 따라 암호화 등 안전성 확보에 필요한 조치를 하여야 한다(같은 조 제3항). 보호위원회는 처리하는 개인정보의 종류·규모, 종업원 수 및 매출액 규모 등을 고려하여 대통령령으로 정하는 기준에 해당하는 개인정보처리자가 제3항에 따라 안전성 확보에 필요한 조치를 하였는지에 관하여 대통령령으로 정하는 바에 따라 정기적으로 조사하여야 한다(같은 조 제4항). 보호위원회는 대통령령으로 정하는 전문기관으로 하여금 제4항에 따른 조사를 수행하게 할 수 있다(같은 조 제5항).

(3) 주민등록번호 처리의 제한

제24조 제1항에도 불구하고 개인정보처리자는 다음 각 호의 어느 하나에 해당하는 경우를 제외하고는 주민등록번호를 처리할 수 없다(제24조의2 제1항).

> 1. 법률·대통령령·국회규칙·대법원규칙·헌법재판소규칙·중앙선거관리위원회규칙 및 감사원규칙에서 구체적으로 주민등록번호의 처리를 요구하거나 허용한 경우
> 2. 정보주체 또는 제3자의 급박한 생명, 신체, 재산의 이익을 위하여 명백히 필요하다고 인정되는 경우
> 3. 제1호 및 제2호에 준하여 주민등록번호 처리가 불가피한 경우로서 보호위원회가 고시로 정하는 경우

개인정보처리자는 제24조제3항에도 불구하고 주민등록번호가 분실·도난·유출·위조·변조 또는 는 훼손되지 아니하도록 암호화 조치를 통하여 안전하게 보관하여야 한다. 이 경우 암호화 적용 대상 및 대상별 적용 시기 등에 관하여 필요한 사항은 개인정보의 처리 규모와 유출 시 영향 등을 고려하여 대통령령으로 정한다(같은 조 제2항). 개인정보처리자는 제1항 각 호에 따라 주민등록번호를 처리하는 경우에도 정보주체가 인터넷 홈페이지를 통하여 회원으로 가입하는 단계에서는 주민등록번호를 사용하지 아니하고도 회원으로 가입할 수 있는 방법을 제공하여야 한다(같은 조 제3항). 보호위원회는 개인정보처리자가 제3항에 따른 방법을 제공할 수 있도록 관계 법령의 정비, 계획의 수립, 필요한 시설 및 시스템의 구축 등 제반 조치를 마련·지원할 수 있다(같은 조 제4항).

(4) 영상정보처리기기의 설치·운영 제한

영상정보처리기기란 일정한 공간에 지속적으로 설치되어 사람 또는 사물의 영상 등을 촬영하거나 이를 유·무선망을 통하여 전송하는 장치로서 대통령령으로 정하는 장치를 말한다(제2조 제7호). 누구든지 다음 각 호의 경우를 제외하고는 공개된 장소에 영상정보처리기기를 설치·운영하여서는 아니 된다(제25조 제1항).

> 1. 법령에서 구체적으로 허용하고 있는 경우
> 2. 범죄의 예방 및 수사를 위하여 필요한 경우
> 3. 시설안전 및 화재 예방을 위하여 필요한 경우
> 4. 교통단속을 위하여 필요한 경우
> 5. 교통정보의 수집·분석 및 제공을 위하여 필요한 경우

누구든지 불특정 다수가 이용하는 목욕실, 화장실, 발한실(發汗室), 탈의실 등 개인의 사생활을 현저히 침해할 우려가 있는 장소의 내부를 볼 수 있도록 영상정보처리기기를 설치·운영하여서는 아니 된다. 다만, 교도소, 정신보건 시설 등 법령에 근거하여 사람을 구금하거나 보호하는 시설로서 대통령령으로 정하는 시설에 대하여는 그러하지 아니하다(같은 조 제2항). 영상정보처리기기를 설치·운영하려는 공공기관의 장과 제2항 단서에 따라 영상정보처리기기를 설치·운영하려는 자는 공청회·설명회의 개최 등 대통령령으로 정하는 절차를 거쳐 관계 전문가 및 이해관계인의 의견을 수렴하여야 한다(같은 조 제3항).

제1항 각 호에 따라 영상정보처리기기를 설치·운영하는 자(영상정보처리기기운영자)는 정보주체가 쉽게 인식할 수 있도록 다음 각 호의 사항이 포함된 안내판을 설치하는 등 필요한 조치를 하여야 한다. 다만, 「군사기지 및 군사시설 보호법」 제2조 제2호에 따른 군사시설, 통합방위법 제2조 제13호에 따른 국가중요시설, 그 밖에 대통령령으로 정하는 시설에 대하여는 그러하지 아니하다(같은 조 제4항).

> 1. 설치 목적 및 장소
> 2. 촬영 범위 및 시간
> 3. 관리책임자 성명 및 연락처
> 4. 그 밖에 대통령령으로 정하는 사항

영상정보처리기기운영자는 영상정보처리기기의 설치 목적과 다른 목적으로 영상정보처리기기를 임의로 조작하거나 다른 곳을 비춰서는 아니 되며, 녹음기능은 사용할 수 없다(같은 조 제5항). 영상정보처리기기운영자는 개인정보가 분실·도난·유출·위조·변조 또는 훼손되지 아니하도록 제29조에 따라 안전성 확보에 필요한 조치를 하여야 한다(같은 조 제6항). 영상정보처리기기운영자는 대통령령으로 정하는 바에 따라 영상정보처리기기 운영·관리 방침을 마련하

여야 한다. 이 경우 개인정보 처리방침을 정하지 아니할 수 있다(같은 조 제7항). 영상정보처리기기운영자는 영상정보처리기기의 설치·운영에 관한 사무를 위탁할 수 있다. 다만, 공공기관이 영상정보처리기기 설치·운영에 관한 사무를 위탁하는 경우에는 대통령령으로 정하는 절차 및 요건에 따라야 한다(같은 조 제8항).

(5) 업무위탁에 따른 개인정보의 처리 제한

개인정보처리자가 제3자에게 개인정보의 처리 업무를 위탁하는 경우에는 다음 각 호의 내용이 포함된 문서에 의하여야 한다(제26조 제1항).

> 1. 위탁업무 수행 목적 외 개인정보의 처리 금지에 관한 사항
> 2. 개인정보의 기술적·관리적 보호조치에 관한 사항
> 3. 그 밖에 개인정보의 안전한 관리를 위하여 대통령령으로 정한 사항

개인정보의 처리 업무를 위탁하는 개인정보처리자(위탁자)는 위탁하는 업무의 내용과 개인정보 처리 업무를 위탁받아 처리하는 자(수탁자)를 정보주체가 언제든지 쉽게 확인할 수 있도록 대통령령으로 정하는 방법에 따라 공개하여야 한다(같은 조 제2항). 위탁자가 재화 또는 서비스를 홍보하거나 판매를 권유하는 업무를 위탁하는 경우에는 대통령령으로 정하는 방법에 따라 위탁하는 업무의 내용과 수탁자를 정보주체에게 알려야 한다. 위탁하는 업무의 내용이나 수탁자가 변경된 경우에도 또한 같다(같은 조 제3항). 위탁자는 업무 위탁으로 인하여 정보주체의 개인정보가 분실·도난·유출·위조·변조 또는 훼손되지 아니하도록 수탁자를 교육하고, 처리 현황 점검 등 대통령령으로 정하는 바에 따라 수탁자가 개인정보를 안전하게 처리하는지를 감독하여야 한다(같은 조 제4항). 수탁자는 개인정보처리자로부터 위탁받은 해당 업무 범위를 초과하여 개인정보를 이용하거나 제3자에게 제공하여서는 아니 된다(같은 조 제5항). 수탁자가 위탁받은 업무와 관련하여 개인정보를 처리하는 과정에서 이 법을 위반하여 발생한 손해배상책임에 대하여는 수탁자를 개인정보처리자의 소속 직원으로 본다(같은 조 제6항). 수탁자에 관하여는 제15조부터 제25조까지, 제27조부터 제31조까지, 제33조부터 제38조까지 및 제59조를 준용한다(같은 조 제7항).

1. 「개인정보 보호법」 제17조와 「정보통신망 이용촉진 및 정보보호 등에 관한 법률」 제24조의2에서 말하는 개인정보의 '제3자 제공'의 의미 및 「개인정보 보호법」 제26조와 「정보통신망 이용촉진 및 정보보호 등에 관한 법률」 제25조에서 말하는 개인정보의 '처리위탁'의 의미

　　「개인정보 보호법」 제17조와 정보통신망법 제24조의2에서 말하는 개인정보의 '제3자 제공'은 본래의 개인정보 수집·이용 목적의 범위를 넘어 정보를 제공받는 자의 업무처리와 이익을 위하여 개인정보가 이전되는 경우인 반면, 「개인정보 보호법」 제26조와 정보통신망법 제25조에서 말하는 개인정보의 '처리위탁'

은 본래의 개인정보 수집·이용 목적과 관련된 위탁자 본인의 업무 처리와 이익을 위하여 개인정보가 이전되는 경우를 의미한다(대판 2017.4.7, 2016도13263).

2. 개인정보 처리위탁에 있어 수탁자는 「개인정보 보호법」 제17조와 「정보통신망 이용촉진 및 정보보호 등에 관한 법률」 제24조의2에 정한 '제3자'에 해당하지 않는다

개인정보 처리위탁에 있어 수탁자는 위탁자로부터 위탁사무 처리에 따른 대가를 지급받는 것 외에는 개인정보 처리에 관하여 독자적인 이익을 가지지 않고, 정보제공자의 관리·감독 아래 위탁받은 범위 내에서만 개인정보를 처리하게 되므로, 「개인정보 보호법」 제17조와 정보통신망법 제24조의2에 정한 '제3자'에 해당하지 않는다(대판 2017.4.7, 2016도13263).

3. 어떠한 행위가 개인정보의 제공인지 아니면 처리위탁인지 판단하는 기준

한편 어떠한 행위가 개인정보의 제공인지 아니면 처리위탁인지는 개인정보의 취득 목적과 방법, 대가 수수 여부, 수탁자에 대한 실질적인 관리·감독 여부, 정보주체 또는 이용자의 개인정보 보호 필요성에 미치는 영향 및 이러한 개인정보를 이용할 필요가 있는 자가 실질적으로 누구인지 등을 종합하여 판단하여야 한다(대판 2017.4.7, 2016도13263).

(6) 영업양도 등에 따른 개인정보의 이전 제한

개인정보처리자는 영업의 전부 또는 일부의 양도·합병 등으로 개인정보를 다른 사람에게 이전하는 경우에는 미리 다음 각 호의 사항을 대통령령으로 정하는 방법에 따라 해당 정보주체에게 알려야 한다(제27조 제1항).

> 1. 개인정보를 이전하려는 사실
> 2. 개인정보를 이전받는 자(영업양수자 등)의 성명(법인의 경우에는 법인의 명칭을 말한다), 주소, 전화번호 및 그 밖의 연락처
> 3. 정보주체가 개인정보의 이전을 원하지 아니하는 경우 조치할 수 있는 방법 및 절차

영업양수자 등은 개인정보를 이전받았을 때에는 지체 없이 그 사실을 대통령령으로 정하는 방법에 따라 정보주체에게 알려야 한다. 다만, 개인정보처리자가 그 이전 사실을 이미 알린 경우에는 그러하지 아니하다(같은 조 제2항). 영업양수자 등은 영업의 양도·합병 등으로 개인정보를 이전받은 경우에는 이전 당시의 본래 목적으로만 개인정보를 이용하거나 제3자에게 제공할 수 있다. 이 경우 영업양수자 등은 개인정보처리자로 본다(같은 조 제3항).

(7) 개인정보취급자에 대한 감독

개인정보처리자는 개인정보를 처리함에 있어서 개인정보가 안전하게 관리될 수 있도록 임직원, 파견근로자, 시간제근로자 등 개인정보처리자의 지휘·감독을 받아 개인정보를 처리하는 자(개인정보취급자)에 대하여 적절한 관리·감독을 행하여야 한다(제28조 제1항). 개인정보처리자는 개인정보의 적정한 취급을 보장하기 위하여 개인정보취급자에게 정기적으로 필요한 교육을 실시하여야 한다(같은 조 제2항).

5. 가명정보의 처리에 관한 특례

(1) 가명정보의 처리 등

개인정보처리자는 통계작성, 과학적 연구, 공익적 기록보존 등을 위하여 정보주체의 동의 없이 가명정보를 처리할 수 있다(제28조의2 제1항). 개인정보처리자는 제1항에 따라 가명정보를 제3자에게 제공하는 경우에는 특정 개인을 알아보기 위하여 사용될 수 있는 정보를 포함해서는 아니 된다(같은 조 제2항).

(2) 가명정보의 결합 제한

제28조의2에도 불구하고 통계작성, 과학적 연구, 공익적 기록보존 등을 위한 서로 다른 개인정보처리자 간의 가명정보의 결합은 보호위원회 또는 관계 중앙행정기관의 장이 지정하는 전문기관이 수행한다(제28조의3 제1항). 결합을 수행한 기관 외부로 결합된 정보를 반출하려는 개인정보처리자는 가명정보 또는 제58조의2에 해당하는 정보로 처리한 뒤 전문기관의 장의 승인을 받아야 한다(같은 조 제2항).

(3) 가명정보에 대한 안전조치의무 등

개인정보처리자는 가명정보를 처리하는 경우에는 원래의 상태로 복원하기 위한 추가 정보를 별도로 분리하여 보관·관리하는 등 해당 정보가 분실·도난·유출·위조·변조 또는 훼손되지 않도록 대통령령으로 정하는 바에 따라 안전성 확보에 필요한 기술적·관리적 및 물리적 조치를 하여야 한다(제28조의4 제1항). 개인정보처리자는 가명정보를 처리하고자 하는 경우에는 가명정보의 처리 목적, 제3자 제공 시 제공받는 자 등 가명정보의 처리 내용을 관리하기 위하여 대통령령으로 정하는 사항에 대한 관련 기록을 작성하여 보관하여야 한다(같은 조 제2항).

(4) 가명정보 처리 시 금지의무 등

누구든지 특정 개인을 알아보기 위한 목적으로 가명정보를 처리해서는 아니 된다(제28조의5 제1항). 개인정보처리자는 가명정보를 처리하는 과정에서 특정 개인을 알아볼 수 있는 정보가 생성된 경우에는 즉시 해당 정보의 처리를 중지하고, 지체 없이 회수·파기하여야 한다(같은 조 제2항).

(5) 가명정보 처리에 대한 과징금 부과 등

보호위원회는 개인정보처리자가 제28조의5제1항을 위반하여 특정 개인을 알아보기 위한 목적으로 정보를 처리한 경우 전체 매출액의 100분의 3 이하에 해당하는 금액을 과징금으로 부과할 수 있다. 다만, 매출액이 없거나 매출액의 산정이 곤란한 경우로서 대통령령으로 정하는 경우에는 4억원 또는 자본금의 100분의 3 중 큰 금액 이하로 과징금을 부과할 수 있다(제28조의 6 제1항). 과징금의 부과·징수 등에 필요한 사항은 제34조의2 제3항부터 제5항까지의 규정을 준용한다(같은 조 제2항).

(6) 적용범위

가명정보는 제20조, 제21조, 제27조, 제34조제1항, 제35조부터 제37조까지, 제39조의3, 제39조의4, 제39조의6부터 제39조의8까지의 규정을 적용하지 아니한다(제28조의7).

6. 개인정보의 안전한 관리

(1) 안전조치의무

개인정보처리자는 개인정보가 분실·도난·유출·위조·변조 또는 훼손되지 아니하도록 내부관리계획 수립, 접속기록 보관 등 대통령령으로 정하는 바에 따라 안전성 확보에 필요한 기술적·관리적 및 물리적 조치를 하여야 한다(제29조).

(2) 개인정보 처리방침의 수립 및 공개의무

개인정보처리자는 다음 각 호의 사항이 포함된 개인정보의 처리 방침(개인정보 처리방침)을 정하여야 한다. 이 경우 공공기관은 제32조에 따라 등록대상이 되는 개인정보파일에 대하여 개인정보 처리방침을 정한다(제30조 제1항).

---

1. 개인정보의 처리 목적
2. 개인정보의 처리 및 보유 기간
3. 개인정보의 제3자 제공에 관한 사항(해당되는 경우에만 정한다)
3의2. 개인정보의 파기절차 및 파기방법(제21조제1항 단서에 따라 개인정보를 보존하여야 하는 경우에는 그 보존근거와 보존하는 개인정보 항목을 포함한다)
4. 개인정보처리의 위탁에 관한 사항(해당되는 경우에만 정한다)
5. 정보주체와 법정대리인의 권리·의무 및 그 행사방법에 관한 사항
6. 제31조에 따른 개인정보 보호책임자의 성명 또는 개인정보 보호업무 및 관련 고충사항을 처리하는 부서의 명칭과 전화번호 등 연락처
7. 인터넷 접속정보파일 등 개인정보를 자동으로 수집하는 장치의 설치·운영 및 그 거부에 관한 사항(해당하는 경우에만 정한다)
8. 그 밖에 개인정보의 처리에 관하여 대통령령으로 정한 사항

개인정보처리자가 개인정보 처리방침을 수립하거나 변경하는 경우에는 정보주체가 쉽게 확인할 수 있도록 대통령령으로 정하는 방법에 따라 공개하여야 한다(같은 조 제2항). 개인정보 처

리방침의 내용과 개인정보처리자와 정보주체 간에 체결한 계약의 내용이 다른 경우에는 정보주체에게 유리한 것을 적용한다(같은 조 제3항). 보호위원회는 개인정보 처리방침의 작성지침을 정하여 개인정보처리자에게 그 준수를 권장할 수 있다(같은 조 제4항).

(3) 개인정보 보호책임자의 지정의무

개인정보처리자는 개인정보의 처리에 관한 업무를 총괄해서 책임질 개인정보 보호책임자를 지정하여야 한다(제31조 제1항). 개인정보 보호책임자는 다음 각 호의 업무를 수행한다(같은 조 제2항).

> 1. 개인정보 보호 계획의 수립 및 시행
> 2. 개인정보 처리 실태 및 관행의 정기적인 조사 및 개선
> 3. 개인정보 처리와 관련한 불만의 처리 및 피해 구제
> 4. 개인정보 유출 및 오용·남용 방지를 위한 내부통제시스템의 구축
> 5. 개인정보 보호 교육 계획의 수립 및 시행
> 6. 개인정보파일의 보호 및 관리·감독
> 7. 그 밖에 개인정보의 적절한 처리를 위하여 대통령령으로 정한 업무

개인정보 보호책임자는 제2항 각 호의 업무를 수행함에 있어서 필요한 경우 개인정보의 처리 현황, 처리 체계 등에 대하여 수시로 조사하거나 관계 당사자로부터 보고를 받을 수 있다(같은 조 제3항).

개인정보 보호책임자는 개인정보 보호와 관련하여 이 법 및 다른 관계 법령의 위반 사실을 알게 된 경우에는 즉시 개선조치를 하여야 하며, 필요하면 소속 기관 또는 단체의 장에게 개선조치를 보고하여야 한다(같은 조 제4항). 개인정보처리자는 개인정보 보호책임자가 제2항 각 호의 업무를 수행함에 있어서 정당한 이유 없이 불이익을 주거나 받게 하여서는 아니 된다(같은 조 제5항).

(4) 개인정보파일의 등록 및 공개의무

공공기관의 장이 개인정보파일을 운용하는 경우에는 다음 각 호의 사항을 보호위원회에 등록하여야 한다. 등록한 사항이 변경된 경우에도 또한 같다(제32조 제1항).

> 1. 개인정보파일의 명칭
> 2. 개인정보파일의 운영 근거 및 목적
> 3. 개인정보파일에 기록되는 개인정보의 항목
> 4. 개인정보의 처리방법
> 5. 개인정보의 보유기간
> 6. 개인정보를 통상적 또는 반복적으로 제공하는 경우에는 그 제공받는 자
> 7. 그 밖에 대통령령으로 정하는 사항

다음 각 호의 어느 하나에 해당하는 개인정보파일에 대하여는 제1항을 적용하지 아니한다(같은 조 제2항).

1. 국가 안전, 외교상 비밀, 그 밖에 국가의 중대한 이익에 관한 사항을 기록한 개인정보파일
2. 범죄의 수사, 공소의 제기 및 유지, 형 및 감호의 집행, 교정처분, 보호처분, 보안관찰처분과 출입국관리에 관한 사항을 기록한 개인정보파일
3. 조세범처벌법에 따른 범칙행위 조사 및 관세법에 따른 범칙행위 조사에 관한 사항을 기록한 개인정보파일
4. 공공기관의 내부적 업무처리만을 위하여 사용되는 개인정보파일
5. 다른 법령에 따라 비밀로 분류된 개인정보파일

보호위원회는 필요하면 제1항에 따른 개인정보파일의 등록사항과 그 내용을 검토하여 해당 공공기관의 장에게 개선을 권고할 수 있다(같은 조 제3항). 보호위원회는 제1항에 따른 개인정보파일의 등록 현황을 누구든지 쉽게 열람할 수 있도록 공개하여야 한다(같은 조 제4항). 국회, 법원, 헌법재판소, 중앙선거관리위원회(그 소속 기관을 포함한다)의 개인정보파일 등록 및 공개에 관하여는 국회규칙, 대법원규칙, 헌법재판소규칙 및 중앙선거관리위원회규칙으로 정한다(같은 조 제6항).

(5) 개인정보 보호 인증

보호위원회는 개인정보처리자의 개인정보 처리 및 보호와 관련한 일련의 조치가 이 법에 부합하는지 등에 관하여 인증할 수 있다(제32조의2 제1항). 제1항에 따른 인증의 유효기간은 3년으로 한다(같은 조 제2항). 보호위원회는 다음 각 호의 어느 하나에 해당하는 경우에는 대통령령으로 정하는 바에 따라 제1항에 따른 인증을 취소할 수 있다. 다만, 제1호에 해당하는 경우에는 취소하여야 한다(같은 조 제3항).

1. 거짓이나 그 밖의 부정한 방법으로 개인정보 보호 인증을 받은 경우
2. 제4항에 따른 사후관리를 거부 또는 방해한 경우
3. 제8항에 따른 인증기준에 미달하게 된 경우
4. 개인정보 보호 관련 법령을 위반하고 그 위반사유가 중대한 경우

보호위원회는 개인정보 보호 인증의 실효성 유지를 위하여 연 1회 이상 사후관리를 실시하여야 한다(같은 조 제4항). 보호위원회는 대통령령으로 정하는 전문기관으로 하여금 제1항에 따른 인증, 제3항에 따른 인증 취소, 제4항에 따른 사후관리 및 제7항에 따른 인증 심사원 관리 업무를 수행하게 할 수 있다(같은 조 제5항).제1항에 따른 인증을 받은 자는 대통령령으로 정하는 바에 따라 인증의 내용을 표시하거나 홍보할 수 있다(같은 조 제6항).

(6) 개인정보 영향평가

공공기관의 장은 대통령령으로 정하는 기준에 해당하는 개인정보파일의 운용으로 인하여 정보주체의 개인정보 침해가 우려되는 경우에는 그 위험요인의 분석과 개선 사항 도출을 위한 평

가(영향평가)를 하고 그 결과를 보호위원회에 제출하여야 한다. 이 경우 공공기관의 장은 영향평가를 보호위원회가 지정하는 기관(평가기관) 중에서 의뢰하여야 한다(제33조 제1항). 이 경우 공공기관의 장은 영향평가를 행정안전부장관이 지정하는 기관 중에서 의뢰하여야 한다. 영향평가를 하는 경우에는 다음 각 호의 사항을 고려하여야 한다(같은 조 제2항).

> 1. 처리하는 개인정보의 수
> 2. 개인정보의 제3자 제공 여부
> 3. 정보주체의 권리를 해할 가능성 및 그 위험 정도
> 4. 그 밖에 대통령령으로 정한 사항

보호위원회는 제1항에 따라 제출받은 영향평가 결과에 대하여 의견을 제시할 수 있다(같은 조 제3항). 공공기관의 장은 영향평가를 한 개인정보파일을 등록할 때에는 영향평가 결과를 함께 첨부하여야 한다(같은 조 제4항). 보호위원회는 영향평가의 활성화를 위하여 관계 전문가의 육성, 영향평가 기준의 개발·보급 등 필요한 조치를 마련하여야 한다(같은 조 제5항). 국회, 법원, 헌법재판소, 중앙선거관리위원회(그 소속 기관을 포함한다)의 영향평가에 관한 사항은 국회규칙, 대법원규칙, 헌법재판소규칙 및 중앙선거관리위원회규칙으로 정하는 바에 따른다(같은 조 제7항). 공공기관 외의 개인정보처리자는 개인정보파일 운용으로 인하여 정보주체의 개인정보 침해가 우려되는 경우에는 영향평가를 하기 위하여 적극 노력하여야 한다(같은 조 제8항).

(7) 개인정보 유출 통지 등 의무

개인정보처리자는 개인정보가 유출되었음을 알게 되었을 때에는 지체 없이 해당 정보주체에게 다음 각 호의 사실을 알려야 한다(제34조 제1항).

> 1. 유출된 개인정보의 항목
> 2. 유출된 시점과 그 경위
> 3. 유출로 인하여 발생할 수 있는 피해를 최소화하기 위하여 정보주체가 할 수 있는 방법 등에 관한 정보
> 4. 개인정보처리자의 대응조치 및 피해 구제절차
> 5. 정보주체에게 피해가 발생한 경우 신고 등을 접수할 수 있는 담당부서 및 연락처

개인정보처리자는 개인정보가 유출된 경우 그 피해를 최소화하기 위한 대책을 마련하고 필요한 조치를 하여야 한다(같은 조 제2항). 개인정보처리자는 대통령령으로 정한 규모 이상의 개인정보가 유출된 경우에는 제1항에 따른 통지 및 제2항에 따른 조치 결과를 지체 없이 보호위원회 또는 대통령령으로 정하는 전문기관에 신고하여야 한다. 이 경우 보호위원회 또는 대통령령으로 정하는 전문기관은 피해 확산방지, 피해 복구 등을 위한 기술을 지원할 수 있다(같은 조 제3항).

관련판례

1. 「정보통신망 이용촉진 및 정보보호 등에 관한 법률」로 보호되는 개인정보 누출의 개념

   「정보통신망 이용촉진 및 정보보호 등에 관한 법률」로 보호되는 개인정보의 누출이란 개인정보가 해당 정보통신서비스 제공자의 관리·통제권을 벗어나 제3자가 그 내용을 알 수 있는 상태에 이르게 된 것을 의미하는바, 어느 개인정보가 정보통신서비스 제공자의 관리·통제하에 있고 그 개인정보가 제3자에게 실제 열람되거나 접근되지 아니한 상태라면, 정보통신서비스 제공자의 기술적·관리적 보호조치에 미흡한 점이 있어서 제3자가 인터넷상 특정 사이트를 통해 정보통신서비스 제공자가 보관하고 있는 개인정보에 접근할 수 있는 상태에 놓여 있었다고 하더라도 그것만으로 바로 개인정보가 정보통신서비스 제공자의 관리·통제권을 벗어나 제3자가 그 내용을 알 수 있는 상태에 이르게 되었다고 할 수는 없다(대판 2014.5.16, 2011다24555, 2011다24562).

2. 甲 주식회사가 개인휴대통신서비스를 제공하는 乙 주식회사로부터 웹사이트의 시스템 점검을 위하여 아이디와 비밀번호를 임시로 부여받았다가 시스템 점검 후 아이디와 비밀번호를 삭제하지 아니하여 위 웹사이트에 휴대폰번호를 입력하면 가입자의 개인정보가 서버로부터 전송되는 상태에 있었음을 이유로 乙 회사의 서비스에 가입한 丙 등이 乙 회사 등을 상대로 개인정보 누출로 인한 손해배상을 구한 사안에서, 丙 등의 개인정보가 乙 회사의 관리·통제권을 벗어나 제3자가 내용을 알 수 있는 상태에 이르게 되었다고 볼 수 없다고 한 사례

   위 웹사이트의 폰정보 조회 페이지에 丙 등의 휴대폰번호를 입력하기 전에는 丙 등의 개인정보는 서버에 그대로 보관된 채 아무런 접근이 이루어지지 않으며 乙 회사가 관리·통제권을 행사하여 위 웹사이트와 서버가 더 이상 연동하지 않도록 함으로써 丙 등의 개인정보에 대한 접근과 전송 가능성을 없앨 수 있었던 상태에 있었으므로, 丙 등의 휴대폰번호가 위 웹사이트의 폰정보 조회 페이지에 입력되었는지가 확인되지 않은 상황에서 위 웹사이트와 서버가 연동하고 있었다 하더라도 丙 등의 개인정보가 乙 회사의 관리·통제권을 벗어나 제3자가 내용을 알 수 있는 상태에 이르게 되었다고 볼 수 없다고 한 사례(대판 2014.5.16, 2011다24555, 24562)

(8) 과징금의 부과 등

보호위원회는 개인정보처리자가 처리하는 주민등록번호가 분실·도난·유출·위조·변조 또는 훼손된 경우에는 5억원 이하의 과징금을 부과·징수할 수 있다. 다만, 주민등록번호가 분실·도난·유출·위조·변조 또는 훼손되지 아니하도록 개인정보처리자가 제24조제3항에 따른 안전성 확보에 필요한 조치를 다한 경우에는 그러하지 아니하다(제34조의2 제1항).

보호위원회는 제1항에 따른 과징금을 부과하는 경우에는 다음 각 호의 사항을 고려하여야 한다(같은 조 제2항).

> 1. 제24조 제3항에 따른 안전성 확보에 필요한 조치 이행 노력 정도
> 2. 분실·도난·유출·변조 또는 훼손된 주민등록번호의 정도
> 3. 피해확산 방지를 위한 후속조치 이행 여부

보호위원회는 제1항에 따른 과징금을 내야 할 자가 납부기한까지 내지 아니하면 납부기한의

다음 날부터 과징금을 낸 날의 전날까지의 기간에 대하여 내지 아니한 과징금의 연 100분의 6의 범위에서 대통령령으로 정하는 가산금을 징수한다. 이 경우 가산금을 징수하는 기간은 60개월을 초과하지 못한다(같은 조 제3항). 보호위원회는 제1항에 따른 과징금을 내야 할 자가 납부기한까지 내지 아니하면 기간을 정하여 독촉을 하고, 그 지정한 기간 내에 과징금 및 제2항에 따른 가산금을 내지 아니하면 국세 체납처분의 예에 따라 징수한다(같은 조 제4항).

7. 정보주체의 권리 보장

(1) 개인정보의 열람

정보주체는 개인정보처리자가 처리하는 자신의 개인정보에 대한 열람을 해당 개인정보처리자에게 요구할 수 있다(제35조 제1항). 제1항에도 불구하고 정보주체가 자신의 개인정보에 대한 열람을 공공기관에 요구하고자 할 때에는 공공기관에 직접 열람을 요구하거나 대통령령으로 정하는 바에 따라 보호위원회를 통하여 열람을 요구할 수 있다(같은 조 제2항). 개인정보처리자는 열람을 요구받았을 때에는 대통령령으로 정하는 기간 내에 정보주체가 해당 개인정보를 열람할 수 있도록 하여야 한다. 이 경우 해당 기간 내에 열람할 수 없는 정당한 사유가 있을 때에는 정보주체에게 그 사유를 알리고 열람을 연기할 수 있으며, 그 사유가 소멸하면 지체 없이 열람하게 하여야 한다(같은 조 제3항). 개인정보처리자는 다음 각 호의 어느 하나에 해당하는 경우에는 정보주체에게 그 사유를 알리고 열람을 제한하거나 거절할 수 있다(같은 조 제4항).

1. 법률에 따라 열람이 금지되거나 제한되는 경우
2. 다른 사람의 생명·신체를 해할 우려가 있거나 다른 사람의 재산과 그 밖의 이익을 부당하게 침해할 우려가 있는 경우
3. 공공기관이 다음 각 목의 어느 하나에 해당하는 업무를 수행할 때 중대한 지장을 초래하는 경우
   가. 조세의 부과·징수 또는 환급에 관한 업무
   나. 「초·중등교육법」 및 고등교육법에 따른 각급 학교, 평생교육법에 따른 평생교육시설, 그 밖의 다른 법률에 따라 설치된 고등교육기관에서의 성적 평가 또는 입학자 선발에 관한 업무
   다. 학력·기능 및 채용에 관한 시험, 자격 심사에 관한 업무
   라. 보상금·급부금 산정 등에 대하여 진행 중인 평가 또는 판단에 관한 업무
   마. 다른 법률에 따라 진행 중인 감사 및 조사에 관한 업무

(2) 개인정보의 정정·삭제

자신의 개인정보를 열람한 정보주체는 개인정보처리자에게 그 개인정보의 정정 또는 삭제를 요구할 수 있다. 다만, 다른 법령에서 그 개인정보가 수집 대상으로 명시되어 있는 경우에는 그 삭제를 요구할 수 없다(제36조 제1항). 개인정보처리자는 정보주체의 요구를 받았을 때에는

개인정보의 정정 또는 삭제에 관하여 다른 법령에 특별한 절차가 규정되어 있는 경우를 제외하고는 지체 없이 그 개인정보를 조사하여 정보주체의 요구에 따라 정정·삭제 등 필요한 조치를 한 후 그 결과를 정보주체에게 알려야 한다(같은 조 제2항). 개인정보처리자가 개인정보를 삭제할 때에는 복구 또는 재생되지 아니하도록 조치하여야 한다(같은 조 제3항). 개인정보처리자는 정보주체의 요구가 제1항 단서에 해당될 때에는 지체 없이 그 내용을 정보주체에게 알려야 한다(같은 조 제4항). 개인정보처리자는 조사를 할 때 필요하면 해당 정보주체에게 정정·삭제 요구사항의 확인에 필요한 증거자료를 제출하게 할 수 있다(같은 조 제5항).

(3) 개인정보의 처리정지 등

정보주체는 개인정보처리자에 대하여 자신의 개인정보 처리의 정지를 요구할 수 있다. 이 경우 공공기관에 대하여는 등록 대상이 되는 개인정보파일 중 자신의 개인정보에 대한 처리의 정지를 요구할 수 있다(제37조 제1항). 개인정보처리자는 요구를 받았을 때에는 지체 없이 정보주체의 요구에 따라 개인정보 처리의 전부를 정지하거나 일부를 정지하여야 한다. 다만, 다음 각 호의 어느 하나에 해당하는 경우에는 정보주체의 처리정지 요구를 거절할 수 있다(같은 조 제2항).

> 1. 법률에 특별한 규정이 있거나 법령상 의무를 준수하기 위하여 불가피한 경우
> 2. 다른 사람의 생명·신체를 해할 우려가 있거나 다른 사람의 재산과 그 밖의 이익을 부당하게 침해할 우려가 있는 경우
> 3. 공공기관이 개인정보를 처리하지 아니하면 다른 법률에서 정하는 소관 업무를 수행할 수 없는 경우
> 4. 개인정보를 처리하지 아니하면 정보주체와 약정한 서비스를 제공하지 못하는 등 계약의 이행이 곤란한 경우로서 정보주체가 그 계약의 해지 의사를 명확하게 밝히지 아니한 경우

개인정보처리자는 처리정지 요구를 거절하였을 때에는 정보주체에게 지체 없이 그 사유를 알려야 한다(같은 조 제3항). 개인정보처리자는 정보주체의 요구에 따라 처리가 정지된 개인정보에 대하여 지체 없이 해당 개인정보의 파기 등 필요한 조치를 하여야 한다(같은 조 제4항).

(4) 권리행사의 방법 및 절차

정보주체는 열람, 정정·삭제, 처리정지 등의 요구(열람 등 요구)를 문서 등 대통령령으로 정하는 방법·절차에 따라 대리인에게 하게 할 수 있다(제38조 제1항). 만 14세 미만 아동의 법정대리인은 개인정보처리자에게 그 아동의 개인정보 열람 등 요구를 할 수 있다(같은 조 제2항). 개인정보처리자는 열람 등 요구를 하는 자에게 대통령령으로 정하는 바에 따라 수수료와 우송료(사본의 우송을 청구하는 경우에 한한다)를 청구할 수 있다(같은 조 제3항). 개인정보처리자는 정보주체가 열람 등 요구를 할 수 있는 구체적인 방법과 절차를 마련하고, 이를 정보주체가 알

수 있도록 공개하여야 한다(같은 조 제4항). 개인정보처리자는 정보주체가 열람 등 요구에 대한 거절 등 조치에 대하여 불복이 있는 경우 이의를 제기할 수 있도록 필요한 절차를 마련하고 안내하여야 한다(같은 조 제5항).

(5) 손해배상책임

정보주체는 개인정보처리자가 이 법을 위반한 행위로 손해를 입으면 개인정보처리자에게 손해배상을 청구할 수 있다. 이 경우 그 개인정보처리자는 고의 또는 과실이 없음을 입증하지 아니하면 책임을 면할 수 없다(제39조 제1항).

개인정보를 처리하는 자가 수집한 개인정보를 피용자가 해당 정보주체의 의사에 반하여 유출한 경우, 그로 인하여 정보주체에게 위자료로 배상할 만한 정신적 손해가 발생하였는지 판단하는 기준

개인정보를 처리하는 자가 수집한 개인정보를 그 피용자가 해당 개인정보의 정보주체의 의사에 반하여 유출한 경우, 그로 인하여 그 정보주체에게 위자료로 배상할 만한 정신적 손해가 발생하였는지 여부는, 유출된 개인정보의 종류와 성격이 무엇인지, 개인정보의 유출로 정보주체를 식별할 가능성이 발생하였는지, 제3자가 유출된 개인정보를 열람하였는지 또는 제3자의 열람 여부가 밝혀지지 않았다면 제3자의 열람 가능성이 있었거나 앞으로 그 열람 가능성이 있는지, 유출된 개인정보가 어느 범위까지 확산되었는지, 개인정보의 유출로 추가적인 법익침해의 가능성이 발생하였는지, 개인정보를 처리하는 자가 개인정보를 관리해온 실태와 개인정보가 유출된 구체적인 경위는 어떠한지, 개인정보의 유출로 인한 피해의 발생 및 확산을 방지하기 위하여 어떠한 조치가 취하여졌는지 등 여러 사정을 종합적으로 고려하여 구체적 사건에 따라 개별적으로 판단하여야 한다(대판 2012.12.26, 2011다60797·60803·60810· 60827·60834).

③ 개인정보처리자의 고의 또는 중대한 과실로 인하여 개인정보가 분실·도난·유출·위조·변조 또는 훼손된 경우로서 정보주체에게 손해가 발생한 때에는 법원은 그 손해액의 3배를 넘지 아니하는 범위에서 손해배상액을 정할 수 있다. 다만, 개인정보처리자가 고의 또는 중대한 과실이 없음을 증명한 경우에는 그러하지 아니하다(같은 조 제3항). 법원은 제3항의 배상액을 정할 때에는 다음 각 호의 사항을 고려하여야 한다(같은 조 제4항).

1. 고의 또는 손해 발생의 우려를 인식한 정도
2. 위반행위로 인하여 입은 피해 규모
3. 위법행위로 인하여 개인정보처리자가 취득한 경제적 이익
4. 위반행위에 따른 벌금 및 과징금
5. 위반행위의 기간·횟수 등
6. 개인정보처리자의 재산상태
7. 개인정보처리자가 정보주체의 개인정보 분실·도난·유출 후 해당 개인정보를 회수하기 위하여 노력한 정도
8. 개인정보처리자가 정보주체의 피해구제를 위하여 노력한 정도

(6) 법정손해배상의 청구

제39조 제1항에도 불구하고 정보주체는 개인정보처리자의 고의 또는 과실로 인하여 개인정보가 분실·도난·유출·위조·변조 또는 훼손된 경우에는 300만원 이하의 범위에서 상당한 금액을 손해액으로 하여 배상을 청구할 수 있다. 이 경우 해당 개인정보처리자는 고의 또는 과실이 없음을 입증하지 아니하면 책임을 면할 수 없다(제39조의2 제1항). 법원은 제1항에 따른 청구가 있는 경우에 변론 전체의 취지와 증거조사의 결과를 고려하여 제1항의 범위에서 상당한 손해액을 인정할 수 있다(같은 조 제2항). 제39조에 따라 손해배상을 청구한 정보주체는 사실심(事實審)의 변론이 종결되기 전까지 그 청구를 제1항에 따른 청구로 변경할 수 있다(같은 조 제3항).

8. 정보통신서비스 제공자 등의 개인정보 처리 등 특례

(1) 개인정보의 수집·이용 동의 등에 대한 특례

정보통신서비스 제공자는 제15조제1항에도 불구하고 이용자의 개인정보를 이용하려고 수집하는 경우에는 다음 각 호의 모든 사항을 이용자에게 알리고 동의를 받아야 한다. 다음 각 호의 어느 하나의 사항을 변경하려는 경우에도 또한 같다(제39조의3 제1항).

1. 개인정보의 수집·이용 목적
2. 수집하는 개인정보의 항목
3. 개인정보의 보유·이용 기간

정보통신서비스 제공자는 다음 각 호의 어느 하나에 해당하는 경우에는 제1항에 따른 동의 없이 이용자의 개인정보를 수집·이용할 수 있다(같은 조 제2항).

> 1. 정보통신서비스(「정보통신망 이용촉진 및 정보보호 등에 관한 법률」 제2조 제1항 제2호에 따른 정보통신서비스를 말한다. 이하 같다)의 제공에 관한 계약을 이행하기 위하여 필요한 개인정보로서 경제적·기술적인 사유로 통상적인 동의를 받는 것이 뚜렷하게 곤란한 경우
> 2. 정보통신서비스의 제공에 따른 요금정산을 위하여 필요한 경우
> 3. 다른 법률에 특별한 규정이 있는 경우

정보통신서비스 제공자는 이용자가 필요한 최소한의 개인정보 이외의 개인정보를 제공하지 아니한다는 이유로 그 서비스의 제공을 거부해서는 아니 된다. 이 경우 필요한 최소한의 개인정보는 해당 서비스의 본질적 기능을 수행하기 위하여 반드시 필요한 정보를 말한다(같은 조 제3항). 정보통신서비스 제공자는 만 14세 미만의 아동으로부터 개인정보 수집·이용·제공 등의 동의를 받으려면 그 법정대리인의 동의를 받아야 하고, 대통령령으로 정하는 바에 따라 법정대리인이 동의하였는지를 확인하여야 한다(같은 조 제4항). 정보통신서비스 제공자는 만 14세 미만의 아동에게 개인정보 처리와 관련한 사항의 고지 등을 하는 때에는 이해하기 쉬운 양식과 명확하고 알기 쉬운 언어를 사용하여야 한다(같은 조 제5항). 보호위원회는 개인정보 처리에 따른 위험성 및 결과, 이용자의 권리 등을 명확하게 인지하지 못할 수 있는 만 14세 미만의 아동의 개인정보 보호 시책을 마련하여야 한다(같은 조 제6항).

(2) 개인정보 유출등의 통지·신고에 대한 특례

제34조제1항 및 제3항에도 불구하고 정보통신서비스 제공자와 그로부터 제17조제1항에 따라 이용자의 개인정보를 제공받은 자(정보통신서비스 제공자등)는 개인정보의 분실·도난·유출(유출등) 사실을 안 때에는 지체 없이 다음 각 호의 사항을 해당 이용자에게 알리고 보호위원회 또는 대통령령으로 정하는 전문기관에 신고하여야 하며, 정당한 사유 없이 그 사실을 안 때부터 24시간을 경과하여 통지·신고해서는 아니 된다. 다만, 이용자의 연락처를 알 수 없는 등 정당한 사유가 있는 경우에는 대통령령으로 정하는 바에 따라 통지를 갈음하는 조치를 취할 수 있다(제39조의4 제1항).

> 1. 유출등이 된 개인정보 항목
> 2. 유출등이 발생한 시점
> 3. 이용자가 취할 수 있는 조치
> 4. 정보통신서비스 제공자등의 대응 조치
> 5. 이용자가 상담 등을 접수할 수 있는 부서 및 연락처

제1항의 신고를 받은 대통령령으로 정하는 전문기관은 지체 없이 그 사실을 보호위원회에 알려야 한다(같은 조 제2항).③ 정보통신서비스 제공자등은 제1항에 따른 정당한 사유를 보호위원회에 소명하여야 한다(같은 조 제3항).

(3) 개인정보의 보호조치에 대한 특례

정보통신서비스 제공자등은 이용자의 개인정보를 처리하는 자를 최소한으로 제한하여야 한다 (제39조의5).

(4) 개인정보의 파기에 대한 특례

보통신서비스 제공자등은 정보통신서비스를 1년의 기간 동안 이용하지 아니하는 이용자의 개인 정보를 보호하기 위하여 대통령령으로 정하는 바에 따라 개인정보의 파기 등 필요한 조치를 취 하여야 한다. 다만, 그 기간에 대하여 다른 법령 또는 이용자의 요청에 따라 달리 정한 경우에 는 그에 따른다(제39조의6 제1항). 정보통신서비스 제공자등은 제1항의 기간 만료 30일 전까지 개인정보가 파기되는 사실, 기간 만료일 및 파기되는 개인정보의 항목 등 대통령령으로 정하는 사항을 전자우편 등 대통령령으로 정하는 방법으로 이용자에게 알려야 한다(같은 조 제2항).

(5) 이용자의 권리 등에 대한 특례

이용자는 정보통신서비스 제공자등에 대하여 언제든지 개인정보 수집·이용·제공 등의 동의 를 철회할 수 있다(제39조의7 제1항). 정보통신서비스 제공자등은 제1항에 따른 동의의 철회, 제35조에 따른 개인정보의 열람, 제36조에 따른 정정을 요구하는 방법을 개인정보의 수집방법 보다 쉽게 하여야 한다(같은 조 제2항). 정보통신서비스 제공자등은 제1항에 따라 동의를 철회 하면 지체 없이 수집된 개인정보를 복구·재생할 수 없도록 파기하는 등 필요한 조치를 하여야 한다(같은 조 제3항).

(6) 개인정보 이용내역의 통지

정보통신서비스 제공자 등으로서 대통령령으로 정하는 기준에 해당하는 자는 제23조, 제39조 의3에 따라 수집한 이용자의 개인정보의 이용내역(제17조에 따른 제공을 포함한다)을 주기적 으로 이용자에게 통지하여야 한다. 다만, 연락처 등 이용자에게 통지할 수 있는 개인정보를 수 집하지 아니한 경우에는 그러하지 아니한다(제39조의8 제1항).

(7) 손해배상의 보장

정보통신서비스 제공자등은 제39조 및 제39조의2에 따른 손해배상책임의 이행을 위하여 보험 또는 공제에 가입하거나 준비금을 적립하는 등 필요한 조치를 하여야 한다(제39조의9 제1항).

(8) 노출된 개인정보의 삭제·차단

정보통신서비스 제공자등은 주민등록번호, 계좌정보, 신용카드정보 등 이용자의 개인정보가 정보통신망을 통하여 공중에 노출되지 아니하도록 하여야 한다(제39조의10 제1항). 제1항에도 불구하고 공중에 노출된 개인정보에 대하여 보호위원회 또는 대통령령으로 지정한 전문기관의 요청이 있는 경우 정보통신서비스 제공자등은 삭제·차단 등 필요한 조치를 취하여야 한다(같은 조 제2항).

(9) 국내대리인의 지정

국내에 주소 또는 영업소가 없는 정보통신서비스 제공자등으로서 이용자 수, 매출액 등을 고려하여 대통령령으로 정하는 기준에 해당하는 자는 다음 각 호의 사항을 대리하는 자(국내대리인)를 서면으로 지정하여야 한다(제39조의11 제1항).

> 1. 제31조에 따른 개인정보 보호책임자의 업무
> 2. 제39조의4에 따른 통지·신고
> 3. 제63조제1항에 따른 관계 물품·서류 등의 제출

국내대리인은 국내에 주소 또는 영업소가 있는 자로 한다(같은 조 제2항). 제1항에 따라 국내대리인을 지정한 때에는 다음 각 호의 사항 모두를 제30조에 따른 개인정보 처리방침에 포함하여야 한다(같은 조 제3항).

> 1. 국내대리인의 성명(법인의 경우에는 그 명칭 및 대표자의 성명을 말한다)
> 2. 국내대리인의 주소(법인의 경우에는 영업소 소재지를 말한다), 전화번호 및 전자우편 주소

국내대리인이 제1항 각 호와 관련하여 이 법을 위반한 경우에는 정보통신서비스 제공자등이 그 행위를 한 것으로 본다(같은 조 제4항).

(10) 국외 이전 개인정보의 보호

정보통신서비스 제공자등은 이용자의 개인정보에 관하여 이 법을 위반하는 사항을 내용으로 하는 국제계약을 체결해서는 아니 된다(제39조의12 제1항). 제17조 제3항에도 불구하고 정보통신서비스 제공자등은 이용자의 개인정보를 국외에 제공(조회되는 경우를 포함한다)·처리위탁·보관(이전)하려면 이용자의 동의를 받아야 한다. 다만, 제3항 각 호의 사항 모두를 제30조제2항에 따라 공개하거나 전자우편 등 대통령령으로 정하는 방법에 따라 이용자에게 알린 경우에는 개인정보 처리위탁·보관에 따른 동의절차를 거치지 아니할 수 있다(같은 조 제2항). 정보통신서비스 제공자등은 제2항 본문에 따른 동의를 받으려면 미리 다음 각 호의 사항 모두를

이용자에게 고지하여야 한다(같은 조 제3항).

> 1. 이전되는 개인정보 항목
> 2. 개인정보가 이전되는 국가, 이전일시 및 이전방법
> 3. 개인정보를 이전받는 자의 성명(법인인 경우에는 그 명칭 및 정보관리책임자의 연락처를 말한다)
> 4. 개인정보를 이전받는 자의 개인정보 이용목적 및 보유·이용 기간

정보통신서비스 제공자등은 제2항 본문에 따른 동의를 받아 개인정보를 국외로 이전하는 경우 대통령령으로 정하는 바에 따라 보호조치를 하여야 한다(같은 조 제4항). 이용자의 개인정보를 이전받는 자가 해당 개인정보를 제3국으로 이전하는 경우에 관하여는 제1항부터 제4항까지의 규정을 준용한다. 이 경우 "정보통신서비스 제공자등"은 "개인정보를 이전받는 자"로, "개인정보를 이전받는 자"는 "제3국에서 개인정보를 이전받는 자"로 본다(같은 조 제5항).

(11) 상호주의

제39조의12에도 불구하고 개인정보의 국외 이전을 제한하는 국가의 정보통신서비스 제공자등에 대하여는 해당 국가의 수준에 상응하는 제한을 할 수 있다. 다만, 조약 또는 그 밖의 국제협정의 이행에 필요한 경우에는 그러하지 아니하다(제39조의13).

(12) 방송사업자등에 대한 특례

방송법 제2조제3호가목부터 마목까지와 같은 조 제6호·제9호·제12호 및 제14호에 해당하는 자(방송사업자등)가 시청자의 개인정보를 처리하는 경우에는 정보통신서비스 제공자에게 적용되는 규정을 준용한다. 이 경우 "방송사업자등"은 "정보통신서비스 제공자" 또는 "정보통신서비스 제공자등"으로, "시청자"는 "이용자"로 본다(제39조의14).

(13) 과징금의 부과 등에 대한 특례

보호위원회는 정보통신서비스 제공자등에게 다음 각 호의 어느 하나에 해당하는 행위가 있는 경우에는 해당 정보통신서비스 제공자등에게 위반행위와 관련한 매출액의 100분의 3 이하에 해당하는 금액을 과징금으로 부과할 수 있다(제39조의15 제1항).

1. 제17조 제1항·제2항, 제18조 제1항·제2항 및 제19조(제39조의14에 따라 준용되는 경우를 포함한다)를 위반하여 개인정보를 이용·제공한 경우
2. 제22조 제6항(제39조의14에 따라 준용되는 경우를 포함한다)을 위반하여 법정대리인의 동의를 받지 아니하고 만 14세 미만인 아동의 개인정보를 수집한 경우
3. 제23조 제1항 제1호(제39조의14에 따라 준용되는 경우를 포함한다)를 위반하여 이용자의 동의를 받지 아니하고 민감정보를 수집한 경우
4. 제26조 제4항(제39조의14에 따라 준용되는 경우를 포함한다)에 따른 관리·감독 또는 교육을 소홀히 하여 특례 수탁자가 이 법의 규정을 위반한 경우
5. 이용자의 개인정보를 분실·도난·유출·위조·변조 또는 훼손한 경우로서 제29조의 조치(내부 관리계획 수립에 관한 사항은 제외한다)를 하지 아니한 경우(제39조의14에 따라 준용되는 경우를 포함한다)
6. 제39조의3 제1항(제39조의14에 따라 준용되는 경우를 포함한다)을 위반하여 이용자의 동의를 받지 아니하고 개인정보를 수집한 경우
7. 제39조의12 제2항 본문(같은 조 제5항에 따라 준용되는 경우를 포함한다)을 위반하여 이용자의 동의를 받지 아니하고 이용자의 개인정보를 국외에 제공한 경우

제1항에 따른 과징금을 부과하는 경우 정보통신서비스 제공자등이 매출액 산정자료의 제출을 거부하거나 거짓의 자료를 제출한 경우에는 해당 정보통신서비스 제공자등과 비슷한 규모의 정보통신서비스 제공자등의 재무제표 등 회계자료와 가입자 수 및 이용요금 등 영업현황 자료에 근거하여 매출액을 추정할 수 있다. 다만, 매출액이 없거나 매출액의 산정이 곤란한 경우로서 대통령령으로 정하는 경우에는 4억원 이하의 과징금을 부과할 수 있다(같은 조 제2항). 보호위원회는 제1항에 따른 과징금을 부과하려면 다음 각 호의 사항을 고려하여야 한다(같은 조 제3항).

1. 위반행위의 내용 및 정도
2. 위반행위의 기간 및 횟수
3. 위반행위로 인하여 취득한 이익의 규모

제1항에 따른 과징금은 제3항을 고려하여 산정하되, 구체적인 산정기준과 산정절차는 대통령령으로 정한다(같은 조 제4항). 보호위원회는 제1항에 따른 과징금을 내야 할 자가 납부기한까지 이를 내지 아니하면 납부기한의 다음 날부터 내지 아니한 과징금의 연 100분의 6에 해당하는 가산금을 징수한다(같은 조 제5항). 보호위원회는 제1항에 따른 과징금을 내야 할 자가 납부기한까지 이를 내지 아니한 경우에는 기간을 정하여 독촉을 하고, 그 지정된 기간에 과징금과 제5항에 따른 가산금을 내지 아니하면 국세 체납처분의 예에 따라 징수한다(같은 조 제6항). 법원의 판결 등의 사유로 제1항에 따라 부과된 과징금을 환급하는 경우에는 과징금을 낸 날부터 환급하는 날까지의 기간에 대하여 금융회사 등의 예금이자율 등을 고려하여 대통령령으로 정하는 이자율에 따라 계산한 환급가산금을 지급하여야 한다(같은 조 제7항). 제7항에도 불구하고 법원의 판결에 의하여 과징금 부과처분이 취소되어 그 판결이유에 따라 새로운

과징금을 부과하는 경우에는 당초 납부한 과징금에서 새로 부과하기로 결정한 과징금을 공제한 나머지 금액에 대해서만 환급가산금을 계산하여 지급한다(같은 조 제8항).

9. 개인정보 분쟁조정위원회

(1) 설치 및 구성

개인정보에 관한 분쟁의 조정을 위하여 개인정보 분쟁조정위원회(분쟁조정위원회)를 둔다(제40조 제1항). 분쟁조정위원회는 위원장 1명을 포함한 20명 이내의 위원으로 구성하며, 위원은 당연직위원과 위촉위원으로 구성한다(같은 조 제2항). 위촉위원은 다음 각 호의 어느 하나에 해당하는 사람 중에서 보호위원회 위원장이 위촉하고, 대통령령으로 정하는 국가기관 소속 공무원은 당연직위원이 된다(같은 조 제3항).

1. 개인정보 보호업무를 관장하는 중앙행정기관의 고위공무원단에 속하는 공무원으로 재직하였던 사람 또는 이에 상당하는 공공부문 및 관련 단체의 직에 재직하고 있거나 재직하였던 사람으로서 개인정보 보호업무의 경험이 있는 사람
2. 대학이나 공인된 연구기관에서 부교수 이상 또는 이에 상당하는 직에 재직하고 있거나 재직하였던 사람
3. 판사·검사 또는 변호사로 재직하고 있거나 재직하였던 사람
4. 개인정보 보호와 관련된 시민사회단체 또는 소비자단체로부터 추천을 받은 사람
5. 개인정보처리자로 구성된 사업자단체의 임원으로 재직하고 있거나 재직하였던 사람

위원장은 위원 중에서 공무원이 아닌 사람으로 보호위원회 위원장이 위촉한다(같은 조 제4항). 위원장과 위촉위원의 임기는 2년으로 하되, 1차에 한하여 연임할 수 있다(같은 조 제5항). 분쟁조정위원회는 분쟁조정 업무를 효율적으로 수행하기 위하여 필요하면 대통령령으로 정하는 바에 따라 조정사건의 분야별로 5명 이내의 위원으로 구성되는 조정부를 둘 수 있다. 이 경우 조정부가 분쟁조정위원회에서 위임받아 의결한 사항은 분쟁조정위원회에서 의결한 것으로 본다(같은 조 제6항). 분쟁조정위원회 또는 조정부는 재적위원 과반수의 출석으로 개의하며 출석위원 과반수의 찬성으로 의결한다(같은 조 제7항). 보호위원회는 분쟁조정 접수, 사실 확인 등 분쟁조정에 필요한 사무를 처리할 수 있다(같은 조 제8항).

(2) 위원의 신분보장

위원은 자격정지 이상의 형을 선고받거나 심신상의 장애로 직무를 수행할 수 없는 경우를 제외하고는 그의 의사에 반하여 면직되거나 해촉되지 아니한다(제41조).

(3) 위원의 제척·기피·회피

분쟁조정위원회의 위원은 다음 각 호의 어느 하나에 해당하는 경우에는 제43조 제1항에 따라 분쟁조정위원회에 신청된 분쟁조정사건(사건)의 심의·의결에서 제척된다(제42조 제1항).

> 1. 위원 또는 그 배우자나 배우자였던 자가 그 사건의 당사자가 되거나 그 사건에 관하여 공동의 권리자 또는 의무자의 관계에 있는 경우
> 2. 위원이 그 사건의 당사자와 친족이거나 친족이었던 경우
> 3. 위원이 그 사건에 관하여 증언, 감정, 법률자문을 한 경우
> 4. 위원이 그 사건에 관하여 당사자의 대리인으로서 관여하거나 관여하였던 경우

당사자는 위원에게 공정한 심의·의결을 기대하기 어려운 사정이 있으면 위원장에게 기피신청을 할 수 있다. 이 경우 위원장은 기피신청에 대하여 분쟁조정위원회의 의결을 거치지 아니하고 결정한다(같은 조 제2항). 위원이 제1항 또는 제2항의 사유에 해당하는 경우에는 스스로 그 사건의 심의·의결에서 회피할 수 있다(같은 조 제3항).

(4) 조정의 신청 등

개인정보와 관련한 분쟁의 조정을 원하는 자는 분쟁조정위원회에 분쟁조정을 신청할 수 있다(제43조 제1항). 분쟁조정위원회는 당사자 일방으로부터 분쟁조정 신청을 받았을 때에는 그 신청내용을 상대방에게 알려야 한다(같은 조 제2항). 공공기관이 분쟁조정의 통지를 받은 경우에는 특별한 사유가 없으면 분쟁조정에 응하여야 한다(같은 조 제3항).

(5) 처리기간

분쟁조정위원회는 분쟁조정 신청을 받은 날부터 60일 이내에 이를 심사하여 조정안을 작성하여야 한다. 다만, 부득이한 사정이 있는 경우에는 분쟁조정위원회의 의결로 처리기간을 연장할 수 있다(제44조 제1항). 분쟁조정위원회는 처리기간을 연장한 경우에는 기간연장의 사유와 그 밖의 기간연장에 관한 사항을 신청인에게 알려야 한다(같은 조 제2항).

(6) 자료의 요청 등

분쟁조정위원회는 분쟁조정 신청을 받았을 때에는 해당 분쟁의 조정을 위하여 필요한 자료를 분쟁당사자에게 요청할 수 있다. 이 경우 분쟁당사자는 정당한 사유가 없으면 요청에 따라야 한다(제45조 제1항). 분쟁조정위원회는 필요하다고 인정하면 분쟁당사자나 참고인을 위원회에 출석하도록 하여 그 의견을 들을 수 있다(같은 조 제2항).

(7) 조정 전 합의 권고(재량)

분쟁조정위원회는 분쟁조정 신청을 받았을 때에는 당사자에게 그 내용을 제시하고 조정 전 합의를 권고할 수 있다(제46조).

(8) 분쟁의 조정

분쟁조정위원회는 다음 각 호의 어느 하나의 사항을 포함하여 조정안을 작성할 수 있다(제47조 제1항).

> 1. 조사 대상 침해행위의 중지
> 2. 원상회복, 손해배상, 그 밖에 필요한 구제조치
> 3. 같거나 비슷한 침해의 재발을 방지하기 위하여 필요한 조치

분쟁조정위원회는 조정안을 작성하면 지체 없이 각 당사자에게 제시하여야 한다(같은 조 제2항). 조정안을 제시받은 당사자가 제시받은 날부터 15일 이내에 수락 여부를 알리지 아니하면 조정을 거부한 것으로 본다(같은 조 제3항). 당사자가 조정내용을 수락한 경우 분쟁조정위원회는 조정서를 작성하고, 분쟁조정위원회의 위원장과 각 당사자가 기명날인하여야 한다(같은 조 제4항). 제4항에 따른 조정의 내용은 재판상 화해와 동일한 효력을 갖는다(같은 조 제5항).

(9) 조정의 거부 및 중지

분쟁조정위원회는 분쟁의 성질상 분쟁조정위원회에서 조정하는 것이 적합하지 아니하다고 인정하거나 부정한 목적으로 조정이 신청되었다고 인정하는 경우에는 그 조정을 거부할 수 있다. 이 경우 조정거부의 사유 등을 신청인에게 알려야 한다(제48조 제1항). 분쟁조정위원회는 신청된 조정사건에 대한 처리절차를 진행하던 중에 한 쪽 당사자가 소를 제기하면 그 조정의 처리를 중지하고 이를 당사자에게 알려야 한다(같은 조 제2항).

(10) 집단분쟁조정

국가 및 지방자치단체, 개인정보 보호단체 및 기관, 정보주체, 개인정보처리자는 정보주체의 피해 또는 권리침해가 다수의 정보주체에게 같거나 비슷한 유형으로 발생하는 경우로서 대통령령으로 정하는 사건에 대하여는 분쟁조정위원회에 일괄적인 분쟁조정(집단분쟁조정)을 의뢰 또는 신청할 수 있다(제49조 제1항). 집단분쟁조정을 의뢰받거나 신청받은 분쟁조정위원회는 그 의결로써 집단분쟁조정의 절차를 개시할 수 있다. 이 경우 분쟁조정위원회는 대통령령으로 정하는 기간 동안 그 절차의 개시를 공고하여야 한다(같은 조 제2항). 분쟁조정위원회는 집단분쟁조정의 당사자가 아닌 정보주체 또는 개인정보처리자로부터 그 분쟁조정의 당사자에 추

가로 포함될 수 있도록 하는 신청을 받을 수 있다(같은 조 제3항). 분쟁조정위원회는 그 의결로 써 집단분쟁조정의 당사자 중에서 공동의 이익을 대표하기에 가장 적합한 1인 또는 수인을 대 표당사자로 선임할 수 있다(같은 조 제4항). 분쟁조정위원회는 개인정보처리자가 분쟁조정위원 회의 집단분쟁조정의 내용을 수락한 경우에는 집단분쟁조정의 당사자가 아닌 자로서 피해를 입은 정보주체에 대한 보상계획서를 작성하여 분쟁조정위원회에 제출하도록 권고할 수 있다(같 은 조 제5항). 분쟁조정위원회는 집단분쟁조정의 당사자인 다수의 정보주체 중 일부의 정보주 체가 법원에 소를 제기한 경우에는 그 절차를 중지하지 아니하고, 소를 제기한 일부의 정보주 체를 그 절차에서 제외한다(같은 조 제6항). 집단분쟁조정의 기간은 공고가 종료된 날의 다음 날부터 60일 이내로 한다. 다만, 부득이한 사정이 있는 경우에는 분쟁조정위원회의 의결로 처 리기간을 연장할 수 있다(같은 조 제7항).

(11) 조정절차 등

제43조부터 제49조까지의 규정에서 정한 것 외에 분쟁의 조정방법, 조정절차 및 조정업무의 처리 등에 필요한 사항은 대통령령으로 정한다(제50조 제1항). 분쟁조정위원회의 운영 및 분쟁조정 절차 에 관하여 이 법에서 규정하지 아니한 사항에 대하여는 민사조정법을 준용한다(같은 조 제2항).

10. 개인정보 단체소송

(1) 단체소송의 대상 등

다음 각 호의 어느 하나에 해당하는 단체는 개인정보처리자가 집단분쟁조정을 거부하거나 집 단분쟁조정의 결과를 수락하지 아니한 경우에는 법원에 권리침해 행위의 금지·중지를 구하는 소송(단체소송)을 제기할 수 있다(제51조).

1. 소비자기본법 제29조에 따라 공정거래위원회에 등록한 소비자단체로서 다음 각 목의 요건을 모두 갖춘 단체
   가. 정관에 따라 상시적으로 정보주체의 권익증진을 주된 목적으로 하는 단체일 것
   나. 단체의 정회원수가 1천명 이상일 것
   다. 소비자기본법 제29조에 따른 등록 후 3년이 경과하였을 것
2. 「비영리민간단체 지원법」 제2조에 따른 비영리민간단체로서 다음 각 목의 요건을 모두 갖춘 단체
   가. 법률상 또는 사실상 동일한 침해를 입은 100명 이상의 정보주체로부터 단체소송의 제기를 요 청받을 것
   나. 정관에 개인정보 보호를 단체의 목적으로 명시한 후 최근 3년 이상 이를 위한 활동실적이 있을 것
   다. 단체의 상시 구성원수가 5천명 이상일 것
   라. 중앙행정기관에 등록되어 있을 것

(2) 전속관할

단체소송의 소는 피고의 주된 사무소 또는 영업소가 있는 곳, 주된 사무소나 영업소가 없는 경우에는 주된 업무담당자의 주소가 있는 곳의 지방법원 본원 합의부의 관할에 전속한다(제52조 제1항). 제1항을 외국사업자에 적용하는 경우 대한민국에 있는 이들의 주된 사무소·영업소 또는 업무담당자의 주소에 따라 정한다(같은 조 제2항).

(3) 소송대리인의 선임(변호사 강제주의)

단체소송의 원고는 변호사를 소송대리인으로 선임하여야 한다(제53조).

(4) 소송허가신청

단체소송을 제기하는 단체는 소장과 함께 ① 원고 및 그 소송대리인, ② 피고, ③ 정보주체의 침해된 권리의 내용을 기재한 소송허가신청서를 법원에 제출하여야 한다(제54조 제1항). 소송허가신청서에는 ① 소제기단체가 제51조 각 호의 어느 하나에 해당하는 요건을 갖추고 있음을 소명하는 자료, ② 개인정보처리자가 조정을 거부하였거나 조정결과를 수락하지 아니하였음을 증명하는 서류를 첨부하여야 한다(같은 조 제2항).

(5) 소송허가요건 등

법원은 ① 개인정보처리자가 분쟁조정위원회의 조정을 거부하거나 조정결과를 수락하지 아니하였을 것, ② 소송허가신청서의 기재사항에 흠결이 없을 것 등의 요건을 모두 갖춘 경우에 한하여 결정으로 단체소송을 허가한다(제55조 제1항). 단체소송을 허가하거나 불허가하는 결정에 대하여는 즉시항고할 수 있다(같은 조 제2항).

(6) 확정판결의 효력

원고의 청구를 기각하는 판결이 확정된 경우 이와 동일한 사안에 관하여는 제51조에 따른 다른 단체는 단체소송을 제기할 수 없다. 다만, ① 판결이 확정된 후 그 사안과 관련하여 국가·지방자치단체 또는 국가·지방자치단체가 설립한 기관에 의하여 새로운 증거가 나타난 경우, ② 기각판결이 원고의 고의로 인한 것임이 밝혀진 경우에는 그러하지 아니하다(제56조).

(7) 민사소송법의 적용 등

단체소송에 관하여 이 법에 특별한 규정이 없는 경우에는 민사소송법을 적용한다(제57조 제1항). 단체소송의 허가결정이 있는 경우에는 민사집행법 제4편에 따른 보전처분을 할 수 있다(같은 조 제2항).

11. 보 칙

(1) 적용의 일부 제외

다음 각 호의 어느 하나에 해당하는 개인정보에 관하여는 제3장부터 제7장까지를 적용하지 아니한다(제58조 제1항).

> 1. 공공기관이 처리하는 개인정보 중 통계법에 따라 수집되는 개인정보
> 2. 국가안전보장과 관련된 정보 분석을 목적으로 수집 또는 제공 요청되는 개인정보
> 3. 공중위생 등 공공의 안전과 안녕을 위하여 긴급히 필요한 경우로서 일시적으로 처리되는 개인정보
> 4. 언론, 종교단체, 정당이 각각 취재·보도, 선교, 선거 입후보자 추천 등 고유 목적을 달성하기 위하여 수집·이용하는 개인정보

제25조 제1항 각 호에 따라 공개된 장소에 영상정보처리기기를 설치·운영하여 처리되는 개인정보에 대하여는 제15조, 제22조, 제27조 제1항·제2항, 제34조 및 제37조를 적용하지 아니한다(같은 조 제2항). 개인정보처리자가 동창회, 동호회 등 친목 도모를 위한 단체를 운영하기 위하여 개인정보를 처리하는 경우에는 제15조, 제30조 및 제31조를 적용하지 아니한다(같은 조 제3항). 개인정보처리자는 개인정보를 처리하는 경우에도 그 목적을 위하여 필요한 범위에서 [09 관세사] 최소한의 기간에 최소한의 개인정보만을 처리하여야 하며, 개인정보의 안전한 관리를 위하여 필요한 기술적·관리적 및 물리적 보호조치, 개인정보의 처리에 관한 고충처리, 그 밖에 개인정보의 적절한 처리를 위하여 필요한 조치를 마련하여야 한다(같은 조 제4항).

(2) 금지행위

개인정보를 처리하거나 처리하였던 자는 다음 각 호의 어느 하나에 해당하는 행위를 하여서는 아니 된다(제59조).

> 1. 거짓이나 그 밖의 부정한 수단이나 방법으로 개인정보를 취득하거나 처리에 관한 동의를 받는 행위
> 2. 업무상 알게 된 개인정보를 누설하거나 권한 없이 다른 사람이 이용하도록 제공하는 행위
> 3. 정당한 권한 없이 또는 허용된 권한을 초과하여 다른 사람의 개인정보를 훼손, 멸실, 변경, 위조 또는 유출하는 행위

관련 판례

1. 구 「개인정보 보호법」 제71조 제5호의 적용대상자로서 제59조 제2호의 의무주체인 '개인정보를 처리하거나 처리하였던 자'에 제2조 제5호의 '개인정보처리자' 외에 업무상 알게 된 제2조 제1호의 '개인정보'를 제2조 제2호의 방법으로 처리하거나 처리하였던 자가 포함된다(대판 2016.3.10, 2015도8766).
2. 개인정보를 처리하거나 처리하였던 자가 업무상 알게 된 개인정보를 누설하거나 권한 없이 다른 사람이 이용하도록 제공한 것이라는 사정을 알면서도 영리 또는 부정한 목적으로 개인정보를 제공받은 자라면,

개인정보를 처리하거나 처리하였던 자로부터 직접 개인정보를 제공받지 아니하더라도 「개인정보 보호법」 제71조 제5호의 '개인정보를 제공받은 자'에 해당한다(대판 2018.1.24, 2015도16508).

(3) 비밀유지 등

다음 각 호의 업무에 종사하거나 종사하였던 자는 직무상 알게 된 비밀을 다른 사람에게 누설하거나 직무상 목적 외의 용도로 이용하여서는 아니 된다. 다만, 다른 법률에 특별한 규정이 있는 경우에는 그러하지 아니하다(제60조).

> 1. 제7조의8 및 제7조의9에 따른 보호위원회의 업무
> 1의2. 제32조의2에 따른 개인정보 보호 인증 업무
> 2. 제33조에 따른 영향평가 업무
> 3. 제40조에 따른 분쟁조정위원회의 분쟁조정 업무

(4) 의견제시 및 개선권고

보호위원회는 개인정보 보호에 영향을 미치는 내용이 포함된 법령이나 조례에 대하여 필요하다고 인정하면 심의·의결을 거쳐 관계 기관에 의견을 제시할 수 있다(제61조 제1항). 보호위원회는 개인정보 보호를 위하여 필요하다고 인정하면 개인정보처리자에게 개인정보 처리 실태의 개선을 권고할 수 있다. 이 경우 권고를 받은 개인정보처리자는 이를 이행하기 위하여 성실하게 노력하여야 하며, 그 조치 결과를 보호위원회에 알려야 한다(같은 조 제2항). 관계 중앙행정기관의 장은 개인정보 보호를 위하여 필요하다고 인정하면 소관 법률에 따라 개인정보처리자에게 개인정보 처리 실태의 개선을 권고할 수 있다. 이 경우 권고를 받은 개인정보처리자는 이를 이행하기 위하여 성실하게 노력하여야 하며, 그 조치 결과를 관계 중앙행정기관의 장에게 알려야 한다(같은 조 제3항). 중앙행정기관, 지방자치단체, 국회, 법원, 헌법재판소, 중앙선거관리위원회는 그 소속 기관 및 소관 공공기관에 대하여 개인정보 보호에 관한 의견을 제시하거나 지도·점검을 할 수 있다(같은 조 제4항).

(5) 침해 사실의 신고 등

개인정보처리자가 개인정보를 처리할 때 개인정보에 관한 권리 또는 이익을 침해받은 사람은 보호위원회에 그 침해 사실을 신고할 수 있다(제62조 제1항). 보호위원회는 제1항에 따른 신고의 접수·처리 등에 관한 업무를 효율적으로 수행하기 위하여 대통령령으로 정하는 바에 따라 전문기관을 지정할 수 있다. 이 경우 전문기관은 개인정보침해 신고센터(이하 "신고센터"라 한다)를 설치·운영하여야 한다(같은 조 제2항).

신고센터는 다음 각 호의 업무를 수행한다(같은 조 제3항).

> 1. 개인정보 처리와 관련한 신고의 접수·상담
> 2. 사실의 조사·확인 및 관계자의 의견 청취
> 3. 제1호 및 제2호에 따른 업무에 딸린 업무

보호위원회는 제3항 제2호의 사실 조사·확인 등의 업무를 효율적으로 하기 위하여 필요하면 국가공무원법 제32조의4에 따라 소속 공무원을 제2항에 따른 전문기관에 파견할 수 있다(같은 조 제4항).

(6) 자료제출 요구 및 검사

보호위원회는 다음 각 호의 어느 하나에 해당하는 경우에는 개인정보처리자에게 관계 물품·서류 등 자료를 제출하게 할 수 있다(제63조 제1항).

> 1. 이 법을 위반하는 사항을 발견하거나 혐의가 있음을 알게 된 경우
> 2. 이 법 위반에 대한 신고를 받거나 민원이 접수된 경우
> 3. 그 밖에 정보주체의 개인정보 보호를 위하여 필요한 경우로서 대통령령으로 정하는 경우

보호위원회는 개인정보처리자가 제1항에 따른 자료를 제출하지 아니하거나 이 법을 위반한 사실이 있다고 인정되면 소속 공무원으로 하여금 개인정보처리자 및 해당 법 위반사실과 관련한 관계인의 사무소나 사업장에 출입하여 업무 상황, 장부 또는 서류 등을 검사하게 할 수 있다. 이 경우 검사를 하는 공무원은 그 권한을 나타내는 증표를 지니고 이를 관계인에게 내보여야 한다(같은 조 제2항). 관계 중앙행정기관의 장은 소관 법률에 따라 개인정보처리자에게 제1항에 따른 자료제출을 요구하거나 개인정보처리자 및 해당 법 위반사실과 관련한 관계인에 대하여 제2항에 따른 검사를 할 수 있다(같은 조 제3항). 보호위원회는 이 법을 위반하는 사항을 발견하거나 혐의가 있음을 알게 된 경우에는 관계 중앙행정기관의 장(해당 중앙행정기관의 장의 지휘·감독을 받아 검사권한을 수행하는 법인이 있는 경우 그 법인을 말한다)에게 구체적인 범위를 정하여 개인정보처리자에 대한 검사를 요구할 수 있으며, 필요 시 보호위원회의 소속 공무원이 해당 검사에 공동으로 참여하도록 요청할 수 있다. 이 경우 그 요구를 받은 관계 중앙행정기관의 장은 특별한 사정이 없으면 이에 따라야 한다(같은 조 제4항). 보호위원회는 관계 중앙행정기관의 장(해당 중앙행정기관의 장의 지휘·감독을 받아 검사권한을 수행하는 법인이 있는 경우 그 법인을 말한다)에게 제4항에 따른 검사 결과와 관련하여 개인정보처리자에 대한 시정조치를 요청하거나, 처분 등에 대한 의견을 제시할 수 있다(같은 조 제5항). 보호위원회는 개인정보 침해사고의 예방과 효과적인 대응을 위하여 관계 중앙행정기관의 장과 합동으로 개인정보 보호실태를 점검할 수 있다(같은 조 제7항). 보호위원회와 관계 중앙행정기관

의 장은 제1항 및 제2항에 따라 제출받거나 수집한 서류·자료 등을 이 법에 따른 경우를 제외하고는 제3자에게 제공하거나 일반에 공개해서는 아니 된다(같은 조 제8항). 보호위원회와 관계 중앙행정기관의 장은 정보통신망을 통하여 자료의 제출 등을 받은 경우나 수집한 자료 등을 전자화한 경우에는 개인정보·영업비밀 등이 유출되지 아니하도록 제도적·기술적 보완조치를 하여야 한다(같은 조 제9항).

(7) 시정조치 등

보호위원회는 개인정보가 침해되었다고 판단할 상당한 근거가 있고 이를 방치할 경우 회복하기 어려운 피해가 발생할 우려가 있다고 인정되면 이 법을 위반한 자(중앙행정기관, 지방자치단체, 국회, 법원, 헌법재판소, 중앙선거관리위원회는 제외한다)에 대하여 다음 각 호에 해당하는 조치를 명할 수 있다(제64조 제1항).

> 1. 개인정보 침해행위의 중지
> 2. 개인정보 처리의 일시적인 정지
> 3. 그 밖에 개인정보의 보호 및 침해 방지를 위하여 필요한 조치

관계 중앙행정기관의 장은 개인정보가 침해되었다고 판단할 상당한 근거가 있고 이를 방치할 경우 회복하기 어려운 피해가 발생할 우려가 있다고 인정되면 소관 법률에 따라 개인정보처리자에 대하여 제1항 각 호에 해당하는 조치를 명할 수 있다(같은 조 제2항). 지방자치단체, 국회, 법원, 헌법재판소, 중앙선거관리위원회는 그 소속 기관 및 소관 공공기관이 이 법을 위반하였을 때에는 제1항 각 호에 해당하는 조치를 명할 수 있다(같은 조 제3항). 보호위원회는 중앙행정기관, 지방자치단체, 국회, 법원, 헌법재판소, 중앙선거관리위원회가 이 법을 위반하였을 때에는 해당 기관의 장에게 제1항 각 호에 해당하는 조치를 하도록 권고할 수 있다. 이 경우 권고를 받은 기관은 특별한 사유가 없으면 이를 존중하여야 한다(같은 조 제4항).

(8) 고발 및 징계권고

보호위원회는 개인정보처리자에게 이 법 등 개인정보 보호와 관련된 법규의 위반에 따른 범죄혐의가 있다고 인정될 만한 상당한 이유가 있을 때에는 관할 수사기관에 그 내용을 고발할 수 있다(제65조 제1항). 보호위원회는 이 법 등 개인정보 보호와 관련된 법규의 위반행위가 있다고 인정될 만한 상당한 이유가 있을 때에는 책임이 있는 자(대표자 및 책임있는 임원을 포함한다)를 징계할 것을 해당 개인정보처리자에게 권고할 수 있다. 이 경우 권고를 받은 사람은 이를 존중하여야 하며 그 결과를 보호위원회에 통보하여야 한다(같은 조 제2항). 관계 중앙행정기관의 장은 소관 법률에 따라 개인정보처리자에 대하여 제1항에 따른 고발을 하거나 소속 기관·단체 등의 장에게

제2항에 따른 징계권고를 할 수 있다. 이 경우 제2항에 따른 권고를 받은 사람은 이를 존중하여야 하며 그 결과를 관계 중앙행정기관의 장에게 통보하여야 한다(같은 조 제3항).

(9) 결과의 공표

보호위원회는 제61조에 따른 개선권고, 제64조에 따른 시정조치 명령, 제65조에 따른 고발 또는 징계권고 및 제75조에 따른 과태료 부과의 내용 및 결과에 대하여 공표할 수 있다(제66조 제1항). 관계 중앙행정기관의 장은 소관 법률에 따라 제1항에 따른 공표를 할 수 있다(같은 조 제2항).

(10) 연차보고

보호위원회는 관계 기관 등으로부터 필요한 자료를 제출받아 매년 개인정보 보호시책의 수립 및 시행에 관한 보고서를 작성하여 정기국회 개회 전까지 국회에 제출(정보통신망에 의한 제출을 포함한다)하여야 한다(제67조 제1항). 제1항에 따른 보고서에는 다음 각 호의 내용이 포함되어야 한다(같은 조 제2항).

1. 정보주체의 권리침해 및 그 구제현황
2. 개인정보 처리에 관한 실태조사 등의 결과
3. 개인정보 보호시책의 추진현황 및 실적
4. 개인정보 관련 해외의 입법 및 정책 동향
5. 주민등록번호 처리와 관련된 법률·대통령령·국회규칙·대법원규칙·헌법재판소규칙·중앙선거관리위원회규칙 및 감사원규칙의 제정·개정 현황
6. 그 밖에 개인정보 보호시책에 관하여 공개 또는 보고하여야 할 사항

(11) 권한의 위임·위탁

이 법에 따른 보호위원회 또는 관계 중앙행정기관의 장의 권한은 그 일부를 대통령령으로 정하는 바에 따라 특별시장, 광역시장, 도지사, 특별자치도지사 또는 대통령령으로 정하는 전문기관에 위임하거나 위탁할 수 있다(제68조 제1항). 제1항에 따라 보호위원회 또는 관계 중앙행정기관의 장의 권한을 위임 또는 위탁받은 기관은 위임 또는 위탁받은 업무의 처리 결과를 보호위원회 또는 관계 중앙행정기관의 장에게 통보하여야 한다(같은 조 제2항). 보호위원회는 제1항에 따른 전문기관에 권한의 일부를 위임하거나 위탁하는 경우 해당 전문기관의 업무 수행을 위하여 필요한 경비를 출연할 수 있다(같은 조 제3항).

(12) 벌칙 적용 시의 공무원 의제

보호위원회의 위원 중 공무원이 아닌 위원 및 공무원이 아닌 직원은 형법이나 그 밖의 법률에 따른 벌칙을 적용할 때에는 공무원으로 본다(제69조 제1항)(제69조). 보호위원회 또는 관계 중

앙행정기관의 장의 권한을 위탁한 업무에 종사하는 관계 기관의 임직원은 형법 제129조부터 제132조까지의 규정을 적용할 때에는 공무원으로 본다(같은 조 제2항).

「개인정보 보호법」 제72조 제2호에 규정된 '거짓이나 그 밖의 부정한 수단이나 방법'의 의미 및 거짓이나 그 밖의 부정한 수단이나 방법으로 개인정보를 취득하거나 그 처리에 관한 동의를 받았는지 판단하는 방법

개인정보자기결정권의 법적 성질, 개인정보 보호법의 입법 목적, 개인정보 보호법상 개인정보 보호 원칙 및 개인정보처리자가 개인정보를 처리함에 있어서 준수하여야 할 의무의 내용 등을 고려하여 볼 때, 「개인정보 보호법」 제72조 제2호에 규정된 '거짓이나 그 밖의 부정한 수단이나 방법'이란 개인정보를 취득하거나 또는 그 처리에 관한 동의를 받기 위하여 사용하는 위계 기타 사회통념상 부정한 방법이라고 인정되는 것으로서 개인정보 취득 또는 그 처리에 동의할지에 관한 정보주체의 의사결정에 영향을 미칠 수 있는 적극적 또는 소극적 행위를 뜻한다. 그리고 거짓이나 그 밖의 부정한 수단이나 방법으로 개인정보를 취득하거나 그 처리에 관한 동의를 받았는지를 판단할 때에는 개인정보처리자가 그에 관한 동의를 받는 행위 자체만을 분리하여 개별적으로 판단하여서는 안 되고, 개인정보처리자가 개인정보를 취득하거나 처리에 관한 동의를 받게 된 전 과정을 살펴보아 거기에서 드러난 개인정보 수집 등의 동기와 목적, 수집 목적과 수집 대상인 개인정보의 관련성, 수집 등을 위하여 사용한 구체적인 방법, 「개인정보 보호법」 등 관련 법령을 준수하였는지 및 취득한 개인정보의 내용과 규모, 특히 민감정보·고유식별정보 등의 포함 여부 등을 종합적으로 고려하여 사회통념에 따라 판단하여야 한다(대판 2017.4.7, 2016도13263).

:: 행정상 실효성확보수단(의무이행확보수단) 개관

구분			내용
전통적 강제	행정강제	성질	의무이행의 '직접적' 확보수단(이행강제금만 간접적 수단)
		강제집행 · 의의	행정법상의 의무불이행에 대해 행정기관이 장래에 향해서 의무자에게 심리적 압박을 가하거나 또는 신체·재산에 실력을 가하여 그 의무를 이행시키거나 이행된 것과 같은 상태를 실현하는 행정작용
		행정상 대집행	1. 의무가 '대체적 작위의무'를 이행하지 않는 경우에 행정청이 의무자가 할 일을 스스로 행하거나 또는 제3자로 하여금 행하게 함으로써 의무의 이행이 있었던 것과 같은 상태를 실현시킨 후 그 비용을 의무자로부터 징수하는 작용 2. 무허가 불법건축물의 강제철거
		이행강제금 (집행벌)	1. 주로 '부작위의무 또는 비대체적 작위의무' 불이행 시 이행을 강제하기 위한 수단으로서 부과하는 금전부담 2. 의무이행이 있기까지 반복적으로 부과가능(일사부재리원칙이 적용 안 됨) 3. 강제집행 중 유일한 '간접적' 강제수단
		직접강제	1. '행정상의 의무불이행' 시 직접 의무자의 '신체나 재산' 또는 그 둘에 실력을 가해 의무의 이행이 있었던 것과 같은 상태를 실현하는 작용 2. 강제집행수단 가운데 가장 강력한 수단 : 보충성 요구 3. 무허가 불법영업소의 강제폐쇄, 불법체류외국인의 강제퇴거
		강제징수	1. 행정법상의 '금전급부의무' 불이행 시 의무자의 '재산'에 실력을 가해 의무의 이행이 있었던 것과 같은 상태를 실현하는 작용 2. 조세의 강제징수
		즉시강제	목전에 급박한 행정상의 장해를 제거할 필요가 있으나 미리 의무를 명할 시간적 여유가 없을 때 또는 성질상 의무를 명해서는 목적달성이 곤란한 때에 즉시 국민의 '신체 또는 재산'에 실력을 가해 행정상 필요한 상태를 실현하는 작용
	제재 · 행정벌	성질	의무이행의 '간접적' 확보수단
		행정형벌	형법총칙 적용, 형법상의 형벌부과, 형사소송법상 형사소송절차에 의한 과벌
		행정질서벌	형법총칙 적용 안 됨. 과태료 부과, 질서위반행위규제법에 의한 과벌

새로운 의무이행확보수단	성질	과거의 잘못에 대한 제재의 성질인데 '간접적'인 의무이행확보수단으로도 기능
	과징금	행정법상의 의무위반에 대해 행정청이 의무자에게 부과·징수하는 금전적 제재
	가산금	행정법상의 급부의무의 불이행에 대한 제재로서 과하는 금전부담. 명령적 행정행위로서 하명. 연체금(연체이자, 지연이자)으로서 현재 3%
	중가산금	체납된 국세를 납부하지 아니하였을 때에는 납부기한이 지난날부터 매 1개월이 지날 때마다 체납된 국세의 1천분의 12에 상당하는 가산금을 가산금에 가산하여 징수한다(국세징수법 제21조 제2항).
	가산세	가산세란 세법에서 규정하는 의무의 성실한 이행을 확보하기 위하여 세법에 따라 산출한 세액에 가산하여 징수하는 금액을 말한다. 다만, 가산금은 포함하지 아니한다(국세기본법 제2조 제4호). 세금형식
	부당이득세	국세청장이 정하는 가격을 초과하여 거래를 함으로써 부당한 이득을 얻는 자에 대하여 실제거래가격에서 기준가격을 제한 금액 전부를 징수. 최고가격규제정책과 관련. 그러나 부당이득세법은 2007. 7. 19. 법률 제8521호로 폐지
	공급거부	1. 행정법상의 의무위반자에 대하여 행정상의 재화나 용역(역무)의 공급을 거부 2. 대기환경보전법은 1999. 4. 15.에 삭제, 수질환경보전법(현 수질 및 수생태계 보전에 관한 법률)은 1999. 2. 8. 삭제, 건축법위반자에 대한 전기·전화·수도의 공급거부(건축법 제69조 제2·3항)는 2006. 5. 9. 개정으로 삭제 ■ 부당결부금지원칙위반이라는 비판
	명단공표	1. 행정법상의 의무위반이나 불이행사실을 일반에게 공표함으로써 사회적 비난이라는 간접적·심리적 강제에 의해 의무이행을 확보하는 제도 2. 고액조세체납자, 공해배출업소, 불량식품 제조업자, 청소년 강간·강제추행·준강간, 청소년의 성을 사는 행위자 등에 대한 명단공표 ■ 부당결부금지원칙위반이라는 비판
	관허사업제한	1. 특정 관허사업의 제한 　㉠ 위법건축물에 의한 영업허가를 제한(건축법 제79조 제2·3항) 　㉡ 해당 사업과 관련된 질서위반행위로 부과받은 과태료 체납자에 대한 영업정지·허가취소 (질서위반행위규제법 제52조 제1항) 2. 일반적 관허사업의 제한 : 국세(지방세)체납자에 대한 신규허가 제한, 기존허가사업의 정지나 허가의 취소 ■ 부당결부금지원칙위반이라는 비판
	차량의 사용금지	행정법규의 위반에 사용된 차량 등의 사용을 정지 또는 금지케 함으로써 간접적으로 의무이행을 강제
	수익적 행정행위의 취소·철회·거부	수익적 행정행위의 철회나 정지가 가장 무거운 제재수단의 일종으로서 행정의 실효성확보수단의 하나인 점이 새로이 인식
	출국금지	국세청장은 정당한 사유 없이 5천만 원 이상으로서 대통령령으로 정하는 금액 이상의 국세를 체납한 자에 대하여 법무부장관에게 출국금지를 요청하여야 한다(국세징수법 제7조의4 제1항).
	취업제한	징병검사를 기피하고 있는 사람, 징집·소집을 기피하고 있는 사람, 군복무 및 사회복무요원 복무를 이탈하고 있는 사람의 취업을 제한(병역법 제76조)
	세무조사	행정목적 달성을 위한 강력한 수단으로 활용(집값 안정, 과소비 억제 등)

제2장

제1절 행정상 강제집행의 의의와 근거

Ⅰ 의 의

1. 개 념

행정상 강제집행이란 행정법상의 의무불이행에 대해 행정기관이 장래에 향해서 의무자에게 심리적 압박을 가하거나(간접적 강제수단으로서 이행강제금) 또는 신체(직접강제)·재산(대집행, 직접강제, 강제징수)에 실력을 가하여(직접적 강제수단) 그 의무를 이행시키거나 이행된 것과 같은 상태를 실현하는 행정작용을 말한다.

2. 타 개념과의 구별

(1) 행정상 즉시강제와의 차이

강제집행은 '의무의 존재(하명) 및 불이행을 전제로 한다는 점에서 의무불이행을 전제로 하지 않고 급박한 경우에 행해지는 즉시강제와 구별된다.

(2) 민사상의 강제와의 차이

행정상 강제집행은 행정주체가 타인인 법원의 힘(타력)을 빌리지 않고 스스로의 힘(자력)에 의해 집행하는 '자력강제'(自力强制)인데, 민사상의 강제집행은 타인인 법원의 힘에 의해 적법한 강제를 할 수 있는 '타력강제'(他力强制)라는 점에서 차이가 있다.

(3) 행정벌과의 차이

강제집행은 장래에 대한 '의무이행확보'를 직접적 목적으로 하는 데 비해, 행정벌은 과거에 대한 '제재'가 직접적 목적이고 의무이행확보는 간접적이라는 점에서 차이가 있다.

Ⅱ 행정상 강제집행의 근거

1. 별도의 법적 근거 필요(통설)

강제집행	즉시강제
1. 종래에는 국민에게 의무를 명하는 법규에는 의무의 내용을 실현하는 강제집행권을 포함하는 것으로 보아 강제집행을 위해서 별도의 법적 근거가 필요 없다고 보았다(긴급권이론, 처분권내재설). 2. 그러나 현재는 강제집행이 의무부과보다 더 침익적이기 때문에 의무부과에 대한 근거 규정 외에 강제집행의 근거 규정이 별도로 존재해야 한다는 데 이견이 없다.	1. 종래 대륙법계 국가에서는 즉시강제의 이론적 근거를 국가긴급권에서, 영·미법계 국가에서는 불법방해와 자력제거에서 구했다. 2. 그러나 실질적 법치국가에서는 기본권을 침해할 소지가 큰 권력적 사실행위이므로 이론적 근거만으로는 정당화될 수 없고, 엄격한 법적 근거하에서만 인정된다는 게 일반적 견해이다.

2. 실정법적 근거

구 분		내 용
일반법이 존재하는 경우	행정상 대집행	행정대집행법
	강제징수	국세기본법이 아닌 국세징수법(명문규정은 없지만 사실상 강제징수의 일반법으로 기능) ■ 고액국세체납자에 대한 명단공표의 법적 근거 : 국세징수법이 아닌 국세기본법
	즉시강제	「경찰관 직무집행법」
	행정조사	행정조사기본법
	과태료부과	질서위반행위규제법
일반법이 존재하지 않는 경우		1. 이행강제금(집행벌), 2. 직접강제, 3. 과징금

Ⅲ 행정상 강제집행의 수단

행정상 강제집행의 수단으로는 ① 행정상 대집행, ② 이행강제금(집행벌), ③ 직접강제, ④ 강제징수가 있다.

> 행정상 강제집행이 아닌 것
> 1. 과징금
> 2. 행정조사 : 유해음식물을 검사하기 위한 무상수거
> 3. 즉시강제 : 「감염병의 예방 및 관리에 관한 법률」상의 강제격리
> 4. 과태료
> 5. 행정벌
> 6. 공법상 계약

● 제2절 행정상 대집행

Ⅰ 개 설

행정상 대집행은 대체적 작위의무불이행의 경우에 행정청이 의무자가 할 일을 스스로 행하거나 제3자로 하여금 행하게 함으로써 의무의 이행이 있었던 것과 동일한 상태를 실현시킨 후 비용을 의무자로부터 징수하는 강제집행을 말한다. 대집행은 행정상 강제집행의 일반적 수단에 해당한다.

행정상 대집행은 행정상 강제집행으로서 대집행이 가능한 경우 민사상 강제집행은 인정되지 않는 것이 원칙이다. 다만, 행정법상의 의무불이행에 대하여 행정상 강제집행을 인정하는 법률이 존재하지 않는 경우나 법률이 존재하더라도 강제집행이 불가능한 경우 등 권리실현에 장애가 있는 특별한 사정이 있는 경우에는 민사상 강제집행수단을 이용할 수 있다.

1. 행정대집행절차가 인정되는 공법상 의무의 이행을 민사소송의 방법으로 구할 수 없다(대판 2000. 5.12, 99다18909).

2. 행정청이 행정대집행을 할 수 있는 경우 행정청의 채권자가 국가를 대위하여 민사소송의 방법으로 시설물의 철거를 구할 수 있다

이 사건 토지는 국가 소유로서 그 지목은 잡종지이고 현황은 항만시설(물양장)인데, 보령시장은 국가와 충청남도 도지사로부터 이 사건 토지에 대한 관리권한을 순차로 위임받아 이 사건 토지를 관리하고 있는 바, 피고들이 아무런 권원 없이 이 사건 시설물을 설치함으로써 이 사건 토지를 불법점유하고 있는 이상, **관리권자인 보령시장으로서는 행정대집행의 방법으로 이 사건 시설물을 철거할 수 있고, 이러한 행정대집행의 절차가 인정되는 경우에는 따로 민사소송의 방법으로 피고들에 대하여 이 사건 시설물의 철거를 구하는 것은 허용되지 않는다. 다만, 관리권자인 보령시장이 행정대집행을 실시하지 아니하는 경우 국가에 대하여 이 사건 토지 사용청구권을 가지는 원고로서는 위 청구권을 보전하기 위하여 국가를 대위하여 피고들을 상대로 민사소송의 방법으로 이 사건 시설물의 철거를 구하는 이외에는 이를 실현할 수 있는 다른 절차와 방법이 없어 그 보전의 필요성이 인정되므로, 원고는 국가를 대위하여 피고들을 상대로 민사소송의 방법으로 이 사건 시설물의 철거를 구할 수 있다**(대판 2009.6.11, 2009다1122).

3. 행정청이 행정대집행의 방법으로 건물의 철거 등 대체적 작위의무의 이행을 실현할 수 있는 경우, 민사소송의 방법으로 그 의무의 이행을 구할 수 없고, 건물의 점유자가 철거의무자인 경우 별도로 퇴거를 명하는 집행권원이 필요하지 않다(대판 2017.4.28, 2016다213916).

4. 「공유재산 및 물품 관리법」 제83조에 따라 지방자치단체장이 행정대집행의 방법으로 공유재산에 설치한 시설물을 철거할 수 있는 경우, 민사소송의 방법으로 시설물의 철거를 구하는 것이 허용되지 않는다(대판 2017.4.13, 2013다207941).

Ⅱ 대집행의 요건

행정대집행법은 "법률(법률의 위임에 의한 명령, 지방자치단체의 조례를 포함한다[])에 의하여 직접 명령되었거나(법규하명) 또는 법률에 의거한 행정청의 명령에 의한 행위(행정행위로서의 하명처분)로서 타인이 대신하여 행할 수 있는 행위를(대체적 작위의무) 의무자가 이행하지 아니하는 경우(의무의 불이행을 전제로 하고 있다는 점에서 즉시강제와 구별) 다른 수단으로써 그 이행을 확보하기 곤란하고(필요성, 보충성, 최후수단성의 원칙) 또한 그 불이행을 방치함이 심히 공익을 해할 것으로 인정될 때(과잉금지의 원칙 중 상당성의 원칙, 판단여지 인정)에는 당해 행정청[감독청(×)·상급청(×)·제3자(×)·법원(×)·집행관(×)]은 스스로 의무자가 하여야 할 행위를 하거나(자기집행, 독일은 이 경우를 직접강제로 분류) 또는 제3자로 하여금 이를 하게 하여(타자집행, 제3자집행) 그 비용을 의무자[국가(×)·지방자치단체(×)·행정청(×)]로부터 징수할 수 있다(재량행위)."라고 규정하고 있다(행정대집행법 제2조).

1. 대집행의 주체

대집행을 할 수 있는 자는 '당해 행정청'이다(행정대집행법 제2조). '당해 행정청'이란 당초에 의무를 명하는 행정행위를 한 행정청(처분청, 하명청)을 말한다. 당해 행정청의 위임이 있으면 다른 행정청(수임청)도 대집행의 주체가 될 수 있지만, 상급행정청(감독청)이나 행정청의 위임을 받아 대집행을 실행하는 제3자·법원·집행관은 대집행주체가 아니다. 그러나 대집행의 실행은 대집행 주체인 행정청만이 아니라 제3자에 의해서도 가능하다.

관련 관례

군수로부터 대집행권한을 위임받은 읍장은 계고처분을 할 권한이 있다(대판 1997.2.14, 96누15428)

:: 대집행의 3면관계(법률관계)

구 분	내 용
행정청과 의무자	공법상 법률관계(공법상의 의무, 공의무=비용상환청구권)
행정청과 제3자	1. 공법상 계약관계설 2. 사법상 계약관계(도급계약)설(다수설) ■ 제3자는 사법상 계약에 의한 의무를 이행하는 자이지 공무수탁사인이 아니기 때문에 대집행의 주체가 될 수 없다는 견해가 통설
의무자와 제3자	직접적 법률관계 부존재

2. 대체적 작위의무의 불이행

(1) 법령 또는 법령에 의거한 행정청의 처분에 의하여 부과된 의무

대집행의 대상이 되는 의무는 법령에 의해 직접 명령되었거나 또는 법률에 의거한 하명처분에 의해 명해진 의무이다. 그러나 대집행의 대상이 되는 의무는 구체적·특정적 의무이어야 하기 때문에 법령에 의해 직접 명해지는 일은 드물고, 대부분 행정처분에 의해 의무가 과해지는 것이 보통이다.

1. 철거명령이 없었다면 계고처분은 위법하다(대판 1966.2.28, 65누141).
2. 구 토지구획정리사업법(현 도시개발법) 제40조 제1항에 의하여 건축물 등의 소유자 또는 점유자에게 직접 그 이전 또는 제거의무가 발생하지 않는다(대판 2010.6.24, 2010두1231).

(2) 대체적 작위의무

대집행의 대상이 될 수 있는 의무는 오직 타인이 대신 행할 수 있는 행위, 즉 대체적 작위의무이다. 대체적 작위의무로는 ① 무허가(위법)건축물(공작물·광고물·도로장애물)의 철거의무, ② 건물의 수리의무, ③ 가옥의 청소·소독의무, ④ 불법개간산림의 원상회복의무, ⑤ 시설개선의무, ⑥ 식목의무 등이 있다.

1. 공유재산 대부계약의 해지에 따라 원상회복을 위해 실시하는 지상물철거의무는 대집행의 대상이다
   지방재정법 제85조 제1항은, 공유재산을 정당한 이유 없이 점유하거나 그에 시설을 한 때에는 이를 강제로 철거하게 할 수 있다고 규정하고, 그 제2항은 **지방자치단체의 장이 제1항의 규정에 의한 강제철거를 하게 하고자 할 때에는 행정대집행법 제3조 내지 제6조의 규정을 준용**한다고 규정하고 있는바, **공유재산의 점유자가 그 공유재산에 관하여 대부계약 외 달리 정당한 권원이 있다는 자료가 없는 경우 그 대부계약이 적법하게 해지된 이상 그 점유자의 공유재산에 대한 점유는 정당한 이유 없는 점유라 할 것**이고, 따라서 지방자치단체의 장은 지방재정법 제85조에 의하여 **행정대집행의 방법으로 그 지상물을 철거시킬 수 있다**(대판 2001.10.12, 2001두4078).
2. 전국공무원노동조합(전공노)이 연기군 청사시설인 사무실을 불법 사용한 사안에서 사실상 불법 사용을 중지시키기 위하여 사무실 내에 비치되어 있는 전공노의 물품을 철거하고 사무실을 폐쇄함으로써 연기군 청사의 기능을 회복하기 위한 행정대집행은 전체적으로 대집행의 대상이 되는 대체적 작위의무인 철거의무를 대상으로 한 것으로 적법한 공무집행에 해당한다고 볼 수 있고, 그 집행을 행하는 공무원들에 대항하여 피고인들과 전공노 소속 연기군청 공무원들이 폭행 등 행위를 한 것은 단체 또는 다중의 위력으로 공무원들의 적법한 직무집행을 방해한 것이 된다고 한 사례(대판 2011.4.28, 2007도7514).

따라서 ① 일신전속적이거나 전문기술적이어서 대체성이 없는 작위의무(비대체적 작위의무), ② 부작위의무 및 ③ 수인의무, ④ 금전급부의무 등은 대집행의 대상이 되지 않는다.

(3) 비대체적 작위의무(일신전속적 의무)

비대체적 작위의무는 타인이 대신하여 행할 수 없는 의무를 말한다. 비대체적 작위의무로는 ① 의사의 진료·치료의무, ② 예술가의 창작의무, ③ 예방접종·신체검사·건강진단 등을 받을 의무, ④ 토지·주택의 인도(명도·퇴거·점유이전)의무, 도로나 공원부지를 불법점용 시 인도의무 등이 있다.

1. 도시공원점유자의 퇴거 및 점유이전의무(관악산 도시공원매점 퇴거사건)
   도시공원시설인 매점의 관리청이 그 공동점유자 중의 1인에 대하여 소정의 기간 내에 위 매점으로부터 퇴거(대집행의 대상이 아님 ; 필자 주)하고 이에 부수하여 그 판매시설물 및 상품을 반출(이 경우는 대집행이 가능 ; 필자 주)하지 아니할 때에는 이를 대집행하겠다는 내용의 계고처분은 **그 주된 목적이 매점의 원형을 보존하기 위하여 점유자가 설치한 불법시설물을 철거하고자 하는 것이 아니라, 매점에 대한 점유자의 점유를 배제하고 그 점유이전을 받는 데 있다고 할 것인데, 이러한 의무는 그것을 강제적으로 실현함에 있어 직접적인 실력행사가 필요한 것이지 대체적 작위의무에 해당하는 것은 아니어서** 직접강제의 방법에 의하는 것은 별론으로 하고 행정대집행법에 의한 대집행의 대상이 되는 것은 아니다(대판 1998.10.23, 97누157).
2. **명도의무는 그것을 강제적으로 실현하면서 직접적인 실력행사가 필요한 것이지 대체적 작위의무라고 볼 수 없으므로** 특별한 사정이 없는 한 행정대집행법에 의한 대집행의 대상이 될 수 있는 것이 아니다(대판 2005.8.19, 2004다2809).

⑤ 증인출석의무등 일신전속적 의무(비대체적 작위의무)는 대집행의 대상이 될 수 없고, 주로 직접강제나 이행강제금의 대상이 된다.

(4) 부작위의무

① 토지형질변경금지의무, ② 통제구역에 출입하지 않을 의무, ③ 야간에 소음을 내지 않을 의무, ④ 감염병환자가 특정 업무에 종사해서는 안 될 의무, ⑤ 시설설치금지의무 등 부작위의무 위반의 경우 법령에서 위반결과의 시정을 명하는 작위의무로 전환을 한 후(대체적 작위의무 부과) 그 작위의무의 불이행에 대해 대집행을 할 수 있다. 그러나 법령에서 부작위의무위반에 대해 작위의무로 전환하는 명령규정이 없을 경우 작위의무를 부과할 수 없고, 또한 부작위의무의 법적 근거는 작위의무부과(명령)의 근거가 될 수 없기 때문에(부작위의무로부터 그 의무를 위반함으로써 생긴 결과를 시정하기 위한 작위의무를 당연히 끌어낼 수는 없으며, 또 금지규정

으로부터 작위의무, 즉 위반결과의 시정을 명하는 권한이 당연히 추론되는 것도 아니다) 대집행의 대상이 될 수 없고, 결국 직접강제나 이행강제금의 대상이 될 뿐이다.

1. 허가 없는 부대시설 훼손행위금지의무(인천광역시 남구 용현동 유치원놀이터설치사건)
   단순한 부작위의무의 위반, 즉 관계 법령에 정하고 있는 절대적 금지나 허가를 유보한 상대적 금지를 위반한 경우에는 당해 법령에서 그 위반자에 대하여 위반에 의하여 생긴 유형적 결과의 시정을 명하는 행정처분의 권한을 인정하는 규정을 두고 있지 아니한 이상, 법치주의의 원리에 비추어 볼 때 위와 같은 **부작위의무로부터 그 의무를 위반함으로써 생긴 결과를 시정하기 위한 작위의무를 당연히 끌어낼 수는 없으며, 또 위 금지규정(특히, 허가를 유보한 상대적 금지규정)으로부터 작위의무, 즉 위반결과의 시정을 명하는 권한이 당연히 추론되는 것도 아니다.** 주택건설촉진법 제38조 제2항은 …… **부작위의무 위반행위에 대하여 대체적 작위의무로 전환하는 규정을 두고 있지 아니하므로 위 금지규정으로부터 그 위반결과의**
   시정을 명하는 원상복구명령을 할 수 있는 권한이 도출되는 것은 아니다. 결국 행정청의 원고에 대한 **원상복구명령은 권한 없는 자의 처분으로 무효라고 할 것이고, 위 원상복구명령이 당연무효인 이상 후행처분인 계고처분의 효력에 당연히 영향을 미쳐 그 계고처분 역시 무효**로 된다(대판 1996.6.28, 96누4374).
2. 하천유수인용행위 중단의무(대판 1998.10.2, 96누5445).
3. 장례식장 영업을 하고 있는 자의 장례식장 사용 중지의무는 비대체적 부작위의무(대판 2005.9.28, 2005두7464)

(5) 공법상의 의무

대집행의 대상이 되는 의무는 공법상의 의무에 한정된다. 따라서 공법상 의무의 이행을 민사집행으로 할 수 없고, 또한 사법상의 의무불이행에 대해서는 대집행을 할 수 없다는 것이 판례이다.

1. 모든 국유재산(일반재산 포함)에 대해서는 행정재산 등 공용재산인 여부나 그 철거의무가 공법상의 의무인 여부에 관계없이 대집행을 할 수 있다
   현행 국유재산법은 위와 같은 제한 없이 모든 국유재산에 대하여 행정대집행법을 준용할 수 있도록 규정하였으므로, 행정청은 당해 재산이 행정재산 등 공용재산인 여부나 그 철거의무가 공법상의 의무인 여부에 관계없이 대집행을 할 수 있으며, 이는 같은 법 제25조 및 제38조가 사법상 권리관계인 국유재산의 사용료 또는 대부료 체납에 관하여도 국세징수법 중 체납처분에 관한 규정을 준용하여 징수할 수 있도록 규정한 것과도 그 궤를 같이하는 것이다(대판 1992.9.8, 91누13090).
2. 구 「공공용지의 취득 및 손실보상에 관한 특례법」에 의한 협의취득 시 건물소유자가 매매대상 건물에 대한 철거의무를 부담하겠다는 취지의 약정을 한 경우, 그 철거의무는 행정대집행법에 의한 대집행의 대상이 되지 않는다(대판 2006.10.13, 2006두7096).

484

3. 다른 수단으로는 그 이행확보가 곤란할 것(보충성, 무의미한 규정)

대집행이 인정되기 위해서는 다른 수단으로는 의무이행을 확보하기가 곤란해야 한다. 행정상의 강제집행 가운데 대집행이 가장 덜 침익적인 수단이라는 점에서 필요성의 요건을 이미 충족하고 있으므로, 이 요건은 무의미하다.

4. 불이행을 방치함이 심히 공익을 해(害)하는 것일 것

(1) 요건판단(불이행을 방치함이 심히 공익을 해할 것으로 인정)

① 판단여지설(다수설) : 보통의 경우는 판단여지의 존부가 문제되지 않으나 대형건물의 철거·개축 등과 관련해서는 도심지 인구억제, 교통량 조절, 도시미관 등 여러 가지 전문적·기술적 판단이 필요하기 때문에 판단여지가 인정될 수 있다는 견해로서 다수설이다.

② 재량행위·판단여지부정설 : 대집행의 요건인 '다른 수단이 존재하지 않을 것' 및 '의무불이행이 심히 공익을 해할 것'은 원칙상 법개념이며 제한된 예외적인 경우에 한해서만 인정될 수 있기 때문에 판단여지가 인정되지 않는다는 견해이다. 즉, 요건존부의 판단에는 행정청에게 판단여지 내지 재량이 인정되지 않는다.

③ 판례(재량행위설) : 계고처분을 발할 수 있는 요건에 대한 판단은 행정청의 공익재량에 속하나 그것이 심히 부당할 경우에는 법원이 이를 심사할 수 있다(대판 1967.11.28, 67누139).

1. 공유재산에 대한 대집행의 경우 공익저해우려 요건은 필요없다

지방재정법 제85조에 의하면 그 제1항에서 공유재산을 정당한 이유 없이 점유하거나 그에 시설을 한 때에는 이를 강제로 철거시킬 수 있는 권한이 지방자치단체의 장에게 부여되었고, 그 제2항에서는 제1항에 의하여 강제철거를 시키는 경우에 행정대집행법 제3조 내지 제6조를 준용한다고 규정되어 있을 뿐 **같은 법 제2조(대집행의 요건에 관한 규정)의 준용은 없으므로**, 같은 조에 규정된 대집행의 요건은 필요 없는 것으로 해석함이 지방재정법 제85조의 입법 취지에 맞는 해석이다(대판 1996.10.11, 95누10020).

2. 그러나 대체적 작위의무 요건은 필요하다

지방재정법 제85조는 철거 대집행에 관한 개별적인 근거 규정을 마련함과 동시에 행정대집행법상의 대집행요건 및 절차에 관한 일부 규정만을 준용한다는 취지에 그치는 것이고, 그것이 **대체적 작위의무에 속하지 아니하여 원칙적으로 대집행의 대상이 될 수 없는 다른 종류의 의무에 대하여서까지 강제집행을 허용하는 취지는 아니다**(대판 1998.10.23, 97누157).

④ 공익저해우려 인정사례

1. 소방도로침범(대판 1969.9.23, 69누94)
2. 건축허가 및 준공검사 시에 소방시설, 주차시설, 교통소통의 원활화, 건물의 높이 등 인접건물과의 조화, 적정한 생활환경의 보호를 위한 건폐율, 용적률 기타 건축법 소정의 제한규정을 회피하고자 하는 탈법행위의 경우(대판 1985.7.23, 84누699)
3. 불법건축물을 단속하는 당국의 권능을 무력화(수회 무시)(대판 1989.10.10, 88누11230)
4. 허가 없이 증축된 건물부분의 철거가 용이하다고 보여지고 도시미관을 해칠 우려가 있으며, 계고처분 이전에 발한 시정명령에 응하지 않은 경우(대판 1993.6.25, 93누2346)
5. 당초 적법하게 허가받아 그 현상을 유지하고 있는 광고물이 허가기간이 도과했고 현행 법령에 의한 설치기준에는 적합하지 아니하게 된 경우(대판 1994.11.11, 94누7126)
6. 합법화가 불가능한 경우(대판 2000.6.23, 98두3112)

관련 판례

1. 소방도로침범

본건 건물의 일부가 행정청 계획의 소방도로에 저촉되는 바에는 본건 건물이 하나의 건물로서 계획소방도로에 침범하여 건축된다면 그 계획도로의 실시시기 여하에 불구하고 본건 건물의 철거의무불이행을 방치함은 특별한 사정이 없는 한 심히 공익을 해하는 것이라 해석함이 상당할 것이다(대판 1969.9.23, 69누94).

2. 건축허가 및 준공검사 시에 소방시설, 주차시설, 교통소통의 원활화, 건물의 높이 등 인접건물과의 조화, 적정한 생활환경의 보호를 위한 건폐율, 용적률 기타 건축법 소정의 제한규정을 회피하고자 하는 탈법행위의 경우

수차에 걸쳐 불법증축하고 대수선하여 철거할 의무가 있는 건축물을 소관 행정청이 그런 사정을 미처 발견하지 못하여 그 부분에까지 전면외장변경공사를 허용하였다거나 완공 후에 단순히 도시미관 및 위생상 현저히 개선되었다는 사실만을 들어 그대로 방치한다면 불법건축물을 단속하는 당국의 권능을 무력화하여 건축행정의 원활한 수행이 위태롭게 되고 건축허가 및 준공검사 시에 소방시설, 주차시설, 교통소통의 원활화, 건물의 높이 등 인접건물과의 조화, 적정한 생활환경의 보호를 위한 건폐율, 용적률 기타 **건축법 소정의 제한 규정을 회피하는 것을 사전예방한다는 더 큰 공익을 해칠 우려**가 있으므로 위 건물에 대한 철거명령 및 대집행계고 처분은 적법하다(대판 1985.7.23, 84누699).

3. 불법건축물을 단속하는 당국의 권능을 무력화하는 경우(수회 무시)

건축주가 도립공원으로서 자연환경지구로 지정된 임야 위에 건축허가를 받을 수 없음을 알면서도 건축행위에 착수하였을 뿐만 아니라 건축 도중 3회에 걸쳐 관할관청으로부터 건축중지 및 시공부분의 철거지시를 받고도 공사를 강행하여 건축물을 완공하였으며, 그 완공 후에도 계속 철거명령에 불응하고 있고 그 건축물의 신축행위가 자연공원법 제23조 제1항 제1호, 제2항 소정의 신축이나 재축 등의 허용행위에 해당하지 않는다면, 비록 **건축주가 다액의 공사비를 투입하여 위 건축물을 신축한 것이고 이것이 철거된 종전의 건축물보다 주위의 경관에 더 잘 어울린다고 하여도, 위 건축물을 그대로 방치하는 것은 심히 공익을 해하는 것**이고 이에 관한 철거대집행은 다른 수단으로써 그 이행을 확보하기 곤란한 경우에 해당한다고 볼 것이므로 위 건축물철거계고처분은 행정대집행법이 정한 요건을 구비한 것이다(대판 1989.10.10, 88누11230).

4. 합법화가 불가능한 경우

486

개발제한구역 및 도시공원에 속하는 임야상에 신축된 위법건축물인 대형 교회건물의 합법화가 불가능한 경우, 교회건물의 건축으로 공원미관조성이나 공원관리 측면에서 유리하고 철거될 경우 막대한 금전적 손해를 입게 되며 신자들이 예배할 장소를 잃게 된다는 사정을 고려하더라도 위 교회건물의 철거의무의 불이행을 방치함은 심히 공익을 해한다고 보아야 한다(대판 2000. 6.23, 98두3112).

⑤ 공익저해우려 부정사례

1. 도로관리청으로부터 도로점용허가를 받지 아니하고 광고물을 설치한 경우(대판 1974.10.25, 74누122)
2. 건축허가 면적보다 0.02 평방미터 정도만 초과하였을 뿐인 경우(대판 1991.3.12, 90누10070)

1. 도로관리청으로부터 도로점용허가를 받지 아니하고 광고물을 설치한 경우
   도로관리청으로부터 **도로점용허가를 받지 아니하고 광고물을 설치하였다는 점만으로 곧 심히 공익을 해치는 경우에 해당한다고 할 수 없고** 대집행계고의 요건에 관한 주장·입증책임은 처분청에게 있다(대판 1974.10.25, 74누122).
2. 이 사건 건물의 지상 1, 2, 3층의 외벽선에 의한 건물면적도 각 44.9 평방미터씩이어서 위 **건축허가 면적보다 0.02 평방미터 정도만 초과하였을 뿐**이라는 것인바, …… **위와 같은 위반정도만 가지고는 주위의 미관을 해칠 우려가 없을 뿐 아니라 이를 대집행으로 철거할 경우 많은 비용이 드는 반면에 공익에는 별 도움이 되지 아니하고, 도로교통·방화·보안·위생·도시미관 및 공해예방 등의 공익을 크게 해친다고도 볼 수 없어** 이 사건 계고처분은 그 요건을 갖추지 못한 것으로서 위법하여 그 취소를 면할 수 없다(대판 1991.3.12, 90누10070).

(2) 대집행 실행 여부(징수할 수 있다)

① 재량행위설(다수설) : 법률의 문언에 충실하게 재량행위로 해석하는 견해로서 다수설이다.
② 기속행위설 : 심히 공익을 해할 것으로 인정되는 이상 행정청은 대집행을 행할 의무를 진다는 견해이다.

5. 대집행 요건충족의 입증책임(처분청)

대집행 요건의 충족은 행정청에 유리한 법률요건(적법요건)이므로 그 입증책임은 처분청에 있다.

대집행요건의 주장·입증책임은 처분행정청에 있다(대판 1993.9.14, 92누16690).

Ⅲ 대집행의 절차

> 대집행의 계고 ⇨ 대집행영장의 통지 ⇨ 대집행의 실행 ⇨ 비용납부명령

1. 대집행의 계고

(1) 개 설

대집행을 하려면 상당한 이행기한을 정하여 그 기한까지 이행되지 아니할 때에는 대집행을 한다는 뜻을 미리 문서로써 계고하여야 한다. 이 경우 행정청은 상당한 이행기한을 정함에 있어 의무의 성질·내용 등을 고려하여 사회통념상 해당 의무를 이행하는 데 필요한 기간이 확보되도록 하여야 한다(행정대집행법 제3조 제1항).

(2) 계고의 법적 성질(의사의 통지)

계고의 성질은 준법률행위적 행정행위 중 의사의 통지행위(통설·판례)로서 항고소송의 대상이 될 수 있다.

1. 대집행계고의 처분성 인정

   계고가 있음으로 인하여 대집행이 실행되어 상대방의 권리의무에 변동을 가져오는 것이라 할 것이므로, 상대방은 계고절차의 단계에서 이의 취소를 소구할 법률상 이익이 있다 할 것이고, 계고는 행정소송법 소정 처분에 포함된다고 보아 **계고처분 자체에 위법이 있는 경우에 한하여 항고소송의 대상**이 될 수 있다(대판 1966.10.31, 66누25).

2. 제2·3차계고는 행정처분이 아니다

   행정대집행법상의 철거의무는 제1차 철거명령 및 계고처분으로써 발생하였다고 할 것이고, **제3차 철거명령 및 대집행계고는 새로운 철거의무를 부과하는 것이라고는 볼 수 없으며, 단지 종전의 계고처분에 의한 건물철거를 독촉하거나 그 대집행기한을 연기한다는 통지에 불과**하므로 취소소송의 대상이 되는 독립한 행정처분이라고 할 수 없다(대판 1994.10.28, 94누5144).

3. 제1차로 창고건물의 철거 및 하천부지에 대한 원상복구명령을 하였음에도 이에 불응하므로 대집행계고를 하면서 다시 자진철거 및 토사를 반출하여 하천부지를 원상복구할 것을 명한 경우, 대집행계고서에 기재된 자진철거 및 원상복구명령은 취소소송의 대상이 되는 독립한 행정처분에 해당하지 않는다(대판 2004.6.10, 2002두12618).

4. 반복된 거부의 처분성 인정

   거부처분은 관할행정청이 국민의 처분신청에 대하여 거절의 의사표시를 함으로써 성립되고, **그 이후 동일한 내용의 새로운 신청에 대하여 다시 거절의 의사표시를 한 경우에는 새로운 거부처분이 있는 것으로 보아야 할 것**이다(대판 2002.3.29, 2000두6084).

5. 수익적 행정행위 신청에 대한 거부처분이 있은 후 당사자가 다시 신청하고 행정청이 이를 다시 거절한 경

우, 새로운 거부처분이다

수익적 행정행위 신청에 대한 거부처분은 당사자의 신청에 대하여 관할 행정청이 거절하는 의사를 대외적으로 명백히 표시함으로써 성립되고, 거부처분이 있은 후 당사자가 다시 신청을 한 경우에는 신청의 제목 여하에 불구하고 그 내용이 새로운 신청을 하는 취지라면 관할 행정청이 이를 다시 거절하는 것은 새로운 거부처분으로 봄이 원칙이다(대판 2019.4.3, 2017두52764).

(3) 상당한 기간

상당한 기간이란 사회통념상 이행에 필요한 기한을 말한다.

대집행영장으로써 대집행할 시기 등을 통지하기 위하여는 의무이행을 할 수 있는 상당한 기간을 부여할 것을 요구하고 있으므로, 행정청이 상당한 기간을 부여하지 않은 경우에는 비록 대집행의 시기를 늦추었더라도 위법한 처분이다(대판 1990.9.14, 90누2048).

(4) 계고의 내용 및 방식

① 계고내용의 특정(실질에 의해 판단) : 대집행의 계고는 문서에 의한 것이어야 하고, 구두에 의한 계고는 무효가 된다. 또한 대집행 대상을 특정해야 하는데 철거명령서나 대집행계고서라는 형식의 문서에 의해서만 특정되어야 하는 것은 아니고, 그 처분 전후에 송달된 문서나 기타 사정을 종합하여 특정 여부를 판단한다.

대집행계고를 함에 있어 대집행할 행위의 내용 및 범위가 대집행계고서에 의하여서만 특정되어야 하는 것은 아니다

계고를 함에 있어서는 의무자가 이행하여야 할 행위와 그 의무불이행 시 대집행할 행위의 내용 및 범위가 구체적으로 특정되어야 할 것이지만, 반드시 철거명령서나 대집행계고서에 의하여서만 특정되어야 하는 것은 아니고, 그 처분 전후에 송달된 문서나 기타 사정을 종합하여 이를 특정할 수 있으면 족하다(대판 1994.10.28, 94누5144).

② 대집행요건의 충족시점(의무부과와 계고의 결합가능 여부) : 이에 대해서는 ㉠ 대집행의 요건은 계고 시에 충족되어야 하므로 의무를 과하는 행정행위와 계고와는 결합시킬 수 없다는 부정설(다수설 : 김남진, 김철용, 류지태, 유상현, 이상규), ㉡ 요건충족 시는 대집행실행 시이므로 의무이행에 필요한 상당한 기간이 주어진 경우 결합이 가능하다는 긍정설, ㉢ 원칙적으로 결합이 불가하지만 의무를 부과하는 처분을 할 때에 대집행이 충족될 것이 명백하고 급속한 실시를 요하는 긴박한 사유가 있는 경우에는 예외적으로 행정처분과 계고를 동시에 할 수 있다는 절충설(김

동희, 김성수, 박균성, 박윤흔, 정하중)이 대립한다.

계고서라는 명칭의 1장의 문서로써 일정기간 내에 위법건축물의 자진철거를 명함과 동시에 그 소정기한 내에 자진철거를 하지 아니할 때에는 대집행할 뜻을 미리 계고한 경우, 철거명령 및 계고처분은 적법하다
계고서라는 명칭의 1장의 문서로써 일정기간 내에 위법건축물의 자진철거를 명함과 동시에 그 소정기한 내에 자진철거를 하지 아니할 때에는 대집행할 뜻을 미리 계고한 경우라도 위 건축법에 의한 **철거명령과 행정대집행법에 의한 계고처분은 독립하여 있는 것으로서 각 그 요건이 충족되었다고 볼 것이고,** 이 경우 **철거명령에서 주어진 일정기간이 자진철거에 필요한 상당한 기간이라면 그 기간 속에는 계고 시에 필요한 '상당한 이행기간'도 포함되어 있다고** 보아야 할 것이다(대판 1992.6.12, 91누13564).

(5) 계고절차의 생략

예외적으로 비상시 또는 위험이 절박한 경우에 있어서 당해 행위의 급속한 실시를 요하여 계고나 대집행영장에 의한 통지절차를 취할 여유가 없을 때에는 계고나 통지를 생략할 수 있다(행정대집행법 제3조 제3항). 계고가 생략된 경우 즉시강제가 된다는 견해와 처분과 계고가 결합된 대집행이라는 견해가 있다.

2. 대집행영장에 의한 통지(의사의 통지)

의무자가 계고를 받고 지정기한까지 그 의무를 이행하지 아니할 때에는 당해 행정청은 대집행영장으로써 대집행을 할 시기, 대집행을 시키기 위하여 파견하는 집행책임자의 성명과 대집행에 요하는 비용의 개산에 의한 견적액을 의무자에게 통지하여야 한다(같은 조 제2항).

3. 대집행의 실행

행정청(제2조에 따라 대집행을 실행하는 제3자를 포함)은 해가 뜨기 전이나 해가 진 후에는 대집행을 하여서는 아니 된다. 다만, 다음 각 호의 어느 하나에 해당하는 경우에는 그러하지 아니하다(행정대집행법 제4조 제1항).

1. 의무자가 동의한 경우
2. 해가 지기 전에 대집행을 착수한 경우
3. 해가 뜬 후부터 해가 지기 전까지 대집행을 하는 경우에는 대집행의 목적 달성이 불가능한 경우
4. 그 밖에 비상시 또는 위험이 절박한 경우

행정청은 대집행을 할 때 대집행 과정에서의 안전 확보를 위하여 필요하다고 인정하는 경우 현장에 긴급 의료장비나 시설을 갖추는 등 필요한 조치를 하여야 한다(같은 조 제2항). 대집행을 하기 위하여 현장에 파견되는 집행책임자는 그가 집행책임자라는 것을 표시한 증표를 휴대하

여 대집행시에 이해관계인에게 제시하여야 한다(같은 조 제3항).

(1) 법적 성질(권력적 사실행위)

대집행의 실행은 권력적 사실행위이다. 그러나 수인의무를 부과하는 수인하명(행정행위)과 물리적 집행행위가 결합된 것이고 이 가운데 행정행위인 수인하명만이 취소쟁송의 대상이 된다는 합성행위설이 제기되는데, 어느 견해에 의해도 대집행 실행의 처분성이 인정된다.

(2) 실력행사 가능성(부정)

의무자가 대집행의 실행에 저항할 경우 공무집행방해죄를 구성하는 것과는 별도로 실력으로 그 저항을 배제하는 것이 대집행의 실행수단으로 인정되는지 여부가 문제될 수 있다.

① 독일의 경우 행정집행법 제15조에서 실력으로 저항을 배제할 수 있다는 규정을 두고 있으나, 일본의 경우 그에 관한 명문규정이 없으므로 나리타(成田)국제공항건설부지의 수용을 위한 대집행에 저항하는 주민들에게 「경찰관 직무집행법」상 위험발생방지조치와 형법상 공무집행방해죄에 의거 배제조치를 취한 바가 있다.

② 우리의 경우 명문의 규정이 없으므로 ㉠ 폭력에 이르지 않는 최소한의 실력행사는 인정된다는 긍정설과, ㉡ 「경찰관 직무집행법」과 형법상 공무집행방해죄에 의해 해결해야 한다는 부정설이 대립하는데, 부정설이 다수설이다. 판례는 부정설을 취한다.

행정청이 건물철거 대집행 과정에서 부수적으로 건물의 점유자들에 대한 퇴거 조치를 할 수 있고, 이 경우 필요하면 경찰의 도움을 받을 수 있다

행정청이 행정대집행의 방법으로 건물철거의무의 이행을 실현할 수 있는 경우에는 건물철거 대집행 과정에서 부수적으로 건물의 점유자들에 대한 퇴거 조치를 할 수 있고, 점유자들이 적법한 행정대집행을 위력을 행사하여 방해하는 경우 형법상 공무집행방해죄가 성립하므로, 필요한 경우에는 「경찰관 직무집행법」에 근거한 위험발생 방지조치 또는 형법상 공무집행방해죄의 범행방지 내지 현행범체포의 차원에서 경찰의 도움을 받을 수도 있다(대판 2017.4.28, 2016다213916).

4. 비용징수

대집행에 요한 비용의 징수에 있어서는 실제에 요한 비용액과 그 납기일을 정하여 의무자에게 문서로써 그 납부를 명하여야 한다(행정대집행법 제5조). 비용납부명령은 급부하명으로서 처분성이 인정된다.

대집행에 요한 비용은 국세징수법의 예(지방세 체납처분이 아님. 이행강제금은 지방세 체납처분)에 의하여 징수할 수 있다(행정대집행법 제6조 제1항). 대집행에 요한 비용에 대하여서는 행정청은 사무비의 소속에 따라 국세에 다음가는 순위의 선취득권을 가진다(같은 조 제2항). 대집행에 요한 비용을 징수하였을 때에는 그 징수금은 사무비의 소속에 따라 국고 또는 지방자치단체의 수입으로 한다(같은 조 제3항).

대집행에 소요되는 비용은 의무자(국가·지방자치단체·행정청이 아님)가 부담한다. 비용징수는 금액과 납부기일을 정하여 문서로 납부고지함으로써 징수한다. 납부기일까지 납부하지 않을 때에는 국세체납처분의 예에 의하여 강제징수할 수 있다(행정대집행법 제6조 제1항).

사업시행자인 한국토지주택공사는 민사소송절차에서 행정대집행비용을 청구할 수 없다
대한주택공사가 구 대한주택공사법 및 동법 시행령에 의하여 대집행권한을 위탁받아 공무인 대집행을 실시함에 따라 발생하는 대집행에 요한 비용은 행정대집행법의 절차에 따라 국세징수법의 예에 의하여 징수할 수 있다. 행정대집행법이 대집행비용의 징수에 관하여 민사소송절차에 의한 소송이 아닌 간이하고 경제적인 특별구제절차를 마련해 놓고 있으므로 민법 제750조에 기한 손해배상으로서 대집행비용의 상환을 구하는 한국토지주택공사의 청구는 소의 이익이 없어 부적법하다(대판 2011.9.8, 2010다48240).

Ⅳ 대집행에 대한 권리구제

1. 행정쟁송

(1) 행정심판

대집행에 대하여는 행정심판을 제기할 수 있다(행정대집행법 제7조).

(2) 취소소송

① 협의의 소의 이익 : 대집행실행 전에는 협의의 소익이 인정되지만, 대집행이 실행된 후에는 취소소송을 제기해 봐야 철거된 건물이 되살아나는 것이 아니기 때문에 협의의 소익이 없다. 따라서 대집행에 대한 취소소송 제기와 동시에 집행정지 신청을 하는 것이 권리구제의 실효성 제고에 도움이 된다.

대집행계고처분 취소소송의 변론종결 전에 대집행영장에 의한 통지절차를 거쳐 사실행위로서 **대집행의 실행이 완료된 경우에는 행위가 위법한 것이라는 이유로 손해배상이나 원상회복 등을 청구하는 것은 별론으로 하고 처분의 취소를 구할 법률상 이익은 없다**(대판 1993.6.8, 93누6164).

② 행정심판임의주의 : 행정대집행법은 "전조(행정심판)의 규정은 법원에 대한 출소의 권리를 방해하지 아니한다."(제8조)라고 규정하고 있다. 행정심판전치가 임의적 절차로 규정되어 있으므로, 행정심판을 거치지 아니하고 행정소송을 제기할 수 있다고 보아야 한다는 데 이견이 없다.

③ 하자의 승계 : 의무부과인 철거명령과 강제집행인 대집행 사이에는 하자승계가 부정되지만(대판 1982.7.27, 81누293), 강제집행절차 상호 간인 대집행절차 사이에는 하자승계가 인정된다(대판 1993.11.9, 93누14271).

④ 손해배상청구소송의 선결문제 : 손해배상청구소송의 경우 행정행위의 효력을 부인할 필요는 없고 다만 위법·적법만이 선결문제가 되므로 심리가 가능하다는 것이 통설·판례(대판 1972. 4.28, 72다337)이다.

⑤ 위법한 대집행계고처분의 효력 : 위법한 대집행계고에 중대·명백한 하자가 있으면 무효사유에 해당하고, 그렇지 않은 단순위법의 경우 취소사유에 해당한다.

2. 손해배상 및 결과제거청구

대집행이 실행된 후에 취소소송을 제기하는 것은 실익이 없는 경우가 내부분이므로, 대집행의 실행 후에는 손해배상이나 원상회복(결과제거청구) 등이 실효적인 구제수단이다.

◉제3절 이행강제금(집행벌)

I 이행강제금의 의의

1. 이행강제금의 개념

이행강제금이란 주로 비대체적 작위의무 또는 부작위의무(예 야간소음금지, TV에 여성노출광고금지) 또는 수인의무를 이행하지 않는 경우에 장래에 향하여 그 의무를 간접적으로 이행하기 위한 수단으로 부과하는 금전부담이다. 이행강제금은 강제집행의 일종으로서 처벌·행정벌·과태료나 제재와는 무관하다. 집행벌이라는 용어를 사용하는 것이 전통적 견해인데, 오늘날은 제재(행정벌)로 오해될 수 있는 집행벌이라는 명칭 대신 이행강제금을 사용하는 견해가 일반적이다.

2. 유사개념과의 구별

(1) 대집행

대집행과 직접강제는 직접적 의무이행확보수단인 데 반해 이행강제금은 일정한 기간까지 의무를 이행하지 않을 때에는 일정한 금전적인 부담이 과해진다는 것을 통지함으로써 의무자에게 심리적 압박을 주어 의무를 이행하게 하려는 간접적인 의무이행확보수단이다.

(2) 행정벌

① 행정벌은 과거의 법위반에 대한 제재로서 의무자에게 심리적 압박을 가해 간접적으로 의무의 이행을 강제하는 기능을 갖지만 이행강제금과 달리 의무의 이행을 직접적인 목적으로 하는 것은 아니라는 점, ② 이행강제금은 반복부과가 가능하지만 행정벌은 하나의 위반행위에 대해서는 이중처벌금지의 원칙에 따라 반복부과할 수 없다는 점, ③ 행정벌과 달리 이행강제금에는 고의·과실이 필요하지 않다는 점, ④ 이행강제금은 현재의 의무위반에 대한 의무이행확보수단이라는 점에서 과거의 위반행위에 대한 제재인 행정형벌과 구별된다. 따라서 양자(행정형벌 또는 과태료와 이행강제금)는 규제목적을 달리하므로 병과될 수 있다.

제4항은 과잉금지원칙에 위반하지 않는다(대결 2005.8.19, 2005마30).

3. 이행강제금과 형사처벌은 이중처벌에 해당하지 않는다(대결 2005.8.19, 2005마30).

4. 확정된 구제명령을 따르지 않은 사용자에게 형벌을 부과하고 있음에도, 구제명령을 이행하지 아니한 사용자에게는 이행강제금을 부과하는 근로기준법 제33조 제1항 및 제5항은 이중처벌금지원칙에 위배되지 않는다(합헌)

이행강제금은 행정상 간접적인 강제집행 수단의 하나로서, 과거의 일정한 법률위반 행위에 대한 제재인 형벌이 아니라 장래의 의무이행 확보를 위한 강제수단일 뿐이어서, 범죄에 대하여 국가가 형벌권을 실행하는 과벌에 해당하지 아니한다. 따라서 심판대상조항은 이중처벌금지원칙에 위배되지 아니한다(헌재결 2014.5.29, 2013헌바171).

3. 이행강제금의 대상

이행강제금은 주로 비대체적 작위의무나 부작위의무에 대해 행해진다. 한편 대체적 작위의무에 대해서는 ① 대집행이 가능하므로 이행강제금을 인정할 필요가 없다고 보는 견해(김동희, 김성수, 류지태, 유상현, 장태주)와, ② 경우에 따라서는 이행강제금이 대집행보다 의무를 이행시키는 데 더 실효성 있는 수단이 될 수 있으므로 대체적 작위의무에 대해서도 이행강제금을 인정하는 것이 타당하다는 견해(다수설 ; 김남진·김연태, 김철용, 박균성, 박윤흔, 정하중, 한견우, 홍정선)가 대립한다. 독일에서는 이행강제금이 대체적 작위의무의 간접적 강제수단으로도 활용되고 있고, 우리 건축법은 행정대집행에 관한 규정 외에도 제80조에서 건축물의 철거·개축·증축 등 대체적 작위의무에 대해 이행강제금을 인정하고 있다.

1. 전통적으로 행정대집행은 대체적 작위의무에 대한 강제집행수단으로, 이행강제금은 부작위의무나 비대체적 작위의무에 대한 강제집행수단으로 이해되어 왔으나, 이는 이행강제금제도의 본질에서 오는 제약은 아니며, **이행강제금은 대체적 작위의무의 위반에 대하여도 부과될 수 있다**(헌재결 2004.2.26, 2001헌바80·84·102·103, 2002헌바26).

2. 현행 건축법상 위법건축물에 대한 이행강제수단으로 대집행과 이행강제금(제83조 제1항)이 인정되고 있는데, 양 제도는 각각의 장·단점이 있으므로 행정청은 개별사건에 있어서 위반내용, 위반자의 시정의지 등을 감안하여 대집행과 이행강제금을 선택적으로 활용할 수 있으며, 이처럼 그 합리적인 재량에 의해 선택하여 활용하는 이상 중첩적인 제재에 해당한다고 볼 수 없다(헌재결 2004.2.26, 2001헌바80·84·102·103, 2002헌바26).

Ⅱ 법적 근거

1. 법적 근거의 필요와 신중성

이행강제금은 그 자체만으로도 강력한 행정강제수단이므로 법적인 규율의 신중성을 요한다. 더군다나 다른 행정수단(예 행정강제와 과징금 등)과 결합 또는 병행되는 경우가 대부분이어서 목적달성을 위한 수단으로서의 비례관계를 유지하지 못하는 경우에는 위헌·위법의 시비를 불러일으킬 가능성도 크다.

> 행정청이 1991. 5. 31. 법률 제4381호로 전부 개정된 구 건축법 시행 이전에 건축된 건축물에 대하여 2008. 3. 21. 법률 제8941호로 전부 개정된 현행 건축법 시행 이후 시정명령을 하고, 건축물의 소유자 등이 시정명령에 응하지 않은 경우, 현행 건축법에 따라 이행강제금을 부과할 수 있다
>
> 이행강제금 제도는 건축법이나 건축법에 따른 명령이나 처분을 위반한 건축물(위반 건축물)의 방치를 막고자 행정청이 시정조치를 명하였음에도 건축주 등이 이를 이행하지 아니한 경우에 행정명령의 실효성을 확보하기 위하여 시정명령 이행 시까지 지속해서 부과함으로써 건축물의 안전과 기능, 미관을 높여 공공복리의 증진을 도모하는 데 입법 취지가 있고, 위반 건축물의 소유자 등이 위반행위자가 아니더라도 행정청은 그에 대하여 시정명령을 할 수 있는 점, 건축법의 전부 개정으로 개정 건축법 부칙 제6조가 실효되더라도 시정명령을 위반한 때의 건축법령에 따른 처분을 할 수 있으므로 법률상 공백상태가 발생한다고 볼 수도 없는 점 등 제반 사정을 종합적으로 고려하면, 기존의 위반 건축물에 관한 경과규정인 개정 건축법 부칙 제6조가 실효되지 않고 계속 적용된다고 보아야 할 특별한 사정이 없어 그 경과규정은 건축법 전부 개정으로 실효되었다. 따라서 위반 건축물이 개정 건축법 시행 이전에 건축된 것일지라도 행정청이 2008. 3. 21. 법률 제8941호로 전부 개정된 건축법(현행 건축법) 시행 이후에 시정명령을 하고, 건축물의 소유자 등이 시정명령에 응하지 않은 경우에는 행정청은 현행 건축법에 따라 이행강제금을 부과할 수 있다(대판 2012.3.29, 2011두27919).

2. 개별법적 근거

이행강제금은 일반적으로 허용되지는 않고 단행법규에서 예외적으로만 인정되고 있다. 즉, 건축법 제80조, 농지법 제63조, 「연구개발특구의 육성에 관한 특별법」 제70조 제1항 및 「부동산 실권리자명의 등기에 관한 법률」 제6조, 「장사 등에 관한 법률」 제43조에서 규정하고 있다.

Ⅲ 건축법상 이행강제금의 부과요건 및 절차

1. 시정명령

허가권자는 이 법 또는 이 법에 따른 명령이나 처분에 위반되는 대지나 건축물에 대하여 이 법에 따른 허가 또는 승인을 취소하거나 그 건축물의 건축주·공사시공자·현장관리인·소유자·관리자 또는 점유자(건축주등)에게 공사의 중지를 명하거나 상당한 기간을 정하여 그 건축물의 해체·개축·증축·수선·용도변경·사용금지·사용제한, 그 밖에 필요한 조치를 명할 수 있다(제79조 제1항).

1. 건축법 위반 건축물에 대해 건축주 명의를 갖는 자가 실제 건축주가 아니라고 하더라도, 원칙적으로 건축법 제79조 제1항에 의한 시정명령의 상대방이 되는 건축주에 해당한다(대판 2010.10.14, 2010두13340).

2. 건물에 대한 건축허가를 받은 갑이 건축 중이던 건물 및 대지를 을에게 양도하였으나 을이 명의를 변경하지 아니한 채 사용승인을 받지 않고 건물을 사용하자, 행정청이 건물에 관한 소유권보존등기 명의자인 갑에게 시정명령을 한 후 이행강제금을 부과한 사안에서, 위 처분이 부적법하다고 판단한 원심에 시정명령의 상대방인 건축주 또는 소유자 등에 관하여 법리를 오해한 위법이 있다고 한 사례(대판 2010.10.14, 2010두13340)

3. 「개발제한구역의 지정 및 관리에 관한 특별조치법」상 이행강제금을 부과·징수할 때마다 그에 앞서 시정명령 절차를 다시 거쳐야 하는 것은 아니다

「개발제한구역의 지정 및 관리에 관한 특별조치법」(개발제한구역법) 제30조 제1항, 제30조의2 제1항 및 제2항의 규정에 의하면 시정명령을 받은 후 그 시정명령의 이행을 하지 아니한 자에 대하여 이행강제금을 부과할 수 있고, 이행강제금을 부과하기 전에 상당한 기간을 정하여 그 기한까지 이행되지 아니할 때에 이행강제금을 부과·징수한다는 뜻을 문서로 계고하여야 하므로, 이행강제금의 부과·징수를 위한 계고는 시정명령을 불이행한 경우에 취할 수 있는 절차라 할 것이고, 따라서 이행강제금을 부과·징수할 때마다 그에 앞서 시정명령 절차를 다시 거쳐야 할 필요는 없다(대판 2013.12.12, 2012두20397).

4. 「개발제한구역의 지정 및 관리에 관한 특별조치법」에 의한 이행강제금 부과의 근거가 되는 시정명령이 이루어져야 하는 시기는 법률 시행일인 2010. 2. 7. 이후이다

구 「개발제한구역의 지정 및 관리에 관한 특별조치법」이나 「개발제한구역의 지정 및 관리에 관한 특별조치법」(개발제한구역법)이 제정·시행되기 전의 구 도시계획법은 개발제한구역에서 행위제한을 위반한 자에 대한 시정명령을 정하고 있을 뿐이었으나, 2009. 2. 6. 법률 제9436호로 개발제한구역법을 개정하면서 시정명령을 이행하지 아니한 자에 대한 이행강제금을 정한 개발제한구역법 제30조의2를 신설하는 한편 그 이행강제금 부과의 근거가 되는 시정명령에 관한 제30조를 개정하였는데, 건축물·공작물 등의 철거·폐쇄·개축 또는 이전에 관하여는 시정명령의 요건이나 내용이 변경되었을 뿐만 아니라 종전 규정과 달리 '상당한 기간을 정하여' 시정명령을 하도록 하였다. 그리고 위 법률 부칙은 제1조에서 "이 법은 공포 후 6개월이 경과한 날부터 시행한다. 다만, 제30조 및 제30조의2의 개정규정은 공포 후 1년이 경과한 날부터 시행한다."고 규정하여 신설된 이행강제금 규정과 그 이행강제금 부과의 근거가 되는 시

정명령에 관한 개정규정이 2010. 2. 7. 함께 시행되도록 하고 있으며, 달리 개정 법률 시행 당시 종전의 규정에 따라 이루어진 시정명령 등에 관한 일반적인 경과조치 규정을 두고 있지 않다. 위와 같은 개발제한구역법의 개정 경과 및 규정 내용 등에 비추어 보면, 개발제한구역법에 의한 이행강제금 부과의 근거가 되는 시정명령은 위 법률 시행일인 2010. 2. 7. 이후에 이루어져야 한다(대판 2013.12.12, 2012두 20397).

2. 시정명령의 불이행

허가권자는 제79조 제1항에 따라 시정명령을 받은 후 시정기간 내에 시정명령을 이행하지 아니한 건축주등에 대하여는 그 시정명령의 이행에 필요한 상당한 이행기한을 정하여 그 기한까지 시정명령을 이행하지 아니하면 다음 각 호의 이행강제금을 부과한다. 다만, 연면적(공동주택의 경우에는 세대 면적을 기준으로 한다)이 60제곱미터 이하인 주거용 건축물과 제2호 중 주거용 건축물로서 대통령령으로 정하는 경우에는 다음 각 호의 어느 하나에 해당하는 금액의 2분의 1의 범위에서 해당 지방자치단체의 조례로 정하는 금액을 부과한다(제80조 제1항).

3. 상당한 이행기한

시정명령의 이행에 필요한 상당한 이행기간을 부여하였어야 한다(건축법 제80조 제1항).

1. 건축법 제80조에서 정한 이행강제금을 부과하기 위한 요건
   건축법 제79조 제1항 및 제80조 제1항에 의하면, 허가권자는 먼저 건축주 등에 대하여 상당한 기간을 정하여 시정명령을 하고, 건축주 등이 그 시정기간 내에 시정명령을 이행하지 아니하면, 다시 그 시정명령의 **이행에 필요한 상당한 이행기한을 정하여 그 기한까지 시정명령을 이행할 수 있는 기회를 준 후가 아니면 이행강제금을 부과할 수 없다**(대판 2010.6.24, 2010두3978).
2. 건축주 등이 장기간 시정명령을 이행하지 아니하였으나 그 기간 중에 시정명령의 이행 기회가 제공되지 아니하였다가 뒤늦게 이행 기회가 제공된 경우, 이행 기회가 제공되지 아니한 과거의 기간에 대한 이행강제금까지 한꺼번에 부과할 수 없고, 이를 위반하여 이루어진 이행강제금 부과처분의 하자가 중대·명백하여 당연무효이다(대판 2016.7.14, 2015두46598).

4. 계고처분

허가권자는 제1항 및 제2항에 따른 이행강제금을 부과하기 전에 이행강제금을 부과·징수한다는 뜻을 미리 문서로써 계고(戒告)하여야 한다(같은 조 제3항).

사용자가 이행하여야 할 행정법상 의무의 내용을 초과하는 것을 '불이행 내용'으로 기재한 이행강제금 부과 예고서에 의하여 이행강제금 부과 예고를 한 다음 이행강제금을 부과한 경우, 이행강제금 부과 예고 및 이행강제금 부과처분은 원칙적으로 위법하다

따라서 사용자가 이행하여야 할 행정법상 의무의 내용을 초과하는 것을 '불이행 내용'으로 기재한 이행강제금 부과 예고서에 의하여 이행강제금 부과 예고를 한 다음 이를 이행하지 않았다는 이유로 이행강제금을 부과하였다면, 초과한 정도가 근소하다는 등의 특별한 사정이 없는 한 이행강제금 부과 예고는 이행강제금 제도의 취지에 반하는 것으로서 위법하고, 이에 터 잡은 이행강제금 부과처분 역시 위법하다(대판 2015.6.24, 2011두2170).

5. 이유부기

이행강제금부과처분과 계고처분은 행정행위의 성질이다. 따라서 처분절차인 이유부기의 예외에 해당하지 않는 경우 이유를 알려야 한다. 허가권자는 제1항 및 제2항에 따른 이행강제금을 부과하는 경우 금액, 부과 사유, 납부기한, 수납기관, 이의제기 방법 및 이의제기 기관 등을 구체적으로 밝힌 문서로 하여야 한다(같은 조 제4항).

6. 이행강제금의 부과·징수

허가권자는 최초의 시정명령이 있었던 날을 기준으로 하여 1년에 2회 이내의 범위에서 해당 지방자치단체의 조례로 정하는 횟수만큼 그 시정명령이 이행될 때까지 반복하여 제1항 및 제2항에 따른 이행강제금을 부과·징수할 수 있다(같은 조 제5항). 허가권자는 제79조 제1항에 따라 시정명령을 받은 자가 이를 이행하면 새로운 이행강제금의 부과를 즉시 중지하되, 이미 부과된 이행강제금은 징수하여야 한다(같은 조 제6항).

1. 건축법상 위법건축물 완공 후에도 시정명령을 할 수 있고 그 불이행에 대한 이행강제금의 부과는 헌법 제37조 제2항에 위배되지 않는다

이행강제금은 국민의 자유와 권리를 제한한다는 의미에서 행정상 간접강제의 일종인 이른바 침익적 행정행위에 속하기는 하나, 위법건축물의 방치를 막고자 행정청이 시정조치를 명하였음에도 건축주등이 이를 이행하지 아니한 경우에 행정명령의 실효성을 확보하기 위하여 시정명령 이행시까지 지속적으로 부과함으로써 건축물의 안전과 기능, 미관을 향상시켜 공공복리의 증진을 도모하기 위한 것이므로 그 목적의 정당성이 인정된다 할 것이고, **공무원들이 위법건축물임을 알지 못하여 공사 도중에 시정명령이 내려지지 않아 위법건축물이 완공되었다 하더라도, 공공복리의 증진이라는 위 목적의 달성을 위해서는 완공 후에라도 위법건축물임을 알게 된 이상 시정명령을 할 수 있다고 보아야** 할 것이며, 만약 완공 후에는 시정명령을 할 수 없다면 위법건축물을 축조한 자가 일단 건물이 완공되었다는 이유만으로 그 시정을 거부할 수 있는 결과를 초래하게 될 것이므로, 공사기간 중에 위법건축물임을 알지 못하여 시정명령을

하지 않고 있다가 완공 후에 이러한 사실을 알고 시정명령을 하였다고 하여 부당하다고 볼 수는 없고, 시정명령을 내릴 수 있는 시점을 공사 도중이나 특정 시점까지만 할 수 있다고 정해두지 아니하였다고 하여 그 침해의 필요성이 없음에도 국민의 자유와 권리를 침해하고 있다거나, 국민의 자유와 권리에 대한 본질적인 내용을 침해한 것이라고 볼 수는 없다 할 것이므로, 건축법 제83조 제1항 및 제69조 제1항에서 시정명령을 내리도록 규정하면서 그 발령 시기를 규정하지 아니한 것이 헌법 제37조 제2항에 위반된다고도 볼 수 없다(대결 2002.8.16, 2002마1022).

2. 「국토의 계획 및 이용에 관한 법률」상 토지의 이용 의무 불이행에 따른 이행명령을 받은 의무자가 이행명령에서 정한 기간을 지나서 그 명령을 이행한 경우, 이행명령 불이행에 따른 최초의 이행강제금을 부과할 수 없다(대판 2014.12.11, 2013두15750).

3. 「부동산 실권리자명의 등기에 관한 법률」상 장기미등기자가 같은 법 제6조 제2항에 규정된 기간이 지나서 등기신청의무를 이행한 경우, 이행강제금을 부과할 수 없다(대판 2016.6.23, 2015두36454)시정명령을 받은 의무자가 시정명령에서 정한 기간이 지났으나 이행강제금이 부과되기 전에 의무를 이행한 경우, 이행강제금을 부과할 수 없다(대판 2018.1.25, 2015두35116).

4. 시정명령을 받은 의무자가 시정명령의 취지에 부합하는 의무를 이행하기 위한 정당한 방법으로 행정청에 신청 또는 신고를 하였으나 행정청이 위법하게 이를 거부 또는 반려함으로써 그 처분이 취소된 경우, 시정명령의 불이행을 이유로 이행강제금을 부과할 수 없다(대판 2018.1.25, 2015두35116). .

5. 「독점규제 및 공정거래에 관한 법률」 제16조에 따른 시정조치를 그 정한 기간 내에 이행하지 아니하는 자에 대하여 같은 법 제17조의3에 따라 이행강제금을 부과할 수 있고, 시정조치가 같은 법 제16조 제1항 제7호에 따른 부작위 의무를 명하는 내용인 경우에도 마찬가지이며, 이행강제금이 부과되기 전에 시정조치를 이행하거나 부작위 의무를 명하는 시정조치 불이행을 중단한 경우 과거의 시정조치 불이행기간에 대하여 이행강제금을 부과할 수 있다 (대판 2019.12.12, 2018두63563).

허가권자는 제4항에 따라 이행강제금 부과처분을 받은 자가 이행강제금을 납부기한까지 내지 아니하면 「지방행정제재·부과금의 징수 등에 관한 법률」에 따라 징수한다(같은 조 제6항).

1. 건축법상 이행강제금 납부의 최초 독촉은 항고소송의 대상이 되는 행정처분에 해당한다(대판 2009.12.24, 2009두14507).

2. 건축법상의 이행강제금은 허가 대상 건축물뿐만 아니라 신고 대상 건축물에 대해서도 부과할 수 있다 (대판 2013.1.24, 2011두10164).

3. 행정청에 「국토의 계획 및 이용에 관한 법률 시행령」 제124조의3 제3항에서 정한 토지이용의무를 위반한 자에게 부과할 이행강제금 부과기준과 다른 이행강제금액을 결정할 재량권이 없다
「국토의 계획 및 이용에 관한 법률」(국토계획법) 제124조의2 제1항, 제2항 및 「국토의 계획 및 이용에 관한 법률 시행령」 제124조의3 제3항이 토지이용에 관한 이행명령의 불이행에 대하여 법령 자체에서 토지이용의무 위반을 유형별로 구분하여 이행강제금을 차별하여 규정하고 있는 등 규정의 체계, 형식 및 내용에 비추어 보면, 국토계획법 및 「국토의 계획 및 이용에 관한 법률 시행령」이 정한 이행강제금의 부과기준은 단지 상한을 정한 것에 불과한 것이 아니라, 위반행위 유형별로 계산된 특정 금액을 규정한 것이

므로 행정청에 이와 다른 이행강제금액을 결정할 재량권이 없다고 보아야 한다(대판 2014.11.27, 2013두8653).

7. 이행강제금의 부과대상자

이행강제금의 부과대상자는 시정의무를 이행할 수 있는 법적 권한을 갖고 있는 자이다.

Ⅳ 이행강제금에 대한 불복

1. 과태료의 불복절차유형(처분성 부정)

1. **구 건축법상 이행강제금부과처분은 행정처분이 아니다**
   건축법 제83조의 규정에 의하여 부과된 이행강제금부과처분의 당부는 최종적으로 비송사건절차법에 의한 절차에 의하여만 판단되어야 한다고 보아야 할 것이므로 위와 같은 **이행강제금부과처분은 행정소송의 대상이 되는 행정처분이라고 볼 수 없다**(대판 2000.9.22, 2000두5722).
2. 농지법 제62조 제1항에 따른 이행강제금 부과처분에 대한 불복절차는 비송사건절차법에 따른 재판이므로 위 이행강제금 부과처분은 행정소송법상 항고소송의 대상이 되지 않는다(대판 2019.4.11, 2018두42955).
3. 관할청이 위 이행강제금 부과처분을 하면서 재결청에 행정심판을 청구하거나 관할 행정법원에 행정소송을 할 수 있다고 잘못 안내한 경우, 행정법원의 항고소송 재판관할이 생기지 않는다(대판 2019.4.11, 2018두42955).

2. 과징금의 불복절차유형(처분성 인정)

해당법률에서 특별한 불복방법을 규정하고 있지 아니한 경우로서 건축법 등 대부분의 법률에 의한 이행강제금은 일반적인 행정심판과 행정소송절차에 의한다. 2005. 11. 8. 개정 건축법(시행일 2006. 5. 9.)은 과태료부과절차에 관한 준용규정을 삭제함으로써 이행강제금부과처분과 계고처분은 성질이 행정행위이므로 행정소송(명시적 규정은 없음)에 의해 구제를 받을 수 있게 되었다.

Ⅰ 의의

직접강제는 의무자가 의무를 이행하지 않는 경우에 직접 의무자의 신체 또는 재산에 실력을 가해 행정상 필요한 상태를 실현하는 작용을 말한다. 대체적 작위의무, 비대체적 작위의무, 부작위의무, 수인의무 등 모든 종류의 의무가 대상이 된다. 당사자의 신체나 재산에 대한 직접적인 실력행사라는 점에서 최후수단으로써만 제한적으로 사용가능하며, 법률의 근거에 의해서만 인정된다.

Ⅱ 근거

직접강제에 관한 일반법은 존재하지 않으며, 개별법에서 예외적으로 인정되고 있다.

1. 강제퇴거(국가안보)

① 여권과 사증 없이 불법입국한 외국인에 대한 강제퇴거(출입국관리법 제46조)·출입국관리법상의 외국인 등록의무를 위반한 사람에 대한 강제퇴거

② 허가를 받지 않고 방어해면의 구역을 출입 또는 항해한 선박에 대한 강제퇴거(방어해면법 제7조)

2. 강제폐쇄(보건위생·학원교습)

① 무허가영업행위자에 대한 해당 영업소의 간판 등 영업 표지물의 제거나 삭제, 해당 영업소가 적법한 영업소가 아님을 알리는 게시문 등의 부착, 해당 영업소의 시설물과 영업에 사용하는 기구 등을 사용할 수 없게 하는 봉인 등의 영업소 폐쇄조치(식품위생법 제79조)

② 법령이나 명령에 위반한 업자에 대한 영업소 폐쇄조치(공중위생관리법 제11조)

③ 등록 또는 신고를 하지 아니하고 학원 또는 교습소를 설립·운영하거나 학원의 등록 말소 또는 교습소 폐지의 처분을 받거나 교습의 정지처분을 받은 학원설립·운영자 또는 교습자가 계속하여 교습하거나 학습장소를 제공하는 경우 학원 또는 교습소의 폐쇄조치(「학원의 설립 운영 및 과외 교습에 관한 법률」 제19조)

직접강제가 아닌 것
1. 교육법상 폐쇄조치명령 : 하명에 해당
2. 식품위생법상 물건의 폐기 : 즉시강제에 해당

Ⅲ 한 계

직접강제는 강제집행수단 중에서도 가장 강력한 수단이므로 국민의 기본권이 침해될 가능성이 높기 때문에 과잉금지의 원칙하에 최후수단으로 보충적으로만 활용되어야 한다(보충성의 원칙).

● 제5절 강제징수

Ⅰ 의 의

행정상 강제징수란 공법상의 금전급부의무를 이행하지 않은 경우에 행정기관이 의무자의 재산에 실력을 가해 의무가 이행된 것과 같은 상태를 실현하는 강제집행을 말한다.

행정상 강제징수는 행정상 강제집행으로서 강제징수가 가능한 경우 민사상 강제집행이나 공법상 당사자소송은 인정되지 않는 것이 원칙이다. 다만, 행정법상의 의무불이행에 대하여 행정상 강제집행을 인정하는 법률이 존재하지 않는 경우나 법률이 존재하더라도 강제집행이 불가능한 경우 등 권리실현에 장애가 있는 특별한 사정이 있는 경우에는 민사상 강제집행이나 공법상 당사자소송을 이용할 수 있다.

관련판례

1. 국유 일반재산의 대부료 등의 지급을 민사소송의 방법으로 구할 수 없다

   국유 일반재산의 대부료 등의 징수에 관하여는 국세징수법 규정을 준용한 간이하고 경제적인 특별구제 절차가 마련되어 있으므로, 특별한 사정이 없는 한 민사소송의 방법으로 대부료 등의 지급을 구하는 것은 허용되지 아니한다(대판 2014.9.4, 2014다203588).

2. 체납처분에 의하여 압류된 채권에 대하여도 민사집행법에 따라 압류 및 추심명령을 할 수 있고, 그 압류 및 추심명령을 받은 채권자는 추심의 소를 제기할 수 있다(대판 2015.7.9, 2013다60982).

3. 구 법인세법 제72조의 결손금 소급공제에 의하여 법인세를 환급받은 법인이 후에 결손금 소급공제 대상 법인이 아닌 것으로 밝혀진 경우, 납세지 관할 세무서장이 착오환급한 환급세액에 대하여 민사소송의 방법으로 부당이득반환을 구할 수 없다(대판 2016.2.18, 2013다206610).

4. 공유 일반재산의 대부료의 지급을 민사소송으로 구할 수 없다(대판 2017.4.13, 2013다207941).

   「도시 및 주거환경정비법」상 시장·군수가 아닌 사업시행자가 분양받은 자를 상대로 공법상 당사자소송의 방법으로 청산금 청구를 할 수 없다(대판 2017.4.28, 2016두39498).

Ⅱ 법적 근거

강제징수에 관한 일반법으로 국세징수법이 있다. 국세징수법은 국세징수에 관한 법이지만, 행정대집행법(제6조 제1항), 지방세기본법(제98조), 「보조금 관리에 관한 법률」(제33조의3) 등 많은 법률에서 국세체납처분의 예에 따라 강제징수하도록 규정하고 있기 때문에, 명시적 규정은 없지만 실질적으로는 국세징수만이 아니라 공법상 강제징수에 관한 일반법이라고 할 수 있다.

Ⅲ 강제징수의 절차

관할 세무서장(체납기간 및 체납금액을 고려하여 대통령령으로 정하는 체납자의 경우에는 지방국세청장을 포함)은 납세자가 독촉 또는 납부기한 전 징수의 고지를 받고 지정된 기한까지 국세 또는 체납액을 완납하지 아니한 경우 재산의 압류(교부청구·참가압류를 포함), 압류재산의 매각·추심 및 청산의 절차에 따라 강제징수를 한다(국세징수법 제24조).

> 독촉 ⇨ 체납처분(압류 ⇨ 매각·추심 ⇨ 청산)

1. 독촉(의사의 통지)

독촉은 의무자에 대해 의무의 이행을 최고하고, 불이행 시에 체납처분을 하겠다고 예고하는 준법률행위적 행정행위로서의 의사의 통지행위라고 보는 것이 일반적이다. 관할 세무서장은 납세자가 국세를 지정납부기한까지 완납하지 아니한 경우 지정납부기한이 지난 후 10일 이내에 체납된 국세에 대한 독촉장을 발급하여야 한다. 다만, 제9조에 따라 국세를 납부기한 전에 징수하거나 체납된 국세가 일정한 금액 미만인 경우 등 대통령령으로 정하는 경우에는 독촉장을 발급하지 아니할 수 있다(국세징수법 제10조 제1항). 관할 세무서장은 제1항 본문에 따라 독촉장을 발급하는 경우 독촉을 하는 날부터 20일 이내의 범위에서 기한을 정하여 발급한다(같은 조 제2항).

1. 독촉절차 없이 한 압류처분의 효력은 취소사유이다(대판 1987.9.22, 87누383).
2. 동일한 내용의 반복된 독촉은 처분이 아니다(대판 1999.7.13, 97누119).

2. 압류

(1) 압류의 의의 및 성질(권력적 사실행위)

압류란 의무자의 재산에 대해 사실상 및 법률상의 처분을 금지시키고 처분권을 확보하는 강제
집행절차(권력적 사실행위)로서 행정처분에 해당한다.

 압류처분에 기한 압류등기가 경료되어 있는 경우에도 압류처분의 무효확인을 구할 이익이 있다(대판
2003.5.16, 2002두3669).

(2) 압류의 요건

원칙적으로 의무자가 독촉장 또는 납부최고서를 받고도 지정된 기한까지 국세와 가산금을 완
납하지 않아야 한다.

국세징수법 제31조는 압류의 요건에 관해 규정하고 있다. 관할 세무서장은 다음 각 호의 어느
하나에 해당하는 경우 납세자의 재산을 압류한다(같은 조 제1항).

> 1. 납세자가 제10조에 따른 독촉을 받고 독촉장에서 정한 기한까지 국세를 완납하지 아니한 경우
> 2. 납세자가 제9조 제2항에 따라 납부고지를 받고 단축된 기한까지 국세를 완납하지 아니한 경우

관할 세무서장은 납세자에게 제9조 제1항 각 호의 어느 하나에 해당하는 사유가 있어 국세가 확
정된 후 그 국세를 징수할 수 없다고 인정할 때에는 국세로 확정되리라고 추정되는 금액의 한도에
서 납세자의 재산을 압류할 수 있다(같은 조 제2항). 관할 세무서장은 제2항에 따라 재산을 압류
하려는 경우 미리 지방국세청장의 승인을 받아야 하고, 압류 후에는 납세자에게 문서로 그 압류
사실을 통지하여야 한다(같은 조 제3항). 관할 세무서장은 제2항에 따라 재산을 압류한 경우 다
음 각 호의 어느 하나에 해당하면 즉시 압류를 해제하여야 한다(같은 조 제4항).

> 1. 납세자가 납세담보를 제공하고 압류 해제를 요구한 경우
> 2. 압류를 한 날부터 3개월이 지날 때까지 압류에 따라 징수하려는 국세를 확정하지 아니한 경우

관할 세무서장은 제2항에 따라 압류를 한 후 압류에 따라 징수하려는 국세를 확정한 경우 압
류한 재산이 다음 각 호의 어느 하나에 해당하고 납세자의 신청이 있으면 압류한 재산의 한도
에서 확정된 국세를 징수한 것으로 볼 수 있다(같은 조 제5항).

> 1. 금전
> 2. 납부기한 내 추심 가능한 예금 또는 유가증권

(3) 압류대상재산

① 원칙: 의무자의 소유로서 금전적 가치가 있고 양도성이 있는 모든 재산으로서, 동산·부동산·무체재산권을 불문한다. 압류가 허용된 재산 중에서 어느 재산을 압류할 것인가는 세무공무원의 재량에 속한다. 그러나 초과압류는 금지된다. 과잉금지의 원칙에 따라 가능한 한 체납자나 제3자의 권리를 적게 침해하는 재산을 압류해야 한다. 국세징수법도 이에 관해 규정하고 있다. 관할 세무서장은 국세를 징수하기 위하여 필요한 재산 외의 재산을 압류할 수 없다. 다만, 불가분물(不可分物) 등 부득이한 경우에는 압류할 수 있다(같은 법 제32조).

관련판례

1. 체납자가 아닌 제3자 소유물건에 대한 압류처분의 효력은 당연무효이다(대판 1993.4.27, 92누12117).
2. 과세관청이 납세자에 대한 체납처분으로서 국내은행 해외지점에 예치된 예금에 대한 반환채권을 대상으로 한 압류처분은 무효이다
   국내은행의 해외지점은 외국에 소재하면서 본점이나 국내지점과는 달리 별도로 소재지인 외국의 법령에 따른 인가를 받아 외국의 은행으로 간주되고, 은행업을 경영함에 있어서도 외국의 법령에 따라 외국 금융당국의 규제 및 감독을 받으며, 국내은행 해외지점에서 이루어지는 예금거래에 대해서도 소재지인 외국의 법령이 적용됨이 일반적이다. 또한 국내은행 해외지점은 본점 및 국내지점과 전산망이 연결되어 있지 아니하고, 국내은행 해외지점에 예치한 예금은 해외지점이 소재한 외국에서만 인출할 수 있을 뿐 이를 국내에서 처분하기 위해서는 다시 국내로의 송금 절차를 거쳐야만 한다. 따라서 **과세관청이 납세자에 대한 체납처분으로서 국내은행 해외지점에 예치된 예금에 대한 반환채권을 대상으로 한 압류처분은 국세징수법에 따른 압류의 대상이 될 수 없는 재산에 대한 것으로서 무효**이다(대판 2014.11.27, 2013다205198).

② 국세징수법상 압류의 금지 및 제한

   ㉠ 압류금지재산

다음 각 호의 재산은 압류할 수 없다(국세징수법 제41조).

1. 체납자 또는 그와 생계를 같이 하는 가족(사실상 혼인관계에 있는 사람을 포함. 이하 동거가족)의 생활에 없어서는 아니 될 의복, 침구, 가구, 주방기구, 그 밖의 생활필수품
2. 체납자 또는 그 동거가족에게 필요한 3개월간의 식료품 또는 연료
3. 인감도장이나 그 밖에 직업에 필요한 도장
4. 제사 또는 예배에 필요한 물건, 비석 또는 묘지
5. 체납자 또는 그 동거가족의 장례에 필요한 물건
6. 족보·일기 등 체납자 또는 그 동거가족에게 필요한 장부 또는 서류
7. 직무 수행에 필요한 제복
8. 훈장이나 그 밖의 명예의 증표
9. 체납자 또는 그 동거가족의 학업에 필요한 서적과 기구
10. 발명 또는 저작에 관한 것으로서 공표되지 아니한 것
11. 주로 자기의 노동력으로 농업을 하는 사람에게 없어서는 아니 될 기구, 가축, 사료, 종자, 비료, 그 밖에 이에 준하는 물건
12. 주로 자기의 노동력으로 어업을 하는 사람에게 없어서는 아니 될 어망, 기구, 미끼, 새끼 물고기, 그 밖에 이에 준하는 물건
13. 전문직 종사자·기술자·노무자, 그 밖에 주로 자기의 육체적 또는 정신적 노동으로 직업 또는 사업에 종사하는 사람에게 없어서는 아니 될 기구, 비품, 그 밖에 이에 준하는 물건
14. 체납자 또는 그 동거가족의 일상생활에 필요한 안경·보청기·의치·의수족·지팡이·장애보조용 바퀴의자, 그 밖에 이에 준하는 신체보조기구 및 자동차관리법에 따른 경형자동차
15. 재해의 방지 또는 보안을 위하여 법령에 따라 설치하여야 하는 소방설비, 경보기구, 피난시설, 그 밖에 이에 준하는 물건
16. 법령에 따라 지급되는 사망급여금 또는 상이급여금(傷痍給與金)
17. 주택임대차보호법 제8조에 따라 우선변제를 받을 수 있는 금액
18. 체납자의 생계 유지에 필요한 소액금융재산으로서 대통령령으로 정하는 것

ⓒ 급여채권의 압류 제한

금료, 연금, 임금, 봉급, 상여금, 세비, 퇴직연금, 그 밖에 이와 비슷한 성질을 가진 급여채권에 대해서는 그 총액의 2분의 1에 해당하는 금액은 압류가 금지되는 금액으로 한다(같은 법 제42조 제1항). 퇴직금이나 그 밖에 이와 비슷한 성질을 가진 급여채권에 대해서는 그 총액의 2분의 1에 해당하는 금액은 압류하지 못한다(같은 조 제3항).

(4) 압류방법 및 절차

① **압류방법**: 국세징수법은 제45조 이하에서 압류의 대상이 되는 재산의 종류(예 동산, 유가증권, 채권, 부동산, 무체재산권)에 따라 압류방법을 정하고 있다. 예를 들면 동산 또는 유가증권의 압류는 세무공무원이 점유함으로써 하고, 압류의 효력은 세무공무원이 점유한 때에 발생한다(제48조).

② **참가압류**: 관할 세무서장은 압류하려는 재산이 이미 다른 기관에 압류되어 있는 경우 참가압

류 통지서를 그 재산을 이미 압류한 기관(선행압류기관)에 송달함으로써 제59조에 따른 교부청구를 갈음하고 그 압류에 참가할 수 있다(국세징수법 제61조 제1항). 이를 참가압류라고 한다. 참가압류를 한 후에 선행압류기관이 그 재산에 대한 압류를 해제한 경우 그 참가압류는 다음 각 호의 구분에 따른 시기로 소급하여 압류의 효력을 갖는다(같은 법 제62조 제1항).

③ 압류절차: 세무공무원은 압류, 수색, 질문.검사를 하는 경우 그 신분을 나타내는 증표 및 압류·수색 등 통지서를 지니고 이를 관계자에게 보여 주어야 한다(같은 법 제38조). 세무공무원은 재산을 압류하기 위하여 필요한 경우에는 체납자의 주거·창고·사무실·선박·항공기·자동차 또는 그 밖의 장소(주거등)를 수색할 수 있고, 해당 주거등의 폐쇄된 문·금고 또는 기구를 열게 하거나 직접 열 수 있다(같은 법 제35조 제1항). 세무공무원은 강제징수를 하면서 압류할 재산의 소재 또는 수량을 알아내기 위하여 필요한 경우 구두(口頭) 또는 문서로 질문하거나 장부, 서류 및 그 밖의 물건을 검사할 수 있다(같은 법 제36조). 따라서 압류를 하기 위해서 법원으로부터 영장을 발부받을 필요가 없다.

(5) 압류의 효력(처분금지)

의무자는 압류된 재산에 대해 법률상 또는 사실상의 처분을 할 수 없다. 처분금지의 효력은 상대적이다.

세무공무원이 재산을 압류한 경우 체납자는 압류한 재산에 관하여 양도, 제한물권의 설정, 채권의 영수, 그 밖의 처분을 할 수 없다(국세징수법 제43조 제1항). 세무공무원이 채권 또는 그 밖의 재산권을 압류한 경우 해당 채권의 채무자 및 그 밖의 재산권의 채무자 또는 이에 준하는 자(제3채무자)는 체납자에 대한 지급을 할 수 없다(같은 조 제2항).

1. 구 국세징수법 제47조 제2항에 의한 압류의 효력 범위
   국세징수법 제45조의 규정에 의한 압류는 압류 당시의 체납액이 납부되었다고 하여 당연히 실효되지 아니하고, 그 압류가 유효하게 존속하는 한 압류등기 이후에 발생한 체납액에 대하여도 효력이 미친다(대판 2012.7.26, 2010다50625).

2. 국세징수법상 체납처분에 의한 채권압류에서 압류조서가 작성되지 않은 경우, 채권압류 자체가 무효이고, 제3채무자에 대한 채권압류통지서에 피압류채권이 특정되지 않거나 체납자에 대한 채무이행 금지의 문언이 기재되지 않은 경우, 채권압류의 효력은 무효이며, 이러한 법리는 「지방세외수입금의 징수 등에 관한 법률」의 적용을 받는 지방자치단체의 과징금, 이행강제금, 부과금 등의 압류절차에도 그대로 적용된다

3. 국세징수법상 체납처분에 의한 채권압류에서 **압류조서의 작성은 과세관청 내부에서 당해 채권을 압류하였다는 사실을 기록·증명하는 것에 불과하여 이를 채권압류의 효력발생요건이라고 할 수 없으므로, 압류조서가 작성되지 않았다고 하여 채권압류 자체가 무효라고 할 수 없으나,** 채권압류는 채무자(제3채무자)에게 체납자에 대한 채무이행을 금지시켜 조세채권을 확보하는 것을 본질적 내용으로 하는 것이므로, **제3채무자에 대한 채권압류통지서의 문언에 비추어 피압류채권이 특정되지 않거나 체납자에**

대한 채무이행을 금지하는 문언이 기재되어 있지 않다면 채권압류는 효력이 없다. 그리고 이러한 법리는 「지방세외수입금의 징수 등에 관한 법률」의 적용을 받는 지방자치단체의 과징금, 이행강제금 및 부담금 등의 압류절차에도 그대로 적용된다(「지방세외수입금의 징수 등에 관한 법률」 제19조 참조)(대판 2017.6.15, 2017다213678).

(6) 압류의 해제

① 필요적 해제(의무)

제관할 세무서장은 다음 각 호의 어느 하나에 해당하는 경우 압류를 즉시 해제하여야 한다(국세징수법 제57조 제1항).

1. 압류와 관계되는 체납액의 전부가 납부 또는 충당(국세환급금, 그 밖에 관할 세무서장이 세법상 납세자에게 지급할 의무가 있는 금전을 체납액과 대등액에서 소멸시키는 것을 말한다. 이하 이 조, 제60조 제1항 및 제71조 제5항에서 같다)된 경우
2. 국세 부과의 전부를 취소한 경우
3. 여러 재산을 한꺼번에 공매(公賣)하는 경우로서 일부 재산의 공매대금으로 체납액 전부를 징수한 경우
4. 총 재산의 추산(推算)가액이 강제징수비(압류에 관계되는 국세에 우선하는 국세기본법 제35조 제1항제3호에 따른 채권 금액이 있는 경우 이를 포함한다)를 징수하면 남을 여지가 없어 강제징수를 종료할 필요가 있는 경우. 다만, 제59조에 따른 교부청구 또는 제61조에 따른 참가압류가 있는 경우로서 교부청구 또는 참가압류와 관계된 체납액을 기준으로 할 경우 남을 여지가 있는 경우는 제외한다.
5. 그 밖에 제1호부터 제4호까지의 규정에 준하는 사유로 압류할 필요가 없게 된 경우

② 임의적 해제(재량)

관할 세무서장은 다음 각 호의 어느 하나에 해당하는 경우 압류재산의 전부 또는 일부에 대하여 압류를 해제할 수 있다(같은 조 제2항).

1. 압류 후 재산가격이 변동하여 체납액 전액을 현저히 초과한 경우
2. 압류와 관계되는 체납액의 일부가 납부 또는 충당된 경우
3. 국세 부과의 일부를 취소한 경우
4. 체납자가 압류할 수 있는 다른 재산을 제공하여 그 재산을 압류한 경우

관련 판례 국세징수법에 의한 체납처분으로 채무자의 제3채무자에 대한 채권을 압류하였다가 압류를 해제한 경우, 그 압류채권에 관한 추심권능과 소송수행권은 채무자에게 복귀한다(대판 2009.11.12, 2009다48879).

3. 매각(환가)

(1) 의의 및 법적 성질

매각은 체납자의 재산을 금전으로 바꾸는 것(환가)이다. 매각의 법적 성질에 관해 ① 사법상의 매매계약설과 ② 행정행위설이 대립하는데, 다수설은 형성적 행정행위 중 대리로 보고 있다. 다만, 수의계약은 사법상의 매매계약이다(정하중).

(2) 요 건

압류한 재산을 매각하기 위해서는 매각 당시 조세채권이 확정되어야 한다. 따라서 관할 세무서장은 압류 후 1년 이내에 매각을 위한 다음 각 호의 어느 하나에 해당하는 행위를 하여야 한다. 다만, 체납된 국세와 관련하여 심판청구등이 계속 중인 경우, 이 법 또는 다른 세법에 따라 압류재산의 매각을 유예한 경우, 압류재산의 감정평가가 곤란한 경우, 그 밖에 이에 준하는 사유로 법률상·사실상 매각이 불가능한 경우에는 그러하지 아니하다(제64조 제1항).

> 1. 제67조에 따라 수의계약으로 매각하려는 사실의 체납자 등에 대한 통지
> 2. 제72조에 따른 공매공고
> 3. 제103조 제1항에 따라 공매 또는 수의계약을 대행하게 하는 의뢰서의 송부

관할 세무서장은 제1항 각 호 외의 부분 단서의 사유가 해소되어 매각이 가능해진 때에는 지체 없이 제1항 각 호의 어느 하나에 해당하는 행위를 하여야 한다(같은 조 제2항).

(3) 방 법

① 공매(원칙)

매각은 공정성을 확보하기 위해 원칙적으로 공공기관에 의해 이루어지는 공매에 의하고, 예외적으로 거래상대방을 임의로 선택하는 수의계약에 의한다. 제65조(매각 방법) ① 압류재산은 공매 또는 수의계약으로 매각한다(같은 법 제65조 제1항). 공매는 다음 각 호의 어느 하나에 해당하는 방법(정보통신망을 이용한 것을 포함한다)으로 한다(같은 조 제2항).

> 1. 경쟁입찰: 공매를 집행하는 공무원이 공매예정가격을 제시하고, 매수신청인에게 문서로 매수신청을 하게 하여 공매예정가격 이상의 신청가격 중 최고가격을 신청한 자(최고가 매수신청인)를 매수인으로 정하는 방법
> 2. 경매: 공매를 집행하는 공무원이 공매예정가격을 제시하고, 매수신청인에게 구두 등의 방법으로 신청가격을 순차로 올려 매수신청을 하게 하여 최고가 매수신청인을 매수인으로 정하는 방법

1. 과세관청이 **체납처분으로서 행하는 공매는 우월한 공권력의 행사로서 행정소송의 대상이 되는 공법상의 행정처분**이며 공매에 의하여 재산을 매수한 자는 그 공매처분이 취소된 경우에 그 취소처분의 위법을 주장하여 행정소송을 제기할 법률상 이익이 있다(대판 1984.9.25, 84누201).
2. 국세징수법이 압류재산의 공매통지를 하도록 한 이유는 절차적인 적법성 확보에 있고, 공매통지 자체는 항고소송의 대상이 되는 행정처분이 아니다(대판 2011.3.24, 2010두25527).
3. 성업공사가 부동산을 공매하기로 한 결정·공매통지는 처분이 아니다(대판 1998.6.26, 96누12030).
4. 한국자산공사의 재공매(입찰)결정·재공매통지는 처분이 아니다(대판 2007.7.27, 2006두8464).
5. 공매에 있어서 공매재산에 대한 감정평가나 매각예정가격의 결정이 잘못되어 공매재산이 부당하게 저렴한 가격으로 공매된 경우 그 공매처분은 취소사유이다(대판 1997.4.8, 96다52915).

② 수의계약

관할 세무서장은 압류재산이 다음 각 호의 어느 하나에 해당하는 경우 수의계약으로 매각할 수 있다(같은 법 제67조).

1. 수의계약으로 매각하지 아니하면 매각대금이 강제징수비 금액 이하가 될 것으로 예상되는 경우
2. 부패·변질 또는 감량되기 쉬운 재산으로서 속히 매각하지 아니하면 그 재산가액이 줄어들 우려가 있는 경우
3. 압류한 재산의 추산가격이 1천만원 미만인 경우
4. 법령으로 소지(所持) 또는 매매가 금지 및 제한된 재산인 경우
5. 제1회 공매 후 1년간 5회 이상 공매하여도 매각되지 아니한 경우
6. 공매가 공익(公益)을 위하여 적절하지 아니한 경우

③ 위임

관할 세무서장은 독촉에도 불구하고 납부되지 아니한 체납액을 징수하기 위하여 「한국자산관리공사 설립 등에 관한 법률」 제6조에 따라 설립된 한국자산관리공사에 다음 각 호의 징수 관련 사실행위를 위탁할 수 있다. 이 경우 한국자산관리공사는 위탁받은 업무를 제3자에게 다시 위탁할 수 없다(같은 법 제11조 제1항).

1. 체납자의 주소 또는 거소 확인
2. 체납자의 재산 조사
3. 체납액의 납부를 촉구하는 안내문 발송과 전화 또는 방문 상담
4. 제1호부터 제3호까지의 규정에 준하는 단순 사실행위에 해당하는 업무로서 대통령령으로 정하는 사항

(4) 절 차

세무서장은 공매를 하고자 할 때에는 일정한 사항을 공고하여야 한다(같은 법 제72조 제1항). 관할 세무서장은 공매공고를 한 경우 즉시 그 내용을 다음 각 호의 자에게 통지하여야 한다(같은 법 제75조 제1항).

1. 체납자
2. 납세담보물 소유자
3. 다음 각 목의 구분에 따른 자
   가. 공매재산이 공유물의 지분인 경우: 공매공고의 등기 또는 등록 전 날 현재의 공유자
   나. 공매재산이 부부공유의 동산·유가증권인 경우: 배우자
4. 공매공고의 등기 또는 등록 전 날 현재 공매재산에 대하여 전세권·질권·저당권 또는 그 밖의 권리를 가진 자

1. 공고기간이 경과되지 아니한 공매는 위법하다(대판 1974.2.26, 73누186).
2. 체납자 등에 대한 공매통지에 하자가 있는 경우 공매처분은 위법하다

   체납자 등에 대한 공매통지는 국가의 강제력에 의하여 진행되는 공매에서 **체납자 등의 권리 내지 재산상의 이익을 보호하기 위하여 법률로 규정한 절차적 요건**이라고 보아야 하며, **공매처분을 하면서 체납자 등에게 공매통지를 하지 않았거나 공매통지를 하였더라도 그것이 적법하지 아니한 경우에는 절차상의 흠이 있어 그 공매처분은 위법하다고** 할 것이다. 다만 공매통지의 목적이나 취지 등에 비추어 보면, 체납자 등은 **자신에 대한 공매통지의 하자만을 공매처분의 위법사유로 주장할 수 있을 뿐 다른 권리자에 대한 공매통지의 하자를 들어 공매처분의 위법사유로 주장하는 것은 허용되지 않는다**[대판(전합) 2008. 11.20, 2007두18154].
3. 공매통지 없이 한 부동산 공매처분은 취소사유이다(대판 2012.7.26, 2010다50625).

(5) 매각결정과 취소

관할 세무서장은 일정한 사유가 없으면 매각결정기일에 최고가 매수신청인을 매수인으로 정하여 매각결정을 하여야 한다(같은 법 제84조 제1항). 매각결정의 효력은 매각결정기일에 매각결정을 한 때에 발생한다(같은 조 제2항).

제관할 세무서장은 다음 각 호의 어느 하나에 해당하는 경우 압류재산의 매각결정을 취소하고 그 사실을 매수인에게 통지하여야 한다(같은 법 제86조).

1. 제84조에 따른 매각결정을 한 후 매수인이 매수대금을 납부하기 전에 체납자가 압류와 관련된 체납액을 납부하고 매각결정의 취소를 신청하는 경우. 이 경우 체납자는 매수인의 동의를 받아야 한다.
2. 제85조에 따라 납부를 촉구하여도 매수인이 매수대금을 지정된 기한까지 납부하지 아니한 경우

4. 청 산

(1) 의 의

청산은 매각대금 등 체납처분절차로 획득한 금전에 대해 조세 기타 공과금, 담보채권 및 체납자에게 배분하는 작용을 말한다.

(2) 배분방법

> 강제징수비(강제집행비용) ⇨ 국세(원금. 단, 가산세 제외) ⇨ 가산세

체납액의 징수 순위는 ① 강제징수비, 2 국세(가산세는 제외한다), ③ 가산세의 순서에 따른다(같은 법 제3조). 관할 세무서장은 금전을 배분하는 경우 배분계산서 원안(原案)을 작성하고, 이를 배분기일 7일 전까지 갖추어 두어야 한다.세무서장은 금전을 배분할 때에는 배분계산서 원안을 작성하고, 이를 배분기일 7일 전까지 갖추어 두어야 한다(같은 법 제98조 제1항).

1. 국세와 다른 채권 간의 우선순위는 압류재산의 매각대금을 배분하기 위해 국세징수법상의 배분계산서를 작성함으로써 체납처분이 종료되는 때에 비로소 확정된다(대판 1992.1.17, 91다42524).
2. 매각대금 납부 이후에 성립·확정된 조세채권은 당해 공매절차의 매각대금 등의 배분대상에 포함되지 않는다(대판 2016.11.24, 2014두4085).
3. 공매대금배분처분의 직접 상대방이 아닌 압류재산의 원소유자는 그 처분의 취소를 구할 법률상 이익이 있다(대판 2016.11.25, 2014두5316).
4. 체납처분절차에서 배분계산서에 대한 이의가 취하되는 경우 당초의 배분계산서가 그대로 확정되지 않고, 세무서장이 당초의 배분계산서 중 이의의 제기로 확정되지 아니한 부분에 관하여 다른 사유를 고려하여 배분계산서를 수정할 수 있다(대판 2018.6.15, 2018두33784).

(3) 체납처분의 유예

제105조(압류·매각의 유예) ① 관할 세무서장은 체납자가 다음 각 호의 어느 하나에 해당하는 경우 체납자의 신청 또는 직권으로 그 체납액에 대하여 강제징수에 따른 재산의 압류 또는 압류재산의 매각을 대통령령으로 정하는 바에 따라 유예할 수 있다(같은 법 제105조 제1항).

관할 세무서장은 제1항에 따라 유예를 하는 경우 필요하다고 인정하면 이미 압류한 재산의 압류를 해제할 수 있다(같은 조 제2항). 관할 세무서장은 제1항 및 제2항에 따라 재산의 압류를 유예하거나 압류를 해제하는 경우 그에 상당하는 납세담보의 제공을 요구할 수 있다. 다만, 성실납세자가 체납세액 납부계획서를 제출하고 제106조에 따른 국세체납정리위원회가 체납세액 납부계획의 타당성을 인정하는 경우에는 그러하지 아니하다(같은 조 제3항).

(4) 체납처분의 중지 및 결손처분

결손처분은 2011. 12. 31. 국세징수법의 일부개정으로 삭제되어 2013년 1월 1일부터 폐지되었다.

1. '결손처분' 또는 '결손처분의 취소'는 항고소송의 대상이 되는 행정처분이 아니다
   개정 국세징수법 아래에서 결손처분은 체납처분절차의 종료라는 의미만 가지게 되었고, 결손처분의 취소도 종료된 체납처분절차를 다시 시작하는 행정절차로서의 의미만을 가질 뿐이다(대판 2011.3.24, 2010두25527).
2. 지방세의 결손처분과 그 취소는 행정처분이 아니다
   지방세법 및 지방세기본법, 지방세징수법의 개정 연혁에 따르면, 구 지방세기본법은 물론 현행 지방세징수법하에서도, 지방세의 결손처분은 국세의 결손처분과 마찬가지로 더 이상 납세의무가 소멸하는 사유가 아니라 체납처분을 종료하는 의미만을 가지게 되었고, 결손처분의 취소 역시 국민의 권리와 의무에 영향을 미치는 행정처분이 아니라 과거에 종료되었던 체납처분 절차를 다시 시작한다는 행정절차로서의 의미만을 가지게 되었다고 할 것이다(대판 2019.8.9, 2018다272407).

5. 납부의무 소멸사유

국세 및 강제징수비를 납부할 의무는 다음 각 호의 어느 하나에 해당하는 때에 소멸한다(국세기본법 제26조).

1. 납부 · 충당되거나 부과가 취소된 때
2. 제26조의2에 따라 국세를 부과할 수 있는 기간에 국세가 부과되지 아니하고 그 기간이 끝난 때
3. 제27조에 따라 국세징수권의 소멸시효가 완성된 때

6. 교부청구

교부청구란 금전지급의무자가 체납처분·강제집행·파산선고·경매를 당하거나 법인의 경우 해산된

때, 그들로부터 징수할 금전을 관계기관에 대하여 세무서장이 청구하는 것을 말한다. 교부청구는 민사소송법상 배당요구와 같은 성질의 것이다.

관할 세무서장은 다음 각 호의 어느 하나에 해당하는 경우 해당 관할 세무서장, 지방자치단체의 장, 「공공기관의 운영에 관한 법률」 제4조에 따른 공공기관의 장, 지방공기업법 제49조 또는 제76조에 따른 지방공사 또는 지방공단의 장, 집행법원, 집행공무원, 강제관리인, 파산관재인 또는 청산인에 대하여 다음 각 호에 따른 절차의 배당·배분 요구의 종기(終期)까지 체납액(제13조에 따라 지정납부기한이 연장된 국세를 포함한다)의 교부를 청구하여야 한다(국세징수법 제59조).

1. 국세, 지방세 또는 공과금의 체납으로 체납자에 대한 강제징수 또는 체납처분이 시작된 경우
2. 체납자에 대하여 민사집행법에 따른 강제집행 및 담보권 실행 등을 위한 경매가 시작되거나 체납자가 「채무자 회생 및 파산에 관한 법률」에 따른 파산선고를 받은 경우
3. 체납자인 법인이 해산한 경우

1. 국세징수법 제56조에 규정된 교부청구의 법적 성질
   국세징수법 제56조에 규정된 교부청구는 과세관청이 이미 진행 중인 강제환가절차에 가입하여 체납된 조세의 배당을 구하는 것으로서 강제집행에 있어서의 배당요구와 같은 성질의 것이므로, 해당 조세는 교부청구 당시 체납되어 있음을 요한다(대판 2019.7.25, 2019다206933).
2. 세무서장이 국세징수법상 교부청구를 한 경우 교부청구 사실을 체납자에게 알리는 것은 국세징수권에 관한 소멸시효 중단의 요건이 아니다(대판 2010.5.27, 2009다69951).
3. 공매절차에서 세무서장 등이 매각대금이 완납되어 압류재산이 매수인에게 이전되기 전까지 성립·확정된 조세채권에 관해서만 교부청구할 수 있다(대판 2016.11.24, 2014두4085).
4. 납세자에게 국세징수법 제14조 제1항 제1호 내지 제6호의 사유가 발생하고 납부고지가 된 국세의 납부기한도 도과하여 체납 상태에 있는 경우, 과세관청이 독촉장을 발급하거나 이미 발급한 독촉장에 기재된 납부기한의 도과를 기다릴 필요 없이 해당 국세에 대하여 교부청구를 할 수 있다(대판 2019.7.25, 2019다206933).

Ⅳ 강제징수에 대한 구제수단

1. 행정심판

조세부과·징수에 관한 행정심판에 관해서는 행정심판법의 적용이 배제되고(국세기본법 제56조 제1항) 국세기본법·관세법·지방세기본법이 적용된다.

(1) 이의신청

이의신청은 대통령령으로 정하는 바에 따라 불복의 사유를 갖추어 해당 처분을 하였거나 하였어야 할 세무서장에게 하거나 세무서장을 거쳐(행정심판법과 달리 처분청경유주의를 채택) 관할 지방국세청장에게 하여야 한다. 다만, 다음 각 호의 경우에는 관할 지방국세청장에게 하여야 하며, 세무서장에게 한 이의신청은 관할 지방국세청장에게 한 것으로 본다(같은 법 제66조 제1항).

> 1. 지방국세청장의 조사에 따라 과세처분을 한 경우
> 2. 세무서장에게 제81조의15에 따른 과세전적부심사를 청구한 경우

이의신청은 임의적 절차이다. 이의신청에 대한 결정은 이의신청을 받은 날부터 30일 이내에 하여야 한다(같은 조 제7항). 심사청구, 이의신청 및 과세전적부심사 청구사항을 심의 및 의결(제64조에 따른 심사청구에 한정한다)하기 위하여 세무서, 지방국세청 및 국세청에 각각 국세심사위원회를 둔다(같은 법 제66조의2).

(2) 심사청구

이 법 또는 세법에 따른 처분으로서 위법 또는 부당한 처분을 받거나 필요한 처분을 받지 못함으로 인하여 권리나 이익을 침해당한 자는 이 장의 규정에 따라 그 처분의 취소 또는 변경을 청구하거나 필요한 처분을 청구할 수 있다. 다만, 다음 각 호의 처분에 대해서는 그러하지 아니하다(같은 법 제55조 제1항).

> 1. 「조세범 처벌절차법」에 따른 통고처분
> 2. 감사원법에 따라 심사청구를 한 처분이나 그 심사청구에 대한 처분
> 3. 이 법 및 세법에 따른 과태료 부과처분

이 법 또는 세법에 따른 처분에 의하여 권리나 이익을 침해당하게 될 이해관계인으로서 다음 각 호의 어느 하나에 해당하는 자는 위법 또는 부당한 처분을 받은 자의 처분에 대하여 이 장의 규정에 따라 그 처분의 취소 또는 변경을 청구하거나 그 밖에 필요한 처분을 청구할 수 있다(같은 조 제2항).

> 1. 제2차 납세의무자로서 납부고지서를 받은 자
> 2. 제42조에 따라 물적납세 의무를 지는 자로서 납부고지서를 받은 자
> 2의2. 「부가가치세법」 제3조의2에 따라 물적납세의무를 지는 자로서 같은 법 제52조의2 제1항에 따른 납부고지서를 받은 자
> 2의3. 종합부동산세법 제7조의2 및 제12조의2에 따라 물적납세의무를 지는 자로서 같은 법 제16조의2 제1항에 따른 납부고지서를 받은 자
> 3. 보증인
> 4. 그 밖에 대통령령으로 정하는 자

제1항과 제2항에 따른 처분이 국세청장이 조사·결정 또는 처리하거나 하였어야 할 것인 경우를 제외하고는 그 처분에 대하여 심사청구 또는 심판청구에 앞서 이 장의 규정에 따른 이의신청을 할 수 있다(같은 조 제3항). 이 장의 규정에 따른 심사청구 또는 심판청구에 대한 처분에 대해서는 이의신청, 심사청구 또는 심판청구를 제기할 수 없다. 다만, 제65조 제1항 제3호 단서(제81조에서 준용하는 경우를 포함한다)의 재조사 결정에 따른 처분청의 처분에 대해서는 해당 재조사 결정을 한 재결청에 대하여 심사청구 또는 심판청구를 제기할 수 있다(같은 조 제5항). 이 장의 규정에 따른 이의신청에 대한 처분과 제65조 제1항 제3호 단서(제66조 제6항에서 준용하는 경우를 말한다)의 재조사 결정에 따른 처분청의 처분에 대해서는 이의신청을 할 수 없다(같은 조 제6항).

심사청구는 해당 처분이 있음을 안 날(처분의 통지를 받은 때에는 그 받은 날)부터 90일 이내에 제기하여야 한다(같은 법 제61조 제1항). 이의신청을 거친 후 심사청구를 하려면 이의신청에 대한 결정의 통지를 받은 날부터 90일 이내에 제기하여야 한다. 다만, 제66조 제7항에 따른 결정기간 내에 결정의 통지를 받지 못한 경우에는 결정의 통지를 받기 전이라도 그 결정기간이 지난 날부터 심사청구를 할 수 있다(같은 조 제2항). 제1항과 제2항 본문의 기한까지 우편으로 제출(제5조의2에서 정한 날을 기준으로 한다)한 심사청구서가 청구기간을 지나서 도달한 경우에는 그 기간의 만료일에 적법한 청구를 한 것으로 본다(같은 조 제3항). 심사청구인이 제6조에 따른 사유로 제1항에서 정한 기간에 심사청구를 할 수 없을 때에는 그 사유가 소멸한 날부터 14일 이내에 심사청구를 할 수 있다. 이 경우 심사청구인은 그 기간에 심사청구를 할 수 없었던 사유, 그 사유가 발생한 날과 소멸한 날, 그 밖에 필요한 사항을 기재한 문서를 함께 제출하여야 한다(같은 조 제4항).

심사청구는 대통령령으로 정하는 바에 따라 불복의 사유를 갖추어 해당 처분을 하였거나 하였어야 할 세무서장을 거쳐(행정심판법과 달리 처분청경유주의를 채택) 국세청장에게 하여야 한다(같은 법 제62조 제1항). 제61조에 따른 심사청구기간을 계산할 때에는 제1항에 따라 세무서장에게 해당 청구서가 제출된 때에 심사청구를 한 것으로 한다. 해당 청구서가 제1항의 세무서장 외의 세무서장, 지방국세청장 또는 국세청장에게 제출된 때에도 또한 같다(같은 조 제2항). 제1항에 따라 해당 청구서를 받은 세무서장은 이를 받은 날부터 7일 이내에 그 청구서에 처분의 근거·이유, 처분의 이유가 된 사실 등이 구체적으로 기재된 의견서를 첨부하여 국세청장에게 송부하여야 한다. 다만, 다음 각 호의 어느 하나에 해당하는 심사 청구의 경우에는 그 지방국세청장의 의견서를 첨부하여야 한다(같은 조 제3항).

> 1. 해당 심사청구의 대상이 된 처분이 지방국세청장이 조사·결정 또는 처리하였거나 하였어야 할 것인 경우
> 2. 지방국세청장에게 이의신청을 한 자가 이의신청에 대한 결정에 이의가 있거나 그 결정을 받지 못한 경우

(3) 심판청구

심판청구에 대한 결정을 하기 위하여 국무총리 소속으로 조세심판원을 둔다(같은 법 제67조 제1항). 심판청구는 해당 처분이 있음을 안 날(처분의 통지를 받은 때에는 그 받은 날)부터 90일 이내에 제기하여야 한다(같은 법 제68조 제1항). 이의신청을 거친 후 심판청구를 하는 경우의 청구기간에 관하여는 제61조 제2항을 준용한다(같은 조 제2항).

심판청구를 하려는 자는 대통령령으로 정하는 바에 따라 불복의 사유 등이 기재된 심판청구서를 그 처분을 하였거나 하였어야 할 세무서장이나 조세심판원장에게 제출하여야 한다. 이 경우 심판청구서를 받은 세무서장은 이를 지체 없이 조세심판원장에게 송부하여야 한다(같은 법 제68조 제1항). 제68조에 따른 심판청구기간을 계산할 때에는 심판청구서가 제1항 전단에 따른 세무서장 외의 세무서장, 지방국세청장 또는 국세청장에게 제출된 경우에도 심판청구를 한 것으로 본다. 이 경우 심판청구서를 받은 세무서장, 지방국세청장 또는 국세청장은 이를 지체 없이 조세심판원장에게 송부하여야 한다(같은 조 제2항). 조세심판원장은 제1항 전단 또는 제2항 후단에 따라 심판청구서를 받은 경우에는 지체 없이 그 부본을 그 처분을 하였거나 하였어야 할 세무서장에게 송부하여야 한다(같은 조 제3항).

제81조에서 준용하는 제65조에 따른 결정은 관계 행정청을 기속(羈束)한다(같은 법 제80조 제1항). 심판청구에 대한 결정이 있으면 해당 행정청은 결정의 취지에 따라 즉시 필요한 처분을 하여야 한다(같은 조 제2항).

(4) 재조사결정

국세기본법에서는 심사청구 또는 심판청구에 대한 결정으로 각하결정, 기각결정, 취소·경정 결정이나 필요한 처분의 결정과 재조사결정을 규정하고 있다. 즉, 심사청구가 이유 있다고 인정될 때에는 그 청구의 대상이 된 처분의 취소·경정 결정을 하거나 필요한 처분의 결정을 한다. 다만, 취소·경정 또는 필요한 처분을 하기 위하여 사실관계 확인 등 추가적으로 조사가 필요한 경우에는 처분청으로 하여금 이를 재조사하여 그 결과에 따라 취소·경정하거나 필요한 처분을 하도록 하는 재조사 결정을 할 수 있다(국세기본법 제65조 제1항 제3호).

재조사 결정이 있는 경우 처분청은 재조사 결정일로부터 60일 이내에 결정서 주문에 기재된 범위에 한정하여 조사하고, 그 결과에 따라 취소·경정하거나 필요한 처분을 하여야 한다. 이 경우 처분청은 제81조의7 및 제81조의8에 따라 조사를 연기하거나 조사기간을 연장하거나 조사를 중지할 수 있다(같은 조 제5항).

재조사결정에 대해서는 다음과 같은 특칙이 인정된다. 심사청구 또는 심판청구에 대한 처분에 대해서는 이의신청, 심사청구 또는 심판청구를 제기할 수 없다. 다만, 제65조 제1항 제3호 단서(제81조에서 준용하는 경우를 포함한다)의 재조사 결정에 따른 처분청의 처분에 대해서는 해당 재조사 결정을 한 재결청에 대하여 심사청구 또는 심판청구를 제기할 수 있다(같은 법 제55조 제5항). 제55조에 규정된 위법한 처분에 대한 행정소송은 행정소송법 제18조제1항 본문, 제2항 및 제3항에도 불구하고 이 법에 따른 심사청구 또는 심판청구와 그에 대한 결정을 거치지 아니하면 제기할 수 없다. 다만, 심사청구 또는 심판청구에 대한 제65조 제1항 제3호 단서(제81조에서 준용하는 경우를 포함한다)의 재조사 결정에 따른 처분청의 처분에 대한 행정소송은 그러하지 아니하다(같은 법 제56조 제2항). 제2항 단서에 따른 행정소송은 행정소송법 제20조에도 불구하고 다음 각 호의 기간 내에 제기하여야 한다(같은 법 제56조 제4항 제2호).

이 법에 따른 심사청구 또는 심판청구를 거쳐 제기하는 경우: 재조사 후 행한 처분청의 처분에 대하여 제기한 심사청구 또는 심판청구에 대한 결정의 통지를 받은 날부터 90일 이내. 다만, 제65조 제2항(제81조에서 준용하는 경우를 포함한다)에 따른 결정기간에 결정의 통지를 받지 못하는 경우에는 그 결정기간이 지난 날부터 행정소송을 제기할 수 있다.

관련판례 재결청의 재조사결정에 따라 처분청이 감액경정처분이나 당초 처분을 유지하는 등의 후속 처분을 한 경우 불복청구기간의 기산점은 재조사결정통지를 받은 날이 아니라 후속 처분의 통지를 받은 날이다[대판(전합) 2010.6.25, 2007두12514].

(5) 감사원에 대한 심사청구

감사원의 감사를 받는 자의 직무에 관한 처분이나 그 밖에 감사원규칙으로 정하는 행위에 관하여 이해관계가 있는 자는 감사원에 그 심사의 청구를 할 수 있다(감사원법 제43조 제1항). 심사청구는 청구의 취지와 이유를 적은 심사청구서로서 하되 청구의 원인이 되는 처분이나 그 밖의 행위를 행한 기관의 장을 거쳐(행정심판법과 달리 처분청경유주의를 채택) 이를 제출하여야 한다(같은 조 제2항). 이해관계인은 심사청구의 원인이 되는 행위가 있는 것을 안 날부터 90일, 그 행위가 있은 날부터 180일 이내에 심사의 청구를 하여야 한다(같은 법 제44조 제1항). 제1항의 기간은 불변기간으로 한다(같은 조 제2항). 감사원법에 의하여 심사청구를 한 처분이나 그 심사청구에 대한 처분에 대하여는 국세기본법상 심사청구 또는 심판청구를 제기할 수 없고, 직접 행정소송을 제기해야 한다고 규정하고 있다(국세기본법 제55조 제5항). 따라서 감사원에 대한 심사청구는 행정심판으로 인정된다. 감사원은 심리결과 심사청구의 이유가 있다고 인정할 때에는 관계기관의 장에 대하여 시정 기타의 필요한 조치를 요구할 수 있을 뿐 당해 처분을 직접 취소 또는 변경할 수는 없다(같은 법 제46조 제2항). 청구인은 심사청구 및 결정을 거친 행정기관의 장의 처분에 대하여는 해당 처분청을 당사자로 하여 해당 결정의 통지를 받은 날부터 90일 이내에 행정소송을 제기할 수 있다(같은 법 제46조의2).

관련판례 조세의 부과징수처분에 대하여 감사원법 제43조 제1항에 정한 심사청구절차를 거친 경우에는 위 처분의 취소소송 제기에 앞서 필요한 요건으로서의 행정심판을 거친 것으로 보아야 한다(대판 1991.2.26, 90누7944).

2. 행정소송

조세에 관한 행정심판에 불복이 있는 자는 법원에 행정소송을 제기할 수 있다. 조세에 관한 행정소송 역시 특별한 규정이 없으면 행정소송법이 정하는 바에 의한다. 다만, 국세기본법·관세법 및 지방세기본법은 행정심판·제소기관과 관련하여 특칙을 규정하고 있다. 제55조에 규정된 위법한 처분에 대한 행정소송은 행정소송법 제18조 제1항 본문, 제2항 및 제3항에도 불구하고 이 법에 따른 심사청구 또는 심판청구와 그에 대한 결정을 거치지 아니하면 제기할 수 없다. 다만, 심사청구 또는 심판청구에 대한 제65조 제1항 제3호 단서(제81조에서 준용하는 경우를 포함한다)의 재조사 결정에 따른 처분청의 처분에 대한 행정소송은 그러하지 아니하다(국세기본법 제56조 제2항). 동일한 처분에 대하여는 심사청구와 심판청구를 중복하여 제기할 수 없다(같은 법 제55조 제9항). 지방세의 경우 지방세법 제78조 제2항에서 필요적 전치주의를 규정하고 있었으나 위헌결정으로 인해 삭제되어, 행정심판을 거치지 않고 곧바로 항고소송을 제기할 수 있다(헌재결 2001.6.28, 2000헌바30).

1. 이의신청 및 심사청구를 거치지 아니하고서는 지방세 부과처분에 대하여 행정소송을 제기할 수 없도록 한 지방세법 제78조 제2항은 행정심판에 사법절차를 준용하도록 한 헌법 제107조 제3항 및 재판청구권을 보장하는 헌법 제27조에 위반된다(헌재결 2001.6.28, 2000헌바30).

2. 지방세 부과처분에 대하여 이의신청 및 심사청구를 거치지 아니하고도 바로 취소소송을 제기할 수 있다 헌법재판소가 2001.6.28, 2000헌바30 결정으로 행정심판의 필요적 전치주의에 관하여 규정한 구 지방세법 제78조 제2항이 헌법에 위반된다고 선언함에 따라 동 규정은 효력을 상실하게 되었고, 위 규정을 제외한 같은 법 제72조 제1항, 제73·74조 규정들에 의하면, 지방세법에 의한 처분에 대하여는 이의신청 및 심사청구를 할 수 있되, 다만 심사청구를 하고자 할 때에는 이의신청을 거쳐 그에 대한 결정의 통지를 받은 날부터 소정의 기간 내에 심사청구를 하여야 한다고 되어 있을 뿐이어서, 행정소송법 제18조 제1항 본문에 따라 **지방세법상의 이의신청 및 심사청구를 거치지 아니하고도 바로 지방세법에 의한 처분에 대한 취소소송을 제기할 수 있게 되었다**(대판 2003.8.22, 2001두3525).

3. **과세관청이 조세의 징수를 위하여 납세의무자 소유의 부동산을 압류한 이후에 압류등기가 된 부동산을 양도받아 소유권이전등기를 마친 사람은 위 압류처분에 대하여 사실상 간접적 이해관계**를 가질 뿐, 법률상 직접적이고 구체적인 이익을 가지는 것은 아니어서 그 압류처분의 무효확인을 구할 당사자적격이 없다(대판 1990.10.16, 89누5706).

제3장 행정상 즉시강제 및 행정조사

I 개 설

1. 행정상 즉시강제의 의의

행정상 즉시강제란 목전에 급박한 행정상의 장해를 제거할 필요가 있으나 미리 의무를 명할 시간적 여유가 없을 때 또는 성질상 의무를 명해서는 목적달성이 곤란한 때에 즉시 국민의 신체 또는 재산에 실력을 가해 행정상의 필요한 상태를 실현하는 작용으로서 의무부과와 불이행을 전제로 하지 않는다는 점에서 강제집행과 구별된다.

행정상 즉시강제의 의의

행정상 즉시강제란 행정강제의 일종으로서 목전의 급박한 행정상 장해를 제거할 필요가 있는 경우에, 미리 의무를 명할 시간적 여유가 없을 때 또는 그 성질상 의무를 명하여 가지고는 목적달성이 곤란할 때에, 직접 국민의 신체 또는 재산에 실력을 가하여 행정상 필요한 상태를 실현하는 작용이며, 법령 또는 행정처분에 의한 선행의 구체적 의무의 존재와 그 불이행을 전제로 하는 행정상 강제집행과 구별된다(헌재결 2002.10.31, 2000헌가12).

2. 행정조사의 의의

행정조사란 행정기관이 행정작용을 위해 필요한 정보나 자료 등을 수집하는 일체의 행정활동을 말한다. 행정조사기본법 제2조 제1호는 "행정조사란 행정기관이 정책을 결정하거나 직무를 수행하는 데 필요한 정보나 자료를 수집하기 위하여 현장조사·문서열람·시료채취 등을 하거나 조사대상자에게 보고요구·자료제출요구 및 출석·진술요구를 행하는 활동을 말한다."라고 규정하고 있다.

3. 즉시강제와 행정조사의 구별

과거에는 행정조사를 즉시강제에 포함시켜 설명하였으나, 오늘날에는 양자가 목적·기능·효과 등 여러 점에서 차이가 있으므로 구분하여 고찰하는 것이 일반적이다.

즉, ① 행정상 즉시강제는 행정상 필요한 구체적인 결과실현을 목적으로 하지만, 행정조사는 행정작용에 필요한 정보나 자료수집 등 행정작용을 위한 준비적·보조적 수단의 성질을 갖는다는 점, ② 행정상 즉시강제는 직접적 실력행사가 허용되나, 행정조사는 실력행사를 수반하지 않으므로 상대방이 거부하는 경우 직접적인 실력행사는 할 수 없고 벌칙에 의해 간접적으로 강제한다는 점, ③ 즉시강제는 급박성이 개념요소이나, 행정조사의 개념요소는 아니라는 점에서 구별된다.

4. 법적 성질

(1) 즉시강제(권력적 사실행위)

당사자의 신체나 재산에 대한 실력행사인 점에서 권력적 사실행위로서 행정쟁송의 대상인 처분성이 인정된다.

(2) 행정조사(권력적·비권력적 사실행위)

일반적으로 행정조사 그 자체는 법적 효과를 가져 오지 않는 사실행위에 해당한다. 그러나 권력적 사실행위에 한정할 것인지에 대해 권력적 행정조사와 비권력적 행정조사(비권력적 사실행위)를 포함하는 견해가 다수설이다.

Ⅱ 법적 근거

1. 행정상 즉시강제

기본권을 침해할 소지가 큰 권력적 사실행위이므로 이론적 근거만으로는 정당화될 수 없고, 엄격한 법적 근거하에서만 인정된다는 게 일반적 견해이다.

현행법상으로는 행정상 즉시강제에 관한 일반법이라 할 수 있는 「경찰관 직무집행법」 외에 개별법으로 소방기본법, 「감염병의 예방 및 관리에 관한 법률」, 「마약류관리에 관한 법률」 등이 있다.

2. 행정조사

강제조사(권력적 조사)는 시민의 신체나 재산에 대한 제한을 야기하므로 법률유보원칙에 따라 당연히 법률의 근거를 요한다. 반면에 당사자의 임의적 동의하에 행해지는 임의조사(비권력적 조사)인 때에는 작용법적 근거는 필요하지 않지만, 적어도 조직법적 근거는 필요하다. 행정조사에 관한 일반법으로 행정조사기본법이 있다.

Ⅲ 종류(수단)

1. 행정상 즉시강제

(1) 대인적 강제

사람의 신체에 실력을 가하여 행정상 필요한 상태를 실현시키는 행정작용이다.

「경찰관 직무집행법」(일반법)	개별법(특별법)
1. 보호조치(대판 2012.12.13, 2012도11162)(제4조) : 정신착란을 일으키거나 술에 취하여 자신 또는 다른 사람의 생명·신체·재산에 위해를 끼칠 우려가 있는 사람, 자살을 시도하는 사람, 미아, 병자, 부상자 등으로서 적당한 보호자가 없으며 응급구호가 필요하다고 인정되는 사람(다만, 본인이 구호를 거절하는 경우는 제외) 2. 위험발생방지조치(경고, 억류, 피난, 접근 또는 통행의 제한이나 금지)(제5조) 3. 범죄예방·제지)(제6조) 4. 장구·무기사용(제10조, 제10조의2, 제10조의3, 제10조의4)	1. 「감염병의 예방 및 관리에 관한 법률」에 의한 감염병에 감염되었으리라고 의심되는 충분한 이유 있는 자 또는 감염병에 감염되기 쉬운 환경에 있는 자에 대한 강제건강진단, 강제입원·강제치료 2. 「마약류관리에 관한 법률」상의 마약류중독자의 치료보호 3. 소방기본법상 원조강제 4. 출입국관리법상 불법체류외국인의 보호조치·무기사용 불법체류외국인의 강제퇴거는 직접강제(즉시강제라는 견해로는 박균성, 장태주) 5. 「집회 및 시위에 관한 법률」상의 시위진압 6. 「재난 및 안전관리기본법」에 의한 응급조치

(2) 대물적 강제

타인의 물건에 실력을 가하여 필요한 상태를 실현시키는 행정작용이다.

「경찰관 직무집행법」(일반법)	개별법(특별법)
1. 무기·흉기의 임시영치(제4조 제3항) 2. 위험발생방지조치	1. 식품위생법·약사법·검역법, 「형의 집행 및 수용자의 처우에 관한 법률」에 의한 물건의 폐기·압수·압류 2. 「형의 집행 및 수용자의 처우에 관한 법률」·관세법에 의한 물건의 영치·몰수 3. 도로교통법상의 교통장해물(위법 인공구조물)의 제거·불법주차차량의 강제견인 4. 물건이나 시설의 이전·분산·소개(민방위기본법) 5. 화재가 발생한 소방대상물 및 그 토지에 대한 소방상 필요한 처분(소방기본법)·소방기본법상의 소방활동에 방해가 되는 물건 등에 대한 강제처분 6. 주류·담배 및 성기구와 같은 청소년유해약물 등과 청소년유해매체물의 수거·폐기(청소년보호법) 7. 불법비디오물·등급분류가 거부된 게임물 등 수거·폐기(헌재결 2002. 10.31, 2000헌가12)(게임산업진흥에 관한 법률) 8. 「마약류 관리에 관한 법률」상의 승인을 받지 못한 마약류에 대한 폐기

불법게임물 수거·폐기는 대물적 강제이다

이 사건 법률조항은 문화관광부장관, 시·도지사, 시상·군수·구청장이 법 제18조 제5항의 규정에 의한 등급분류를 받지 아니하거나 등급분류를 받은 게임물과 다른 내용의 게임물을 발견한 때에는 관계공무원으로 하여금 이를 수거하여 폐기하게 할 수 있도록 규정하고 있는바, 이는 어떤 하명도 거치지 않고 행정청이 직접 대상물에 실력을 가하는 경우로서, 위 조항은 행정상 즉시강제 그 중에서도 대물적(對物的) 강제를 규정하고 있다고 할 것이다(헌재결 2002.10.31, 2000헌가12).

(3) 대가택강제

소유자 또는 점유자·관리자의 의사와 무관하게 가택·창고·영업소 등에 출입하여 행정상 필요한 상태를 실현하는 작용을 말한다. 종래에는 가택출입·조사행위를 행정상 즉시강제의 일종으로 보았으나, 현재는 「경찰관 직무집행법」상의 위험방지를 위한 가택출입, 임검·검사 및 수색(제7조)만 제외하고, 행정조사로 분류하고 있다.

> 즉시강제가 아닌 것
> 1. 관세법상의 통고처분 : 행정형벌의 간이과벌절차
> 2. 출입국관리법상의 강제퇴거 : 직접강제
> 3. 불법 입국한 외국인의 강제출국 조치 : 직접강제
> 4. 불법건축에 대한 시정명령 : 하명
> 5. 「가축전염병 예방법」상 가축의 소유자에게 행한 살처분명령 : 하명

2. 행정조사

(1) 대상에 따른 분류

대인적 조사	대물적 조사	대가택적 조사
1. 행정조사의 대상이 사람인 행정조사 2. 불심검문, 질문, 신체수색, 음주측정	1. 행정조사의 대상이 물건인 행정조사 2. 장부·서류의 열람, 물건의 검사·수거, 토지의 출입·조사	1. 주거·창고·영업소 등을 출입·검사하는 경우 2. 가택·영업소 출입, 임검, 선차(배와 자동차)에의 출입

1. 운전자가 음주측정기에 의한 측정 결과에 불복하여 혈액을 채취하였으나 채취한 혈액이 분실, 오염 등의 사유로 감정이 불가능하게 된 경우, 음주측정기에 의한 측정 결과만으로 음주운전 사실 및 그 주취 정도를 증명할 수 없다

운전자가 음주측정기에 의한 측정 결과에 불복하면서 혈액채취 방법에 의한 측정을 요구한 때에는 경찰

공무원은 반드시 가까운 병원 등에서 혈액을 채취하여 감정을 의뢰하여야 하고, 이를 위하여 채취한 혈액에 대한 보존 및 관리 등을 철저히 하여야 하는데, 만일 채취한 혈액이 분실되거나 오염되는 등의 사유로 감정이 불능으로 된 때에는 음주측정기에 의한 측정 결과가 특히 신빙할 수 있다고 볼 수 있는 때에 한하여 음주측정기에 의한 측정 결과만으로 음주운전 사실 및 그 주취 정도를 증명할 수 있다(대판 2002.10.11, 2002두6330).

2. 음주운전자가 경찰공무원이 실시한 호흡측정기에 의한 혈중알콜농도 측정 결과에 불복한 사안에서, 호흡측정기에 의한 1차 측정 후 상당한 시간 내에 명시적으로 재측정 또는 혈액채취의 방법에 의한 측정을 요구하지 않았던 점 등에 기하여 1차 호흡측정기에 의한 결과를 근거로 음주운전 사실을 인정한 사례(대판 2008.5.8, 2008도2170).

3. 자동차 등 운전자가 신체 이상 등의 사유로 '호흡에 의한 음주측정'에 응하지 못한 경우, 음주측정불응죄가 성립하지 않는다(대판 2010.7.15, 2010도2935).

4. 신체 이상 등의 사유로 호흡조사에 의한 음주측정에 응할 수 없는 운전자가 '혈액채취에 의한 측정'을 거부하거나 이를 불가능하게 한 경우, 음주측정에 불응한 것으로 볼 수 없다(대판 2010.7.15, 2010도2935).

(2) 수단에 따른 분류

권력적 조사(강제조사)	비권력적 조사(임의조사)
1. 상대방이 행정기관의 명령이나 지시에 따르지 않는 경우 벌칙의 적용을 통한 강제를 받게 되는 행정조사 2. 화재원인과 피해의 상황에 대한 조사·질문 3. 국세징수법 제27조에 의해 영업소에 들어가 강제적으로 장부나 서류를 검사하는 경우 4. 불심검문, 물건의 수거, 음주측정, 가택수색	1. 상대방의 임의적 협력에 의해 행해지거나 행정청이 단독으로 행하는 행정조사 2. 여론조사, 임의적인 통계조사자료, 임의적 공청회, 종교조사, 부동산소유현황전산화·주민등록자료전산화를 위한 조사

Ⅳ 한 계

1. 실체적 한계

(1) 행정상 즉시강제

국민의 권익침해행위이므로 엄격한 법적 근거를 필요로 한다. 실정법상의 발동요건이 다의적이고 추상적 개념이므로 행정법의 일반법원칙에 의한 한계가 강조된다.

① 급박성(시간적 한계) : 행정상 장해가 목전에 급박해야 한다.

② **보충성(최후수단성)**: 다른 수단으로는 행정목적을 달성할 수 없는 경우이어야 한다. 즉, 행정상 강제집행에 의해 행정목적을 달성할 수 있음에도 행정상 즉시강제를 하면 위법하다.

③ **소극성**: 소극적으로 공공의 안녕질서를 유지하기 위해 발동해야 하고, 적극적인 행정목적 달성을 위해 발동되어서는 안 된다.

④ **비례성**: 행정목적 달성과 적합한 수단으로(적합성), 필요한 최소한도의 범위 내에서(필요성), 공익과 사익 간에 균형이 이루어져야 한다(상당성).

관련 관례 행정강제는 행정상 강제집행이 원칙이고 행정상 즉시강제는 예외적인 강제수단이다

행정강제는 행정상 강제집행을 원칙으로 하며, 법치국가적 요청인 예측가능성과 법적 안정성에 반하고, 기본권 침해의 소지가 큰 권력작용인 행정상 즉시강제는 어디까지나 예외적인 강제수단이라고 할 것이다. 이러한 행정상 즉시강제는 엄격한 실정법상의 근거를 필요로 할 뿐만 아니라(법률유보원칙), 그 발동에 있어서는 법규의 범위 안에서도(법률우위원칙) 다시 행정상의 장해가 목전에 급박하고(급박성), 다른 수단으로는 행정목적을 달성할 수 없는 경우이어야 하며(보충성), 이러한 경우에도 그 행사는 필요 최소한도에 그쳐야 함(필요성)을 내용으로 하는 조리상의 한계에 기속된다(헌재결 2002.10.31, 2000헌가12).

(2) 행정조사

권력적 행정조사는 법률의 근거를 요하고, 행정목적과 직접 관련 없는 수단을 활용할 수 없고(부당결부금지원칙), 합리적 이유 없이 피조사자를 차별해서는 안 된다(평등원칙). 또한 행정조사의 경우에는 근거된 법규의 범위 내에서만 가능하다.

2. 절차적 한계(영장주의)

즉시강제와 행정조사의 경우 영장이 필요한지에 대해 견해가 대립된다.

(1) 영장불요설(소극설)

영장주의란 연혁적으로 형사사법권의 행사인 강제조치로부터 국민의 기본권을 보장하기 위한 것이며, 모든 즉시강제에 대해 영장주의를 관철하는 것은 실질적으로 즉시강제를 부정하는 결과를 초래한다는 견해이다.

(2) 영장필요설(적극설)

형사작용과 행정작용의 목적은 서로 다르지만 헌법상 기본권보장의 취지는 같으며, 즉시강제의 경우도 형사사법의 경우와 마찬가지로 신체와 재산에 대한 실력작용이라는 점에서 영장을 필요로 한다는 견해로, 오늘날은 존재하지 않는 학설이다.

(3) 절충설(통설)

헌법상 영장주의는 권력억제와 기본권보장적인 면에서 원칙적으로 행정상 즉시강제에도 적용되어야 할 것이나, 행정강제의 특질을 전혀 고려하지 않을 수 없으므로 행정목적 달성에 불가피하다고 인정할 만한 합리적인 이유가 있는 특수한 경우에 한해 영장주의의 예외를 인정하는 견해이다. 그러나 이 경우에도 형사책임의 추궁과 관련이 있거나, 개인의 신체·재산·가택에 중대한 침해를 가할 수 있는 경우에는 헌법상 영장주의가 적용된다는 견해로서 통설이다.

(4) 판 례

대법원판례도 통설과 마찬가지로 절충설을 취하고 있다. 그러나 헌법재판소는 원칙적으로 영장주의가 적용되지 않는다는 입장(영장불요설)이다.

1. **대법원판례(절충설) : 사전영장주의는 원칙적으로 행정영역에도 적용되지만 예외가 인정된다**
   사전영장주의는 인신보호를 위한 헌법상의 기속원리이기 때문에 인신의 자유를 제한하는 모든 국가작용의 영역에서 존중되어야 하지만, 헌법 제12조 제3항 단서도 **사전영장주의의 예외를 인정하고 있는 것처럼 사전영장주의를 고수하다가는 도저히 행정목적을 달성할 수 없는 지극히 예외적인 경우에는 형사절차에서와 같은 예외가 인정되므로, 구 사회안전법 제11조 소정의 동행보호규정은 재범의 위험성이 현저한 자를 상대로 긴급히 보호할 필요가 있는 경우에 한하여 단기간의 동행보호를 허용한 것으로서 그 요건을 엄격히 해석하는 한, 동 규정 자체가 사전영장주의를 규정한 헌법규정에 반한다고 볼 수는 없다**(대판 1997.6.13, 96다56115).

2. **헌법재판소(영장불요설)**
   영장주의가 행정상 즉시강제에도 적용되는지에 관하여는 논란이 있으나, **행정상 즉시강제는** 상대방의 임의이행을 기다릴 시간적 여유가 없을 때 하명 없이 바로 실력을 행사하는 것으로서, 그 **본질상 급박성을 요건으로 하고 있어 법관의 영장을 기다려서는 그 목적을 달성할 수 없다고 할 것이므로, 원칙적으로 영장주의가 적용되지 않는다고 보아야 할 것이다,** 한편, 이 사건 법률조항은 수거에 앞서 청문이나 의견제출 등 절차보장에 관한 규정을 두고 있지 않으나, **행정상 즉시강제는 목전에 급박한 장해에 대하여 바로 실력을 가하는 작용이라는 특성에 비추어 사전적 절차와 친하기 어렵다는 점을 고려하면, 이를 이유로 적법절차의 원칙에 위반되는 것으로는 볼 수 없다**(헌재결 2002,10,31, 2000헌가12),

3. 관계행정청이 등급분류를 받지 아니하거나 등급분류를 받은 게임물과 다른 내용의 게임물을 발견한 경우 관계공무원으로 하여금 이를 수거·폐기하게 할 수 있도록 한 구「음반·비디오물 및 게임물에 관한 법률」제24조 제3항 제4호 중 게임물에 관한 규정 부분은 영장주의와 적법절차의 원칙에 위배되지 않는다(합헌)
   이 사건 법률조항은 앞에서 본바와 같이 **급박한 상황에 대처하기 위한 것으로서 그 불가피성과 정당성이 충분히 인정되는 경우이므로, 이 사건 법률조항이 영장 없는 수거를 인정한다고 하더라도 이를 두고 헌법상 영장주의에 위배되는 것으로는 볼 수 없고,** 위 구「음반·비디오물 및 게임물에 관한 법률」제24조 제4항에서 관계공무원이 당해 게임물 등을 수거한 때에는 그 소유자 또는 점유자에게 수거증을 교부하도록 하고 있고, 동조 제6항에서 **수거 등 처분을 하는 관계공무원이나 협회 또는 단체의 임·직원은 그 권한을 표시하는 증표를 지니고 관계인에게 이를 제시하도록 하는 등의 절차적 요건을 규정하고 있으므로,** 이 사건 법률조항이 적법절차의 원칙에 위배되는 것으로 보기도 어렵다(헌재결 2002.10.31, 2000헌가12).

V 행정조사의 관련문제

1. 행정조사와 실력행사(부정)

현행법이 행정조사를 거부·방해하거나 기피한 자에 대해 징역·벌금·과료 등의 별도 벌칙규정을 두고 있기 때문에 벌칙으로 간접강제만 할 수 있을 뿐, 직접적인 실력행사 자체는 허용되지 않는다는 부정설이 다수설이다.

2. 행정조사의 하자문제

(1) 다수설(승계부정)

행정조사에 위법이 있는 경우 이를 기초로 한 행정결정이 위법한 것으로 되는가의 문제이다. 이에 대해서는 행정조사의 하자가 행정행위에 승계되지 않는다는 견해(다수설)와 승계된다는 견해가 대립하고 있다. 그러나 위법한 행정조사를 통하여 얻은 자료나 정보를 토대로 한 행정행위가 잘못된 사실의 기초(사실오인) 위에 행해지는 경우 위법하게 된다.

(2) 판례(승계긍정)

판례는 적극설을 취하고 있다. 다만, 행정조사절차의 하자가 경미한 경우에는 위법사유가 되지 않는 것으로 본다.

관련
판례

1. 과세관청 내지 그 상급관청이나 수사기관의 강요로 합리적이고 타당한 근거도 없이 작성된 과세자료에 터잡은 과세처분의 하자는 중대하고 명백한 것이다[대판(전합) 1992.3.31, 91다32053].
2. 납세자에 대한 부가가치세부과처분이, 종전의 부가가치세 경정조사와 같은 세목 및 같은 과세기간에 대하여 중복하여 실시된 위법한 세무조사에 기초하여 이루어진 것이어서 위법하다(대판 2006.6.2, 2004두12070).
3. 적법인정사례
  행정기관 및 공무원의 직무를 감찰하여 행정운영의 개선향상을 기하여야 할 감사원의 임무나 감사원이 원고 사업장 인근 주민의 환경오염 진정에 따라 충청남도에 대한 감사를 진행하던 중 현지조사 차원에서 피고 소속 담당공무원과 충청남도의 담당공무원 참여하에 이 사건 토양오염실태조사가 이루어진 경위, 토양오염실태조사는 토양정밀조사명령의 사전 절차를 이루는 사실행위로서 그 자체가 행정처분에 해당하지는 않는 점 등을 종합 고려해 보면, 이 사건 토양오염실태조사가 감사원 소속 감사관의 주도하에 실시되었다는 사정만으로 이 사건 토양정밀조사명령에 이를 위법한 것으로서 취소해야 할 정도의 하자가 있다고 볼 수는 없다(대판 2009.1.30, 2006두9498).

Ⅵ 권리구제

1. 적법한 행위에 대한 구제

적법한 즉시강제로 인해 개인이 손실을 입게 되고 또한 그 손실이 특별한 희생에 해당한다면, 법이 정하는 바에 따라 손실보상을 해야 한다.

1. 가축전염병예방법상 살처분의 법적 성격은 사회적 제약이다

   살처분은 가축의 전염병이 전파가능성과 위해성이 매우 커서 타인의 생명, 신체나 재산에 중대한 침해를 가할 우려가 있는 경우 이를 막기 위해 취해지는 조치로서, 가축 소유자가 수인해야 하는 사회적 제약의 범위에 속한다(헌재결 2014.4.24, 2013헌바110).

2. 살처분 보상금을 대통령령으로 정하도록 위임한 구 가축전염병예방법 제48조 제1항 제2호는 포괄위임 입법금지원칙에 위배되지 않는다(합헌)

   살처분 보상금의 금액은 살처분으로 인한 경제적 가치의 손실을 평가하여 결정되어야 하는 등 기술적 측면이 있고, 소유자의 귀책사유, 살처분 보상금의 지급 수준에 따른 소유자의 방역 협조의 경향, 전염병의 확산 정도, 당해년도의 가축 살처분 두수, 국가 및 지방자치단체의 재정 상황 등을 고려하여 탄력적으로 정하여질 필요가 있어 대통령령에 위임할 필요성이 인정된다. 심판대상조항은 살처분 보상금의 지급 주체, 보상금을 받을 자, 그리고 차등지급의 사유를 정한 후 대통령령에 보상금액을 정하도록 위임하고 있으므로, 누구라도 심판대상조항으로부터 대통령령에 규정될 내용의 대강을 예측할 수 있다. 그러므로 심판대상조항은 포괄위임입법금지원칙에 위배되지 아니한다(헌재결 2014.4.24, 2013헌바110).

권력적 행정조사의 경우도 마찬가지이다. 다만, 비권력적 행정조사의 경우 공권력의 행사가 아니므로 손실보상을 통해 구제되지 않는다.

2. 위법한 행위에 대한 구제

(1) 행정쟁송

즉시강제나 권력적 행정조사는 권력적 사실행위이므로 행정심판과 행정소송의 대상인 처분성이 인정된다. 그러나 권력적 사실행위는 단기간의 행위로서 종료하는 경우가 보통이므로 협의의 소의 이익(권리보호의 필요성)이 부인되는 경우가 많다. 따라서 예외적으로 집행이 종료되지 않은 경우(에 불법구금의 경우와 같은 계속적 사실행위)와 종료된 경우 취소로 인해 회복되는 법률상 이익이 있는 경우에만 취소소송의 제기가 가능하다(행정소송법 제12조 후단).

비권력적 행정조사는 처분성이 인정되지 않으므로 항고소송을 통한 구제는 불가능하다.

(2) 손해배상

위법한 즉시강제나 행정조사(비권력적 조사 포함)로 인해 재산상의 손해를 받은 자는 국가에 대하여 배상을 청구할 수 있다(국가배상법 제2조). 즉시강제가 이미 종료하여 행정쟁송이 불가능한 통상적인 경우에는 손해배상이 실효적인 권리구제방법이라 할 수 있다.

경찰관이 범인을 검거하면서 가스총을 근접 발사하여 가스와 함께 발사된 고무마개가 범인의 눈에 맞아 실명한 경우 국가배상책임이 인정된다

이 사건 당시 사용한 가스총의 탄환은 고무마개로 막혀 있어 사람의 안면 가까이에서 발사하는 경우 고무마개가 분리되면서 눈 부위 등 인체에 위해를 가할 가능성이 있었으므로, **1.5M 미만의 근접한 거리에서 이를 사용**하는 경찰관인 소외 2로서는 원고의 안면 부위를 향하여 가스총을 발사하지 아니함으로써 사람의 눈 부위 등 인체에 대한 위해를 방지하여야 할 주의의무가 있음에도 불구하고 이를 게을리 한 채 만연히 원고를 향하여 **가스총을 발사한 나머지 가스총에서 분리된 고무마개가 원고의 오른쪽 눈에 명중하여 그로 인하여 원고에게 상해를 가하여 실명에 이르게 하였다**고 보아야 할 것이다. 그리고 위에서 본 사고의 경위에 비추어 볼 때 원고가 입은 상해는 위와 같은 상황에서의 가스총 발사행위 시에 통상적으로 예견되는 범위 내의 손해라 할 것이고, 이를 특별한 사정에 의한 손해라고는 할 수 없다(대판 2003.3.14, 2002다 57218).

(3) 정당방위

위법한 즉시강제나 행정조사에 대해서는 형법상의 정당방위의 법리에 따라 그에 저항할 수 있기 때문에 공무집행방해죄를 구성하지 아니한다.

(4) 인신보호

① 의의 : 인신보호제는 위법한 행정처분 또는 사인에 의한 시설에의 수용으로 인하여 부당하게 인신의 자유를 제한당하고 있는 개인이 법원에 구제를 청구하는 절차이다. 이는 헌법이 보장하고 있는 국민의 기본권을 실효적으로 보호하기 위하여 제정된 인신보호법의 규정에 따른 인신보호 구제수단이다.

② 구제대상자 : 인신보호법의 구제대상이 되는 피수용자란 수용이 위법하게 개시되거나 적법하게 수용된 후 그 사유가 소멸되었음에도 불구하고 자유로운 의사에 반하여 국가, 지방자치단체, 공법인 또는 개인, 민간단체 등이 운영하는 의료시설·복지시설·수용시설·보호시설에 수용·보호 또는 감금되어 있는 자를 말한다. 다만, 형사절차에 따라 체포·구속된 자, 수형자 및 출입국관리법에 따라 보호된 자는 제외한다(인신보호법 제2조).

1. 인신보호법 제2조 제1항 단서 중 "출입국관리법에 따라 보호된 자는 제외한다." 부분은 청구인들의 평등권을 침해하지 않는다(기각)

심판대상조항이 출입국관리법에 따라 보호된 사람을 인신보호법에 따라 구제청구를 할 수 있는 피수용자의 범위에서 제외한 것은, 출입국관리법상 보호가 외국인의 강제퇴거사유의 존부 심사 및 강제퇴거명령의 집행확보라는 행정목적을 담보하고 이를 효율적으로 집행하기 위해 행해지는 것으로 신체의 자유 제한 자체를 목적으로 하는 형사절차상의 인신구속 또는 여타의 행정상의 인신구속과는 그 목적이나 성질이 다르다는 점, 출입국관리법이 보호라는 인신구속의 적법성을 담보하기 위한 엄격한 사전절차와 사후적 구제수단을 충분히 마련하고 있는 이상, 인신보호법의 보호범위에 출입국관리법에 따라 보호된 자를 포함시킬 실익이 크지 아니한 점을 고려한 것이며, 여기에는 합리적 이유가 있다. 따라서 심판대상조항은 청구인들의 평등권을 침해하지 아니한다(헌재결 2014.8.28, 2012헌마686).

2. 대한민국 입국이 불허되어 대한민국 공항에 머무르고 있는 외국인에게 인신보호법상 구제청구권이 인정되고 대한민국 입국이 불허된 외국인을 외부와 출입이 통제되는 한정된 공간에 장기간 머무르도록 강제하는 것은 인신보호법상 구제대상인 위법한 수용에 해당한다(대결 2014.8.25, 2014인마5).

3. 인신보호법에 의한 구제청구절차 진행 중 피수용자에 대한 수용이 해제된 경우, 원칙적으로 구제청구의 이익이 소멸한다(대결 2014.8.25, 2014인마5).

③ **구제청구**: 피수용자에 대한 수용이 위법하게 개시되거나 적법하게 수용된 후 그 사유가 소멸되었음에도 불구하고 계속 수용되어 있는 때에는 피수용자, 그 법정대리인, 후견인, 배우자, 직계혈족, 형제자매, 동거인, 고용주 또는 수용시설 종사자(구제청구자)는 이 법으로 정하는 바에 따라 법원(법무부장관, 검사, 경찰서장이 아님)에 구제를 청구할 수 있다. 다만, 다른 법률에 구제절차가 있는 경우에는 상당한 기간 내에 그 법률에 따른 구제를 받을 수 없음이 명백하여야 한다(같은 법 제3조). 수용자는 피수용자에 대한 수용을 개시하기 전에 구제를 청구할 수 있음을 고지하여야 한다(같은 법 제3조의2 제1항). 수용자 및 구제청구자(피수용자는 제외한다)는 피수용자가 구제청구를 하는 것을 방해하여서는 아니 된다(같은 조 제2항).

④ **구제청구사건의 심리·재판**: 법원은 구제청구에 대하여 이를 각하하는 경우를 제외하고 지체 없이 수용의 적법 여부 및 수용을 계속할 필요성 등에 대하여 심리를 개시하여야 한다(같은 법 제8조 제1항). 법원은 필요하다고 인정하는 때에는 정신과의사·심리학자·사회복지학자, 그 밖의 관련 전문가 등에게 피수용자의 정신·심리상태에 대한 진단소견 및 피수용자의 수용 상태에 대한 의견을 조회할 수 있다(같은 조 제2항). 법원은 구제청구사건을 심리한 결과 그 청구가 이유가 있다고 인정되는 때에는 결정으로 피수용자의 수용을 즉시 해제할 것을 명하여야 한다(같은 법 제13조 제1항).

⑤ **수용의 임시해제 등**: 법원은 수용을 계속하는 경우 발생할 것으로 예상되는 신체의 위해 등을 예방하기 위하여 긴급한 필요가 있다고 인정하는 때에는 직권 또는 구제청구자의 신청에 따라 피수용자의 수용을 임시로 해제할 것을 결정할 수 있다(같은 법 제9조 제1항). 법원은 피수용자

의 신병을 보호하기 위하여 필요하다고 인정하는 때에는 결정으로 피수용자를 현재의 수용시설에서 적당하다고 인정되는 동종 또는 유사한 다른 수용시설로 이송할 것을 수용자에게 명할 수 있다(같은 법 제11조).

(5) 기 타

① 감독권에 의한 취소·정지, ② 공무원의 징계, ③ 공무원의 형사책임, ④ 청원 등의 방법이 있으나, 이는 간접적 내지는 우회적인 구제수단에 지나지 않는다.

Ⅶ 행정조사기본법 내용

1. 적용범위

행정조사에 관하여 다른 법률에 특별한 규정이 있는 경우를 제외하고는 이 법으로 정하는 바에 따른다(행정조사에 관한 일반법)(제3조 제1항). 다음 각 호의 어느 하나에 해당하는 사항에 대하여는 이 법을 적용하지 아니한다(같은 조 제2항).

---

1. 행정조사를 한다는 사실이나 조사내용이 공개될 경우 국가의 존립을 위태롭게 하거나 국가의 중대한 이익을 현저히 해칠 우려가 있는 국가안전보장·통일 및 외교에 관한 사항
2. 국방 및 안전에 관한 사항 중 다음 각 목의 어느 하나에 해당하는 사항
   가. 군사시설·군사기밀보호 또는 방위사업에 관한 사항
   나. 병역법·예비군법·민방위기본법·「비상대비자원 관리법」에 따른 징집·소집·동원 및 훈련에 관한 사항
3. 「공공기관의 정보공개에 관한 법률」 제4조제3항의 정보에 관한 사항
4. 근로기준법 제101조에 따른 근로감독관의 직무에 관한 사항
5. 조세·형사·행형 및 보안처분에 관한 사항
6. 금융감독기관의 감독·검사·조사 및 감리에 관한 사항
7. 「독점규제 및 공정거래에 관한 법률」, 「표시·광고의 공정화에 관한 법률」, 「하도급거래 공정화에 관한 법률」, 「가맹사업거래의 공정화에 관한 법률」, 「방문판매 등에 관한 법률」, 「전자상거래 등에서의 소비자보호에 관한 법률」, 「약관의 규제에 관한 법률」 및 「할부거래에 관한 법률」에 따른 공정거래위원회의 법률위반행위 조사에 관한 사항

제2항에도 불구하고 제4조(행정조사의 기본원칙), 제5조(행정조사의 근거) 및 제28조(정보통신수단을 통한 행정조사)는 제2항 각 호의 사항에 대하여 적용한다(같은 조 제3항).

2. 행정조사의 기본원칙

(1) 과잉금지원칙과 조사남용금지원칙

행정조사는 조사목적을 달성하는 데 필요한 최소한의 범위 안에서 실시하여야 하며, 다른 목적 등을 위하여 조사권을 남용하여서는 아니 된다(제4조 제1항). 행정기관은 조사목적에 적합하도록 조사대상자를 선정하여 행정조사를 실시하여야 한다(같은 조 제2항).

(2) 중복조사금지원칙

행정기관은 유사하거나 동일한 사안에 대하여는 공동조사 등을 실시함으로써 행정조사가 중복되지 아니하도록 하여야 한다(같은 조 제3항).

(3) 법령준수 유도

행정조사는 법령등의 위반에 대한 처벌보다는 법령등을 준수하도록 유도하는 데 중점을 두어야 한다(같은 조 제4항).

(4) 비밀누설금지원칙(내용공표금지원칙)

다른 법률에 따르지 아니하고는 행정조사의 대상자 또는 행정조사의 내용을 공표하거나 직무상 알게 된 비밀을 누설하여서는 아니 된다(같은 조 제5항).

(5) 목적 외 용도이용금지·타인에 제공 금지

행정기관은 행정조사를 통하여 알게 된 정보를 다른 법률에 따라 내부에서 이용하거나 다른 기관에 제공하는 경우를 제외하고는 원래의 조사목적 이외의 용도로 이용하거나 타인에게 제공하여서는 아니 된다(같은 조 제6항).

3. 행정조사의 근거

행정기관은 법령등에서 행정조사를 규정하고 있는 경우에 한하여 행정조사를 실시할 수 있다(강제조사). 다만, 조사대상자의 자발적인 협조를 얻어 실시하는 행정조사(임의조사)의 경우에는 그러하지 아니하다(제5조).

개별 법령 등에서 행정조사를 규정하고 있는 경우, 행정기관이 행정조사기본법 제5조 단서에서 정한 '조사대상자의 자발적인 협조를 얻어 실시하는 행정조사'를 실시할 수 있다(대판 2016.10.27, 2016두41811).

4. 조사계획의 수립 및 조사대상의 선정

(1) 조사의 주기(정기조사원칙)

행정조사는 법령등 또는 행정조사운영계획으로 정하는 바에 따라 정기적으로 실시(수시조사가 아님)함을 원칙으로 한다. 다만, ① 법률에서 수시조사를 규정하고 있는 경우, ② 법령등의 위반에 대하여 혐의가 있는 경우, ③ 다른 행정기관으로부터 법령등의 위반에 관한 혐의를 통보 또는 이첩받은 경우, ④ 법령등의 위반에 대한 신고를 받거나 민원이 접수된 경우, ⑤ 그 밖에 행정조사의 필요성이 인정되는 사항으로서 대통령령으로 정하는 경우에는 수시조사를 할 수 있다(제7조).

(2) 조사대상의 선정

행정기관의 장은 ① 행정조사의 목적, ② 법령준수의 실적, ③ 자율적인 준수를 위한 노력, ④ 규모와 업종 등을 고려하여 명백하고 객관적인 기준에 따라 행정조사의 대상을 선정하여야 한다(제8조 제1항). 조사대상자는 조사대상 선정기준에 대한 열람을 행정기관의 장에게 신청할 수 있다(같은 조 제2항). 행정기관의 장이 열람신청을 받은 때에는 ① 행정기관이 당해 행정조사업무를 수행할 수 없을 정도로 조사활동에 지장을 초래하는 경우, ② 내부고발자 등 제3자에 대한 보호가 필요한 경우를 제외하고 신청인이 조사대상 선정기준을 열람할 수 있도록 하여야 한다(같은 조 제3항).

관련판례

1. 구 국세기본법 제81조의5가 마련된 이후에는 개별 세법이 정한 질문·조사권은 위 규정이 정한 요건과 한계 내에서만 허용된다

   세무조사대상의 기준과 선정방식에 관한 구 국세기본법 제81조의5가 도입된 배경과 취지, 구 국세기본법 제81조의5가 포함된 제7장의2에 관한 구 국세기본법과 개별 세법의 관계 등을 종합하여 보면, 구 국세기본법 제81조의5가 마련된 이후에는 개별 세법이 정한 질문·조사권은 구 국세기본법 제81조의5가 정한 요건과 한계 내에서만 허용된다(대판 2014.6.26, 2012두911).

2. 구 국세기본법 제81조의5가 정한 세무조사대상 선정사유가 없음에도 세무조사대상으로 선정하여 과세자료를 수집하고 과세처분을 하는 것은 위법하다

   구 국세기본법 제81조의5가 정한 세무조사대상 선정사유가 없음에도 세무조사대상으로 선정하여 과세자료를 수집하고 그에 기하여 과세처분을 하는 것은 적법절차의 원칙을 어기고 구 국세기본법 제81조의5와 제81조의3 제1항을 위반한 것으로서 특별한 사정이 없는 한 과세처분은 위법하다(대판 2014.6.26, 2012두911).

5. 조사방법

(1) 출석·진술 요구

행정기관의 장이 조사대상자의 출석·진술을 요구하는 때에는 출석요구서를 발송하여야 한다 (제9조 제1항). 조사대상자는 지정된 출석일시에 출석하는 경우 업무 또는 생활에 지장이 있는 때에는 행정기관의 장에게 출석일시를 변경하여 줄 것을 신청할 수 있으며, 변경신청을 받은 행정기관의 장은 행정조사의 목적을 달성할 수 있는 범위 안에서 출석일시를 변경할 수 있다 (같은 조 제2항). 출석한 조사대상자가 출석요구서에 기재된 내용을 이행하지 아니하여 행정조사의 목적을 달성할 수 없는 경우를 제외하고는 조사원은 조사대상자의 1회 출석으로 당해 조사를 종결하여야 한다(같은 조 제3항).

(2) 보고요구와 자료제출의 요구

행정기관의 장은 조사대상자에게 조사사항에 대하여 보고를 요구하는 때에는 보고요구서를 발송하여야 한다(제10조 제1항). 행정기관의 장은 조사대상자에게 장부·서류나 그 밖의 자료를 제출하도록 요구하는 때에는 자료제출요구서를 발송하여야 한다(같은 조 제2항).

(3) 현장조사

조사원이 가택·사무실 또는 사업장 등에 출입하여 현장조사를 실시하는 경우에는 행정기관의 장은 현장출입조사서 또는 법령등에서 현장조사 시 제시하도록 규정하고 있는 문서를 조사대상자에게 발송하여야 한다(제11조 제1항).

현장조사는 해가 뜨기 전이나 해가 진 뒤에는 할 수 없다. 다만, ① 조사대상자(대리인 및 관리책임이 있는 자를 포함한다)가 동의한 경우, ② 사무실 또는 사업장 등의 업무시간에 행정조사를 실시하는 경우, ③ 해가 뜬 후부터 해가 지기 전까지 행정조사를 실시하는 경우에는 조사목적의 달성이 불가능하거나 증거인멸로 인하여 조사대상자의 법령등의 위반 여부를 확인할 수 없는 경우에는 그러하지 아니하다(같은 조 제2항). 현장조사를 하는 조사원은 그 권한을 나타내는 증표를 지니고 이를 조사대상자에게 내보여야 한다(같은 조 제3항).

(4) 시료채취

조사원이 조사목적의 달성을 위하여 시료채취를 하는 경우에는 그 시료의 소유자 및 관리자의 정상적인 경제활동을 방해하지 아니하는 범위 안에서 최소한도로 하여야 한다(제12조 제1항). 행정기관의 장은 시료채취로 조사대상자에게 손실을 입힌 때에는 대통령령으로 정하는 절차와 방법에 따라 그 손실을 보상하여야 한다(같은 조 제2항).

(5) 자료 등의 영치

조사원이 현장조사 중에 자료·서류·물건 등을 영치하는 때에는 조사대상자 또는 그 대리인을 입회시켜야 한다(제13조 제1항). 조사원이 자료 등을 영치하는 경우에 조사대상자의 생활이나 영업이 사실상 불가능하게 될 우려가 있는 때에는 조사원은 자료 등을 사진으로 촬영하거나 사본을 작성하는 등의 방법으로 영치에 갈음할 수 있다. 다만, 증거인멸의 우려가 있는 자료 등을 영치하는 경우에는 그러하지 아니하다(같은 조 제2항). 조사원이 영치를 완료한 때에는 영치조서 2부를 작성하여 입회인과 함께 서명날인하고 그중 1부를 입회인에게 교부하여야 한다(같은 조 제3항). 행정기관의 장은 영치한 자료 등이 ① 영치한 자료 등을 검토한 결과 당해 행정조사와 관련이 없다고 인정되는 경우, ② 당해 행정조사의 목적의 달성 등으로 자료 등에 대한 영치의 필요성이 없게 된 경우에는 이를 즉시 반환하여야 한다(같은 조 제4항).

(6) 공동조사의무

행정기관의 장은 ① 당해 행정기관 내의 2 이상의 부서가 동일하거나 유사한 업무분야에 대해 동일한 조사대상자에게 행정조사를 실시하는 경우, ② 서로 다른 행정기관이 동일한 조사대상자에게 행정조사를 실시하는 경우에는 공동조사를 하여야 한다(제14조 제1항). 행정조사의 사전통지를 받은 조사대상자는 관계 행정기관의 장에게 공동조사를 실시하여 줄 것을 신청할 수 있다. 이 경우 조사대상자는 신청인의 성명·조사일시·신청이유 등이 기재된 공동조사신청서를 관계 행정기관의 장에게 제출하여야 한다(같은 조 제2항). 공동조사를 요청받은 행정기관의 장은 이에 응하여야 한다(같은 조 제3항). 국무조정실장은 행정기관의 장이 제출한 행정조사운영계획의 내용을 검토한 후 관계 부처의 장에게 공동조사의 실시를 요청할 수 있다(같은 조 제4항).

(7) 중복조사의 제한

정기조사 또는 수시조사를 실시한 행정기관의 장은 동일한 사안에 대해 동일한 조사대상자를 재조사해서는 아니 된다. 다만, 당해 행정기관이 이미 조사를 받은 조사대상자에 대해 위법행위가 의심되는 새로운 증거를 확보한 경우에는 그러하지 아니하다(제15조 제1항). 행정조사를 실시할 행정기관의 장은 행정조사를 실시하기 전에 다른 행정기관에서 동일한 조사대상자에게 동일하거나 유사한 사안에 대해 행정조사를 실시하였는지 여부를 확인할 수 있다(같은 조 제2항). 행정조사를 실시할 행정기관의 장이 사실을 확인하기 위해 행정조사의 결과에 대한 자료를 요청하는 경우 요청받은 행정기관의 장은 특별한 사유가 없는 한 관련자료를 제공해야 한다(같은 조 제3항).

6. 조사실시

(1) 조사의 사전통지

행정조사를 실시하고자 하는 행정기관의 장은 출석요구서, 보고요구서·자료제출요구서 및 현장출입조사서를 조사개시 7일 전(3일 전이 아님)까지 조사대상자에게 서면으로 통지하여야 한다. 다만, ① 행정조사를 실시하기 전에 관련 사항을 미리 통지하는 때에는 증거인멸 등으로 행정조사의 목적을 달성할 수 없다고 판단되는 경우, ② 통계법 제3조 제2호에 따른 지정통계의 작성을 위하여 조사하는 경우, ③ 조사대상자의 자발적인 협조를 얻어 실시하는 행정조사의 경우에는 행정조사의 개시와 동시에 출석요구서 등을 조사대상자에게 제시하거나 행정조사의 목적 등을 조사대상자에게 구두로 통지할 수 있다(제17조 제1항). 행정기관의 장이 출석요구서 등을 조사대상자에게 발송하는 경우 출석요구서 등의 내용이 외부에 공개되지 아니하도록 필요한 조치를 하여야 한다(같은 조 제2항).

(2) 조사의 연기신청

출석요구서 등을 통지받은 자가 천재지변이나 그 밖에 대통령령으로 정하는 사유로 인하여 행정조사를 받을 수 없는 때에는 당해 행정조사를 연기하여 줄 것을 행정기관의 장에게 요청할 수 있다(제18조 제1항). 연기요청을 하고자 하는 자는 연기하고자 하는 기간과 사유가 포함된 연기신청서를 행정기관의 장에게 제출하여야 한다(같은 조 제2항). 행정기관의 장은 행정조사의 연기요청을 받은 때에는 연기요청을 받은 날부터 7일 이내에 조사의 연기 여부를 결정하여 조사대상자에게 통지하여야 한다(같은 조 제3항).

(3) 제3자에 대한 보충조사

행정기관의 장은 조사대상자에 대한 조사만으로는 당해 행정조사의 목적을 달성할 수 없거나 조사대상이 되는 행위에 대한 사실 여부 등을 입증하는 데 과도한 비용 등이 소요되는 경우로서 ① 다른 법률에서 제3자에 대한 조사를 허용하고 있는 경우, ② 제3자의 동의가 있는 경우에는 제3자에 대하여 보충조사를 할 수 있다(제19조 제1항). 행정기관의 장은 제3자에 대한 보충조사를 실시하는 경우에는 조사개시 7일 전까지 보충조사의 일시·장소 및 보충조사의 취지 등을 제3자에게 서면으로 통지하여야 한다(같은 조 제2항). 행정기관의 장은 제3자에 대한 보충조사를 하기 전에 그 사실을 원래의 조사대상자에게 통지하여야 한다. 다만, 제3자에 대한 보충조사를 사전에 통지하여서는 조사목적을 달성할 수 없거나 조사목적의 달성이 현저히 곤란한 경우에는 제3자에 대한 조사결과를 확정하기 전에 그 사실을 통지하여야 한다(같은 조 제3항). 원래의 조사대상자는 통지에 대하여 의견을 제출할 수 있다(같은 조 제4항).

(4) 자발적인 협조에 따라 실시하는 행정조사

행정기관의 장이 조사대상자의 자발적인 협조를 얻어 행정조사를 실시하고자 하는 경우 조사대상자는 문서·전화·구두 등의 방법으로 당해 행정조사를 거부할 수 있다(제20조 제1항). 행정조사에 대하여 조사대상자가 조사에 응할 것인지에 대한 응답을 하지 아니하는 경우에는 법령등에 특별한 규정이 없는 한 그 조사를 거부한 것으로 본다(간주거부이지 동의가 아님)(같은 조 제2항). 행정기관의 장은 조사거부자의 인적 사항 등에 관한 기초자료는 특정 개인을 식별할 수 없는 형태로 통계를 작성하는 경우에 한하여 이를 이용할 수 있다(같은 조 제3항).

(5) 의견제출

조사대상자는 사전통지의 내용에 대하여 행정기관의 장에게 의견을 제출할 수 있다(제21조 제1항). 행정기관의 장은 조사대상자가 제출한 의견이 상당한 이유가 있다고 인정하는 경우에는 이를 행정조사에 반영하여야 한다(같은 조 제2항).

(6) 조사원 교체신청

조사대상자는 조사원에게 공정한 행정조사를 기대하기 어려운 사정이 있다고 판단되는 경우에는 행정기관의 장에게 당해 조사원의 교체를 신청할 수 있다(제22조 제1항). 교체신청은 그 이유를 명시한 서면으로 행정기관의 장에게 하여야 한다(같은 조 제2항). 교체신청을 받은 행정기관의 장은 즉시 이를 심사하여야 한다(같은 조 제3항). 행정기관의 장은 교체신청이 타당하다고 인정되는 경우에는 다른 조사원으로 하여금 행정조사를 하게 하여야 한다(같은 조 제4항). 행정기관의 장은 교체신청이 조사를 지연할 목적으로 한 것이거나 그 밖에 교체신청에 타당한 이유가 없다고 인정되는 때에는 그 신청을 기각하고 그 취지를 신청인에게 통지하여야 한다(같은 조 제5항).

(7) 조사권 행사의 제한

조사원은 사전에 발송된 사항에 한하여 조사대상자를 조사하되, 사전통지한 사항과 관련된 추가적인 행정조사가 필요할 경우에는 조사대상자에게 추가조사의 필요성과 조사내용 등에 관한 사항을 서면이나 구두로 통보한 후 추가조사를 실시할 수 있다(제23조 제1항). 조사대상자는 법률·회계 등에 대하여 전문지식이 있는 관계 전문가로 하여금 행정조사를 받는 과정에 입회하게 하거나 의견을 진술하게 할 수 있다(같은 조 제2항). 조사대상자와 조사원은 조사과정을 방해하지 아니하는 범위 안에서 행정조사의 과정을 녹음하거나 녹화할 수 있다. 이 경우 녹음·녹화의 범위 등은 상호 협의하여 정하여야 한다(같은 조 제3항). 조사대상자와 조사원이 녹음이나 녹화를 하는 경우에는 사전에 이를 당해 행정기관의 장에게 통지하여야 한다(같은 조

제4항).

(8) 조사결과의 통지의무

행정기관의 장은 법령등에 특별한 규정이 있는 경우를 제외하고는 행정조사의 결과를 확정한 날부터 7일 이내에 그 결과를 조사대상자에게 통지하여야 한다(제24조).

7. 자율관리체제의 구축 등

(1) 자율신고제도운영(재량)

행정기관의 장은 법령등에서 규정하고 있는 조사사항을 조사대상자로 하여금 스스로 신고하도록 하는 제도를 운영할 수 있다(제25조 제1항). 행정기관의 장은 조사대상자가 신고한 내용이 거짓의 신고라고 인정할 만한 근거가 있거나 신고내용을 신뢰할 수 없는 경우를 제외하고는 그 신고내용을 행정조사에 갈음할 수 있다(같은 조 제2항). 즉, 행정조사에 갈음할지 여부는 의무가 아니라 재량이다.

(2) 자율관리체제의 구축지원의무

행정기관의 장은 조사대상자가 자율적으로 행정조사사항을 신고·관리하고, 스스로 법령준수사항을 통제하도록 하는 체제의 기준을 마련하여 고시할 수 있다(제26조 제1항). 조사대상자나 조사대상자가 법령등에 따라 설립하거나 자율적으로 설립한 단체 또는 협회는 자율관리체제를 구축하여 행정기관의 장에게 신고할 수 있다(같은 조 제2항). 국가와 지방자치단체는 행정사무의 효율적인 집행과 법령등의 준수를 위하여 조사대상자의 자율관리체제 구축을 지원하여야 한다(같은 조 제3항).

(3) 자율관리에 대한 혜택의 부여(재량)

행정기관의 장은 자율신고를 하는 자와 자율관리체제를 구축하고 자율관리체제의 기준을 준수한 자에 대하여는 법령등으로 규정한 바에 따라 행정조사의 감면 또는 행정·세제상의 지원을 하는 등 필요한 혜택을 부여할 수 있다(제27조).

8. 보 칙

(1) 정보통신수단을 통한 행정조사(재량)

행정기관의 장은 인터넷 등 정보통신망을 통하여 조사대상자로 하여금 자료의 제출 등을 하게 할 수 있다(제28조 제1항). 행정기관의 장은 정보통신망을 통하여 자료의 제출 등을 받은 경우에는 조사대상자의 신상이나 사업비밀 등이 유출되지 아니하도록 제도적·기술적 보안조치를 강구하여야 한다(같은 조 제2항).

(2) 행정조사의 점검과 평가(국무조정실장)

국무조정실장은 행정조사의 효율성·투명성 및 예측가능성을 제고하기 위하여 각급 행정기관의 행정조사 실태, 공동조사 실시현황 및 중복조사 실시 여부 등을 확인·점검하여야 한다국(제29조 제1항). 국무조정실장은 제1항에 따른 확인·점검결과를 평가하여 대통령령으로 정하는 절차와 방법에 따라 국무회의와 대통령에게 보고하여야 한다(같은 조 제2항). 국무조정실장은 제1항에 따른 확인·점검을 위하여 각급 행정기관의 장에게 행정조사의 결과 및 공동조사의 현황 등에 관한 자료의 제출을 요구할 수 있다(같은 조 제3항).

제4장 행정벌

I 행정벌의 의의

행정법상의 의무위반행위(행정목적상의 명령·금지위반)에 대해 일반통치권에 의해 일반사인에게 제재로서 과하는 처벌을 말하며, 행정벌이 과해질 의무위반을 형사범과 구별하여 행정범이라 한다. 이러한 행정벌에는 행정형벌과 행정질서벌이 있다. 행정벌은 간접적인 의무이행확보수단이다.

II 행정벌의 성질

1. 행정벌·집행벌(이행강제금)·징계벌의 구별

구별기준	집행벌(이행강제금)	행정벌	징계벌
상대방	일반국민	일반국민	행정조직의 내부구성원(공무원)
권력의 기초	일반권력(일반통치권)	일반권력(일반통치권)	특별권력
목적	장래에 대한 의무이행의 확보	1. 일반사회의 질서유지 2. 과거의 의무위반에 대한 제재	공무원관계 내부의 질서유지
성질	간접적 의무이행확보수단	간접적 의무이행확보수단	
대상	주로부작위의무·비대체적 작위의무의 불이행	행정법상의 비행 즉, 행정범	공무원법상의 의무위반
법적 근거	반드시 법적 근거가 있어야	반드시 법적 근거가 있어야	반드시 법적 근거가 있어야
내용	의무 불이행 시 이행강제를 위해 부과하는 금전부담	생명·자유·재산 등을 제한 박탈	신분적 이익의 전부(파면·해임) 또는 일부(강등·정직·감봉·견책)의 박탈
고의·과실	불요	원칙적으로 요구됨.	불요
부과권자	행정청	법원	특별권력주체
반복부과	반복부과 가능(일사부재리원칙이 적용 안 되는 유일한 작용)	반복부과 불가(일사부재리원칙 위반)	반복부과 불가(일사부재리원칙 위반)
절차	1. 과태료의 불복절차유형(구 건축법상의 판례)행정기관에 의한 부과 ⇨ 이의제기 ⇨ 법원에 통보 ⇨ 법원이 비송사건절차법에 의해 재판 2. 과징금의 불복절차유형(현행 건축법): 일반행정쟁송으로권리구제	1. 행정형벌: 형사소송법에 따라 법원이 부과(원칙). 통고처분·즉결심판(예외) 2. 행정질서벌(과태료): 질서위반행위규제법에 따라 행정청이 부과(원칙)	징계위원회의 의결(국가공무원법 제82조 제1항)

구분	내용
필요	1. 행정형벌 2. 공무원의 위법한 직무집행행위로 인한 국가배상책임(국가배상법 제2조) 3. 행정질서벌 　① 질서위반행위규제법 제7조 : 고의 또는 과실이 없는 질서위반행위는 과태료를 부과하지 아니한다. 　② 최근 대법원판례(대결 2011.7.14, 2011마364)
불요	1. 조물의 설치 또는 관리의 하자로 인한 국가배상책임(국가배상법 제5조)[05 국가7급] 　■ 그러나 최신판례는 주관설에 따름. 2. 이행강제금 3. 가산세 4. 징계벌 5. 결과제거청구권 6. 수용적 침해 7. 경찰책임

2. 형사벌과의 구별

행정형벌과 형사벌과의 구별에 대해서는 ① 형사벌이나 행정벌이나 모두 제재로서의 벌이 과해지는 범죄라는 점에서 차이가 없다는 부정설도 있으나, ② 형사범은 국가의 명령이나 금지를 기다릴 것 없이 반사회성·반도덕성이 인식될 수 있는 자연범(예 강도·강간·살인·방화·사기·절도)인 데 비해, 행정범은 행정법규에 위반됨으로써 비로소 범죄가 되는 법정범(예 도로교통법상 자동차의 도로 우측통행위반)이라는 점에서 구별된다는 피침해규범의 성질을 기준으로 하는 견해가 다수설이다.

3. 일사부재리원칙 위반 여부

(1) 일사부재리원칙의 의의

헌법 제13조 제1항은 "모든 국민은 행위 시의 법률에 의하여 범죄를 구성하지 아니하는 행위로 소추되지 아니하며, 동일한 범죄(일사)에 대하여 거듭 처벌받지 아니한다."라고 일사부재리원칙과 이중처벌금지원칙을 규정하고 있다. 이중처벌금지원칙의 재판에의 적용이 일사부재리원칙이다. 즉, 일사부재리의 원칙은 형사재판이 확정되어 실체적 확정력(기판력)이 발생하면 동일한 사건에 대해서는 다시 재판할 수 없다는 원칙을 말한다. 이 가운데 국가형벌권의 기속원리로 헌법상 선언된 것을 이중처벌금지의 원칙이라고 한다.

(2) 적용영역

구분	일사부재리(이중처벌금지)원칙 위반 여부
형사벌과 행정형벌	○
행정형벌과 행정질서벌	1. 긍정설(다수설) : 행정형벌과 행정질서벌은 모두 행정벌의 일종이므로 병과하면 일사부재리원칙에 위반된다는 견해 2. 부정설 : 행정형벌과 행정질서벌은 목적이나 성질이 다르므로 병과해도 일사부재리원칙 위반이 아니라는 견해 3. 대법원판례는 부정설(대판 1989.6.13, 88도1983) : 행정형벌과 행정질서벌의 실질적 차이를 전제로 병과가능하다는 입장 4. 헌법재판소(헌재결 1994.6.30, 92헌바38) 　㉠ 병과가능(정종섭, 홍정선) 　㉡ 국가입법권 남용여지 있음(박균성).
형사벌과 행정질서벌	×(대판 1989.6.13, 88도1983)
집행벌(이행강제금)과 행정벌	×(대결 2005.8.19, 2005마30)
행정벌(형사벌)과 행정처분(운행정지처분)	×(대판 1983.6.14, 82누439)
행정질서벌과 행정처분	×
행정벌과 징계벌(징계처분)	×
벌금과 과징금	×(대판 2007.7.12, 2006두4554)
보호감호처분과 형벌	×(헌재결 2001.3.21, 99헌바7)
보안처분과 형벌	×(헌재결 1997.11.27, 92헌바28)
누범가중벌	×(헌재결 2002.10.31, 2001헌바68)
상습범의 가중처벌	×(헌재결 1995.3.21, 99헌바7)
동일한 범죄에 대한 외국의 확정판결과 형사처벌	×(대판 1983.10.25, 83누184)
동일한 사유로 인한 직위해제처분과 감봉처분	×(대판 1983.10.25, 83누184)
형벌과 신상공개	×(헌재결 2003.6.26, 2002헌가14)
행정형벌, 과태료, 영업허가의 취소·정지, 과징금	×(헌재결 2003.7.24, 2001헌가25)

① 행정형벌과 행정질서벌

　　㉠ 대법원판례(병과가능)

1. **일사부재리의 효력은 확정재판이 있을 때에 발생**하는 것이고 과태료는 행정법상의 질서벌에 불과하므로 **과태료처분을 받고 이를 납부한 일이 있더라도 그 후에 형사처벌을 한다고 해서 일사부재리의 원칙에 어긋난다고 할 수 없다**(대판 1989.6.13, 88도1983).

2. 임시운행허가기간을 벗어나 무등록차량을 운행한 자에 대한 과태료의 제재와 형사처벌은 일사부재리의 원칙에 반하는 것이 아니다

　　행정법상의 질서벌인 과태료의 부과처분과 형사처벌은 그 성질이나 목적을 달리하는 별개의 것이므로 행정법상의 질서벌인 과태료를 납부한 후에 형사처벌을 한다고 하여 이를 일사부재리의 원칙에 반하는 것이라고 할 수는 없으며, 자동차의 임시운행허가를 받은 자가 그 허가 목적 및 기간의 범위 안에서 운행하지 아니한 경우에 과태료를 부과하는 것은 당해 자동차가 무등록 자동차인지 여부와는 관계없이, 이미 등록된 자동차의 등록번호표 또는 봉인이 멸실되거나 식별하기 어렵게 되어 임시운행허가를 받은 경우까지를 포함하여, 허가받은 목적과 기간의 범위를 벗어나 운행하는 행위 전반에 대하여 행정질서벌로써 제재를 가하고자 하는 취지라고 해석되므로, 만일 임시운행허가기간을 넘어 운행한 자가 등록된 차량에 관하여 그러한 행위를 한 경우라면 과태료의 제재만을 받게 되겠지만, 무등록 차량에 관하여 그러한 행위를 한 경우라면 과태료와 별도로 형사처벌의 대상이 된다(대판 1996.4.12, 96도158).

　　㉡ 헌법재판소(병과가능, 단 국가입법권 남용여지 있음)

1. 이중처벌금지원칙을 정한 헌법 제13조 제1항 소정의 '처벌'은 원칙적으로 국가의 형벌권 실행으로서의 과벌을 의미하는 것이고, 국가가 행하는 일체의 제재나 불이익처분을 모두 그에 포함된다고 할 수는 없다

　　헌법 제13조 제1항이 정한 '이중처벌금지의 원칙'은 동일한 범죄행위에 대하여 국가가 형벌권을 거듭 행사할 수 없도록 함으로써 국민의 기본권, 특히 신체의 자유를 보장하기 위한 것이므로, **그 '처벌'은 원칙으로 범죄에 대한 국가의 형벌권 실행으로서의 과벌을 의미하는 것**이고, **국가가 행하는 일체의 제재나 불이익처분을 모두 그에 포함된다고 할 수는 없다**(헌재결 1994.6.30, 92헌바38).

2. 과태료는 행정형벌과 목적·기능이 중복되는 면이 없지 않으므로, 동일한 행위를 대상으로 하여 형벌을 부과하면서 아울러 행정질서벌로서의 과태료까지 부과한다면 이중처벌금지의 기본정신에 배치되어 국가 입법권의 남용으로 인정될 여지가 있다

　　다만, 행정질서벌로서의 과태료는 행정상 의무의 위반에 대하여 국가가 일반통치권에 기하여 과하는 제재로서 형벌(특히 행정형벌)과 목적·기능이 중복되는 면이 없지 않으므로, **동일한 행위를 대상으로 하여 형벌을 부과하면서 아울러 행정질서벌로서의 과태료까지 부과한다면 그것은 이중처벌금지의 기본정신에 배치되어 국가 입법권의 남용으로 인정될 여지가 있음**을 부정할 수 없다(헌재결 1994.6.30, 92헌바38).

3. 무허가건축행위로 구 건축법 제54조 제1항에 의하여 형벌을 받은 자가 그 위법건축물에 대한 시정명령에 위반한 경우 그에 대하여 과태료를 부과할 수 있도록 한 동법 제56조의2 제1항의 규정은 이중처벌금지원칙에 위배되지 않는다

　　구 건축법 제54조 제1항에 의한 **형사처벌의 대상이 되는 범죄의 구성요건은 당국의 허가 없이 건축행위**

또는 건축물의 용도변경행위를 한 것이고, 동법 제56조의2 제1항에 의한 **과태료는 건축법령에 위반되는 위법건축물에 대한 시정명령을 받고도 건축주 등이 이를 시정하지 아니할 때 과하는 것이므로, 양자는 처벌 내지 제재대상이 되는 기본적 사실관계로서의 행위를 달리하는 것**이다. 그리고 전자가 무허가건축행위를 한 건축주 등의 행위 자체를 위법한 것으로 보아 처벌하는 것인 데 대하여, 후자는 위법건축물의 방치를 막고자 행정청이 시정조치를 명하였음에도 건축주 등이 이를 이행하지 아니한 경우에 행정명령의 실효성을 확보하기 위하여 제재를 과하는 것이므로 양자는 그 보호법익과 목적에서도 차이가 있고, 또한 무허가건축행위에 대한 형사처벌 시에 위법건축물에 대한 시정명령의 위반행위까지 평가된다고 할 수 없으므로 시정명령위반행위가 무허가건축행위의 불가벌적 사후행위라고 할 수도 없다. 이러한 점에 비추어 구 건축법 제54조 제1항에 의한 **무허가건축행위에 대한 형사처벌과 동법 제56조의2 제1항에 의한 과태료의 부과는 헌법 제13조 제1항이 금지하는 이중처벌에 해당한다고 할 수 없다**(헌재결 1994. 6.30, 92헌바38).

② 행정벌(형사벌)과 행정처분(운행정지처분)은 병과가능

관련 관례

운행정지처분의 사유가 된 사실관계로 자동차 운송사업자가 이미 형사처벌을 받은 바 있다 하여 피고(서울특별시장)의 자동차운수사업법 제31조를 근거로 한 운행정지처분이 일사부재리의 원칙에 위반된다 할 수 없다(대판 1983.6.14, 82누439).

Ⅲ 행정벌의 근거

범죄와 형벌은 법률로써 규정되어 있어야 한다는 법원칙인 죄형법정주의의 원칙은 형사벌뿐만 아니라 행정벌에도 적용된다. 따라서 행정벌을 부과하기 위해서는 반드시 법률에 근거가 있어야 한다. 행정벌을 명령에 위임하기 위해서는 특히 긴급한 필요가 있거나 미리 법률로써 자세히 정할 수 없는 부득이한 사정이 있는 경우에 한해(보충성) 구체적으로 범위를 정한 경우에 범죄구성요건의 대강을 정하고, 형벌의 종류와 범위 및 폭을 정한 경우만 허용된다.

관련 관례

1. 형벌법규의 적용대상이 행정법규가 규정한 사항을 내용으로 하는 경우에 있어서 그 행정법규의 해석
   형벌법규의 해석은 엄격하여야 하고 명문규정의 의미를 피고인에게 불리한 방향으로 지나치게 확장해석하거나 유추해석하는 것은 죄형법정주의의 원칙에 어긋나는 것으로서 허용되지 않으며, 이러한 법해석의 원리는 그 형벌법규의 적용대상이 행정법규가 규정한 사항을 내용으로 하고 있는 경우에 있어서 그 행정법규의 규정을 해석하는 데에도 마찬가지로 적용된다(대판 2007.6.29, 2006도4582).
2. 「가축분뇨의 관리 및 이용에 관한 법률」 제50조 제3호에서 정한 ' 제11조 제3항의 규정에 의한 신고대상자'의 의미 및 배출시설을 설치한 자가 설치 당시 신고대상자가 아니었다가 그 후 법령 개정에 따라 신고

대상에 해당하게 된 경우, 같은 법 제11조 제3항의 신고대상자에 해당하는지 여부(소극)

「가축분뇨의 관리 및 이용에 관한 법률」(가축분뇨법) 제50조 제3호는 '제11조 제3항의 규정을 위반하여 신고를 하지 아니하거나 거짓 그 밖의 부정한 방법으로 신고를 하고 배출시설을 설치한 자'를 처벌하도록 규정하고 있고, 가축분뇨법 제11조 제3항은 "제1항의 규정에 따른 허가대상에 해당하지 아니하는 배출시설 중 대통령령이 정하는 규모 이상의 배출시설을 설치하고자 하는 자는 환경부령이 정하는 바에 따라 시장·군수·구청장에게 신고하여야 한다. 신고한 사항을 변경하고자 하는 때에도 또한 같다."고 규정하고 있는바, **가축분뇨법 제50조 제3호가 정하는 '제11조 제3항의 규정에 의한 신고대상자'는 '대통령령이 정하는 규모 이상의 배출시설을 설치하고자 하는 자 또는 신고한 사항을 변경하고자 하는 자'를 말하는 것이고, 이미 배출시설을 설치한 자는 그 설치 당시에 신고대상자가 아니었다면 그 후 법령의 개정에 따라 신고대상에 해당하게 되었다고 하더라도 가축분뇨법 제11조 제3항에서 규정하고 있는 신고대상자인 '배출시설을 설치하고자 하는 자'에 해당한다고 볼 수는 없다**(대판 2011.7.14, 2009도7777).

한편, 지방자치단체는 조례를 위반한 행위에 대하여 조례로써 [규칙(×)] 1천만원 이하의 과태료 [형벌(×)]를 정할 수 있다(지방자치법 제27조). 사기나 그 밖의 부정한 방법으로 사용료·수수료 또는 분담금의 징수를 면한 자에 대하여는 그 징수를 면한 금액의 5배 이내의 과태료를, 공공시설을 부정사용한 자에 대하여는 50만원 이하의 과태료를 부과하는 규정을 조례로 정할 수 있다(같은 법 제139조 제2항).

Ⅳ 행정벌의 종류

구 분	행정형벌	행정질서벌
의 의	행정법상의 의무위반에 대한 제재로 형법에 정해져 있는 '형벌'(사형·징역·금고·자격상실·자격정지·벌금·구류·과료·몰수)을 과하는 경우	행정법상의 의무위반에 대한 제재로 '과태료'를 부과하는 경우
대상 행위	직접적인 행정목적 침해행위	간접적인 행정목적달성 장해행위
	벌의 선택(입법재량) : 무릇 어떤 행정법규 위반행위에 대하여, 이를 단지 간접적으로 행정상의 질서에 장해를 줄 위험성이 있음에 불과한 경우(단순한 의무태만 내지 의무위반)로 보아 행정질서벌인 과태료를 과할 것인가, 아니면 직접적으로 행정목적과 공익을 침해한 행위로 보아 행정형벌을 과할 것인가, 그리고 행정형벌을 과할 경우 그 법정형의 형종과 형량을 어떻게 정할 것인가는, 당해 위반행위가 위의 어느 경우에 해당하는가에 대한 법적 판단을 그르친 것이 아닌 한 그 처벌내용은 기본적으로 입법권자가 제반 사정을 고려하여 결정할 그 입법재량에 속하는 문제라고 할 수 있다(헌재결 1994.4.28, 91헌바14).		
형법 총칙	원칙적으로 적용(고의·과실 필요)	1. 적용 안 됨(고의·과실 불요) : 다수설 ■ 그러나 질서위반행위규제법 제7조와 최신판례(대결 2011.7.14, 2011마364)는 고의·과실을 요구 2. 죄형법정주의 : 다수설은 적용긍정설, 헌법재판소는 부정설이다(헌재결 1998.5.28, 96헌바83).

구 분	행정형벌	행정질서벌
과벌 절차	형사소송법(예외 : 통고처분, 즉결심판)	질서위반행위규제법
행정벌의 행정질서벌화 (행정범의 탈범죄화· 비범죄화)	1. 행정형벌의 과잉 : 행정범과 형사범은 성질이 다르므로 행정범에 대한 처벌수단과 형사범의 처벌수단은 달라야 하는 것이 원칙이다. 그럼에도 불구하고 우리의 경우 행정범에 대한 처벌수단이 대부분 형벌로 되어 있고, 과태료는 거의 예외적인 처벌수단으로 되어 있다. 2. 행정형벌의 과태료화 : 행정형벌 가운데 단기자유형(구류)과 벌금형은 다른 행정제재수단과 중복되고, 과벌절차가 복잡하며, 전과자를 대량으로 만들어내는 문제가 있다. 따라서 단기자유형인 구류와 벌금을 질서벌인 과태료로 전환할 필요성이 강조되고 있는 추세이다.	

Ⅴ 실체법적 특수성

1. 행정형벌의 특수성

(1) 행정형벌과 형법총칙의 적용

형법 제8조는 "본법 총칙은 다른 법령에 정한 죄에 적용한다. 단, 그 법령에 특별한 규정이 있는 때에는 예외로 한다."라고 규정하고 있다.

'특별한 규정'의 의미에 대해 ① 명문의 규정만으로 보는 견해, ② 명문의 규정만이 아니라 해석상으로도 형벌의 범위를 축소하거나 경감하는 경우는 형법총칙의 적용을 배제하거나 제한할 수 있다는 견해(다만, 형벌의 범위를 확대하거나 형벌을 가중하는 것은 허용되지 않음), ③ 명문규정과 해석상 및 조리상 특수성으로 보는 견해 등이 있으나, ②의 견해가 통설·판례의 입장이다.

 형법 제13조 단서에서 말하는 특별한 규정이 있는 경우라 함은 다른 형벌법규에 의하여 처벌하는 죄의 성립에 고의를 요하지 아니한다는 명문의 규정이 있거나 그 법률규정 중에 그러한 취지를 명백하게 알 수 있는 경우를 의미하므로, 이와 같은 특별한 규정이 있는 경우에 해당하는 것으로 인정되지 아니하는 근로기준법 제107조에 의하여 처벌되는 같은 법 제27조 제1항 위반죄에 있어서는 일반형벌의 원칙에 따라 고의를 필요로 한다(대판 1994.5.27, 93도3377).

(2) 원칙적으로 고의 필요

범죄가 성립하기 위해서는 원칙적으로 고의가 있어야 한다. 즉, 죄의 성립요소인 사실을 인식하지 못한 행위는 벌하지 아니한다. 단, 법률에 특별한 규정이 있는 경우에는 예외로 한다(형법 제13조).

(3) 위법성의 인식

형법 제16조는 "자기의 행위가 법령에 의하여 죄가 되지 아니하는 것으로 오인한 행위는 그 오인에 정당한 이유가 있는 때에 한하여 벌하지 아니한다."고 규정하고 있다. 법률의 착오가 회피불가능한 경우에는 책임이 배제되고, 회피 가능한 경우에도 사정에 따라 책임이 감경될 수 있다. 그러나 행정범은 형사범과 달리 실정법에 의해 비로소 죄가 되는 것(법정범)이기 때문에 행위자가 구체적인 행정법규위반의 인식이 없으면 범죄가 성립하지 않는 경우도 있다. 또한 담배사업법 제31조에서는 법률의 착오에 정당한 이유의 유무를 불문한다는 특칙을 두고 있다.

관련판례

1. 국민학교 교장이 도 교육위원회의 지시에 따라 교과내용으로 되어 있는 꽃양귀비를 교과식물로 비치하기 위해서 양귀비 종자를 사서 교무실 앞 화단에 심은 경우 죄가 되지 아니하는 것으로 오인할 정당한 이유가 인정되지만, 10년 이상을 소채 및 종묘상 등을 경영하여 식물의 종자에 대하여 지식경험을 가진 자는 특별한 사정이 없는 이상 양귀비종자에 마약성분이 함유되어 있는 사실을 쉽게 알고 있었다고 봄이 경험법칙상 당연하다

   국민학교 교장이 도 교육위원회의 지시에 따라 교과내용으로 되어 있는 꽃양귀비를 교과식물로 비치하기 위하여 양귀비 종자를 사서 교무실 앞 화단에 심은 것이라면 이는 **죄가 되지 아니하는 것으로 오인한 행위로서 그 오인에 정당한 이유가 있는 경우에 해당한다고 할 것**이며, 이와 같은 인식에는 정당한 이유가 있다고 할 것이며, 이러한 경우에는 누구에게도 위법의 인식을 기대할 수 없다 할 것이므로 이는 형법 제16조 규정에 해당된다고 볼 것이다(대판 1972.3.31, 72도64).

2. 허가를 담당하는 공무원이 허가를 요하지 않는다고 잘못 알려 준 것을 믿은 경우 자기의 행위가 죄가 되지 않는 것으로 오인한 데 정당한 이유 인정

   행정청의 허가가 있어야 함에도 불구하고 허가를 받지 아니하여 처벌대상의 행위를 한 경우라도, **허가를 담당하는 공무원이 허가를 요하지 않는 것으로 잘못 알려 주어 이를 믿었기 때문에 허가를 받지 아니한 것이라면 허가를 받지 않더라도 죄가 되지 않는 것으로 착오를 일으킨 데 대하여 정당한 이유가 있는 경우에 해당하여 처벌할 수 없다**(대판 1992.5.22, 91도2525).

3. 피고인(부동산개발업자)이 자신의 행위가 건축법상의 허가대상인 줄 몰랐다는 사정은 법률의 착오에 기인한 행위가 아니다(대판 2011.10.13, 2010도15260).

(4) 과실범

과실범의 경우는 법률에 특별한 규정이 있는 경우에 한하여 처벌한다. 즉, 정상적으로 기울여야 할 주의(注意)를 게을리하여 죄의 성립요소인 사실을 인식하지 못한 행위는 법률에 특별한 규정이 있는 경우에만 처벌한다(형법 제14조). 이와 같은 형법규정은 당연히 행정범에도 적용된다(같은 법 제8조). 다수설·판례는 과실범을 처벌하는 명문규정이 있는 경우뿐만 아니라 해석상 과실범의 처벌이 인정되는 경우에도 벌할 수 있다는 입장이다.

1. 행정상의 단속을 주안으로 하는 법규라 하더라도 명문규정이 있거나 해석상 과실범도 벌할 뜻이 명확한 경우를 제외하고는 형법의 원칙에 따라 고의가 있어야 벌할 수 있다(대판 1986.7.22, 85도108).
2. 명문의 규정이 없는 경우 해석상으로도 처벌할 수 있다
  구 대기환경보전법의 입법목적이나 제반 관계규정의 취지 등을 고려하면, 법정의 배출허용기준을 초과하는 배출가스를 배출하면서 자동차를 운행하는 행위를 처벌하는 위 법 제57조 제6호의 규정은 자동차의 운행자가 그 자동차에서 배출되는 배출가스가 소정의 운행자동차 **배출허용기준을 초과한다는 점을 실제로 인식하면서 운행한 고의범의 경우는 물론 과실로 인하여 그러한 내용을 인식하지 못한 과실범의 경우도 함께 처벌하는 규정**이다(대판 1993.9.10, 92도1136).

(5) 양벌(쌍벌)규정

① 의의 : 범죄행위자와 함께 행위자 이외의 자를 함께 처벌하는 법규정을 양벌(쌍벌)규정이라고 한다. 형사범에 있어서는 현실적인 범죄행위자만 처벌하는 데 비해 행정범의 경우에는 반드시 현실적인 행위자만이 아니라 행정법상의 의무를 지는 자가 책임을 지는 경우도 있다. 미성년자·제한능력자의 위법행위에 대해 법정대리인을 처벌하거나, 양벌규정을 두어 행위자 외에 사업주도 처벌하는 경우 등이 그 예에 속한다.
② 타인의 행위에 대한 책임의 성질(과실책임, 자기책임) : 감독의무를 태만히 한 책임, 즉 과실책임이라고 보는 다수설과 입법정책적으로 정해진 무과실책임이라고 보는 견해가 대립한다. 이 경우의 책임은 타인에 대신하여 책임을 지는 대위책임이 아니라 자기 자신의 주의·감독의무를 태만히(해태)한 과실책임으로서의 자기책임이라는 견해가 일반적이다.

1. 양벌규정은 영업주의 종업원 등에 대한 감독태만을 처벌하려는 취지이다(대판 2007.11.29, 2007도7920).
2. 종업원의 미성년자보호법 위반죄의 구성요건상 자격흠결 시에도 영업주의 범죄성립 가능
  양벌규정에 의한 영업주의 처벌은 금지위반행위자인 종업원의 처벌에 종속하는 것이 아니라 독립하여 그 자신의 종업원에 대한 선임감독상의 과실로 인하여 처벌되는 것이므로 영업주의 위 과실책임을 묻는 경우 금지위반행위자인 종업원에게 구성요건상의 자격이 없다고 하더라도 영업주의 범죄성립에는 아무런 지장이 없다(대판 1987.11.10, 87도1213).
3. 양벌규정에 의한 영업주의 처벌에 있어서 종업원의 범죄성립이나 처벌이 전제조건은 아니다(대판 2006.2.24, 2005도7673).
4. 타인이 고용한 종업원의 위법행위로 인한 영업주의 양벌규정에 의한 범죄성립이 가능하다(대판 1987.11.10, 87도1213).
5. 종업원의 위법행위의 동기는 영업주의 책임에 영향을 미치지 않는다(대판 1987.11.10, 87도1213).
6. 양벌규정에 의하여 사용자가 벌금을 납부하여야 하는 경우, 원칙적으로 위법행위를 한 종업원이나 그 종업원의 실질적인 사용자에게 배상을 구할 수 없다(대판 2007.11.16, 2005다3229).
7. 종업원의 위반행위에 대하여 양벌조항으로서 개인인 영업주에게도 동일하게 무기 또는 2년 이상의 징역

형의 법정형으로 처벌하도록 규정하고 있는 「보건범죄단속에 관한 특별조치법」 제6조 중 제5조에 의한 처벌 부분은 형사법상 책임원칙에 반한다(위헌)

(1) 책임 없는 자에게 형벌을 부과(책임주의 위배)

이 사건 법률조항이 종업원의 업무 관련 무면허의료행위가 있으면 **이에 대해 영업주가 비난받을 만한 행위가 있었는지 여부와는 관계없이 자동적으로 영업주도 처벌하도록 규정**하고 있고, 그 문언상 명백한 의미와 달리 '종업원의 범죄행위에 대해 **영업주의 선임감독상의 과실(기타 영업주의 귀책사유)이 인정되는 경우**'라는 요건을 추가하여 해석하는 것은 문리해석의 범위를 넘어서는 것으로서 허용될 수 없으므로, 결국 위 법률조항은 다른 사람의 범죄에 대해 그 책임 유무를 묻지 않고 형벌을 부과함으로써, 법정형에 나아가 판단할 것 없이, 형사법의 기본원리인 '책임없는 자에게 형벌을 부과할 수 없다.'는 책임주의에 반한다(헌재결 2007.11.29, 2005헌가10).

(2) 책임 정도보다 무거운 법정형(과잉금지원칙 위배)

일정한 범죄에 대해 형벌을 부과하는 법률조항이 정당화되기 위해서는 범죄에 대한 귀책사유를 의미하는 책임이 인정되어야 하고, 그 법정형 또한 책임의 정도에 비례하도록 규정되어야 하는데, **이 사건 법률조항은 문언상 종업원의 범죄에 아무런 귀책사유가 없는 영업주에 대해서도 그 처벌가능성을 열어두고 있을 뿐만 아니라, 가사 위 법률조항을 종업원에 대한 선임감독상의 과실 있는 영업주만을 처벌하는 규정으로 보더라도, 과실밖에 없는 영업주를 고의의 본범(종업원)과 동일하게 '무기 또는 2년 이상의 징역형'이라는 법정형으로 처벌하는 것은 그 책임의 정도에 비해 지나치게 무거운 법정형을 규정하는 것**이므로, 두 가지 점을 모두 고려하면 형벌에 관한 책임원칙에 반한다(헌재결 2007.11.29, 2005헌가10).

8. 개인의 대리인, 사용인, 그 밖의 종업원이 무면허의료행위를 하면 그 개인도 행위자와 같이 처벌하는 의료법 제91조 제2항 부분은 책임주의에 반하여 헌법에 위반된다(헌재결 2009.10.29, 2009헌가6).

③ 법적 근거 : 행위자 이외의 자의 처벌을 위해서는 법적 근거를 요한다는 게 다수설인데, 판례는 명문규정이 없으면 처벌할 수 없다는 판례(대판 1968.2.20, 67도1683)와 명문의 규정이 없는 경우에도 관계규정의 해석에 의해 행위자 이외의 자도 벌할 뜻이 명확한 경우에는 행위자 이외의 자에 대한 처벌이 가능하다는 판례(대판 1961.6.7, 4293형상923)로 일관되지 않다.

(6) 법인의 범죄능력

형사범에 있어서 법인은 범죄능력을 갖지 않는다고 보는 데 대해, 행정범에 있어서는 법인의 대표자 또는 법인의 대리인·사용인 기타의 종업원이 법인의 업무에 관하여 의무를 위반한 경우에 행위자뿐만 아니라 법인에 대해서도 처벌(양벌규정·쌍벌규정)하는 경우가 많다. 다수설은 법인을 처벌한다는 특별규정을 요한다고 해석한다.

관련 판례

1. 양벌규정인 자동차운수사업법 제74조를 법인격 없는 사단이나 그 구성원 개개인에 적용할 수 없다(대판 1995.7.28, 94도3325).

2. 지방자치단체가 국가사무를 기관위임받아 수행하는 경우에는 양벌규정의 적용대상이 되지 않고, 자치

(고유)사무를 수행하는 경우에는 양벌규정의 적용대상이 된다

국가가 본래 그의 사무의 일부를 지방자치단체의 장에게 위임하여 그 사무를 처리하게 하는 기관위임사무의 경우에는 지방자치단체는 국가기관의 일부로 볼 수 있는 것이지만, 지방자치단체가 그 **고유의 자치사무를 처리하는 경우에는 지방자치단체는 국가기관의 일부가 아니라 국가기관과는 별도의 독립한 공법인이므로, 지방자치단체 소속 공무원이 지방자치단체 고유의 자치사무를 수행하던 중 도로법 제81조 내지 제85조의 규정에 의한 위반행위를 한 경우에는 지방자치단체는 도로법 제86조의 양벌규정에 따라 처벌대상이 되는 법인에 해당**한다(대판 2005.11.10, 2004도2657).

3. 지방자치단체(부산광역시 서구) 소속 공무원이 압축트럭 청소차를 운전하여 고속도로를 운행하던 중 제한축중을 초과 적재 운행함으로써 도로관리청의 차량운행제한을 위반한 경우 해당 지방자치단체는 도로법 제86조의 양벌규정에 따른 처벌대상이 된다

피고인 소속 공무원인 공소외인이 압축트럭 청소차를 운전하여 남해고속도로를 운행하던 중 한국도로공사 서부산영업소 진입도로에서 제한축중 10t을 초과하여 위 차량 제3축에 1.29t을 초과 적재 운행함으로써 도로관리청의 차량운행제한을 위반한 사실을 인정할 수 있는바, **이 사건 도로법 위반당시 위 공소외인이 수행하고 있던 업무는 지방자치단체 고유의 자치사무 중 주민의 복지증진에 관한 사무를 규정한 지방자치법 제9조 제2항 제2호 (자)목에서 예시하고 있는 '청소, 오물의 수거 및 처리'에 해당되는 업무라고 할 것이므로 지방자치단체인 피고인은 도로법 제86조의 양벌규정에 따른 처벌대상이 된다**고 할 것이다(대판 2005.11.10, 2004도2657).

4. 양벌규정이 있는 경우 회사를 처단함에 있어 회사 대표자의 위반행위에 대한 형 선고와 같은 조치를 취해야 하는 것은 아니다(대판 1995.12.12, 95도1893).

5. 양벌규정인 구 「방문판매 등에 관한 법률」 제63조에서의 '법인의 사용인'의 범위

구 「방문판매 등에 관한 법률」 제63조에서 말하는 '법인의 사용인'에는 법인과 정식 고용계약이 체결되어 근무하는 자뿐만 아니라 그 법인의 업무를 직접 또는 간접으로 수행하면서 법인의 통제·감독하에 있는 자도 포함된다. 다단계판매업의 영업태양 및 다단계판매업자와 다단계판매원 사이의 관계에 비추어 볼 때, **다단계판매원이 하위판매원의 모집 및 후원활동을 하는 것은 실질적으로 다단계판매업자의 관리 아래 그 업무를 위탁받아 행하는 것**으로 볼 수 있어, 다단계판매업자가 상품의 판매 또는 용역의 제공에 의한 이익의 귀속주체가 된다고 할 것이므로, **다단계판매원은 다단계판매업자의 통제·감독을 받으면서 다단계판매업자의 업무를 직접 또는 간접으로 수행하는 자로서, 적어도 구 「방문판매 등에 관한 법률」의 양벌규정의 적용에 있어서는 다단계판매업자의 사용인의 지위에 있다고 봄이 상당하다**(대판 2006.2.24, 2003도4966).

6. 「사행행위 등 규제 및 처벌특례법」 제31조는 위헌이다

형벌은 범죄에 대한 제재로서 그 본질은 법질서에 의해 부정적으로 평가된 행위에 대한 비난이다. 만약 법질서가 부정적으로 평가한 결과가 발생하였다고 하더라도 그러한 결과의 발생이 어느 누구의 잘못에 의한 것도 아니라면, 부정적인 결과가 발생하였다는 이유만으로 누군가에게 형벌을 가할 수는 없다. 이와 같이 **'책임 없는 자에게 형벌을 부과할 수 없다.'는 형벌에 관한 책임주의는 형사법의 기본원리로서, 헌법상 법치국가의 원리에 내재하는 원리인 동시에 헌법 제10조의 취지로부터 도출되는 원리이다.** 오늘날 법인의 사회적 활동이 증가함에 따라 법인에 의한 반사회적 법익 침해 또한 증가하고 있고, 이에 대처하기 위하여는 법인에게 직접 제재를 가할 필요가 있다. 그러나 형벌은 국가가 가지고 있는 가장 강력한 제재수단이므로 입법자가 일단 법인에 대한 제재수단으로 '형벌'을 선택한 이상, 그 적용에 있어서는 형벌에 관한 헌법상 원칙, 즉 법치주의와 죄형법정주의로부터 도출되는 책임주의 원칙이 준수되어야 한다. 그런데, **이 사건 법률조항은 법인이 고용한 종업원 등이 업무에 관하여 법 제30조 제2항 제1호를 위반한 범죄행위를 저지른 사실이 인정되면, 법인이 그와 같은 종업원 등의 범죄에 대해 어떠한 잘못이 있**

는지를 전혀 묻지 않고 곧바로 그 종업원 등을 고용한 법인에게도 종업원 등에 대한 처벌조항에 규정된 벌금형을 과하도록 규정하고 있어, 법인이 종업원 등의 위반행위와 관련하여 선임·감독상의 주의의무를 다하여 아무런 잘못이 없는 경우까지도 법인에게 형벌을 부과될 수밖에 없게 되므로 책임주의 원칙에 **반하여 헌법에 위반된다**(헌재결 2009.7.30, 2008헌가14).

7. '법인의 대표자'에는 그 명칭 여하를 불문하고 당해 법인을 실질적으로 경영하면서 사실상 대표하고 있는 자도 포함된다고 해석함이 상당하다(대판 2011.3.24, 2010도14817).

8. 산지관리법의 양벌규정 중 법인의 대표자 부분은 형벌의 자기책임원칙에 반하지 않는다
   법인은 기관을 통하여 행위하므로 법인의 대표자의 행위로 인한 법률효과는 법인에게 귀속되어야 하고, 법인 대표자의 범죄행위에 대하여는 법인 자신이 책임을 져야 하는바, **법인 대표자의 법규위반행위에 대한 법인의 책임은 법인 자신의 법규위반행위로 평가될 수 있는 행위에 대한 법인의 직접책임으로서, 대표자의 고의에 의한 위반행위에 대하여는 법인 자신의 고의에 의한 책임을, 대표자의 과실에 의한 위반행위에 대하여는 법인 자신의 과실에 의한 책임을 지는 것이다.** 따라서 이 사건 법률조항 중 법인의 대표자 관련 부분은 대표자의 책임을 요건으로 하여 법인을 처벌하는 것이므로 위 양벌규정에 근거한 형사처벌이 형벌의 자기책임원칙에 반하여 헌법에 위반된다고 볼 수 없다(대판 2011.3.24, 2010도14817).

9. 법인의 종업원 등이 법인의 업무에 관하여 범죄행위를 하면 그 법인에게도 동일한 벌금형을 과하도록 규정하고 있는 구 도로법 제86조 중 "법인의 대리인·사용인 기타의 종업원이 그 법인의 업무에 관하여 제83조 제1항 제4호의 규정에 의한 위반행위를 한 때에는 그 법인에 대하여도 해당 조의 벌금형을 과한다."는 부분은 책임주의원칙에 위배된다(위헌)(헌재결 2012.2.23, 2012헌가2).

10. 법인의 종업원 등이 법인의 업무에 관하여 범죄행위를 하면 그 법인에게도 동일한 벌금형을 과하도록 규정하고 있는 구 「유사수신행위의 규제에 관한 법률」 제7조 중 "법인의 대리인·사용인 기타의 종업원이 그 법인의 업무에 관하여 제6조의 위반행위를 한 때에는 그 법인에 대하여도 동조의 벌금형을 과한다."는 부분은 책임주의원칙에 위배된다(위헌)(헌재결 2012.4.24, 2011헌가37).

11. 법인의 종업원 등이 법인의 업무에 관하여 범죄행위를 하면 그 법인에게도 동일한 벌금형을 과하도록 규정되어 있는 구 도로법 제86조 중 "법인의 대리인·사용인 기타의 종업원이 그 법인의 업무에 관하여 제83조 제1항 제3호의 규정에 의한 위반행위를 한 때에는 그 법인에 대하여도 해당 조의 벌금형을 과한다."는 부분은 책임주의원칙에 위배된다(위헌)(헌재결 2012.7.26, 2012헌가11).

12. 甲 교회의 총회 건설부장인 피고인이 관할시청의 허가 없이 건물 옥상층에 창고시설을 건축하는 방법으로 건물을 불법 증축하여 건축법 위반으로 기소된 사안에서, 甲 교회는 乙을 대표자로 한 법인격 없는 사단이고, 피고인은 甲 교회에 고용된 사람이므로, 乙을 구 건축법 제112조 제4항 양벌규정의 '개인'의 지위에 있다고 보아 피고인을 같은 조항에 의하여 처벌할 수는 없다고 한 사례(대판 2017.12.28, 2017도13982)

(7) 책임능력

심신장애로 인하여 사물을 변별할 능력이 없거나 의사를 결정할 능력이 없는 자의 행위는 벌하지 아니한다(형법 제10조 제1항). 심신장애로 인하여 전항의 능력이 미약한 자의 행위는 형을 감경할 수 있다(같은 조 제2항).

14세 되지 아니한 자의 행위는 벌하지 아니한다(형법 제9조). 듣거나 말하는 데 모두 장애가 있는 사람의 행위에 대해서는 형을 감경한다(같은 법 제10조, 제11조). 그러나 행정형벌의 경우

에는 이에 대한 예외가 인정되는 경우가 있다(담배사업법 제31조).

(8) 공 범

행정범에 있어서는 의무의 다양성으로 인해 공동정범(형법 제30조)·교사범(같은 법 제31조)·종범(같은 법 제32조)에 관한 규정의 적용을 배제하는 경우가 있고(선박법 제39조), 종범감경규정을 배제하는 경우도 있다(담배사업법 제31조).

(9) 경합범·작량감경(酌量減輕)

행정범에 있어서는 경합범(형법 제38조)·작량감경(같은 법 제53조)에 관한 규정의 적용을 배제하는 특별규정을 두고 있는 경우가 있다(담배사업법 제31조).

2. 행정질서벌의 특수성

(1) 죄형법정주의

죄형법정주의의 적용 여부에 대해 다수설은 적용된다는 입장인 데 반해, 헌법재판소는 적용되지 않는다는 입장이다(헌재결 1998.5.28, 96헌바83).

죄형법정주의는 무엇이 범죄이며 그에 대한 형벌이 어떠한 것인가는 국민의 대표로 구성된 입법부가 제정한 법률로써 정하여야 한다는 원칙인데, 부동산등기특별조치법 제11조 제1항 본문 중 제2조 제1항에 관한 부분이 정하고 있는 **과태료는 행정상의 질서유지를 위한 행정질서벌에 해당할 뿐 형벌이라고 할 수 없어 죄형법정주의의 규율대상에 해당하지 아니한다**(헌재결 1998.5.28, 96헌바83).

그러나 질서위반행위 법정주의는 당연히 적용된다. 법률에 따르지 아니하고는 어떤 행위도 질서위반행위로 과태료를 부과하지 아니한다(질서위반행위규제법 제6조).

(2) 과태료부과요건

① 다른 법률과의 관계 : 이 법은 법률상 의무의 효율적인 이행을 확보하고 국민의 권리와 이익을 보호하기 위하여 질서위반행위의 성립요건과 과태료의 부과·징수 및 재판 등에 관한 사항을 규정하는 것을 목적으로 한다(질서위반행위규제법 제1조). 즉, 질서위반행위규제법은 과태료의 과벌절차에 관한 일반법이므로 특별한 규정이 없으면 과태료의 과벌절차는 질서위반행위규제법에 의한다. 한편, 과태료의 부과·징수, 재판 및 집행 등의 절차에 관한 다른 법률의 규정 중 이 법의

규정에 저촉되는 것은 이 법으로 정하는 바에 따른다(같은 법 제5조).

② **법 적용의 시간적 범위**: 질서위반행위의 성립과 과태료처분은 행위 시의 법률에 따른다(같은 법 제3조 제1항). 질서위반행위 후 법률이 변경되어 그 행위가 질서위반행위에 해당하지 아니하게 되거나 과태료가 변경되기 전의 법률보다 가볍게 된 때에는 법률에 특별한 규정이 없는 한 변경된 법률을 적용한다(같은 조 제2항). 행정청의 과태료처분이나 법원의 과태료재판이 확정된 후 법률이 변경되어 그 행위가 질서위반행위에 해당하지 아니하게 된 때에는 변경된 법률에 특별한 규정이 없는 한 과태료의 징수 또는 집행을 면제한다(같은 조 제3항).

1. 질서위반행위에 대하여 과태료 부과의 근거 법률이 개정되어 행위 시의 법률에 의하면 과태료 부과대상 이었지만 재판 시의 법률에 의하면 과태료 부과대상이 아니게 된 경우, 과태료를 부과할 수 없다(대결 2020.12.18, 2020마6912).

2. 국가경찰공무원으로서 경감 직위에서 퇴직한 甲이 '철도건널목 안전관리 및 경비' 등의 업무를 담당하는 경비사업소장으로 乙 주식회사에 취업한 후 취업제한 여부 확인요청서를 제출하였는데, 甲에 대하여 취업 전에 취업제한 여부 확인요청을 하지 않았다는 이유로 과태료가 부과되었고, 이에 甲이 항고하였으나 항고심법원이 2019. 12. 3. 법률 제16671호로 개정된 공직자윤리법이 공포된 상태임에도 시행일까지 기다리지 아니한 채 항고기각 결정을 한 사안에서, 과태료 재판 계속 중에 개정·시행된 공직자윤리법령에 의하면 甲이 취업제한 여부 확인요청대상자의 범위에서 제외될 여지가 있으므로 이 경우 재판 시의 법률에 따라 과태료를 부과할 수 없게 된다는 이유로 원심결정을 파기한 사례(대결 2020.11.3, 2020마5594)

3. 2018. 12. 31. 이전에 이루어진 현금영수증 발급의무 위반행위에 대하여는 행위 시의 법률인 구 「조세범처벌법」 제15조 제1항을 적용하여 과태료를 부과하여야 한다(대결 2020.12.18, 2020마6912).

③ **법 적용의 장소적 범위**: 이 법은 대한민국 영역 안에서 질서위반행위를 한 자에게 적용한다(같은 법 제4조 제1항). 이 법은 대한민국 영역 밖에서 질서위반행위를 한 대한민국의 국민에게 적용한다(같은 조 제2항). 이 법은 대한민국 영역 밖에 있는 대한민국의 선박 또는 항공기 안에서 질서위반행위를 한 외국인에게 적용한다(같은 조 제3항).

④ **부과대상(질서위반행위)**: 질서위반행위란 법률(지방자치단체의 조례를 포함한다)상의 의무를 위반하여 과태료를 부과하는 행위를 말한다. 다만, 다음 각 목의 어느 하나에 해당하는 행위를 제외한다(질서위반행위규제법 제2조 제1호).

1. 대통령령으로 정하는 사법(私法)상·소송법상 의무를 위반하여 과태료를 부과하는 행위
2. 대통령령으로 정하는 법률에 따른 징계사유에 해당하여 과태료를 부과하는 행위

⑤ **고의·과실**: 과태료는 형식적으로 형벌이 아니기 때문에 형법총칙의 적용을 받지 않고, 따라서 행위자의 고의나 과실을 요하지 않는다. 그러나 질서위반행위규제법 제7조는 "고의 또는 과실이 없는 질서위반행위는 과태료를 부과하지 아니한다."라고 특별규정을 두고 있다.

1. 과태료재판은 행정소송절차가 아니기 때문에 신뢰보호원칙 위반 여부가 문제되지 않는다

법원이 비송사건절차법에 따라서 하는 과태료재판은 관할관청이 부과한 과태료처분에 대한 당부를 심판하는 행정소송절차가 아니라 법원의 직권으로 개시·결정하는 것이므로, **원칙적으로 과태료재판에서는 행정소송에서와 같은 신뢰보호의 원칙 위반 여부가 문제로 되지 아니한다**(대결 2006.4.28, 2003마715).

2. 과태료 부과대상 질서위반행위를 한 자가 자신의 책임 없는 사유로 위반행위에 이르렀다고 주장하는 경우, 법원이 취하여야 할 조치

질서위반행위규제법은 과태료의 부과대상인 질서위반행위에 대하여도 책임주의 원칙을 채택하여 제7조에서 "고의 또는 과실이 없는 질서위반행위는 과태료를 부과하지 아니한다."고 규정하고 있으므로, **질서위반행위를 한 자가 자신의 책임 없는 사유로 위반행위에 이르렀다고 주장하는 경우 법원으로서는 그 내용을 살펴 행위자에게 고의나 과실이 있는지를 따져보아야 한다**(대결 2011. 7.14, 2011마364).

⑥ 위법성의 착오 : 자신의 행위가 위법하지 아니한 것으로 오인하고 행한 질서위반행위는 그 오인에 정당한 이유가 있는 때에 한하여 과태료를 부과하지 아니한다(같은 법 제8조).

⑦ 책임연령 : 14세가 되지 아니한 자의 질서위반행위는 과태료를 부과하지 아니한다. 다만, 다른 법률에 특별한 규정이 있는 경우에는 그러하지 아니하다(같은 법 제9조).

⑧ 심신장애 : 심신(心神)장애로 인하여 행위의 옳고 그름을 판단할 능력이 없거나 그 판단에 따른 행위를 할 능력이 없는 자의 질서위반행위는 과태료를 부과하지 아니한다(같은 법 제10조 제1항). 심신장애로 인하여 능력이 미약한 자의 질서위반행위는 과태료를 감경한다(같은 조 제2항). 스스로 심신장애 상태를 일으켜 질서위반행위를 한 자에 대하여는 제1항 및 제2항을 적용하지 아니한다(같은 조 제3항).

⑨ 법인의 처리 등(양벌규정) : 법인의 대표자, 법인 또는 개인의 대리인·사용인 및 그 밖의 종업원이 업무에 관하여 법인 또는 그 개인에게 부과된 법률상의 의무를 위반한 때에는 법인 또는 그 개인에게 과태료를 부과한다(같은 법 제11조 제1항). 제7조부터 제10조까지의 규정은 도로교통법 제56조 제1항(차의 운전자를 고용하고 있는 사람이나 직접 이를 관리하는 지위에 있는 사람 또는 차의 사용자는 운전자에게 이 법이나 이 법에 의한 명령을 지키도록 항상 주의시키고 감독하여야 한다)에 따른 고용주 등을 같은 법 제160조 제3항에 따라 과태료를 부과하는 경우에는 적용하지 아니한다(같은 조 제2항).

⑩ 다수인의 질서위반행위 가담 : 2인 이상이 질서위반행위에 가담한 때에는 각자가 질서위반행위를 한 것으로 본다(같은 법 제12조 제1항). 신분에 의하여 성립하는 질서위반행위에 신분이 없는 자가 가담한 때에는 신분이 없는 자에 대하여도 질서위반행위가 성립한다(같은 조 제2항). 신분에 의하여 과태료를 감경 또는 가중하거나 과태료를 부과하지 아니하는 때에는 그 신분의 효과는 신분이 없는 자에게는 미치지 아니한다(같은 조 제3항).

⑪ 수개의 질서위반행위의 처리 : 하나의 행위가 2 이상의 질서위반행위에 해당하는 경우에는 각

질서위반행위에 대하여 정한 과태료 중 가장 중한 과태료를 부과한다(같은 법 제13조 제1항). 2 이상의 질서위반행위가 경합하는 경우에는 각 질서위반행위에 대하여 정한 과태료를 각각 부과한다. 다만, 다른 법령(지방자치단체의 조례를 포함한다)에 특별한 규정이 있는 경우에는 그 법령으로 정하는 바에 따른다(같은 조 제2항).

⑫ 과태료의 산정 시 고려사항 : 행정청 및 법원은 과태료를 정함에 있어서 다음 각 호의 사항을 고려하여야 한다(제14조).

1. 질서위반행위의 동기·목적·방법·결과
2. 질서위반행위 이후의 당사자의 태도와 정황
3. 질서위반행위자의 연령·재산상태·환경
4. 그 밖에 과태료의 산정에 필요하다고 인정되는 사유

⑬ 과태료부과와 사법적 효력 : 주택건설촉진법의 규정을 위반하여 주택을 공급한 자에게 과태료를 부과한다고 하여 사법적 효력까지 부인되지는 않는다는 것이 판례의 입장이다.

구 주택건설촉진법 제52조의3 제1항 제6호는 '제32조 제2호의 규정을 위반하여 주택을 공급한 자'를 과태료에 처하도록 규정하고 있으나, 주택공급계약이 위 법 제32조, 위 규칙 제27조 제4항, 제3항에 위반하였다고 하더라도 그 사법적 효력까지 부인된다고 할 수는 없다(대판 2007.8.23, 2005다 59475·59482·59499).

Ⅵ 행정벌의 과벌절차

1. 행정형벌의 과벌절차

(1) 개 설

행정형벌은 형사소송법이 정하는 바에 따라 법원이 결정하는 것이 원칙이지만, 예외적으로 간이과벌절차인 통고처분과 즉결심판이 인정된다.

(2) 통고처분

① 의의 : 조세범·관세범·출입국사범·교통사범 및 경범죄사범 등에 대하여 형사소송에 대신하여 행정청이 벌금 또는 과료에 해당하는 금액(범칙금)의 납부를 명(통고)하는 것을 말한다(범칙금

부과). 범칙금의 법적 성질에 대해서는 ⑤ 정식재판에 갈음하여 행정청이 일정한 금액을 납부할 것을 명하는 것으로서, 이에 따라 납부해야 하는 금액은 형법상의 벌금은 아니고 행정제재금의 성질, ⑥ 벌금 또는 과료에 상당하는 금액이다.

관련 관례

1. 통고처분을 행정심판이나 행정소송의 대상에서 제외하고 있는 관세법 제38조 제3항 제2호는 재판청구권이나 적법절차원칙 위반이 아니다(헌재결 1998.5.28, 96헌바4).

2. 통고처분제도의 근거조항인 도로교통법 제118조 본문은 적법절차원칙이나 권력분립원칙에 위배된다거나, 재판청구권 침해가 아니다

   도로교통법상의 **통고처분은 처분을 받은 당사자의 임의의 승복을 발효요건으로** 하고 있으며, 행정공무원에 의하여 발하여 지는 것이지만, **통고처분에 따르지 않고자 하는 당사자에게는 정식재판의 절차가 보장**되어 있다. 통고처분제도는 경미한 교통법규 위반자로 하여금 **형사처벌절차에 수반되는 심리적 불안, 시간과 비용의 소모, 명예와 신용의 훼손 등의 여러 불이익을 당하지 않고 범칙금 납부로써 위반행위에 대한 제재를 신속·간편하게 종결**할 수 있게 하여 주며, **교통법규 위반행위가 홍수를 이루고 있는 현실에서 행정공무원에 의한 전문적이고 신속한 사건처리를 가능**하게 하고, **검찰 및 법원의 과중한 업무 부담을 덜어 준다.** 또한 통고처분제도는 형벌의 비범죄화 정신에 접근하는 제도이다. 이러한 점들을 종합할 때, **통고처분제도의 근거 규정인 도로교통법 제118조 본문이 적법절차원칙이나 사법권을 법원에 둔 권력분립원칙에 위배된다거나, 재판청구권을 침해하는 것이라 할 수 없다**(헌재결 2003.10.30, 2002헌마275).

3. 조세범칙사건의 조사 결과에 따른 국세청장 등의 후속조치로서 '통고처분'의 성격

   구 「조세범 처벌절차법」 제9조, 제11조, 제12조, 제14조, 구 조사사무처리규정 제98조에 의하면, 조세범칙사건의 조사 결과에 따른 국세청장 등의 후속조치로는 통고처분, 고발, 무혐의 통지만이 규정되어 있고, 한편 통고처분은 조세범칙자에게 벌금 또는 과료에 해당하는 금액 등을 납부할 것을 통고하는 처분일 뿐 벌금 또는 과료의 면제를 통고하는 처분이 아니며, 통고서는 범칙자별로 작성된다(대판 2014.10.15, 2013도5650).

4. 「경범죄 처벌법」상 범칙금제도의 의의

   「경범죄 처벌법」상 범칙금제도는 범칙행위에 대하여 형사절차에 앞서 경찰서장의 통고처분에 따라 범칙금을 납부할 경우 이를 납부하는 사람에 대하여는 기소를 하지 않는 처벌의 특례를 마련해 둔 것으로 **법원의 재판절차와는 제도적 취지와 법적 성질에서 차이**가 있다(대판 2020.4.29, 2017도13409).

② 대상 : 통고처분은 조세범(「조세범 처벌절차법」 제15조 제1항), 관세범(관세법 제311조), 출입국관리사범(출입국관리법 제102조 이하), 도로교통사범(도로교통법 제163조 이하), 경범죄처벌사범(「경범죄 처벌법」 제7조)을 대상으로 부과된다. 따라서 모든 행정상 의무불이행에 대해 부과할 수 있는 것이 아니다. 또한 자유형에 해당하는 행정형벌에는 인정되지 않는다. 행정질서벌에도 인정되지 않는다.

■ 전매사범은 전매제도(담배·인삼·홍삼)의 폐지로 현재는 통고처분의 대상이 아니다.

③ 법적 성질 : 통고처분의 법적 성질에 대해서는 ⑤ 정식재판에 갈음하여 신속·간편하게 범칙금

의 납부를 명하는 준사법적 행정행위·사법행정처분·준사법작용이라는 견해(다수설), ⓛ 통고처분의 법적 성질은 사법행위(재판작용)가 아닌 행정행위지만, 통고처분에 의한 제재금을 납부하지 않으면 형사소송에 의해 당부가 다투어지도록 규정하고 있으므로 행정심판이나 행정소송이 인정되지 않는다는 행정행위설, ⓒ 특별과벌절차라는 견해가 대립한다. 통고처분에 복종하지 않으면 그 처분은 효력을 상실한다.

■ 틀린 지문 : 행정처분, 통지행위, 대리행위, 사실행위, 판결, 벌금

1. 대법원판례(처분성 부정)
성질상으로는 행정처분이라 하여도 그것이 전부 행정소송의 대상으로 취소변경을 소구할 수 있는 것은 아니며, 형사절차에 관한 행위의 옳고 그른 것은 형사소송법규에 의하여서만 다툴 수 있고 행정소송의 대상이 될 수 없는 것인바, 「조세범 처벌절차법」에 의한 통고처분은 그 처분을 받은 자가 통고취지를 이행하지 아니한 때에는 세무관서의 고발에 의하여 형사절차로 옮아가 처분의 대상이 된 사실은 그 절차에 의하여 최종적으로 결정될 것이고 통고처분은 따로히 그대로 존속하여 별개의 효력을 나타낼 수 있는 것이 아니므로 행정소송의 대상이 되지 않는다(대판 1962.1.31, 4294행상40).

2. 헌재결정(처분성 부정)
통고처분은 상대방의 임의의 승복을 그 발효요건으로 하기 때문에 그 자체만으로는 통고이행을 강제하거나 상대방에게 아무런 권리의무를 형성하지 않으므로 행정심판이나 행정소송의 대상으로서의 처분성을 부여할 수 없고, 통고처분에 대하여 이의가 있으면 통고내용을 이행하지 않음으로써 고발되어 형사재판절차에서 통고처분의 위법·부당함을 얼마든지 다툴 수 있기 때문에 관세법 제38조 제3항 제2호가 법관에 의한 재판받을 권리를 침해한다든가 적법절차의 원칙에 저촉된다고 볼 수 없다(헌재결 1998.5.28, 96헌바4).

3. 도로교통법시행규칙 제53조 제1항 [별표 16]에서 각 위반항목 별로 규정한 점수는 당해 사유에 관하여 배정하여야 할 벌점의 최고한도를 규정한 것이 아니다(대판 1998.3.27, 97누20236).

④ 통고처분권자(행정청)

　㉠ 행정청 : 지방국세청장 또는 세무서장(「조세범 처벌절차법」 제15조), 경찰서장이나 제주특별자치도지사(도로교통법 제163조), 관세청장이나 세관장(관세법 제311조), 경찰서장, 해양경찰서장, 제주특별자치도지사 또는 철도특별사법경찰대장(「경범죄 처벌법」 제6조), 지방출입국·외국인관서의 장(출입국관리법 제102조)

　ⓛ 검사(×)·법원(×)·검사의 신청에 의해 판사(×)

⑤ 절 차

　㉠ 세무공무원은 조세범칙조사를 하기 위하여 필요한 경우에는 조세범칙행위 혐의자 또는 참고인을 심문하거나 압수 또는 수색할 수 있다. 이 경우 압수 또는 수색을 할 때에는 대통령령으로 정하는 사람을 참여하게 하여야 한다(「조세범 처벌절차법」 제8조).

ⓒ 세무공무원이 제8조에 따라 압수 또는 수색을 할 때에는 근무지 관할 검사에게 신청하여 검사의 청구를 받은 관할 지방법원판사가 발부한 압수·수색영장이 있어야 한다(「조세범 처벌절차법」 제9조).

⑥ 효 과

㉠ 공소시효중단 : 통고처분이 있는 경우에는 공소시효의 진행이 중단된다(「조세범 처벌절차법」 제16조).

㉡ 납부 시 일사부재리원칙 : 범칙금을 낸 사람은 범칙행위에 대하여 다시 벌 받지 아니한다(도로교통법 제164조 제3항).

1. "범칙금을 납부한 사람은 범칙행위에 대하여 다시 벌받지 아니한다."는 「경범죄 처벌법」 제7조 제3항, 제8조 제3항의 규정 취지

「경범죄 처벌법」 제7조 제3항, 제8조 제3항에 의하면 범칙금 납부의 통고처분을 받고 범칙금을 납부한 사람은 그 범칙행위에 대하여 다시 벌받지 아니한다고 규정하고 있는바, 이는 **통고처분에 의한 범칙금의 납부에 확정판결에 준하는 효력을 인정한 것**이고, 형사소송법 제326조 제1호는 **'확정판결이 있는 때'를 면소사유로 규정**하고 있으므로 확정판결이 있는 사건과 동일사건에 대하여 공소가 제기된 경우에는 판결로써 면소의 선고를 하여야 하며, 여기에서 **공소사실이나 범칙행위의 동일성 여부는 사실의 동일성이 갖는 법률적 기능을 염두에 두고 피고인의 행위와 그 사회적인 사실관계를 기본으로 하되 그 규범적 요소도 아울러 고려하여 판단하여야 한다**(대판 2011.1.27, 2010도11987).

2. 범칙금의 납부에 따라 확정판결에 준하는 효력이 인정되는 범위

범칙금의 납부에 따라 확정판결에 준하는 효력이 인정되는 범위는 범칙금 통고의 이유에 기재된 당해 범칙행위 자체 및 범칙행위와 동일성이 인정되는 범칙행위에 한정된다. 따라서 범칙행위와 같은 시간과 장소에서 이루어진 행위라 하더라도 범칙행위의 동일성을 벗어난 형사범죄행위에 대하여는 범칙금의 납부에 따라 확정판결에 준하는 일사부재리의 효력이 미치지 아니한다(대판 2012.9.13, 2012도6612).

3. 이미 범칙금을 납부한 범칙행위와 같은 일시·장소에서 이루어진 별개의 형사범죄행위에 대하여 범칙금의 납부로 인한 불처벌의 효력이 미치지 않는다(대판 2007.4.12, 2006도4322).

4. 인근소란으로 인한 「경범죄 처벌법」위반죄로 통고처분을 받아 범칙금을 납부한 사람을 다시 흉기휴대상해죄로 처벌하는 것은 이중처벌에 해당하지 않는다(대판 2011.4.28, 2009도12249).

5. 피고인이 「경범죄 처벌법」상 '음주소란' 범칙행위로 범칙금 통고처분을 받아 이를 납부하였는데, 이와 근접한 일시·장소에서 위험한 물건인 과도(果刀)를 들고 피해자를 쫓아가며 "죽여 버린다."고 소리쳐 협박하였다는 내용의 「폭력행위 등 처벌에 관한 법률」 위반으로 기소된 사안에서, 범칙행위인 '음주소란'과 공소사실인 '흉기휴대협박행위'는 기본적 사실관계가 동일하다고 볼 수 없다는 이유로, 범칙금 납부의 효력이 공소사실에 미치지 않는다고 한 사례(대판 2012.9.13, 2012도6612)

㉢ 납부하지 아니할 경우

ⓐ 즉결심판에 회부 : 경찰서장 또는 제주특별자치도지사는 다음 각 호의 어느 하나에 해당하는 사람에 대해서는 지체 없이 즉결심판을 청구하여야 한다. 다만, 제2호에 해당하는 사람

으로서 즉결심판이 청구되기 전까지 통고받은 범칙금액에 100분의 50을 더한 금액을 납부한 사람에 대해서는 그러하지 아니하다(도로교통법 제165조 제1항).

> 1. 제163조 제1항 각 호의 어느 하나에 해당하는 사람
> 2. 제164조 제2항에 따른 납부기간에 범칙금을 납부하지 아니한 사람

제1항 제2호에 따라 즉결심판이 청구된 피고인이 즉결심판의 선고 전까지 통고받은 범칙금액에 100분의 50을 더한 금액을 내고 납부를 증명하는 서류를 제출하면 경찰서장 또는 제주특별자치도지사는 피고인에 대한 즉결심판 청구를 취소하여야 한다(같은 조 제2항).

범칙금 통고처분을 받고도 납부기간 이내에 범칙금을 납부하지 아니한 사람에 대하여 행정청에 대한 이의 제기나 의견진술 등의 기회를 주지 않고 경찰서장이 곧바로 즉결심판을 청구하도록 한 구 도로교통법 제165조 제1항 본문 제2호(즉결심판청구 조항)는 적법절차원칙에 위배되지 않는다(합헌)(헌재결 2014.8.28, 2012헌바433).

ⓑ **고발**: 통고처분권자의 고발이 없으면 검찰은 기소할 수 없다. 지방국세청장 또는 세무서장은 다음 각 호의 어느 하나에 해당하는 경우에는 통고처분을 거치지 아니하고 그 대상자를 즉시 고발하여야 한다(「조세범 처벌절차법」 제17조 제1항).

> 1. 정상(情狀)에 따라 징역형에 처할 것으로 판단되는 경우
> 2. 제15조 제1항에 따른 통고대로 이행할 자금이나 납부 능력이 없다고 인정되는 경우
> 3. 거소가 분명하지 아니하거나 서류의 수령을 거부하여 통고처분을 할 수 없는 경우
> 4. 도주하거나 증거를 인멸할 우려가 있는 경우

지방국세청장 또는 세무서장은 제15조 제1항에 따라 통고처분을 받은 자가 통고서를 송달받은 날부터 15일 이내에 통고대로 이행하지 아니한 경우에는 고발하여야 한다. 다만, 15일이 지났더라도 고발되기 전에 통고대로 이행하였을 때에는 그러하지 아니 하다(같은 조 제2항).

1. 통고처분권자의 고발 없는 공소제기는 공소기각사유이다(대판 1971.11.30, 71도1736).
2. 관세법상 통고처분 여부는 행정청의 재량이므로 통고처분 없이 이루어진 고발의 효력은 유효하다(대판 2007.5.11, 2006도1993).
3. 조세범칙사건에 대한 세무공무원의 즉시고발이 있는 경우, 고발사유를 명기하지 않더라도 소추요건이 충족되고 법원이 즉시고발 사유에 대하여 심사할 수 없다
「조세범 처벌절차법」에 즉시고발을 할 때 고발사유를 고발서에 명기하도록 하는 규정이 없을 뿐만 아니

라, 원래 즉시고발권을 세무공무원에게 부여한 것은 세무공무원으로 하여금 때에 따라 적절한 처분을 하도록 할 목적으로 특별사유의 유무에 대한 인정권까지 세무공무원에게 일임한 취지라고 볼 것이므로, 조세범칙사건에 대하여 관계 세무공무원의 즉시고발이 있으면 그로써 소추의 요건은 충족되는 것이고, 법원은 본안에 대하여 심판하면 되는 것이지 즉시고발 사유에 대하여 심사할 수 없다(대판 2014.10.15, 2013도5650).

4. 조세범칙사건에 대한 고발의 효력 범위 및 수 개의 범칙사실 중 일부만을 범칙사건으로 하는 고발의 효력 범위

고발은 범죄사실에 대한 소추를 요구하는 의사표시로서 그 효력은 고발장에 기재된 범죄사실과 동일성이 인정되는 사실 모두에 미치므로, 「조세범 처벌절차법」에 따라 범칙사건에 대한 고발이 있는 경우 고발의 효력은 범칙사건에 관련된 범죄사실의 전부에 미치고 한 개의 범칙사실의 일부에 대한 고발은 전부에 대하여 효력이 생긴다. 그러나 수 개의 범칙사실 중 일부만을 범칙사건으로 하는 고발이 있는 경우 고발장에 기재된 범칙사실과 동일성이 인정되지 않는 다른 범칙사실에 대해서까지 고발의 효력이 미칠 수는 없다(대판 2014.10.15, 2013도5650).

5. 지방국세청장 또는 세무서장이 조세범칙행위에 대하여 고발을 한 후에 동일한 조세범칙행위에 대하여 한 통고처분의 효력은 원칙적으로 무효이고 조세범칙행위자가 이러한 통고처분을 이행한 경우, 「조세범 처벌절차법」 제15조 제3항에서 정한 일사부재리의 원칙이 적용되지 않는다(대판 2016.9.28, 2014도10748).

(3) 즉결심판

① 즉결심판의 의의: 즉결심판이란 경미한 범죄에 대하여 지방법원, 지원 또는 시·군법원의 판사가 공판절차에 의하지 아니하고 「즉결심판에 관한 절차법」에 의해 신속하게 처리하는 심판절차를 말한다.

② 즉결심판의 대상: 지방법원, 지원 또는 시·군법원의 판사는 즉결심판절차에 의하여 피고인에게 20만 원 이하의 벌금, 구류 또는 과료에 처할 수 있다(「즉결심판에 관한 절차법」 제2조).

■ 과태료가 아님에 유의. 또한 형사벌의 경우에도 적용되고, 행정형벌에 특유한 과벌절차가 아님에 유의

③ 즉결심판의 청구: 즉결심판은 관할경찰서장 또는 관할해양경찰서장(경찰서장) [피고인(×), 검사(×)]이 관할법원에 청구한다(같은 법 제3조 제1항).

1. 범칙금 통고처분을 받고도 납부기간 이내에 범칙금을 납부하지 아니한 사람에 대하여 행정청에 대한 이의제기나 의견진술 등의 기회를 주지 않고 경찰서장이 곧바로 즉결심판을 청구하도록 한 구 도로교통법 제165조 제1항 본문 제2호(즉결심판청구 조항)는 적법절차원칙에 위배되지 않는다(합헌)

도로교통법상 **범칙금 납부통고**는 위반행위에 대한 **제재를 신속·간편하게 종결**할 수 있게 하는 제도로서, 이에 **불복하여 범칙금을 납부하지 아니한 자에게는 재판절차라는 완비된 절차적 보장이 주어진다.** **도로교통법 위반사례가 격증하고 있는 현실에서 통고처분에 대한 이의제기 등 행정청 내부 절차를 추가로 둔다면 절차의 중복과 비효율을 초래하고 신속한 사건처리에 저해가 될 우려도 있다.** 따라서 이 사건

즉결심판청구 조항에서 의견진술 등의 별도의 절차를 두지 않은 것이 현저히 불합리하여 적법절차원칙에 위배된다고 보기 어렵다(헌재결 2014.8.28, 2012헌바433).

2. 경찰서장이 범칙행위에 대하여 통고처분을 하였는데 통고처분에서 정한 범칙금 납부기간이 경과하지 아니한 경우, 원칙적으로 즉결심판을 청구할 수 없고, 검사도 동일한 범칙행위에 대하여 공소를 제기할 수 없다 범칙자가 통고처분을 불이행하였더라도 기소독점주의의 예외를 인정하여 경찰서장의 즉결심판 청구를 통하여 공판절차를 거치지 않고 사건을 간이하고 신속·적정하게 처리함으로써 소송경제를 도모하되, 즉결심판 선고 전까지 범칙금을 납부하면 형사처벌을 면할 수 있도록 함으로써 범칙자에 대하여 형사소추와 형사처벌을 면제받을 기회를 부여하고 있다. 따라서 **경찰서장이 범칙행위에 대하여 통고처분을 한 이상, 범칙자의** 위와 같은 **절차적 지위를 보장하기 위하여** 통고처분에서 정한 범칙금 납부기간까지는 원칙적으로 경찰서장은 즉결심판을 청구할 수 없고, 검사도 동일한 범칙행위에 대하여 공소를 제기할 수 없다고 보아야 한다(대판 2020.4.29, 2017도13409).

④ 관할에 대한 특례 : 지방법원 또는 그 지원의 판사는 소속 지방법원장의 명령을 받아 소속 법원의 관할사무와 관계없이 즉결심판청구사건을 심판할 수 있다(같은 법 제3조의2).

⑤ 정식재판의 청구 : 정식재판을 청구하고자 하는 피고인은 즉결심판의 선고·고지를 받은 날부터 7일 이내에 정식재판청구서를 경찰서장에게 [법원(×)] 제출하여야 한다(같은 법 제14조 제1항). 경찰서장은 제11조 제5항(판사는 사건이 무죄·면소 또는 공소기각을 함이 명백하다고 인정할 때에는 이를 선고·고지할 수 있다)의 경우에 그 선고·고지를 한 날부터 7일 이내에 정식재판을 청구할 수 있다. 이 경우 경찰서장은 관할지방검찰청 또는 지청의 검사의 승인을 얻어 정식재판청구서를 판사에게 제출하여야 한다(같은 조 제2항).

⑥ 형의 집행 : 형의 집행은 경찰서장이 하고 그 집행결과를 지체 없이 검사에게 보고하여야 한다(같은 법 제18조 제1항). 구류는 경찰서유치장·구치소 또는 교도소에서 집행하며 구치소 또는 교도소에서 집행할 때에는 검사가 이를 지휘한다(같은 조 제2항).

2. 행정질서벌(과태료)의 과벌절차(질서위반행위규제법)

(1) 행정청의 과태료 부과 및 징수(원칙)

과태료부과절차에 대해서는 질서위반행위규제법에서 규율하고 있다.

① 사전통지 및 의견제출의무 등 : 행정청이 질서위반행위에 대하여 과태료를 부과하고자 하는 때에는 미리 당사자(고용주 등을 포함한다)에게 일정한 사항을 통지하고, 10일 이상의 기간을 정하여 의견을 제출할 기회를 주어야 한다. 이 경우 지정된 기일까지 의견제출이 없는 경우에는 의견이 없는 것으로 본다(질서위반행위규제법 제16조 제1항). 당사자는 의견제출 기한 이내에 행정청에 의견을 진술하거나 필요한 자료를 제출할 수 있다(같은 조 제2항). 행정청은

당사자가 제출한 의견에 상당한 이유가 있는 경우에는 과태료를 부과하지 아니하거나 통지한 내용을 변경할 수 있다(같은 조 제3항).

② **과태료의 부과(행정청)** : 행정청은 의견제출절차를 마친 후에 서면(당사자가 동의하는 경우에는 전자문서를 포함한다)으로 과태료를 부과하여야 한다(같은 법 제17조 제1항). 위 서면에는 질서위반행위, 과태료 금액 등을 명시하여야 한다(같은 조 제2항). 당사자는 과태료, 제24조에 따른 가산금, 중가산금 및 체납처분비를 대통령령으로 정하는 과태료 납부대행기관을 통하여 신용카드, 직불카드 등(신용카드등)으로 낼 수 있다 (같은 법 제17조의2 제1항). 제1항에 따라 신용카드등으로 내는 경우에는 과태료 납부대행기관의 승인일을 납부일로 본다(같은 조 제2항). 과태료 납부대행기관은 납부자로부터 신용카드등에 의한 과태료 납부대행 용역의 대가로 납부대행 수수료를 받을 수 있다(같은 조 제3항).

과태료처분은 질서위반행위규제법에 의한 절차라는 별도의 절차에 의해 구제가 가능하므로 행정소송에 의해 구제되어야 할 행정처분이 아니라는 것이 판례의 입장이다(대판 2012.10.11, 2011두19369).

③ **자진납부자에 대한 과태료 감경(재량)** : 행정청은 당사자가 의견제출 기한 이내에 과태료를 자진하여 납부하고자 하는 경우에는 과태료를 감경할 수 있다(같은 법 제18조 제1항). 당사자가 감경된 과태료를 납부한 경우에는 해당 질서위반행위에 대한 과태료 부과 및 징수절차는 종료한다(같은 조 제2항).

④ **과태료 부과의 제척기간·징수의 소멸시효** : 행정청은 질서위반행위가 종료된 날(다수인이 질서위반행위에 가담한 경우에는 최종행위가 종료된 날을 말한다)부터 5년이 경과한 경우에는 해당 질서위반행위에 대하여 과태료를 부과할 수 없다(같은 법 제19조 제1항). 행정청은 법원의 결정이 있는 경우에는 그 결정이 확정된 날부터 1년이 경과하기 전까지는 과태료를 정정부과 하는 등 해당 결정에 따라 필요한 처분을 할 수 있다(같은 조 제2항). 과태료는 행정청의 과태료부과처분이나 법원의 과태료재판이 확정된 후 5년 간 징수하지 아니하거나 집행하지 아니하면 시효로 인하여 소멸한다(같은 법 제15조 제1항). 소멸시효의 중단·정지 등에 관하여는 국세기본법 제28조를 준용한다(같은 조 제2항).

그러나 구법시대의 판례는 과태료의 제재는 형벌이 아니므로 공소시효나 형의 시효가 적용되지 않고, 과태료부과권(처벌권)은 금전채권이 아니므로 소멸시효도 적용되지 않지만, 과태료 징수에는 5년의 소멸시효가 적용된다고 판시한 바 있다.

관련판례 과태료는 형벌이 아니므로 공소시효나 형의 시효가 적용되지 않고, 과태료 처벌권은 금전채권이 아니므로 소멸시효도 적용되지 않지만, 과태료 징수에는 5년의 소멸시효가 적용된다(대결 2000. 8.24, 2000마1350).

⑤ 이의제기 : 행정청의 과태료 부과에 불복하는 당사자는 과태료 부과 통지를 받은 날부터 60일 내에 해당 행정청에 서면으로 이의제기를 할 수 있다(같은 법 제20조 제1항). 이의제기가 있는 경우에는 행정청의 과태료부과처분은 그 효력을 상실(집행정지가 아님)한다(같은 조 제2항). 한편, 헌법재판소는 주무관청의 부과처분에 상대방이 이의를 제기하여 법원에 통보되면, 주무관청의 부과처분은 효력을 잃게 된다고 판시한 바 있다(헌재결 1998.9.30, 98헌마18).

관련판례 상대방의 이의제기가 법원에 통지되면 과태료부과처분은 효력을 상실한다(헌재결 1998.9.30, 98헌마18).

당사자는 행정청으로부터 통지를 받기 전까지는 행정청에 대하여 서면으로 이의제기를 철회할 수 있다(같은 조 제3항).

⑥ 법원에의 통보 : 이의제기를 받은 행정청은 이의제기를 받은 날부터 14일 이내에 이에 대한 의견 및 증빙서류를 첨부하여 관할법원에 통보하여야 한다. 다만, 다음 각 호의 어느 하나에 해당하는 경우에는 그러하지 아니하다(같은 법 제21조 제1항).

> 1. 당사자가 이의제기를 철회한 경우
> 2. 당사자의 이의제기에 이유가 있어 과태료를 부과할 필요가 없는 것으로 인정되는 경우

행정청은 사실상 또는 법률상 같은 원인으로 말미암아 다수인에게 과태료를 부과할 필요가 있는 경우에는 다수인 가운데 1인에 대한 관할권이 있는 법원에 이의제기 사실을 통보할 수 있다(같은 조 제2항). 행정청이 관할법원에 통보를 하거나 통보하지 아니하는 경우에는 그 사실을 즉시 당사자에게 통지하여야 한다(같은 조 제3항).

⑦ 질서위반행위의 조사 : 행정청은 질서위반행위가 발생하였다는 합리적 의심이 있어 그에 대한 조사가 필요하다고 인정할 때에는 다음 각 호의 조치를 할 수 있다(같은 법 제22조 제1항).

행정청은 질서위반행위가 발생하였다는 합리적 의심이 있어 그에 대한 조사가 필요하다고 인정할 때에는 그 소속 직원으로 하여금 당사자의 사무소 또는 영업소에 출입하여 장부·서류 또는 그 밖의 물건을 검사하게 할 수 있다(같은 조 제2항). 검사를 하고자 하는 행정청 소속 직원은 당사자에게 검사 개시 7일 전까지 검사 대상 및 검사 이유 등을 통지하여야 한다. 다만, 긴급을 요하거나 사전통지의 경우 증거인멸 등으로 검사목적을 달성할 수 없다고 인정되는 때에는 그러하지 아니하다(같은 조 제3항). 검사를 하는 직원은 그 권한을 표시하는 증표를 지니고 이를 관계인에게 내보여야 한다(같은 조 제4항). 조치 또는 검사는 그 목적 달성에 필요한 최소한에 그쳐야 한다(같은 조 제5항).

⑧ **자료제공의 요청**: 행정청은 과태료의 부과·징수를 위하여 필요한 때에는 관계 행정기관, 지방자치단체, 그 밖에 대통령령으로 정하는 공공기관의 장에게 그 필요성을 소명하여 자료 또는 정보의 제공을 요청할 수 있으며, 그 요청을 받은 공공기관 등의 장은 특별한 사정이 없는 한 이에 응하여야 한다(같은 법 제23조).

⑨ **가산금 징수 및 체납처분등**: 행정청은 당사자가 납부기한까지 과태료를 납부하지 아니한 때에는 납부기한을 경과한 날부터 체납된 과태료에 대하여 '100분의 3'에 상당하는 가산금을 징수한다(같은 법 제24조 제1항). 체납된 과태료를 납부하지 아니한 때에는 납부기한이 경과한 날부터 매 1개월이 경과할 때마다 체납된 과태료의 1천분의 12에 상당하는 가산금(중가산금)을 가산금에 가산하여 징수한다. 이 경우 중가산금을 가산하여 징수하는 기간은 60개월을 초과하지 못한다(같은 조 제2항). 행정청은 당사자가 기한 이내에 이의를 제기하지 아니하고 가산금을 납부하지 아니한 때에는 국세 또는 지방세 체납처분의 예에 따라 징수한다(같은 조 제3항).

⑩ **상속재산 등에 대한 집행**: 과태료는 당사자가 과태료부과처분에 대하여 이의를 제기하지 아니한 채 제20조 제1항에 따른 기한(과태료 부과통지를 받은 날부터 60일 이내)이 종료한 후 사망한 경우에는 그 상속재산에 대하여 집행할 수 있다(제24조의2 제1항). 법인에 대한 과태료는 법인이 과태료부과처분에 대하여 이의를 제기하지 아니한 채 제20조 제1항에 따른 기한(과태료 부과통지를 받은 날부터 60일 이내)이 종료한 후 합병에 의하여 소멸한 경우에는 합병 후 존속한 법인 또는 합병에 의하여 설립된 법인에 대하여 집행할 수 있다(같은 조 제2항).

⑪ **과태료의 징수유예 등**: 행정청은 당사자가 다음 각 호의 어느 하나에 해당하여 과태료(체납된 과태료와 가산금, 중가산금 및 체납처분비를 포함한다)를 납부하기가 곤란하다고 인정되면 1년의 범위에서 대통령령으로 정하는 바에 따라 과태료의 분할납부나 납부기일의 연기(징수유예등)를 결정할 수 있다(제24조의3 제1항).

1. 「국민기초생활 보장법」에 따른 수급권자
2. 「국민기초생활 보장법」에 따른 차상위계층 중 다음 각 목의 대상자
   가. 의료급여법에 따른 수급권자
   나. 한부모가족지원법에 따른 지원대상자
   다. 자활사업 참여자
3. 장애인복지법 제2조 제2항에 따른 장애인
4. 본인 외에는 가족을 부양할 사람이 없는 사람
5. 불의의 재난으로 피해를 당한 사람
6. 납부의무자 또는 그 동거 가족이 질병이나 중상해로 1개월 이상의 장기 치료를 받아야 하는 경우
7. 「채무자 회생 및 파산에 관한 법률」에 따른 개인회생절차개시결정자
8. 고용보험법에 따른 실업급여수급자
9. 그 밖에 제1호부터 제8호까지에 준하는 것으로서 대통령령으로 정하는 부득이한 사유가 있는 경우

제1항에 따라 징수유예등을 받으려는 당사자는 대통령령으로 정하는 바에 따라 이를 행정청에 신청할 수 있다(같은 조 제2항). 행정청은 제1항에 따라 징수유예등을 하는 경우 그 유예하는 금액에 상당하는 담보의 제공이나 제공된 담보의 변경을 요구할 수 있고, 그 밖에 담보보전에 필요한 명령을 할 수 있다(같은 조 제3항). 행정청은 제1항에 따른 징수유예등의 기간 중에는 그 유예한 과태료 징수금에 대하여 가산금, 중가산금의 징수 또는 체납처분(교부청구는 제외한다)을 할 수 없다(같은 조 제4항).

행정청은 다음 각 호의 어느 하나에 해당하는 경우 그 징수유예등을 취소하고, 유예된 과태료 징수금을 한꺼번에 징수할 수 있다. 이 경우 그 사실을 당사자에게 통지하여야 한다(같은 조 제5항).

1. 과태료 징수금을 지정된 기한까지 납부하지 아니하였을 때
2. 담보의 제공이나 변경, 그 밖에 담보보전에 필요한 행정청의 명령에 따르지 아니하였을 때
3. 재산상황이나 그 밖의 사정의 변화로 유예할 필요가 없다고 인정될 때
4. 제1호부터 제3호까지에 준하는 대통령령으로 정하는 사유에 해당되어 유예한 기한까지 과태료 징수금의 전액을 징수할 수 없다고 인정될 때

과태료 징수유예등의 방식과 절차, 그 밖에 징수유예등에 관하여 필요한 사항은 대통령령으로 정한다(같은 조 제6항).

⑫ **결손처분**: 행정청은 당사자에게 다음 각 호의 어느 하나에 해당하는 사유가 있을 경우에는 결손처분을 할 수 있다(제24조의4 제1항).

1. 제15조 제1항에 따라 과태료의 소멸시효가 완성된 경우
2. 체납자의 행방이 분명하지 아니하거나 재산이 없는 등 징수할 수 없다고 인정되는 경우로서 대통령령으로 정하는 경우

행정청은 제1항 제2호에 따라 결손처분을 한 후 압류할 수 있는 다른 재산을 발견하였을 때에는 지체 없이 그 처분을 취소하고 체납처분을 하여야 한다(같은 조 제2항).

(2) 질서위반행위의 재판 및 집행

① 관할법원 : 과태료 사건은 다른 법령에 특별한 규정이 있는 경우를 제외하고는 당사자(질서위반행위를 한 자연인 또는 법인, 법인이 아닌 사단 또는 재단으로서 대표자 또는 관리인이 있는 것을 포함)의 주소지의 지방법원 또는 그 지원의 관할로 한다(같은 법 제25조). 법원 관할은 행정청이 이의제기 사실을 통보한 때를 표준으로 정한다(같은 법 제26조).

② 행정청에 대한 출석 요구 등 : 법원은 행정청의 참여가 필요하다고 인정하는 때에는 행정청으로 하여금 심문기일에 출석하여 의견을 진술하게 할 수 있다(같은 법 제32조 제1항). 행정청은 법원의 허가를 받아 소속 공무원으로 하여금 심문기일에 출석하여 의견을 진술하게 할 수 있다(같은 조 제2항).

③ 직권에 의한 사실탐지와 증거조사 : 법원은 직권으로 사실의 탐지와 필요하다고 인정하는 증거의 조사를 하여야 한다(같은 법 제33조 제1항). 증거조사에 관하여는 민사소송법에 따른다(같은 조 제2항).

관련판례 과태료재판의 심판 범위는 행정청의 과태료부과처분사유와 기본적 사실관계에서 동일성이 인정되는 한도 내이다

과태료재판의 경우, 법원으로서는 기록상 현출되어 있는 사항에 관하여 직권으로 증거조사를 하고 이를 기초로 하여 판단할 수 있는 것이나, 그 경우 행정청의 과태료부과처분사유와 기본적 사실관계에서 동일성이 인정되는 한도 내에서만 과태료를 부과할 수 있다(대결 2012.10.19, 2012마1163).

④ 재판 : 과태료재판은 이유를 붙인 결정으로써 한다(같은 법 제36조 제1항). 결정서의 원본에는 판사가 서명날인하여야 한다. 다만, 이의제기서 또는 조서에 재판에 관한 사항을 기재하고 판사가 이에 서명날인함으로써 원본에 갈음할 수 있다(같은 조 제2항). 결정서의 정본과 등본에는 법원사무관 등이 기명날인하고, 정본에는 법원인을 찍어야 한다(같은 조 제3항). 서명날인은 기명날인으로 갈음할 수 있다(같은 조 제4항).

관련판례 비송사건절차법에 따라 과태료 액수를 정함에 있어 법원이 가지는 재량의 범위

법원이 비송사건절차법에 따라 과태료재판을 함에 있어서는 관계 법령에서 규정하는 과태료 상한의 범위 내에서 그 동기, 위반의 정도, 결과 등 여러 인자를 고려하여 **재량으로 그 액수를 정할 수 있고**, 원심이 정한 과태료 액수가 법령이 정한 범위 내에서 이루어진 이상 그것이 현저히 부당하여 재량권남용에 해당하지 않는 한 그 액수가 많다고 다투는 것은 적법한 재항고이유가 될 수 없다. **원심은 재항고인의 규모, 거래의**

규모, 내용, 횟수 등을 고려하여 제1심이 공정거래위원회가 정한 **과태료의 50%를 감액**하여 부과한 과태료 액수가 부당하지 않다고 판단하였는바, 이 사건 각 과태료 액수는 **현저히 부당하거나 재량권을 남용한 것으로는 보이지 아니하므로**, 재항고이유의 주장은 받아들일 수 없다(대결 2007.4.12, 2006마731).

⑤ 결정의 고지 : 결정은 당사자와 검사에게 고지함으로써 효력이 생긴다(같은 법 제37조 제1항). 결정의 고지는 법원이 적당하다고 인정하는 방법으로 한다. 다만, 공시송달을 하는 경우에는 민사소송법에 따라야 한다(같은 조 제3항).

⑥ 항고 : 당사자와 검사는 과태료재판에 대하여 즉시항고를 할 수 있다. 이 경우 항고는 집행정지의 효력이 있다(같은 법 제38조 제1항). 검사는 필요한 경우에는 즉시항고 여부에 대한 행정청의 의견을 청취할 수 있다(같은 조 제2항). 항고법원의 과태료재판에는 이유를 적어야 한다(같은 법 제39조). 민사소송법의 항고에 관한 규정은 특별한 규정이 있는 경우를 제외하고는 이 법에 따른 항고에 준용한다(같은 법 제40조).

⑦ 재판비용(패소자부담의 원칙) : 과태료재판절차의 비용은 과태료에 처하는 선고가 있는 경우에는 그 선고를 받은 자의 부담으로 하고, 그 외의 경우에는 국고의 부담으로 한다(같은 법 제41조 제1항). 항고법원이 당사자의 신청을 인정하는 과태료재판을 한 때에는 항고절차의 비용과 전심에서 당사자의 부담이 된 비용은 국고의 부담으로 한다(같은 조 제2항).

⑧ 과태료재판의 집행 : 과태료재판은 검사의 명령으로써 집행한다. 이 경우 그 명령은 집행력 있는 집행권원과 동일한 효력이 있다(같은 법 제42조 제1항). 과태료재판의 집행절차는 민사집행법에 따르거나 국세 또는 지방세 체납처분의 예에 따른다. 다만, 민사집행법에 따를 경우에는 집행을 하기 전에 과태료재판의 송달은 하지 아니한다(같은 조 제2항). 과태료 재판의 집행에 대하여는 제24조(가산금 징수 및 체납처분등) 및 제24조의2(상속재산 등에 대한 집행)를 준용한다. 이 경우 제24조의2 제1항 및 제2항 중 '과태료부과처분에 대하여 이의를 제기하지 아니한 채 제20조 제1항에 따른 기한이 종료한 후'는 '과태료 재판이 확정된 후'로 본다(같은 조 제3항). 검사는 과태료재판을 집행한 경우 그 결과를 해당 행정청에 통보하여야 한다(같은 조 제4항). 검사는 과태료를 최초 부과한 행정청에 대하여 과태료재판의 집행을 위탁할 수 있고, 위탁을 받은 행정청은 국세 또는 지방세 체납처분의 예에 따라 집행한다(같은 법 제43조 제1항). 지방자치단체의 장이 집행을 위탁받은 경우에는 그 집행한 금원(金員)은 당해 지방자치단체(국고가 아님)의 수입으로 한다(같은 조 제2항).

⑨ 약식재판 : 법원은 상당하다고 인정하는 때에는 심문 없이 과태료재판을 할 수 있다(같은 법 제44조).

 약식재판은 당사자의 이의신청에 의하여 그 효력을 잃고 법원은 당사자의 진술을 듣고 다시 재판을 하여야 한다(대결 2010.1.29, 2009마2050).

(3) 과태료의 실효성확보수단

① **특정관허사업의 제한** : 행정청은 허가·인가·면허·등록 및 갱신을 요하는 사업을 경영하는 자로서 다음 각 호의 사유에 모두 해당하는 체납자에 대하여는 사업의 정지 또는 허가 등의 취소를 할 수 있다(같은 법 제52조 제1항).

> 1. 해당 사업과 관련된 질서위반행위로 부과받은 과태료를 3회 이상 체납하고 있고, 체납발생일부터 각 1년이 경과하였으며, 체납금액의 합계가 500만 원 이상인 체납자 중 대통령령으로 정하는 횟수와 금액 이상을 체납한 자
> 2. 천재지변이나 그 밖의 중대한 재난 등 대통령령으로 정하는 특별한 사유 없이 과태료를 체납한 자

허가 등을 요하는 사업의 주무관청이 따로 있는 경우에는 행정청은 당해 주무관청에 대하여 사업의 정지 또는 허가 등의 취소를 요구할 수 있다(같은 조 제2항). 행정청은 사업의 정지 또는 허가 등을 취소하거나 주무관청에 대하여 그 요구를 한 후 당해 과태료를 징수한 때에는 지체 없이 사업의 정지 또는 허가 등의 취소나 그 요구를 철회하여야 한다(같은 조 제3항). 행정청의 요구가 있는 때에는 당해 주무관청은 정당한 사유가 없는 한 이에 응하여야 한다(같은 조 제4항).

② **신용정보의 제공 등** : 행정청은 과태료 징수 또는 공익목적을 위하여 필요한 경우 「국세징수법」 제110조를 준용하여 「신용정보의 이용 및 보호에 관한 법률」 제25조 제2항 제1호에 따른 종합신용정보집중기관의 요청에 따라 체납 또는 결손처분자료를 제공할 수 있다. 이 경우 국세징수법 제110조를 준용할 때 "체납자"는 "체납자 또는 결손처분자"로, "체납자료"는 "체납 또는 결손처분 자료"로 본다(같은 법 제53조 제1항). 행정청은 당사자에게 과태료를 납부하지 아니할 경우에는 체납 또는 결손처분자료를 신용정보회사 또는 신용정보집중기관에게 제공할 수 있음을 미리 알려야 한다(같은 조 제2항). 행정청은 체납 또는 결손처분자료를 제공한 경우에는 해당 체납자에게 그 제공사실을 통보하여야 한다(같은 조 제3항).

③ **고액·상습체납자에 대한 제재로서의 감치(監置)** : 법원은 검사의 청구에 따라 결정으로 30일의 범위 이내에서 과태료의 납부가 있을 때까지 다음 각 호의 사유에 모두 해당하는 경우 체납자(법인인 경우에는 대표자를 말한다)를 감치(監置)에 처할 수 있다(같은 법 제54조 제1항).

> 1. 과태료를 3회 이상 체납하고 있고, 체납발생일부터 각 1년이 경과하였으며, 체납금액의 합계가 1천만 원 이상인 체납자 중 대통령령으로 정하는 횟수와 금액 이상을 체납한 경우
> 2. 과태료 납부능력이 있음에도 불구하고 정당한 사유 없이 체납한 경우

행정청은 과태료 체납자가 제1항 각 호의 사유에 모두 해당하는 경우에는 관할 지방검찰청

또는 지청의 검사에게 체납자의 감치를 신청할 수 있다(같은 조 제2항). 위의 결정에 대하여는 즉시항고를 할 수 있다(같은 조 제3항). 감치에 처하여진 과태료 체납자는 동일한 체납사실로 인하여 재차 감치되지 아니한다(같은 조 제4항).

④ **자동차 관련 과태료 체납자에 대한 자동차 등록번호판의 영치** : 행정청은 자동차관리법 제2조 제1호에 따른 자동차의 운행·관리 등에 관한 질서위반행위 중 대통령령으로 정하는 질서위반행위로 부과받은 과태료(자동차 관련 과태료)를 납부하지 아니한 자에 대하여 체납된 자동차 관련 과태료와 관계된 그 소유의 자동차의 등록번호판을 영치할 수 있다(같은 법 제55조 제1항). 자동차 등록업무를 담당하는 주무관청이 아닌 행정청이 등록번호판을 영치한 경우에는 지체 없이 주무관청에 등록번호판을 영치한 사실을 통지하여야 한다(같은 조 제2항). 자동차 관련 과태료를 납부하지 아니한 자가 체납된 자동차 관련 과태료를 납부한 경우 행정청은 영치한 자동차 등록번호판을 즉시 내주어야 한다(같은 조 제3항). 행정청은 제1항에 따라 자동차의 등록번호판이 영치된 당사자가 해당 자동차를 직접적인 생계유지 목적으로 사용하고 있어 자동차 등록번호판을 영치할 경우 생계유지가 곤란하다고 인정되는 경우 자동차 등록번호판을 내주고 영치를 일시 해제할 수 있다. 다만, 그 밖의 다른 과태료를 체납하고 있는 당사자에 대하여는 그러하지 아니하다(같은 조 제4항).

⑤ **자동차 관련 과태료 납부증명서의 제출** : 자동차 관련 과태료와 관계된 자동차가 그 자동차 관련 과태료의 체납으로 인하여 압류등록된 경우 그 자동차에 대하여 소유권 이전등록을 하려는 자는 압류등록의 원인이 된 자동차 관련 과태료(제24조에 따른 가산금 및 중가산금을 포함한다)를 납부한 증명서를 제출하여야 한다. 다만, 전자정부법 제36조 제1항에 따른 행정정보의 공동이용을 통하여 납부사실을 확인할 수 있는 경우에는 그러하지 아니하다(같은 법 제56조).

(4) 조례에 의한 과태료의 과벌절차(질서위반행위규제법)

① **지방자치법 제27조(조례위반행위)** : 지방자치단체는 조례를 위반한 행위에 대하여 조례로써 1천만 원 이하의 과태료를 정할 수 있다(제27조 제1항). 과태료는 해당 지방자치단체의 장이나 그 관할구역 안의 지방자치단체의 장이 부과·징수한다(같은 조 제2항). 비송사건절차법에 의한다는 조항은 2009. 4. 1. 삭제되었기 때문에 일반법인 질서위반행위규제법에 의한다.

② **지방자치법 제139조 제2항(사용료·수수료 부당면제, 공공시설 부정사용)** : 사기나 그 밖의 부정한 방법으로 사용료·수수료 또는 분담금의 징수를 면한 자에 대하여는 그 징수를 면한 금액의 5배 이내의 과태료를, 공공시설을 부정사용한 자에 대하여는 50만 원 이하의 과태료를 부과하는 규정을 조례로 정할 수 있다(제139조 제2항). 과태료의 부과·징수, 재판 및 집행 등의 절차에 관한 사항은 질서위반행위규제법에 따른다(같은 조 제3항).

제5장 새로운 의무이행확보수단

 제1절 개 설

I 새로운 의무이행확보수단의 등장배경

새로운 의무이행확보수단이 등장하게 된 것은 기존의 의무이행확보수단이 제 기능을 발휘하지 못했기 때문이다. 예컨대, 대집행은 고가의 건축물의 경우 사회경제적 낭비의 문제가 발생하고, 벌금형은 재산이 많은 국민에게는 효과가 없다. 따라서 전통적인 의무확보수단을 보완 또는 대체할 새로운 의무확보수단의 마련이 요청된다. 그러나 아직도 종합적이고 일반적인 새로운 의무확보수단체계는 마련되지 않고 있는 실정이며, 단편적인 간접강제수단이 채택되고 있다.

II 새로운 의무이행확보수단의 종류 및 성격

새로운 의무확보수단에는 금전상의 제재, 공급거부, 관허사업의 제한, 명단의 공표, 차량 등의 사용금지, 수익적 행정행위의 정지·철회·거부, 국외여행의 제한, 취업의 제한, 세무조사 등이 있다. 이들은 간접적 의무이행확보수단에 해당한다.

 제2절 금전적인 제재

가산금, 과징금은 제재적 공과금으로서 주된 목적이 행정법상의 의무위반자에 대해 금전적 제재를 가해서 행정법상의 의무를 이행시키는 데 있다. 한편, 조세, 특별부담금, 사용료·수수료 등의 재정적 공과금은 주된 목적이 재정적 수입의 확보이고 의무위반이 전제되지 않는다는 점에서 제재적 공과금과 구별된다.

I 가산금

가산금이란 국세를 납부기한까지 납부하지 아니한 경우에 국세징수법에 따라 고지세액에 가산하여 징수하는 금액과 납부기한이 지난 후 일정기한까지 납부하지 아니한 경우에 그 금액에 다시 가산하여 징수하는 금액을 말한다. 세금의 납부지연에 부과하던 구 국세기본법상의 납부불성실 가산세와 구 국세징수법상의 가산금은 2020. 1. 1.부터 국세기본법상의 납부지연가산세로 통합되었다.

1. 행정재산의 사용·수익 허가에 따른 사용료를 납부기한까지 납부하지 않은 경우에 부과되는 가산금과 중가산금의 법적 성질은 지연이자의 의미로 부과되는 부대세의 일종이다(대판 2000.9.22, 2000두2013).
2. 국세징수법상 가산금 또는 중가산금의 고지는 항고소송의 대상인 처분이 아니다(대판 2005.6.10, 2005다15482).
3. 가산금의 법정기일은 고지된 납부기한을 도과한 때이다(대판 2010.12.9, 2010다70605).
4. 기반시설부담금 부과처분에 처분 당시부터 위법사유가 있어 부과처분이 당연무효이거나 부과처분을 소급적으로 취소하는 경우, 행정청이 납부의무자에게 기반시설부담금과 함께 지체가산금도 환급해야 한다(대판 2018.6.28, 2016두50990).
5. 기반시설부담금 부과처분이 처분 당시에는 적법하였고 납부의무자의 납부의무 이행지체에도 정당한 사유가 없어 행정청이 지체가산금을 정당하게 징수한 후 납부의무자에게 구 「기반시설부담금에 관한 법률」 제17조 제1항, 같은 법 시행령 제15조 제2항 각호의 환급사유가 발생한 경우, 행정청이 당초 정당하게 징수한 지체가산금까지 납부의무자에게 환급하여야 하는 것은 아니다(대판 2018.6.28, 2016두50990).

II 가산세

1. 가산세의 의의

가산세란 이 법 및 세법에서 규정하는 의무의 성실한 이행을 확보하기 위하여 세법에 따라 산출한 세액에 가산하여 징수하는 금액을 말한다(국세기본법 제2조 제4호).

1. 가산세의 법적 성질은 행정상 제재이고, 가산세 부과처분은 본세의 부과처분과 별개의 과세처분이다
가산세는 과세권의 행사와 조세채권의 실현을 용이하게 하기 위하여 세법에 규정된 의무를 정당한 이유 없이 위반한 납세자에게 부과하는 일종의 행정상 제재이므로, 징수절차의 편의상 당해 세법이 정하는 국세의 세목으로 하여 그 세법에 의하여 산출한 본세의 세액에 가산하여 함께 징수하는 것일 뿐, 세법이 정하는 바에 의하여 성립 확정되는 국세와 본질적으로 그 성질이 다른 것이므로, **가산세부과처분은 본세의 부과처분과 별개의 과세처분**이다(대판 2005.9.30, 2004두2356).

2. 본세의 산출세액이 없더라도 가산세만 독립하여 부과·징수할 수 있다(대판 2007.3.15, 2005두12725).

3. 국세의 '가산세'는 환급가산금의 적용대상이다(대판 2009.9.10, 2009다11808).

2. 가산세의 종류

(1) 무신고가산세(국세기본법 제47조의2)

(2) 과소신고·초과환급신고가산세(같은 법 제47조의3)

(3) 납부지연가산세(같은 법 제47조의4)

본세의 납세의무가 성립하지 아니한 경우 납부불성실가산세를 부과·징수할 수 없고 위 법리는 불복기간 등의 경과로 본세의 납세의무를 다툴 수 없게 된 경우에도 마찬가지이다

구 지방세법 제120조, 제121조 제1항 제2호 등에 의하면 납부불성실가산세는 본세의 납세의무자가 법령에서 정한 기간 내에 신고납부하여야 할 세액을 납부하지 아니하였거나 산출세액에 미달하게 납부한 때에 부과·징수하는 것이므로 본세의 납세의무가 성립하지 아니한 경우에는 부과·징수할 수 없고, 이러한 법리는 불복기간 등의 경과로 본세의 납세의무를 더 이상 다툴 수 없게 되었다고 하더라도 마찬가지이다(대판 2014.4.24, 2013두27128).

(4) 원천징수 등 납부지연가산세(같은 법 제47조의5)

3. 가산세의 부과요건

(1) 고의·과실 불요, 정당한 사유가 있을 경우 부과 불가

정부는 이 법 또는 세법에 따라 가산세를 부과하는 경우 그 부과의 원인이 되는 사유가 다음 각 호의 어느 하나에 해당하는 경우에는 해당 가산세를 부과하지 아니한다(국세기본법 제48조 제1항).

1. 제6조에 따른 기한 연장 사유에 해당하는 경우
2. 납세자가 의무를 이행하지 아니한 데에 정당한 사유가 있는 경우
3. 그 밖에 제1호 및 제2호와 유사한 경우로서 대통령령으로 정하는 경우

1. 가산세 부과에 고의·과실을 요하지는 않지만 정당한 사유가 있을 경우에는 부과할 수 없다(대판 2011.4.28, 2010두16622).

2. 납세의무자가 신고·납세의무를 알지 못한 것에 책임을 귀속시킬 수 없는 합리적인 이유가 있을 때 또는

그 의무를 게을리한 점을 비난할 수 없는 정당한 사유가 있는 경우, 국세기본법에 따른 가산세를 부과할 수 없다(대판 2017.7.11, 2017두36885).

3. 신고·납부할 본세의 납세의무가 인정되지 않는 경우 본세의 세액이 유효하게 확정되어 있을 것을 전제로 하는 무신고·과소신고·납부불성실 가산세 등을 부과할 수 없고, 이는 관세의 경우에도 마찬가지이다(대판 2019.2.14, 2015두52616).

4. 관세법 제42조 제1항에 따른 관세 가산세의 부과의 기초가 되는 '부족한 관세액'이 없는 경우 가산세 납세의무가 인정되지 않는다(대판 2019.2.14, 2015두52616).

5. 종합소득금액이 있는 거주자가 법정신고기한 내에 종합소득 과세표준을 관할 세무서장에게 신고하면서 종합소득의 구분과 금액을 잘못 신고한 경우, 종합소득 과세표준에 대한 신고가 없었음을 전제로 하는 무신고가산세를 부과할 수 없다(대판 2019.5.16, 2018두34848).

6. 갑이 병원의 실질적 소유자인 을과의 약정에 따라 병원장으로서 대가를 받고 근로를 제공한 근로자인데도 자신의 이름으로 병원의 사업자등록을 마친 후 사업소득에 대한 종합소득세 명목으로 과세관청에 종합소득세를 신고·납부하였는데, 과세관청이 근로소득에 대한 종합소득세 명목으로 갑에게 무신고가산세와 납부불성실가산세를 포함한 종합소득세를 경정·고지하는 처분을 한 사안에서, 갑이 종합소득 과세표준을 무신고하였음을 전제로 한 무신고가산세 부과처분 및 갑의 체납세액에 대한 납부불성실가산세 부과처분이 당연무효라고 한 사례(대판 2019.5.16, 2018두34848).

7. 납세자 본인이 사용인 등의 부정한 행위를 방지하기 위하여 상당한 주의 또는 관리·감독을 게을리하지 않은 경우, 납세자 본인에게 해당 국세에 관하여 부과제척기간을 연장하고, 중과세율이 적용되는 부당과소신고가산세를 부과할 수 없다[대판(전합) 2021.2.18, 2017두38959].

8. 법인의 대표자나 사실상 대표자가 아닌 사용인 등의 부정한 행위가 납세자 본인의 이익이나 의사에 반하여 자기 또는 제3자의 이익을 도모할 목적으로 납세자를 피해자로 하는 사기, 배임 등 범행의 일환으로 행하여지고, 거래 상대방이 이에 가담하는 등으로 인하여 납세자가 이들의 부정한 행위를 쉽게 인식하거나 예상할 수 없었던 경우, 사용인 등의 배임적 부정한 행위로 인한 과소신고에 대하여 납세자에게 부정한 행위를 이유로 구 국세기본법 제47조의3 제2항 제1호의 중과세율을 적용한 부당과소신고가산세의 제재를 가할 수 없다[대판(전합) 2021.2.18, 2017두38959].

(2) 정당한 사유 관련사례

1. 가산세의 부과요건 및 납세의무자가 법령을 부지 또는 오인하거나 세무공무원의 잘못된 설명을 믿고 신고·납부의무를 불이행한 것은 가산세를 부과할 수 없는 정당한 사유에 해당하지 않는다(대판 2004.9.24, 2003두10350).

2. 甲 주식회사가 자신의 토지에 회원제 골프장을 건설하면서 부동산신탁회사인 乙 주식회사 앞으로 신탁등기를 마친 후 토지의 지목 변경으로 인한 취득세를 신고하였고 관할 관청이 甲 회사에 취득세를 결정·고지하였는데, '신탁법에 의한 신탁으로 수탁자에게 소유권이 이전된 토지에 있어 구 지방세법 제105조 제5항이 정한 지목의 변경으로 인한 취득세의 납세의무자는 수탁자로 본다'는 취지의 대법원판결이 선고되자, 관할 관청이 甲 회사에 대한 부과처분을 직권취소하고 乙 회사에 취득세 및 가산세를 결정·고지한 사안에서, 乙 회사가 취득세를 신고·납부하지 아니하였더라도 대법원판결이 선고되기 전까지는 의무 해태를 탓할 수 없는 정당한 사유가 있다고 한 사례(대판 2016.10.27, 2016두44711)

3. 변호사인 甲이 2002년부터 2014년까지 다수의 법인파산사건에 대한 파산관재 업무를 수행하고 지급받

은 보수를 줄곧 기타소득으로 신고하였는데, 과세관청이 이를 기타소득이 아닌 사업소득으로 보아 아직 부과제척기간이 도과하지 않은 과세연도인 2009년 내지 2013년 귀속 종합소득세 부과처분을 하면서 가산세까지 부과한 사안에서, 甲이 위 보수를 사업소득으로 신고·납부하지 아니하였더라도 그 의무를 게 을리하였다고 비난할 수 없는 정당한 사유가 있다고 한 사례(대판 2017.7.11, 2017두36885).

4. 관세법 제42조 제1항에 따른 관세 가산세의 부과의 기초가 되는 '부족한 관세액'이 없는 경우 가산세 납 세의무가 인정되지 않고, 관세의 감면을 받기 위한 사전신고 여부에 따라 관세 가산세 납세의무의 존부 를 달리 판단할 수 없으며, 사전신고 시에 잘못이 있었더라도 적법한 기한 내에 이를 보완하여 관세 감면 이 유효하게 이루어진 경우, 관세법 제42조가 담보하고자 하는 관세액의 정당한 징수와 납세자의 협력의 무 이행에 위반이 있었다고 평가할 수 없다(대판 2018.11.29, 2015두56120).

5. 구 「자유무역협정의 이행을 위한 관세법의 특례에 관한 법률」 제10조, 제13조, 한·미 자유무역협정(FTA) 제6.18조에 따라 납세자가 해당 상품이 원산지 상품이라는 것을 증명하는 추가 정보를 제출한 경우, 수 입물품에 대한 관세 납부의무가 없고, 관세법 제42조 제1항에 따른 관세 가산세의 납세의무가 인정되지 않는다(대판 2018.11.29, 2016두53180).

4. 가산세 부과의 한계

가산세 부과는 국민의 재산권보장에 대한 제한을 의미하는 것이므로 과잉적 제재수단으로 남 용할 수 없고, 엄격한 법적 근거 아래에서 과잉금지원칙에 적합한 한도 내에서만 가능하다.

 가산세 부과에도 비례원칙이 적용된다(헌재결 2005.2.24, 2004헌바26).

5. 가산세 부과·징수와 권리구제

국세기본법·국세징수법·소득세법이 정하는 바에 따른다.

Ⅲ 과징금(부과금)

1. 의 의

(1) 과징금의 개념

과징금이란 일정한 행정법상 의무위반 또는 의무불이행에 대해 행정청이 부과하는 금전적인 제재를 말한다. 과징금을 부과하면 의무위반행위로 취득한 불법적인 이익을 박탈당하기 때문 에 사업자는 위반행위를 해도 아무런 경제적 이익을 얻을 수 없게 되기 때문에 간접적으로 의 무이행을 확보하기 위한 수단이다. 과징금이란 「독점규제 및 공정거래에 관한 법률」(1980. 12.

13. 법률 제3320호)에 의해 도입된 수단으로서, 원래 경제법상(행정법이 아님) 의무위반행위로 얻은 불법적인 이익을 박탈하기 위하여 도입되었다. 공정거래법상 과징금은 위반행위로 인한 수익을 정확히 계산할 수 없는 경우에도 인정된다.

(2) 부과금·변형과징금

과징금제도와 유사한 부과금제도가 그 뒤 대기환경보전법(배출부과금) 등에 도입되고, 다시 「여객자동차 운수사업법」 등에서 사업정지에 갈음하는 변형과징금제도가 도입되었다. 변형과징금이란 인·허가사업에 관한 법률에 의한 의무위반을 이유로 단속상 그 인·허가사업 등을 정지해야 할 경우에, 조업정지가 주민의 생활, 대외적인 신용·고용·물가 등 국민경제 기타 공익에 현저한 지장을 초래할 우려가 있다고 인정되는 경우 사업정지(조업정지)를 하는 대신 사업을 계속함으로써 얻은 이익을 박탈(최소침해수단이 아님)하는 제도이다. 변형된 과징금의 경우 영업정지에 갈음하는 과징금을 부과할 것인가 영업정지처분을 내릴 것인가는 통상 행정청의 재량에 속한다.국

변형과징금 사례

환경부장관 또는 시·도지사는 다음 각 호의 어느 하나에 해당하는 배출시설을 설치·운영하는 사업자에 대하여 제36조 제1항에 따라 조업정지를 명하여야 하는 경우로서 그 조업정지가 주민의 생활, 대외적인 신용·고용·물가 등 국민경제, 그 밖에 공익에 현저한 지장을 줄 우려가 있다고 인정되는 경우 등 그 밖에 대통령령으로 정하는 경우에는 조업정지처분을 갈음하여 매출액에 100분의 5를 곱한 금액을 초과하지 아니하는 범위에서 과징금을 부과할 수 있다. 다만, 매출액이 없거나 매출액의 산정이 곤란한 경우로서 대통령령으로 정하는 경우에는 2억원을 초과하지 아니하는 범위에서 과징금을 부과할 수 있다(대기환경보전법 제37조 제1항).

1. 의료법에 따른 의료기관의 배출시설
2. 사회복지시설 및 공동주택의 냉난방시설
3. 발전소의 발전 설비
4. 집단에너지사업법에 따른 집단에너지시설
5. 초·중등교육법 및 고등교육법에 따른 학교의 배출시설
6. 제조업의 배출시설
7. 그 밖에 대통령령으로 정하는 배출시설

한편, 사업정지에 갈음하는 변형과징금 외에도 최근에는 ① 시정명령에 갈음하는 과징금, ② 자격정지에 갈음하는 과징금이 도입되고 있다.

「화물자동차 운수사업법」 제21조 제2항의 위임에 따라 사업정지처분을 갈음하여 과징금을 부과할 수 있는

위반행위의 종류와 과징금의 금액을 정한 구 「화물자동차 운수사업법 시행령」 제7조 제1항 [별표 2] '과징금을 부과하는 위반행위의 종류와 과징금의 금액'에 열거되지 않은 위반행위의 종류에 대해서 사업정지처분을 갈음하여 과징금을 부과할 수 없다

화물자동차 운송사업자가 「화물자동차 운수사업법」(화물자동차법) 제19조 제1항 각호에서 정한 사업정지처분사유에 해당하는 위반행위를 한 경우에는 화물자동차법 제19조 제1항에 따라 사업정지처분을 하는 것이 원칙이다. 다만 입법자는 화물자동차 운송사업자에 대하여 사업정지처분을 하는 것이 운송사업의 이용자에게 불편을 주거나 그 밖에 공익을 해칠 우려가 있으면 대통령령으로 정하는 바에 따라 사업정지처분을 갈음하여 과징금을 부과할 수 있도록 허용하고 있다. 이처럼 입법자는 대통령령에 단순히 '과징금의 산정기준'을 구체화하는 임무만을 위임한 것이 아니라, 사업정지처분을 갈음하여 과징금을 부과할 수 있는 '위반행위의 종류'를 구체화하는 임무까지 위임한 것이라고 보아야 한다. 따라서 구 「화물자동차 운수사업법 시행령 제7조 제1항 [별표 2] '과징금을 부과하는 위반행위의 종류와 과징금의 금액'에 열거되지 않은 위반행위의 종류에 대해서 사업정지처분을 갈음하여 과징금을 부과하는 것은 허용되지 않는다고 보아야 한다(대판 2020.5.28, 2017두73693).

2. 과징금의 성질(행정행위)

(1) 행정행위

과징금은 일정한 행정법상 의무위반에 대한 금전적 제재인 점에서 벌금 또는 과태료와 같지만, 과징금은 ① 위반행위로 인한 경제적 이익의 환수가 목적인 점, ② 법원이 아닌 행정청에 의해 부과되는 행정행위의 성질을 가진 것으로서 이에 대한 불복은 행정쟁송절차에 의한다는 점, ③ 행정법상의 의무위반이나 의무불이행에 대해 가해진다는 점 등에서 행정형벌인 벌금과 구별된다. 행정청이 직접 부과·징수하므로 체납처분도 가능하다.

1. 법원이 아닌 합의제 행정청인 공정거래위원회로 하여금 과징금을 부과할 수 있도록 한 것은 합헌이다(헌재결 2003.7.24, 2001헌가25).
2. 공정거래위원회로 하여금 부당내부거래를 한 사업자에 대하여 그 매출액의 2% 범위 내에서 과징금을 부과할 수 있도록 한 것은 이중처벌금지원칙, 무죄추정의 원칙, 적법절차원칙, 비례원칙 등에 위반되지 않는다(헌재결 2003.7.24, 2001헌가25).
3. 구 「여객자동차 운수사업법」 제88조 제1항의 과징금을 현실적인 행위자가 아닌 법령상 책임자에게 부과할 수 있고 위반자의 의무 해태를 탓할 수 없는 정당한 사유가 있는 경우 과징금을 부과할 수 없다(대판 2014.10.15, 2013두5005).

(2) 재량행위 여부

과징금부과처분은 통상 재량행위로 규정되어 있지만, 예외적으로 기속행위로 규정된 경우도 있다.

1. 공정거래위원회가 행하는 부당지원행위에 대한 과징금납부명령은 재량행위이다(대판 2010.3.11, 2008 두15176).

2. 취소의 범위(과징금 전부)

   처분을 할 것인지 여부(결정재량)와 처분의 정도에 관하여 재량(선택재량)이 인정되는 과징금 납부명령에 대하여 그 명령이 재량권을 일탈하였을 경우 법원으로서는 **재량권의 일탈 여부만 판단할 수 있을 뿐이지 재량권의 범위 내에서 어느 정도가 적정한 것인지에 관하여 판단할 수 없으므로 그 전부를 취소할 수밖에 없고, 법원이 적정하다고 인정되는 부분을 초과한 부분만 취소할 수는 없는 것**이며, 또한 수개의 위반행위에 대하여 하나의 과징금 납부명령을 하였으나 수개의 위반행위 중 일부의 위반행위만이 위법하지만, 소송상 그 일부의 위반행위를 기초로 한 과징금액을 산정할 수 있는 자료가 없는 경우에는 하나의 과징금 납부명령 전부를 취소할 수밖에 없다(대판 2007.10.26, 2005두3172).

3. 공정거래위원회가 부당한 공동행위에 대한 과징금을 부과하면서 여러 개의 위반행위에 대하여 하나의 과징금 납부명령을 하였으나 그 중 일부의 위반행위에 대한 과징금 부과만이 위법한 경우, 과징금 납부명령 전부를 취소하여야 하는 것은 아니고 일부의 위반행위에 대한 과징금액에 해당하는 부분만을 취소하여야 한다(대판 2009.10.29, 2009두11218).

4. 조세포탈 또는 법령제한 회피목적이 아닌 명의신탁임이 입증되어 과징금 감경사유가 있는 경우, 법원이 적정한 과징금을 초과하는 부분만 취소할 수 없다(대판 2010.7.15, 2010두7031).

5. 「부동산 실권리자명의 등기에 관한 법률」상 명의신탁자에 대하여 과징금을 부과할 것인지 여부는 기속행위에 해당하므로, 과징금부과처분을 하지 않거나 전액 감면하는 것은 허용되지 아니한다(대판 2007.7.12, 2005두17287).

6. 부동산실명법 시행 후 법을 위반한 명의신탁자 및 법 시행일로부터 1년 이내에 실명등기를 하지 아니한 기존 명의신탁자 등에 대하여 부동산가액의 100분의 30에 해당하는 과징금을 부과할 수 있도록 규정한 부동산실명법 제5조 제1항, 제12조 제2항 중 제5조 제1항 적용부분은 과잉금지의 원칙이나 평등의 원칙에 위배된다(헌재결 2001.5.31, 99헌가18, 99헌바71·111, 2000헌바51·64·65·85, 2001헌바2).

7. 「독점규제 및 공정거래에 관한 법률 시행령」 제35조 제1항 제4호를 근거로 한 추가감면 신청에서 당해 공동행위와 다른 공동행위가 모두 여럿인 경우, 공정거래위원회가 과징금부과처분을 하면서 적용한 기준이 위법한지 판단하는 기준

   구 「독점규제 및 공정거래에 관한 법률 시행령」 제35조 제1항 제4호를 근거로 한 추가감면 신청에서 당해 공동행위와 다른 공동행위가 모두 여럿인 경우 감경률 등을 어떻게 정할 것인지에 관하여 구체적인 규정이 없는 상태에서 공정거래위원회가 **과징금부과처분을 하면서 적용한 기준이 과징금제도와 추가감면제도의 입법 취지에 반하지 않고 불합리하거나 자의적이지 않으며, 나아가 그러한 기준을 적용한 과징금부과처분에 과징금 부과의 기초가 되는 사실을 오인하였거나 비례·평등의 원칙에 위배되는 등의 사유가 없다면, 그 과징금부과처분에 재량권을 일탈·남용한 위법이 있다고 보기 어렵다**(대판 2013.11.14, 2011두28783). 2007.7.12, 2005두17287).

과징금부과처분이 재량행위인 경우 과잉금지원칙 등 재량권의 일탈·남용이 있으면 당해 과징금부과처분은 위법이 된다.

(3) 기본적 성격

과징금의 기본적 성격에 대해서 ① 제재금으로서의 성질이라는 판례와, ② 불법적인 경제적 이익을 박탈하기 위한 것이라는 판례로 나뉘어진다.

1. 승계(상속)가능

   「부동산 실권리자명의 등기에 관한 법률」 제5조에 의하여 부과된 **과징금 채무는 대체적 급부가 가능한 의무이므로, 위 과징금을 부과받은 자가 사망한 경우 그 상속인에게 포괄승계**된다(대판 1999.5.14, 99 두35).

2. 과징금은 행정상 제재금으로서의 기본적 성격에 부당이득환수적 요소도 부가되어 있다

   구 「독점규제 및 공정거래에 관한 법률」 제24조의2의 부당지원행위에 대한 과징금은 부당지원행위 억지라는 행정목적을 실현하기 위한 행정상 제재금으로서의 기본적 성격에 부당이득환수적 요소도 부가되어 있다(대판 2004.3.12, 2001두7220).

3. 「하도급거래 공정화에 관한 법률」상의 과징금 부과의 성격은 기본적으로는 「하도급거래 공정화에 관한 법률」 위반행위에 의하여 얻은 불법적인 경제적 이익을 박탈하기 위하여 부과되는 것이다(대판 2010.1.14, 2009두11843).

3. 과징금의 법적 근거

과징금은 제재적 행정처분이므로 반드시 법적 근거가 있는 경우에만 인정된다. 그러나 현재 과징금에 관한 일반법은 존재하지 않는다.

1. 구 「독점규제 및 공정거래에 관한 법률」 제24조의2 제1항에 의한 과징금을 부과하면서 추후 부과금 산정 기준인 새로운 자료가 나올 경우 과징금액을 변경할 수 있다고 유보하거나 실제로 새로운 자료가 나왔다는 이유로 새로운 부과처분을 할 수 없다(대판 1999.5.28, 99두1571).

2. 「국토의 계획 및 이용에 관한 법률」상 토지거래허가구역 내에 있는 토지를 매수한 사람이 「부동산 실권리자명의 등기에 관한 법률」 제10조 제1항이 정하는 기간 내에 소유권이전등기를 신청하지 않은 경우, 원칙적으로 과징금을 부과할 수 없다(대판 2009.10.15, 2009두8090).

4. 과징금에 대한 권리구제

과징금은 행정행위이므로 그에 대한 권리구제수단은 당연히 항고소송이다.

1. 면허받은 장의자동차운송사업구역에 위반하였음을 이유로 한 행정청의 과징금부과처분에 의하여 동종업자의 영업이 보호되는 결과는 사업구역제도의 반사적 이익에 불과하다

사업구역 위반으로 인한 과징금부과처분에 의하여 다른 사업구역의 동종업자의 영업이 보호되는 결과가 되더라도 그것은 면허의 조건으로 부가되는 사업구역제도의 반사적 이익에 불과하며, 이 사건 재결은 원고들의 권익을 보호하기 위한 절차가 아니라 위 과징금부과처분으로 인한 피고보조참가인의 권익침해를 구제하기 위한 절차로서 그 내용도 **증거불충분 등을 이유로 위 과징금부과처분을 취소하는 것일 뿐**, 피고 보조참가인으로 하여금 원고들의 사업구역에 상주하면서 영업하여도 좋다는 것이 아니어서, 이로써 원고들에게 직접적으로 어떤 불이익을 주는 것이 아님은 물론, 이 사건 재결을 취소한다고 하여 원고들에게 직접적으로 어떤 이익이 생기는 것도 아니므로, 원고들에게 이 사건 재결의 취소를 구할 **법률상의 이익이 없다**(대판 1992.12.8, 91누13700).

2. 공정거래위원회의 과징금 납부명령 등의 취소를 구하는 행정소송도 회생절차 개시결정으로 중단된다
「채무자 회생 및 파산에 관한 법률」(채무자회생법) 제59조 제1항은 "회생절차 개시결정이 있는 때에는 채무자의 재산에 관한 소송절차는 중단된다."고 규정하고 있다. 따라서 소송 계속 중 일방 당사자에 대하여 회생절차 개시결정이 있었음에도 법원이 이를 알지 못한 채 그 관리인의 소송수계가 이루어지지 아니한 상태 그대로 소송절차를 진행하여 판결을 선고하였다면, 그 판결은 일방 당사자의 회생절차 개시결정으로 소송절차를 수계할 관리인이 법률상 소송행위를 할 수 없는 상태에서 심리되어 선고된 것이므로 여기에는 마치 대리인에 의하여 적법하게 대리 되지 아니하였던 경우와 마찬가지의 위법이 있다. 회생절차 개시결정 전에 성립한 공정거래위원회의 과징금 부과 및 액수 등을 다투는 행정소송은 채무자회생법 제59조 제1항의 '채무자의 재산에 관한 소송'에 해당하여 회생절차 개시결정으로 중단되었음에도 이를 간과한 채 소송절차를 진행한 원심을 파기환송한 사안(대판 2012. 9.27, 2012두11546)

3. 행정청이 과징금 부과처분을 한 후 부과처분의 하자를 이유로 감액처분을 한 경우, 감액된 부분에 대한 부과처분 취소청구는 부적법하다(대판 2017.1.12, 2015두2352).

4. 명의신탁등기 과징금 부과처분과 장기미등기 과징금 부과처분 중 어느 하나의 처분사유에 의한 과징금 부과처분에 대하여 당해 처분사유가 아닌 다른 처분사유가 존재한다는 이유로 적법하다고 판단할 수 없다(대판 2017.5.17, 2016두53050).

◉ 제3절 공급거부

Ⅰ 개 설

1. 의 의

공급거부는 행정법상의 의무를 위반한 자에 대해 행정상의 역무나 재화의 공급을 거부하는 행위를 말한다. 행정에 의해 공급되는 각종의 역무·재화는 오늘날 국민생활에 필수적이라는 점에서, 그 거부는 행정상 의무이행확보수단으로서 매우 실효성이 있다.

2. 문제점

현대국가의 복지국가적 성격으로 말미암아 국민의 생존배려를 위한 급부행정이 발달하여 국민의 행정에의 의존도가 매우 심화되었다(Forsthoff는 복리국가에서의 공급의 거부는 가장 야만적인 행위라고 표현한 바 있다). 따라서 국민의 생활에 필수적인 역무와 재화의 거부는 ① 헌법상 사회국가(급부국가)원리, ② 과잉금지의 원칙, ③ 부당결부금지원칙에 위반되는 것이 아닌가가 문제되고, ④ 그에 대한 국민의 권리구제와 관련하여 공급거부의 처분성이 문제된다.

Ⅱ 법적 근거

공급거부는 국민의 권익을 침해하는 행위이므로 법치국가의 원칙상 반드시 법률의 근거를 요한다. 환경법규의 관련조항은 모두 삭제되었다(대기환경보전법은 1999. 4. 15, 수질환경보전법은 1999. 2. 8). 또한 건축법도 2006. 5. 9. 개정으로 삭제되었다.

구 건축법	개정 건축법
허가권자는 허가 또는 승인이 취소된 건축물 또는 시정명령을 받고 이행하지 아니한 건축물에 대하여는 전기·전화·수도의 공급자, 도시가스사업자 또는 관계 행정기관의 장에게 전기·전화·수도 또는 도시가스공급시설의 설치 또는 공급의 중지를 요청하거나 당해 건축물을 사용하여 행할 다른 법령에 의한 영업 기타 행위의 허가를 하지 아니하도록 요청할 수 있다(제69조 제2항).	허가권자는 허가나 승인이 취소된 건축물 또는 제1항에 따른 시정명령을 받고 이행하지 아니한 건축물에 대하여는 다른 법령에 따른 영업이나 그 밖의 행위를 허가·면허·인가·등록·지정 등을 하지 아니하도록 요청할 수 있다. 다만, 허가권자가 기간을 정하여 그 사용 또는 영업, 그 밖의 행위를 허용한 주택과 대통령령으로 정하는 경우에는 그러하지 아니하다(제79조 제2항).

Ⅲ 공급거부의 한계

1. 공역무계속성의 원칙과 평등원칙에 의한 한계

전기·수도 등의 공급작용은 고도의 공익성을 고려할 때 본질적으로 공역무 내지 공행정작용의 성질을 가지는 것이며, 그에 대해서는 적어도 공역무의 계속성원칙 및 공역무에 대한 평등원칙이 당연히 적용되어야 할 것이다. 따라서 이들 급부는 모든 국민에게 균등한 조건하에서 제공되어야 하고, 정당한 이유 없이 그 급부를 거부하거나 중단할 수는 없다. 수도법도 "일반수도사업자는 수돗물의 공급을 원하는 자에게 정당한 이유 없이 그 공급을 거절하여서는 아니 된다."라고 규정하고 있다(제39조 제1항). 한편, 일반수도사업자는 수돗물의 공급을 거절하려는 경우에는 2개월 이상의 유예기간을 두고 공급거절의 사유와 이를 시정하지 아니하면 수돗물의 공급을 거절한다는 사실을 서면으로 통지하여야 한다(같은 조 제3항).

2. 부당결부금지원칙에 의한 한계

공급거부는 실체적 관련성이 없는 다른 목적을 추구하기 위한 수단으로 이용되어서는 안 된다. 그런데 구 건축법 제69조는 건축법상의 의무불이행자에 대하여 전기·전화·수도 또는 도시가스공급을 거부할 수 있도록 허용하고 있었다. 이 규정과 관련하여 부당결부금지원칙을 헌법상 법치국가의 원리와 자의의 금지에서 도출되는 헌법상의 원리로 보는 견해는 실질적 관련성 여부를 구분하지 않고 공급거부를 한 근거조항 자체(건축법 제69조)를 위헌적 조항이라고 한다. 한편, 헌법원리성을 부정하는 견해는 법적 근거가 있는 한 공급거부가 공익목적을 위한 것인 한에서 위법하지 않다고 한다.

3. 과잉금지원칙에 의한 한계

행정청이 행한 공급거부조치는 ① 의도한 바의 공익을 달성하는 데 적합한 수단이어야 하고, ② 동일목적을 달성하기 위해 공급거부 외에 보다 가벼운 수단이 있는 경우에는 그 수단을 먼저 사용해야 하며, ③ 공급거부를 통해 달성하려는 공익보다 급부를 받지 못함으로써 침해되는 사익이 현저히 커서는 안 된다.

Ⅳ 공급거부에 대한 권리구제

1. 문제점

공급거부는 급부행정의 영역에서 문제되는 것이나, 그 급부관계의 성질이 공법적인 경우도 있고 사법적인 경우도 있는 등 공급거부의 성질이 다른 것이 보통이다. 따라서 급부관계의 성질을 규명하여 그에 따라 구제절차를 정하여야 한다.

2. 급부관계가 사법관계일 경우

공기업 이용관계는 대부분 사법관계이므로 민사소송을 제기해야 한다. 판례는 전화가입계약을 사법관계로 본다(대판 1982.12.28, 82누441).

3. 급부관계가 공법관계일 경우

(1) 행정쟁송

판례는 단수처분을 행정처분으로 보고 있으므로 위법한 단수처분에 대해 행정소송을 제기하여 그 취소를 구할 수 있다. 그러나 관할구청장이 한국전력공사에 대하여 한 전기공급이 불가하다는 내용의 회신이나 공급거부 요청행위는 처분성을 부인하고 있다.

1. 단수처분은 항고소송의 대상이 되는 행정처분에 해당한다(대판 1979.12.28, 79누218).
    ■ 판례는 권력적 사실행위라는 논거를 밝히지 않고 결론만 제시하고 있음에 유의
2. 수도법에 의하여 지방자치단체인 수도사업자가 수돗물의 공급을 받는 자에 대하여 하는 **수도료의 부과 징수와 이에 따른 수도료의 납부관계는 공법상의 권리의무관계**라 할 것이므로 이에 관한 소송은 **행정소 송절차**에 의하여야 한다(대판 1977.2.22, 76다2517).

(2) 국가배상

국가 또는 지방자치단체의 위법한 공급거부조치에 의해 재산상의 손해를 입은 사인은 국가배상법상의 손해배상청구를 할 수 있다.

◉제4절 행정상의 공표

I 서론

1. 의의

행정상 공표란, 행정법상의 의무위반이나 의무불이행에 대해 행정청이 그 사실을 일반에게 알림으로써 행정법상의 의무이행을 간접적으로 강제하는 수단을 말한다.

2. 공표의 기능

(1) 새로운 의무이행확보수단

행정법상의 의무위반사실을 공표함으로써 그에 따르는 사회적 비난이라는 간접적·심리적 강제에 의해 그 의무이행을 확보하려는 제도이다. 고액 조세체납자의 명단·사업명의 공표 또는 공해배출업소의 명단공개 등이 그 예이다.

(2) 국민의 알 권리 실현수단

행정기관이 보유하고 있는 정보를 국민에게 알림으로써 행정공개의 요청에 부응하고, 공적 관심

사에 대한 국민의 알 권리를 보장하는 역할도 부차적으로 수행한다. 행정상 공표는 사생활의 비밀의 자유, 국민의 알 권리 등 다른 기본권과 충돌하는 경우에는 이익형량에 의하여 제한할 수 있다.

3. 법적 성질(비권력적 사실행위)

공표의 법적 성질과 관련해서 ① 공표란 일정한 사실을 국민에게 알리는 것이므로 그 자체로는 아무런 법적 효과가 발생하지 않는 비권력적 사실행위라는 것이 다수설(김동희, 류지태, 박윤흔, 석종현, 유상현, 정하중, 홍준형)이다. 그러나 ② 권력적 사실행위라고 하는 견해(박윤흔), ③ 통보되지 않는 경우의 공표행위(예컨대, 위반건축물 표지의 설치)는 권력적 사실행위이지만 의무위반자에게 통보되는 경우의 공표결정은 행정행위이고 공표행위는 단순한 사실행위라고 하는 견해(박균성), ④ 단순한 정보제공적 성질일 경우에는 비권력적 사실행위이지만 상대방의 수치심이나 사업상 불이익을 고려한 사회적 제재 내지 명예벌적 의미를 가질 때는 권력적 사실행위라는 견해(정하중, 한견우)도 존재한다.

Ⅱ 법적 근거

1. 학설(적극설)

공표는 현실적으로 행정상 제재 내지 의무이행확보수단으로서의 기능을 수행하며, 상대방의 인격권과 사생활 등의 기본권을 침해할 우려가 있으므로 법적 근거가 필요하다는 적극설(김남진·김연태, 김성수, 류지태, 박균성, 석종현, 유상현, 정하중, 한견우, 홍정선, 홍준형)이 통설이다. 한편, 공표를 권력적 사실행위로 보는 견해는 당연히 법적 근거를 요한다는 적극설(박윤흔)을 취한다.

2. 판례(소극설)

판례는 국토이용관리법을 위반하여 부동산투기를 한 자의 명단공표에 관한 사건에서 이 법률에 구체적인 근거 규정이 없음에도 이 사실은 문제로 하지 않고 내용적 측면에서 당해 공표행위의 위법성 여부를 판단하고 있는바(대판 1993.11.26, 93다18389), 판례는 행정상 공표에 있어서는 반드시 법적 근거를 요하는 것은 아니라는 입장인 것으로 해석할 수 있다(김동희).

1. 「독점규제 및 공정거래에 관한 법률」 제27조[(시정조치) 공정거래위원회는 제26조(사업자단체의 금지행위)의 규정에 위반하는 행위가 있을 때에는 당해 사업자단체(필요한 경우 관련 구성사업자를 포함한다)에 대하여 당해 행위의 중지, 정정광고, 법위반사실의 공표 기타 시정을 위한 필요한 조치를 명할 수 있다] 중 '**법위반사실의 공표**' 부분은 **헌법에 위반된다**(일부위헌결정)(헌재결 2002.1.31, 2001헌바43).
2. 공정거래위원회는 구 「독점규제 및 공정거래에 관한 법률」 제24조 소정의 '법위반사실의 공표' 부분이 위헌결정으로 효력을 상실하였다 하더라도 '기타 시정을 위하여 필요한 조치'로서 '**법위반을 이유로 공정거래위원회로부터 시정명령을 받은 사실의 공표**'명령을 할 수 있다(대판 2003.2.28, 2002두6170).

3. 현행법상 공표에 관한 규정

현행법상 명단공표에 관해 규정이 있는 법률로는 ① 국세기본법, ② 관세법, ③ 지방세기본법, ④ 「아동·청소년의 성보호에 관한 법률」, ⑤ 공직자윤리법, ⑥ 식품위생법, ⑦ 환경정책기본법, ⑧ 소비자기본법, ⑨ 「독점규제 및 공정거래에 관한 법률」, ⑩ 「하도급거래 공정화에 관한 법률」, ⑪ 자원절약법 등 개별법률만 있고, 일반법은 없다. 그러나 정보공개법이 일반법적 기능을 수행한다는 견해(한견우)도 존재한다.

(1) 국세기본법

국세기본법 제85조의5에 명문규정을 두고 있다(강제징수와 관허사업제한의 근거 법률은 국세징수법임에 비해, 명단공표의 법적 근거는 국세징수법이 아닌 국세기본법임에 유의).

① 공개 요건

국세청장은 제81조의13과 「국제조세조정에 관한 법률」 제57조에도 불구하고 다음 각 호의 어느 하나에 해당하는 자의 인적사항 등을 공개할 수 있다. 다만, 체납된 국세가 이의신청·심사청구 등 불복청구 중에 있거나 그 밖에 대통령령으로 정하는 사유가 있는 경우에는 그러하지 아니하다(같은 법 제85조의5).

1. 대통령령으로 정하는 불성실기부금수령단체의 인적사항, 국세추징명세 등
2. 「조세범 처벌법」 제3조 제1항, 제4조 및 제5조에 따른 범죄로 유죄판결이 확정된 자로서 「조세범 처벌법」 제3조 제1항에 따른 포탈세액 등이 연간 2억원 이상인 자(조세포탈범)의 인적사항, 포탈세액 등
3. 「국제조세조정에 관한 법률」 제53조 제1항에 따른 계좌신고의무자로서 신고기한 내에 신고하지 아니한 금액이나 과소 신고한 금액이 50억원을 초과하는 자(해외금융계좌 신고의무 위반자)의 인적사항, 신고의무 위반금액 등

② 공개 여부 심의 및 결정

불성실기부금수령단체, 조세포탈범 또는 해외금융계좌 신고의무 위반자의 인적사항, 국세추징명세, 포탈세액, 신고의무 위반금액 등 등에 대한 공개 여부를 심의하고 국세징수법 제115

586

조 제1항제3호에 따른 체납자에 대한 감치 필요성 여부를 의결하기 위하여 국세청에 국세정보위원회를 둔다(같은 조 제2항). 국세청장은 위원회의 심의를 거친 공개 대상자에게 불성실기부금수령단체 또는 해외금융계좌 신고의무 위반자 명단공개 대상자임을 통지하여 소명 기회를 주어야 하며, 통지일부터 6개월이 지난 후 위원회로 하여금 기부금영수증 발급명세의 작성·보관 의무 이행 또는 해외금융계좌의 신고의무 이행 등을 고려하여 불성실기부금수령단체 또는 해외금융계좌 신고의무 위반자 명단 공개 여부를 재심의하게 한 후 공개대상자를 선정한다(같은 조 제4항).

③ 공개방법

공개는 관보에 게재하거나 국세정보통신망 또는 관할세무서 게시판에 게시하는 방법으로 한다(같은 조 제5항).

(2) 「아동·청소년의 성보호에 관한 법률」:성범죄로 유죄판결이 확정된 자의 신상정보 공개

① 등록정보의 공개명령(법원)

법원은 다음 각 호의 어느 하나에 해당하는 자에 대하여 판결로 제3항의 공개정보를 「성폭력범죄의 처벌 등에 관한 특례법」 제45조 제1항의 등록기간 동안 정보통신망을 이용하여 공개하도록 하는 명령(공개명령)을 등록대상 사건의 판결과 동시에 선고하여야 한다. 다만, 피고인이 아동·청소년인 경우, 그 밖에 신상정보를 공개하여서는 아니 될 특별한 사정이 있다고 판단하는 경우에는 그러하지 아니하다(제49조 제1항).

> 1. 아동·청소년대상 성폭력범죄를 저지른 자
> 2. 「성폭력범죄의 처벌 등에 관한 특례법」 제2조 제1항 제3호·제4호, 같은 조 제2항(제1항 제3호·제4호에 한정한다), 제3조부터 제15조까지의 범죄를 저지른 자
> 3. 13세 미만의 아동·청소년을 대상으로 아동·청소년대상 성범죄를 저지른 자로서 13세 미만의 아동·청소년을 대상으로 아동·청소년대상 성범죄를 다시 범할 위험성이 있다고 인정되는 자
> 4. 제1호 또는 제2호의 죄를 범하였으나 형법 제10조 제1항에 따라 처벌할 수 없는 자로서 제1호 또는 제2호의 죄를 다시 범할 위험성이 있다고 인정되는 자

② 고지명령의 집행(여성가족부장관)

고지명령의 집행은 여성가족부장관이 한다(제51조 제1항). 여성가족부장관은 고지정보를 관할구역에 거주하는 아동·청소년의 친권자 또는 법정대리인이 있는 가구, 영유아보육법에 따른 어린이집의 원장 및 유아교육법에 따른 유치원의 장과 초·중등교육법 제2조에 따른 학교의 장, 읍·면사무소와 동 주민자치센터의 장, 「학원의 설립·운영 및 과외교습에 관한 법률」 제2조의2에 따른 학교교과교습학원의 장과 아동복지법 제52조 제1항 제8호에 따른 지역아동센터 및 「청소년활동 진흥법」 제10조 제1호에 따른 청소년수련시설의 장에게 우편으로 송부

하고, 읍·면 사무소 또는 동(경계를 같이 하는 읍·면 또는 동을 포함한다) 주민자치센터 게시판에 30일간 게시하는 방법으로 고지명령을 집행한다(같은 조 제4항).

「청소년의 성보호에 관한 법률」 제20조 제2항 제1호 등 위헌제청사건

1. 이중처벌금지원칙에 위반되지 않는다(헌재결 2003.6.26, 2002헌가14).
2. 과잉금지원칙에 위반되지 않는다(헌재결 2003.6.26, 2002헌가14).
3. 평등원칙에 위반되지 않는다(헌재결 2003.6.26, 2002헌가14).
4. 법관에 의한 재판을 받을 권리를 침해하지 않는다(헌재결 2003.6.26, 2002헌가14).
5. 적법절차원칙에 위반되지 않는다(헌재결 2003.6.26, 2002헌가14).
6. 2010. 7. 23. 법률 제10391호로 개정된 「아동·청소년의 성보호에 관한 법률」이 공개명령 제도가 시행된 2010. 1. 1. 이전에 범한 범죄에 대하여도 공개명령 제도를 적용하도록 한 것은 소급입법금지원칙에 반하지 않는다

   「아동·청소년의 성보호에 관한 법률」에 정한 공개명령 제도는, 아동·청소년 대상 성범죄자의 성명, 나이, 주소 및 실제거주지(읍·면·동까지로 한다), 신체정보(키와 몸무게), 사진 및 아동·청소년 대상 성범죄 요지(공개정보)를 일정기간 정보통신망을 이용하여 공개하도록 하는 조치를 취하여 성인인증 및 본인 확인을 거친 사람은 누구든지 인터넷을 통해 공개명령 대상자의 공개정보를 열람할 수 있도록 함으로써 **아동·청소년 대상 성범죄를 효과적으로 예방하고 성범죄로부터 아동·청소년을 보호함을 목적으로 하는 일종의 보안처분이다.** 이러한 공개명령 제도의 목적과 성격, 그 운영에 관한 위 법률의 규정 내용 및 취지 등을 종합해 보면, **공개명령 제도는 범죄행위를 한 자에 대한 응보 등을 목적으로 그 책임을 추궁하는 사후적 처분인 형벌과 구별되어 그 본질을 달리하는 것으로서 형벌에 관한 소급입법금지의 원칙이 그대로 적용되지 않으므로,** 공개명령 제도가 시행된 2010. 1. 1. 이전에 범한 범죄에도 공개명령 제도를 적용하도록 「아동·청소년의 성보호에 관한 법률」이 2010. 7. 23. 법률 제10391호로 개정되었다고 하더라도 그것이 소급입법금지의 원칙에 반한다고 볼 수 없다. 이 부분 상고이유의 주장은 이유 없다(대판 2011.3.24, 2010도14393, 2010전도120).

Ⅲ 공표의 한계

1. 법률우위의 원칙

공표는 법률에 저촉되어서는 아니 되고, 특히 국민의 알 권리를 보장하기 위한 경우에 허용된다. 그 밖에 공표는 과잉금지원칙과 부당결부금지원칙 등 행정법의 일반원칙을 준수해야 한다.

2. 공표의 공공성

공표사실의 내용이 공공의 이해에 관한 것이어야 한다. 개인의 사생활에 대한 공표는 원칙적으로 금지된다. 그러나 알 권리와 사생활의 비밀과 자유의 관계에 있어 반드시 사생활이 우선하

는 것은 아니고 양자는 이익형량에 따라 조화되어야 한다.

인격권으로서의 개인의 명예의 보호와 표현의 자유의 보장이라는 두 법익이 충돌하였을 때 그 조정을 어떻게 할 것인지는 구체적인 경우에 사회적인 여러 가지 이익을 비교하여 표현의 자유로 얻어지는 이익, 가치와 인격권의 보호에 의하여 달성되는 가치를 형량하여 그 규제의 폭과 방법을 정하여야 한다(대판 1998.7.14, 96다17257).

3. 공표의 진실성

공표사실이 진실이거나 혹은 진실이라고 믿을 만한 상당한 이유가 있는 경우에만 허용된다. 다만, 판례는 상당한 이유의 존부를 판단함에 있어 행정기관의 경우는 사인에 비해 엄격한 입장이다.

1. 국가기관에 의해 공표된 사실이 진실이라는 증명이 없더라도 진실이라고 믿을 만한 상당한 이유가 있다면 위법성이 조각되는 것은 사인과 마찬가지이다
   국가기관이 행정목적 달성을 위하여 언론에 보도자료를 제공하는 등 이른바 행정상 공표의 방법으로 실명을 공개함으로써 타인의 명예를 훼손한 경우, 그 공표된 사람에 관하여 적시된 사실의 내용이 진실이라는 증명이 없더라도 **국가기관이 공표 당시 이를 진실이라고 믿었고 또 그렇게 믿을 만한 상당한 이유가 있다면 위법성이 없는 것이고, 이 점은 언론을 포함한 사인에 의한 명예훼손의 경우에서와 마찬가지이다**(대판 1993.11.26, 93다18389).

2. 그러나 공표한 사실이 진실이라고 믿을 만한 상당한 이유의 존부 판단은 그 사실이 의심의 여지없이 확실히 진실이라고 믿을 만한 객관적이고도 타당한 확증과 근거가 있어야 한다는 점에서 사인보다 엄격하다(보도자료의 내용이 진실하다고 믿은 데에는 상당한 이유가 없다고 본 사례)
   상당한 이유의 존부의 판단에 있어서는 실명공표 자체가 매우 신중하게 이루어져야 한다는 요청에서 비롯되는 무거운 주의의무와 공권력의 광범한 사실조사능력, 공표된 사실이 진실하리라는 점에 대한 국민의 강한 기대와 신뢰, 공무원의 비밀엄수의무와 법령준수의무 등에 비추어, **사인의 행위에 의한 경우보다는 훨씬 더 엄격한 기준이 요구된다 할 것이므로, 그 사실이 의심의 여지없이 확실히 진실이라고 믿을 만한 객관적이고도 타당한 확증과 근거가 있는 경우가 아니라면 그러한 상당한 이유가 있다고 할 수 없다.** 지방국세청 소속 공무원들이 통상적인 조사를 다하여 의심스러운 점을 밝혀 보지 아니한 채 막연한 의구심에 근거하여 원고가 위장증여자로서 국토이용관리법을 위반하였다는 요지의 조사결과를 보고한 것이라면 국세청장이 이에 근거한 보도자료의 내용이 진실하다고 믿은 데에는 상당한 이유가 없다(대판 1993.11.26, 93다18389).

Ⅳ 위법한 공표에 대한 권리구제

1. 행정쟁송의 제기

공표에 대해 학설은 공표는 비권력적 사실행위이므로 처분등에 해당하지 않는다는 견해가 일반적이다. 다만, 처분성을 긍정하는 견해에서도 신문에의 공표와 같이 공표행위가 일시적으로 완결된 경우에는 항고쟁송을 제기할 소의 이익이 없다는 점을 긍정하고 있다.

2. 국가배상법상 손해배상청구

(1) 통설·판례인 광의설에 의할 때 국세청장의 명단공표행위는 공법상의 비권력적 작용이므로 국가배상법상의 직무행위에 해당한다.

(2) 판례는 행정상 공표로 인한 손해배상청구사건에서 위법성 조각사유인 상당한 이유의 인정에 대해 엄격한 입장을 취하고 있다(대판 1993.11.26, 93다18389).

3. 결과제거청구권

행정청의 위법한 공표로 인해 권리침해의 결과가 계속되고 있는 경우에는 결과제거청구권을 행사함으로써 공표된 내용의 정정, 철회 등 시정조치를 구할 수 있다.

관련판례 민법 제764조의 명예회복에 적당한 처분에 사죄광고를 포함시키는 것은 헌법에 위반된다(한정위헌)
(헌재결 1991.4.1, 89헌마160).

제5절) 제재적 행정처분 및 관허사업의 제한

Ⅰ 의 의

행정법상 의무위반자에 대해 인가·허가 등을 거부·정지·철회함으로써 위반자에게 불이익을 가하고, 이로써 행정법상 의무의 이행을 간접적(직접적 강제수단이 아님)으로 확보하는 것을 제재적 행정처분이라고 한다. 제재적 행정처분과 형벌은 목적·대상을 달리하기 때문에 병과가 가능하다.

1. 일정한 법규위반사실에 관하여 형사판결확정 전에 한 행정처분의 적부

   일정한 법규위반 사실이 행정처분의 전제사실이 되는 한편 이와 동시에 형사법규의 위반 사실이 되는 경우에 **행정처분과 형벌은 각기 그 권력적 기초, 대상, 목적을 달리하고 있으므로 동일한 행위에 관하여 독립적으로 행정처분이나 형벌을 과하거나 이를 병과할 수 있는 것**이고 법규가 예외적으로 형사소추선행의 원칙을 규정하고 있지 아니한 이상 형사판결 확정에 앞서 일정한 위반사실을 들어 행정처분을 하였다고 하여 절차적 위반이 있다고 할 수 없다(대판 1986.7.8, 85누1002).

2. 현실적인 행위자가 아닌 법령상 책임자로 규정된 자에게 행정법규 위반에 대한 제재조치를 부과할 수 있고, 행정법규 위반자에게 고의나 과실이 없어도 제재조치를 부과할 수 있으며, 이러한 법리는 구 「대부업 등의 등록 및 금융이용자 보호에 관한 법률」 제13조 제1항이 정하는 대부업자 등의 불법추심행위를 이유로 한 영업정지 처분에도 적용된다(대판 2017.5.11, 2014두8773).

3. 행정법규 위반자에게 고의나 과실이 없다고 하더라도 제재조치를 부과할 수 있다(대판 2012.6.28, 2010두24371).

Ⅱ 법적 근거

제재적 행정처분은 권익침해의 효과를 가져오므로 법률의 명시적 근거가 있어야 하는데, 현행 법상 이에 관한 일반법은 없고 국세징수법, 건축법, 질서위반행위규제법 등 개별법만 존재한다.

Ⅲ 종 류

1. 일반적 관허사업의 제한

관허사업의 제한 가운데 의무 위반사항과 실질적 관련이 없는 사업에 대한 제한을 일반적 관허사업의 제한이라고 한다. 대표적인 법률이 병역법이다. 일반적 관허사업 제한의 경우 실질적 관련이 없는 결부이기 때문에 부당결부금지원칙 위반 여부가 논란이 되고 있다.

국가기관, 지방자치단체의 장 또는 고용주는 다음 각 호의 어느 하나에 해당하는 사람을 공무원이나 임직원으로 임용하거나 채용할 수 없으며, 재직 중인 경우에는 해직하여야 한다(병역법 제76조 제1항).

1. 병역판정검사, 재병역판정검사 또는 확인신체검사를 기피하고 있는 사람
2. 징집·소집을 기피하고 있는 사람
3. 군복무 및 사회복무요원 또는 대체복무요원 복무를 이탈하고 있는 사람

국가기관 또는 지방자치단체의 장은 제1항 각 호의 어느 하나에 해당하는 사람에 대하여는 각종 관허업(官許業)의 특허·허가·인가·면허·등록 또는 지정 등(특허등)을 하여서는 아니 되며, 이미 이를 받은 사람에 대하여는 취소하여야 한다(같은 조 제2항).

1. 관허사업의 의미

국세징수법 제23조의 관허사업이란 **널리 허가·인가·면허 등을 얻어 경영하는 사업 모두가 포함**된다(대판 1976.4.27, 74누284).

2. 국세징수법 제7조에 따른 등록취소처분이 있은 경우 국세체납에 정당한 사유가 있었다는 점에 대한 주장 입증책임의 소재는 납세의무자이다(대판 1992.10.13, 92누8071).

2. 특정 관허사업의 제한

관허사업의 제한 가운데 의무 위반사항과 실질적 관련이 있는 사업에 대한 제한을 특정 관허사업의 제한이라고 한다. 현행법상 이에 해당하는 대표적인 법률로 건축법, 질서위반행위규제법, 국세징수법이 있다.

(1) 건축법상의 관허사업제한

허가권자는 제1항에 따라 허가나 승인이 취소된 건축물 또는 제1항에 따른 시정명령을 받고 이행하지 아니한 건축물에 대하여는 다른 법령에 따른 영업이나 그 밖의 행위를 허가·면허·인가·등록·지정 등을 하지 아니하도록 요청할 수 있다. 다만, 허가권자가 기간을 정하여 그 사용 또는 영업, 그 밖의 행위를 허용한 주택과 대통령령으로 정하는 경우에는 그러하지 아니하다(제79조 제2항). 이에 대해서는 건축법에 위반하는 건축물을 사용하여 행할 영업에 대한 허가를 거부하는 것은 부당결부금지원칙에 반하지 않지만, 당해 위법건축물을 사용하지 않는 다른 영업허가를 거부하는 것은 부당결부금지원칙에 반한다는 견해(박균성)도 있다.

(2) 질서위반행위규제법상의 관허사업제한

행정청은 허가·인가·면허·등록 및 갱신을 요하는 사업을 경영하는 자로서 다음 각 호의 사유에 모두 해당하는 체납자에 대하여는 사업의 정지 또는 허가 등의 취소를 할 수 있다(같은 법 제52조 제1항).

> 1. 해당 사업과 관련된 질서위반행위로 부과받은 과태료를 3회 이상 체납하고 있고, 체납발생일부터 각 1년이 경과하였으며, 체납금액의 합계가 500만 원 이상인 체납자 중 대통령령으로 정하는 횟수와 금액 이상을 체납한 자
> 2. 천재지변이나 그 밖의 중대한 재난 등 대통령령으로 정하는 특별한 사유 없이 과태료를 체납한 자

(3) 국세징수법상의 관허사업제한

종래 국세징수법상의 일반적 관허사업의 제한에 대해서는 납세의무와 전혀 실질적 관련성이 없는 내용의 제재가 가해진다는 점에서 부당결부금지원칙의 위반문제가 제기되었다. 이에 따라 2020. 12. 29. 국세징수법 전부개정으로 사업과 관련된 조세를 체납한 경우로 제한하였다. 관할 세무서장은 납세자가 허가·인가·면허 및 등록 등(허가등)을 받은 사업과 관련된 소득세, 법인세 및 부가가치세를 체납한 경우 해당 사업의 주무관청에 그 납세자에 대하여 허가등의 갱신과 그 허가등의 근거 법률에 따른 신규 허가등을 하지 아니할 것을 요구할 수 있다. 다만, 재난, 질병 또는 사업의 현저한 손실, 그 밖에 대통령령으로 정하는 사유가 있는 경우에는 그러하지 아니하다(국세징수법 제112조 제1항). 관할 세무서장은 허가등을 받아 사업을 경영하는 자가 해당 사업과 관련된 소득세, 법인세 및 부가가치세를 3회 이상 체납하고 그 체납된 금액의 합계액이 500만원 이상인 경우 해당 주무관청에 사업의 정지 또는 허가등의 취소를 요구할 수 있다. 다만, 재난, 질병 또는 사업의 현저한 손실, 그 밖에 대통령령으로 정하는 사유가 있는 경우에는 그러하지 아니하다(같은 조 제2항). 관할 세무서장은 제1항 또는 제2항의 요구를 한 후 해당 국세를 징수한 경우 즉시 그 요구를 철회하여야 한다(같은 조 제3항). 해당 주무관청은 제1항 또는 제2항에 따른 관할 세무서장의 요구가 있는 경우 정당한 사유가 없으면 요구에 따라야 하며, 그 조치 결과를 즉시 관할 세무서장에게 알려야 한다(같은 조 제4항).

Ⅳ 제재적 행정처분에 대한 구제

제재적 행정처분이 위법한 경우 행정소송으로 다툴 수 있다.

관련판례 제재적 행정처분이 재량권의 범위를 일탈·남용하였는지 여부의 판단기준

제재적 행정처분이 재량권의 범위를 일탈하였거나 남용하였는지 여부는 처분사유로 된 위반행위의 내용과 그 위반의 정도, 당해 처분에 의하여 달성하려는 공익상의 필요와 개인이 입게 될 불이익 및 이에 따르는 제반 사정 등을 객관적으로 심리하여 **공익침해의 정도와 그 처분으로 인하여 개인이 입게 될 불이익을 비교교량하여 판단**하여야 한다(대판 2006.4.14, 2004두3854).

국세청장은 정당한 사유 없이 5천만 원 이상으로서 대통령령으로 정하는 금액 이상의 국세를 체납한 자 중 대통령령으로 정하는 자에 대하여 법무부장관에게 출입국관리법 제4조 제3항에 따라 출국금지를 요청하여야 한다(국세징수법 제113조 제1항). 법무부장관은 출국금지를 한 경우 국세청장에게 그 결과를 정보통신망 등을 통하여 통보하여야 한다(같은 조 제2항). 국세청장은 체납액 징수, 체납자 재산의 압류 및 담보 제공 등으로 출국금지 사유가 없어진 경우 즉시 법무부장관에게 출국금지의 해제를 요청하여야 한다(같은 조 제3항).

관련판례

1. 국세체납을 이유로 한 출국금지처분의 요건과 판단기준

국민의 출국의 자유는 헌법이 기본권으로 보장한 거주·이전의 자유의 한 내용을 이루는 것이므로 그에 대한 제한은 필요 최소한에 그쳐야 하고 그 본질적인 내용을 침해할 수 없고, 출입국관리법 등 출국금지에 관한 법령 규정의 해석과 운용도 같은 원칙에 기초하여야 한다. 구 출입국관리법 제4조 제1항, 그 시행령 제1조의3 제2항은, 5천만 원 이상의 '국세·관세 또는 지방세를 정당한 사유 없이 그 납부기한까지 내지 아니한 사람'에 대하여는 기간을 정하여 출국을 금지할 수 있다고 규정하고 있다. 그러나 위와 같은 조세 미납을 이유로 한 출국금지는 그 미납자가 출국을 이용하여 재산을 해외에 도피시키는 등으로 강제집행을 곤란하게 하는 것을 방지함에 주된 목적이 있는 것이지 조세 미납자의 신병을 확보하거나 출국의 자유를 제한하여 심리적 압박을 가함으로써 미납 세금을 자진납부하도록 하기 위한 것이 아니다. 따라서 재산을 해외로 도피할 우려가 있는지 여부 등을 확인하지 아니한 채 단순히 일정 금액 이상의 조세를 미납하였고 그 미납에 정당한 사유가 없다는 사유만으로 바로 출국금지 처분을 하는 것은 위와 같은 헌법상의 기본권 보장 원리 및 과잉금지의 원칙에 비추어 허용되지 아니한다. 나아가 재산의 해외 도피 가능성 여부에 관한 판단에 있어서도 재량권을 일탈하거나 남용하여서는 아니 되므로, 조세 체납의 경위, 조세 체납자의 연령과 직업, 경제적 활동과 수입 정도 및 재산상태, 그간의 조세 납부 실적 및 조세 징수처분의 집행과정, 종전에 출국했던 이력과 목적·기간·소요 자금의 정도, 가족관계 및 가족의 생활정도·재산상태 등을 두루 고려하여, 출국금지로써 달성하려는 공익목적과 그로 인한 기본권 제한에 따라 당사자가 받게 될 불이익을 비교형량하여 합리적인 재량권의 범위 내에서 출국금지 여부를 결정하여야 한다(대판 2013.12.26, 2012두18363).

2. 국세청장의 출국금지요청이 요건을 갖추지 못하였다는 이유만으로 이에 기한 법무부장관의 출국금지처분이 위법하다고 할 수 없다

국세청장 등의 출국금지 요청이 있는 경우에도 법무부장관은 이에 구속되지 않고 출국금지의 요건이 갖추어졌는지를 따져서 처분 여부를 결정할 수 있다. 따라서 국세청장 등의 출국금지 요청이 요건을 구비하지 못하였다는 사유만으로 출국금지 처분이 당연히 위법하게 되는 것은 아니고, 앞서 본 재산의 해외 도피 가능성 등 출국금지 처분의 요건이 갖추어졌는지 여부에 따라 그 적법 여부가 가려져야 할 것이다 (대판 2013.12.26, 2012두18363).

제7절 시정명령

I 의 의

시정명령은 행정법규 위반에 의해 초래된 위법상태를 제거하는 것을 명하는 행정행위로서 강학상 하명에 해당한다. 시정명령을 받은 자는 시정의무를 부담하고, 의무를 이행하지 않으면 행정강제의 대상이 되고 행정벌이 부과된다.

II 대 상

시정명령의 대상은 원칙적으로 과거의 의무위반행위로 야기되어 현재까지 존재하는 위법상태이다. 그러나 판례는 예외적으로 장래의 위반행위도 시정명령의 대상이 되는 것으로 본다[대판(전합) 2003.2.20, 2001두5347].

1. 「독점규제 및 공정거래에 관한 법률」에 의한 시정명령의 명확성 정도
   「독점규제 및 공정거래에 관한 법률」에 의한 **시정명령이 지나치게 구체적인 경우 매일 매일 다소간의 변형을 거치면서 행해지는 수많은 거래에서 정합성이 떨어져 결국 무의미한 시정명령이 되므로 그 본질적인 속성상 다소간의 포괄성·추상성을 띨 수밖에 없다** 할 것이고, 한편 시정명령제도를 둔 취지에 비추어 **시정명령의 내용은 과거의 위반행위에 대한 중지는 물론 가까운 장래에 반복될 우려가 있는 동일한 유형의 행위의 반복금지까지 명할 수 있는 것으로 해석함이 상당하다**[대판(전합) 2003.2.20, 2001두5347].

2. 구 하도급거래 공정화에 관한 법률 제13조 등의 위반행위가 있었으나 위반행위의 결과가 더 이상 존재하지 않는 경우, 같은 법 제25조 제1항에 의한 시정명령을 할 수 없다(대판 2015.12.10, 2013두35013).

3.. 구 「하도급거래 공정화에 관한 법률」 제13조 제8항에 따라 공정거래위원회가 정하여 고시한 고시이율에 의한 지연손해금의 지급을 명하는 공정거래위원회의 시정명령 이후에 수급사업자의 원사업자에 대한 하도급대금 청구소송에서 법정이율에 의한 지연손해금의 지급을 명하는 판결이 확정된 경우, 시정명령 중 고시이율과 법정이율의 차액에 해당하는 지연손해금의 지급을 명하는 부분이 위법하게 되고, 이는 법정이율에 의한 지연손해금의 지급을 명하는 판결이 확정된 후에 공정거래위원회가 시정명령을 하는 경우에도 마찬가지이다(대판 2015.12.10, 2013두35013).

III 적용법령

시정명령의 경우 행정법규 위반 여부는 위반행위시법에 따라야 하지만, 시정명령은 장래에 향해 행해지는 적극적 행정행위이므로 원칙상 행위시법을 적용해야 한다.

구 건축법상 용도변경신고의 대상은 아니지만 건축물대장 기재사항의 변경을 신청해야 하는 근린생활시설에서 원룸으로 용도변경된 건물을 취득한 甲이 그 용도변경에 대하여 위 변경신청을 하지 않고 있던 중, 구 건축법이 개정되어 위 건물의 용도변경이 용도변경신고의 대상으로 됨에 따라 행정청이 갑에게 위 건물이 용도변경신고의무 위반의 위법건축물에 해당한다는 이유로 시정명령을 하고, 시정명령불이행에 따른 이행강제금을 부과한 사안에서, 그 처분이 적법함에도 이와 달리 본 원심판단에 법리오해의 위법이 있다고 한 사례(대판 2010.8.19, 2010두8072)

● 제8절 공익신고자보호제도

I 목 적

공익신고자보호제도란 공익을 침해하는 행위를 신고한 사람 등을 보호하고 지원함으로써 국민 다수의 이익인 공익의 보호와 투명하고 깨끗한 사회의 확립에 이바지함을 목적으로 하는 제도로서, 이를 통해 행정의 실효성을 확보할 수 있다. 「공익신고자 보호법」 제1조에서도 같은 취지로 규정하고 있다. 즉, 이 법은 공익을 침해하는 행위를 신고한 사람 등을 보호하고 지원함으로써 국민생활의 안정과 투명하고 깨끗한 사회풍토의 확립에 이바지함을 목적으로 한다(같은 법 제1조).

II 주요 개념

1. 공익침해행위

공익침해행위란 국민의 건강과 안전, 환경, 소비자의 이익, 공정한 경쟁 및 이에 준하는 공공의 이익을 침해하는 행위로서 다음 각 목의 어느 하나에 해당하는 행위를 말한다(제2조 제1호).

> 가. 별표에 규정된 법률의 벌칙에 해당하는 행위
> 나. 별표에 규정된 법률에 따라 인허가의 취소처분, 정지처분 등 대통령령으로 정하는 행정처분의 대상이 되는 행위

2. 공익신고 등

공익신고란 제6조 각 호의 어느 하나에 해당하는 자에게 공익침해행위가 발생하였거나 발생할 우려가 있다는 사실을 신고·진정·제보·고소·고발하거나 공익침해행위에 대한 수사의 단서를 제공하는 것을 말한다. 다만, 다음 각 목의 어느 하나에 해당하는 경우는 공익신고로 보지 아니한다(같은 조 제2호).

> 가. 공익신고 내용이 거짓이라는 사실을 알았거나 알 수 있었음에도 불구하고 공익신고를 한 경우
> 나. 공익신고와 관련하여 금품이나 근로관계상의 특혜를 요구하거나 그 밖에 부정한 목적으로 공익신고를 한 경우

공익신고등이란 공익신고와 공익신고에 대한 조사·수사·소송 및 공익신고자 보호조치에 관련된 조사·소송 등에서 진술·증언하거나 자료를 제공하는 것을 말한다(같은 조 제3호). 공익신고자란 공익신고를 한 사람을 말한다(같은 조 제4호). 공익신고자등이란 공익신고자와 공익신고에 대한 조사·수사·소송 및 공익신고자 보호조치에 관련된 조사·소송 등에서 진술·증언하거나 자료를 제공한 사람을 말한다(같은 조 제5호).

내부 공익신고자란 다음 각 목의 어느 하나에 해당하는 공익신고자를 말한다(같은 조 제7호).

> 가. 피신고자인 공공기관, 기업, 법인, 단체 등에 소속되어 근무하거나 근무하였던 자
> 나. 피신고자인 공공기관, 기업, 법인, 단체 등과 공사·용역계약 또는 그 밖의 계약에 따라 업무를 수행하거나 수행하였던 자
> 다. 그 밖에 대통령령으로 정하는 자

3. 불이익조치

불이익조치란 다음 각 목의 어느 하나에 해당하는 조치를 말한다(같은 조 제6호).

> 가. 파면, 해임, 해고, 그 밖에 신분상실에 해당하는 신분상의 불이익조치
> 나. 징계, 정직, 감봉, 강등, 승진 제한, 그 밖에 부당한 인사조치
> 다. 전보, 전근, 직무 미부여, 직무 재배치, 그 밖에 본인의 의사에 반하는 인사조치
> 라. 성과평가 또는 동료평가 등에서의 차별과 그에 따른 임금 또는 상여금 등의 차별 지급
> 마. 교육 또는 훈련 등 자기계발 기회의 취소, 예산 또는 인력 등 가용자원의 제한 또는 제거, 보안정보 또는 비밀정보 사용의 정지 또는 취급 자격의 취소, 그 밖에 근무조건 등에 부정적 영향을 미치는 차별 또는 조치
> 바. 주의 대상자 명단 작성 또는 그 명단의 공개, 집단 따돌림, 폭행 또는 폭언, 그 밖에 정신적·신체적 손상을 가져오는 행위
> 사. 직무에 대한 부당한 감사(監査) 또는 조사나 그 결과의 공개
> 아. 인허가 등의 취소, 그 밖에 행정적 불이익을 주는 행위
> 자. 물품계약 또는 용역계약의 해지(解止), 그 밖에 경제적 불이익을 주는 조치

Ⅲ 주요 내용

1. 신변보호조치

공익신고자등과 그 친족 또는 동거인은 공익신고등을 이유로 생명·신체에 중대한 위해를 입었거나 입을 우려가 명백한 경우에는 위원회에 신변보호에 필요한 조치(신변보호조치)를 요구할 수 있다. 이 경우 위원회는 필요하다고 인정되면 경찰관서의 장에게 신변보호조치를 하도록 요청할 수 있다(제13조 제1항). 제1항에 따른 신변보호조치를 요청받은 경찰관서의 장은 대통령령으로 정하는 바에 따라 즉시 신변보호조치를 하여야 한다(같은 조 제2항).

2. 책임의 감면 등

공익신고등과 관련하여 공익신고자등의 범죄행위가 발견된 경우에는 그 형을 감경하거나 면제할 수 있다(제14조 제1항). 공익신고자등의 징계권자나 행정처분권자는 공익신고등과 관련하여 발견된 위법행위 등을 이유로 관계 법령 등에 따라 공익신고자등에게 징계나 불리한 행정처분을 하는 경우 그 징계나 불리한 행정처분을 감경 또는 면제할 수 있다(같은 조 제2항). 공익신고등과 관련하여 발견된 위법행위 등을 이유로 공익신고자등에게 징계를 하거나 불리한 행정처분을 하는 경우 위원회는 공익신고자등의 징계권자나 행정처분권자에게 그 징계나 행정처분의 감경 또는 면제를 요구할 수 있다. 이 경우 요구를 받은 자는 정당한 사유가 있는 경우 외에는 그 요구에 따라야 한다(같은 조 제3항). 공익신고등의 내용에 직무상 비밀이 포함된 경우에도 공익신고자등은 다른 법령, 단체협약, 취업규칙 등에 따른 직무상 비밀준수 의무를 위반하지 아니한 것으로 본다(같은 조 제4항). 피신고자는 공익신고등으로 인하여 손해를 입은 경우에도 공익신고자등에게 그 손해배상을 청구할 수 없다. 다만, 제2조 제2호 가목 및 나목에 해당하는 경우에는 손해배상을 청구할 수 있다(같은 조 제5항). 단체협약, 고용계약 또는 공급계약 등에 공익신고등을 금지하거나 제한하는 규정을 둔 경우 그 규정은 무효로 한다(같은 조 제6항). 위원회는 제3항에 따른 징계나 행정처분의 감경 또는 면제를 요구하는 데 필요하다고 인정하면 징계권자나 행정처분권자 또는 해당 공익신고자등이 공익신고등을 한 기관에 관련 자료의 제출이나 의견의 진술 등을 요청할 수 있다. 이 경우 자료의 제출이나 의견의 진술을 요청받은 해당 기관은 특별한 사유가 없으면 그 요청에 협조하여야 한다(같은 조 제7항). 위원회는 제1항에 따른 공익신고자등의 범죄행위에 관한 형사재판, 제2항 및 제3항에 따른 공익신고자등에 대한 징계 등이나 불리한 행정처분과 관련된 소송 또는 제5항 단서에 따른 민사재판과 관련하여 법원의 요청이 있거나 필요하다고 인정할 때에는 법원의 담당재판부에 의견을 제출할 수 있다(같은 조 제8항).

3. 불이익조치 등의 금지

누구든지 공익신고자등에게 공익신고등을 이유로 불이익조치를 하여서는 아니 된다(제15조 제1항). 누구든지 공익신고등을 하지 못하도록 방해하거나 공익신고자등에게 공익신고등을 취소하도록 강요하여서는 아니 된다(같은 조 제2항).

4. 보상금 및 구조금

공익신고자에게는 일정한 요건 하에 보상금 및 구조금을 지급한다(제26조 이하).